# 邵阳年鉴

SHAOYANG NIANJIAN

2023

邵阳市地方志编纂室 编

方志出版社
Publishing House of Local Records

**图书在版编目（CIP）数据**

邵阳年鉴. 2023 / 邵阳市地方志编纂室编. —北京: 方志出版社, 2023.12

ISBN 978-7-5144-6043-8

Ⅰ. ①邵… Ⅱ. ①邵… Ⅲ. ①邵阳－2023－年鉴 Ⅳ. ①Z526.43

中国国家版本馆 CIP 数据核字(2023)第 253192 号

责任编辑：王海荣
责任校对：张玉霞
责任印制：梅中英
出 版 者：方志出版社
地　　址：北京市朝阳区潘家园东里 9 号（国家方志馆 4 层）
邮　　编：100021
网　　址：http://www.zgfzcb.cn
发　　行：方志出版社图书营销中心（010-67110500）
印　　刷：邵阳市华彩印刷有限公司
开　　本：889 毫米×1194 毫米　1/16
印　　张：24.25
字　　数：855 千字
版　　次：2023 年 12 月第 1 版
印　　次：2023 年 12 月第 1 次印刷
定　　价：280.00 元

邵阳年鉴 | SHAOYANG NIANJIAN 2023

## 《邵阳年鉴》编纂委员会

主　任　龚红果

副主任　陈秋良　肖治国

编　委　唐宏华　吴卫红　王大松　陈英杰　黄光荣
刘文兰　曾爱武　肖　潇　陈业华　王智刚
王兰鹏　罗　颢　陵建华　陈立发　阳　敏
刘华中　罗　杰　夏向阳　许新华　王永红

## 《邵阳年鉴(2023)》编纂人员

主　编　肖治国

执行主编　曾爱武

执行副主编　邓　艳

编　辑　郭勇华　刘湘华　李国维

编　务　朱佑祥　鞠　柯　蒋俊彬

金融机构存款（本外币合计）：4045.61亿元
金融机构贷款（本外币合计）：2538.95亿元

普通高校：3所
在校学生：5.34万人
成人高校：1所
在校学生：7246人
中等职业教育学校：70所
在校学生：8.54万人
普通中学：473所
在校学生：47.21万人
普通小学：902所
在校学生：54.17万人
幼儿园：1587所
在园幼儿：17.9万人

群众艺术馆、文化馆：13座
公共图书馆：14座
博物馆：1座
体育馆：8座
公共体育场地：16450座
全市卫生机构数：5640个
实有床位数：48507张
医疗卫生技术人员：43656人

城镇居民人均可支配收入：35177元
城镇居民人均消费性支出：21813元
农村居民人均可支配收入：16815元
农村居民人均生活消费支出：16626元

城镇居民人均住房面积：55.8平方米
农村居民人均住房面积：70.4平方米

市区空气质量优良天数：322天
城市污水处理率：97%
城市生活垃圾无害处理率：100%

绿地面积：10462公顷
建成区绿地率：36.25%
森林覆盖率：61.02%

国家AAAAA级旅游景区：1个
国家AAAA级旅游景区：6个
国家级风景名胜区：4个
国家森林公园：4个
国家湿地公园：6个
国家地质公园：2个
国家级自然保护区：3个

# 新闻纪要2022

▲ 2021年12月29日至2022年1月1日，中国人民政治协商会议邵阳市第十三届委员会第一次会议在市文化艺术中心贺绿汀大剧院召开（袁子馨 供图）

▲ 2021年12月30日至2022年1月2日，邵阳市第十七届人民代表大会第一次会议在市文化艺术中心贺绿汀大剧院召开（黄红禹 供图）

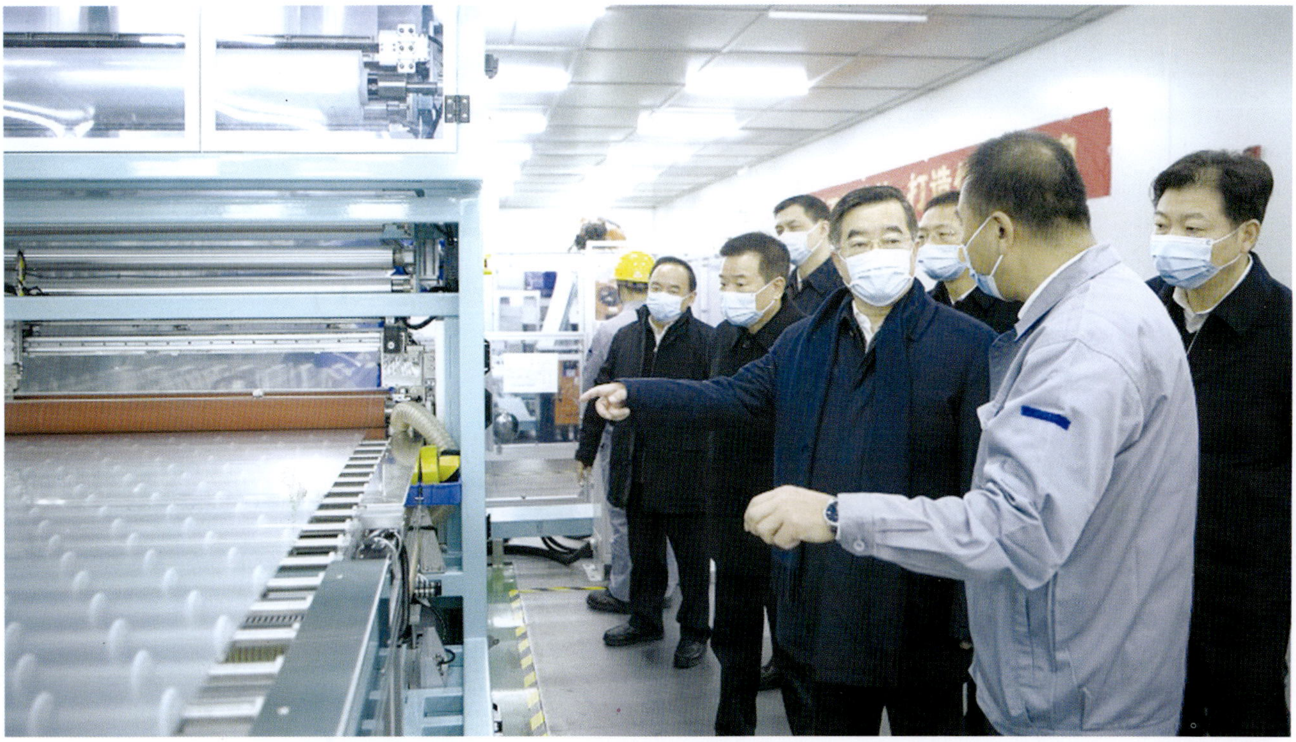

▲ 2022年1月6日，湖南省委书记张庆伟在邵阳经济技术开发区中电彩虹（邵阳）特种玻璃有限公司调研

（岳洲洋 供图）

▲ 2022年2月14日，2022年邵阳市第一次重大项目集中开工活动举行 （申兴刚 供图）

邵阳市庆祝中国共产主义青年团成立100周年座谈会
①

"稳经济促增长"邵阳市重大项目合作
签约仪式
③

2022湖南人游邵阳暨旅游消费季启动仪式
②

邵阳市
第七届道德模范
暨第四届"双十最美"
道德礼赞
颁奖典礼
④

⑤

| ① | ③ | ⑤ |
|---|---|---|
| ② | | |
| ④ | | |

① 2022年5月12日，邵阳市庆祝中国共产主义青年团成立100周年座谈会举行　（肖品 供图）

② 2022年5月19日，以“爱我湖南‘湘’约邵阳”为主题的2022年湖南人游邵阳暨旅游消费季活动在市城南公园启幕　（申兴刚　供图）

③ 2022年5月27日，“稳经济促增长”邵阳市重大项目合作签约仪式举行　（申兴刚　供图）

④ 2022年5月30日，邵阳市第七届道德模范暨第四届“双十最美”道德礼赞颁奖典礼在市文化艺术中心举行　（市妇联 供图）

⑤ 2022年6月16日，邵阳市委、市政府举行全市重点项目建设大比拼现场推进会。图为市委书记严华，市委副书记、市长华学健一行在邵阳经济技术开发区富兰地精密切削刀具生产线项目观摩考察　（申兴刚　供图）

2022年6月11日，2022年“文化和自然遗产日”邵阳市非遗宣传展示活动在市文化艺术中心举行 （申兴刚 供图）

2022年6月20日，以“幸福宜居美丽邵阳”为主题的邵阳市第16届房地产交易展示会银企签约仪式举行 （申兴刚 供图）

2022年7月6日，由邵阳市政府主办，市民宗局、市文旅广体局、新邵县政府承办的邵阳市第五届少数民族传统体育运动会在新邵县举行

（马艳超 供图）

2022年7月29日，中国社会帮扶网数字乡村平台试点总结推广座谈会在洞口县召开（邓永康 供图）

2022年8月21日，“2022年中国桨板黄金联赛暨第一届天子湖桨板公开赛”在邵阳县天子湖举办 （申兴刚 供图）

2022年8月25日，南山草原被国家文物局、国家林业局和草原局公布为全国第一批红色草原（李先奇 供图）

2022年11月24日，犬木塘水库枢纽工程右岸一期泄水闸土建施工完成 （曾爱武 供图）

2022年 11月17日，邵阳市欢送援邵抗疫医疗队返程仪式在市区爱莲广场举行

（申兴刚 供图）

# 首届湖南—东盟投资贸易洽谈会暨第五届东盟·湖南

2022年8月25日上午，首届湖南—东盟投资贸易洽谈会、第五届东盟·湖南（邵阳）名优产品交易会开幕式暨RCEP经贸合作主题论坛在邵阳体育中心举行 （敬娜娜 供图）

2022年8月25日，首届湖南—东盟投资贸易洽谈会暨第五届东盟·湖南（邵阳）名优产品交易会第一轮签约仪式举行

（申兴刚 供图）

# 邵阳）名优产品交易会

8月25—27日，首届湖南—东盟投资贸易洽谈会暨第五届东盟·湖南（邵阳）名优产品交易会在邵阳举行。大会以“抢抓RCEP新机遇，深化湖南东盟新合作”为主题，东盟10国及其他国家和地区的贵宾、邵商代表、企业高管参加。中国—东盟中小企业合作委员会秘书处落户邵阳。大会设置五大展区近400个展位，面积2万平方米，参展企业600家、专业采购商1000家，展品约1500种。现场签订合作项目80个，引进资金543亿元。

▲ 2022年8月25日下午，第六届全球邵商大会暨中国—东盟中小企业合作推进会举行（申兴刚 供图）

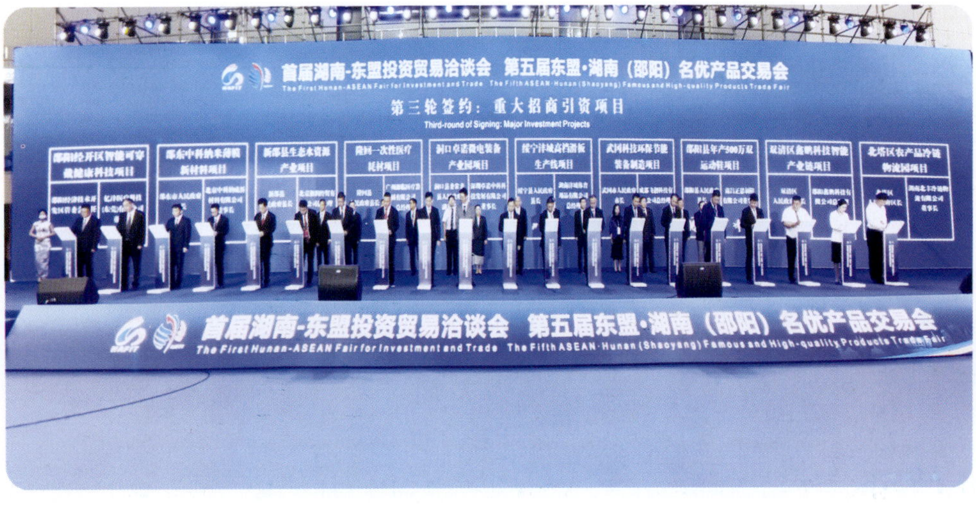


▶ 2022年8月25日，首届湖南—东盟投资贸易洽谈会暨第五届东盟·湖南（邵阳）名优产品交易会第三轮签约仪式举行（申兴刚 供图）

首届湖南—东盟投资贸易洽谈会、第五届东盟·湖南（邵阳）名优产品交易会、第六届全球邵商大会暨中国—东盟中小企业合作推进会邵阳经济技术开发区专场对接会现场

（岳洲洋　供图）

2022年8月25日，副省长李建中在邵阳市会见老挝驻华大使坎葆·恩塔万一行

（岳洲洋　供图）

2022年8月25日，湖南—东盟企业代表、湖南中伟控股集团有限公司董事长邓伟明在RCEP经贸合作主题论坛上作视频发言

（申兴刚　供图）

▲ 2022年8月25日，中国工程院院士刘良在RCEP经贸合作主题论坛上作视频发言 （申兴刚 供图）

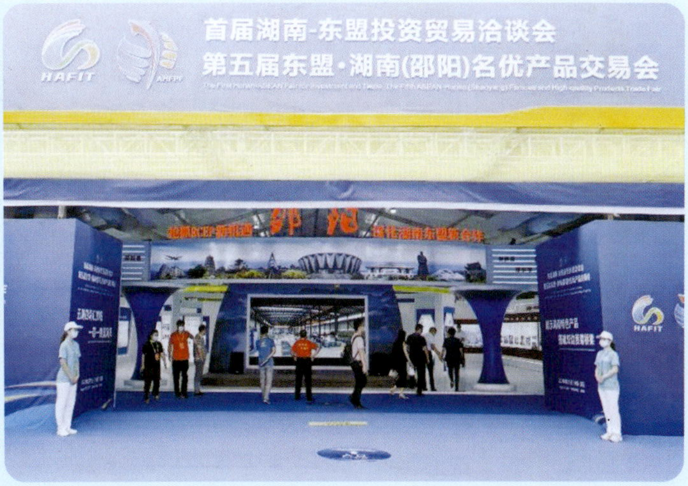


▲ 首届湖南—东盟投资贸易洽谈会暨第五届东盟·湖南（邵阳）名优产品交易会现场 （肖品 供图）

▲ 2022年8月26日上午，市委书记严华（前中）在名优产品交易会现场巡馆

2022年8月25—27日，首届湖南—东盟投资贸易洽谈会暨第五届东盟·湖南（邵阳）名优产品交易会“邵阳红”商品展区

（申兴刚　供图）

首届湖南—东盟投资贸易洽谈会暨第五届东盟·湖南（邵阳）名优产品交易会泰国商品展区

（申兴刚　供图）

首届湖南—东盟投资贸易洽谈会暨第五届东盟·湖南（邵阳）名优产品交易会青年志愿服务活动掠影

（肖品　供图）

# 首届邵阳旅游发展大会

2022年11月30日至12月1日，“美在邵阳 浪漫崀山”首届邵阳旅游发展大会在新宁县举行。大会为期两天，包括开幕式、文旅项目考察、旅游发展大会主题展示和邵阳旅游产业发展推进会四大主体活动，以及邵阳市文旅产品展示周、邵阳人游崀山活动、2022首届湖南（邵阳）文化旅游美食消费季等配套活动。

▲2022年11月30日，“美在邵阳 浪漫崀山”首届邵阳旅游发展大会在新宁县舜皇里景区开幕　（申兴刚　供图）

▲2022年12月1日，邵阳市旅游产业发展推进会在新宁县召开　（邵阳新闻网　供图）

▲2022年11月29日，首届邵阳旅游发展大会展览馆在新宁县舜皇里景区开展　（唐文林　供图）

▲2022首届湖南（邵阳）文化旅游美食消费季——新宁崀山脐橙宴 （申兴刚 供图）

▲首届邵阳旅游发展大会展览馆非物质文化遗产展示——洞口高沙陶器 （申兴刚 供图）

▲2022年11月29日，绥宁县少数民族在首届邵阳旅游发展大会展览馆欢歌 （申兴刚 供图）

# 目 录 >>>

## 邵阳市人民代表大会

## 邵阳市人民政府

## 中国人民政治协商会议邵阳市委员会



## 中共邵阳市纪律检查委员会 邵阳市监察委员会



## 民主党派与工商联

## 群众团体

## 法治



## 军 事

## 综合监督管理

## 工业和信息化

## 开发区



## 商贸流通

## 金　融

## 交通·邮政·通信



## 城乡建设

## 生态环境



## 教育·科技

## 卫生健康与医疗

## 人　物



## 统计资料



## 附　录



## 索　引

# 特 载

# 在市委经济工作会议上的讲话

中共邵阳市委书记 严 华

（2022 年 12 月 26 日）

同志们：

这次市委经济工作会议的主要任务是，深入学习贯彻党的二十大和中央、省委经济工作会议精神，总结 2022 年我市经济工作，分析当前经济形势，部署 2023 年经济工作。刚才，学健市长作了讲话，大家要抓好贯彻落实。

中央经济工作会议是贯彻落实党的二十大精神、推进现代化国家建设开好局起好步的一次重要会议。习近平总书记的重要讲话，思想深邃、内涵丰富，深刻指出了当前和未来我国经济乘风破浪前行的关键所在，明确提出了明年经济工作的总体要求、主要目标、政策取向和重点任务，为我们做好经济工作提供了根本遵循。省委经济工作会议全面贯彻中央经济工作会议精神，对明年全省经济工作进行了安排部署，为我们做好工作提出了明确要求。各级各部门要提高政治站位，忠诚拥护“两个确立”、坚决做到“两个维护”，坚持把学习贯彻中央、省委经济工作会议精神，与学习贯彻党的二十大精神有机结合起来，不断提高政治判断力、政治领悟力、政治执行力，切实以“闯”的精神、“创”的劲头、“干”的作风，推动中央和省委决策部署在邵阳落地落实。

下面，我讲五点意见：

## 一、充分肯定今年经济工作，保持高质量发展的定力

2022 年是我市发展史上极不平凡的一年。面对多轮疫情冲击、历史罕见高温干旱天气、经济下行压力加大等诸多挑战，我们认真学习贯彻落实党的二十大和习近平总书记对湖南重要讲话重要指示批示精神，在省委、省政府坚强领导下，坚决贯彻“疫情要防住、经济要稳住、发展要安全”重要要求，统筹疫情防控和经济社会发展，统筹发展和安全，经济运行持续恢复向好。

**一是稳经济大盘有力有效。**落实国省稳住经济一揽子政策及措施，举行两次重大项目集中开竣工活动，开竣工 5000 万元以上重大项目 243 个、总投资 878.67 亿元。出台促消费若干措施，发放消费券 2071 万元，拉动消费 15 亿元。预计全年地区生产总值 2650 亿元、同比增长 5.5%，规模以上工业增加值增长 7.2%，固定资产投资增长 9%，一般公共预算收入增长 7.6%，社会消费品零售总额增长 2.6%，全体居民人均可支配收入增长 6%。

**二是“三个高地”加快建设。**全市总投资亿元以上产业项目达到 327 个，九大产业链完成规模工业总产值将突破 2800 亿元，特色轻工总产值超过 1000 亿元大关，新增规模工业企业、市场主体总量分别居全省第 2、第 4，培育国家级专精特新“小巨人”企业 9 家、省级 99 家，新增高新技术企业 120 家。“数字邵阳”深入推进，数字经济提速增效；“高效 G8.5+ 基板玻璃”“高端海洋装备”等 6 个项目列入湖南省重大科技创新项目，全社会研发经费同比增长 56%、排全省第 2。成功举办首届湖南——东盟投资贸易洽谈会暨第五届东盟·湖南（邵阳）名优产品交易会、第六届邵商大会等重大活动，加大对外贸易合作，对非进出口总额全省第 2。邵阳经开区成为千亿园区，邵东市入选 2022 中国县域发展潜力百强县。

**三是乡村振兴全面推进。**全年完成粮食总播种面积 748.73 万亩、总产量 330.97 万吨，均居全省第 2。巩固拓展脱贫攻坚成果同乡村振兴有效衔接，就业帮扶车间建成总量、吸纳就业总量以及吸纳脱贫劳动力就业总量三项指标居全省第 1。全市 3421 个村经营性收入超 5 万元、11 个村经营性收入超 100 万元。隆回县在国家乡村振兴局召开的 2022 年考核评估工作会议上，就挂牌督办整改作经验交流发言，并经验收评估成功摘牌。

**四是民生福祉持续改善。**健康邵阳稳步推进，争取亿元以上医疗卫生重大项目 30 个、总投资 84.9 亿元。在 2022 年全省城市文明程度指数测评中，我市居全省五个提名城市中的第二名。全市民生支出占一般公共预算支出七成以上，省、市重点民生实事全部完成，基本养老、医疗、工伤、失业等保险应保尽保。“双减”工作扎实推进，义务教育学科类校外培训机构压减率 85.88%，工作经验获教育部双减办推介。市区环境空气质量综合指数改善幅度、环境空气 PM2.5 浓度均值改善幅度均居全省第 1，市区有望首次全年达到国家空气质量二级标准。在全省率先完成市县乡村四级林长制体系建设，南山国家公园设立“两方案一报告”通过国家林草局组织的专家评审，完成设立前全部审核工作。

**五是社会大局和谐稳定。**统筹防范各领域风险隐患，积极防范化解政府债务风险，我市是全国首批通过整体承接方式化解恒大问题项目风险的城市之一。社会治理六项重点工作扎实开展，生产安全事故、学生溺水事故大幅下降，扫黑除恶、缉毒执法、交通顽瘴痼疾整治等成效稳居全省前列，“背包式”调解工作法全国推介。

自建房安全专项整治“百日攻坚行动”综合排名全省第3。全国市域社会治理现代化试点合格城市试点任务基本完成，我市被评为2022年全省平安建设先进市。

**二、准确把握机遇和挑战，坚定高质量发展的信心决心**

善于观大势、谋大局、抓大事，是习近平总书记一贯倡导的重要思想方法和工作方法。做好经济工作，必须始终胸怀两个大局，切实增强责任感和紧迫感，牢牢掌握发展主动权。

**一要认识发展形势，坚定发展信心。**从全球来看，乌克兰危机延宕发酵，全球贸易形势不容乐观，大宗商品价格高位波动，粮食和能源安全问题突出，世界经济可能面临滞胀局面，外部环境不稳定、不确定、难预料成为常态，但新一轮科技革命和产业变革加速发展，经济数字化、智能化、绿色化转型加速推进，全球产业链供应链面临调整重构。从国内来看，虽然我国经济恢复基础尚不牢固，需求收缩、供给冲击、预期转弱三重压力仍然较大，初级产品价格高位波动、产业链供应链运行不畅、企业生产经营活动受阻等影响经济增长；但我国经济韧性强、潜力大、活力足，长期向好的基本面没有变，叠加国家政策持续加力，特别是党的二十大极大振奋了全国各族人民的精气神，明年经济运行有望总体提升。从全省来看，虽然产业整体处于新旧交替的关键阶段，传统优势产业面临市场“天花板”和转型升级压力；但区位、科教、人力、产业、市场等方面优势进一步凸显，经济加快发展的支撑良好、潜力巨大。从我市来看，虽然今年经济的增长低于预期，但全市市场主体数量持续增加、产业恢复发展的态势持续巩固，区位交通优势日益明显，发展条件日臻完善，将为推动经济整体好转提供强大动力。

**二要顺应发展大势，抢抓发展机遇。**一是重大战略实施带来的机遇。中央经济工作会议提出，深入实施区域重大战略和区域协调发展战略，可以预见“一带一路”、中部崛起、长江经济带、西部陆海新通道等国家发展战略，将持续给予政策加持；省委经济工作会议提出，加强湘南湘西承接产业转移示范区建设，继续实施湘西地区开发战略，将持续注入强劲动能。二是中央宏观政策带来的机遇。中央坚持稳字当头、稳中求进，从财政、货币、产业、科技、社会五大政策方面提出要求，存量政策该延续的延续、该优化的优化，增量政策将在明年陆续出台，政策叠加发力、同向发力，政策效应将持续显现。三是产业集聚发展带来的机遇。九大重点产业、十大农业优势特色产业加速发展，老工业基地调整改造、产业基础能力持续增强，全力打造中国邵阳特种玻璃谷，特别是湖南邵虹基板玻璃项目顺利通过国家窗口指导，全国第三大电子玻璃基地有望落地邵阳，产业集聚效应日渐凸显。

**三要正视发展劣势，补齐发展短板。**坚持问题导向，全力破解我市高质量发展中的堵点、难点，扬长避短、扬长克短、扬长补短。一是经济下行压力依然较大，发展不平衡不充分问题比较突出；财政收支压力增大，财政总量较小，刚性支出增加，可用财力不足。二是产业结构需进一步优化，高端化、智能化、绿色化、数字化发展较为薄弱；科技创新能力不强、科技投入不足，人才总量不大，高层次人才缺乏。三是民生领域还有不少历史欠账，稳就业稳收入压力加大；生态环境治理能力有待提升。四是风险防控难度增加，防范和化解政府债务风险的任务依然艰巨；社会治理风险点较多，安全生产、防汛抗旱、森林防火等领域风险防控还需持续加力，防风险、保安全、守底线压力较大等。

我们要用全面、系统、辩证、长远的眼光看待当前形势，既要看到严峻复杂的一面，更要看到有利因素和条件，既要增强风险意识、忧患意识，又要增强机遇意识、进取意识，保持战略定力，在危机中育先机、于变局中开新局，努力实现更高质量、更有效率、更加公平、更可持续、更为安全的发展。

**三、准确把握明年经济工作总体要求，努力在经济高质量发展上闯出新路子**

明年是贯彻党的二十大精神开局之年，做好经济工作意义重大。总体要求是：以习近平新时代中国特色社会主义思想为指导，全面贯彻党的二十大和中央、省委经济工作会议精神，深入落实习近平总书记对湖南重要讲话重要指示批示精神，坚持稳中求进工作总基调，完整、准确、全面贯彻新发展理念，服务和融入新发展格局，着力推动高质量发展，全面落实“三高四新”战略定位和使命任务，更好统筹疫情防控和经济社会发展，更好统筹发展和安全，全面深化改革开放，大力提振市场信心，把实施扩大内需战略同深化供给侧结构性改革有机结合起来，突出做好稳增长、稳就业、稳物价工作，有效防范化解重大风险，推动经济运行整体好转，实现质的有效提升和量的合理增长，为全面建设社会主义现代化新邵阳开好局起好步。

明年主要预期目标是：地区生产总值增长7.5%左右，规模工业增加值增长8%，固定资产投资增长10%以上，地方一般公共预算收入增长8.5%，社会消费品零售总额增长8%。居民消费价格涨幅3%以内。城镇新增就业4.5万人，城镇调查失业率控制在5.5%以内，居民收入增速高于经济增速。粮食产量332万吨以上。生态环境质量持续改善。

地区生产总值增长确定为7.5%左右，主要有四点考虑：一是对标中央要求、紧跟全国步伐的需要。今年经济增长低于预期，客观上造成基数相对较低，中央提出明年经济运行有望总体回升，强调推动经济运行整体好转。这个预期增长目标具备合理增长的支撑条件。二是保持积极态势、服务全省大局的需要。这个预期增长目标，符合我市发展现状和多年增速高于全省平均水平的态势，是通过全市上下共同努力能够实现的指标，兼顾了可能性与可行性。三是改善市场预期、提振发展信心的需要。新冠疫情三年来，我市经济平均增速为6%左右，明年增长预期目标高于三年平均增速1.5个百分点，有利于传递积极信号，提振发展信心，充分调动各方面积极性，凝心聚力搞好经济建设。四是实现赶超进位、保持中高速增长的需要。市第十二次党代会提出，到2026年，经济发展更加强劲，综合实力赶超进位；市“十四五”规划明确，地区生产总值年均增速为7.5%；同时市委十二届四次全会提出到2035年人均地区生产总值达到中等发达国家水平，都需要保持经济中高速增长。

做好明年经济工作，中央明确了“六个统筹”，庆伟书记提出了“六个坚持”。我们要在深刻领会、抓好落实的基础上，重点把握好五个方面：一是必须坚持稳字当头、稳中求进。科学把握“稳”和“进”的辩证关系，抓住“稳”的着力点，找准“进”的发力点，在“稳”的基础上，把握好工作节奏和力度，努力实现质量、结构、效益等各方面的“进”，做到以“稳”求“进”，以“进”固“稳”，确保经济实现质的稳步提升和量的合理增长。二是必须坚持高质量发展不动摇。完整、准确、全面贯彻新发展理念，着力推动经济发展质量变革、效率变革、动力变革，坚决摒弃路径依赖、惯性思维，不断挖掘内需潜力，坚定不移推进绿色低碳循环发展，加快构建现代化经济体系，以高质量发展推进中国式现代化的邵阳实践。三是必须坚持深化改革开放。深入推进改革创新，坚定不移扩大开放，切实把深化供给侧结构性改革贯穿经济工作全过程，努力在深层次改革和高水平开放上取得更大突破，不断增强高质量发展的动力和活力。四是必须坚持统筹协调、系统推进。加强前瞻性思考、全局性谋划、战略性布局、整体性推进，遵循经济规律，坚持实践标准，统筹当前和长远，统筹疫情防控和经济社会发展，把握好各方面因素的关联性和耦合性，促使各领域发展有机统一、协同推进。五是必须坚决守住安全发展底线。增强忧患意识，树牢底线思维，积极应对风险和挑战，把困难估计得更充分一些，把风险思考得更深入一些，注重堵漏洞、强弱项，打好防范和抵御风险的有准备之战，以新安全格局保障新发展格局。

## 四、抓住重大关键环节，全力以赴做好明年经济工作

坚持系统观念、守正创新，从改善社会心理预期、提振发展信心入手，推动经济实现整体好转、风险得到有效管控、社会大局保持稳定。

**1. 着力扩大内需。**深入实施扩大内需战略，统筹供给侧结构性改革和扩大内需，通过高质量供给创造有效需求，以多种方式和渠道扩大内需。要促进消费回暖复苏。持续强化消费基础性作用，激发消费潜力，升级传统消费、壮大新兴消费、拓展服务消费、激活城乡消费，合理增加消费信贷。大力推动“文生旅”融合发展，办好第二届邵阳旅游发展大会。要改善消费条件，培育新增“限上”商贸流通企业，支持住房改善、新能源汽车、养老服务、教育医疗体育服务等消费。要创新消费场景，打造时尚消费、品质消费，鼓励新业态新模式新场景消费。要持续扩大有效投资。实施基础设施提质升级工程，加快构建现代化基础设施体系。大力推进犬木塘水库、邵永高铁等重大基础设施项目建设，实施城市更新行动、乡村建设行动，加大科技和产业投资。加强项目储备和前期工作，强化重大项目要素保障，加快专项债券项目实施。更好发挥财政资金引导与撬动作用，放宽民间投资市场准入，激发民间投资活力，带动全社会投资。要发展现代物流体系。实施物流发展“强基补链”工程，提高冷链物流发展水平。优化城乡物流配送网络，完善以县城为中心、乡镇为重点、村为基础的农村商业体系，打造网销“一县一品”品牌，畅通城品下乡、山货进城、电商进村通道。

**2. 着力加快建设现代化产业体系。**坚持把发展经济的着力点放在实体经济上，大力提升产业链供应链韧性和安全水平。要加快产业体系升级。持续发展壮大九大产业集群，大力建链补链延链强链，加快发展新型显示产业链；深入实施产业基础再造、产业发展“千百十”工程，推动制造业高端化、智能化、绿色化发展，加快构建优质高效服务业新体系，推进沪昆百里工业走廊提质增效，打造湘南湘西承接产业转移和特色优势产业集聚区。要大力发展数字经济。发展“大智移云”等新一代信息技术，深化“5G+工业互联网”融合应用，推进数字产业化、产业数字化，促进数字经济与实体经济融合。要推进“五好”园区建设。完善“以亩产论英雄”评价激励机制，科学合理规划，提高土地利用率，提升项目签约落地率、开工竣工率和投产达效率，提升园区综合实力和承载力，建设一批特色产业园区。要培育壮大市场主体。持续开展市场主体培育和“纾困增效”专项行动，切实减轻企业负担。扎实推进优质企业梯度培育工程，继续推进新增规模以上工业企业行动，加强中小微企业管理服务，持续推动“个转企、小升规、规改股、股上市”。

**3. 着力强化创新驱动发展。**把创新摆在核心位置，为打造具有核心竞争力的科技创新高地作出更多邵阳贡献。要建设高质量教育体系。加快义务教育优质均衡发展和城乡一体化，推进“双减”走深走实，强化学前教育、特殊教育普惠发展，加强县域普通高中建设，推动高中阶段学校多样化特色化发展。支持邵阳学院“双一流”和邵阳职院、湘中幼专“双高”建设，深入实施职业教育“楚怡”行动，加快构建现代职业教育体系。要推进关键核心技术攻关。深入实施“卡脖子”技术攻关行动，抓好创新平台建设，培育建设一批重点实验室、工程研究中心、企业技术中心以及新型研发机构，加强共性技

术服务平台建设，大力支持邵阳先进制造技术研究院、邵东智能制造技术研究院等平台建设。强化企业创新主体地位，实施创新主体增量提质计划，加强企业主导的产学研用金协同创新、深度融合，提高科技成果转化和产业化水平。要激发各类人才创新活力。发挥好邵阳籍院士、上市企业高管的作用，深入实施“宝庆人才”行动，支持青年人才牵头承担重大科技攻关任务，抓紧培养造就急需的拔尖创新人才。要着力营造良好创新生态。完善党对科技工作统一领导的体制，加大科技投入，强化知识产权保护和应用，形成崇尚创新的社会氛围。支持邵东争创国家级创新型县（市）、全国县级总部经济国际合作先行区，打造全省创新开放崛起示范区。

**4. 着力推动民营经济高质量发展。**切实落实“两个毫不动摇”，全力推动民营经济做大做强。要提振民营企业信心。这是稳预期的重中之重。大力宣传民营经济重要作用，持续开展“民营企业家沙龙”“送政策、解难题、优服务”“企业家接待日”“政银企对接早餐会”等活动，全面落实各项扶持政策，真正解决历史遗留问题、解决思想包袱。要促进民营经济发展壮大。扎实推进民营经济“六个一”工作，支持民营企业加快技术创新、管理创新、产品创新，持之以恒锻造邵商品牌，积极培育、扶植本土民营企业成为“中国民营企业500强”。要优化民营企业发展环境。依法保护民营企业产权和企业家权益，坚决防止利用刑事手段干预经济纠纷。降低融资成本，激发融资需求，增强信贷总量增长的稳定性。完善公平竞争制度，转变政府职能，做到依规办事不求人、方便快捷少跑腿。

**5. 着力深化改革开放。**始终坚持社会主义市场经济改革方向，激发市场活力和社会创造力。要推进重点领域改革。深化要素市场化、投融资体制、供销合作社、建设工程审批制度、事业单位等重点改革，建设高标准市场体系。巩固国企改革三年行动成果，完成已启动改制企业清零扫尾工作；加大企业重组整合力度，加快建立现代企业制度，支持产发投等国企做大做强。要大力推进招商引资。要抢抓岁末年初的重要时机，早谋划、早对接，持续开展“迎老乡、回故乡、建家乡”，推动以情招商、以商招商。强化产业链精准招商，更大力度吸引和利用外资，着力引进“三类500强”、头部企业、上市公司、外贸实体龙头企业。推动常态化走出去招商引资，营造市场化、法治化、国际化一流营商环境，推动招商引资从规模数量型向质量效益型转变。要高水平扩大对外开放。积极融入西部陆海新通道建设，加强与粤港澳、东盟等地的深度合作，推动湖南——东盟投资贸易洽谈会长期落户邵阳，打造湖南对接东盟的“桥头堡”。全方位对接湖南自贸区建设，积极服务以“强省会”战略、长株潭都市圈建设为重点的区域发展新格局。

**6. 着力推动城乡协调发展。**坚持城乡一体、区域协同，促进各类要素资源合理流动和高效集聚。要全面推进乡村振兴。把保障粮食和重要农产品稳定安全供给作为建设农业强市的头等大事，全面落实粮食安全党政同责，深入落实田长制，扎实做好承包期再延长30年的各项工作，推动高标准农田扩面提质，实施新一轮粮食产能提升行动，确保明年粮食产量332万吨以上。全面实施种业振兴行动，推进优质稻、瓜类、柑橘等育种攻关，加快武冈鱼类健康养殖科研基地成果转化。大力提升农业科技水平，强化粮食生产装备支撑，大力发展设施农业，提高我市农业机械化水平。推进农业产业特色发展，优化“一县一特”“一特一片”布局，不断擦亮“邵阳红”优质农产品品牌。一体推进农业现代化和农村现代化，持续巩固脱贫攻坚成果，坚决防止出现规模性返贫，抓好农村人居环境整治提升，建设宜居宜业和美乡村。要促进区域协调发展。优化国土空间发展格局，构建优势互补、高质量发展的区域经济布局和国土空间体系。优化细化城镇主体功能区，激发城市动力活力。加快建设现代化“双百”城市，协同推进东部城市群和西部生态圈发展。用好房地产政策工具，坚持“一城一策”“因城施策”，积极支持满足刚性和改善性住房需求。要推进新型城镇化。加快域镇老旧小区、老旧燃气管道等更新改造，打造宜居、韧性、智慧城市。推进以县城为重要载体的城镇化建设，促进特色小镇规范健康发展，坚持宜农则农、宜工则工、宜商则商、宜旅则旅，大力发展比较优势明显、带动能力强、就业容量大的特色产业，壮大县域经济规模。

**7. 着力推动绿色发展。**持续深入打好蓝天、碧水、净土保卫战，协同推进降碳、减污、扩绿、增长，建设美丽邵阳。要加快发展方式绿色低碳转型。协同推进产业结构、能源结构、交通运输结构等调整优化，推进一、二、三产业绿色转型和低碳发展，推进节能降碳先进技术研发和推广应用。深入开展绿色生活创建行动，推动形成绿色低碳的生产方式和生活方式。要深入推进环境污染防治和生态修复。打好污染防治攻坚战，全力推进环保督察、长江经济带生态警示片、洞庭清波交办问题整改，开展重点行业土壤污染整治，加强农用地土壤污染源头管控和受污染地块安全利用。深入落实河湖林长制，全面落实长江流域“十年禁渔”，推进资江、邵水流域系统治理。着力建设以国家公园为主体的自然保护地体系，加快南山国家公园命名设立。要积极稳妥推进碳达峰碳中和。落实国家碳排放达峰行动计划和省“碳达峰十大行动”，推进能耗“双控”向碳排放量总量和强度“双控”转变，参与碳排放权市场化交易，提升生态系统碳汇能力。加快实施重点行业企业节能降碳改造，坚决遏制“两高”项目盲目发展。深入推进能源革命，支持能源供销体系建设，大力发展可再生能源，加快重大能源基础设施建设，提升能源供应保障能力。

**8. 着力保障和改善民生。**采取惠民生、暖民心的举措，切实解决好人民群众急难愁盼问题。要持续稳就业保就业。落实就业优先政策，把促进青年特别是高校毕业生就业工作摆在更加突出的位置，统筹做好重点群体就业工作。加强就业技能培训，支持和规范发展新就业形态，构建和谐劳动关系。要不断完善社会保障体系。健全多层次社会保障体系和特殊群体关爱服务体系，扩大养老保险覆盖范围，健全重大疾病医疗保险和救助制度，发展商业保险，完善社会救助制度。巩固社保基金专项整治成效，健全监管体系，确保社保基金绝对安全。要扎实推进健康邵阳建设。持续深化医药卫生体制改革，积极推动县域紧密型医共体、湖南省国家中医药综合改革示范区先导区建设，推动优质医疗资源扩容下沉和区域均衡布局。制定实施“一老一小”整体解决方案，加快托育机构达标及全覆盖建设，推进全民健身。要切实加强基本民生保障。不断完善工资合理增长、最低工资标准调整等机制，提高居民收入和劳动报酬比重，实现居民收入增长高于经济增速，保障好因疫因灾困难群众和老弱病残等特殊群体的基本生活，努力办好民生实事。

**9. 着力统筹发展和安全。**坚持未雨绸缪，强化风险监测预警，把矛盾化解在前面，将隐患消灭于萌芽状态。要科学精准抓好新阶段疫情防控。更加科学、精准、高效做好疫情防控，做好过渡期管理，加强基层防疫能力建设，着力保健康、防重症，坚决防范次生灾害和极端事件，确保平稳转段。要积极防范化解重大风险。统筹抓好意识形态、公共安全和粮食、能源资源等方面风险排查处置，有效化解房地产、金融、地方政府债务等领域风险，坚决守住不发生系统性风险底线。严格落实安全生产责任制，深入开展居民自建房、高层建筑、园区企业、消防安全、烟花爆竹等重点领域风险排查整治，确保人民群众生命财产安全。要切实维护社会稳定。加强和创新社会治理，持续做好社会治理六项重点工作，巩固拓展“一村一辅警”“邵阳快警”创新成果，有力推动治理体系和治理能力现代化。坚持和发展好新时代“枫桥经验”，加快构建多元纠纷解决机制。突出打击治理电信诈骗、非法集资和黄赌毒，常态化开展扫黑除恶斗争，确保社会大局安全稳定。

## 五、全面加强党对经济工作的领导，确保各项任务举措落细落地

做好经济工作，关键在党，关键在干部，关键在落实。全市广大党员干部要牢固树立“不抓落实就是失职，抓不好落实就是不称职”的理念，对确定的事情不等不拖、如期落实，安排的工作真抓实干、坚决兑现。

**1. 深入学习贯彻落实党的二十大精神。**要入心入脑全面学习，始终把“两个确立”“两个维护”作为最高政治原则和根本政治规矩，坚定不移沿着习近平总书记指引的方向奋勇前进。要完整准确全面把握，始终做习近平新时代中国特色社会主义思想的坚定信仰者、忠实践行者，主动从中找思路、找方法、找答案，用以指导和推动经济社会高质量发展。要强化担当全面落实，紧扣党的二十大、中央和省委经济工作会议决策部署，一条一条研究透，一项一项对接好，确保干在实处、走在前列。

**2. 努力提高推动经济发展的能力水平。**领导干部要带头学经济、懂经济、抓经济，学深悟透习近平经济思想，提升驾驭经济工作的能力。要坚持理论联系实际，大兴学习之风，更新知识层次、重塑知识结构，努力提高领导经济工作的科学化、法治化水平和专业化能力，努力成为行家里手。要注重开展调查研究，多到基层一线、项目建设现场，听取干部群众和市场主体意见，为科学决策、精准施策提供可靠依据。

**3. 大力弘扬真抓实干的优良作风。**要全面激发干事创业活力，让干部敢为、地方敢闯、企业敢干、群众敢首创在邵阳成为一种自觉、一份特质、一道风景。各级干部始终保持一股想干事的热情、要干事的激情、能干事的豪情，自觉服务群众、服务企业、服务基层，坚持清单化、项目化、工程化推进工作，做到说一件、算一件，干一件、成一件，全面推进实力量级上台阶、区域位次有提升。

**4. 压紧压实做好经济工作的责任。**各级党委、政府要落实主体责任，党政“一把手”要既挂帅、又出征。全市上下要牢固树立“一盘棋”思想，抓好政策指导、要素供给、服务保障，汇聚起加快发展的强大合力。各级各部门要把每一项任务具体到项目、落实到岗位、量化到个人，建好台账、每月对账、年底交账，真正做到以月保季、以季保年。要坚持激励鼓劲、问责惩戒两手抓、两手硬，健全党员干部担当作为的激励和保护机制，坚决反对形式主义、官僚主义，问责和惩处不干实事、弄虚作假、失职渎职的干部。要发挥好绩效考核指挥棒作用，科学完善考核指标体系，充分调动各方面积极性主动性创造性。要加强舆论引导，大力宣传党中央和省委关于经济社会发展的决策部署，正确引导社会心理预期，营造昂扬向上、团结奋斗的良好氛围。

当前正值岁末年初，要统筹做好收官开局各项工作。要对照年初计划和指标安排，盘点梳理各项任务完成情况，强化工作调度、尽快补缺补漏，确保今年圆满收官、明年精彩开局。要精心筹备开好市县人大、政协“两会”，确保开出好风气、开出新气象。要认真做好元旦春节期间有关工作，确保重要民生商品保供稳价、煤电油气运保障供应，开展“两节”走访慰问，加强困难群众兜底帮扶，有效保障农民工工资发放，确保群众温暖过冬。要持续推进正风肃纪，严防“节日腐败”，以好作风好形象奋进新时代。要保持社会稳定，抓紧抓实安全生产和防灾减灾工作，积极应对可能出现的雨雪冰冻极端天气，坚决遏制重特大事故发生，切实守护人民群众生命财产安全。

同志们，奋斗永无止境，实干铸就未来。让我们更加紧密地团结在以习近平同志为核心的党中央周围，

在省委、省政府的坚强领导下，深入学习贯彻党的二十大精神，勠力同心、踔厉奋发，以经济社会高质量发展的实际成效，为建设社会主义现代化新湖南做出邵阳贡献！

# 政府工作报告

——在邵阳市第十七届人民代表大会第二次会议上

邵阳市人民政府市长 华学健

（2022 年 12 月 29 日）

**各位代表：**

现在，我代表市人民政府，向大会作政府工作报告，请予审议，并请各位政协委员提出意见。

## 一、2022 年工作回顾

2022 年是极为不易、极具考验、极其难忘的一年。面对多轮疫情、极端旱情、经济下行等诸多挑战，我们坚持以习近平新时代中国特色社会主义思想为指导，统筹疫情防控和经济社会发展，统筹发展和安全，在省委、省政府和市委的坚强领导下，在市人大、市政协的监督支持下，全面落实“三高四新”战略定位和使命任务，全力推进“三大支撑八项重点”，较好完成了年初确定的目标任务。

这一年，我们有力有效稳住经济大盘，全市经济社会发展总体平稳、稳中有进、进中向好。实现地区生产总值 2650 亿元（预计数，下同）、增长 5.5%，规模以上工业增加值增长 7.2%，进出口总额增长 8%，固定资产投资增长 9%，地方一般公共预算收入增长 7.6%，社会消费品零售总额增长 2.6%，全体居民人均可支配收入增长 6%。有力有效应对疫情冲击，坚决果断、精准高效处置“市区 4·18”“邵阳县 10·15”等突发疫情，守护了人民群众的生命安全和身体健康。有力有效战胜罕见旱灾，推行“六水抗旱”举措，确保城乡用水不断供、主粮作物不减产，实现“大旱之年无大灾”。有力有效聚集发展动能，获批中央财政支持普惠金融发展示范区、国家电信普遍服务试点城市，纳入湖南省国家中医药综合改革示范区先导区，湖南邵虹基板玻璃项目顺利投产并通过国家窗口指导，居家和社区基本养老服务项目入选全国第二批提升行动计划，邵阳迎来更多发展机遇。有力有效深化开放合作，成功举办首届湖南—东盟投资贸易洽谈会、第六届邵商大会、首届邵阳旅游发展大会、“军工邵阳行”等重大活动，邵阳“朋友圈”越来越大，开放合作之路越走越宽。有力有效打造邵阳名片，南山国家公园正式被国务院列为国家公园候选区，国家森林城市评估通过，邵阳老工业基地调整改造荣获国务院“真抓实干”督查激励，邵东入选全国县域经济综合实力百强县，绥宁成功创建全国第六批生态文明建设示范区，武冈创成全国未成年人保护示范县（市），有力提升了邵阳影响力和美誉度。

一年来，主要做了以下工作：

**（一）全力以赴扩内需稳增长。**有效投资持续扩大。争取中央及省预算内资金 20 亿元、地方政府专项债 81.7 亿元、设备贷 15 亿元。开展“项目建设大比拼”活动，34 个省重点项目完成投资 253.6 亿元、326 个市重点项目完成投资 629.6 亿元，其中 6 个省级重大产业项目完成投资 52 亿元。白新、新新、永新、城龙 4 条高速公路完成投资 107 亿元。犬木塘水库完成投资 23 亿元。邵阳火车站综合交通枢纽工程完成投资 6 亿元。市场主体稳定增长。实施“五大培育”行动，市场主体总量达 45.6 万户、其中企业 10.3 万户，分别居全省第 4、第 2；规模工业企业 2227 家、新增 171 家，均居全省第 2。扎实开展万名干部联万企“送政策、解难题、优服务”行动，常态化举办“企业家接待日”“民营企业家沙龙”“政银企早餐会”等活动，建立市级领导联系院士和上市企业高管制度，为各类市场主体减免税费 35.8 亿元、协调融资 85.3 亿元。消费活力有效释放。县县建有商贸物流配送中心，建成乡村快递物流站点 3.4 万个，行政村快递覆盖率达 92%。举办“湖南人游邵阳”旅游消费季、房地产交易展示会、汽车文化节等活动，发放消费券 2071 万元，拉动消费 12 亿元。

**（二）持之以恒抓产业增动能。**发展支撑力不断增强。能源方面，黄桥、五峰铺等 30 个输变电工程投运，全市电力稳定供应能力达 276 万千瓦、创历史新高；“气化邵阳”二期加快推进。新基建方面，启动建设移动大数据中心，新建 5G 基站 2666 座，政务云算力规模达 1.3 万核以上。全市深度上云企业 694 家、上平台企业 305 家，均居全省第 5。维克液压被工信部评为智能制造示范工厂，邵东智能制造研究院跻身国家中小企业公共服务示范平台，44 个项目入选湖南省制造业数字化转型“三化”重点项目。动力方面，建立科创服务平台 48 个，入库科技型中小企业 1262 家，培育专精特新“小巨人”企业国家级 9 家、省级 99 家，新增高新技术企业 120 家。“高效 G8.5+ 基板玻璃”“高端海洋装备”等 6 个项目列入湖南省重大科技创新项目；科瑞生物“植物源胆固醇”项目获全国颠覆性技术创新大赛最高奖。全社会研发经费投入 47.9 亿元，同比增长 70.9%、全省第 2。产业竞争力不断增强。深入推进产业发展“千百十”工程、新增规模以上工业企业行动、企业上市“金芙蓉”跃升行动，实施投资过亿元制造业项目 179 个、过 10 亿元制造业项目 21 个，全市产值过 10 亿元企业达 38 家。九大新兴优势产业链企业总数达 1635 家，特色轻工产业集群产值突破 1200 亿元。邵阳发制品、邵东小五金产业集群入选省级先进制造业集群；雀塘循环经济产业园获批省级工业固体废物综合利用示范基地。三一专汽新建全自动生产线，电动搅拌车、自卸车销量全国第 1。湘窖酒业 2 万吨酱酒项目一期建成投产，获评全省税收百强企业。魏源康复医院在新三板成功挂牌，29 家企业在湖南股交所挂牌。园区承载力不断增强。持续推进“五好”园区建设，入园企业 3849 家、新增 739 家，完成技工贸总收入 3058.3 亿元、增长 19.3%，上缴税金 78.1 亿元、增长 25.4%。邵阳经开区完成社会事业剥离改革，成功晋升千亿园区，获评省级“工业化和信息化融合试验区”。邵东经开区获评全省打造内陆地区改革开放高地先进园区。

**（三）坚定不移促改革扩开放。**改革攻坚多点突破。电力等要素市场化改革步伐加快。国企改革三年行动实现收官。市国投公司与市宝城投公司重组成立邵阳产业发展集团。河湖长制、林长制、田长制、路长制建设持续深化。治理抛荒三年行动全面完成。普惠金融改革稳步推进，发放涉农贷款 112.7 亿元、知识价值信用贷款 2.6 亿元。开放合作走深走实。首届湖南—东盟投资贸易洽谈会现场集中签约项目 80 个、投资额 543 亿元。邵阳东盟科技产业园一期开园、引进特色企业 39 家，邵阳中非经贸产业园加快建设、签约入园企业 9 家。军民融合持续深化，与省内 30 家军工单位达成合作协议项目 39 个，签约金额 46.7 亿元。开工建设铁路货栈查验场，建成进口商品展示交易中心。持续推进湘商回归工程，招引项目 300 个，其中亿元以上项目 144 个、“三类 500 强”项目 16 个。我市成为中非经贸深度合作先行区五大功能聚集区之一。营商环境优化提升。持续开展“营商环境提升年”活动，对损害营商环境行为“零容忍”，创建优化营商环境 110 平台，解决企业困难诉求 710 件，查处典型案例 26 件。深化“放管服”改革，下放邵阳经开区审批权限 124 项，梳理“一件事一次办”380 项。全面对接落实“湘易办”建设，邵阳迈入“掌上办事服务新时代”。全市到位内资 845 亿元、增长 13%，实际利用外资 3368 万美元、增长 1.5%。

**（四）统筹协调兴乡村强城镇。**乡村振兴全面推进。坚决扛牢粮食生产政治责任，保障重要农产品供给，新建高标准农田 53.1 万亩，完成粮食总播种面积 748.7 万亩，出栏生猪 700 万头，新增蔬菜面积 7.8 万亩。坚决守住不发生规模性返贫底线，选派驻村工作队 1516 支、4008 人，实现监测帮扶全覆盖；建成就业帮扶车间 1189 个、吸纳脱贫人口就业 1.3 万人，易地扶贫搬迁群众实现稳定就业 3.9 万人。隆回县挂牌督办整改成功摘牌。深入推进“六大强农”行动，“邵阳红”公共品牌建设持续推进，培育省级农业品牌 11 个、“两品一标”农产品 312 个；新增省级龙头企业 26 家；新增省级现代农业产业园 2 个、省级现代农业特色产业园 7 个。乡村建设扎实推进，提质改造干线公路 81.5 公里、农村公路 559 公里，维修养护农村集中供水工程 495 处；改厕 3.5 万座，拆除空心房 3.1 万户，农村人居环境持续改善。城市建设提质提效。加快推进城市更新，开工老旧小区改造项目 326 个，完成投资 9.9 亿元，惠及群众 3.3 万户；改造供水管网 70 公里、排水管网 148 公里、燃气管网 32 公里；提质改造城市主次干道 33 条。市城区新增停车泊位 1.7 万个。实施“超期安置清零行动”，累计交付 2800 户。建成数字城管平台，实施电动专用车运营试点，持续治理渣土、扬尘。深入开展冬季爱国卫生集中行动攻坚战，全域推进“三清二灭一拆改”。以城市提质助推文明创建，我市在全省 5 个全国文明城市提名城市年度测评中排名第 2。

**（五）用心用情办实事惠民生。**民生支出占一般公共预算支出七成以上。省、市 10 项重点民生实事全部完成。充分就业稳步推进。城镇新增就业 4.8 万人、失业人员再就业 3.9 万人、困难人员再就业 9800 人。农村转移劳动力就业 181.1 万人、新增 5.4 万人。社会保障持续巩固。城乡居民基本养老保险、基本医疗保险实现全覆盖，社保惠企政策全面落实，企业退休人员养老金连续 18 年上调。新建特困供养机构 3 个、新增护理型床位 300 张。住房保障更加坚实。出台促进房地产平稳健康发展 16 条措施，改造农村危房 2005 户，实施棚改 3462 套，交付公租房 1021 套，发放住房租赁补贴 14196 户。“交房即交证”改革扎实有效，惠及群众 6213 户。教育优先有效落实。新增公办义务教育学位 33480 个，完成率 127.1%；校外学科培训机构压减 353 个、压减率 85.9%，“双减”经验被教育部推介。邵阳工业职业技术学院、市十七中建设项目完成，楚怡学校顺利开工。邵阳职院等 8 所学校入选省楚怡“双高双优”建设单位。健康邵阳建设加快。基本药物制度综合试点稳步推进，紧密型县域医共体建设成效明显，“村乡县市”四级接诊网络建成，公立医院人均住院费用明显降低。医保 DIP 支付方式改革经验全国推介。文体事业发展提速。祁剧《种子方舟》、花鼓戏《豆腐西施》荣获湖南省第十五届精神文明建设“五个一工程”奖。广场舞《文明之花满人间》入围第十三届中国艺术节决赛。国家水上国民休闲运动中心落户邵阳县。成功举办邵阳市第五届少数民族传统体育运动会。民族团结进步示范市创建扎实推进。

**（六）久久为功治污染护生态。**重点攻坚深入推进。持续打好“蓝天、碧水、净土”保卫战，深入开展污染防治攻坚战“夏季攻势”“利剑”行动，全市空气质量优良天数323天，市城区空气质量首次达到国家二级标准，国控、省控断面水质全部达到2类标准，受污染耕地安全利用率、重点建设安全利用率均为100%、达到国家考核目标。问题整改扎实推进。中央环保督察反馈问题、长江经济带生态环境警示片披露问题等重点整治任务按时序完成。环境信访投诉举报件办结率、满意度均为100%。绿色发展有序推进。编制《邵阳市碳达峰实施方案》，全力推进节能降碳。绥宁、城步、新宁、洞口、隆回纳入国家协同推进沅水流域生态优先绿色发展实施区域。市水利局荣获全国水土保持工作先进集体。成功申报国家历史遗留废弃矿山生态修复示范工程项目，争取修复资金2.2亿元。建成乡镇污水处理厂53座、垃圾中转站26座，建制镇污水处理设施全覆盖。生活垃圾资源化利用和无害化处理稳步推进，新邵、邵东垃圾焚烧发电厂投产运行。高标准完成南山国家公园范围调整优化，城步、新宁11座小水电顺利退出。

**（七）综合施策防风险守底线。**在全省率先统筹推进安全生产、道路交通安全、防学生溺水、禁毒、反电诈、信访维稳等社会治理“六项重点”工作，全国市域社会治理现代化试点合格城市试点任务基本完成。安全底线盯紧守牢。扎实开展重点领域安全生产大排查大整治大攻坚，生产安全事故数、死亡人数均下降35.2%，学生溺水事故、溺亡人数分别下降94.4%、92.6%。自建房安全专项整治“百日攻坚行动”综合排名全省第3。有效应对19轮强降雨天气，实现零溃坝、零伤亡。超额完成政府年度化债任务，金融机构不良贷款率保持低位。疫情防控抓实抓细。平安建设扎实推进。扫黑除恶、缉毒执法、交通顽瘴痼疾整治等成效稳居全省前列，“一站式”矛盾纠纷调处化解中心建设加快，“背包式”调解工作法全国推介，全市重复信访率下降26.6%，人民群众安全感持续提升。我市获评全省平安建设先进市。

一年来，我们把迎接党的二十大胜利召开、学习宣传贯彻党的二十大精神这条主线贯穿工作全过程，以政治建设为统领，扎实推进全面从严治党，巩固拓展党史学习教育成果，出台《关于深入推进政府系统党风廉政工作全面加强自身建设的意见》，政府系统党的建设不断加强。树牢“事上见”工作导向，以“三重点”为抓手，实行清单式管理、讲评式推动、跟踪式落实，政府工作效能和基层执行力明显提升。推进法治政府示范创建，全面落实《邵阳市邵水保护条例》《邵阳市乡村清洁条例》等地方性法规，办理人大代表建议169件、政协提案282件，办结率、见面率、满意率均为100%。同时，退役军人事务、国防动员、人民防空、机关事务、民族宗教、外事侨务、地方志、气象、水文、档案、保密、对台、国安等工作取得新进展，老干、工会、青年、妇女、科协、残联、慈善、红十字、供销等事业有了新进步。

各位代表！成绩来之不易，是在习近平新时代中国特色社会主义思想科学指引下，在省委、省政府和市委的正确领导下，全市干部群众一道拼出来、干出来、奋斗出来的！在此，我代表市人民政府，向全市人民，向各民主党派、工商联、无党派人士、人民团体，向中央和省驻邵单位，向驻邵人民解放军指战员、武警官兵、政法干警、消防救援队伍指战员，向所有关心支持邵阳改革发展稳定的各界人士，表示衷心的感谢！

我们也清醒认识到，邵阳发展还存在一些困难和问题，主要是：经济下行压力较大，内部有效需求张力不够；市场主体信心偏弱，中小微企业困难较多；大项目带动作用不明显，扩大投资受到制约；科技创新动能不足，高质量发展的基础还不牢固；财政收支矛盾突出，基层“三保”压力大，民生领域还有不少短板弱项；防风险、保安全、守底线任务繁重，疫情冲击导致的各类衍生风险依然存在；少数政府工作人员担当意识、实干精神、专业能力不够强。对此，我们必须采取过硬措施加以解决。

## 二、2023年工作安排

2023年是贯彻落实党的二十大精神的开局之年，也是全面建设社会主义现代化国家的起步之年，做好全年工作意义重大。总体要求是：以习近平新时代中国特色社会主义思想为指导，全面贯彻党的二十大精神、中央经济工作会议精神，落实省委、市委经济工作会议部署要求，坚持稳中求进工作总基调，完整、准确、全面贯彻新发展理念，服务和融入新发展格局，着力推动高质量发展，全面落实“三高四新”战略定位和使命任务，更好统筹疫情防控和经济社会发展，更好统筹发展和安全，全面深化改革开放，大力提振市场信心，把实施扩大内需战略同深化供给侧结构性改革有机结合起来，突出做好稳增长、稳就业、稳物价工作，有效防范化解重大风险，推动经济运行整体好转，实现质的有效提升和量的合理增长，为全面建设现代化新邵阳开好局起好步。

主要预期目标是：地区生产总值增长7.5%左右，规模工业增加值增长8%，固定资产投资增长9%，地方一般公共预算收入增长8%，居民消费价格涨幅控制在3%以内。城镇新增就业4.5万人，城镇调查失业率控制在5.5%以内；居民收入增速高于经济增速。粮食产量332万吨以上。生态环境质量持续改善。

围绕上述目标，重点抓好以下工作：

**（一）全力扩大有效需求，加快推动经济稳定增长。**充分利用明年全国经济将整体好转的契机，打好提前量，下好先手棋，发挥投资的关键性作用和消费的基础性作用，开足马力，加快发展经济，筑牢建设现代化新邵阳的实力支撑。

持续扩大有效投资。推动基础设施项目数量、建设质量、投资总量“三量齐升”，加快构建现代化基础设施体系。交通、能源、水利等网络基础设施方面，开工建设邵永高铁，完成邵阳火车站扩改工程，加快新新、永新、城龙高速建设，实现白新高速竣工通车；继续推进“气化邵阳”二期工程建设，实现邵阳县—隆回—洞口、邵阳县—永州、邵东—双峰管网建成投运；加快邵阳东500千伏、隆回北220千伏输变电工程建设；实现洞口、武冈生活垃圾焚烧发电项目建成投产；推进风电、光伏、抽水蓄能等新能源项目建设，实现并网风电80万千瓦、光伏65万千瓦，建成隆回、大祥、武冈、城步四个储能电站；加快犬木塘水库、大圳灌区续建配套改造等项目建设，实现秀水水库竣工投用。产业升级基础设施方面，加快5G网络、移动大数据中心、数字经济产业园、政务云平台数据中心等数字新基建项目建设。推动三一专汽智能制造产业园、国际数控机械产业园、新经济产业园、邵阳经开区院士产业园等产业基础项目建设。加快推进邵阳国际商贸物流枢纽、跨境电商产业园、邵阳东货场大宗货物物流园等项目建设，大力发展农村电商、农村物流，推进农产品冷链物流强链补链。城市基础设施方面，加快推进城南天然气门站、液化天然气调峰站工程、桂花渡水厂提质改造等项目建设，提升城区水、电、气等基础设施保障能力，推进城市防洪闭合圈、中心城区排水防涝、污水设施提质改造等工程建设，完善城市防洪排涝、污水和垃圾分类收集处理体系。农业农村基础设施方面，完成农村公路提质改造200公里、安防工程300公里，改造危桥16座；完成中型灌区续建配套与节水改造4处，启动木瓜山水库扩建工程，加快城乡供水一体化建设；持续推动城乡客运一体化和客货邮融合发展。安全基础设施方面，加快粮食仓储设施、物流体系建设，启动小江湖粮库二期建设；全面实施公安大数据战略，推进公安技防建设由数量突破向智能效益转变。

促进消费回暖升级。加快中心商贸区、区域消费中心、商业综合体建设，推动城区农贸市场提质改造，培育新增“限上”商贸流通企业120家以上。巩固提升传统消费，推动吃穿住用行等实物消费向智能、绿色、健康、安全方向转型升级。支持举办湘窖“封坛大典”、武冈啤酒季等特色活动，鼓励大型商场、商铺举办促销活动。积极举办“房交会”等活动，规范“二手房”交易，支持住房改善、新能源汽车、养老服务、教育医疗、文化旅游等消费。改善消费条件，创新消费场景，让时尚消费、品质消费成为人们美好生活的元素。

培育壮大市场主体。坚持“两个毫不动摇”，持续开展市场主体培育行动，充分释放民间资本活力，净增市场主体5.4万户、净增企业2.3万户。推进民营经济“六个一”工作，持续推动“个转企、小升规、规改股、股上市”。持续开展“纾困增效”“送政策、解难题、优服务”专项行动，推进惠企政策“免申即享”“直给直兑”。深化拓展“企业家接待日”“民营企业家沙龙”“政银企早餐会”等活动，切实解决企业发展要素保障和环境问题。开展拖欠民营企业、中小企业账款清理行动，始终把企业的事当成自己的事，全力呵护市场主体发展壮大。

**（二）全力发展实体经济，加快建设现代化产业体系。**强经济，首先强实体。坚持产业兴邵、实体优先，努力创造更多“邵阳品牌”“邵阳智造”。实现九大新兴优势产业链完成规模工业总产值3300亿元以上、增长15%以上，打造建设现代化新邵阳的“核心引擎”。

坚持创新驱动发展。建立科技投入稳定增长机制，推动全社会研发投入、高新技术产业增加值分别增长15%以上。实施创新主体增量提质行动，净增高新技术企业100家，完成入库科技型中小企业1350家。实施工程技术中心培育行动，推动湖南特种玻璃研究院、先进制造技术研究院、数字经济研究院等研发机构升级，争取邵东智能制造技术研究院纳入岳麓山实验室，新增省级创新平台5家以上。持续实施“宝庆人才”行动计划，深化与中南大学、湖南大学、湖南科技大学、省先进技术研究院等合作，健全科技创新人才政策体系，力争年内引进技术研发人员500人以上。

做大做强先进制造业。启动制造业发展“双亿”“双百”提升行动，力争新开工亿元以上项目100个，大力扶持产值亿元以上企业发展壮大；新增年营收5000万元以上规模工业企业、示范标杆企业各100家。加快推进九大新兴优势产业链集群发展，推动装备制造向千亿级产业、生态绿色食品向500亿产业迈进。加快发展新型显示产业链，争取全国第三大电子玻璃华南基地落地邵阳，加快邵虹基板玻璃第2组生产线、彩虹邵阳微晶玻璃生产线建设，打造中国邵阳特种玻璃谷。加快推动皮具箱包、打火机、发制品、有色金属循环利用等传统优势产业向绿色化、智能化、高端化发展，支持连泰鞋业、达力电源等传统优势企业扩能提质，推动湘中制药原料药、中信戴卡轮毂深加工、广信电气绝缘新材料产业园、幸福时代电子技术产业园二期等项目开工建设。支持邵阳经开区培育发展锂电池、新型传感等新兴产业集群。支持邵东打火机产业创建国家级中小企业特色产业集群。

大力发展数字经济。加快“数字邵阳”建设，推进数字产业化，做强软件产业和信息服务业，加快发展电子信息制造业、实现产值130亿元以上。深入推动产业数字化，开展制造业数字化转型、中小企业“两上三化”专项行动，带动550家以上企业深度上云、270家以上企业上平台，实施省级制造业数字化转型“三化”重点项目35个以上，培育两化融合管理体系贯标试点企业10家以上，打造智能制造“5G+工业互联网”、智慧交通车路协同、智慧教育等一批数字化转型典型场景。

提档升级现代服务业。构建优质高效服务业新体系，力争规上服务业营业收入增速13%以上。实施“引金入邵”工程，推进企业上市“金芙蓉”跃升行动，加快普惠金融发展示范区建设，新增地方金融机构和新三板挂牌企业各1家以上、区域性股权市场挂牌企业10家以上，实现“一县四行”全覆盖。加快文旅产业深度融合，发展以崀山为龙头的全域旅游，推进雪峰山山地度假文旅融合示范区、国家长征文化公园（邵阳段）、隆回花瑶景区提档升级等重点文旅产业项目建设，支持新宁、绥宁、隆回等地做大民宿产业集群。积极申办第三届湖南省旅游发展大会。办好第二届邵阳旅游发展大会。持续推进“邵阳人游邵阳”活动。

推进“五好”园区建设。实施园区“四百工程”，推动产业园区主导产业营业收入占技工贸总收入60%以上。开展闲置国有资产资源清查处置专项行动，提高现有专业园区利用效率，促进低效用地腾退出清。统筹推进园区平台建设，重点加快科技创新、金融服务、人才服务、现代物流“四大平台”建设，力争每个园区建立现代物流平台1家以上。健全亩均效益评价机制，全面剥离产业园区社会事务，持续深化园区体制机制改革。实施沪昆百里工业走廊提升工程，打造湘中湘西南覆盖地域最广、具有特色竞争力的先进制造业产业带。

**（三）全力深化改革开放，加快释放发展动力活力。**围绕打造内陆地区改革开放高地，全面提升对外开放层次，向改革要动力、用开放添活力，汇聚建设现代化新邵阳的强大动能。

高质量推进重点领域改革。完成国企改制扫尾工作，推进市城建投等平台公司市场化转型。加快中小企业商业价值信用贷款、制造业动产融资和科技型企业知识价值信用贷款风险补偿改革。深化供销合作社综合改革，提高为农服务质效。打造工程项目审批制度改革3.0版，推进招投标全流程电子化、远程异地评标常态化。深化预算管理制度改革，盘活政府资产资源资金，增强财政保障能力。持续深化事业单位改革。

高水平扩大对外开放。抢抓RCEP发展机遇，推动湖南—东盟投资贸易洽谈会长期落户邵阳。申报中国（湖南）自由贸易试验区邵阳联动发展区，加强与自贸区长沙片区战略合作。加快邵阳东盟科技产业园、中非经贸产业园建设，推进铁路货栈查验场建设，推动邵阳进口商品保税展示交易中心运营。全面对接中欧班列（长沙）、中老班列、湘粤非铁海联运，力争在邵设立货运站点。积极融入西部陆海新通道，加快筹建国际货运集散中心平台营运公司。更好发挥湘南湘西承接产业转移示范区平台作用，引进一批“三类500强企业”、行业龙头企业、隐形冠军企业，年内新引进招商项目200个以上，其中过亿元产业项目100个以上。

高效率推动营商环境优化。推行政务服务“数字化”，深化“互联网+政务服务”，推广电子证照应用，推进“一网通办”，打造“指尖上的政府”。深化“放管服”改革，聚焦减环节、减材料、减时限、减费用，推动“极简审批”，打造“一件事一次办”升级版。完成公共资源交易信息化平台“六统一”建设，推动招投标“评定分离”落实落地。突出服务型执法，推行“首违不罚”，推动“双随机、一公开”监管全覆盖。提高经济诉讼案件办结速度、执行力度，依法保护企业和企业家合法权益。加强优化营商环境110平台建设，健全常态化跟踪问效、评价监督机制，让“身在邵阳、办事顺畅”成为邵阳的亮丽名片。

**（四）全力推进新型城镇化，加快实现区域协调发展。**坚持推进以人为核心的新型城镇化，提升城镇人口承载力、内需带动力、产业集聚力，拓展建设现代化新邵阳的发展空间。

强化区域协调联动发展。发挥“三区三线”管控优势，实施东部城镇群扩容提质和西部生态圈聚力融合工程，构建市、县、乡三级城镇体系。东部城镇群突出“以路连城、以镇扩城、以业兴城”，提升经济集聚效应和规模效应，着力打造湘中湘西南具有区域竞争力的经济发展引擎。西部生态圈突出生态保护和绿色发展，发展生态文化旅游，着力打造绿色发展样板区、生态安全保障区和国际知名山水旅游目的地。

强化中心城区辐射带动。实施“强中心城区”战略，推动产城、产教、产金融合，加快中心城区与邵东、新邵融城步伐，打造现代化“双百”城市。完善城市配套。持续推进市政老旧管网更新改造，创建省级节水型城市。启动城区电力廊道土建工程，完善城区充电桩建设。配套新建道路燃气管网，完成西湖北路、古塘路、省道S236等路段的燃气管网建设。畅通城市循环。继续推进白马大道、中山桥、北塔路等主次干道建设，拉通资江南岸沿江路（雪峰桥至西湖桥段），加快屈原路、雪源路等半截路建设，打通福源路、马蹄塘路等微循环。推进城市更新。提质改造西湖南路、东大路、塔北路，对西苑公园广场、城南公园、爱莲池公园、时代公园、爱莲池路道路绿化改造。加强城市管理。构建城市运行管理服务体系，建立健全城市管理网络。全面完善市城区垃圾分类设施。推动物业管理与社区治理融合发展。建设完美社区。全力创建全国文明城市，巩固拓展国家卫生城市创建成果。

强化县城区域功能定位。坚持“一县一策”，合理规划县城功能布局、空间结构和特色主导产业，加快推进产业配套设施提质升级、市政设施提档扩容、公共服务设施提标拓面，提升县域城镇化率和城镇综合承载能力。邵东、武冈每年城镇化率要提高1.5个百分点以上，其他7个县每年城镇化率要提高1个百分点以上。实施县域经济高质量发展工程，打造一批规模体量大、经济效益好、发展后劲足的县域特色产业集群。支持邵东争创国家级创新型县（市）、全国县级总部经济国际合作先行区；支持新邵、隆回、邵阳县打造中部地区轻工产业开放合作区、全省转型升级示范区；支持武冈打造全国食品工业强市；支持洞口建设湘西南商贸物流中心；支持新宁建设湘西南旅游中心城市；支持城步、绥宁建设全国绿色发展示范区和生态康养休闲示范区。

**（五）全力推进乡村振兴，加快建设现代农业强市。**坚持农业农村优先发展，让农业强起来、农村美起来、农民富起来，夯实建设现代化新邵阳的“基本盘”。

保障重要农产品安全供给。全面落实粮食安全、耕地保护党政同责，确保粮食面积稳定在748.7万亩以上。严守耕地保护红线，遏制耕地“非农化”、防止“非粮化”。强化粮食生产装备支撑，力争水稻耕种收综合机械化水平达到80%以上。建成湘西南农资物流园。紧盯“菜篮子”安全可靠目标，大力发展设施农业，加强城郊专业蔬菜基地建设，力争出栏生猪700万头以上、种植油菜177万亩以上、发展蔬菜245万亩以上。

巩固拓展脱贫攻坚成果。健全防返贫动态监测和帮扶机制，坚决守住不发生规模性返贫底线。深化“千企兴村、万社联户”行动，巩固提升扶贫车间，推进政府投资项目实施以工代赈，促进群众就近就业。落实重点扶持政策，加大3个省级重点帮扶县、338个省级重点帮扶村、241个易地搬迁集中安置点支持力度，确保脱贫基础更加稳固、成效更可持续。

推进农业产业特色发展。持续深化“六大强农”行动，实施“油茶提质、水果补链、药材增效、奶业扩能、茶叶复兴、以竹代塑”六大工程，打造一批百亿级特色农业产业。加快农业科技创新园建设，新增省级以上农业产业化龙头企业10家，争创国家现代农业产业园1个、省级现代农业产业园2个、省级现代农业特色产业园5个。推动“邵阳红”优质农产品“上高铁、进商超、闯市场”。实施种业振兴行动，加快市种业创新工程中心建设，推进优质稻、瓜类、柑橘等育种攻关，加快武冈鱼类健康养殖科研基地成果转化。

建设宜居宜业和美乡村。统筹乡村基础设施和公共服务布局，全面完成村庄规划编制。加强基层组织建设，壮大村级集体经济，推动农村移风易俗，提高乡村自治自建能力。支持农民专业合作社和家庭农场发展，推进适度规模经营，促进农户与现代农业发展有机衔接。持续实施农村人居环境整治提升五年行动和“山塘清淤”三年行动，开展村庄清洁、美丽乡村示范创建，力争创建省级美丽乡村2个、市级美丽乡村30个。

**（六）全力建设绿色邵阳，加快打造生态安全屏障。**坚持生态优先、绿色发展，确保青山常在、绿水长流、空气常新，擦亮建设现代化新邵阳的生态名片。

深入打好污染防治攻坚战。全力推进环保督察、长江经济带生态环境警示片、洞庭清波交办问题整改。开展大气污染防治专项攻坚行动，消除重污染天气。持续开展不达标水体专项整治，推进“千人以上”饮用水水源问题整治。开展重金属、固体废物污染专项治理行动，加强土壤污染重点监管单位环境监管。持续推进农用地分类管理，启动受污染耕地安全利用、治理修复、种植结构调整计划。持续推进生活垃圾分类管理，实现垃圾处理减量化、资源化、无害化。

持续抓好生态环境保护修复。落实长江流域“十年禁渔”，推进资江、邵水流域系统治理。实施石漠化、水土流失综合治理工程，完成营造林46.8万亩、生态廊道增绿扩量1万亩，打造资江“百里滨水走廊”、上瑞高速邵阳段“百里多彩走廊”。加强生物多样性保护，严厉打击破坏野生动植物违法行为，继续实施“朱鹮”引种驯化和放飞。建立以国家公园为主体的自然保护地体系，完善规划调整、编制管理，推进南山国家公园顺利挂牌。

积极推进绿色低碳发展。加快构建碳达峰碳中和“1+1+N”政策体系，开展碳达峰碳中和试点。发展光伏、风电、生物质发电、抽水蓄能等新能源产业项目，提高清洁能源消纳能力。推进产业结构深度调整，加快一、二、三产业绿色转型和低碳发展。加快推动鸿腾铝棒、众科新材料、广化塑胶等项目投产达效。推进公共机构整体智慧式合同能源管理。加快电动专用车营运推广。深入开展绿色低碳全民行动，积极创建绿色机关、绿色家庭、绿色学校、绿色社区。

**（七）全力增进民生福祉，加快推进社会事业建设。**把老百姓千家万户的事当作政府的心头事，推动重点民生领域补短板强弱项提质量，提升建设现代化新邵阳的民生成色。

强化就业和社会保障。实施居民收入十年倍增计划和扩大中等收入群体行动计划，持续抓好高校毕业生、农民工、残疾人、退役军人等重点群体就业。加强基本医疗、失业保险、工伤保险等社会保障体系建设。全面落实企业职工基本养老保险全国统筹配套制度。加快推进社会救助综合改革，稳步推进救助标准提升。突出抓好“一老一小”服务保障，加强农村养老服务工作，实现乡镇（街道）未成年人保护工作站应建尽建。积极应对人口老龄化少子化，实施社区医院综合能力提升工程，开展居家和社区基本养老服务。

努力建设教育强市。加快义务教育优质均衡发展，持续推进乡镇标准化寄宿制学校和乡村小规模学校优化提质。启动县域普通高中标准化建设工程。持续加强中小学劳动教育、心理健康教育。新建公办幼儿园12所、义务教育学校7所，消除普通高中大班额问题。推进“双减”工作，规范民办教育健康发展。加强教师队伍建设，培养一批“名师、名班主任、名校长”。支持邵阳学院“双一流”建设、邵阳职业技术学院“建高升本”、湘中幼专“双高”建设，加快邵阳技师学院建设，推进楚怡中职学校改扩建，实现邵阳工业职业技术学院投入使用。

推进健康邵阳建设。深化医药卫生体制改革，推进县域紧密型医共体、湖南省国家中医药综合改革示范区先导区建设。加强市县医院重点临床学科建设，加快市妇幼保健院整体改扩建、市中医医院岐黄综合大楼、市疾病预防控制中心检验检测综合大楼、市中西结合医院临床大楼新建等项目建设。加强卫生应急、慢性病综合防控防治工作，提升公共卫生服务水平。

促进文体事业繁荣。围绕宣传贯彻党的二十大精神，做好主题性文艺创作、演出演播、展示展览等工作。加强红色资源保护和利用。抓好祁剧《李蛮牛上任》后续创排工作，组织《种子方舟》《豆腐西施》等剧目开展省市巡演。持续开展“欢乐潇湘”“宝庆群艺汇”等群众文化活动展演。推动公共文化场馆创意性改造，建设标准化村（社区）综合文化服务中心。广泛开展群众性体育活动，积极申办全国女子举重锦标赛。

办好重点民生实事。一是建设乡镇标准化寄宿制学校35所，市城区新增公办义务教育学位1000个；二是完成困难家庭适老化改造2928户、建设特困供养机构3家；三是完成残疾儿童康复救助1000人，完成困难残疾人家庭无障碍改造1000户；四是启动城镇老旧小区改造项目150个；五是完成农村危房改造945户；六是开工保障性租赁住房项目1200套；七是完成市城区超期安置交付2421户，实现存量清零；八是完成污水管网改造33公里、新建污水管网24公里；九是市城区新增停车位1.5万个、新建充电桩500个；十是完成危旧燃气管网改造30公里、新建燃气管网15公里。

**（八）全力守住安全发展底线，加快建设更高水平的平安邵阳。**坚持标本兼治、远近结合，牢牢守住不发生系统性区域性风险底线，积极为建设现代化新邵阳创造安全稳定环境。

科学精准抓好疫情防控。全面落实国家优化疫情防控政策，加强医疗资源和药品储备，切实保障群众就医用药，持续做好疫苗接种工作，重点抓好老年人和患基础性疾病群体的防控，最大程度保护人民生命安全和身体健康，最大限度减少疫情对经济社会发展的影响。

积极防范化解重大风险。加强财政金融风险防控，坚决遏制隐性债务增量、有序化解债务存量，确保债务风险等级只降不升。推动全域创建省级食品安全示范县，争创国家食品安全示范城市。深入开展安全生产专项整治行动，加强危险化学品、自建房、城镇燃气、道路交通、高层建筑消防等重点行业领域监管，坚决遏制较大事故，坚决杜绝重特大事故。

全面加强市域社会治理。以市域社会治理“六项重点”工作为抓手，统筹推进社会治理各项工作，力争成功创建全国市域社会治理现代化试点合格城市。推进全省法治政府建设示范市创建。常态化开展扫黑除恶，持续推进地域性突出毒品违法犯罪攻坚和反电诈专项整治行动。完善领导干部接访、下访、包案化解机制，探索建设“一站式”矛盾调处服务，把矛盾纠纷化解在基层、化解在萌芽状态。加强城乡基层治理和服务创新，健全共建共治共享社会治理机制，提升基层治理水平。

同时，统筹经济发展与国防建设，深化国防动员体制和兵役制度改革，深化全民国防教育。扎实做好退役军人服务保障工作，深入开展“双拥”共建，巩固发展军政军民团结。做好第五次全国经济普查工作。力争创成全国民族团结进步示范市。

## 三、全面加强政府自身建设

踏上新的赶考之路，迈上新的伟大征程，我们将牢记“三个务必”，着力提升政府治理能力和水平，在建设中国式现代化新邵阳中恪尽政府之责、提升政府之效、展现政府之为。

**（一）矢志不渝讲政治、铸忠诚。**深入学习贯彻党的二十大精神，深学细悟笃行习近平新时代中国特色社会主义思想，忠诚拥护“两个确立”、坚决做到“两个维护”，始终把党的领导贯穿政府工作各方面全过程。时刻牢记“国之大者”，自觉在大势大局中谋发展、抓工作，善于从党中央决策部署、省委省政府和市委工作要求中明方向、抓落实。坚持团结就是力量、团结才能胜利，激励引导广大干部把心思用在加快发展上，把精力放在狠抓落实上，以实干实绩彰显绝对忠诚。

**（二）锲而不舍讲法治、践承诺。**持续推进法治政府示范创建，抓好地方性法规实施，完善行政决策程序和政府议事规则，健全权力清单、责任清单、负面清单管理机制，严格依法依规依程序办事。高质量办好人大代表建议和政协提案，主动接受人大依法监督、政协民主监督，接受社会舆论监督，强化审计监督、统计监督，确保权力始终在阳光下运行。全面兑现政府承诺和合同约定，建立政府失信责任追溯机制，让“诚信守约、说到做到”成为干部职工的自觉遵循。

**（三）笃行不怠讲担当、提效能。**完善“三重点”工作推进和重大任务倒排机制，以专班化、项目化、清单化方式狠抓落实、创先争优，以干部敢为、地方敢闯引领带动企业敢干、群众敢首创。健全重大项目联席会议、市领导包干责任制，强化部门协作，深化“容缺审批”，掀起大抓项目、大上项目、大干项目新热潮。坚决整治庸、懒、散、软、浮、推等顽瘴痼疾，让“甩手型”干部甩不了、“躺平式”干部躺不住。完善目标考核、督查评价、正向激励机制，以发展论英雄、以实绩论功过，为担当者担当、让吃苦者吃香。深入推进政务公开，加快建设“数字邵阳”，打造“湘易办”邵阳旗舰店。坚持把群众的“表情包”作为工作的“风向标”，真心关怀“安危冷暖”、真情解决“急难愁盼”，让老百姓生活一年比一年好。

**（四）驰而不息讲纪律、守规矩。**坚决落实中央八项规定及其实施细则精神，锲而不舍纠治“四风”，重点纠治形式主义、官僚主义。坚持严于律己、严负其责、严管所辖，持续开展清廉单元创建，以零容忍态度反腐惩恶，严肃查处破坏发展环境案件，严厉整治行业不正之风，坚决惩治群众身边腐败问题，一体推进不敢腐不能腐不想腐。牢固树立过紧日子思想，一般性支出、非重点非刚性支出在上年基础上再压减10%，将更多财力用到保民生、补短板、促发展上，大力建设廉洁政府。

各位代表，时代赋予重任、群众寄予厚望，唯有接续奋斗、不懈奋斗，方能不负时代、不负人民。让我们更加紧密地团结在以习近平同志为核心的党中央周围，在省委、省政府和市委的坚强领导下，坚定信心、埋头苦干，踔厉奋发、勇毅前行，为全面建设社会主义现代化新邵阳而团结奋斗！

# 大事记

邵阳年鉴 SHAOYANG NIANJIAN 2023

## 1月

1 日 政协邵阳市第十三届委员会第一次会议闭幕。周文当选为政协邵阳市第十三届委员会主席，段雪梅、刘承智、肖平、伍先明、丰新姝、杨博理、孙清良、蒋志南当选为副主席，赵逢春当选为秘书长，马丽娅等 69 人当选为常务委员。

是日 在邵阳市十七届人大一次会议第三次全体会议上，周迎春当选为市第十七届人大常委会主任，华学健当选为市人民政府市长，曾市南当选为市监察委员会主任，曾鼎新当选为市中级人民法院院长。根据法律程序，本次会议选举的市人民检察院检察长，报经省人民检察院检察长提请省人大常委会批准后公布。

2 日 市十七届人大一次会议在贺绿汀大剧院闭幕。大会通过关于邵阳市人民政府工作报告的决议、关于邵阳市 2021 年国民经济和社会发展计划执行情况与 2022 年国民经济和社会发展计划的决议、关于邵阳市 2021 年预算执行情况与 2022 年预算的决议等决议。

6 日 省委书记张庆伟一行到邵阳调研，宣讲党的十九届六中全会精神和省第十二次党代会精神，并到邵阳维克液压股份有限公司、中电彩虹（邵阳）特种玻璃有限公司、邵阳纺织机械有限责任公司、湖南启恒环保科技有限公司调研产业项目、科技创新、国企改革等工作。

是日 市委副书记、市长华学健会见到邵阳调研的中国中铁交通投资集团有限公司党组书记、董事长谭世俊一行，双方围绕基建、城市开发、投融资等领域合作事宜进行座谈交流。

7 日 市长华学健在邵阳主会场出席主题为“敢闯邵商、共建邵阳”的全球异地邵阳商会会长视频会议暨招商引资推介会议。

7—26 日 以“消费助振兴 爱心暖邵阳”为主题的市第五届年货节在市区举办，全市 126 家涉农企业参加，优质农产品达 450 种。

8 日 在湖南省第四届乡村振兴与富硒功能农业发展高峰论坛上，隆回县被授予“湖南省富硒产业重点县”称号。

10 日 市中级人民法院民事审判一庭获评“全国法院先进集体”称号。

11 日 省重点项目、绥宁首座 220 千伏输变电工程竣工投产。

12 日 在第七届湖南艺术节中，湖南省祁剧保护传承中心创作的祁剧《种子方舟》获“田汉大奖”，市花鼓戏保护传承中心创作的花鼓戏《豆腐西施》获“田汉新剧目奖”。

14 日 省人民政府公布第十一批省级文物保护单位名单，邵阳市 1 处古建筑（新宁县一渡水李氏宗祠），11 处近现代重要史迹及代表性建筑入选。

23 日 市委民族工作会议暨创建全国民族团结进步示范市动员大会召开，市委书记严华出席并讲话，市长华学健主持，市领导周迎春、周文等出席。

27 日 中共邵阳市委十二届二次全体会议召开，市委书记严华讲话，市委副书记、市长华学健出席。会议表决确定全市出席党的二十大代表候选人推荐提名人选名单。

## 2月

14 日 2022 年全市第一次重大项目集中开工活动举行。全市首批 107 个重大项目集中开工，总投资 298.67 亿元，年度计划投资 117.4 亿元。

是日 市长华学健与到邵阳考察的新城控股集团副总裁汪娟一行举行座谈，双方就新城控股投资相关事宜交流意见，重点洽谈邵阳吾悦广场项目。

18 日 2022 年全省重大项目集中开工邵阳分会场活动在邵阳经济技术开发区拓浦精工智能制造（工业 4.0）产业小镇二期项目现场举行。全市共 20 个重大项目与全省其他重大项目同步开工，总投资 39.69 亿元。

21—23 日 市长华学健率邵阳经济技术开发区精准招商小分队到广东佛山、东莞、惠州等地开展“迎老乡 回故乡 建家乡”招商引资活动。

22 日 为期 3 天的市级领导及市管主要领导干部学习贯彻党的十九届六中全会精神专题读书班在市委礼堂开班，市委书记严华作辅导报告。

是月 新宁县黄金瑶族乡被命名为“湖南省民间文化艺术之乡。”

## 3月

1 日 《邵阳市资江保护条例》施行，资江治理走上法治化和规范化。

是日 国家艺术基金管理中心对国家艺术基金（一般项目）2022 年度资助项目公示，市花鼓保护传承中心申报的花鼓戏豆腐西施入选。

4 日 “全国脱贫攻坚奖奋进奖”获得者、“全国脱贫攻坚先进个人”、城步苗家姑娘杨淑亭，在北京第 13 届冬季残疾人奥林匹克运动会上借助下肢助力外骨骼设备，成功“站”起来参加火炬传递。

7 日 市人大常委会举办的“邵阳人大讲堂”第一讲在市委礼堂开讲，省人大常委会委员、省人大法制委主任委员肖迪明主讲，市人大常委会主任周迎春主持。

10 日 市应急管理局与国家粮食和物资储备局湖南局六三三处签订应急物资储备战略合作协议，湖南省应急救灾物资储备（邵阳）基地正式揭牌运行。

14 日 市人民政府与邵阳学院校地共建工作会议召

开，双方就推进校地共建、城校共生发展各方面工作达成共识。

16日 市人民政府与财信金控联合举办的“Chasing·圆桌汇”第3期活动在长沙财信大厦举行，活动主题为“政府·产业·金融——共谋邵阳经济高质量发展”。

## 4月

1日 新宁县林业局野生动植物保护工作人员巡护时，在崀山镇窑市村首次发现国家一级重点保护野生鸟类——彩鹮。

2日 市长华学健与到邵阳考察的华为技术有限公司集团董事长彭中阳一行举行座谈，共谋“数字邵阳”建设。

13—15日 中共中央政治局委员、国务院副总理胡春华到邵阳市实地督查春季农业生产工作。

18—19日 省人大常委会副主任陈文浩率省人大常委会检查组到邵阳就《中华人民共和国环境保护法》《湖南省环境保护条例》贯彻实施情况开展检查。

29日 在湖南省庆祝五一国际劳动节暨先进集体和先进个人表彰大会上，新邵县中医医院小儿骨伤科主任医师孙燕、湖南锐科机器人技术有限公司研发部机械工程师王志刚获“全国五一劳动奖章”，彩虹集团（邵阳）特种玻璃有限公司邵阳工厂技术质量部、湖南湘窖酒业有限公司物流部新厂成品仓库获“全国工人先锋号”称号，孙燕获“湖南省先进工作者”称号，王志刚获“湖南省劳动模范”称号，中铁二十五局集团第三工程有限公司邵阳市火车站客运综合交通枢纽工程配套基础设施建设项目指挥长谌荣华获“湖南省五一劳动奖章”。

是月 邵阳县天子湖、新宁县崀河、资江大祥区段、邵东市三合水库、城步白云湖、资江新邵县酿溪镇段获评湖南省“美丽河湖”。

是月 市中心医院儿科门诊观察室获评一星级“全国青年文明号”。

## 5月

4日 市公安局巡特警支队特警二大队副大队长、市猎豹突击队副队长段鹏获由公安部、共青团中央联合评选的“全国公安机关成绩突出青年民警”称号。

6日 市委、市政府与国家能源集团湖南电力有限公司举行工作座谈会，就进一步深化合作进行交流。

10日 邵阳学院附属第一医院党委委员、副院长吕冬获评中华护理学会2022年“杰出护理工作者”称号。

11日 市委、市政府与中国能源建设集团有限公司举行合作洽谈会，就深化地企合作、加快推动项目落地建设等事宜深入交流。

是日 在全省2022年第一批省级招商引资重大项目集中签约仪式上，邵阳县中非经贸产业园项目、邵阳经济技术开发区钰豪研磨涂覆材料项目2个项目在省主会场成功签约，隆回华南材料绿色建材产业项目等8个重点项目在邵阳分会场成功签约。

14日 在“第43届（迪拜）世界博览会中国文化馆农业品牌周代表品牌”活动中，“邵阳红”优质农产品公共品牌上榜第一批世博会优品品牌名录。

14—15日 2022中华茶祖节“潇湘·邵阳红”湖南省生态旅游节暨第三届舜皇山野茶节在新宁举行。中国工程院院士、湖南农业大学教授、省茶叶品牌发展促进会会长刘仲华致辞并宣布舜皇山野茶节开幕。新宁舜皇山被授予“湖南野茶之乡”牌匾。

16日 市长华学健与到邵阳考察的华润燃气集团党委书记、总裁杨平一行举行座谈，重点就燃气领域合作事项交换意见。

是日 在第19届世界中学生夏季运动会跆拳道品势项目中，邵阳女孩李婉为中国代表团摘得首金。

18日 大祥区人民政府与黑龙江沐宝动物园集团有限公司举行重大招商引资项目签约仪式，投资30亿元的邵阳野生动物园项目落户大祥区。

19日 2022湖南人游邵阳暨旅游消费季活动在市城南公园启幕。活动以“爱我湖南‘湘’约邵阳”为主题，从5月19日持续至9月30日。其间将推出“山地邵阳·享受休闲时光”主题游、“邵怀一家亲”两地市民互游、“幸福邵阳·乐享健康”三湘老人康养游、“喜迎二十大、奋进新征程”主题教育实践活动、“美丽邵阳我的家”工会主题游、“知行邵阳·研学先行”中小学生研学实践和“湘约消费季 惠游邵阳城”旅游消费季七大主题活动。

24日 以“建设书香邵阳、助力文明创建”为主题的“福星·翰林院杯”全市首届青少年写作大赛启动。

25日 在全国公安系统英雄模范立功集体表彰大会上，新宁县公安局禁毒大队获评“全国优秀公安基层单位”，邵阳县公安局刘健获评“全国特级优秀人民警察”，北塔交警大队唐忠、双清公安分局唐邵力获评“全国优秀人民警察”，北塔公安分局于凯鹏获评“全国公安机关爱民模范”。

27日 中国移动通信集团湖南有限公司（湖南移动）全省首个数字乡村平台在邵阳市启动。市委副书记、市长华学健，湖南移动党委书记、董事长、总经理丘文辉出席启动仪式。

30日 邵阳市举行第七届“道德模范”及第四届“双十最美”颁奖典礼。

是日 民间艺术雕刻家杨石生创作的竹雕“长征万里图”入围中国民间文艺界最高奖“山花奖”。

## 6月

2 日　财政部公布 2022 年中央财政支持普惠金融发展示范区名单并下达奖补资金预算，邵阳市成功入选首批“中央财政支持普惠金融发展示范区”。

8 日　市人民政府与国网湖南省电力有限公司举行“十四五”深化战略合作协议签约仪式。

9 日　国务院办公厅发布《关于对 2021 年落实有关重大政策措施真抓实干成效明显地方予以督查激励的通报》，邵阳市因工业基地调整改造力度大，支持传统产业改造、推进产业转型升级等工作成效突出受到国务院督查激励。

10 日　“喜迎二十大、永远跟党走、建功新时代”邵阳市“2022 年宝庆工匠年度人物”颁奖典礼举行。10 人被授予“2022 年宝庆工匠年度人物”提名奖称号，5 个单位被授予“邵阳市五一劳动奖状”，44 名职工被授予“邵阳市五一劳动奖章”，9 个集体被授予“邵阳市工人先锋号”称号。

11 日　2022 年“文化和自然遗产日”邵阳市非遗宣传展示活动在市文化艺术中心举行，20 多个非遗项目展示展演。

是日　2022·湖南邵阳“倡导文明健康绿色环保生活方式”全民健身系列活动在市体育中心启动。

17 日　全市首个“零工驿站”在隆回县揭牌运营。

27 日　市应急管理综合行政执法局举行揭牌仪式，市长华学健出席并揭牌。

29 日　在第 24 届中国科协年会“科技助力乡村振兴（潇湘）论坛”上，湖南粮安科技股份有限公司、新宁县舜帝茶业有限公司、湖南雪峰种业有限责任公司分别成为湖南大祥水稻科技小院、湖南新宁野茶科技小院、湖南大祥西瓜科技小院。

是月　湖南省祁剧保护传承中心创作的《种子方舟》、市花鼓戏保护传承中心创作的《豆腐西施》入选湖南省第十五届精神文明建设“五个一工程”奖。

## 7月

5 日　市长华学健与到邵阳考察的德国欧绿保集团亚洲首席运营官程春龙一行举行会谈，就邵阳市餐厨废弃物资源化利用和无害化处理项目、欧绿保其他板块业务与循环经济产业园合作等事宜深入交谈。

6 日　邵阳产业发展集团有限公司正式揭牌，市长华学健出席揭牌仪式并讲话。

是日　省文化和旅游厅发布“关于公示湖南省 2021 年度优秀国家级非物质文化遗产代表性传承人拟推荐对象公告”，邵阳市非遗传承人奉雪妹、丁志凡上榜。

6—8 日　市第五届少数民族传统体育运动会在新邵县举行，全市 12 个代表团 400 名少数民族运动员参加押加、射弩、蹴球、高脚、板鞋、陀螺、毽球、秋千、健身操等 9 个竞赛项目。

16 日　“约惠邵阳　乐享生活”夏季美食游乐夜购节暨家电惠民消费节在步步高邵阳新天地前坪广场举行，市长华学健出席并宣布活动启动。

是日　第二届“健康湖南”全民运动会邵阳市乒乓球选拔赛在市体育中心体育馆举行。

18 日　正和岛百位企业家邵阳行“投资邵阳·政商交流会”举行，市委书记严华与到邵阳考察的企业家面对面交流，正和岛首席经济学家王林、总裁黄丽陆出席并讲话。

22 日　市长华学健先后与到邵阳考察调研的湖南湘投国际投资有限公司总经理陈怡成、国家电投五凌电力股份有限公司董事长夏刚、大唐华银电力股份有限公司总经理陈自强就邵阳新能源项目建设举行座谈。

25 日　市委书记严华与三一集团董事、三一重工董事长向文波一行座谈，双方就加快邵阳三一生态智能产业园和汽车试验场项目建设、电动专用汽车产业发展、新能源开发建设等事宜交流意见并达成共识。

29 日　中国社会帮扶网数字乡村平台试点总结推广座谈会在洞口县召开，全国政协农业和农村委员会副主任、中国乡村发展志愿服务促进会会长刘永富出席并讲话，市委书记严华致辞，省乡村振兴局党组书记、局长毛朝辉主持会议。

是月　湖南省区域性股权市场专精特新专板开板，湖南小快智造电子科技有限公司成为全市首家专精特新专板挂牌企业。

## 8月

3 日　邵阳籍诗人雷晓宇获 2021 年度“人民文学奖”诗歌奖。

5 日　开国上将、独臂将军贺炳炎塑像在绥宁县黄土矿镇大湾村金牛寺落成。

6 日　2022 年纪念瑶族人民传统节日“讨僚皈”活动暨“云上花瑶·天籁神韵”邵阳（隆回）非遗音乐会在隆回虎形山瑶族乡崇木凼村举行。

19 日　邵阳东盟科技产业园开园仪式在邵阳经济技术开发区举行，市长华学健出席并宣布开园。

20 日　国家水上国民休闲运动中心落户邵阳县天子湖国家湿地公园。

21 日　2022 年中国桨板黄金联赛暨第一届天子湖桨板公开赛在邵阳县天子湖国家湿地公园天子湖景区开赛。国家体育总局水上运动管理中心党委书记、主任李瑞林宣布大赛开幕。

24 日　中国科学院院士、清华大学教授、国家农业转基因生物安全委员会副主任谢道昕，中国工程院院士、省农业科学院党委书记、杂交水稻国家重点实验室主任柏连阳，中国农业大学教授、杂交水稻国家重点实验室执行主任孙伟清等院士到邵阳指导农业种业发展工作。市长华学健会见院士专家一行，与院士一同为建于新邵的杂交水稻新品种试验示范基地揭牌。

25日 首届湖南—东盟投资贸易洽谈会暨第五届东盟·湖南（邵阳）名优产品交易会在邵阳体育中心开幕，副省长李建中出席并宣布开幕。

是日 第六届全球邵商大会中国—东盟中小企业合作推进会在邵阳召开。

是日 国家文物局、国家林业和草原局公布全国第一批12个红色草原名单，南山草原上榜。

是月 大祥区公路管理局蔡锷中心养护站获2020—2021年全国“安康杯”优秀班组称号。

## 9月

9日 市长华学健与到邵阳考察调研的湖南建工交通建设有限公司党委书记、董事长杨涛一行举行座谈，重点就交通建设、城市建设交换合作意见。

14日 市人民政府与中国农业银行湖南省分行在邵阳举行“金融稳经济、农业在行动”重点融资项目签约暨金融产品推介会，市长华学健，农行省分行党委书记、行长陶伟梁出席并分别致辞。

22日 三一电动科技有限公司在邵阳经济技术开发区举行新品发布会，全新推出充电、换电、重载混动、砂石料混动、复合版纯电、氢级燃电共6款自卸车。

28日 邵阳武冈机场托管协议签约仪式在省机场管理集团举行，省机场管理集团党委书记、董事长姚英杰，市委副书记、市长华学健共同见证签约。

29日 邵阳开放大学举行揭牌仪式，正式由邵阳广播电视大学更名为邵阳开放大学。

## 10月

14日 市长华学健与到邵阳考察的湖南省物流与采购联合会会长尹国杰一行举行座谈，双方就建设现代物流方面的合作深入交换意见。

是日 市长华学健与到邵阳考察的湖南中联重科新材料科技有限公司董事长陈培亮、总经理杨健一行举行座谈，双方就新型建材行业领域方面合作深入交换意见。

28日 首批“十大湘菜名县”评选结果揭晓，武冈市上榜。

## 11月

4日 在2022第二届潇湘茶文化节开幕式上，“邵阳红”茶多个产品获评2022“潇湘”杯湖南名优茶金奖。

8日 第32届中国新闻奖评选公布，邵阳日报社等105家地市党报联合主创的《百年奋斗路·百城访实心——庆祝中国共产党成立100周年“红色百城”大型全媒体报道》获第32届中国新闻奖二等奖。

是日 经国务院同意，国家林草局等四部委印发《国家公园空间布局方案》，南山列入49个国家公园候选区之一。

是日 新邵县吴兆军获“第六届全国119消防先进个人”称号。

9日 新宁脐橙产业路被评为2022年度十大“湖南最美农村路”。

11日 农业专家对隆回县羊古坳镇雷峰村再生稻高产示范项目再生季“甬优4949”现场测产，两季平均亩产1378.6公斤，刷新湖南省再生稻双季高产纪录。

18日 中央文明办发布2022年第三季度“中国好人榜”，洞口县石江镇的热血“熊猫侠”廖振飞获评助人为乐类“中国好人”。

是日 “三湘非遗风·惊艳全世界”湖南省首届非遗博览会开幕式上发布“2022年湖南省中医药康养旅游精品线路”，新邵县岳坪峰国家森林公园、新邵县长寿清水景区、新邵县潭溪镇玄本村福寿康养旅游胜地、隆回龙瑶幽谷景区、武冈云山国家森林公园5个景点入选全省首批中医药康养旅游精品线路。

21日 全市第四季度重大项目集中开竣工活动举行，集中开竣工重大项目116个，总投资540.31亿元。市委书记严华宣布项目集中开竣工，市领导华学健、汤立斌、周迎春、周文出席。

26日 为期3天的湖南省第十一届残运会落幕，邵阳市代表团获35枚金牌、28枚银牌、14枚铜牌，奖牌总数位列全省第六位。

28日 市长华学健与到邵阳调研的广发银行长沙分行行长董朝红举行座谈，就进一步加强政银合作深入交换意见。

29日 学习贯彻党的二十大精神省委宣讲团报告会在市委党校举行，省委宣讲团成员、省社会科学院党组书记、院长钟君作宣讲报告，市委书记严华主持报告会。

是日 20时18分，市农科院选送的398粒38.5克南瓜育种实验材料，随神舟十五号飞船送入太空，为全市首批被列入空间搭载实验项目的育种材料。

30日 “美在邵阳 浪漫崀山”首届邵阳旅游发展大会开幕式在新宁县举行。大会为期两天，包括开幕式、文旅项目考察、旅游发展大会主题展和邵阳旅游产业发展推进会议等四大主体活动，以及邵阳市文旅产品展示周、邵阳人游崀山活动等十大配套活动。

## 12月

1日 全市旅游产业发展推进会在新宁县召开，市委书记严华出席并讲话，市长华学健向第二届邵阳旅游发展大会承办地隆回县授会旗。会上，八角寨旅游观光索道项目等28个文旅项目现场签约，总投资128.8亿元。

3日　中共邵阳市委十二届四次全体会议召开，会议听取和讨论市委常委会工作报告，审议通过《中共邵阳市委关于深入学习宣传贯彻党的二十大精神为全面建设社会主义现代化新邵阳而团结奋斗的决定》《中国共产党邵阳市第十二届委员会第四次全体会议决议》。

5日　市长华学健与到邵阳考察交流的深圳科技工业园（集团）有限公司党委书记、董事长、深圳产业园区发展促进会会长何景成一行举行座谈，双方就园区运营等方面合作交流意见。

17日　“军工邵阳行”活动举行，活动共签约项目39个，签约金额46亿元。

20日　邵阳经济技术开发区举行项目集中签约活动，现场签约项目19个，总投资82亿元。

26日　市委经济工作会议在市委礼堂召开。会议总结2022年经济工作，分析当前经济形势，部署2023年经济工作。市委书记严华出席并讲话，市长华学健对2023年经济工作作具体部署。

28—30日　政协邵阳市第十三届委员会第二次会议在贺绿汀大剧院召开。市委书记严华，市委副书记、市长华学健等领导出席会议并参加联组讨论。严华代表中共市委在开幕会上发表讲话，市政协主席周文作市政协第十三届常委会工作报告，市政协党组副书记、副主席段雪梅主持大会，市政协副主席杨博理作十三届一次会议以来提案工作情况的报告。会议选举冯东旺为十三届市政协副主席，王大松为十三届市政协秘书长，马健强、任术君、李福信为十三届市政协常务会委员。

29—31日　邵阳市第十七届人民代表大会第二次会议在贺绿汀大剧院召开。严华等大会执行主席出席会议，市人大常委会主任周迎春主持。会议听取和审查市长华学健所作的《政府工作报告》、周迎春所作的《邵阳市人民代表大会常务委员会工作报告》、曾鼎新所作的《邵阳市中级人民法院工作报告》、黄劲所作的《邵阳市人民检察院工作报告》。书面审查关于邵阳市2022年国民经济和社会发展计划执行情况与2023年计划草案的报告、邵阳市2022年预算执行情况与2023年预算草案的报告。会议补选吴旭鹏为市监察委员会主任，选举王文蕊（苗族）等12人为市第十七届人大常委会委员，选举产生74名出席省第十四届人民代表大会代表。

31日　市长华学健与到邵阳调研的大汉控股集团董事长付胜龙一行举行座谈，双方就在邵阳业务开展以及进一步拓展合作交换意见。

（李国维）

# 邵阳概览

## 自然地理

**【区域位置】** 邵阳市位于湘中偏西南、资江上游，资江自西南向东北流贯全境。地域范围为北纬25° 58'～27° 40'、东经109° 49'～112° 57'。东与衡阳市为邻，南与永州市和广西壮族自治区桂林市接壤，西与怀化市交界，北与娄底市毗连。2022年，全市土地总面积20824.3平方公里，东西长234公里，南北宽168公里，其中市城区位于市境东北，邵水与资江汇流处，建成区面积93平方公里。

**【地质地貌】** 邵阳的总体地质特征：地层出露齐全，地质构造复杂，矿产资源丰富。地层从前震旦系至第四系均有出露，共有13个系、17个统、2个阶、19个组、10个段，最古老的地层为板溪群。总体地貌特征：地貌类型多样，市境北、西、南面高山环绕，中、东部丘陵起伏，平原镶嵌其中，由西南向东北倾斜，形成向东北敞口的筲箕形盆地，岩溶地貌广布、丹霞地貌壮观。邵阳市为江南丘陵向云贵高原过渡地带，南岭山脉绵亘南境，雪峰山脉耸峙西、北，中、东部为衡邵丘陵盆地。最高峰城步苗族自治县东部二宝顶，海拔为2021米；最低处是邵东市珍龙村测水岸边，海拔仅125米。山地主要分布在西、南、北三面边缘地区。

**【水文】** 邵阳市溪河密布，分属资江、沅江、湘江与西江四大水系。资江干流两源逶迤，支流纵横，自西南向东北呈“Y”字形流贯全境，流域面积遍及市辖3个区7个县2个市。巫水源出城步，横贯绥宁，西入沅江，为西南部主要水道。资江及其支流邵水流经市区，把市区一分为三，后市辖3个区即依此划分。2022年年末，全市有5公里以上的大小河流633条，河流长度1199.7公里，淡水面积6.71万公顷。天然水资源总量191.41亿立方米，地表水源总量151.2亿立方米，地下水（浅层）总量40.21亿立方米。

**【自然资源】** 邵阳地下矿藏种类繁多，已发现的有煤、铁、锰、钨、锑、金、银、铅、锌、硫铁、石膏、大理石、优质石灰岩等矿种88种（含亚种），已探明资源储量的矿种34种。其中能源矿产2种、金属矿产17种、非金属矿产14种、水气矿产1种；财政出资实施地质勘查项目（含续作项目）32个，较上年增加7个；新发现大中型矿产地12处，较上年增加3处；已建成绿色矿山15家。石膏储量居全国第一位，滑石保有资源储量居全省第一位，硫铁矿居全省第二位，锌矿居全省第三位。邵阳土地构成约为“七分山地二分田，一分水、路和庄园”，土壤种类多样，共有10个土类，以红壤土、水稻土为主，分别占土地总面积的45%和17%。其余有菜园土、山地黄壤土、山地黄棕壤土、山地灌丛草甸土、石灰土、河潮土等。邵阳动物地理区划为东洋界华中区丘陵平原亚区，生态分类属亚热带林灌草地—农田动物群。全市野生脊椎动物397种，分属5纲、33目、102科。其中，鱼类103种，分属6目、16科；两栖类26种，分属2目、11科；爬行类53种，分属2目、11科；鸟类155种，分属15目、39科；哺乳动物60种，分属8目、25科。国家Ⅰ级保护动物有云豹、金钱豹、林麝、白鹳、黄腹角雉和白颈长尾雉。植被地理成分南北兼有，以热带—亚热带北沿成分为主，亚热带—温带成分次之。植被类型以针叶林、常绿阔叶林、常绿落叶阔叶林为主，高等植物有245科、792属、2826种。其中，用材林树种210种，以杉木、马尾松和阔叶用材林为大宗；经济林树种432种，楠竹、油茶、油桐、漆树、板栗、乌柏、白蜡树、山苍子树等成片分布。国家Ⅰ级保护植物有银杉、资源冷杉、伯乐树、南方红豆杉、红豆杉、银杏等。2014年，邵阳市第十五届人大常委会通过，邵阳市人民政府公布香樟树为市树、紫薇花为市花。

**【气候】** 邵阳市地处亚热带，属典型中亚热带季风湿润气候，气候温暖，四季分明，光照充足，生长期长，春温多变，寒流频繁，雨季明显，夏秋多旱，同时受地貌多样、高低悬殊影响，既有东、西部的地域差异，又有山地与丘平区的垂直差异，形成一定的小气候环境和立体气候效应。20世纪90年代中期开始平均气温变化呈上升趋势，90年代中期以前偏低，90年代中期之后总体上呈偏高态势，2000年以后，仅2012年年平均气温低于常年平均值，其他年份均高于常年平均值。年降水量年际变化大，90年代中期以前主要呈偏少态势，90年代中期到2004 年降水量主要呈偏多态势，2005年以后降水量主要呈偏少态势，仅2006 年、2015年、2020年、2021年降水量偏多。年日照时数90年代中期以前呈下降趋势，90年代中期到2010年呈上升趋势，2014年后又呈下降趋势。

2022 年邵阳市平均气温 18.1℃，较常年偏高 0.8℃，其中春季、夏季、秋季平均气温偏高，冬季平均气温偏低；全市平均年降水量 1050.9 毫米，较常年同期偏少 21.2%，其中秋季降水量创 1960 年以来历史最低值；全市平均日照时数 1511.4 小时，较常年同期偏多 126.1 小时。全年邵阳主要天气气候事件有暴雪、五月低温、暴雨、高温热浪、干旱、寒潮等。全年自然灾害直接经济损失8.16 亿元。

暴雪 2021 年 12 月 25 日 20 时至 27 日 20 时，邵阳市出现暴雪天气，各县市累计降雪量 9.3 毫米（新宁）~22 毫米（洞口）。此次过程全市受灾人口 26392 人，直接经济损失 777.88 万元，无人员伤亡。2022 年 2 月 21—22 日出现大暴雪到特大暴雪，21 日 08 时至 23 日 08 时全市范围普降大暴雪，邵阳市区最大积雪深度 30 厘米、邵阳县 30 厘米、隆回县 23 厘米、城步苗族自治县 20

厘米、武冈市 19 厘米、洞口县 19 厘米，其中市区、邵阳县、隆回县、洞口县四县市积雪深度突破当地历史极值，武冈市平当地历史极值。

“五月低温” 2022 年 5 月 10 日至 23 日邵阳出现连续 14 天日平均气温≤ 20℃的“五月低温”天气。其中洞口、市区、隆回、新邵、邵东、新宁、城步、邵阳县达到重度五月低温标准；绥宁、武冈达到中度五月低温标准。

暴雨 2022 年 4 至 7 月邵阳共发生 12 次区域性暴雨过程。分别出现在 4 月 26 日、4 月 30 日、5 月 8 日、5 月 10 日、5 月 22— 23 日、5 月 30 日、6 月 4—5 日、6 月 18— 20 日、7 月 3—4 日、7 月 7 日、7 月 18 日、7 月 29 日。其中，6 月 4—5 日强降雨过程主要集中在邵阳西部和南部，过程最大降雨量 230.1 毫米（洞口县桐山乡泥湾），最大小时雨强 60.5 毫米（洞口县桐山乡泥湾，3 日 23 时至 4 日 00 时），累计雨量大、极端性强且夜雨特征明显。

高温热浪 2022 年邵阳高温热浪持续长，区域性高温影响范围广，强度强。夏季全市平均高温（日最高气温≥ 35℃）日数 40.7 天，较常年同期偏多 24.7 天。7 月 9 日后邵阳县出现 3 次轻度高温热浪，其余地区出现 1 至 2 次轻度高温热浪，市区、隆回、新邵、邵东、邵阳县、新宁均达到重度高温热浪标准。7—10 月区域性高温过程共 6 次，其中一般强度 2 次、强 1 次、较强 2 次、特强 1 次，影响范围均在 1 万平方公里以上，最长持续天数最长 24 天（8 月 6 日至 8 月 29 日，邵东），过程最高温度 44.8℃（长铺乡党坪）。

夏秋冬连旱 2022 年 7 月 8 日至 12 月 31 日邵阳市平均气温 21.0℃，为历史同期最高，降雨量 115.6 毫米，为历史同期最少，最长无有效降雨日数 147 天（7 月 30 日至 12 月 27 日，隆回），气象干旱综合强度均排历史第一位。8 月上旬开始气象干旱迅速发展加重，至 10 月中旬达到高峰，全市均达特旱等级；干旱影响面积逐渐增大且强度不断增强，9 月开始基本为重旱以上等级强度，影响面积 2 万平方公里左右，11 月中旬干旱等级降低，11 月 14 至 12 月 4 日受自然降雨及人工增雨影响，市内大部地区气象干旱得到有效缓解，但江河湖库水位仍然偏低。

强寒潮 2022 年 11 月 28 日至 12 月 1 日邵阳市出现罕见区域性强寒潮天气。全市 48 小时平均气温下降 19.6℃；最高气温平均下降 21.8℃；最低气温平均下降 17.6℃，

## 2022 年邵阳市自然资源情况表

**表 1**

| 指标名称 | 计量单位 | 数 量 | 指标名称 | 计量单位 | 数 量 |
|---|---|---|---|---|---|
| 一、土 地 | | | 四、水文、水利 | | |
| 土地面积 | 平方公里 | 20824.3 | 5 公里以上河流 | 条 | 633 |
| 其中：耕 地 | 千公顷 | 397.72 | 境内河流长度 | 公里 | — |
| 园 地 | 千公顷 | 64.75 | 淡水面积 | 万公顷 | — |
| 林 地 | 千公顷 | 1310.1 | 其中：可养殖面积 | 千公顷 | — |
| 牧草地 | 千公顷 | 8.19 | 天然水资源总量 | 亿立方米 | 191.41 |
| 水 域 | 千公顷 | 59.08 | 地表水源总量 | 亿立方米 | 151.2 |
| 二、气 候 | | | 地下（浅层）总量 | 亿立方米 | 40.21 |
| 市区年平均气温 | ℃ | 18 | 水能资源蕴藏量 | 亿千瓦 | 0.0207 |
| 市区年日照时数 | 小时 | 1513.4 | 其中：可开发量 | 亿千瓦 | 0.0119 |
| 市区年降水总量 | 毫米 | 1055.8 | 五、矿产资源 | | |
| 三、森 林 | | | 锰 矿 | 万吨 | 1741.21 |
| 林地面积 | 万亩 | — | 石膏矿（矿石） | 万吨 | 42147.11 |
| 有林地面积 | 万亩 | — | 铅锌矿（金属量） | 万吨 | 20.93 |
| 森林覆盖率 | 百分比 | 61.02% | 锑矿（金属量） | 万吨 | 11.23 |
| 林木蓄积量 | 万立方米 | — | | | |

最大下降幅度为 19.1℃（城步），10 县市最低气温均低于 4℃，均达寒潮标准。

【区位交通】邵阳市位于湘中偏西南，资江上游，自古为“上控云贵、下制长衡”的交通要塞。明清时期，宝庆府城依资江黄金水道和数条驿道而成为水陆要冲、湘中重镇；民国时期，湘黔公路干线贯穿境内，邵阳县城成为东南与西南商品物资转运枢纽。2002年12月，潭邵高速正式通车，邵阳进入高速公路时代。2014年12月，邵阳高铁北站投入使用，邵阳驶入高速铁路时代。2017年6月，邵阳武冈机场顺利通航；12月，武靖高速建成通车，邵阳市进入“县县零距离上高速”的“新高速时代”。2018年，怀邵衡铁路开通运行，联通东西沪昆、

南北京广两大高铁大动脉，邵阳成为高铁交通枢纽，全面进入“高铁时代”。2020 年，实现省内 1 小时左右直达娄底、怀化、永州、衡阳、湘潭等地市，省外 4 小时左右达江西、贵州、广西、广东等地。2022 年，邵阳市公路总里程 22629 公里，其中高速公路 10 条，通车里程 584 公里，位列全省第四名；运营沪昆、怀邵衡、娄邵 3 条快速铁路，通车总里程 273 公里，8 个县市区通高铁，旅客运输量 986.75 万人；邵阳武冈机场与北京、上海、深圳等 11 个城市实现通航，旅客年吞吐量 5.7 万人次。

（邓 艳）

## 建置区划

【建置沿革】邵阳在秦代时分属长沙郡及黔中郡。西汉初设置昭陵县。东汉末属零陵郡，三国吴宝鼎元年（266）置昭陵郡，为境内建郡之始。西晋太康元年（280）更昭陵为邵陵。唐代设邵州，与邵阳县在今城区同城而治。北宋崇宁五年（1106），分邵州西部置武冈郡。南宋宝庆元年（1225），升邵州为宝庆府。元代设宝庆、武冈2个路。明初设宝庆、武冈2个府，后降武冈为州。1913年，废宝庆府设宝庆县，境内各县隶湘江道；1922年直隶于省。1928年，宝庆县复名邵阳县。1937年，在邵阳县城设置湖南省第六行政督察专员公署。

1949 年 10 月 10 日，邵阳解放。13 日设置湖南省邵阳区督察专员公署，同时建立邵阳市，隶邵阳县。11 月，邵阳区督察专员公署更名为行政专员公署。1950 年 7 月，邵阳市升格为县级市。1955 年 4 月，邵阳区行政专员公署更名为邵阳专员公署。1958 年，邵阳专员公署辖邵阳市和邵东、新邵、邵阳、隆回、洞口、武冈、城步、新宁、绥宁、新化、涟源、双峰、湘乡县 14 个市县。1965 年划湘乡县归湘潭地区管辖。1968 年 2 月，成立邵阳地区革命委员会，邵阳专区改称邵阳地区。

### 2022 年邵阳市行政区划一览表

表 2　　　　单位：个

| 区县市 | 镇 | 乡 | 其中：民族乡 | 街道办事处 | 居委会 | 村 |
|---|---|---|---|---|---|---|
| 大祥区 | 1 | 2 | | 11 | 60 | 38 |
| 双清区 | 2 | 1 | | 9 | 59 | 33 |
| 北塔区 | 1 | | | 4 | 30 | 14 |
| 邵东市 | 18 | 4 | | 3 | 62 | 518 |
| 新邵县 | 13 | 2 | | | 47 | 366 |
| 隆回县 | 18 | 5 | 2 | 2 | 66 | 506 |
| 洞口县 | 14 | 6 | 3 | 3 | 30 | 334 |
| 绥宁县 | 8 | 9 | 8 | | 20 | 215 |
| 城步苗族自治县 | 7 | 5 | | | 31 | 157 |
| 武冈市 | 11 | 3 | | 4 | 33 | 282 |
| 新宁县 | 8 | 8 | 2 | | 17 | 299 |
| 邵阳县 | 12 | 8 | | | 28 | 391 |
| 合 计 | 113 | 53 | 15 | 36 | 483 | 3153 |

1977年7月，邵阳市升格为省辖市，由邵阳地区代管；10月，划出东北部邵东、新邵、新化、涟源、双峰等县及冷水江市置涟源地区。1980年1月，邵阳市由省直管，领东区、西区、桥头区、郊区4个区。1983年，邵阳市增领邵东、新邵2个县。1986年1月，撤销邵阳地区建制，实行市领导县体制，原邵阳地区所辖邵阳、隆回、洞口、武冈、绥宁、城步、新宁7个县归邵阳市管辖。1987年桥头区并入东区。

1994年2月，国务院批准撤销武冈县，设立县级武冈市，属邵阳市代管。1997年10月，市辖3个区重新调整区划，更名为大祥区、双清区、北塔区。2019年7月，国务院批准撤销邵东县，设立县级邵东市，由邵阳市代管。至此，邵阳市辖3个区、7个县，代管2个县级市。

**【行政区划】** 2022年年末，邵阳市辖大祥区、双清区、北塔区3个区，新邵县、隆回县、洞口县、绥宁县、城步苗族自治县、新宁县、邵阳县7个县，邵东市、武冈市2个县级市（代管），共12个县级行政区划；设113个镇、53个乡（其中15个民族乡）、36个街道办事处，共202个乡级行政区划，有483个居委会、3153个村。

（邓　艳）

## 历史文化

**【史迹遗存】** 邵阳人文历史源远流长，名胜遗址众多。自新石器时代即有人口在境内居住，城步西岩遗址、武冈市上头园遗址、四季岩遗址、万家塘遗址、邵阳县水西遗址、隆回县小坳遗址、樟树峁遗址、坪上院遗址、新宁县白面寨遗址，均被鉴定为新石器时代文化遗址。战国时期邵阳十二诸侯国属楚国，已有2500多年建城史。宝庆府古城墙，始建于汉代，现仅存北面临江一线1300米墙段及庆丰、临津两道城门（宋至清代建筑）。武冈城墙，始建于宋代，现幸存城垣四段（内、外城各两段）总长1450米，以及济川、迎恩、清渠、庆成4座城门。邵东市黄陂桥西汉昭阳侯国城址，现存墙体厚5米、高5米，长248米、宽137米，城内平整规则，为湖南省保存较好的汉代城址之一。

邵阳市古墓葬较多，李熙山墓、杨正绾夫妇合葬墓、杨再兴墓、邓肃墓等名人墓葬均保存完好。绥宁黄桑坪苗族乡子岩崖墓，悬崖高50米，墓葬位于悬崖中部30米高处的洞穴中，葬于清乾隆三十四年（1769年），是研究绥宁古代民俗的重要实物。2022年，邵阳市有全国重点文物保护单位12处，分别是宝庆府古城墙、武冈城墙、塘田战时讲学院旧址、武冈中山堂——黄埔军校第二分校旧址、魏源故居、蔡锷故居及蔡锷公馆、洞口宗祠建筑群、作为湘西雪峰山抗战旧址的洞口县陆军第74军湘西会战阵亡将士纪念塔、中国工农红军第七军指挥所旧址、丹口苗文石刻群、邵阳北塔、荫家堂；有省级文物保护单位78处。

**【传统文化】** 邵阳市建有国家、省、市、区（县市）四级非物质文化遗产保护名录体系。截至2022年年底，全市有国家级非物质文化遗产保护项目16项，有省级非物质文化遗产保护项目36项。国家级、省级、市级"非遗"代表性传承人分别有12人、25人、156人。

邵阳饮食习俗一日三餐，主食大米。特色菜肴有腊肉、血浆鸭、邵东黄花菜、绥宁玉兰片等，尤以豆腐最具特色。农村几乎家家会打（磨）豆腐，产品有活络豆腐（豆腐花）、水豆腐、干子豆腐、腊豆腐、煎豆腐、卤豆腐、霉豆腐，尤以"豆腐丸子"最具特色。制作"豆腐丸子"（又称猪血丸子、"血粑"），始于清康熙年间，民间历代相传。将新鲜豆腐捏碎，压干水分，拌进适量猪血（未凝固）、肉丁、食盐、辣椒粉等，搅拌均匀，捏成馒头大小椭圆或圆形的丸子，经日晒或文火熏干，鲜红色慢慢变得乌黑油亮，散发出诱人香味，炒着吃或清蒸吃，各有其特殊风味，也便于收藏、携带。邵阳人爱吃辣椒，有"邵阳一大怪，没有辣椒不算菜"之说，爱制各种特色辣椒，如干辣椒、剁辣椒、白辣椒、酸辣椒、辣椒酱、辣椒粉、煨辣椒等，还直接以"爆辣椒""擂辣椒"为菜。

邵阳过汉族的所有节日，其中一些节日有地方特色。最隆重的是春节，邵阳人的春节，民间从上年的农历十二月二十四开始，一直延续到来年的元宵节。二十四日夜，家家户户祭祀灶神，祭灶后，全家团聚吃饭，称过小年。是日起，家家舂米做粑，煮酒，打豆腐，杀年猪，送年节，备点心，筹备年货。大年三十，户户剪彩纸，贴春联，全家团圆聚饮吃团年饭，菜肴有余有剩，长辈给小孩压岁钱，全家欢坐待旦"守岁"。正月初一，雄鸡初鸣做饭菜，将"年庚"摆放于正堂屋厅桌上，祭祀祖宗天地，然后吃年羹，吃年羹时讲求忌讳，忌打烂碗，忌桌上菜碗成单数，忌说不吉利的话，菜中必有鱼有青菜，预示新年富足有余、清平顺利，饭后天亮，放炮开门，开始拜年。邵阳拜年有"初一崽，初二郎，初三初四拜姑娘"的习惯。农历正月十五，家家吃元宵，城乡耍花灯、龙灯、狮灯，灯火辉煌，又称灯节、闹元宵。春节活动自此才全部结束。

邵阳流传最广的地方戏剧为祁剧。祁剧是湖南地方大戏剧种之一，因形成于祁阳而得名，但其成名、落脚于邵阳。明万历年间祁剧宝河派传入邵阳后，融合了邵阳当地的民间艺术、生活习俗和地方语言，逐渐发展成为有昆腔、高腔、弹腔三大体系的地方大戏。祁剧传统剧目非常丰富，既有阳刚之气，又有温柔之美，深受人民群众喜爱。

邵阳花鼓戏旧称"花鼓"，为湖南民间小戏剧种，兴起于旧时邵阳县境，20世纪50年代开始称为邵阳花鼓戏。其音乐源于当地山歌小曲，在发展过程中曾受祁剧音乐、宗教音乐和说唱音乐的影响，演出风格诙谐、活泼、明快清丽，主要流行于邵阳市区和邵东、新邵、邵阳、隆回、洞口、新化等县市，以祁剧宝河派戏白结合邵阳地方语言为舞台语言。

**【历史名人】** 邵阳历史悠久，人才辈出。晚唐时期，胡曾著《咏史诗》3卷，为自两宋至明代最有影响的启蒙读物。北宋，谏议大夫周仪，刚直敢言，史称“嘉祐直臣”；岳飞军前统制杨再兴，屡立战功，成一代抗金名将。元代，“苗帅”杨完者，驭溪峒之兵，驰骋吴越。明代，黔宁王沐英、凉国公蓝玉，佐朱元璋平南扫北，开创明朝基业。明末清初，宝庆车氏一族，人才鼎盛，首起者车大任和兄弟车大敬以下7代，以学术成家者35人，著作达1000余卷。清代，李沅发揭竿反清，率众转战湘、桂两省20个余州、县，给清王朝以沉重打击；魏源率先倡导“师夷长技以制夷”，主张改革弊政，被公认为中国19世纪中叶著名的启蒙思想家。晚清，出现湘军初期统帅江忠源，两广总督刘长佑，两江总督刘坤一，两江总督、南洋大臣魏光焘等一批清廷军政重臣。20世纪初，面对外患内忧的现实，樊锥率先投身维新运动，著书撰文痛斥时弊，第一个提出“公天下”口号；贺金声举旗募兵，拒教驱洋，宁死不贰。辛亥革命武昌起义，谭人凤任武昌防御使，誓与城池共存亡；袁世凯窃国称帝，蔡锷自云南率师讨袁，护国成功，再造共和。五四运动爆发，匡互生第一个冲进国贼曹汝霖住宅，举火焚烧赵家楼。民国时期，贺民范鼓励并支持毛泽东创办文化书社，首任湖南自修大学校长，积极宣传马克思主义。彭述之、彭粹夫便投身革命，成为最早的党员之一。袁国平、李林、谢嵩等担任工农红军领导职务，驰骋疆场，英勇献身。罗卓云、彭钟泽、向暄、欧阳秋曝、刘惊涛等优秀共产党人在与国民党右派势力殊死斗争中壮烈牺牲。20余年革命和抗日战争期间，邵阳培育出开国中将姚喆、李寿轩，少将袁也烈、石新安等人民解放军名将；也哺育出音乐家贺绿汀、历史学家吕振羽、中国历史上第一个女兵作家谢冰莹、建筑史学家刘敦桢、物理冶金学家李薰、声学家魏荣爵等文化、科技名人。

**【邵阳方言】** 邵阳方言是湘语的代表性方言之一，属老湘语娄邵片，包括今大祥区、双清区、北塔区、邵阳县、邵东市、新邵县、武冈市、新宁县、城步苗族自治县及隆回县、洞口县南大部，绥宁县另属吉溆片。邵阳俗有“隔条江不同腔，隔座坳不同调”之说，各地方言差异不可尽述。1956年国家推行普通话后，邵阳方言受普通话影响较大，诸多方言词汇逐渐被普通话词汇代替，但依然并存着老湘语色彩。邵阳方言与西南官话较为相近，属于小众语言，分新老两派，老派仍保留古浊音声母，新派全浊声母趋于消失。邵阳方言有声母28个，含零声母；韵母36个，含自成音节的鼻音韵；声调6个，去声分阴阳，入声不带塞音韵尾。

（邓　艳）

## 人口和民族宗教

**【人口总量】** 2022年年末，邵阳市户籍人口总户数252.99万户，比上年（下同）减少0.27万户；总人口812.25万人，减少4.64万人，其中男性430.02万人、女性382.23万人，分别减少2.12万人、2.52万人；人口密度391人／平方公里。常住人口总户数228.79万户，减少1.77万户；总人口641.78万人，减少5.05万人，其中男性332.76万人、女性309.02万人，分别减少2.62万人、2.43万人；城镇人口344.29万人、农村人口297.49万人，分别增加1.24万人、减少6.29万人；城市化率53.65%，提高0.61个

### 2022年邵阳市人口情况表

表3　　单位：万人

| 指标名称 | 总人口 | 男性人口 | 女性人口 |
| --- | --- | --- | --- |
| 年末户籍人口 | 812.25 | 430.02 | 382.23 |
| 其中：市区户籍人口 | 68.17 | 34.47 | 33.7 |
| 年末常住人口 | 641.78 | 332.76 | 309.02 |
| 其中：市区常住人口 | 80.62 | 40.74 | 39.88 |
| 出生人口 | 5.1 | 2.74 | 2.36 |
| 死亡人口 | 6.89 | 3.88 | 3.01 |
| 自然增长人口 | –1.79 | –1.14 | –0.65 |

百分点。全年平均户籍人口814.57万人，减少5.04万人；平均常住人口644.31万人，减少7.18万人。

**【人口变动】** 2022年，邵阳市年内出生人口50984人，与上年相比，减少9698人；其中男性27408人、女性23576人，分别减少5333人、4365人；出生人口性别比116.25，比上年117.18降低0.93；出生率6.26‰，减少1.17个千分点。死亡人口68918人，其中男性38774人、女性30144人，死亡率8.46‰。自然增长人口-17934人，其中男性-11366人、女性-6568人，自然增长率-2.2‰。全年省外迁入人口5142人、迁往省外人口24949人，分别比上年减少1105人、5170人。

**【年龄结构】** 2022年，邵阳市户籍人口中，0～17岁人口184.76万人，18～34岁人口172.21万人，35～59岁人口302.52万人，60岁以上人口152.76万人；分别比上年减少7.81万人，减少3.53万人，减少0.74万人，增加7.44万人；占比分别为22.75%、21.2%、37.24%、18.81%。

**【民族宗教】** 邵阳是一个多民族杂居之地，共有51个民族，其中少数民族50个。2022年，邵阳市有1个少数民族自治县（城步苗族自治县）、1个少数民族人口过半县（绥宁县）、15个民族乡、6个民族村。少数民族人口占全市总人口的6.89%。世居的少数民族主要有苗族、瑶族、回族、侗族4个，人数分别为41.35万人、5.24万人、3.88万人、3.75万人；邵阳少数民族呈现族别多、分布广、民族风俗习惯保持较为完整等特点。

邵阳市佛教、道教、伊斯兰教、基督教并存，信仰宗教总人数20.52万人，有隆回县、洞口县、武冈市、邵东市4个湖南省宗教工作重点县（市）。

（邓　艳）

## 经济社会发展

**【概况】** 2022年，邵阳市实现地区生产总值2650亿元，比上年增长5.5%。规模工业增加值增长7.2%，进出口总额增长8%，固定资产投资增长9%，地方一般公共预算收入增长7.6%，社会消费品零售总额增长2.6%，全体居民人均可支配收入增长6%。

经济大盘总体平稳。开展“项目建设大比拼”活动，集中开工竣工重大项目243个、总投资878.7亿元。34个省重点项目完成投资291.2亿元，326个市重点项目完成投资665亿元。犬木塘水库、邵阳火车站综合交通枢纽工程以及白新高速、新新高速、永新高速、城龙高速等一批重大基础设施项目稳步推进；罗市、云水220千伏输变电工程以及新邵、邵东生活垃圾焚烧发电项目、邵阳县—隆回天然气管网等重大能源项目建成投产。新建充电桩634个、5G基站2666个。争取中央和省预算内资金20亿元、设备购置与更新改造贷款15亿元、地方政府专项债81.7亿元支持重大项目建设。推进市场主体倍增工程，市场主体总量达45.6万户，其中企业10.3万户，分别排名全省第四、第二；规模工业企业2227家、新增171家，均排全省第二。举办“湖南人游邵阳”暨旅游消费季、房地产交易展示会、第十一届湘西南汽车文化节暨汽车消费节、首届湖南（邵阳）文化旅游美食消费季等系列大型促消费活动，发放消费券2071万元，拉动消费12亿元。

实体经济来势向好。全市产业投资增长19%，占固定资产投资比重达65%；6个省“三高四新”重大产业支撑项目完成投资52亿元。老工业基地调整改造工作获国务院“真抓实干”督查激励，实现邵阳市国务院“真抓实干”督查激励“零”的突破；邵虹基板玻璃项目通过国家窗口指导，首条生产线建成投产。九大重点产业集群产值占规模工业总产值的88%。东盟科技产业园一期开园。粮食播种面积748.7万亩，总产量330.97万吨，均居全省第二位。出栏生猪698.9万头。完成高标准农田建设任务。蔬菜、中药材、水果全产业链产值突破百亿元。国家杂交水稻重点实验室首个水稻新品种试验示范基地在新邵揭牌。推进省服务业“双百”工程，规模以上服务业营业收入增长17%。举办首届邵阳旅游发展大会，签约文旅项目20个、总投资128.8亿元。邵阳东货场投入运营。邵东星沙物流园获批省级示范物流园区，实现省级示范物流园“零”的突破。邵阳经济技术开发区晋升千亿园区。邵东经开区获评全省打造内陆地区改革开放高地先进园区。全市入园企业达3849家，其中规模以上工业企业1423家。三类低效土地和闲置国有厂房处置工作完成省定任务。

发展动能持续增强。持续深化供给侧结构性改革。有序推进“一件事一次办”改革。深入推进投融资体制改革三年行动，邵阳经开区完成社会事业剥离改革，国企改革三年行动实现收官。治理抛荒三年行动全面完成。推进低空空域改革试点。有序开展农村宅基地制度改革试点。邵阳市纳入湖南省首批国家中医药综合改革示范区先导区。“市场主体注册、变更、注销便利化”改革“揭榜竞优”工作经验在全省推介，并以先进典型呈报国务院改革办。举办首届湖南—东盟投资贸易洽谈会，现场集中签约项目80个，总投资543亿元；中国—东盟中小企业合作委员会秘书处落户邵阳。举办第六届邵商大会、“正和岛百名企业家邵阳行”、“军工邵阳行”等活动。新引进“三类500强”项目16个。建成进口商品展示交易中心。全市首个装备制造业院士工作站（工作室）成立。建立科创服务平台48个，入库科技型中小企业1262家，成立邵阳市数字经济研究院。

城乡区域协调发展。做好易地扶贫搬迁后续扶持工作，累计建成就业帮扶车间1189个，吸纳就业人员1.3万人，实现104个100人以上规模安置点就业帮扶车间全覆盖。隆回县岩口镇向家村入选中国美丽休闲乡村。启动全省首个数字乡村平台。抛荒耕地全面清零，复耕复种率100%。改造农村危房2005户，改厕3.5万座，拆除“空心房”3.1万户。建成乡镇污水处理厂53座、垃圾中转站26座，实现建制镇乡镇污水处理设施全覆盖。提质改造干线公路81.5公里、农村公路559公里。

社会保障不断提升。新增城镇就业4.8万人、失业人员再就业3.9万人。农村转移劳动力就业181.1万人、新增5.4万人，城镇调查失业率控制在5.5%以内。落实粮食安全党政同责，按照“先检后收、分仓储存、优粮优价、应收尽收”原则，完成省市县三级储备粮轮出、轮入任务。小江湖粮库一期工程建成投入使用。城乡居民基本养老保险、基本医疗保险实现全覆盖，社保惠企政策全面落实。出台促进房地产平稳健康发展16条措施。保供稳价，关注CPI指数变化，及时启动价格联动机制，全年CPI同比上涨控制在3%以内。

社会事业统筹发展。祁剧《种子方舟》、花鼓戏《豆腐西施》获湖南省第十五届精神文明建设“五个一工程奖”，广场舞《文明之花满人间》入围第十三届中国艺术节决赛。国家水上国民休闲运动中心落户邵阳县。新增公办义务教育学位33480个。市第十七中学重建项目完工，楚怡中职学校开工建设，邵阳工业职业技术学院主体工程完工，邵阳技师学院筹建工作获省政府批复。开展“双减”工作，义务教育学科类校外培训机构数量压减率达85.9%。每个县市区至少1家定点医疗机构实现普通门诊医疗费用跨省直接结算。

**【农业】**2022年，邵阳市完成农林牧渔业总产值（现价）741.55亿元，比上年增长3.7%。其中，农业产值391.71亿元，增长2.5%；林业产值24.05亿元，增长12.7%；牧业产值265.52亿元，增长3.8%；渔业产值21.29亿元，增长3.6%；农林牧渔专业及辅助性活动产值38.98亿元，增长9.5%。

年内粮食产量330.97万吨，比上年下降1.5%；蔬菜产量329.8万吨，增长2.2%；油料产量23.5万吨，增长7.7%。生猪出栏698.9万头，增长2.3%；牛出栏21.2万头，下降2.3%；羊出栏82.5万头，增长3.5%。水产品产量9.91万吨，增长2.5%。

推进农村建设。年末基本农田面积349.35千公顷，高标准农田建设面积35.4千公顷。拥有农产品加工企业7087家（其中国家级龙头企业5家），实现销售收入1862.8亿元、增长9.0%，实现利润96.6亿元、增长2.0%；开展网上销售农产品的农户11.7万户，增长9.8%；农业机械总动力535.2万千瓦，增长2.6%；休闲农业经营主体1953个，休闲农业和乡村旅游共接待游客1779.0万人次，实现营业收入21.5亿元；名优特水产品养殖面积3.9千公顷，名优特水产品产量1.1万吨、增长43.5%。

**【工业和建筑业】**2022年年末，邵阳市规模工业增加值增长7.0%，其中民营工业经济增加值增长7.2%。大中型企业增加值增长15.1%。按经济类型分，国有企业增加值增长5.2%，股份制企业增长7.6%，外商及港澳台投资企业增长11.0%；省级及以上产业园区工业增加值增长8.4%。

全市农副食品加工业增长0.9%；化学原料和化学制品制造业增长4.7%；非金属矿物制品业增长12.0%；有色金属冶炼和压延加工业增长32.5%；汽车制造业增长13.6%；计算机、通信和其他电子设备制造业增长62.7%；石油加工、炼焦和核燃料加工业下降5.9%；医药制造业下降0.5%。

全市规模工业企业实现主营业务收入3025.8亿元、增长12.1%，实现利润总额186.9亿元、增长41.6%，亏损企业亏损额1.7亿元，亏损面0.3%；利税总额241.8亿元、增长40.0%，工业产品销售率94.1%、下降2.7个百分点，出口交货值增长5.6%。

年末全市实有具有建筑业资质等级的总承包和专业承包企业309户，完成建筑业总产值726.0亿元、增长11.5%，实现利润总额24.4亿元、增长33.1%，房屋建筑施工面积5365.7万平方米、增长4.5%，其中新开工面积2589.3万平方米、增长39.4%；房屋建筑竣工面积1947.2万平方米、增长12.9%。

**【固定资产投资】**2022年，邵阳市固定资产投资同比增长8.7%。其中，国有投资下降11.4%，非国有投资增长15.2%，民间投资增长9.8%。分产业看，第一产业投资下降39.6%，第二产业投资增长16.6%，第三产业投资增长10.1%。施工项目2327个，计划总投资5193.0亿元、增长2.8%，本年投产项目1495个。

全市工业投资增长16.8%。其中，采矿业增长130.0%，制造业增长12.5%，电力、热力、燃气及水的生产和供应业增长45.3%；工业技改投资下降5.7%；高新技术产业投资增长13.9%；生态投资增长12.3%。全市基础设施投资增长30.7%，交通运输、仓储和邮政业投资增长43.9%，水利、环境和公共设施管理业投资增长19.7%，教育投资下降15.0%，卫生和社会工作投资增长53.0%。

全市房地产开发企业334户，完成投资279.0亿元，增长0.8%。商品房施工面积1922.9万平方米、下降4.1%，销售面积441.7万平方米、下降27.3%。其中，住宅销售面积418.7万平方米、下降25.4%，商品房销售额200.1亿元、下降28.7%，每平方米均价4530.0元、下降2.0%。

**【国内贸易和物价】**2022年，邵阳市完成社会消费品零售总额1408.8亿元，增长1.9%。其中，限额以上单位零售额642.7亿元，增长8.1%；限额以上法人企业零售额538.2亿元，增长7.9%。在限额以上法人企业中，城镇实现零售额514.0亿元、增长7.9%，其中城区为302.4亿元、增长6.1%，乡村实现零售额24.3亿元、增长7.3%；批发和零售业508.0亿元、增长7.8%，住宿和餐饮业30.3亿元、增长9.1%。

全市限额以上批发零售法人企业1305户，完成零售额508.0亿元、增长7.8%，其中粮油、食品类90.6亿元、增长16.8%，饮料和烟酒类37.7亿元、增长11.4%，服装、鞋帽和针纺织品类26.4亿元、增长3.8%，日用品类29.6亿元、增长15.1%，家用电器和音像器材类32.7亿元、增长8.7%，中西药品类42.3亿元、增长18.0%，汽车类98.5亿元、下降3.1%，建筑及装潢材料类20.6亿元、下降1.8%，石油及制品类68.6亿元、增长12.4%。

全市居民消费价格上涨1.8%。其中食品烟酒价格上涨1.9%，衣着类上涨1.6%，医疗保健类上涨0.5%，居住类上涨0.5%，教育文化及娱乐类上涨1.1%，生活用品及服务类上涨1.3%，交通和通信类上涨5.5%，其他用品和服务类上涨2.9%。商品零售价格上涨3.1%。

**【对外贸易和旅游】** 2022年，邵阳市实现进出口总额254.8亿元，比上年增长6.1%。其中，出口总额244.0亿元，增长4.1%；进口总额10.8亿元，增长82.5%。在出口总额中，一般贸易出口额227.5亿元、增长3.4%，加工贸易出口额16.4亿元、增长16.0%。在进口总额中，一般贸易进口额7.0亿元、增长231.8%，加工贸易进口额3.8亿元、增长0.3%。

全市实际利用外商直接投资3367.5万美元，增长1.5%。实际引进省外境内资金861.9亿元，增长15.2%。对外实际投资额3970.0万美元，增长495.0%。新批外商投资项目12个，新引进世界500强企业13家，在邵投资的世界500强存续企业22家。引进2亿元以上省外境内项目116个，实际到位资金575.2亿元。

全年实现旅游总收入340.5亿元、下降0.9%，接待旅游总人数2950.6万人次、下降0.7%；国际旅游外汇收入4.4万美元。全市旅游等级区（点）45家，其中AAAA级及以上的有7家。在邵阳市旅游产业发展推进会上签约项目20个，总投资128.8亿元。

**【交通和邮电】** 2022年，邵阳市交通运输业完成投资146.59亿元，比上年增长45.0%。高速公路完成投资115.77亿元，增长61.02%，其中白新、永新、城龙完成年度计划的100%，新新完成108%；完工7个干线公路项目81.64公里，新开工9个干线公路项目184.07公里；完成农村公路提质改造559.725公里、生命安全防护工程659.97公里，省定任务完成率分别为132.0%、129.9%；正式实施《邵阳港总体规划》，总体规划港区10个，港口利用岸线122处，规划岸线长度16500米。

全市年末汽车保有量79.3万辆、增长6.6%，其中轿车39.4万辆、增长8.9%。铁路完成货运量396.8万吨、下降19.2%，客运量986.8万人、下降24.7%；公路水路完成货运量9334.6万吨，货物周转量64.2亿吨公里，客运量3521.5万人，旅客周转量11.8亿人公里。

全市完成邮电业务总量70.3亿元，增长20.3%。其中邮政业务总量20.4亿元、增长3.9%；电信业务总量49.9亿元、增长28.5%。年末固定电话用户27.15万户，比上年末减少1.32万户；移动电话用户609.9万户，比上年末增加10.74万户；互联网宽带用户数82.11万户，比上年末增加5.33万户。

**【金融、证券和保险】** 2022年年末，邵阳市金融机构本外币各项存款余额4045.6亿元，比年初增加458.8元、增长12.8%，其中住户存款3219.4亿元、增长15.7%，非金融企业存款386.5亿元、增长1.0%，广义政府存款431.8亿元、增长3.1%。年末金融机构本外币各项贷款余额2538.9亿元，比年初增加241.5亿元、增长10.5%，其中住户贷款1192.8亿元、增长7.5%，非金融企业及机关团体贷款1336.4亿元、增长12.6%。人民币消费贷款732.2亿元，增长5.5%；个人住房消费贷款500.8亿元，增长10.1%；房地产开发贷款59.3亿元，增长4.5%；中小微企业贷款970.2亿元，增长13.3%。不良贷款比率为1.89%，同比降低0.08个百分点。

年末全市境内上市公司1家。全年直接融资总额107.4亿元、比上年增长35.3%。年末A股上市公司总市值15.38亿元。年末证券公司营业部22家，比上年减少2家；证券交易额3141.5亿元，下降14.1%。年末期货证券营业部成交金额934.7亿元，下降22.4%。

全市保费收入98.9亿元，下降0.1%，其中财产险22.4亿元、增长7.6%，寿险52.0亿元、增长2.0%，健康险22.5亿元、下降9.6%，人身意外伤害险2.1亿元、下降11.5%。各项保险赔付支出36.3亿元，增长4.6%，其中财产险14.9亿元、下降0.3%，寿险8.6亿元、增长15.4%，健康险12.3亿元、增长5.3%，人身意外伤害险0.58亿元、下降17.7%。

**【教育和科学技术】** 2022年，邵阳市普通高等教育招生1.40万人，比上年增长15.8%，在校生4.49万人，毕业生1.11万人。各类中等职业教育招生3.02万人，下降4.3%，在校生8.54万人，毕业生2.57万人。普通高中招生5.87万人，增长3.4%，在校生16.43万人，毕业生4.81万人。初中和小学共招生18.78万人，增长0.2%，在校生84.95万人，毕业生21.57万人。特殊教育招生0.02万人，在校生0.21万人。幼儿园在园幼儿17.9万人。各类民办学校（包括民办幼儿园）995所，在校生23.02万人。小学适龄儿童入学率和毕业生升学率均达到100%，高中阶段教育毛入学率为93.25%。

年末全市拥有高新技术产品生产企业1277家，比上年增加82家，其中省科技厅认定的高新企业532家，增加106家。实现高新总产值3005.7亿元，增加值612.6亿元、增长14.2%，增加值占GDP比重为23.6%、同比提升2.1个百分点。签订技术合同3132项，成交金额104.9亿元、增长314.1%。“智丰众创空间”备案为国家级众创空间，“新型竹木复合材料制造”成功创建省级工程技术研究中心。

**【文化、卫生和体育】**2022年年末，邵阳市拥有艺术表演团体5个，群众艺术馆、文化馆13个，公共图书馆14个，公共文化设施总面积达到718.98万平方米，文化场馆服务总人次达1122.36万人次，国家级非物质文化遗产保护目录16个，成功申报2处省级历史文化名镇、5处中国传统村落，广播综合人口覆盖率97.5%，电视综合人口覆盖率99.2%。全市规模以上文化及相关产业企业达348家，实现营业收入303.82亿元，同比增长12.8%。

年末全市有卫生机构5640个，其中医院138个。医院床位数3.67万张，增长0.3%。卫生机构共有卫生技术人员4.36万人，增长3.4%。其中，执业医师和执业助理医师1.71万人，增长7.6%；注册护士1.99万人，增长0.4%。全市疾病预防控制中心（防疫站）13个，卫生技术人员626人。卫生监督所（中心）13个，卫生技术人员226人。

全市拥有体育场地16450个，体育馆8个，开展全民健身项目36项，经常性参加体育锻炼的人数达245.4万人。举办2022年邵阳市第二届全民健身联赛、第五届少数民族运动会、第二届“健康湖南”全民运动会邵阳海选赛和选拔赛等体育活动，开展2期社会体育指导员的培训，培训二级社会体育指导员220人。承办2022年湖南省青少年田径锦标赛（传统组）；组织参加2022年湖南省田径、武术、羽毛球青少年锦标赛，获3枚金牌、7枚银牌、14枚铜牌。

**【社会保障和重点民生实事】** 2022年，邵阳市城乡居民基本养老保险登记参保人数414.9万人。城镇基本养老保险职工人数114.1万人，其中，在职75.1万人，离退休人员39.0万人。基本医疗保险参保人数665.9万人，其中城乡居民608.6万人。参加工伤保险职工人数58.0万人，增加1.9万人；参加失业保险职工人数35.5万人，增加0.3万人；参加生育保险职工人数32.4万人。城镇新增就业人员4.7万人，失业人员再就业人数4.0万人，领取失业保险金职工人次数4.0万人次。农村低保人数18.8万人，发放低保金5.8亿元；城镇低保人数4.4万人，发放低保金2.2亿元。

全市全面完成省定22项重点民生实事项目。其中，新增公办义务教育学位33480个，为省定任务的127.1%；康复救助残疾儿童1749人，为省定任务的174.9%；困难残疾人家庭无障碍改造1389户，为省定任务的106.8%；困难老年人居家适老化改造1363户，为省定任务的100%；新增护理型服务床位300张，为省定任务的100.0%；农村旅游路、资源路、产业路提质改造559.73公里，为省定目标任务的132.0%；城市低保标准为600元/月·人，达到省定目标任务；农村低保标准为4620元/年·人，超过省定目标任务20元；孕产妇免费产前筛查30343人次，为省定任务的114.9%；建设联网中小学幼儿园周边等重点部位安防设备8164个，为省定任务的102.1%。

**【资源、环境和安全生产】** 2022年年末，邵阳市耕地面积39.5万公顷，基本农田34.9万公顷，补充耕地0.01万公顷。

全年开工各类水利工程171处，投入资金47.7亿元，水利工程完成土石方320.6万立方米，新增农田有效灌溉面积21.15千公顷，新增节水灌溉面积8.18千公顷，实施了495处农村集中供水工程维修养护，受益人口108.33万人。

持续推进蓝天、碧水、净土三大保卫战。市区环境空气质量综合指数为3.46%，同比下降5.5个百分点；环境空气质量优良天数322天，优良天数比例88.2%；PM2.5浓度均值34微克/立方米，同比下降10.5%；市区首次达到国家空气质量二级标准。全市14个国考断面和38个省考断面水质全部达到Ⅱ类及以上水质，水环境质量较上年同期改善4.75%，14个国家地表水考核断面水环境质量位居全国339个地级城市第29名。

推进植树造林、公益林保护、退耕还林和石漠化治理等生态工程。划定生态保护红线4742.29平方公里，投入矿山地质环境恢复治理资金3.87亿元，恢复治理面积350.23余公顷。全市活立木蓄积8403万立方米，完成造林面积34.2千公顷，年末实有封山（沙）育林面积32.3千公顷，森林覆盖率达61.02%。国家地质公园共2个。自然保护区共4个，其中，国家级3个，省级1个，自然保护区面积5.4万公顷。

全年发生各类生产经营性安全事故74起，事故死亡人数72人（其中较大生产安全事故1起，死亡3人），同比均下降32.1%。发生一次死亡3人以上的非生产经营性事故起数同比下降88.9%。亿元GDP生产安全事故死亡人数为0.028人，工矿商贸行业生产安全事故死亡3人。发生道路交通事故1682起，道路交通万车死亡人数2.77人。

注：地区生产总值（GDP）、各产业增加值、农业总产值等指标绝对额按现行价格计算，增长速度按可比价格计算。

（彭怀志）

## 城乡居民生活

**【城乡居民收入】** 2022年，邵阳市全体居民人均可支配收入24677元，比上年增长 6.7%，增速高于全省平均水平0.3个百分点，位居全省第二。与前三季度和2021年相比，增速分别回落0.2和3.0个百分点，回落幅度较全省平均水平分别低0.1和高0.5个百分点。分城乡看，城镇居民人均可支配收入35177元，比上年增长5.4%，与全省平均水平持平；增速比上年回落2.8个百分点，回落幅度较全省平均水平高0.6个百分点。农村居民人均可支配收入16815元，比上年增长7.1%，高于全省平均水平0.3个百分点；增速比上年回落4.1个百分点，回落幅度较全省平均水平高0.6个百分点。城乡居民收入比继续呈缩小态势，收入比值为2.09，缩小程度高于全省平均水平（2.42）0.33，从提升幅度上看，较上年缩小 0.04，高于全省（0.03）0.01。

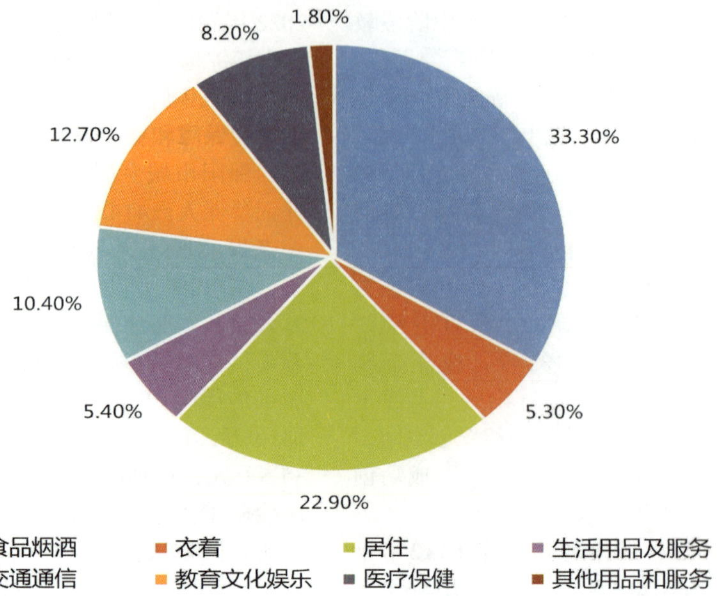


图 1　2022 年邵阳市八大类消费结构占比示意图

**【居民消费支出】** 2022年，邵阳居民人均生活消费支出18847元，比上年增长5.3%，与前三季度相比，增速上升0.3个百分点，提升幅度较全省平均水平高1个百分点，呈持续回暖态势。其中，城镇居民人均消费支出21813元，比上年增长4.0%；农村居民人均消费支出16626元，比上年增长6.0%。农村居民人均消费支出快于城镇居民2个百分点。其中消费的八大结构如图所示。

**【居民消费主要特点】** 2022年，邵阳市居民消费呈现农村居民消费支出增速快于城镇居民、吃穿住用等生存型消费因生活品质的提升带动增长、发展型消费因经济的发展带动不断增加、享受型消费因疫情影响增长有所放缓等主要特点。各县市区加快商贸物流配送中心建设，建成乡村快递物流站点3.4万个，行政村快递覆盖率达92%，日益便捷的购物环境加快农村地区的消费增长；农村居民消费意愿和能力随着收入的不断增加而日益增强，城乡居民消费水平差距进一步缩小，消费支出水平比为1.31，较上年降低0.03个百分点。居民食品烟酒、衣着、生活用品及服务支出、其他用品和服务分别比上年增长 7.2%、1.6%、5.8%、14.3%、23.4%，吃穿住用等基本生活类消费支出占人均消费支出68.6%，占比较上年上升1.2个百分点，生存型消费日益增长。作为居民生活水平提升的一个重要指标，邵阳居民人均交通通信类支出比上年增长14.9%，其中交通消费增长17.4%、通信消费增长8.9%，每百户拥有汽车29.6辆、电视机110台、移动电话机268台，较上年分别增长3.0%、4.9%、2.4%。居民人均教育文化娱乐支出比上年下降0.3%，医疗保健类消费较上年下降10.1%。

（安　艳）

## 2022 年邵阳市城乡居民人均可支配收入与总支出情况表

表4　　单位：元

| 指标名称 | 城乡住户 | 城镇住户 | 农村住户 |
|---|---|---|---|
| 第一部分 可支配收入 | 24677 | 35177.3 | 16815.3 |
| 一、工资性收入 | 11852.9 | 17915 | 7314.1 |
| （一）工 资 | 11484.6 | 17216.2 | 7193.3 |
| 1. 按月发放的工资 | 7129.5 | 12985 | 2745.4 |

续表 4

| 指标名称 | 城乡住户 | 城镇住户 | 农村住户 |
|---|---|---|---|
| 2. 补发工资 | 135.1 | 270.3 | 33.8 |
| 3. 不按月发放的奖金津贴过节费等 | 4220.1 | 3960.9 | 4414.1 |
| （二）实物福利 | 113 | 173.6 | 67.7 |
| （三）其　他 | 255.3 | 525.3 | 53.1 |
| 二、经营净收入 | 4540.1 | 4759.2 | 4376 |
| （一）第一产业经营净收入 | 1546 | 315.2 | 2467.5 |
| （二）第二产业经营净收入 | 483.6 | 650.1 | 358.9 |
| （三）第三产业经营净收入 | 2510.5 | 3793.8 | 1549.6 |
| 三、财产净收入 | 1934.3 | 3903.4 | 460 |
| （一）利息净收入 | 138.1 | 166.4 | 117 |
| （二）红利收入 | 224 | 335.9 | 140.1 |
| 1. 集体分配的红利 | 0.2 | 0 | 0.3 |
| 2. 其他红利收入 | 223.8 | 335.9 | 139.9 |
| （三）储蓄性保险净收益 | 12.5 | 25.1 | 3 |
| （四）转让承包土地经营权租金净收入 | 3.1 | 0.2 | 5.3 |
| （五）出租房屋财产性收入 | 728 | 1644.5 | 41.8 |
| （六）出租机械专利版权等资产的收入 | 25 | 37.6 | 15.5 |
| （七）其他财产净收入 | 158.9 | 187.7 | 137.3 |
| （八）房屋虚拟租金 | 644.8 | 1508.9 | 0 |
| 四、转移净收入 | 6349.8 | 8599.8 | 4665.2 |
| （一）转移性收入 | 7978.1 | 10652.4 | 5975.8 |
| 1. 养老金或离退休金 | 3347.6 | 6452.4 | 1023 |
| 2. 社会救济和补助 | 242.6 | 219.8 | 259.7 |
| 3. 政策性生活补贴 | 80.4 | 83.3 | 78.1 |
| 4. 报销医疗费 | 386.5 | 380.7 | 390.8 |
| 5. 家庭外出从业人员寄回带回收入 | 2356.9 | 2385.9 | 2335.1 |

续表 4

| 指标名称 | 城乡住户 | 城镇住户 | 农村住户 |
|---|---|---|---|
| 6. 赡养收入 | 1379.1 | 956.1 | 1695.9 |
| 7. 其他经常转移收入 | 40.5 | 56.2 | 28.7 |
| 8. 从政府和组织得到的实物产品和服务折价 | 76.5 | 106.8 | 53.9 |
| 9. 现金政策性惠农补贴 | 68 | 11.2 | 110.5 |
| （二）转移性支出 | 1628.3 | 2052.6 | 1310.6 |
| 1. 个人所得税 | 44.5 | 64.6 | 29.4 |
| 2. 社会保障支出 | 1318.2 | 1590 | 1114.7 |
| 3. 外来从业人员寄给家人的支出 | 51.8 | 120.3 | 0.6 |
| 4. 赡养支出 | 137 | 187.2 | 99.4 |
| 5. 其他转移性支出 | 76.8 | 90.6 | 66.5 |
| （1）经常性捐赠支出 | 0.2 | 0.1 | 0.2 |
| （2）经常性赔偿支出 | 0.2 | 0 | 0.4 |
| （3）其他经常转移支出 | 76.4 | 90.5 | 65.9 |
| 第二部分 总支出 | 25971.3 | 29809.2 | 23097.8 |
| 一、消费支出 | 18847 | 21813.2 | 16626.1 |
| （一）食品烟酒 | 6278.1 | 7260.8 | 5542.3 |
| （二）衣 着 | 993.9 | 1412.8 | 680.3 |
| （三）居 住 | 4309.5 | 4622.2 | 4075.4 |
| （四）生活用品及服务 | 1008.4 | 1233.6 | 839.8 |
| （五）交通通信 | 1964.6 | 2464.7 | 1590.2 |
| （六）教育文化和娱乐 | 2402.4 | 2739.5 | 2150 |
| （七）医疗保健 | 1546.3 | 1607 | 1500.8 |
| （八）其他用品和服务 | 343.8 | 472.7 | 247.3 |
| 二、生产经营费用支出 | 1078.8 | 405.5 | 1583 |
| （一）第一产业经营费用支出 | 874.9 | 177.9 | 1396.7 |

续表4

| 指标名称 | 城乡住户 | 城镇住户 | 农村住户 |
|---|---|---|---|
| （二）第二产业经营费用支出 | 15.6 | 1.6 | 26 |
| （三）第三产业经营费用支出 | 188.4 | 226 | 160.2 |
| 三、财产性支出 | 29.6 | 57.6 | 8.6 |
| （一）生活贷款利息支出 | 22 | 41.4 | 7.4 |
| （二）其他财产性支出 | 7.6 | 16.1 | 1.2 |
| 四、转移性支出 | 1628.3 | 2052.6 | 1310.6 |
| （一）个人所得税 | 44.5 | 64.6 | 29.4 |
| （二）社会保障支出 | 1318.2 | 1590 | 1114.7 |
| （三）外来从业人员寄给家人的支出 | 51.8 | 120.3 | 0.6 |
| （四）赡养支出 | 137 | 187.2 | 99.4 |
| （五）其他转移性支出 | 76.8 | 90.6 | 66.5 |
| 五、部分商业保险支出 | 66.6 | 116.1 | 29.5 |
| 六、购置资产及非经常性转移支出 | 3780.7 | 4741 | 3061.6 |
| （一）购置资产支出 | 532.1 | 664 | 433.3 |
| （二）非经常性转移支出 | 3248.6 | 4077.1 | 2628.3 |
| 七、借贷性支出 | 540.4 | 623.1 | 478.5 |
| （一）存入储蓄款 | 96.7 | 14 | 158.7 |
| （二）借出款 | 22.4 | 44 | 6.2 |
| （三）归还借款 | 139.8 | 87 | 179.4 |
| （四）购买有价证券 | 0 | 0 | 0 |
| （五）其他投资支出 | 11.9 | 25.2 | 1.9 |
| （六）归还住房贷款 | 190.3 | 354.6 | 67.4 |
| （七）归还汽车贷款 | 72.7 | 85.6 | 63.2 |
| （八）归还教育贷款 | 0 | 0 | 0 |
| （九）归还其他贷款 | 6.5 | 12.8 | 1.8 |
| （十）其他借贷支出 | 0 | 0 | 0 |

## 2022 年邵阳市城乡居民家庭主要经济指标情况表

表5

| 指标名称 | 单位 | 城乡住户 | 城镇住户 | 农村住户 |
|---|---|---|---|---|
| 调查样本住户数 | 户 | 1340 | 550 | 790 |
| 可支配收入 | 元 | 24677 | 35177 | 16815 |
| 消费支出 | 元 | 18847 | 21813 | 16626 |
| （一）食品烟酒 | 元 | 6278 | 7261 | 5542 |
| （二）衣着 | 元 | 994 | 1413 | 680 |
| （三）居住 | 元 | 4310 | 4622 | 4075 |
| （四）生活用品及服务 | 元 | 1008 | 1234 | 840 |
| （五）交通通信 | 元 | 1965 | 2465 | 1590 |
| （六）教育文化娱乐 | 元 | 2402 | 2739 | 2150 |
| （七）医疗保健 | 元 | 1546 | 1607 | 1501 |
| （八）其他用品和服务 | 元 | 344 | 473 | 247 |

## 2021 年、2022 年邵阳市居民消费价格总指数对比表

表6

| 指标名称 | 2022 年 | 2021 年 |
|---|---|---|
| 居民消费价格总指数 | 101.8% | 100.2% |
| 一、食品烟酒 | 101.9% | 98% |
| 粮　食 | 103.9% | 103% |
| 鲜　菜 | 101.9% | 104.2% |
| 畜　肉 | 94.6% | 79% |
| 水产品 | 99.6% | 111.6% |
| 蛋 | 105% | 106.1% |
| 鲜　果 | 111.3% | 102.8% |
| 二、衣　着 | 101.6% | 100.8% |
| 三、居　住 | 100.5% | 100.4% |
| 四、生活用品及服务 | 101.3% | 100.3% |
| 五、交通和通信 | 105.5% | 104% |
| 六、教育文化和娱乐 | 101.1% | 101.9% |
| 七、医疗保健 | 100.5% | 100.9% |
| 八、其他用品和服务 | 102.9% | 95.4% |

# 中国共产党邵阳市委员会

## 重要会议

**【邵阳市传达贯彻省“两会”精神大会】** 2022年1月20日，邵阳市委召开邵阳市传达贯彻省“两会”精神大会，传达学习贯彻省十三届人大五次会议和省政协十二届五次会议精神。会议由市委书记严华主持，全体在职市级领导和离退休正市级领导出席。会议传达学习省委书记张庆伟在省“两会”期间的讲话、有关省领导在邵阳代表团参加审议时的讲话精神和省政府工作报告等有关报告主要精神。市委书记严华就如何贯彻落实好省“两会”精神提出意见，要认真学习领会，自觉把思想和行动统一到省委、省政府决策部署上来；持续加劲加力，推动省“两会”精神在邵阳落地生根、开花结果；统筹做好岁末年初各项工作，确保开好局、起好步。

**【市委十二届二次全体会议】** 2022年1月27日，中共邵阳市委十二届二次全体会议召开。会议表决确定邵阳市出席党的二十大代表候选人推荐提名人选名单。市委书记严华在会上作讲话。全会指出，2022年是党的二十大召开之年，也是贯彻落实省、市第十二次党代会精神的开局之年。全市上下要认真贯彻落实党的十九届六中全会和中央、省委经济工作会议精神，真抓实干、埋头苦干，以优异成绩向党的二十大献礼。会议强调，强化责任抓落实，确保各项任务按时按质落实落地；聚焦问题抓落实，千方百计增进民生福祉；转变作风抓落实，真抓实干推动各项工作落地见效；提高能力抓落实，奋力开创各项事业发展新局面；强化党建引领抓落实，把党的领导贯穿到经济社会各个领域、改革发展各个环节。市领导华学健、汤立斌、周迎春、周文、周爱国、于金旺、王学武、肖拥军、仇珂静、龚红果等出席会议。

**【邵阳市产业发展暨优化营商环境推进会】** 2022年4月1日，邵阳市产业发展暨优化营商环境推进会召开。会议部署市2022年产业发展和优化营商环境工作。由市委副书记、市长华学健主持，市委常委会会议组成人员、市人大常委会副主任、市政府副市长、市政协副主席出席会议，市委书记严华出席并讲话。会议以视频会议形式召开，各县市区（邵阳经开区）设分会场。会议强调，要提高政治站位，在深化思想认识中坚定发展信心；要保持战略定力，在提升产业能级中夯实发展根基；要务求工作实效，在优化营商环境中厚植发展沃土；要加强组织领导，在强化责任担当中推动工作落实。

**【市委十二届三次全体会议】** 2022年8月17日，中共邵阳市十二届三次全体会议召开。会议听取市委常委会2022年上半年工作报告，安排部署有关工作。市委书记严华代表市委常委会作2022年上半年工作报告。全会认为，2022年，市委常委会坚持以习近平新时代中国特色社会主义思想为指导，紧扣迎接宣传贯彻党的二十大这条主线，认真贯彻落实习近平总书记对湖南重要讲话重要指示批示精神，围绕全面落实“三高四新”战略定位和使命任务，聚焦“疫情要防住、经济要稳住、发展要安全”，高效统筹疫情防控和经济社会发展，科学统筹发展和安全，坚持稳中求进工作总基调，扎实做好“六稳”“六保”工作，全市经济社会保持平稳健康发展。市领导华学健、汤立斌、周迎春、周爱国、于金旺、王学武、肖拥军、吴旭鹏、仇珂静、龚红果等出席会议。

**【市委十二届四次全体会议】** 2022年12月3日，中共邵阳市十二届四次全体会议召开。全会听取和讨论市委书记严华代表市委常委会所作的报告，审议通过《中共邵阳市委关于深入学习宣传贯彻党的二十大精神为全面建设社会主义现代化新邵阳而团结奋斗的决定》《中国共产党邵阳市第十二届委员会第四次全体会议决议》，递补市委委员。全会强调，全面建设社会主义现代化新邵阳，必须牢牢把握党的二十大确定的坚持和加强党的全面领导、坚持中国特色社会主义道路、坚持以人民为中心的发展思想、坚持深化改革开放、坚持发扬斗争精神等五个重大原则。要把党的领导落实到各领域各方面各环节，坚持走中国式现代化道路，完整、准确、全面贯彻新发展理念，统筹发展和安全，依靠顽强斗争打开事业发展新天地。市委书记严华代表市委常委会就贯彻落实党的二十大精神和此次市委全会部署提出意见，深入学习贯彻党的二十大精神，确保学深悟透、融会贯通；坚决贯彻落实全会决定，确保党的二十大精神落地生根、开花结果；统筹抓好当前各项工作，确保迈上新台阶、见到新气象。市领导华学健、汤立斌、周迎春、周文、于金旺、王学武、肖拥军、吴旭鹏、仇珂静、龚红果等出席会议。

## 重要文件

**【市委重要文件】** 2022年1月21日，中共邵阳市委印发《中共邵阳市委常委会关于进一步贯彻落实中央八项规定及其实施细则精神的实施意见》的通知。

4月1日，市委、市政府印发《关于做好2022年“三农”工作扎实推进乡村振兴的实施意见》。

6月17日，市委、市政府印发《关于全面推行田长制严格耕地保护的实施方案》的通知。

7月10日，市委、市政府印发《关于废止和宣布失效一批涉计划生育市委文件的决定》。

8月23日，市委、市政府印发《关于表彰第一届产业兴邵突出贡献奖先进集体和先进个人的决定》。

8月26日，市委、市政府关于

印发《邵阳市铸牢中华民族共同体意识促进民族团结进步创建三年行动计划（2022—2024年）》的通知。

11月29日，市委、市政府印发《关于加快推进邵阳旅游产业高质量发展的实施意见》。

12月9日，市委印发《关于深入学习宣传贯彻党的二十大精神为全面建设社会主义现代化新邵阳而团结奋斗的决定》。

12月25日，市委、市政府印发《关于服务和融入新发展格局的实施意见》。

12月27日，市委印发《中共邵阳市委常委会关于坚决维护党中央集中统一领导的规定》的通知。

12月27日，市委、市政府印发《关于推进邵阳经济技术开发区创建“五好”园区实现高质量发展的实施意见》的通知。

**【市委办公室重要文件】** 2022年2月9日，市委办公室、市政府办公室关于印发《持续优化营商环境党委领导各方参与督办落实机制》等三项机制的通知。

2月22日，市委办公室关于印发《市委巡察工作规划（2022—2026年）》的通知。

3月16日，市委办公室、市政府办公室关于印发《邵阳市创建全国民族团结进步示范市实施方案》的通知。

3月26日，市委办公室、市政府办公室印发《关于市领导联系产业集群（产业链）推动打造国家重要先进制造业高地的工作方案》的通知。

3月27日，市委办公室、市政府办公室印发《关于市领导联系重点企业的工作方案》的通知。

4月2日，市委办公室、市政府办公室印发《关于促进民营经济高质量发展的若干政策措施》的通知。

4月8日，市委办公室、市政府办公室印发《关于建立市领导联系学校制度的通知》。

4月25日，市委办公室、市政府办公室印发《关于贯彻落实〈中共湖南省委办公厅湖南省人民政府办公厅关于坚持和发展新时代“枫桥经验”推动预防和化解信访问题的意见〉的责任清单》的通知。

6月8日，市委办公室、市政府办公室关于印发《邵阳市种业振兴行动实施方案》的通知。

6月10日，市委办公室、市政府办公室关于印发《邵阳市发展壮大农村集体经济攻坚行动实施方案（2022—2024年）》的通知。

7月21日，市委办公室、市政府办公室关于印发《邵阳市创建全国文明城市工作问责办法》的通知。

8月25日，市委办公室、市政府办公室印发《关于支持乡村振兴重点帮扶县跨越发展的实施方案》的通知。

9月9日，市委办公室、市政府办公室印发《关于切实加强社会保险基金监管工作的实施意见》的通知。

11月14日，市委办公室、市政府办公室关于印发《邵阳市粮食安全责任清单》和《县市区党委和政府落实粮食安全责任制考核方案》的通知。

11月16日，市委办公室、市政府办公室关于印发《邵阳市深化国防动员体制改革实施方案》的通知。

## 综合事务管理

**【政治建设】** 2022年，邵阳市委办公室及时跟进学习习近平总书记重要讲话重要指示批示精神，持续用党的创新理论武装头脑、指导实践。坚持“第一议题”学习制度和领学述学考学制度，召开室务会33次，组织专题学习19次，组织理论学习中心组学习12次，开展领学15次、述学3次。通过召开全体干部职工会议、市委宣讲团专题宣讲、讲授“微党课”、举行理论考试、开展主题征文活动等方式，学习宣传贯彻党的二十大精神。落实中共中央重大决策部署和省委、市委要求，健全习近平总书记重要讲话重要指示批示和党中央重大决策部署贯彻落实闭环监督机制，对党的十八大以来党中央、国务院决策部署和中央领导批示及省委、省政府领导批示件，建立贯彻落实台账，实行清单式管理，并及时查漏补缺，确保件件有回音、事事有着落。落实党内请示报告制度，起草或审核修改上报省委的党内重大事项专题报告36件，接收办理各县市区委、市直各单位党组（党委）向市委的专题报告736件。落实领导干部外出请示报备制度，市委主要领导外出活动，均按规定提前向省委书面请示，按照省委批复情况执行落实。

**【参政设谋】** 2022年，邵阳市委办公室聚焦制约发展的关键问题和群众急难愁盼问题，加强调查研究，积极出谋划策，组织市直有关单位和各县市区委办公室，围绕抗旱减灾、打造“三个高地”、优化营商环境、推动实体经济发展、创新市域社会治理、巩固拓展脱贫攻坚成果同乡村振兴有效衔接等课题，深入细致开展调研，形成专题调研报告37篇，部分对策建议进入市委决策层面。

**【文稿撰写】** 2022年，邵阳市委办公室坚持用党的创新理论指导文稿写作实践，在综合文稿起草过程中注重融入合乎时宜、契合实际的新理念、新观点、新表述，增强文稿的思想性、指导性和实用性。牵头起草《关于加强新一届市委班子建设的决定》《市委常委会关于坚决维护党中央集中统一领导的规定》《市委常委会关于进一步贯彻落实中央八项规定及其实施细则精神的实施意见》等5个市委层面文件，撰写领导讲话、工作总结、情况汇报等各类文稿262篇，整理省市领导讲话录音27篇次，编发《市委通报》10期、《工作情况交流》12期、《市委内参》2期，印发市委常委会会议纪要47期、书记专题会议纪要4期、常委议事协调会议纪要3期。

【信息服务】2022年，邵阳市委办公室向中共中央办公厅、省委办公厅报送信息141条、1130条，被采用300余条，获省委书记张庆伟等省领导批示9次，全市党委信息质量系数在全省中共中央办公厅直报点排名第三，在全省排名第六。《邵阳市扎实开展社会治理六项重点工作攻坚行动》《邵阳经开区加快创建“五好园区”，推动园区高质量发展》《邵阳市汇聚乡贤合力，助力乡村振兴》《邵阳市切实做好抗旱保水工作》等一批稿件被省委办公厅单条采用。

【办文办会】2022年，邵阳市委办公室贯彻落实中央、省委关于切实减轻基层负担、大力精简文件要求，坚持发文总量控制，落实年度发文计划、临时发文立项、季度报告等制度，市委全年发文57件，实现只减不增目标。严把党内规范性文件审核关，执行前置审核、省直部门预审、部门会签、备案审查等制度，全年向省委报送党内规范性文件34件，审查各县市区党内规范性文件90件。及时做好各类文件电报的收发、办理工作，全年处理来电来文、县市区、市直单位请示件3700件，送阅特提电报1180份，公文处理质量和运转效率明显提高。精简会议，执行会议审批程序，全年召开全市性会议19次，实现只减不增目标。完成市委十二届三次全会、市委十二届四次全会，市党务工作会议、首届湖南—东盟投资贸易洽谈会等大型会议的会务服务工作，完成中央、省、市、县四级电视会议服务保障165次。

【重点工作统筹】2022年，邵阳市委办公室组织干部帮助企业复工复产，推进复学复市，助力全市经济社会秩序有序恢复。坚持把社会治理六项重点工作攻坚行动作为推进全国市域社会治理现代化试点工作的有力抓手，实行“一月一排查、一月一汇总、一月一调度、一月一通报、一月一交办、一月一督办”工作机制，推动相关负面指标实现既定下降目标。

【重点工作督查】2022年，邵阳市委办公室进一步改进督查方式，通过跟踪督办回访，推动中央、省委和市委重大决策部署落实。全年完成省委书面督查市委代拟报告13件、省委办公厅书面督查市委办代拟报告38件、省委书记批示件办理情况报告5件、省委督查室交办件办理情况报告18件。针对疫情防控、社会治理六项重点工作、生态环保、民生实事项目、防范金融风险、社保基金和意识形态领域监管等重点工作开展69轮专项督查，形成57个专题督查报告。

【减轻基层负担】2022年，邵阳市委深化整治形式主义、官僚主义，切实减轻基层负担。坚持问题导向，集中推进“五规五治”▲、“三严三管”（即做到真管真严、敢管敢严、长管长严）、“统筹规范督检考”专项行动，切中痛点、打通堵点，以实实在在的整治成效为基层松绑减负。根据市委提出的“从严、从紧、从实、从快”总要求，开展五大方面22个具体问题整改的跟踪督办。市直部门对基层开展的督检考工作较上年减少11.6%，基层单位向上级部门报送表格材料数量大幅下降。全市查处形式主义、官僚主义问题267个，处理处分570人，其中给予党纪政务处分307人，通报典型案例23起。

▲“五规五治”：规范督查检查考核、治理随意督查检查考核，规范表格材料报送、治理随意向基层催报各种表格材料，规范张贴标语横幅、整治标语口号过多过杂，规范悬挂机构牌子、整治基层挂牌乱象，规范微信工作群管理，整治随意组建微信工作群。

【对台工作】2022年，邵阳市委办公室坚持党管对台外事工作，做好交流合作。通过实地走访、召开座谈会、调研宣传等方式，向台胞台企宣传解读国家“十四五”规划及省市相关政策举措，做好上门服务，及时解决台企台商诉求，协调解决九兴集团在邵企业高管子女就近就学问题。发挥崀山、蔡锷故居2个对台交流基地平台功能作用，开展交往交流交融活动。8月，成功举办第二届邵台青年交通联谊活动。

【外事工作】2022年，邵阳市委办公室审核签证邀请函2批4人次、优化签证邀请函办理2批5人次。邀请老挝、缅甸、泰国等国驻华使节13人参加在邵阳举办的首届湖南—东盟投资贸易洽谈会暨第五届东盟—湖南（邵阳）名优产品交易会。

【国家安全工作】2022年，邵阳市委办公室建立11个国家安全重点领域工作机制和数据安全工作协调机制，累计召开政治、经济、社会、文化等领域国家安全工作协调机制会议20次，及时会商排查、化解处置国家安全重点领域风险隐患，形成齐抓共管的大安全工作格局。防范境外敌对势力渗透破坏，强化政治安全形势分析研判，专题部署反邪教、反恐防暴、在邵阳高校意识形态等工作。

【运行保障】2022年，邵阳市委办公室加大运转保障力度，执行24小时专人值班和法定节假日领导带班值班制度，落实重大事件报告和应急处置制度，积极应对处置疫情防控、抗旱减灾等重大突发事件，确保特殊时期、节假日期间各项工作平稳有序。全年发放重要会议（活动）通知587次，组织接待中央、省委等重宾6人次，服务市委领导调研、考察等政务活动82次，接待来访群众1736人次，向省委报备领导干部外出报告49次，呈报及回复县市区和市直部门单位党政主要负责人外出请示报告1509人次。

【党史档案管理】2022年，邵阳市委办公室应邀开展党史宣讲16场次，向省选送党史学习教育优秀案例22件，全面完整展示全市在党史学习教育中的创新性做法。完成《中国共产党邵阳历史》（一、二卷本）和《中国共产党邵阳历史大事记（1919—2021）》的编纂修订，完成省编《中共湖南省委工作纪事》组稿工作和“脱贫攻坚口述史”专题资料征集。档案馆、库建设稳步推进，邵东市、城步苗族自治县、邵阳县新馆投入使用。开展档案大接收与珍贵档案征集，全年接收49家单位档案资料共46724卷（件、册）。挖掘红色档案资源，推出《百年风华 邵阳红色档案记忆（1921—2021）》《邵阳解放》《抗战档案汇编·邵阳县抗战损失调查档案汇编》等编研作品。

**【信息化建设】** 2022年，邵阳市委办公室加快推进信息化建设。全市安可替代工作于4月通过等级保护测评、密码检查及评估、第三方财务审计和档案验收，进一步规范党政机关信息设备及配套软硬件采购行为，同时加大替换终端设备回收处置力度，推动安可替代工程与深化安可替代工作有序衔接。督促指导党委系统信息化和电子政务内网建设，启用统一协同办公平台，推动全市内网二期工程深化应用，全市公文、会议及“两办”事务管理逐步通过邵阳市统一协同办公平台进行处理。

**【机要保密工作】** 2022年，邵阳市委办公室全方位、多角度、多层次开展保密法宣传教育活动，加大失泄密案件的警示教育力度，落实领导干部、重要会议保密要求。强化定密规范、网络保密、涉密人员保密“三大管理”，加大保密技术监管力度，升级改造网络保密监管平台，全面提升网络窃密泄密监管预警能力、发现处置能力。落实密码通信安全保密责任，加强主渠道通信、备用密码通信设备等基础设施建设，提高密码通信保障能力，确保密码通信优质高效、安全可靠。

（龙宝华）

## 督查工作

**【政治督查】** 2022年，邵阳市委督查室将讲政治贯穿于督查工作各领域，创新开展综合性政治督查。按照市委“三个责任分工方案”要求，把贯彻落实习近平总书记重要讲话重要指示批示，特别是视察湖南的重要讲话重要指示批示精神作为督查要件，每半年开展一次综合性政治督查，重点对贯彻落实党的二十大精神、执行中央八项规定及其实施细则精神情况、落实“三高四新”战略定位和使命任务等49项重点工作开展两轮以县市区和市直单位党委（党组）为主体的政治督查，全面压实党委（党组）主体责任、“一把手”第一责任、分管领导主要责任。

**【决策督查】** 2022年，邵阳市委督查室建立贯彻落实重大决策部署闭环督查机制，对市委、市政府的决策部署，建立明细台账，实行清单管理，适时开展“回头看”。按照《2022年度督查检查考核计划》，对贯彻落实市第十二次党代会精神、市委经济工作会议精神、社会治理六项重点工作等19项督检考重点事项实行跟踪督办、跟进落实销号。上报省委书面督查报告13个、省委办公厅书面督查报告38个、省委书记批示件办理情况报告5个、省委督查室交办件办理情况报告18件。其中，全国人大常委会副委员长王晨、国务院副总理胡春华、省委书记张庆伟等领导到邵阳调研考察后，均按照市委要求，制定贯彻落实责任清单，抓紧抓好督促推动，及时上报工作进展情况。

**【专项督查】** 2022年，邵阳市委督查室按照市委部署和市委书记严华提出的“抓住不落实的事，盯住不落实的人，找出不落实的原因”的工作要求，先后对推动高质量发展、巩固拓展脱贫攻坚成果同乡村振兴有效衔接、疫情防控、创文工作、重点民生实事项目建设、自建房安全专项整治、党的建设等73个方面重点工作开展69次专项督查，形成督查报告57篇，发出《督查通报》11期，查实典型案例18起，向纪检监察机关移交问题线索55个。

**【职能督查】** 2022年，邵阳市委督查室高效办理一批具有代表性的人民网地方领导留言板网民留言。其中，办结省委督查室交办省委书记《地方领导留言板》28件涉邵阳留言；按时办结人民网网民留言70条、红网网民留言1007条，重点发函督办12条。牵头督办落实年度市直党群系统人大代表建议28件、政协委员提案17件，办结率、满意率、回访率均为100%。全面加强会风会纪督查，开展全市性重要会议会风会纪督查28次，编发《会风会纪督查通报》6期，及时向8个区县市和13个市直单位交办会风会纪问题并上报处理结果23起。

**【整治“两个主义”】** 2022年，邵阳市委督查室对标对表《中央层面整治形式主义为基层减负专项工作机制2022年工作要点》《省级层面贯彻落实中办厅字〔2022〕12号文件责任分工清单》，坚持问题导向、靶向治疗，集中推进“五规五治”“三严三管”“统筹规范督检考”专项行动，抓好五大方面22个具体问题整改的跟踪督办。组织召开专项工作机制联席会议3次，开展深化整治专项督查5次，制定出台《关于统筹规范督查检查考核工作及整治指尖上的形式主义的有关规定》。全年全市计划外督检考项目有所下降，实现精文减会“只减不增”目标，基层单位向上级部门报送表格材料数量逐步下降，清理关停“僵尸网站”2家、“僵尸政务类网络账号”3个。

（罗晴娴）

## 政策研究

**【概况】** 2022年，邵阳市委政策研究室承办的机关刊物《邵阳工作》出版发行12期，修改、编排稿件200余篇70余万字。筹集资金130多万元帮助武冈市江背岭村完善基础设施、发展集体产业、建设美丽乡村。市委财经委员会办公室组织召开财经委员会议1次，分析研判全市经济社会发展形势。9月，市委财经委员会办公室机构、职能、人员整体转隶到市发展和改革委员会。

**【文稿起草与调查研究】** 2022年，邵阳市委政策研究室撰写各类重要文稿1032篇200余万字，其中《深刻感悟思想伟力，自觉强化使命担当》《全面准确学习领会党的二十大精神，奋力谱写现代化新邵阳精彩篇章》等22篇在中央、省、市主流媒体刊发。聚焦全市中心工作和工作推进中的焦点难点问题开展调查研究，牵头完成《邵阳高质量发展的优势、短板及对策思考》等调研报告10余篇，围绕基层治理、县域经济和乡村振兴等3个课题，配合省委政研室开展调查研究。

**【全面深化改革工作】** 2022年，邵阳市召开全面深化改革委员会会议2次，审议通过《邵阳市种业振兴行动实施方案》等7个改革方案，听取农业农村改革、国企改革三年行动等5个重大改革事项汇报。全年系统部署23大项173小项改革任务，谋划推进基层治理创新、乡村振兴等一批系统性、关键性、突破性、引领性专项领域改革。其中，深化智慧农村警务机制、消防体制、信访体制机制、探索村级集体经济发展新路径等改革经验获中央、省委改革办推介，4项改革获省政府真抓实干表彰激励。

（胡方实）

## 保密工作

**【保密工作会议】** 2022年3月24日，邵阳市委保密委员会召开全体会议暨全市保密工作会议，市委保密委成员单位负责人、各县区保密委员会主任出席会议。传达习近平总书记关于保密工作的重要指示批示、全国保密工作会议和全省保密工作会议精神，保密委员会委员述职，安排部署2022年保密工作，审议《中共邵阳市委保密委员会2022年工作要点》。市委常委、市委秘书长、市委保密委主任肖拥军在会上讲话。

**【保密专项检查】** 2022年5月9日，邵阳市委保密委员会召开保密专项检查情况集体约谈会精神传达暨全市保密检查动员部署会议，传达学习湖南省委书记张庆伟关于全省保密专项检查的重要批示要求和省委秘书长谢卫江在全省保密专项检查约谈会上的讲话精神，通报相关违法违规情况，部署安排邵阳市保密专项检查。市委保密办公室坚持保密执法检查常态化，注重多措并举，积极开展保密知识宣传，坚持“以检促训、以查代训”原则，取得以查促管、以查促改、以查促教、以查促防的良好成效。

**【中共二十大保密安全保障】** 2022年，邵阳市委保密办公室（市国家保密局）在中共二十大筹备及召开期间，实行24小时平台值班制度，强化对互联网环境的泄密风险态势感知，确保第一时间发现并解决问题。制定《邵阳市保障党的二十大网络保密安全应急指挥预案》，下发《关于做好党的二十大保密安全保障工作的通知》，建立跨部门协同机制，会同市公安、网信、国安部门加强联合监管，全力做好中共二十大保密安全保障工作。

**【网络保密监管】** 2022年，邵阳市委保密办公室（局）建成邵阳市网络保密监管平台并投入运行，增强保密技术检查设备、环境保密安全检测设备的配备与更新，为市委、市政府主要领导办公室、机关内部涉密会议室提供上门检测，确保核心秘密的绝对安全。与高校合作探索计算机终端核查取证分析研究的范式，攻克技术难题，有效解决保密检查“最后一公里”问题。

**【保密资质（资格）管理】** 2022年，邵阳市委保密办公室（局）贯彻落实国务院关于“简政放权、放管结合、优化服务”改革精神，按照省委保密委员会安排部署，承接保密资质（资格）审查事权下放工作，组织成立市保密资质委员会、市军工保密资格认定委员会及其办公室。全年受理2家企业的运行维护（乙级）资质申请，并依法依程序组织审查，指导帮助企业获得资质证书。会同市军民融合办公室对全市军工保密资格单位进行“双随机”检查，在提升服务质量的同时加强保密监管，切实履行好监管职责。

**【国家统一考试保密监督】** 2022年，邵阳市委保密办公室（局）会同相关部门对全市试卷保密室建设情况进行检查，按照保密标准进行检查验收，确保试卷保密工作无隐患、无死角、无漏洞。市县保密系统对各地考点、考场、试卷保密室等进行现场保密监管，确保从试卷的印制、运送、交接、保管、启封、发放、回收等重点环节都有专门人员实施现场监督管理，环环相扣，及时发现和堵塞运行管理漏洞，指导纠正违规操作，确保试卷流转全过程安全保密无纰漏。年内邵阳市高考、成人高考、律师资格考试、研究生考试、自学考试等各项国家统一考试平稳结束，无失泄密事件发生。

**【保密宣传教育】** 2022年，邵阳市保密系统利用全市开展“4·15”国家安全日宣传契机，通过失泄密案件警示教育、制作发放保密宣传物料、手机短信、有奖答题等方式，向社会公众发送保密法治知识，推进保密宣传教育进高校、进企业、进社区。

**【信息设备使用保密管理】** 2022年，邵阳市委保密办公室（局）推进办公信息设备使用保密管理制度化、规范化、常态化建设。在全市范围内组织开展信息设备自查自纠和清理清查，要求各机关单位涉密人员签订保密承诺书，消除涉密信息设备与非涉密信息设备使用保密安全隐患，筑牢国家秘密安全防线。

（丁念喜）

## 组织工作

【**党员、干部理论学习**】2022年，邵阳市把学习宣传贯彻习近平新时代中国特色社会主义思想、党的二十大精神作为首要政治任务，培训各级干部7万余人次，轮训党员近30万人次，实现党员、干部培训全覆盖无遗漏。实施干部专业化能力提升计划，分层分批分类开展培训，其中市本级分别举办处级干部、乡镇党政正职、年轻干部、选调生、军转干部等各类专业化能力培训班13期，培训学员1677人次。在全省率先推行领学述学制度，市委常委每人在常委会会上至少领学一次，带动全市开展领学述学1.5万余人次。

【**干部队伍建设**】2022年，邵阳市出台《党政领导干部离任工作交接办法》《退出实职领导干部履职和日常管理的八条措施》等13个文件，加强干部日常管理监督。对12个区县市、100个市直单位开展无任用推荐日常调研，对获41项真抓实干表彰、在全国全省创造先进经验的单位及个人进行激励，19人获提拔、进一步使用或职级晋升，2名市管干部因社会治理工作不力被调整岗位。制定《加强年轻干部队伍建设十三项工作机制及其实施细则》等文件，市委常委会组成人员、市政府副职带头结对帮带59名年轻干部，形成选育管用"全链条"。出台《鼓励定向选调生留任基层实施方案》，全市2020年度定向市直机关选调生中有近1/3人员选择留任基层。

【**实施基层党组织整建提质"6133"行动**】2022年，邵阳市开展基层党组织整建提质，实施"6133"行动。把整建提质专项行动和社会治理6项重点工作攻坚行动结合起来；"1本手册"理清操作，出台专项行动方案和实施规程，明确县级12项、乡级10项、村级11项基础任务；"3张清单"管理问题，建立"班子情况问题、乱象问题线索、重点人群关注"三张清单，推行双向摸排等6项制度；"3项活动"全面提升，广泛开展"一次治理集中宣传、一场广泛专题教育、一次新风实践行动"，基层党组织政治功能和组织功能持续增强。

【**村（社区）"两委"换届"回头看"**】2022年，邵阳市抓实村（社区）"两委"换届"回头看"。调优补强村（社区）"两委"成员608名；下发规范党员领导干部民主生活会、基层党组织组织生活会等5项制度；出台市党代表列席市委全会制度，拓宽基层党代表参与监督党内事务渠道；召开流动党员管理现场会，用"三要求三措施"推动"离乡不离党""流动不流失""高飞不断线"。

【**一体推进各领域党建**】2022年，邵阳市全域推进整体提升城市基层党建，强化社区党组织和"美好小区·幸福家园"建设。聚焦"两新"组织党建，专门召开党建指导员座谈会、组建攻坚行动现场推进会等会议，剖析亟待破题的21个具体问题，下发任务清单20条。新建包括39个新就业群体党组织在内的"两新"党组织1050个，覆盖"两新"组织3435个，总覆盖率提高至91.11%（同比提高62个百分点），在全省率先实现所有区县市互联网行业党委全覆盖，打造"宝庆骑手之家"等休息服务驿站99个，探索出新就业群体党建工作的新路子。

【**党建引领**】2022年，邵阳市强化在促乡村振兴中党建引领作用，先后召开村级集体经济现场推进会、市派驻村工作队队长会、抓党建促乡村振兴现场会等会议，交流经验、查找短板、促进工作。实施农村集体经济攻坚行动，开展"消薄攻坚"，组建驻村工作队1516支、甄选队员4008名，整合投入资金6.7亿元，909个集体经济薄弱村全部清零，村均经营性年收入提高近1倍、达13.9万元。在党建引领基层治理中，突出依法依规、全面展开做好村（居）民代表工作，构建党组织领导的"五网四员三机制"基层治理体系，推动18.5万名村（居）民代表发挥上传下达、反映诉求、凝聚人心、服务群众等方面的作用。

【**人才工作**】2022年，邵阳市开展人才回归"春晖行动"。建立市领导结对联系24名院士制度，聘请8名"宝庆引才大使"，设立驻京人才工作站，出台引才奖励实施办法，培育专精特新"小巨人"企业国家级9家、省级99家，建好4个院士工作站（室）。开展人才服务"筑巢行动"。定期举办"人才沙龙""青年人才研修班"等活动，为未婚青年人才搭建沟通交流平台；开展"宝庆人才金融荟"活动，发放贷款1.7亿元以上；建成人才公寓1500套，帮助118名高层次人才解决子女就学、配偶就业等"关键小事"。开展人才下乡"星火行动"。引导卫生、教育、农技等乡村振兴急需人才向基层流动，132名"三区"科技人才、1775名省市县派科技特派员等各类人才下沉一线。开展人才培养"尖峰行动"。组建市数字经济研究院，"智丰众创空间"获评"国字号"，"新型竹木复合材料制造工程技术研究中心"成功创建省级平台；1个创新创业团队入选省级支持计划，3人入选"湖湘青年英才"支持计划，17名青年科技工作者入选省、市"小荷"人才支持计划。开展人才评选"标杆行动"。开展2022年宝庆工匠年度人物评选、邵阳经开区产业类高层次人才专场认定等活动，向439名人才发放第二批"宝庆人才卡"；投入专项资金1.015亿元，新增院士工作站（室）1个，培养引进人才4100余名（其中青年科技人才1110名），同比增加12%，海外引才34名，同比增加28%，全市人才总量增加至58.58万人。

（黄梁清）

## 宣传工作

【理论学习】2022年，邵阳市各级党委（党组）理论学习中心组按专题系统学习贯彻习近平新时代中国特色社会主义思想。市委理论学习中心组围绕中共十九届六中全会精神、中共二十大精神、习近平总书记系列重要讲话和重要指示批示精神等开展集中学习26次。重点抓好《中国共产党宣传工作简史》《习近平谈治国理政》第四卷、《让群众过上好日子——习近平正定足迹》等理论书籍的发行使用，全面落实巡听旁听制度，形成“领学述学考学督学”全覆盖的理论学习模式。

【宣传机制建设】2022年，邵阳市委宣传部实施新闻宣传“八项制度”，构建从中央到省市县的全媒体传播矩阵。创新实行一月一策划、一月一提示、一月一调度、一月一通报、一月两阅评的常态化工作机制，加强和改进新闻舆论管理规范化制度化。加强新闻媒体导向和内容管理，建立健全新闻联络员机制、重大舆情应急处置协调机制、舆情应急重点单位联络体系。制定实施安全播出保障工作方案，加强对各类宣传阵地的管理，在落实新闻稿件“三审制”基础上，提高审稿层级，规范新闻报道流程，确保全市正面宣传持续上扬。

【宣传宣讲】2022年，邵阳市依托“学习强国”学习平台、报告会、屋场会、“五老”微课堂等载体，面向基层开展中共十九届六中全会精神、中共二十大精神集中宣讲、“六进六促”微宣讲。重点推进市县两级党校“湘江大讲堂”分会场建设，中共市委党校高标准完成“湘江大讲堂”分会场提质改造。打造“宝庆大讲坛”“宝庆空中讲堂”“邵阳社科大讲堂”“星期一夜校”等理论宣讲品牌。围绕学习贯彻党的十九届六中全会、党的二十大精神和习近平总书记在省部级主要领导干部专题研讨班上的重要讲话精神等召开社科理论座谈会，聚焦落实重大理论和现实问题，推动形成一批研究成果，收到申报课题130多项，推出17期智库成果专报。

【重点宣传】2022年，邵阳市委宣传部组织各市直媒体、省驻邵阳媒体开设“喜迎党的二十大”“建功新时代 奋进新征程 喜迎二十大”“非凡十年”等专题专栏，分阶段开展党的二十大宣传。各区县市融媒体及时跟进，推动形成全媒体、多载体、广覆盖的宣传格局。加强策划、找准选题，强化中央、省级媒体推稿。杨淑亭帮扶车间集中收看、海外邵商集中收看、洞口雪峰蜜橘丰收喜迎党的二十大、犬木塘水库工程用工作实绩迎接党的二十大、南山国家公园绿色发展等69篇稿件在中央和省级主流媒体推出。集聚各方力量，聚焦产业发展、首届湖南—东盟投资贸易洽谈会、旅游发展大会、文明创建、社会市域治理、民族团结进步、反电诈、禁毒等重要工作、重大活动加强组织策划，在主流媒体宣传推介邵阳，全年在中央主流媒体上稿4300余篇(含网媒)、省级主流媒体上稿2500余篇（含网媒）。

【文明创建】2022年，邵阳市推动全国文明城市“全域、全员、全程、全面”创建，健全党建带文明创建工作机制及“月调度、季考评、半年一小结、年终大总结”调度考核机制，定期调度创建工作，在全省城市文明程度指数测评中以91.48分位居全省五个全国文明城市提名城市中的第二名。推进思想道德建设。启动全市第五届培育和践行社会主义核心价值观“双十最美”评选表彰活动，评选表彰20个“双十最美”先进典型；每季度举办“邵阳好人”暨新时代好少年发布仪式；贯彻落实《邵阳市文明行为促进条例》，组建“市民志愿巡访团”，部署“创文随手拍”活动，结合节气设计制作创文网络答题卷24套。创新引导志愿服务，建立市级指导、县级统筹、乡镇协调、村级推进的“四级联动”工作机制，在全市12个区县市、202个乡镇（街道）、3636个村（社区）成立志愿服务工作队，在政法、民政、妇联、卫健、教育、环保、消防、交警、团委等部门和团体成立专业志愿服务组织，构建起“横到边、纵到底”的“8+N”全覆盖志愿服务体系。全域推进新时代文明实践，建立健全“四级联动”工作机制，推动市、县、乡、村全覆盖。武冈市“善星小集”志愿服务入选中央文明办《建设新时代文明实践中心工作方法100例》，隆回县三阁司镇新时代文明实践所获评湖南省首批“学雷锋活动示范点”。

【群众文化管理】2022年，邵阳市推进“个十百千万”文艺创作工程，大型现代祁剧《种子方舟》、花鼓戏《豆腐西施》入选湖南省第十五届精神文明建设“五个一工程”奖。接受雕塑家吴人豪、吴恒子捐赠中华美德雕塑20组、中华工匠雕塑15组、中国书画作品15幅。围绕“党的二十大召开”“乡村振兴”等主题，创排廉政大戏《李蛮牛》，打造文旅大戏《爱在崀山》，完成红色电影《烽火塘田》拍摄，举办“江山胜览·邵阳美术书法摄影非遗”晋省展活动。健全公共文化服务体系。全市13个文化馆、14个公共图书馆、4个博物馆、2个美术馆全部实行免费开放；建成乡镇（街道）综合文化站221个、村级文化服务中心3636个、农家书屋5653个，覆盖率100%；实施智慧图书馆、数字文化馆、公共数字文化进村入户等建设项目，“邵阳市以民族节庆助推公共文化建设项目”被命名为第四批国家公共文化服务体系示范项目。

【意识形态工作】2022年，邵阳市全面压实责任。将意识形态和网络意识形态工作纳入政治巡察、绩效考核、全面从严治党的主体责任和党建工作责任推进落实；实行清单管理、量化考评，细化17类55项具体任务，聚焦迎接宣传贯彻中共二十大主题主线，就乡村振兴同脱贫攻坚有效衔接、房屋建筑安全等可能产生的意识形态风险开展联动集中分析研判3次，召开意识形态工作联席会议3次，印发《关于当前意识形态领域风险研判及防范建议》。深化巡察整改。十一届市委开展9轮意识形态专项巡察，覆盖全市109个单位，整改销号问题872个；完成十二届市委第一轮意识形态工作专项检查，发现并交办问题32个，组织开展巡察整改工作“回头看”，完成39个单位相关问题整改销号。强化广播电视安全播出、新闻出版、文艺文化等阵地监管，开展“扫黄打非”斗争，打击非法出版物和有害信息，基层工作站点实现全覆盖，全市查缴各类非法出版物3648册，处置淫秽色情、凶杀暴力以及宣扬历史虚无主义等网络有害信息957条，查办“扫黄打非”案件48起。

**【推进文旅产业融合发展】** 2022年，邵阳市重点推进武冈云溪谷旅游研学示范基地、雪峰山山地度假文旅融合示范区、隆回县龙瑶幽谷景区、长征国家文化公园(洞口段)、中国崀山文化旅游产业园、金江湖运动旅游度假区、邵阳县813军旅文化小镇、洞口县古楼茶叶特色文旅小镇、武冈都梁文化旅游休闲特色小镇等项目建设。发展假日和夜间文旅经济，激发文化旅游消费潜力。筹备首届全市旅游发展大会，坚持文旅深度融合和“办一次会，兴一座城”的总体目标，依照“主题日、活动周、旅游季、提升年”的实施理念，构建“新宁的主场，全市的舞台”的市县互动、省市联动模式，推出一日游、多日游、红色旅游、避暑旅游等20多条文旅精品线路，初步形成“文化、生态、旅游”融合发展新格局。

（邵红威）

## 统一战线工作

**【概况】** 2022年，中共邵阳市委统一战线工作部（以下简称邵阳市委统战部）在全市统一战线开展“喜迎二十大·奋进新征程”主题活动，以党的统一战线政策提出100周年、蔡锷将军140周年诞辰为契机，举办2022年同心大讲堂·经济形势报告会、弘扬蔡锷爱国主义精神学术研讨会、党外代表人士暑期考察谈心等系列活动，市委常委带头与统一战线代表人士谈心谈话200余人次，组织开展党的二十大精神专题学习60余场次。

是年，邵阳市党委统战工作领导小组述职评议制度等经验做法，分别被《中国统一战线》《中国宗教》予以宣传推介；全力推进“湘商回归”的经验做法被省政府《政务要情与交流》专刊推介，并获省委副书记、省长毛伟明批示；在全省率先按要求做到党外干部应配尽配。

**【“四明白四清楚”重点调研】** 2022年，邵阳市委统战部开展以“想明白想清楚、说明白说清楚、写明白写清楚、干明白干清楚”为主要内容的“四明白四清楚”大调研活动，完成重点调研选题60个，其中《构建大统战工作格局的标准、途径、考核机制研究》被省委统战部作为优秀调研成果专刊推介。同时坚持统战调研与风险防范相结合，协调推动各成员单位参与调研，切实维护统战领域安全。

**【在全省率先建立党委统战工作领导小组述职评议制度】** 2022年，邵阳市在全省率先建立党委统一战线工作领导小组述职评议制度。由市委书记主持召开全市统战工作述职评议会议，采取“一述一评”的方式，听取27个领导小组成员单位及12个区（县、市）党委统战工作领导小组负责人的工作述职，点评开门见山、直击问题。抓好“述、评、改、用”四个环节，出台《述职评议点评问题整改督查操作办法》，组织开展《中国共产党统一战线工作条例》贯彻落实情况“回头看”、民族宗教工作专项督查，全面整改省级督查反馈和全市述职评议点评问题，推动中央和省委关于统一战线决策部署在邵阳落地见效。

**【服务邵阳经济开放发展】** 2022年，邵阳市委统战部牵头摸清在外邵商担任高管以上职务的上市企业40余家，由市领导结对联系；开通“全球邵商”微信公众号，创新召开全球异地邵阳商会会长视频会议暨招商引资推介会，出台《异地邵阳商会评优奖励办法（试行）》，举办“正和岛百位企业家邵阳行”、第六届全球邵商大会等活动，引导邵商回归，助力招商引资；成立邵阳市侨商联合会，发挥侨资侨智侨力优势，总投资50亿元的邵阳东盟科技产业园正式开园，筹建湖南省华侨同心产业园（邵阳）。

**【服务民营经济发展】** 2022年，邵阳市每月开展一次“企业家接待日”活动、每季度举办一期“民营企业家沙龙”、每半年举办一次民营企业家座谈会，市委、市政府主要领导带头与企业家座谈协商，市级领导定期走访各自所联系的产业链及重点企业，上门送政策、解难题、优服务。市非公有制经济工作领导小组办公室联合市委督查室每周督办一批涉企问题，帮助148家企业解决发展难题312个。实施服务企业发展“五大专项行动”，向4637家民营企业派出党建指导员，全市新增规模以上工业企业171家，选派科技专员105名，完成与企业（合作社）结对85组。组织开展评选表彰活动，发布首届产业兴邵突出贡献奖、民营企业30强榜、2022年度十大优秀异地邵阳商会，在全社会营造“爱商、亲商、重商”的良好氛围。

**【聚力乡村振兴】** 2022年，邵阳市召开全市“万企兴万村”行动推进会，整合“帮扶千村 破零倍增”“同心美丽乡村”创建等平台，对乡村振兴重点村、集体经济薄弱村进行重点帮扶。全市共有413家企业参与“万企兴万村”行动，在649个村投入项目资金12.88亿元。组织侨界人士开展“侨系乡村 同心筑梦”主题活动，捐赠资金达2747.5万元。

**【全国民族团结进步示范创建活动】** 2022年，邵阳市开展全国民族团结进步创建活动，制定“7+N”创建方案，建立“1+1”共创共建机制，19名市领导分别联系1个示范单位，21个民委委员单位分别联系1个民族乡或民族村。12个区县市全面开通“民族团结号”公交专线，启动促进各民族交往交流交融“三项计划”。7月举办邵阳市第五届少数民族运动会，促进各民族文化互建互融。10月创新举办民族工作干部学习少数民族语言培训班，开展民族团结进步创建干部理论知识测试，向全体市民发出创建倡议书，深化“民族团结进步宣传月活动”，城步苗族自治县通过国家第三方评估验收，洞口县、新宁县成功创建省级民族团结进步示范县。

**【宗教工作】** 2022年，邵阳市委统战部在全市宗教界开展“爱党爱国爱社会主义”主题教育，指导市伊斯兰教协会创建“爱国主义教育基地”“民族团结进步教育基地”，开展抵御宗教渗透和佛教道教商业化、基督教私设聚会点等问题的专项整治。在12月召开的首届全国宗教界先进集体和先进个人表彰大会上，邵阳市佘湖山玉清宫获评全国宗教界先进集体。

**【侨务工作】** 2022年7月，邵阳市在全国率先组织创作属于华人华侨自己的歌曲《侨·我这一家》；8月5日，省侨联在隆回县向家村举办“侨系乡村 同心筑梦”为主题的湖南省侨界助力乡村振兴推进会；发挥蔡锷故居、崀山景区等基地示范引领作用，指导湖南湘窖生态文化酿酒城成功创建省级华侨文化交流基地。

**【湖南省侨界助力乡村振兴现场推进会在邵阳召开】** 2022年8月5日，2022年湖南省侨界助力乡村振兴现场推进会在邵阳市隆回县岩口镇向家村举行。活动由湖南省侨联主办，湖南省乡村振兴局支持，邵阳市委统战部、市侨联、隆回县委统战部、县侨联以及华兴公司具体承办。省侨联选择在隆回向家村开展活动，是对湖南省华兴实业发展有限公司等侨资企业和董事长向长江等侨界助力乡村振兴的充分肯定。据了解，向长江帮扶8年、捐款1.5亿元，助力向家村开展脱贫攻坚、乡村振兴。会上，省侨联为向家村等20个基地授牌“湖南省侨界助力乡村振兴示范基地”。随后举行“邵阳红”产品营销合作签约仪式。省华兴实业发展有限公司通过省华侨公益基金会向向家村捐赠人民币2520万元乡村振兴资金，常德稻作源民俗文化村发展有限公司等5家侨企负责人作乡村振兴经验交流分享。

（唐立雄）

## 市直机关党建

**【理论武装】** 2022年，邵阳市直机关工作委员会（以下简称邵阳市直机关工委）将习近平新时代中国特色社会主义思想及重要指示批示精神作为市直机关每月主题党日必学内容，教育引导广大党员干部牢固树立政治机关意识，不断提高“政治三力”。全面落实“第一议题”制度，坚持党组（党委）、党支部理论学习“上下同题”。每周对市直机关党员干部“学习强国”学习平台的学习进行督学，市直93个单位8000多名党员每日人均积分位居全市前列。突出抓好青年干部群体，实施青年理论学习提升工程，市直47个单位建立青年理论学习小组。开展“大学习 走在前”全面进机关活动，市直单位广泛开展多种形式阅读活动，机关党员进一步筑牢理想信念。

**【基层机关党建】** 2022年，邵阳市健全制度机制，出台《市直机关单位基层党组织书记抓党建工作述职评议考核实施办法（试行）》《市直机关党支部书记任期考核实施办法（试行）》，优化考核体系，强化结果运用，推动书记抓、抓书记的要求和市直机关党支部书记履行党建工作责任落到实处。抓实述职评议，召开市直单位党组（党委）书记党建述职、全市机关党的工作会议暨市直机关基层党组织书记抓党建工作述职评议会议，现场听取各单位党组（党委）书记述职。市直机关工委指导市直各单位开展2021年度党支部书记“双述双评”工作，683名党支部书记“双述双评”，构建起党建工作责任全覆盖的工作格局。强化督查指导，市直机关工委领导班子成员分别联系市直93个单位，定期对各单位党组（党委）、机关基层党组织、党员领导干部落实机关党建工作责任制、机关党建重点工作和重要制度情况进行调研督查，进一步压实“三级五岗”工作责任。

**【组织生活】** 2022年，邵阳市直机关工委印发《邵阳市机关党员领导干部落实双重组织生活制度实施办法》，进一步规范和落实党员领导干部双重组织生活制度。持续开展“党课开讲啦”活动，有526个党支部的支部书记和83个单位的党组（党委）书记完成讲党课任务。联合团市委党支部示范引领如何高质量过好组织生活，在活动形式、活动内容等方面进行探索，为市直机关各基层党组织高质量组织主题党日、高标准开展组织生活作出教科书式的示范。在全市遴选68处活动场地作为主题教育备选场所，让党员身临其境感悟红色精神、传承红色基因。每月以工作提示的形式督促市直各基层党组织严格执行党的组织生活制度，坚持和完善重温入党誓词和入党志愿书、党员过“政治生日”等政治仪式。

【正风肃纪】2022年，邵阳市持续推进机关纪委建设，实现市直机关纪委设置全覆盖，形成同频共振、同向发力的监督执纪工作格局。从严选配机关纪委干部，推行市直机关纪委书记、副书记任前审查和集中谈话制度。深化清廉机关建设，出台《2022年市直机关纪检监察工作要点》，从5个方面18个细节具体要求，开展常态化作风督查4次，对27家单位工作作风进行明察暗访，持续推动纠“四风”、转作风。全年审理案件93件，发挥警示教育功能和警示震慑作用。

【党员教育管理】2022年，邵阳市直机关工委出台《邵阳市直机关干部职工思想动态分析报告实施办法》，加强干部职工思想动态分析，督促指导基层党组织开展谈心谈话，制定思想政治工作责任清单，把思想政治工作贯穿业务工作全过程。修订编印《市直机关发展党员培养教育考察全程纪实档案》《邵阳市直机关发展党员归档材料》各500本，优化发展党员流程，严把发展党员质量。修订编印《党员学习教育一本通》1.5万册，将党员积分管理、谈心谈话、学习笔记等要素全部融入，强化党员日常教育管理。组织开展“喜迎二十大 奋进新征程”主题教育实践活动，市直机关512个党支部开展活动900余场次，近1万人次参与。举办2022年“学习强国”“四史”知识学习达人挑战赛和全市机关青年“弘扬光荣传统 赓续红色血脉”主题演讲大赛，在全市范围内形成知史爱党浓厚氛围。

【基层组织建设】2022年，邵阳市直机关工委直接批复8个机关党委、1个党总支、10个党支部换届选举，新成立机关纪委1个，调整机关党委（总支、支部）委员28人。编印《机关党委（纪委）换届选举工作手册》《党支部成立、换届选举工作手册》，对10个机关党委和部分市直单位机关党委管辖的46个基层党组织换届情况进行督促提醒，指导市直各单位基层党组织及时、规范地进行换届选举。印发《关于开展市直机关基层党组织整建提质专项行动的实施方案》，开展基层党组织整建提质专项行动，通过全面摸排、集中整治、评估验收，解决基层党组织建设中存在的突出问题。按照市委组织部要求开展市直机关清查整治，所有党支部严格开展自查，填写有关问题清查整治自查摸排台账，市直机关工委专项开展一次全面督查，清查的问题全部整改到位。

【业务交流指导】2022年，邵阳市直机关工委印发《2022年机关党的建设工作要点》，明确本年度机关党建工作的总体思路和主要任务。每月下发工作提示，对当月的重点工作进行安排部署，推动各项工作高效有序进行。举办全市机关党务干部轮训示范班，138名党务干部参加培训。为党务干部订购《基层党务工作实用手册》870本，强化业务水平。命名16个第一批“市直机关示范党支部”，在“邵阳机关党建”微信公众号进行集中宣传推介。

【激励关怀帮扶】2022年，邵阳市直机关工委表彰党建工作优秀单位20个、党建先进个人26名、党建宣传先进单位17个和优秀通讯员10名。颁发“光荣在党50年”纪念章193枚。元旦、春节期间，安排慰问资金30.22万元对285名党员进行慰问；七一前夕，安排慰问资金28.82万元，对231名生活困难党员、老党员、殉职党员家属进行走访慰问。

【围绕中心开展活动】2022年，邵阳市直机关工委组织开展“优化营商环境 服务市场主体”主题教育实践活动，市直各单位以党建活动为载体，结合本部门本单位职能职责，开展大讨论、大实践、大比武。开展“优化营商环境 服务市场主体——党组（党委）书记大家谈”“优化营商环境 服务市场主体——志愿服务心得体会”征文活动，各单位党组（党委）书记、党员志愿者积极投稿，畅谈体会。下发《关于强化党建引领生活垃圾分类工作方案》，市直机关各级党组织聚焦“两个发挥”，开展“五大行动”，累计421个党支部，6378名党员投身垃圾分类活动。组织市直机关党员志愿者常态化开展各类志愿服务活动，持续擦亮“党员红”志愿服务品牌，共5000余名党员志愿者深入社区、学校、企业等地，开展理论宣讲、文明宣传、生活垃圾分类、反电诈等志愿服务活动3000多场次。

（尹　娣）

## 机构编制

【机构编制管理】2022年，邵阳市落实《中国共产党机构编制工作条例》，严把关口，严守程序，持续强化党管机构编制，贯彻市委决策部署，把全面加强党的领导贯穿到机构编制工作的全过程和各方面。创新机构编制使用方法，制定出台《邵阳市市直机关周转行政编制审批管理办法（试行）》，解决因领导干部调整、专业人才引进等带来的机构编制需求。清理规范市级议事协调机构，对市本级259个市级议事协调机构进行全面排查摸底、审核研究，共清理56个市级议事协调机构，市本级调整保留市级议事协调机构203个。持续推动中小学教职工编制动态调整，中小学教职工编制余编率下降至5.3%，全市中小学教职工编制稳定达到国家标准。对市属两所高等院校的党政管理机构、教学机构、教辅机构及领导职数进行统一清理规范。

【体制机制改革】2022年，邵阳市坚持统一高效，完成自然资源行政执法和应急管理综合行政执法改革，夯实基层行政执法体制。坚持社会化改革方向，完成培训疗养机构改革机构编制事项批复，将市本级涉改的6家培训疗养机构撤销4家、更名2家，优化国有资产配置。坚持预防为主方针，分步推进疾病预防控制体制改革，发文明确市县两级卫生健康委（局）加挂疾病预防控制局牌子，并核增专职领导职数，增强公共卫生服务统筹能力。坚持职能转变，推进驻外管理机构改革，进一步明确职能职责，精简机构，加强招商引资服务发展能力。坚持协同顺畅，纵深推进国防动员、国安、财经和绩效考核管理体制改革，理顺重大事项议事管理机制。坚持因地制宜，加强文物保护和考古工作机构编制保障，激发文物保护和考古事业发展活力。

**【体制机制优化】** 2022年，邵阳市优化营商环境管理体制机制，将市优化营商环境协调事务中心调整到市发改委管理，实现行政事业一体化运行，全面提高营商环境服务效能。设立市中小企业发展服务中心，精准确定工作职责，搭建起中小企业快速发展服务平台。优化消防质量监督体制机制，整合设置市消防工程质量监督站，进一步健全消防工作体系，壮大消防监管人员力量，消防质量监督“邵阳模式”被省住房和城乡建设厅在全省推介。消防设计审查验收事项办结周期由平均15天缩短至5天，受监项目消防设计审查验收一次性通过率达70%，整改通过率100%，消防工程施工质量提升，消防安全风险降低。

**【事业单位登记管理】** 2022年，邵阳市推动网上办理，通过网上系统申请、线上指南与培训、在线审核、证书邮寄的方式开展各行政事业单位的登记管理服务。全年市直办理事业单位设立登记6家，变更登记66家次，注销登记5家，年度报告215家，机关群团统一社会信用代码初领或变更发证19家，受理单位或个人对法人登记信息查询70余次。开展事业单位法人公示信息抽查2次，书面抽查事业单位10家。

**【区县市行政超编问题专项整治】** 2022年，邵阳市市县党委编委成立整改专班，明确编委主任为第一责任人、组织部部长为牵头责任人、编办主任为具体责任人，加快推进专项整治。结合实际研究制定本地行政超编整改方案和计划，明确整改任务、主要措施、责任分工、工作要求和时间节点，建立“一月一报告、一月一调度、一月一排名、一月一通报”制度。截至11月30日，区县市总量超编整改消超405名，区县市直超编整改消超546名，区县市政法超编整改消超52名。

**【“数字编制”建设】** 2022年，邵阳市依托更新后的机构编制综合管理平台，优化用编核准、出入编、人员异动等业务办理流程，做到“零次跑、网上办”，提高机构编制工作科学化、精准化、规范化水平，逐步实现从数据的人工整理向智能分析转变。

**【机构编制管理评估试点】** 2022年，邵阳市制定《邵阳市机构编制执行情况和使用效益评估试点工作实施方案》，确定市交通运输局和交通学校为试点单位、邵东市和绥宁县为试点市县，采取调阅资料、问卷调查、实地走访、个别谈话、召开座谈会、数据分析等方式，把自我评估、有关部门评价、服务对象评价、第三方评估机构评价等有机结合，定量评价与定性评价有机结合，对各部门机构编制管理情况从不同角度进行核实、验证，完成市、县两级4个行政事业单位的试点任务，推动部门规范管理、高效履职。

**【机构编制监督检查】** 2022年，邵阳市推进机构编制违规违纪违法问题清理整治，通过单位自查、市委巡察和实地督查，发现市本级行政事业单位问题112个，完成整改36个，完成阶段性整改67个；发现区县市机构编制问题60个，完成整改40个，未整改到位的全部制定有效措施，限期整改到位。推进机构编制重复信访治理和积案化解，全面排查近5年间机构编制各类重复信访事项和信访积案共33件，处理化解各类信访案件31件。选派11人次参加省委、市委巡视巡察工作，督促2021年被省委巡视的7个区县市和20个市直单位进行机构编制问题整改销号。完成省委巡视和经济责任审计中反馈邵阳市机构编制问题双销号，2018年省委巡视及2019年经济责任审计发现反馈问题全部整改到位。

（市委编办办公室）

## 老干部工作

**【离退休干部政治建设】** 2022年，邵阳市委老干部局紧扣学习宣传贯彻党的二十大精神，不断提高离退休干部政治站位。党的二十大召开前，在全市离退休干部中开展“建言二十大”“我看中国特色社会主义新时代”调研活动，引导离退休干部为党的二十大建言献策；各离退休干部党支部开展“喜迎二十大，永远跟党走”、庆七一主题活动。党的二十大召开后，组织全市老干部工作者和离退休老干部集中观看开幕式、学习热议党的二十大报告；组织收看省委老干部局学习贯彻党的二十大精神报告会，引导离退休干部党员紧密团结在以习近平同志为核心的党中央周围。

**【离退休干部思想建设】** 2022年，邵阳市委老干部局组织离退休干部学习贯彻《关于加强新时代离退休干部党的建设工作的意见》精神，引导离退休干部严守党的政治纪律和政治规矩，坚定支持党和国家的方针政策，自觉维护改革发展稳定大局。学习《习近平谈治国理政》第四卷，近500个离退休干部党支部组织集中学习，并为行动不便的党员送学上门1万余人次；举办全市离退休干部党建业务培训班，对做好新形势下离退休干部党建工作提出明确要求；为离退休干部党组织统一订阅《学习参考》700多份，组织离退休干部参加5场离退休干部网上专题报告会，参与学习1万多人次。

**【离退休干部组织建设】** 2022年，

邵阳市委老干部局按照“强基础、补短板、促提升”要求，开展离退休干部党组织整建提质专项行动，通过争创示范党支部、示范党支部回头看、合格党支部提档、后进党支部提标四项行动，提升组织建设整体水平。推动离退休干部党建工作纳入市委基层党建工作重点任务和绩效考核重要内容。深入基层调研，帮助12个基层离退休干部党支部协调解决活动场地和经费不足问题，为15个党支部补助工作经费3万元。进一步理顺工委成员单位职责，明确新的工委委员和离退休干部党建联络员。市辖三区依托社区、小区场地建设老党员之家，推进离退休干部党建融入城市基层大党建格局，全年新增创建11个省级、14个市级示范离退休干部党支部和16个“美在金秋”老党员之家。

**【离退休干部服务】** 2022年，邵阳市委老干部局对服务管理的离休干部各类信息进行及时更新，完善市直85名离休干部“一对一”服务工作台账。开展走访慰问工作，春节走访慰问离退休干部195人，慰问困难离退休干部党员40人，重阳节组织市领导走访慰问百岁离退休干部5人，年内吊唁去世离休干部20人，看望慰问住院老干部100多人次，接待来电来访老同志近100人次。继续开展“我为老同志办实事”活动。提高市直离退休干部生活补贴发放标准；在市中心医院开辟副厅以上离退休干部就医“绿色通道”，为每人配备一名“一对一”服务医生；推行干部荣誉退休制度，在市人大常委会机关、市检察院等多个单位举办干部荣誉退休仪式。改善老同志学习活动环境，12月整合市老干部活动中心、市老干部休养所、市老年大学，组建市老干部活动中心，加挂市老干部大学牌子，为市委老干部局所属正科级公益一类事业单位，核定全额拨款事业编制14名，并争取82万元财政资金对活动中心大楼有关设施进行更新改造。

**【关心关爱青少年成长】** 2022年，邵阳市委老干部局组织“五老”人员开展红色文化宣讲，联合相关单位举办“童心向党·争做时代好少年”演讲比赛，组织开展“书香润宝庆·知行颂邵阳”全民阅读暨全市短视频比赛，引导青少年传承红色基因、争做时代新人。加强对留守儿童和贫困学生的帮扶力度，各级关心下一代委员会资助贫困学生、特困学生5000多人，资助被子、衣服、书包等物资和捐款累计达980余万元。全市举办隔代家庭教育培训650多场次，受教隔代家长达20多万人次。

**【宣传推介先进典型】** 2022年，邵阳市委老干部局联合邵阳广播电视台开设“美在金秋”栏目，展播节目13期，宣传六岭社区退休干部党支部、邵东市农业农村局退休干部党总支等先进集体，廖连清、尹继红、姜志敏、陈庭宪、周述烈等先进个人。在全国、省、市主流媒体和公众号刊发宣传先进人物、事迹文章300余篇。其中，《推进离退休干部党建融入城市基层大党建格局的实践》在人民网、中国网等多家媒体推介，大祥区“银发先锋”党建品牌被红星云等多家党建媒体宣传报道。

**【离退休干部志愿服务】** 2022年，邵阳市离退休干部在疫情防控、乡村振兴、基层治理、创建文明城市等方面开展志愿服务活动，涌现出一批有影响力的志愿服务组织、项目和个人。市税务局退休干部胡明在疫情防控工作中度过自己70岁生日，新宁县人民法院退休干部党支部书记刘惟炳等老干部疫情防控事迹被各级多家媒体宣传报道。各级老科技工作者协会组织老专家进乡村开展技能培训50多场次。邵东市农业农村局退休干部党总支利用自身优势建立“夕阳红”科技服务基地，指导乡村发展蔬菜种植产业。隆回县羊古坳镇老科协临时党支部攻关超级杂交水稻，连续多年实现增产。北塔区新滩镇街道资新社区“玖玖红”志愿服务队入选全省“十佳老党员老干部志愿服务组织”，新宁县环保协会护鸟行动等4个项目入选全省“五十佳老党员老干部志愿服务项目”，刘少先等3人入选全省“百佳老党员老干部志愿服务者”。

**【“喜迎二十大”系列活动】** 2022年，邵阳市委老干部局以“喜迎二十大·奋进新征程”为主题，开展征文活动、文艺表演、讲红色故事比赛等活动，共收到“我看中国特色社会主义新时代”征文251篇，全市23支队伍参加文艺作品比赛，用丰富精彩的文艺节目喜迎党的二十大。举办“喜迎二十大·奋进新征程·清廉邵阳说”演讲比赛，全市各地各单位13名离退休干部结合亲身经历和个人感悟，为离退休干部代表和在职干部职工上“廉政”课。开展“喜迎二十大·情暖重阳节”主题活动，为当地村民送去文化盛宴、健康义诊等，向老年人送去重阳祝福。

（崔　灿）

## 党校教育

**【概况】** 2022年，中共邵阳市委党校（邵阳行政学院 邵阳市社会主义学院）在全省市级党校办学质量评估中被评定为优秀，在全省社会主义学院系统教学比赛中获1个一等奖、1个三等奖和优秀组织奖，为历史最好成绩。在C刊发表科研论文6篇。全市12个县市区共205个乡镇（街道、场）党校挂牌实现全覆盖，在全省率先完成“湘江大讲堂”分会场建设。

**【中共二十大精神理论研究】** 2022年，邵阳市委党校在中共二十大召开后，快速启动相关课程研发。及时调整在校班次教学安排和待开班次教学计划，把学习宣传贯彻中共二十大精神作为各班次重点教学内容，部署落实推动党的二十大精神进教材、进课堂、进头脑，完成相关新专题9个。聚焦中共二十大报告提出的重大问题、重大判断、重大战略谋划选题，组织教研人员开展研究阐释、撰写理论文章，12篇中共二十大精神理论阐释相关文章在《邵阳日报》理论版刊发。

**【干训工作】** 2022年，邵阳市委党校举办主体班次10期，调训人数550人次。举办省管暨市管干部学习贯彻中共十九届六中全会精神专题读书班3期共557人，中共二十大精神集中轮训研讨班2期共347人。每期培训班均结合学员的工作特点安排课程，有教学计划、有实地观摩、有调研报告、有学员总结、有结业考核，取得良好教学效果。举办各类社会培训班次19期共1700余人，完成市委下达的全年干训任务。

**【教学工作】** 2022年，邵阳市委党校完善教学体系，其中理论教育占总课时的56%，党性教育达22%。全面落实领导干部上讲台制度，市委书记严华带头上春季开学典礼第一课。全年共有22名市级领导到市委党校为主体班学员上课，领导干部授课占主体班课时的20%以上。推行评课听课新机制，教师授课实行“一换一评一听一说明”机制，根据形势和任务不同要求，不断充实更新教学内容，年内进入主体班的所有专题全部实行集体备课、集体攻关、集中试讲，每堂课一结束，学员在系统中对教师上课情况按“很满意、满意、一般、差”四个类别当场进行无记名测评，学员对教学评估很满意率达92%，其中4名教员满意率达100%。主动与省委党校对接，协调指导全市党校系统整体建设，率先完成“湘江大讲堂”系统建设，拓宽干部教育培训渠道。

**【科研工作】** 2022年，邵阳市委党校加强团队作战，形成大调研工作格局。围绕省委书记张庆伟在省委党校调研时提出的基层党建、落实“三高四新”战略定位和使命任务、湖南红色精神、促进共同富裕、区域经济发展等“六个方面”专题，开展广泛调查研究并完成调研报告的撰写。完善激励机制，科研成果创新高。公开发表论文81篇，其中在CSSCI来源期刊扩展版发表6篇（此项为全省党校系统各市州党校前列），省级期刊发表33篇。申报全省党校系统社科课题、省社会主义学院课题67项，课题结项24项。

**【行政管理】** 2022年，邵阳市委党校加强制度建设，出台制度汇编，为依规治校、从严治校提供依据和遵循。加强信息化建设，完成校园“一卡通”信息化管理系统建设，在学校前后门、食堂、宿舍、教室、报告厅等重要出入口安装智能管理设备，实现对学员全轨迹、无死角管理，对学员上课、就餐、自习、住宿等情况做到全面实时掌握，为从严实行封闭式管理提供信息化条件。

（肖承武）

## 网络安全和信息化管理

**【概况】** 2022年，中共邵阳市委网络安全和信息化委员会办公室（简称邵阳市委网信办）抓住迎接服务保障、学习宣传贯彻中共二十大主线，拓展网络内容建设管理、保障网络安全、统筹信息化发展“三驾齐驱格局”，强化网络意识形态工作责任制、网络安全工作责任制、网信法治建设、网络综合治理体系建设“四大关键抓手”，推进各项重点任务落地见效，网上群众工作、网络安全、网络综合治理、互联网行业党建等工作位居全省前列，获“2022年度全省网络舆情信息工作先进单位”“2022年全市平安建设考核评估先进单位”“2022年度全市精神文明建设先进集体”等各类荣誉23项。

**【首次组织开展互联网新闻信息服务单位总编述职评议】** 2022年3月14日，邵阳市委网信办组织召开2021年度全市互联网新闻信息服务单位总编辑述职会议，制定出台《邵阳市互联网新闻信息服务资质单位日常管理量化考核办法（试行）》。会上，市属各新闻网站、各区县市融媒体中心、省级网站驻邵阳机构总编辑分别围绕2021年推动履行网站平台信息内容建设管理主体责任情况、存在问题及不足、2022年工作计划及措施等三个方面进行述职，邵阳市委网信办负责人进行点评。

**【网络综合治理体系建设】** 2022年5月11日，邵阳市委网信办组织召开网络综合治理体系建设工作推进会暨网络综合治理协调小组第一次会议，通报省委网信委对邵阳市网络综合治理体系建设专项督查情况，研究讨论并通过《2022年邵阳市网络综合治理体系建设工作方案》，安排部署2022年全市网络综合治理工作。7月18—22日，组建6个督查组对全市12个区县市和19个市直单位网络综合治理体系建设工作开展专项督查，重点督查各地各单位承担网络综合治理体系建设牵头任务的工作推进情况、2021年以来工作台账完成情况、各地各单位创新做法和工作成效，以及各区（县、市）和市直各相关单位落实省委督查反馈意见问题整改工作进展情况。

**【策划实施首届湖南东盟投资贸易洽谈会网上重大主题宣传】** 2022年8月25—27日，首届湖南—东盟投资贸易洽谈会暨第五届东盟·湖南（邵阳）名优产品交易会在邵阳举行。邵阳市委网信办协调中央、省主流网络媒体和重点商业平台，统筹市内网宣资源，主动做好“投洽会”网上宣传舆论引导工作，推出网上相关报道1300余篇次，关注点击量超9000万次，开幕式网络直播1269万人次观看，新浪微博话题总阅读量5502万人次。“投洽会”期间，争取湖南首个抖音特产馆——“山货上头条”落户邵阳，并邀请头部网红主播带货，助力销售“邵阳红”农特产品2200余万元。

**【率先在全省实现区县市级互联网行业党委全覆盖】** 2022年，邵阳市互联网行业党委对标对表省委组织部、省委网信办相关工作要求，以抓实全市互联网企业党建双提升工作为主线，以推动互联网企业党组织组建攻坚行动为重点，以助力企业和经济社会高质量发展为落脚点，探索网信体系区县市级互联网行业党组织建设，打造纵向到底的工作格局。截至9月中旬，率先在全省实现区县市级行业党委全覆盖。经验做法被湖南网信动态、湖南红星网、红星云、《邵阳党建》、《邵阳机关党建》等媒体、刊物推介。

**【打造邵阳网上群众工作新样本】** 2022年，邵阳市委网信办创新搭建“政府+网民”“线上+线下”“网络+网格”“网络+直播”“监督+督查”五大双线联动机制，探索网上群众工作新路径。特别是利用“线上+线下”联动机制，发挥网信优势，联合市县两级相关部门做好网民求助、谣言处置、物资保障等工作，及时协调解决特殊人群就医求助等急难愁盼问题，答复引导网民救助、咨询信息940余条，处置不实信息756条。工作经验被中央网信办、省委宣传部、省委网信办宣传推介。

**【开展“护航党的二十大”网络安全专项行动】** 2022年5—9月，邵阳市委网信办联合市委宣传部、市公安局、市行政审批服务局等单位，开展“护航党的二十大”网络安全专项行动，对市、县两级重点网站、部分关键信息基础设施、重要信息系统共32家单位实施全覆盖网络安全技术检查，及时通报整改发现的安全漏洞。

**【举行网络安全应急演练】** 2022年6月28日至7月5日，邵阳市举行2022年全市网络安全应急演练，遴选涵盖党政机关和能源、金融、传媒等多个行业的40家单位作为参演防守单位，邀请11支由国内网络安全企业、信息安全产业机构、基础通信企业专业技术人员组成的攻击队伍，双方在真实的网络环境下进行为期5天的实战攻防，对检测发现的网络安全风险漏洞及时通报并督促整改。

**【举行网络空间安全协会成立大会暨首届网络空间安全峰会】** 2022年12月16日，邵阳市举行网络空间安全协会成立大会暨首届网络空间安全峰会。邀请国内一流的网络安全专家分别围绕5GtoB网络安全研究与实践、数据安全治理体系建设、数字时代下安全运营设计及能力实践等议题开展交流对话，为落实“三高四新”战略定位和使命任务、建设现代化新邵阳提供网络安全产业支撑、技术支撑和人才支撑。

（曾智鹏）

# 邵阳市人民代表大会

## 综　述

**【概况】** 2022年，邵阳市第十七届人民代表大会常务委员会（以下简称邵阳市人大常委会）完成市十七届人大一次会议确定的各项目标任务。全年召开人大常委会会议6次、主任会议19次，听取和审议专项工作报告21个，向市委请示报告重大事项33件次，作出决定、决议3项，制定和修改地方性法规4部，开展执法检查6次，依法选举市监察委员会主任1名，依法任免国家机关工作人员122人次，组织代表集中视察和专题调研17批次，开展专题询问1次，一批重点工作获全国人大、省人大常委会领导肯定批示。

2022年，邵阳市人大常委会全面加强自身建设，着力提升新时代人大工作质量和水平。及时部署学习宣传贯彻党的二十大精神工作，确保落地见效，贯彻落实中央人大工作会议精神及省委、市委推进会等重要会议精神。自觉用习近平新时代中国特色社会主义思想统揽和指导人大一切工作。制定加强人大常委会党组班子建设意见，完善理论学习中心组学习制度，增强常委会党组政治功能，年内党组会议、主任会议安排学习议题105项。落实意识形态工作责任制，邵阳人大“一网一端”升级改版。牢牢把握“四个机关”定位要求，打造“五讲五比”活动和“五大”主题实践活动，深化“清廉机关”、“清廉家庭”、省级文明单位、全国民族团结进步示范市等创建工作，加强“四个机关”建设，打造政治坚定、服务人民、尊崇法治、发扬民主、勤勉尽责的人大工作队伍。

**【开展“五大活动”】** 2022年，邵阳市市县两级人大常委会上下联动，动员各级人大代表参与，在全市人大系统开展“大学习、大调研、大走访、大宣讲、大服务”主题实践活动。两级人大常委会班子成员带头，组建宣讲分队，分众化、互动式开展党的创新理论、人民代表大会制度、政策法规集中宣讲和微宣讲活动，凝聚思想共识，增强制度自信。坚持把调查研究作为履职行权的“第一程序”，以全年调研计划为纲，精选调研对象，广聚民意民智。全覆盖开展五级人大代表走访活动，加强代表走访联系选民工作，推动人大工作向基层延伸。持续开展“我为群众办实事”活动，各级人大代表主动联系服务人民群众，积极为人民群众办实事、解难事，收集群众意见建议4.9万条，帮助群众解决急难愁盼问题5800余件。在武冈市召开“五大”主题实践活动现场推进会，培育“助力乡村振兴、人大代表在行动”“千名代表访万人”等一批典型经验。

**【开展“五讲五比”活动】** 2022年，邵阳市人大常委会机关开展以“讲政治比学习，讲担当比实干，讲奉献比服务，讲业务比能力，讲规矩比形象”为主要内容的“五讲五比”活动，每季度推荐优秀学习书目，通报学习情况，评选学习标兵、红旗委室，培养会说、会写、会干事、能创新“三会一能”干部，营造“比起来干起来热起来”的浓厚氛围。市人大常委会创新活动载体的做法获省人大常委会和邵阳市委的充分肯定。助力全国民族团结进步示范市创建工作，开展示范机关创建。创建省级文明单位，组建新时代文明实践志愿服务小分队，机关干部职工全员注册成为志愿者，累计志愿服务时长1.6万小时。依托“红网云”省级技术云平台，对邵阳人大网、邵阳人大微信公众号进行全面改版升级，加强人大制度宣传。

**【助推创建全国民族团结进步示范市】** 2022年，邵阳市人大常委会机关把民族团结进步创建与人大工作深度融合。通过党组中心组学习、“三会一课”、主题党日等活动，学习贯彻习近平总书记关于加强和改进民族工作重要思想、中央民族工作会议精神、党和国家民族政策法律法规，发挥共产党员在民族团结进步创建中的先锋模范作用。在市人大网站开设民族团结进步示范创建专栏，在机关设立宣传展板，汇编宣传手册，开展知识测试，在市人大“一微一网”等平台发表创建经验文章和创建工作信息，增强宣传效果。通过听取和审议专项工作报告、执法检查、调研调查等形式，对《宗教事务条例》等法律法

2022年9月15日，邵阳市人大系统“大学习、大调研、大走访、大宣讲、大服务”主题实践活动推进会在武冈市召开（黄红禹　供图）

规贯彻实施情况进行法律监督和工作监督，推动民族工作法治建设。对市域治理现代化工作、优化营商环境情况、全市巩固拓展脱贫攻坚成果同乡村振兴有效衔接工作等进行调研，对乡村振兴示范点建设情况等进行视察，助推全市和民族地区经济社会发展同部署同推进。依法保障少数民族在人大代表选举中占有一定名额比例，全市有苗族、回族、瑶族等区级少数民族代表67名。组织省、市各民族代表围绕市委、市政府中心工作参与调研、视察、监督，发挥各族代表管理内部事务和参与社会事务作用。将创建工作与巩固全省文明单位创建成果有机融合，结合“人大讲堂”、志愿者服务等系列活动，开展中华民族共同体意识教育，推动各民族文化文明互鉴交融。

## 重要会议

**【市第十七届人民代表大会第一次会议】** 2021年12月30日至2022年1月2日，邵阳市第十七届人民代表大会第一次会议在市文化艺术中心贺绿汀大剧院举行，会期4天，522名市人大代表参会。会议听取和审查市人民政府代市长华学健所作的《政府工作报告》、市第十六届人民代表大会常务委员会代主任王昌义所作的《邵阳市人民代表大会常务委员会工作报告》、市中级人民法院院长曾鼎新所作的《邵阳市中级人民法院工作报告》、市人民检察院代检察长黄劲所作的《邵阳市人民检察院工作报告》；并作出相应决议。审查和批准《关于邵阳市2021年国民经济和社会发展计划执行情况与2022年计划草案的报告》，批准邵阳市2022年国民经济和社会发展计划；审查和批准《邵阳市2021年预算执行情况与2022年预算草案的报告》，批准邵阳市2022年市级预算；审议通过《邵阳市第十七届人民代表大会第一次会议选举办法》。选举市第十七届人民代表大会常务委员会主任、副主任、秘书长和委员，市人民政府市长、副市长，市监察委员会主任，市中级人民法院院长，市人民检察院检察长。审议通过《关于设立邵阳市第十七届人民代表大会专门委员会的决定》，审议通过市第十七届人民代表大会各专门委员会主任委员、副主任委员、委员名单。确定了2022年全市经济社会发展预期目标。会议选举周迎春（女）为市第十七届人民代表大会常务委员会主任，毛学雄、刘永德、阳晓华（苗族）、李小平、罗玉梅（女）、唐渊、蒋志刚（苗族）为副主任，吴卫红为秘书长，王少锋等41人为常委会委员；选举华学健为市人民政府市长，仇珂静（女，苗族）、刘亚亮、李长跃、杨卫平、沈志定、晏丽君（女）、蒋伟为副市长；选举曾市南为市监察委员会主任；选举曾鼎新为市中级人民法院院长、黄劲为市人民检察院检察长。

**【市第十七届人民代表大会第二次会议】** 2022年12月29—31日，邵阳市第十七届人民代表大会第二次会议在贺绿汀大剧院召开，491名市人大代表参会。会议听取和审查市长华学健所作的《政府工作报告》、市第十七届人大常委会主任周迎春所作的《邵阳市人民代表大会常务委员会工作报告》、市中级人民法院院长曾鼎新所作的《邵阳市中级人民法院工作报告》、市人民检察院检察长黄劲所作的《邵阳市人民检察院工作报告》，并作出相应决议。审查和批准《关于邵阳市2022年国民经济和社会发展计划执行情况与2023年计划草案的报告》，批准邵阳市2023年国民经济和社会发展计划；审查和批准《邵阳市2022年预算执行情况与2023年预算草案的报告》，批准邵阳市2023年市级预算；审议通过《邵阳市第十七届人民代表大会第二次会议选举办法》；补选市监察委员会主任；选举市第十七届人民代表大会常务委员会委员；选举应由邵阳市选举产生的湖南省第十四届人民代表大会代表。会议对市十七届人大常委会的2022年工作进行总结，对2023年人大工作作安排。补选吴旭鹏为市监察委员会主任；选举王文蕊（苗族）等12人为市第十七届人大常委会委员；选举产生74名出席省第十四届人民代表大会代表。会议确定2023年全市经济社会发展预期目标。

**【市十七届人大常委会第一次会议】** 2022年2月28日，邵阳市第十七届人大常委会第一次会议在市人大常委会五楼会议室召开。会议审议通过《邵阳市第十七届人民代表大会常务委员会代表资格审查委员会组成人员名单》《邵阳市人民代表大会常务委员会议事规则》《邵阳市人大常委会2022年工作要点》《邵阳市人大常委会2022年监督工作计划》《邵阳市人大常委会2022年讨论决定重大事项计划》《邵阳市人大常委会2022年专题调研计划》，听取关于《邵阳市人大常委会2022年度立法计划》的编制说明，听取和审议代表资格审查报告（书面）。会议通过人事任免事项，决定任命陈秋良为市人民政府秘书长兼办公室主任，杨平为市发展和改革委员会主任，李恒荣为市教育局局长，蒋志南为市科学技术局局长，何志红为市工业和信息化局局长，黄俊玲为市民族宗教事务局局长，李长跃为市公安局局长，蔡灿辉为市民政局局长，黄红五为市司法局局长，朱敏为市财政局局长，黄兆勇为市人力资源和社会保障局局长，王大松为市自然资源和规划局局长，陈名洋为市生态环境局局长，曹红旗为市住房和城乡建设局局长、市人民防空办公室主任，周彦为市城市管理和综合执法局局长，李叶松为市交通运输局局长，车茂为市水利局局长，谢小军为市农业农村局局长，曾剑萍为市商务局局长，李驰宇为市文化旅游广电体育局局长，黄海蓉为市卫生健康委员会主任，黄振国为市审计局局长，姜卫军为市退役军人事务局局长，张戈锐为市应急管理局局长，阳志奇为市人民政府国有资产监督管理委员会主任，刘文龙为市林业局局长，何育新为市市场监督管理局局长，汤艳丽为市统计局局长，王满元为市机关事务管理局局长，谢卫东为市人民政府金融工作办公室主任，周永红为市信访局局长，阳恩平为市乡村振兴局局长，唐远伟为市医疗保障局局长，张世杰为市行政审批服务局局长。免去蔡灿辉的市第十七届人民代表大会法制委员会委员职务，李恒荣的市第十七届人民代表大会民族华侨外事委员会委员职务。

**【市十七届人大常委会第二次会议】** 2022年5月12日，邵阳市第十七届人大常委会第二次会议在五楼会议室召开。会议听取和审议市人民政府关于禁毒工作情况的专项工作报告、关于全市粮食生产和耕地抛荒治理情况的报告、关于2021年度环境状况和环境保护目标完成情况的报告，对《邵阳市人大常委会关于修改〈邵阳市乡村清洁条例〉等两部地方性法规的决定（草案）》进行一审。通过人事任免事项，决定任命汪庆春为市人大常委会副秘书长兼办公室副主任，姚云为人大常委会法制工作委员会副主任，肖雅娟为市人大常委会选举任免联络工作委员会副主任（试用期一年）；任命邓浩为市中级人民法院立案第一庭庭长，陈建军为中级人民法院刑事审判第二庭庭长，廖莎菲为市中级人民法院民事审判第一庭庭长，朱红伟为市中级人民法院民事审判第三庭庭长，莫佩华为市中级人民法院行政审判庭庭长，毛海玲为市中级人民法院审判监督第一庭庭长，胡文彬为市中级人民法院审判监督第二庭庭长，黄先智为市中级人民法院审判员；免去姚云市中级人民法院刑事审判第二庭庭长、审判员职务，肖霞市中级人民法院民事审判第三庭庭长职务，周红旒市中级人民法院审判监督第二庭庭长职务，彭淑婷市中级人民法院未成年人案件综合审判庭庭长职务，邓浩市中级人民法院立案第二庭副庭长职务，陈建军市中级人民法院刑事审判第二庭副庭长职务，廖莎菲市中级人民法院民事审判第一庭副庭长职务，朱红伟市中级人民法院民事审判第一庭副庭长职务，莫佩华市中级人民法院审判监督第一庭副庭长职务，毛海玲市中级人民法院民事审判第一庭副庭长职务，胡文彬市中级人民法院民事审判第二庭副庭长职务，肖丽忠市中级人民法院刑事审判第一庭副庭长职务。

**【市十七届人大常委会第三次会议】** 2022年6月28日，邵阳市第十七届人大常委会第三次会议在五楼会议室召开。会议审议市十七届人大常委会代表资格审查委员会关于个别代表的代表资格的报告；听取和审议市人大常委会执法检查组关于检查《宗教事务条例》《湖南省宗教事务条例》实施情况的报告；听取和审议市人民政府关于邵阳市打击治理电信网络诈骗工作情况汇报，听取市人大监察和司法委员会关于对市公安局打击电信网络诈骗犯罪类案评查情况的报告；听取和审议市人大常委会执法检查组关于检查《中华人民共和国环境保护法》《湖南省环境保护条例》《邵阳市大气颗粒物污染防治条例》实施情况的报告以及市人民政府关于2021年规划年度计划实施情况、全市住宅小区配建社区养老服务设施情况、邵阳红品牌建设工作情况的报告；二审并表决通过《邵阳市人民代表大会常务委员会关于修改〈邵阳市乡村清洁条例〉等地方性法规的决定》。通过人事任免事项，任命姚云为市第十七届人大法制委员会副主任委员，廖高飞为市中级人民法院审判委员会委员，彭志贤为市人民检察院副检察长、检察委员会委员、检察员。免去彭志贤市中级人民法院副院长、审判委员会委员、审判员职务，莫争春市中级人民法院审判委员会委员、审判员职务。根据代表法的有关规定，杨云龙、李恒荣、张晨阳、蔡灿辉4人的市十七届人大代表资格终止；洞口县第十八届人大常委会第五次会议补选唐前启为市十七届人大代表，城步苗族自治县第十八届人大常委会第五次会议补选姚云、肖雅娟为市十七届人大代表，市十七届人大常委会第三次会议根据代表资格审查委员会提出的报告，确认唐前启、姚云、肖雅娟（女）3人的市十七届人大代表资格有效。截至当日，邵阳市第十七届人民代表大会实有代表536名。

**【市十七届人大常委会第四次会议】** 2022年8月29—30日，邵阳市第十七届人大常委会第四次会议在五楼会议室召开。会议审议市十七届人大常委会代表资格审查委员会关于个别代表的代表资格的报告，听取和审议市人大常委会执法检查组关于检查《优化营商环境条例》实施情况的报告，一审《邵阳市农村集中式饮用水安全管理若干规定（草案）》，听取和审议市政府关于邵阳市2022年上半年国民经济和社会发展计划执行情况的报告、关于邵阳市2021年市级决算草案和2022年上半年预算执行情况的报告，审查和批准2021年市级决算，听取和审议市政府关于2021年度市级预算执行和其他财政收支的审计工作报告、关于2022年地方政府债券资金安排及市级预算调整方案（草案）的报告，审查和批准2022年市级预算调整方案。通过人事任免事项，决定任命杨映林为市自然资源和规划局局长；任命吴旭鹏为市监察委员会副主任，杨尊永为市人民检察院副检察长、检察委员会委员、检察员，李东峰为市中级人民法院刑事审判第一庭副庭长，李霞、周丽红、王星星为市中级人民法院刑事审判第二庭副庭长，曾维为市中级人民法院民事审判第一庭副庭长，李鹏为市中级人民法院民事审判第二庭副庭长，刘文彬为市中级人民法院民事审判第三庭副庭长，黄先智为市中级人民法院行政审判庭副庭长，张锡杲为市中级人民法院立案第二庭副庭长，彭启玮为市中级人民法院未成年人案件综合审判庭副庭长，申丽为市中级人民法院审判员；决定免去王大松市自然资源和规划局局长职务，免去杨桂林市监察委员会委员职务，袁文革市中级人民法院立案第一庭副庭长职务，钟抗迪市中级人民法院刑事审判第二庭副庭长职务，李玉芳市中级人民法院民事审判第三庭副庭长职务，宁少军市中级人民法院审判监督第一庭副庭长职务，罗俊辉市中级人民法院审判监督第二庭副庭长职务，段嫦娥市中级人民法院行政审判庭副庭长职务，王瑞平市人民检察院检察员职务；批准杨尊永辞去绥宁县人民检察院检察长职务；决定接受曾市南辞去市监察委员会主任职务，报市第十七届人民代表大会第二次会议备案；决定吴旭鹏副主任为市监察委员会代理主任。

**【市十七届人大常委会第五次会议】** 2022年11月23—24日，邵阳市第十七届人大常委会第五次会议在五楼会议室召开。会议学习贯彻党的二十大精神，审议并通过关于召开邵阳市第十七届人民代表大会第二次会议的决定（草案），二审《邵阳市农村集中式饮用水安全管理若干规定（草案）》、三审《邵阳市地方特色食品传承与发展条例（草案）》。听取和审议市中级人民法院、市人民检察院“两官”履职评议专项工作报告，对7名市中级人民法院员额法官和5名市人民检察院员额检察官履职情况进行满意度测评；听取和审议市政府关于2021年度国有资产管理情况的综合报告、关于2021年度企业国有资产管理情况的专项报告、关于2022年第二次市级预算调整方案（草案）的报告、关于2021年度财政专项资金和新增债券资金绩效评价情况的报告，审查和批准2022年第二次市级预算调整方案；听取和审议市城区学校布局调研报告、市政府关于全市乡镇卫生院服务能力建设情况的汇报、市人大常委会专项监督小组关于全市乡镇卫生院服务能力建设专项监督工作报告、市监察委员会《关于扫黑除恶“打伞破网”工作情况的报告的审议意见》研究处理结果的报告；表决《邵阳市农村集中式饮用水安全管理若干规定（草案）》和《邵阳市地方特色食品传承与发展条例（草案）》。对2件重点处理代表建议办理情况开展专题询问，对18件重点处理代表建议办理情况进行满意度测评。市第十七届人大常委会决定，市第十七届人民代表大会第二次会议于2022年12月29日在市区召开。通过人事任免事项，任命黄智勇为市监察委员会委员，黄雁峰为市中级人民法院副院长、审判委员会委员、审判员，周盖雄为市人民检察院副检察长，贺一清为市人民检察院检察员；免去周盖雄市中级人民法院副院长、审判委员会委员、审判员职务，颜锦霞市中级人民法院审判员职务，李习生市中级人民法院审判员职务，黄雁峰市人民检察院副检察长、检察委员会委员、检察员职务。

**【市十七届人大常委会第六次会议】** 2022年12月20日，邵阳市第十七届人大常委会第六次会议在五楼会议室召开。会议审议市十七届人大常委会代表资格审查委员会关于个别代表的代表资格的报告；听取和审议市人民政府关于2021年度市级预算执行和其他财政收支审计查出问题整改情况的报告，关于2022年规范性文件备案审查工作情况的报告，市人民政府、市监察委员会、市中级人民法院、市人民检察院关于市十七届人大一次会议以来代表建议、批评和意见办理工作情况的报告，市人大常委会联工委关于市十七届人大一次会议以来代表建议、批评和意见办理和督办工作情况的报告，市人民政府有关部门预算单位关于市级预算执行和其他财政收支审计查出问题整改情况的报告并进行满意度测评；讨论并原则通过市第十七届人民代表大会第二次会议日程（草案）等，讨论和修改市人大常委会工作报告；通过人事任免事项，决定任命冯东旺为市林业局局长，决定免去刘文龙市林业局局长职务，免去夏宇宏市第十七届人大常委会代表资格审查委员会委员职务。

## 立法工作

**【完善立法机制】** 2022年，邵阳市人大常委会完善立法起草“双组长”、工作专班和法规草案质量评估等机制，成立由59名专家组成的地方立法咨询专家库。拓宽人大代表和社会各界参与立法工作的广度和深度，畅通网络问计渠道，加强沟通协调，推动解决地方立法工作中重大分歧问题，汇集各方面智慧，调整补充立法项目库项目14个。细化完善基层立法联系点工作办法和工作流程，将基层立法联系点扩充至13个，邵阳市基层立法联系点建设和信息员制度获全国人大常委会副委员长王晨肯定。

**【提升立法效率】** 2022年，邵阳市人大常委会探索“小快灵”立法。落实全国人大常委会副委员长王晨在邵阳调研考察时关于“要高度关注饮用水安全”的要求，开展“城乡居民喝上清洁放心水”专题立法调研，仅用五个月时间，审议并通过《邵阳市农村集中式饮用水安全管理若干规定》，该法规共十条，不分章节，是全市首个“小快灵”立法项目。巩固和拓展协同立法成果，与娄底、益阳同步举行资江保护条例启动仪式，各级联动开展进村入户宣传，做到宣传到位、执行到位、长效管理到位。开展重点领域、新兴领域立法，围绕乡村振兴、优化营商环境、区域公共品牌建设等领域，开展立法调研，逐项拿出论证报告，审议并通过《邵阳市地方特色食品传承与发展条例》，初步完成《邵阳红优质农产品公共品牌管理若干规定（草案）》起草工作。《中国人大》杂志第19期和中国人大网对邵阳市民主立法等工作进行宣传推介。

**【宗教事务条例执法检查】** 2022年3—6月，邵阳市人大常委会开展宗教事务“两条例”（《宗教事务条例》《湖南省宗教事务条例》）执法检查。检查组通过查阅资料、听取汇报、会议座谈、实地检查、个别走访等方式对邵阳市贯彻实施“两条例”情况进行执法检查，全面掌握全市在贯彻实施“两条例”存在的主要矛盾和问题。5月25日，“两条例”执法检查专题汇报会通讯稿被国家宗教事务局官方公众号微言宗教收录发布。6月28日，市十七届人大常委会第三次会议对《关于检查〈宗教事务条例〉〈湖南省宗教事务条例〉实施情况的报告》进行审议，提出深化思想认识、进一步规范宗教事务管理、解决县市区宗教部门执法资格问题等五条建议，形成审议意见交市政府研究处理。

**【优化营商环境条例执法检查】** 2022年7—8月，邵阳市人大常委会开展优化营商环境执法检查。设立7个检查小组、1个暗访组、1个宣传组，市县两级人大常委会同题、同步开展，做到检查抽查与自查自纠相结合、明察与暗访相结合，法律监督与舆论监督相结合，实现所有县市区（含邵阳经开区）全覆盖。邀请国、省、市、县、乡五级人大代表800余名参与座谈，访谈企业家、办事群众6200余名，发放调查问卷11040份，收集意见建议1370余条，梳理交办问题63个。8月29日，市十七届人大第四次常委会会议审议优化营商环境执法检查报告和问题清单。《关于检查〈优化营商环境条例〉实施情况的报告》的审议意见及问题清单转交给市政府研究处理，梳理交办问题63个，并就执法检查开展情况专题报告市委。市政府及其相关部门迅速采取行动，组织相关部门召开专题会议进行研究，并及时整改优化营商环境工作体制机制不畅等问题，进一步推动全市营商环境优化。

2022年7月11日，邵阳市人大常委会组织召开优化营商环境执法检查动员大会（黄红禹 供图）

**【环境保护法执法检查】** 2022年4—6月，邵阳市人大常委会组织开展《中华人民共和国环境保护法》《湖南省环境保护条例》《邵阳市大气颗粒物污染防治条例》（以下简称环境保护一法两条例）执法检查。加强宣传，将重要法律法规条款梳理为调查问卷，利用“学习强国”学习平台组织法律知识专项答题。创新宣传方式，在市人大常委会网站上设立“环境保护一法两条例执法检查”专栏六大版块，及时反映工作开展情况和成效，总点击浏览数1万余次。深入武冈市、隆回县、洞口县、新宁县等7个区县市和邵阳经济技术开发区开展实地检查，其他县市区同步开展执法检查并报送检查情况报告，上下联动形成工作合力。践行全过程人民民主，市县两级召开座谈会50余次，实地查看现场点200多个，收集汇报材料140余份，邀请521名全国、省、市、县、乡五级人大代表参与检查，征求问题线索和意见建议120余条，同时将执法检查工作与代表建议督办工作相结合，拓展代表参与法律监督的广度和深度。打造全链条清单式监督模式，梳理出部门职责清单、重点检查内容清单和重点现场检查单位清单，结合暗访和实地检查情况列出重点问题清单42条，加大问题清单整改落实情况跟踪监督力度，实现执法检查闭环监督，推动“问题清单”转化为“成果清单”。其中，督促洞口县高沙镇水厂整顿取水口污染问题，解决10万余人饮水安全问题；推动全市建成3处垃圾焚烧发电项目，打破全市无垃圾焚烧发电的历史，完成107个乡镇污水处理厂建设，实现建制镇污水处理设施全覆盖；推动完成邵东市堡面前石灰岩磷矿历史遗留废渣污染治理项目、邵阳县塘渡口镇锰矿开采区污染场地风险管控项目等一系列废渣管控项目等。

**【法官、检察官履职评议】** 2022年，邵阳市人大常委会为贯彻落实习近平法治思想、中央和省委人大工作会议精神，加强人大司法监督，出台《邵阳市人民代表大会常务委员会2022年法官、检察官履职评议实施方案》，按照“人大主导 主推 两院主体主责”方法，开展法官、检察官履职评议工作。11月23日，市十七届人大常委会第五次会议首次听取和审议市中级人民法院、市人民检察院履职评议专项工作报告，7名员额法官和5名员额检察官逐一进行述职。人大常委会上的评议报告既有评议对象的履职总体情况和共性问题，又有法官检察官的综合履职排序，以及对每个对象进行的精准画像，并采取无记名投票方式，分为满意、基本满意、不满意3个等次，现场进行“满意度”测评，经与会42名人大常委会委员测评，10名被评议对象测评结果为满意、2名为基本满意。人大常委会将测评结果反馈给市委组织部、市委政法委等部门，并呈报省人大监察和司法委、省高级人民法院、省人民检察院。

## 依法监督

**【市委重点工作任务监督】** 2022年，邵阳市人大常委会在市委领导下，发挥人大职能作用，凝聚各方力量，推动依法科学抗疫，邵阳市依法抗疫做法获省人大常委会领导高度肯定，相关经验在“湖南人大”微信公众号、省人大《人民之友》上推介。紧扣乡村振兴重点难点问题，市县人大联动开展调研督导。推动“邵阳红”品牌建设，“邵阳红”公共品牌影响力进一步提升，产品销售额大幅增长。加强生态环境保护监督，听取和审议市人民政府关于2021年规划年度计划实施情况的报告、环境状况和环境保护目标完成情况的报告，开展环境保护“一法两条例”执法检查，全面建立市、县、乡三级“河湖长制”代表专项监督工作体系，加强《邵阳市资江保护条例》执法检查。

**【计划预算执行和决算监督】** 2022年，邵阳市人大常委会加强经济运行态势监督，听取和审议关于2022年上半年国民经济和社会发展执行情况的报告，定期对全市经济形势进行分析研判，为稳定经济运行和提振市场信心发挥人大监督支持作用。加强预算全过程监督，推进预决算审查监督重点向支出预算和政策拓展，审查和批准2022年市级预算调整方案、2021年市级决算草案。加强对预算绩效编制、绩效评价结果运用的监督，听取和审议市级财政专项资金和新增债券资金绩效评价的报告。加强预算联网监督，预算联网监督系统第二期建设于12月底上线运行。加强政府债务审查监督，开展地方政府债务及偿债机制情况专题调研，形成高水平调研报告，完善市政府向市人大报告政府债务清单机制，推动有关部门规范债务管理。加强国有资产管理，听取和审议2021年度国有资产管理情况的综合报告和企业国有资产管理情况的专项报告，推进构建更加全面、规范、完善的国有资产治理体系，提升国有资产管理水平和质量。

**【改革发展热点难点监督】** 2022年，邵阳市人大常委会聚焦优化营商环境开展执法检查，在全省率先市县同题同步开展《优化营商环境条例》执法检查，形成高质量的审议意见，梳理交办问题63个。参与全市万名干部联万企“送政策、解难题、优服务”活动，班子成员分别带队走访企业、帮助企业纾困解难。聚焦社会治理六项重点工作开展监督，听取和审议市政府关于开展打击治理电信网络诈骗工作情况的专项工作报告，创造性开展公安机关打击电信网络诈骗犯罪类案评查，发挥检察专业监督力量，对法院以调解结案的民间借贷纠纷案件开展类案评查。推动禁毒工作治理体系和治理能力现代化建设，听取和审议市政府关于禁毒工作情况的专项工作报告，全市毒品犯罪蔓延势头得到有效遏制。聚焦民生热点难点开展调研视察，采取上下联动、一体实施方式开展乡镇卫生院服务能力建设专项监督，组建7个专项视察小组赴乡镇卫生院进行专项视察，做到市县两级人大常委会双审议、调研问题清单与视察问题清单双交办、市县两级政府整改落实情况双跟踪。

**【少数民族地区专题调研】** 2022年，邵阳市人大常委会为更好地推动民族区域经济社会高质量发展，开展党和国家民族政策在民族地区落实情况专题调研。听取或收集13家市直民委委员单位汇报和材料，深入了解市直部门就贯彻民族政策采取的措施、成效及遇到的困难。由市人大常委会副主任阳晓华带队，赴城步茅坪镇金兴村、汀坪乡横水村、隘上村、蓬瀛村实地察看民族村产业、红色文化旅游基地建设及新农村建设，赴绥宁县乐安铺苗族侗族乡、东山侗族乡及县产业园区实地考察少数民族村落建设及少数民族地区经济产业发展，召开专题座谈会听取两县人民政府及相关部门专题汇报，全面了解掌握民族地区发展过程中存在的痛点堵点难点，形成专题调研报告，提出把促进民族地区经济社会发展始终摆在突出位置、持续加强民族地区财政倾斜支持力度等5条建议，推动全市民族团结进步事业发展。

**【乡镇卫生院服务能力建设专项监督】** 2022年，邵阳市人大常委会为进一步加强全市乡镇卫生院服务能力建设，解决基层群众“看病难”“看病贵”问题，在全市开展乡镇卫生院服务能力建设专项监督。专项监督是市人大常委会贯彻省委《关于加强和改进新时代人大工作的意见》的新举措、探索人大监督的新方式。注重高位推动，成立由市人大常委会主任周迎春任组长，副主任任副组长的专项监督领导小组，分别带领7个专项视察小组，对12个区县市38个乡镇卫生院进行专项视察。强化上下联动，采取市县同题、一体实施的方式，下发《关于县市区人大常委会开展乡镇卫生院服务能力建设专项调研和视察工作的指导要点》，明确各区县市人大常委会开展调研和视察的目标任务和联动要求。发挥代表作用，邀请20余名市人大代表卫生专业小组成员分别参加7个专项视察小组的实地视察，征求和收集40余名市人大代表关于加强乡镇卫生院服务能力建设的书面意见建议。探索闭环监督，主要分“专题调研、专项视察、专门审议、专责督办”四个阶段进行，做到人大监督与自查整改相结合、听取汇报与实地核查相结合、查阅资料和个别访问相结合，市县两级人大常委会双审议、调研问题清单与视察问题清单双交办、市县两级政府整改落实情况双跟踪。推动市县两级政府更加关注和重视乡镇卫生院服务能力建设，市直6个部门进一步形成合力，联合制定《支持基层医疗卫生机构提升服务能力的若干措施（审议稿）》，加快推进新时代基层卫生事业高质量发展。

**【市城区学校布局专题调研】** 2022年3—8月，邵阳市人大常委会为全面了解市城区教育资源配置使用情况，加快促进市城区学校科学合理布局，进一步改善市城区学校办学条件、提高教学质量，成立专题调研组，围绕市城区学校布局情况进行专题调研。调研采取市、区两级人大同题、同步、同方式进行，调研组实地察看市城区所有公办学校和部分民办学校，召开研讨会6次、座谈会16次，个别走访教育工作者30余人，征询人大代表建议意见20余人次，回收调查表109个。听取和收集相关意见建议，形成翔实、客观的调研报告，为市委决策部署、市政府加快推动市城区学校科学合理布局提供建设性意见建议，市长和市委副书记分别多次调研、研究市城区教育及布局相关工作，制定《邵阳市城区中小学校、幼儿园扩容提质项目建设五年行动计划（2022—2026年）（审议稿）》，加快推动调整市城区学校布局和区域发展不均衡改善步伐。

## 依法履职

**【搭建联系服务群众平台】** 2022年，邵阳市人大常委会按照有场地、有人员、有制度、有台账、有活动“五有”标准，建设代表联系群众工作室467个。市人大有关专门委员会探索建设立法和监督工作“基层联系点”和组建人大代表专业小组，打造民情“直通车”。畅通网上民意表达渠道，在邵阳人大网站设立代表议案建议平台、人大代表及公众互动平台，开通便民服务、在线留言通道，注重通过网络广泛征求意见。设立人大信访接待中心，完善信访办理机制，落实市人大常委会班子成员信访值班制度，开展领导包案化解信访积案工作，使人大信访成为群众提出建议、反映诉求的有效载体。

**【健全民主决策机制】** 2022年，邵阳市人大常委会完善民意征集制度，市人大常委会组成人员联系人大代表、市人大常委会领导班子成员联系区县市，开展走访群众、调研视察、民情恳谈等活动，广泛收集群众意见建议。优化协商沟通模式，明确人大协商的主要形式和范围，有计划、有针对性组织和引导公民参与常委会有关议题和代表调研课题的讨论，对协商过程中各方合理可行的意见建议积极予以采纳。力求科学民主决策，落实审议意见卡制度，开展审议前学习和调研视察，坚持重点发言与书面审议结合，做好审议意见登记、拟办、提请研究、交办督办。年内召开市人大常委会会议6次，审议议题52项，各项议题审议均做到有目标要求、有问题清单、有督办落实。

**【推进民生实事】** 2022年，邵阳市人大常委会在北塔区、武冈市试点，乡镇全覆盖推进民生实事代表票决制，从项目征集、初定、审议、票决、监督、评估各环节予以规范，做到项目来自民声、主题紧扣民生、推动依靠民力、结果赢得民心，全年票决实施民生实事项目327个。聚焦人民群众高度关注的乡村振兴、医疗保障服务、教育公平等热点难点问题开展专题调研，其中在市城区学校布局专题调研中，全覆盖走访市城区公办学校，形成翔实、客观的调研报告。推动解决群众急难愁盼问题，听取和审议粮食安全和耕地保护、国土空间规划编制“三区三线”划定、住宅小区的养老服务设施配套建设情况的报告，持续跟踪监督市十七中重建事项。

**【强化履职保障】** 2022年，邵阳市人大常委会层层分批组织代表履职培训，在市委党校、省人大培训中心举办市人大代表履职培训班，184名市十七届人大代表参加培训。制定《关于组建市人大代表专业小组的意见》，更好发挥代表专长和作用。制定《邵阳市人大代表活动经费管理使用办法》，提高代表活动经费标准，明确代表活动经费使用范围。市人大常委会组成人员定期走访联系市人大代表，及时了解代表履职需求，建设代表履职管理平台，支持和保障代表依法履职。探索建立市委、“一府一委两院”领导班子及部门主要负责人联系人大代表工作机制。

**【服务代表履职】** 2022年，邵阳市人大常委会组织人大代表分批列席市人大常委会会议，参与立法调研、执法检查、“两官”履职评议，在践行生态文明发展理念专题调研中，邀请30余名全国、省、市人大代表参加，形成高质量调研报告上报省人大常委会。引导代表服务中心大局，为邵阳市争取政策、项目、人才、资金等方面支持。在省十三届人大五次会议上，提交代表建议137件，提交全团建议6件，全团建议数排全省第一名。

**【代表建议办理】** 2022年，邵阳市人大常委会夯实代表建议工作基础，加强指导服务和内容把关工作，通过组织代表集中视察、听取主要部门工作汇报、寄发相关工作资料等方式，让代表充分知情知政，确保建议质量。规范代表建议办理流程，抓实建议的办理、督办和评价考核三个环节，与专项视察、代表小组活动和日常监督工作相结合加强督办，对建议办理情况进行绩效考核。着力办好重点建议，市人大常委会主任会议专题研究确定18件重点建议，市人大常委会主任会议成员、市人民政府副市长牵头督办领办，采取现场督办、会议督办、函告督办、联合督办等方式，高位推动、精准调度，着力解决“重答复、轻落实”问题。对“解决市区停车难问题”“加大投入保障支持力度 促进县乡安全水平提升”2件重点处理建议进行专题询问，市政府及有关承办部门现场应询。市十七届人大一次会议以来，共收到市人大代表建议183件，均已答复完毕，代表建议办理态度和办理结果满意率分别达98.9%、98.4%。

（黄红禹　胡　勇）

# 邵阳市人民政府

邵阳年鉴 SHAOYANG NIANJIAN 2023

## 重要会议

**【市政府全体会议】** 2022年5月20日，邵阳市人民政府召开第一次全体（扩大）会议暨2022年廉政工作会议，会议以电视电话会议形式开到各区县市。会议传达学习贯彻习近平总书记系列重要讲话精神及中央、省、市纪委全会精神，总结新一届市政府班子成立以来的工作情况，部署政府系统党风廉政建设和反腐败工作。市长华学健强调，要加强政治引领、坚决扛牢政治责任，要增强法治意识、全面规范政府行为，要坚持人民至上、不断满足人民群众美好生活需要，要聚焦主责主业、着力稳住经济大盘，要树牢底线思维、营造安全稳定的社会环境，以高效的政府工作推动经济社会高质量发展；要大力纠治“四风”，要扎实推进重点领域监管，要狠抓巡视巡察问题整改，要推进清廉机关建设，要健全科学民主决策机制，要落实政府“过紧日子”要求，要激励干部担当作为，不断把政府系统党风廉政建设和反腐败工作推向纵深。

（阳小朋）

**【市政府常务会议】** 2022年，邵阳市人民政府召开30次常务会议。

1月2日第1次会议，重点研究市政府领导班子成员工作分工、2022年《市政府工作报告》重点工作分解等事项。

1月10日第2次会议，重点研究2021年12月“三重点”工作。

1月24日第3次会议，审议《2021年度邵阳市安全生产和消防工作考核结果（送审稿）》，重点研究评比达标表彰项目申报、第一次重大项目集中开工活动等事项。

2月14日第4次会议，重点研究碳达峰碳中和、全年“三大支撑八项重点”工作、真抓实干督查激励、长江经济带生态环境突出问题整改、医疗救助、信访、全国市域社会治理现代化试点合格城市创建暨平安建设考评、春耕生产等事项。

2月24日第5次会议，审议《邵阳市全民科学素质行动规划纲要实施方案（2021—2025年）》《促进民营经济发展“六个一”工作方案（送审稿）》《邵阳市国土空间专项规划编制实施方案（送审稿）》等文件，重点研究“三大支撑八项重点”、房地产办证信访突出、医疗卫生专业化建设等事项。

3月14日第6次会议，重点研究2022年1—2月“三重点”工作。

3月15日第7次会议，审议产业发展暨优化营商环境4个相关文件和《2022年市重点项目（第一批）（送审稿）》《2022年全市教育工作视频会议方案（送审稿）》，重点研究粮食安全、应急指挥五级联动视频调度系统、民族工作和宗教工作经费、住户调查大样本轮换、城镇无工作单位（含改制企业下岗和退休）残疾军人生活困难补助增长、留置场所新增看护辅警等事项。

3月29日第8次会议，重点研究市人大常委会交办重点建议和市政协重点提案办理、不动产登记中心收费、社区经费等事项，审议《关于完善重要民生商品价格调控机制的实施方案（送审稿）》《邵阳市市属国有企业违规经营投资损失责任追究办法（送审稿）》《法治邵阳建设规划（2021—2025年）（送审稿）》和《市委宣传部 市司法局关于开展法治宣传教育的第八个五年规划（2021—2025年）（送审稿）》等文件。

4月2日第9次会议，重点研究真抓实干督查激励进展情况。

4月11日第10次会议，重点研究3月份“三重点”工作、居家和社区基本养老服务提升行动等事项。

5月3日第11次会议，审议《全市深化建设领域安全专项整治行动工作方案（送审稿）》《2022年邵阳市深入打好污染防治攻坚战工作方案（送审稿）》《邵阳市清查处置闲置国有资产资源专项行动方案（送审稿）》《邵阳市引进人才奖励实施办法（试行）（送审稿）》《邵永高铁邵阳站土地综合开发框架协议（送审稿）》等文件，重点研究超期安置、市直离退休人员一次性生活补贴发放、最低工资标准调整等事项。

5月19日第12次会议，审议《邵阳市规范民办义务教育发展实施方案（送审稿）》《关于促进全市房地产业平稳健康发展的意见（送审稿）》《邵阳市政务信息化项目建设管理办法（送审稿）》《关于严格耕地保护全面推行田长制的实施方案（送审稿）》，重点研究下调市中小企业融资担保有限责任公司担保率、邵阳铁路货栈查验场建设等事项。

6月1日第13次会议，重点研究文旅行业恢复发展、和谐公租房小区项目概算调整、“三区三线”划定、邵阳县小溪市乡撤乡设镇等事项，审议《关于贯彻落实〈中共湖南省委省人民政府关于构建更加完善的要素市场化配置体制机制的实施意见〉的责任清单（送审稿）》《关于贯彻落实〈湖南省人民政府办公厅关于促进基层卫生健康事业高质量发展的意见〉的工作方案（送审稿）》。

6月10日第14次会议，重点研究4—5月“三重点”工作。

6月15日第15次会议，重点研究自建房安全专项整治、规范公务员津贴补贴、邵阳武冈机场等事项，审议《邵阳市对接“一带一路”行动方案（2022—2025年）（送审稿）》《2022年度法治邵阳建设十件实事（送审稿）》《邵阳市推进〈湖南省科技型企业知识价值信用贷款风险补偿改革实施办法〉工作方案（送审稿）》等文件。

7月1日第16次会议，审议《邵阳市关于支持乡村振兴重点帮扶县跨越发展的实施方案（送审稿）》《关于推进邵阳经济技术开发区创建“五好”园区实现高质量发展的若干意见（送审稿）》《深入贯彻落实湖南省2022年第1号林长令工作方案（送审稿）》等文件，重点研究万名干部联万企“送政策、解难题、优服务”行动省督查反馈、普惠金融发展示范区建设等事项。

7月12日第17次会议，重点研究6月“三重点”工作。

7月20日第18次会议，重点研究下半年经济工作、创建全国文明城市重点建设项目、数字经济和“数字政府”、第三次土壤普查、政府性投资项目等事项，审议《邵阳市推动公立医院高质量发展工作方案（送审稿）》《关于贯彻落实三孩生育政策促进人口长期均衡发展的工作举措（送审稿）》。

8月9日第19次会议，审议《关于切实加强社会保险基金监管工作的实施意见（送审稿）》《2021年市级决算草案和2022年上半年预算执行情况的报告》《2022年市级预算调整方案（草案）的报告》和邵阳市人民政府与彩虹集团有限公司、湖南邵阳特种玻璃有限公司5个合作协议文本，重点研究“楚怡”中职学校改扩建、四个政府投资项目立项等事项。

8月15日第20次会议，重点研究7月份“三重点”工作、国有平台公司清理监管等事项，审议《关于推进邵阳经济技术开发区创建“五好”园区实现高质量发展的若干意见（送审稿）》《关于赋予邵阳经济技术开发区一批经济社会管理权限的通知（送审稿）》。

8月23日第21次会议，重点研究抗旱减灾、真抓实干督查激励、安全生产、申报创建全国全省法治政府建设示范市、新能源项目建设、新邵生活垃圾焚烧发电厂项目建设、餐厨垃圾收运处置项目运营招商等事项，审议《邵阳市职工基本医疗保险门诊共济保障机制实施细则（送审稿）》《邵阳市公立医疗机构部分医疗服务项目价格调整定价方案（送审稿）》《关于加快推进电动专用汽车产业发展的行动方案（送审稿）》《邵阳市生态环境机构垂直管理制度改革经费和资产划转工作方案（送审稿）》。

9月8日第22次会议，重点研究优化营商环境、城区智能交通建设、两个政府投资项目立项等事项，审议《关于服务和融入新发展格局（2022—2025）的实施办法（送审稿）》《关于提振重点消费促进消费增长的若干措施（送审稿）》。

9月13日第23次会议，重点研究8月“三重点”工作。

9月20日第24次会议，重点研究市第十五中学和市第十六中学合并组建市第七中学、未成年人思想道德建设、森林防灭火、科技创新、“智慧停车”和公租房25年收益特许经营权、政府投资项目立项等事项。

10月12日第25次会议，重点研究9月“三重点”工作。

11月22日第26次会议，重点研究疫情防控、高质量发展、知识产权、食品安全、城区生活垃圾分类、邵水干流邵阳市段采砂规划、邵阳经济技术开发区社会事务剥离、政府性投资项目立项等事项，审议《2022年市级第二次预算调整方案（草案）》。

11月27日第27次会议，重点研究安全生产、配合省政府2022年综合大督查、首届邵阳旅游发展大会筹备、全国第二批居家和社区基本养老服务提升行动项目、提高全市2022年城乡居民养老保险基础养老金标准，审议《邵阳市建设湖南省国家中医药综合改革示范区先导区实施方案（送审稿）》《化解市城区安置地上自建房办理不动产权证历史遗留问题实施办法（送审稿）》。

12月5日第28次会议，重点研究应对极端气候电力保供和安全生产、《2023年政府工作报告（初稿）》、巡视反馈意见整改、餐厨垃圾收运处置项目、房屋土地资产市场化处置、污染治理和节能减碳专项申报2023年中央预算内投资计划。

12月14日第29次会议，审议《邵阳市2022年国民经济和社会发展计划执行情况与2023年计划（草案）工作报告》《2022年市级预算执行情况和2023年市级预算安排方案（草案）的报告》《邵阳市农村住房改扩建管理办法（送审稿）》《邵阳市农村住房质量安全监督管理办法（送审稿）》《邵阳市农村住房建设竣工验收办法（送审稿）》，重点研究利用市十中闲置土地改善办学条件。

12月26日第30次会议，重点研究衡邵地域性突出毒品问题整治攻坚行动和全市禁毒重点整治工作。

（邓玮君）

**【市政府专题会议】** 2022年，邵阳市人民政府召开29次专题会议。

1月10日，研究北塔区状元洲街道槐树社区自来水工程改造有关问题。

2月7日，研究长江经济带警示片披露新邵县“两矿”问题整改有关问题。

2月25日，研究市城区化解超期安置有关问题。

3月13日，研究高标准农田建设问题。

3月15日，研究邵阳工业职业技术学院筹建相关问题。

3月20日，研究市中医医院岐黄综合大楼项目建设有关问题。

3月20日，研究城市建设有关问题。

3月26日，研究市区资江一桥及东大路十井铺至化纤路段移交管养工作有关问题。

4月7日，研究外贸企业发展有关问题。

4月25日，研究市十七中学重建项目有关问题。

4月29日，研究“数字邵阳”建设有关问题。

5月12日，研究邵阳工业职业技术学院筹建有关问题。

5月28日，研究促进邵酒产业发展问题。

6月2日，研究邵阳市医疗废物集中处置中心扩能提质项目有关问题。

6月6日，研究市级成品粮储备有关问题。

6月6日，研究市直周转住房规划项目、爱莲池路街旁绿地绿化工程建设有关问题。

6月6日，研究邵阳市生活垃圾分类工作有关问题。

6月10日，研究消防救援工作有关问题。

6月10日，研究大祥区乡村振兴示范片建设有关问题。

6月27日，研究大祥区蔡锷乡杨家岭建筑用灰岩矿规划区块采矿权有关问题。

7月1日，研究市活禽集中屠宰场项目建设选址有关问题。

7月28日，研究支持湖南小快智造电子科技有限公司发展有关问题。

7月28日，研究支持湖南圣菲达服饰有限公司发展有关事项。

8月18日，研究加快邵阳市5G基站建设有关问题。

8月19日，研究六岭棚改项目（三期）拆迁工作推进有关事项。

9月8日，研究抗旱保供及灌区改革发展相关问题。

10月10日，研究大祥产业开发区发展有关问题。

11月23日，研究协调邵阳市楚怡中职学校改扩建项目有关矛盾相关问题。

12月20日，研究清查处置国有资产有关工作。

（刘可欣）

## 政府综合事务

【概况】 2022年，邵阳市人民政府办公室全面服务推进政府工作落实落地，开展“三重点”（重点工作、重点项目、重点任务）综合督查8次，组织召开“三重点”讲评会7次，下发“三重点”通报8个，考核奖励56次，开展约谈和提醒约谈49次。

撰写各类领导讲话稿、汇报材料、调研报告等文稿1000余篇，办理落实省领导批示（交办）件22件、市长批示件487件、副市长批示件900余件。编发《邵阳政务信息》27期、《政府公报》12期，向省政府办公厅报送政务信息466条，处理来往文件3876个，以市政府和市政府办名义印发编号文件350个。组织承办各级各类工作会议400余场次，配合省领导、市领导通过视频点名系统召开紧急会议26次，筹备召开市政府党组会议11次、市政府

### 2022年邵阳市政府文件（市政发）一览表

表7

| 文号 | 标题 | 发文日期 |
| --- | --- | --- |
| 邵市政发〔2022〕1号 | 关于修订印发《邵阳市政府投资建设项目审计监督实施办法》的通知 | 1月11日 |
| 邵市政发〔2022〕2号 | 关于全力推进电网建设与发展的若干意见 | 1月21日 |
| 邵市政发〔2022〕3号 | 关于印发《邵阳市优化营商环境促进市场主体高质量发展实施方案（2022—2025年）》的通知 | 2月26日 |
| 邵市政发〔2022〕6号 | 关于修订印发《邵阳市随军家属就业安置办法（试行）》的通知 | 5月16日 |
| 邵市政发〔2022〕7号 | 关于深入推进政府系统党风廉政工作全面加强自身建设的意见 | 5月20日 |
| 邵市政发〔2022〕8号 | 关于废止《邵阳市人民政府关于市区部分河段实施禁渔制度的通告》的通知 | 7月14日 |
| 邵市政发〔2022〕9号 | 邵阳市人民政府关于公布规范性文件清理结果的决定 | 8月15日 |
| 邵市政发〔2022〕10号 | 关于废止《邵阳市烟草制品零售点合理布局管理规定》的决定 | 9月9日 |
| 邵市政发〔2022〕11号 | 关于赋予邵阳经济技术开发区一批经济管理权限的通知 | 9月20日 |
| 邵市政发〔2022〕12号 | 关于印发《邵阳市“十四五”时期民兵建设发展计划》的通知 | 10月8日 |
| 邵市政发〔2022〕13号 | 关于印发《邵阳市“十四五”残疾人保障和发展规划》的通知 | 12月20日 |

# 2022年邵阳市政府重要文件（市政办发）一览表

表8

| 文号 | 标题 | 发文日期 |
| --- | --- | --- |
| 邵市政办发〔2022〕2号 | 关于规范新设采矿权市级审批发证有关事项的通知 | 1月26日 |
| 邵市政办发〔2022〕3号 | 关于《邵阳市“一件事一次办”改革实施方案》部分内容作出调整的通知 | 1月30日 |
| 邵市政办发〔2022〕5号 | 关于印发《邵阳市医疗救助实施细则》的通知 | 2月25日 |
| 邵市政办发〔2022〕6号 | 关于印发《邵阳市政府专项债券工作考核规定（试行）》的通知 | 3月10日 |
| 邵市政办发〔2022〕7号 | 关于印发《邵阳市政务信息资源共享管理办法（试行）》的通知 | 3月28日 |
| 邵市政办发〔2022〕8号 | 关于印发《邵阳市全民科学素质行动规划纲要实施方案（2021—2025年）》的通知 | 4月1日 |
| 邵市政办发〔2022〕9号 | 关于印发《邵阳市市属国有企业违规经营投资损失责任追究办法》的通知 | 4月12日 |
| 邵市政办发〔2022〕10号 | 关于鼓励我市废旧钢铁综合利用产业高质量发展的通知 | 5月19日 |
| 邵市政办发〔2022〕11号 | 印发《关于促进全市房地产业平稳健康发展的意见》的通知 | 5月25日 |
| 邵市政办发〔2022〕12号 | 印发《邵阳市促进先进制造业平稳增长的若干财政支持政策》的通知 | 6月15日 |
| 邵市政办发〔2022〕13号 | 印发《贯彻落实〈湖南省人民政府办公厅关于促进基层卫生健康事业高质量发展的意见〉工作方案》的通知 | 6月27日 |
| 邵市政办发〔2022〕14号 | 关于印发《邵阳市政府信息化项目建设管理办法（试行）》的通知 | 6月30日 |
| 邵市政办发〔2022〕15号 | 关于修订印发《邵阳市地方储备粮管理办法》的通知 | 7月3日 |
| 邵市政办发〔2022〕16号 | 关于推进公共机构合同能源管理的通知 | 7月3日 |
| 邵市政办发〔2022〕17号 | 印发《关于支持普惠金融发展示范区建设若干政策措施》的通知 | 7月22日 |
| 邵市政办发〔2022〕18号 | 关于印发《邵阳市加快发展保障性租赁住房实施方案》的通知 | 7月27日 |
| 邵市政办发〔2022〕19号 | 关于印发《邵阳市行政许可事项清单（2022年版）》的通知 | 7月28日 |
| 邵市政办发〔2022〕20号 | 关于印发《邵阳市推动公立医院高质量发展工作方案》的通知 | 9月22日 |
| 邵市政办发〔2022〕21号 | 印发《关于进一步规范我市新能源项目开发建设有关规定》的通知 | 8月23日 |
| 邵市政办发〔2022〕22号 | 关于印发《邵阳市职工基本医疗保险门诊共济保障机制实施细则》的通知 | 8月25日 |
| 邵市政办发〔2022〕23号 | 印发《关于加快推动电动专用汽车产业发展行动方案》的通知 | 9月1日 |
| 邵市政办发〔2022〕24号 | 关于印发《邵阳市科技体制改革三年行动计划》的通知 | 9月29日 |
| 邵市政办发〔2022〕25号 | 关于印发《邵阳市生态环境机构垂直管理制度改革经费和资产划转工作方案》的通知 | 11月20日 |
| 邵市政办发〔2022〕26号 | 关于印发《邵阳市社会救助家庭经济状况核对办法》的通知 | 11月25日 |
| 邵市政办发〔2022〕27号 | 关于印发《邵阳市火灾事故调查处理规定》的通知 | 12月14日 |
| 邵市政办发〔2022〕28号 | 关于印发《邵阳市经营性自建房消防安全管理办法》的通知 | 12月20日 |
| 邵市政办发〔2022〕29号 | 关于印发《“数字邵阳”顶层规划设计（2022—2025年）》的通知 | 12月14日 |

常务会议30次，跟线科室分头筹备各类调度会、协调会和现场办公会700余场次。召开党组理论学习中心组（扩大）学习会议12次，机关党组会议20次。

配合参与督查60余次，办理群众留言460件次，接待来访群众358批次2275人次。办理人大代表建议169件、政协提案282件，发布邵阳督查通报3期。

**【创新推行“工作专班”工作制】** 2022年，邵阳市人民政府办公室打破科室职责分工，挑选23名综合素质全面、工作能力突出的干部，发挥每名干部特长优势，组建材料撰写专班、会务保障专班、党建工作专班、后勤接待专班等5个工作专班，专门负责办公室紧急工作任务的集中攻坚。专班运行方式打破了科室职能、信息壁垒，为干部成长搭建了历练舞台，丰富了干部参与或牵头开展重点工作的经验，有效提升干部专业素养和实践能力，工作效能显著提升。

**【真抓实干督查激励获45项省级奖项】** 2022年，湖南省人民政府出台36条激励措施，奖励市州和区县市（含园区，下同）623项，总奖金额10.15亿元，共推介94项典型经验。邵阳市市本级和区县市共获奖45项，6项典型经验被推介，在全省排名第八，在B类地区排名第三，与2021年相比，总获奖项数多10项，其中市本级多4项、区县市多6项；获奖金额9650万元（含2021年国务院奖励资金2500万），在全省排名第三，B类地区排名第一。其中市本级获奖11项，1项典型经验被推介，在全省排名第八，B类地区排名第三；获奖金额5600万元（含2021年国务院奖励资金2500万），在全省排名第二，B类地区排名第一。各区县市共获奖34项，5项典型经验被推介，在全省排名第六，B类地区排名第二；获奖金额4050万元，在全省排名第七，B类地区排名第二。具体为邵东市5项（另有1项典型经验被推介）、新邵县3项、隆回县3项、洞口县6项、绥宁县1项、城步苗族自治县1项，武冈市5项（另有1项典型经验被推介）、新宁县4项、邵阳县1项、大祥区1项（另有1项典型经验被推介）、北塔区2项（另有1项典型经验被推介）、邵阳经济技术开发区2项（另有1项典型经验被推介）。

（达小车　刘可欣）

## 重点项目建设

**【概况】** 2022年，邵阳市实施市级重点建设项目326个，年度计划投资546.43亿元，全年完成投资665亿元，为年计划的121.7%。其中，212个重点产业项目完成投资332.6亿元，为年计划的122.6%；127个项目实现全部投产或单项投产。6个省“三高四新”重大产业支撑项目完成投资55.5亿元，为年计划的142.4%。34个省重点建设项目（含打捆项目）完成投资291.2亿元，为年计划的141.3%。其中，9个独立项目完成投资75.2亿元，为年计划的160%，全部超额完成投资计划，2个项目竣工投产；25个打捆项目完成投资216.1亿元，为年计划的135.8%。

**【项目进展】** 2022年，邵阳市集中开工竣工重大项目243个，总投资878.7亿元。邵虹基板玻璃项目通过国家窗口指导，首条生产线建成投产。湖南湘窖酒业有限公司2万吨酱酒项目建成投产，邵阳东盟科技产业园一期开园。新邵、邵东生活垃圾焚烧发电项目、邵阳县—隆回天然气管网等重大能源项目建成投产。犬木塘水库，邵阳火车站综合交通枢纽工程，白新高速、新新高速、永新高速、城龙高速等一批重大基础设施项目稳步推进。全市新建充电桩634个、5G基站2666个，分别为年计划的211%、127%。

**【项目管理】** 2022年，邵阳市建立市长牵头的重点项目协调推进机制和市级领导联点重点项目制度，成立工作专班，对重点项目定期通报进度、交办问题、协调解决，形成部门协同、上下联动的工作机制。开展“抓项目、抓环境，比落实、比服务”的“两抓两比”活动，进一步强化项目前期手续联办、征地拆迁联动、施工环境联保、推进实施联查。开展重点项目“大比拼”，将项目建设纳入市政府“三重点”考核，各区县市进行比拼，实行一月一督战一通报一排名，一季一观摩一比拼一讲评一排队，对项目推进不力的区县市和项目单位主要负责人实行约谈和通报批评。

（彭怀志）

## 政策研究

**【重要文稿撰写】** 2022年，邵阳市人民政府发展研究中心进一步加大文稿写作力量的优化整合，专门组建材料写作工作专班，全力以赴投入市政府主要领导的文稿服务。先后完成市政府全会工作报告、《国务院第九次大督查邵阳工作情况汇报》《奋战五十天决胜全年度狠抓当前经济工作若干措施》，市委经济工作会议、每月“三重点”讲评会、县市区长调度会、季度经济运行形势分析调度会、市委理论学习中心组学习会、市政府党组会、学习贯彻党的二十大精神宣讲会等会议的领导讲话、会议主持、情况汇报、工作方案、理论调研等300余篇材料的起草撰写。牵头组织起草政府工作报告。

**【重大课题调研】** 2022年，邵阳市人民政府发展研究中心开展政策实施效果评估，起草《邵阳市2021—2022年生态文明建设报告》，入选湖南蓝皮书《2022年湖南生态文明建设报告》，实施“健康湖南行动”政策实施效果评估，撰写《邵阳市贯彻落实“健康湖南行动”政策实施效果自评报告》，推动邵阳市生态文明建设和健康邵阳工作。根据市政府主要领导指示，牵头组织开展“积极应对风险挑战推动邵阳高质量发展”等专题调研，联合市发展和改革委、市财政局、市统计局、市工信局、市商务局、市人社局等部门组成联合调研组，赴洞口县、武冈市、邵阳县等地实地调研，面对面与相关部门、企业家座谈，撰写调研报告，全面分析“三重压力”“五大风险挑战”在邵阳市的具体表现，在深入剖析其原因基础上提出对策建议，为全市统筹发展与安全、化压力为动力、化风险为机遇做出积极贡献。全面调研了解国际经济形势和国、省经济政策、经济走向，主动收集、统计、分析邵阳市主要经济指标运行情况，深入剖析部分指标落后原因，合理预测经济运行趋势，为邵阳经济发展政策制定和实施提供重要参考。

【特色亮点推介】2022年，邵阳市人民政府发展研究中心总结提炼全市工作的特色亮点，积极向上推介，讲好邵阳故事。在举办首届湖南—东盟投资贸易洽谈会、第六届邵商大会、首届邵阳旅游发展大会等重大活动中，撰写各类市情推介材料10余篇，树立邵阳良好对外形象。在国务院第九次大督查、省政府大督查等工作中，总结提炼各类经验36个，被省政府采用16个，其中《邵阳市实施“六水抗旱”新举措》《隆回县破解要素难题 全力稳投资兴产业》《武冈市城乡供水一体化筑牢饮水“安全网”》等典型经验被省政府通报表彰。在争取重大政策项目支持中，做好材料起草工作，助力抢抓发展先机，邵阳市成功获批中央财政支持普惠金融发展示范区、国家电信普遍服务试点城市，入选全国第二批居家和社区基本养老服务提升行动项目，纳入湖南省首批国家中医药综合改革示范区先导区。

（李 棋）

## 金融工作

【概况】2022年，邵阳市开展各类银企对接119场，走访企业4817家，签约金额85.33亿元，其中举办3期政银企对接“早餐会”，支持企业融资23.64亿元。创新开展“助企纾困”主题线上融资直播活动，首期直播近5万人次观看，支持企业融资近1亿元。在邵阳市“外贸行业发展突出问题攻坚月”期间开展金融支持稳外贸专项行动，市政府出台专项政策，建立外贸企业白名单，将212家外贸企业贷款纳入风险补偿基金范围，将118家外贸企业融资需求派单到行，实现贷款发放7.01亿元。开展万名干部联万企“送政策、解难题、优服务”行动，省、市工作专班交办3批次、70家企业融资问题全部销号。推动知识价值信用贷款试点改革落地，发放贷款4.18亿元。

是年，邵阳市入选首批中央财政支持普惠金融发展示范区，金融助企纾困等工作多次获《湖南日报》、湖南卫视推介报道，防范和处置非法集资、防范金融风险在全省平安建设考评、绩效考核中被评为第一档次。累计融资担保总额增量居二类地区第一；新增直接融资106.31亿元，直接融资占比32.33%，居二类地区第一；在全省营商环境评价中“获得信贷”指标排名全省第三。

【推进“金芙蓉”跃升行动】2022年，邵阳市委、市政府主要领导先后主持召开重点上市后备企业座谈会，市政府党组以企业上市“金芙蓉”跃升行动为专题开展学习，建立市领导“一对一”联系10家重点上市后备企业的精准服务机制。出台落实“金芙蓉”跃升行动计划相关政策和措施，进一步明确任务目标，自我加压将新增上市公司目标任务设定为3~5家；将任务分解至县市区，将责任压实到市直相关职能部门，形成推动企业上市的强大合力。组织申万宏源证券、海通证券、财信证券及兴业证券等机构走访企业20余家次，引导省内外优质私募基金投资邵阳市企业。邀请专家辅导授课，线下培训3场、200余人次。年内，全市新增新三板挂牌企业1家、湖南股交所挂牌企业29家，省上市后备资源库企业增至50家，数量在各市州中排名第六。着力提升直接融资比重，全年实现直接融资107.36亿元，直接融资占比30.77%，其中邵东市城市发展集团有限公司成功发行全市首支欧元债1.47亿欧元。

【融资担保】2022年，邵阳市地方金融机构有序发展，融资担保体系采取市县合作模式在全省率先实现县市区机构全覆盖。年内新增1家小额贷款公司，完成1家融资担保公司筹建。截至年末，全市政府性融资担保在保余额32.28亿元，同比增长58.41%；在保户数1566户，同比增长188.93%。开展业务创新，全年银担合作批量担保业务新增担保额近10亿元。推进降费惠企，年末政府性融资担保机构平均担保费率0.87%，同比降低13.86%，当年累计为企业减免担保费用1449.34万元。加强监管，依规开展小额贷款、融资担保公司现场检查，开展典当业务清理整顿及典当年审工作，依法打击寄卖行违规经营典当业务等行为，进一步防范各类非法金融活动风险。

【风险防控】2022年，邵阳市构建政府示范引导、行业主（监）管部门深入开展、金融机构主动参与、舆论媒体积极支持、社会各方广泛响应的防范非法集资宣传格局，健全完善市县乡纵向联动、部门横向协同、线上线下同步发力的防范非法集资宣传矩阵，开展“两节”“6·15”等集中宣传150余次，参与群众20余万人次。建立健全由党政牵头，处置非法集资牵头部门、主（监）管部门、司法机关共同参与的案件处置会商机制，推进案件处置。对重大案件成立工作专班，压实职能部门协同处置责任，严防次生风险。全年判决非法集资陈案17起，陈案化解率94.4%，审结率100%。邵阳市防范和处置非法集资、防范金融风险在全省平安建设考评中继续位列第一档次。

**【普惠金融】** 2022年，邵阳市全力促进普惠金融发展，获评2022年中央财政支持普惠金融发展示范区。全市普惠小微贷款余额404.34亿元，增长15.82%。开展科技型中小企业知识价值信用贷款试点，建立首期2000万元风险补偿资金，为企业发放知识价值信用贷款4.18亿元，超额完成目标任务。在洞口县开展农村基础保险服务“村村通”试点，为金融服务乡村振兴战略探索保险路径。

**【政银企对接“早餐会”】** 2022年，邵阳市为持续推进万名干部联万企“送政策、解难题、优服务”活动，于6月开始建立常态化的政银企“早餐会”对接工作机制，截至年末，共举行“早餐会”3次。11家金融机构、14家企业受邀参加，梳理建档涉企事项6件；企业提出融资需求30.63亿元，获银行授信31.04亿元，已提款7.53亿元。

（邓忠林）

## 机关事务管理

**【平安机关建设】** 2022年，邵阳市机关事务管理局开展两轮安全生产隐患排查整改专项活动，对64家市直单位进行安全生产工作督促提示并开展消危工作。组织公务用车平台对所有在用车辆进行安全检测，常态化送检完成出车任务的返场车辆，定期组织平台司勤人员进行安全生产教育培训。

**【机关运行保障服务】** 2022年，邵阳市机关事务管理局服务市委、市政府的决策部署，市直公车平台重点保障正和岛企业家邵阳行、首届湖南—东盟投资贸易洽谈会等一系列重大活动和重点任务。配合做好“四大家”机关院落后勤服务，组建四个工作专班进驻“四大家”院子，围绕“资产、公车、物业、餐饮”四个方面，探索改进“四大家”院落服务管理模式。集中管理办公用房，联合市财政局、市自然资源和规划局建立绿色通道，加快办公用房统一权属登记，为办公用房紧张单位调配办公用房，保障市直机关单位办公用房需求。规范公务用车管理，配合市纪委监委开展提级整改，重新核定全市公车编制，对超编、无编车辆进行归集，对归集来的车辆完善资料，划转过户。开展市县两级接待服务机构公务接待突出问题专项整治，遏制“舌尖上的浪费”，树立党政机关良好形象。强化行政中心运行维保，通过公开招标，城投美好物业公司进驻市行政中心，进一步规范安保、保洁服务。服务机关干部职工，在市行政中心机关二食堂创新引进智慧绿色食堂建设，科学规划创新供餐方式；引进红旗社区医院构建医疗联合体，为市委离退休老干部和市委院内机关干部职工就诊提供更优质服务；推进周转住房建设，改善易地任职领导干部居住条件。

**【国有资产管理优化】** 2022年，邵阳市机关事务管理局突出集约高效，优化资源配置布局，提升国有资产使用效能，邵阳市被省财政厅评为清查处置国有资产工作先进单位。结合全省开展行政事业性国有资产清查处置工作，摸清市行政事业性国有资产家底，完善资产台账，为推进集中统一管理提供数据支撑。加强办公用房监管，履行相关管理程序，对报备单位的办公室进行实地测量，办理报备手续。将散落在各单位闲置、低效运行资产归集到“公物仓”，进行统一管理、统一调配、共享使用，实现闲置办公用品循环利用。推进资产清查处置，根据市政府安排部署，与市财政局、市自然资源和规划局共同成立国有资产处置办证组，完成该年度国有资产资源处置盘活任务。

**【公共机构节能工作】** 2022年，邵阳市机关事务管理局坚持贯彻党中央绿色低碳战略部署，不断健全完善党政机关厉行节约制度体系和标准体系，推进公共机构节约能源资源工作。全市公共机构人均能耗、单位建筑面积能耗和人均水耗三项指标位居全省第一方阵。7月承办湖南省医疗系统节能和垃圾分类工作现场推进会，邵阳市节能和垃圾分类工作开展情况获省机关事务管理局高度评价和肯定。推进全市党政机关节约型机关建设，年内创建节约型机关152家，完成率80%。创新节能工作方式，推进公共机构合同能源管理，出台《整体智慧式合同能源管理工作的指导意见》，在全市卫生健康系统、机关单位及学校进行试点推广，截至年底，已在市第二人民医院、新宁县人民医院、隆回县人民医院等6家单位实施整体智慧式合同能源管理，节能效果明显。建设公共机构生活垃圾分类示范点，全年创建3家省级示范单位、15家市直示范单位，每个县建成2~3个示范点。

（刘　磊）

## 乡村振兴

**【机制建设】** 2022年，邵阳市成立由市委书记任组长的市委实施乡村振兴战略领导小组，区县市均成立相应机构，建立主要领导亲自抓、分管领导具体抓、工作专班专门抓的工作机制。建立市级领导联系乡村振兴工作机制，市委常委会会议组成人员分别联系1个区县市，在职市级领导联系1个重点帮扶乡镇、1~2个重点帮扶村或示范创建村，巩固拓展脱贫攻坚成果，推进脱贫攻坚成果同乡村振兴有效衔接。全年召开市委常委会会议、市政府常务会议、市委实施乡村振兴战略领导小组会等会议20余次，研究、部署、调度、推进乡村振兴。

**【政策保障】** 2022年，邵阳市保持乡村振兴主要帮扶政策总体稳定、资金投入力度不减，继续实行涉农资金整合政策，加强财政资金使用监管和扶贫项目资产后续管理，用足用好金融支持政策，因地制宜研究制定一批务实管用的支持政策，全市教育、医疗、住房、产业、就业、易地搬迁后续帮扶等方面均按帮扶政策要求，“不漏一户”落实到位。科学编制全市“十四五”乡村振兴规划，出台《关于巩固拓展脱贫攻坚成果 全面推进乡村振兴加快农业农村现代化实施意见》《实施乡村振兴战略责任制考核方案》《全面实施乡村振兴战略“七大专项行动”实施方案》等文件，进一步健全完善政策保障机制。

**【工作保障】** 2022年，邵阳市推进重点帮扶和示范创建，确定3个省级重点帮扶县、1个省级示范创建县，以及338个省级重点帮扶村、209个省级示范创建村，选派各级驻村工作队1516支4008人，做到乡村振兴重点帮扶村、示范创建村、易地搬迁集中安置点和党组织软弱涣散村全覆盖。制定《关于深入开展清廉乡村建设 助推乡村振兴实施方案》，开展清廉思想文化培育、防返贫监测与帮扶监督、乡村振兴项目管理监督、“一水一厕”改造监督、村级“微权力”运行管理监督、乡村振兴领域信访问题动态清零、重点村（居）提级监督等七大专项行动，健全清廉乡村治理体系，推动全面从严治党向基层延伸。制定《邵阳市驻村第一书记和工作队管理办法》，在日常管理、工作制度、考核激励、关爱保障、纪律监督方面明确管理规定。接续开展脱贫户监测户结对联系帮扶，落实结对帮扶“五个一”、结对联系“四个一”工作要求（即结对帮扶人要制定一个年度帮扶计划并跟踪落实，开展“每月一走访”，每季度采集一次收入数据、开展一次帮扶成效评估，协助建好“一户一档”；结对联系人要制定一个年度脱贫成果巩固计划并跟踪落实，开展“每季度一走访”，每季度采集一次收入数据，填好一本《结对联系手册》）。

**【监测预警和精准帮扶】** 2022年，邵阳市出台《关于健全防止返贫动态监测和帮扶机制的实施意见》，坚持“一月一筛查、一月一研判、一月一审核、一月一动态”，将所有脱贫人口和有返贫致贫风险、突发严重困难的农户全部纳入监测范围，持续跟踪收支变化等情况，实现监测预警全覆盖。截至12月31日，全市纳入监测对象24974户67560人，其中脱贫不稳定户10618户26851人、边缘易致贫户6096户17562人、突发严重困难户8260户23147人。年底已消除风险10095户27497人，未消除风险14879户40063人。在全市推行“三网三员三色”防止返贫动态监测和帮扶机制，破解监测对象识别把握不精准、集中突击纳入监测对象、帮扶及时性针对性不强、监测对象风险消除简单化等问题。截至12月31日，全市24974户监测对象均享受针对性帮扶措施，其中享受产业帮扶14169户、占比57%，享受就业帮扶措施 6425户、占比25.9%，享受健康帮扶措施19222户、占比77.4%，享受综合保障性措施18504户、占比74.5%。

**【“三保障”和饮水安全】** 2022年，邵阳市坚持常态化抓好控辍保学，落实基本医疗、大病保险、医疗救助三重制度综合保障机制和分类资助参保政策，动态改造消除农村危房，完善农村供水体系，进一步巩固提升“三保障”和饮水安全保障水平。全市义务教育阶段“五类”学生无一人失学辍学，各学段共资助家庭经济困难学生81.7万人次，资助金额达7.5亿元，全年发放“雨露计划”补助6.43万人次，补助金额9707.15万元。防止返贫监测对象、最低生活保障边缘家庭成员、低保对象、特困人员、重度残疾人等困难群众及稳定脱贫人口全部参加年度城乡居民基本医疗保险或职工基本医疗保险。184所乡镇卫生院标准化建设率达100%，实现行政村医疗卫生服务全覆盖。统筹推进农村危房改造与自建房安全专项整治，全面完成脱贫人口和监测对象住房安全性鉴定，消除农村房屋安全隐患，农村危房改造竣工2005户，完成省定目标任务，对符合农村危房改造条件的945户全部纳入下年度计划。全市基本建成普及农村地区的饮水供水工程，实现脱贫户监测户安全饮水全覆盖。

**【脱贫群众增收】** 2022年，邵阳市积极稳妥应对旱情影响，强化产业带动和稳岗就业，促进脱贫群众持续增收。全市脱贫人口人均纯收入15269元，较上年增加1907元，同比增长14.3%。市财政安排1100万元用于巩固拓展产业扶贫成果，重点发展“一特两辅”主导优势产业，带动脱贫人口实现增收，55家龙头企业和53个合作社申报2022年度巩固拓展产业扶贫成果省重点项目，新增带动脱贫户和监测户3586人，人均年增收11334元。做好脱贫人口小额信贷工作，对有信贷需求的脱贫人口应贷尽贷，助力脱贫群众发展产业增收。截至12月31日，全市新投放小额信贷16734笔81298.45万元，完成省定发展目标的115.66%，投放量排名全省第一。开展农村劳动力技能培训和创业培训，强化省外劳务输出、省内劳务协作和就地就近就业，开展“雨露计划+”就业行动，通过联企送岗、线上线下招聘、组织农民工集中出行等方式助力脱贫劳动力就业。全市脱贫人口就业总数41.3万人，较上年增加1.5万人。累计建成就业帮扶车间1174个，较上年增加66家，吸纳脱贫人口就业1.28万人，就业帮扶车间建设总量、吸纳就业总量以及吸纳脱贫劳动力就业总量三项指标位居全省第一名。

**【易地扶贫搬迁后续扶持】** 2022年，邵阳市有易地搬迁脱贫人口

23658户89545人，集中安置区241个。通过盘活用好专项结余资金和争取政策资金支持，创建示范安置区以点带面，进一步完善基础设施和公共服务，促进搬迁群众安居乐业，确保易地搬迁人口稳得住、有就业、逐步能致富。241个集中安置区建立图书室129个、老年人活动中心99个、妇女儿童活动中心103个、文体活动广场172个，新建幼儿园5所、改扩建中小学3所和医疗卫生室13个。全市建成易地扶贫搬迁就业帮扶车间160个，104个100人以上规模安置点实现就业帮扶车间全覆盖，易地搬迁脱贫人口中实现稳定就业39178人，自主发展产业19923人，委托产业扶持32678人，资产收益14616人，兜底保障10559人，实现有劳动能力且有就业意愿的搬迁家庭至少一人就业、每一个搬迁户至少有一项稳定的收入来源。

**【资金项目资产管理】** 2022年，邵阳市落实项目公示公告制度，按照中央、省有关政策及要求，提高项目和资金使用的透明度，确保项目和资金广泛接受群众监督。落实“村申报、乡审核、县审定”的入库程序，坚持有进有出，动态管理。截至12月31日，全市全年项目库入库项目8986个，资金规模52.78亿元，资金规模较上年增长20.85个百分点；到县各级衔接资金规模16.28亿元，资金安排率98.93%；5182个项目纳入年度实施计划，开工率99.18%。组织开展扶贫项目资产“回头看”，对各区县市2013—2020年的扶贫项目资产进行全面清理，分别建立台账。全市共登记扶贫项目资产132517个，资产规模224.84亿元，其中经营性扶贫项目资产3439个17.05亿元、公益性资产46793个140.22亿元、到户类资产82285个67.57亿元。确权比例100%，其中确权到户占比31.76%、到村占比53.91%、到乡占比67.31%、到县占比6.93%。移交132514个，占比100%。

**【排查整改】** 2022年4月26日，隆回县防止返贫监测帮扶专项整改被国家乡村振兴局挂牌督办。邵阳市委、市政府深刻反思被挂牌督办的教训，在全市进一步排查整改。聚焦中央考核评估通报的6个方面问题，结合省乡村振兴实绩考核反馈问题和市级层面掌握情况，梳理3大类21个具体问题，建立整改台账，细化整改措施，做到“一个问题、一套方案、一名责任人、一抓到底”，全面彻底整改。成立市委书记和市长任组长的全市整改工作领导小组，建立健全部门联动机制，明确8个市直部门为牵头单位，22个行业部门加强对各系统、各部门、各行业突出问题的集中整改。加大防止返贫专项督导检查力度，实行“月通报、季调度、年考核”，市督导组先后开展5轮暗访督查，下发7期工作提示，建立整改任务清单，明确整改要求，发现的883个问题全部整改清零。市委、市政府坚持四级联动，指导、督促隆回县挂牌督办问题整改。湖南省、邵阳市、隆回县三级挂牌督办工作成效获国家乡村振兴局肯定。9月下旬，省委农村工作领导小组办公室和省乡村振兴局组织第三方评估组、实地验收组赴隆回县实地摘牌验收。11月21日，省委农村工作领导小组下发《关于同意隆回县防止返贫监测帮扶专项整改摘牌的批复》，隆回县成功摘牌。12月10—17日，隆回县迎接国家后评估第三方评估。

**【乡村建设】** 2022年，邵阳市推进“多规合一”实用性村庄规划编制，338个省级重点帮扶村、209个省级示范创建村及省市领导联系乡村振兴点全部完成村庄规划。推进农村“厕所革命”，改建、新建农村户厕34714座，建设农村公厕116座，完成省定任务。贯彻实施《邵阳市乡村清洁条例》，完善农村生活垃圾分类回收“一村一站一员”工作机制。开展农村人居环境整治，全市拆除空心房31440户、377万平方米，建成乡镇垃圾中转站135座、村级回收站1515个、乡镇回收中心56个、县级分拣中心5个，乡镇污水处理厂省定任务53座全部建成并通水调试。探索建立生活垃圾处理适度收费机制，2113个行政村开展生活垃圾处理适度收费。开展“迎乡贤振乡村”活动。其中邵东市“迎乡贤、建家乡”经验在全国推介，8月在全省乡村建设暨农村人居环境整治提升现场推进会上以《巧做乡贤文章 助力乡村建设》为题作典型发言。

**【乡村治理】** 2022年，邵阳市进一步完善基层组织建设、数字乡村建设，推广清单制、积分制、屋场会等乡村治理经验做法和“六零”村（社区）创建活动，构建自治、法治、德治相结合的乡村治理体系，实现村级新时代文明实践站和“一村一辅警”全覆盖。开展农村移风易俗，推进美丽乡村、平安乡村建设，农村精神文明建设取得新进展新成效，全市农村社会和谐稳定，“婚事新办、丧事简办”等蔚然成风。“洞口县‘五级积分换项目’促进基层社会治理大变革”入选人民网2022乡村振兴创新案例。

**【社会帮扶】** 2022年，湖南省国有资产管理委员会对口帮扶绥宁县、长沙市天心区对口帮扶邵阳县、长沙市开福区对口帮扶城步苗族自治县。帮扶单位落实援助资金3400万元，动员社会力量援助资金269万元；成立产业合作投资企业8家，到位投资额3352万元；开展消费帮扶采购脱贫地区帮扶产品3351.98万元；帮助转移、就近就业1000人，组织就业培训510人次。开展“我们村”数字乡村平台试点，3个试点县（洞口县、城步苗族自治县、邵阳县）数字平台累计发布信息5.31万次，浏览量528.54万次，点赞量30.94万次。经验做法被中国乡村发展志愿服务促进会《会员通讯》杂志专题刊登推介。

**【发展集体经济】** 2022年，邵阳市建立发展壮大村级集体经济联席会议制度，选树集体经济典型村100个、集体经济发展标杆村10个。

开展农村集体产权制度改革"回头看"，确定集体经济组织成员693.27万人，建立农村集体经济组织3455个。建立各类农村土地流转交易中心12个。紧盯全市909个经济薄弱村开展攻坚，年底已全部消除薄弱村。全市实现村级集体经济经营性收入47716.67万元，为2021年的1.92倍，每个村平均达13.9万元。

**【邵阳市开展迎乡贤振乡村工作】** 2022年，邵阳市制定《邵阳市迎乡贤振乡村实施方案》，建立乡贤常态化联络机制，开展召开一次部署会、发动一次倡议、办好一次联谊会、开展一次募捐活动、开展一次项目认领"五个一"活动，全面推进"迎乡贤振乡村"工作。利用春节、清明节、中秋节等乡贤集中返乡机会，发出倡议书，传递家乡情，增进乡贤参与乡村振兴的认同感、归属感和责任感，激发乡贤的爱乡助乡之情。组织开展乡贤家乡行、乡情恳谈座谈、节庆联谊等系列活动，吸引更多乡贤回乡创业，发挥乡贤会"以商引商、以情引商"优势，为乡村振兴注入人才、带来资金、盘活资源，推动乡村发展、传承乡村文化、推进乡村治理。全市累计召开乡贤座谈会、对接会、洽谈会等9245场次，摸底登记在册乡贤67305名，建立各级商贤会210个，乡贤参与乡村振兴项目7452个，筹集资金20.04亿元。

（邱海华）

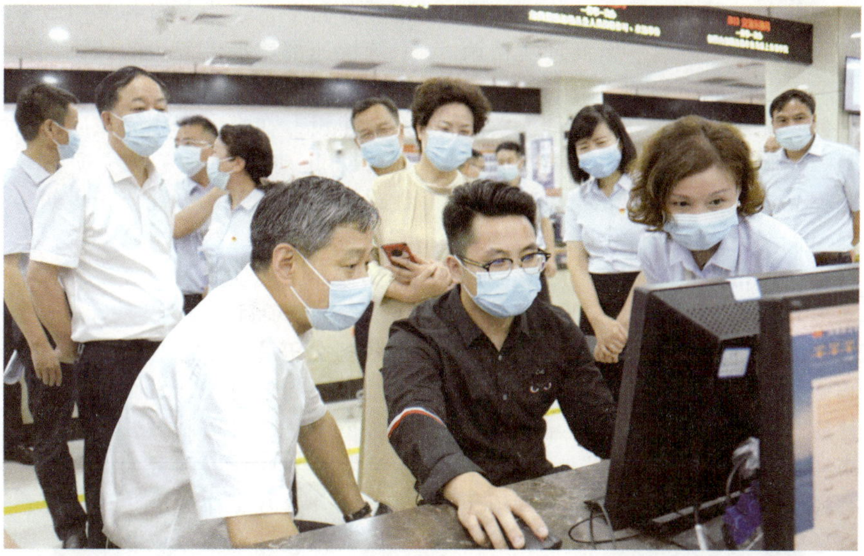

2022年6月20日，市委书记严华带队到市政务服务大厅开展"走流程、解难题、优服务"行动　（阳晨飞　供图）

## 行政审批服务

**【概况】** 2022年，邵阳市行政审批服务局深化"放管服"改革，持续推进"一件事一次办""一网通办""数字政府"建设等重点任务，用权力"减法"、服务"加法"激发市场"乘法"，持续提升政务管理服务水平，不断增强企业群众获得感。

推进"清廉机关、清廉大厅、清廉窗口"一体建设，推出"清廉大厅建设有我"系列活动。市纪委监委推选市政务服务中心为省级清廉单元培树点，"清廉大厅"建设经验做法被省政务管理服务局专题推介。

是年，市行政审批服务局被省政务管理服务局评为深化"放管服"改革优化营商政务环境工作先进单位，继续保有湖南省文明单位称号。

**【"放管服"改革】** 2022年，邵阳市出台《纵深推进"放管服"改革优化营商环境重点任务分工方案》等文件，建立重点任务"月台账、季通报、年考核"机制，推动"放管服"改革快跑快进。健全权责清单动态调整机制，市本级权责清单从2020年发布的2804项动态调整至2556项。推动完成市县两级行政许可事项梳理、清单编制和发布，梳理后市县两级行政许可事项共347项。开展"揭榜竞优"行动，市县两级"揭榜"省级改革任务26项，其中市本级率先落地企业歇业备案制度的经验做法入选《中国大数据应用样板工程100例》。

**【"一件事一次办"改革】** 2022年，邵阳市围绕个人、企业、项目全生命周期，统一编制新生儿出生、特殊群体服务"一件事"等全生命周期办事指南。迭代升级"跨域通办"，建立协调联办机制，与广东省中山市等7个省16个市签订"跨省通办"合作协议，累计梳理和落地"一件事一次办"事项380件、跨域通办事项287件，全市累计总办件量分别为1670万余件、107万余件，小程序累计注册178万余人，用户总数排名全省第二。

**【"三集中三到位"改革】** 2022年，邵阳市持续推进审批事项、人员和授权集中，实现市养老保险中心分中心和市医保中心分中心入驻市政务服务大厅。探索"专窗改综窗"改革，基本形成"前台综合受理、后台分类审批、综合窗口出件"运行模式。共有43个窗口单位、1359项审批服务事项入驻市政务服务大厅，整合完成24个窗口单位的680项审批服务事项，并归并到8个综合窗口。

**【优化营商政务环境】** 2022年，邵阳市深化"一门改革、一窗受理、一网通办、一号对外、一件事一次办"等系列改革举措，推行"线上办、预约办、秒批办、辅导办、帮代办、就近办"便利服务，实现"能办变好办、可办变易办"。市政务服务大厅（含分中心）办件213万余件，免费寄递证照等资料5.9万余件，提供"帮代办"服务908件。

市本级创建连锁企业变更、政务服务“六个办”、营商环境协调专窗（办不成事窗口）等一批政务微创新品牌。开展“走流程、解难题、优服务”行动，市领导带队走流程27人次，市县两级共开展走流程1931次、发现问题709个，均立行立改。推广政务服务“三化”成果应用，发布政务服务事项及其办事指南21万余条，网上可办率、全程网办率分别达99%和70%。推动基层公共服务（一门式）全覆盖，市“互联网+政务服务”一体化平台覆盖至全市202个乡镇（街道）政务服务中心、3636个村（社区）。

推行政务服务“一事一评”。“好差评”平台评价493万余条，好评率99%；行政效能电子监察系统监察办件383万余件，同比增长29%；“互联网+监管”汇聚监管数据17万余条。推进“12345”政务服务便民热线归并优化，除紧急热线外，已整合32条政务热线；创新建立疑难工单市长交办月调度机制，处理疑难工单20余件。市本级“12345”热线平台受理工单24万余件，按时办结率99.86%、满意率达99.43%。

【数字化治理】2022年，邵阳市完善行政审批服务数字化治理工作体制。成立由市政府常务副市长任组长、秘书长任副组长的市“数字政府”建设领导小组，并在市行政审批服务局设领导小组办公室，按照“统筹安排、统一规划、统筹建设、统一管理”原则，整体推进“数字政府”建设工作，初步形成一局（市行政审批服务局）、一公司（市城兴科技发展有限公司）的工作体系。全面规范运行管理。出台市政务信息资源共享及政务信息化项目建设工作的管理办法，规范和促进政务数据资源共享，构建全链条的政务信息化项目建设管理流程；编制《“数字邵阳”顶层规划设计（2022—2025年）》，确保“数字邵阳”建设的科学性、规范性、系统性。强化系统应用。建成市政务云平台，为各级各部门政务系统快速部署提供统一的计算、存储等基础资源；启动一批重点应用系统建设，在全省率先完成应急指挥五级联动视频调度系统项目建设，建设“一站式”社会矛盾纠纷调处化解平台、智慧文旅平台，完成2022年民生实事“雪亮工程”市级平台扩容项目建设。

【政务公开】2022年，邵阳市建立健全政府信息公开发布、保密审查、依申请公开等制度，市县两级政务服务大厅设立政务公开专区，推动政务公开工作标准化、规范化建设，拓宽群众参政议政渠道。强化“网上政府”建设，加大对48个政府网站和197个政务新媒体的工作监管，构建整体联动、同频共振的立体政务信息传播体系；加强政府网站重点信息主动公开，设立并不断优化专题专栏，市县两级分别归集整合政务公开数据2.6万余条和2.9万余条，公开规范性文件584个，发布多形式政策解读303个。市集约化平台全年发布信息7.2万余条，网站总访问量3567万余次。贯彻落实政府依申请公开相关规定，按照法定程序开展答复，优化办理流程，统一制作标准化文书，确保在法定时限内优质高效完成答复。全年共收到政府信息公开申请48件，办结率达100%。

（阳晨飞）

## 人力资源和社会保障

### ·综述·

【概况】2022年7月，对照湖南省委、省人民政府重点民生实事工作机制，经邵阳市委、市政府研究，确定把重点民生实事统筹协调职能调整到邵阳市人力资源和社会保障局（以下简称邵阳市人社局），进一步畅通省、市沟通联系渠道。8月，中共邵阳市人力资源和社会保障局委员会更名为中共邵阳市人力资源和社会保障局党组，原领导班子成员的党内职务整体相应转任。

是年，邵阳市人社局所属的市劳动人事争议仲裁院被评为2022年全省劳动人事争议调解仲裁先进单位。邵阳市人社局先后被评为“全市党委信息工作先进单位”“全市政务信息工作先进单位”“全市安全生产和消防工作先进单位”“全市对市委巡察工作支持配合力度较大单位”“全市社会信用体系建设（信用信息归集）工作优秀单位”。

【统计信息工作】2022年，邵阳市人社局“邵阳人社”微信公众号有粉丝59629人，全年推送信息536条；完成人社局官网信息发布679条；答复“12345”市政服务热线1219条、市长信箱回复166条。深化“放管服”改革。落实“一件事一次办”，编制、发布“一件事一次办”事项28项，通过线下和线上办理10万余件；行政审批事项全部入驻市政务服务中心，派出首席审批员常驻市政务服务中心，减少群众的跑动次数，业务事项网上可办率100%，四级网办率高达69.4%。推进企业参保登记便利化，在政务服务中心设置专门经办窗口，优化不定时和综合计算工时制度许可、经营劳务派遣业务许可办理程序，办理结案36件。加快放权赋能，向邵阳经济技术开发区派遣人社服务小组，对28个审批服务项目直接赋权或服务前移，确保“园区事园区办”。

【信息系统及社保卡建设】2022年，邵阳市人社局各业务系统运行正常，省—市—县—乡镇网络畅通，没有发生任何生产事故，没有任何数据安全事故。完善社会保障卡建设，全市社会保障卡有效持卡571.58万张，签发电子社保卡341.27万张，与全市范围内的12家合作银行签订社会保障卡合作协议，“即时制卡”实现区县市全覆盖。

【驻村帮扶】2022年，邵阳市人社局组建2支驻村工作队在邵阳县塘田

2022年5月13日，湖南省首个农业经理人培训基地和乡村工匠培训基地在邵阳县塘田市镇对河村建立，并举办邵阳县首期农业经理人培训　（赵小明 供图）

市镇对河村、诸甲亭乡新安村开展乡村振兴驻村帮扶。在对河村建立湖南省首个农业经理人培训基地和乡村工匠培训基地，完成6期300余人乡村工匠培训、2期80余人农业经理人培训，为乡村振兴提供人才和技能支撑。全系统183名干部与199户脱贫户、监测户建立结对帮扶关系，开展“一超过、两不愁、三保障”达标情况排查，对发现的问题逐一解决，确保不发生返贫致贫风险。帮助解决群众急难愁盼问题。投入乡村振兴专项资金40万元硬化谢塘院子村道；新安村采取精准勘测和深度钻井的方式建设一口新水井，出水量超150吨/日，保障全村日常用水需求。结对帮扶干部为困难群众送去慰问金6万余元，支援疫情防控物资2万余元。开展人居环境整治，推进美丽乡村建设。拆除旱厕55座，改厕137座，拆除空心房、危房123座，打造美丽庭院示范点；对河村建成集旅游观光、采摘、村集体经济创收于一体的绿色有机蔬菜产业园，增加村集体经济收入。

## ·就业再就业·

**【概况】** 2022年，邵阳市强化就业优先政策，落实落细保就业保民生各项举措，确保就业局势总体稳定。全市投入就业资金28226万元，市本级配套资金1015万元。落实《湖南省人力资源和社会保障厅 湖南省财政厅 国家税务总局湖南省税务局关于印发〈稳岗位提技能保就业十六条措施〉的通知》文件精神，通过“降、缓、返、补”政策组合拳，加大援企稳岗力度，降低企业用工成本，帮助企业复工复产稳定就业，按时按质全面完成省、市政府下达的就业工作目标任务。全市实现新增城镇就业4.66万人，失业人员再就业3.96万人，新增农村劳动力转移就业5.6万人，新增发放创业担保贷款1.84亿元，零就业家庭持续保持动态清零，新增农村劳动力转移就业5.5994万人，新增发放创业担保贷款3.6亿元，零就业家庭持续保持动态清零，开展政府性补贴职业技能培训29809人次，农村劳动力转移培训23550人。

**【就业服务】** 2022年，邵阳市先后举办“春风行动”“民营企业招聘月”“百日千万网络招聘”“大中城市联合招聘高校毕业生专场”等10项主题活动，通过“线上+线下”同步招聘方式，开展招聘活动303场次，发布岗位信息14.14万个。全市完成创业培训7965人，发放创业担保贷款979笔1.85亿元。通过开展高校毕业生公共就业、推进退捕渔民就业服务、开展家庭服务业等行动，全力帮扶重点群体就业。全市实名登记离校未就业高校毕业生总人数16353人，其中教育部移交15524人、自主登记829人，各级人社部门对登记人员展开联系并提供就业服务，跟踪回访率、就业服务率均达100%，年底已就业16223人，就业率99.21%。全市共有退捕渔民121人，其中有就业意愿的88人全部实现就业，就业率100%。在政策允许范围内支持家庭服务业企业发展，组织家庭服务企业开展对外劳务协作对接活动，帮助脱贫劳动力找到合适工作。开通农民工返岗“就业直通车”215趟次，输送6888名农民工返岗复工，全市新增农村劳动力转移就业55994人。加强与江浙等沿海地区的劳务协作，通过专列、专车等方式组织脱贫劳动力免费出行，推动脱贫劳动力快速返岗复工，与山东、浙江、广东等省市及省内市州、县市区政府部门和企业单位签订劳务协作协议113份。

**【就业帮扶】** 2022年，邵阳市对录入省平台系统的419210名脱贫劳动力就业状态、务工收入等信息进行更新核查，及时对返乡回流就业人员就业基本情况进行核实，县内灵活就业人员就业地点具体到乡镇（街道）。加强对已录入省平台系统的乡村公益性岗位实施动态管理，确保公益性岗位招用人员能进能出、合理有序流动。加强就业帮扶车间建设，全市新增就业帮扶车间66家，累计建设就业帮扶车间1174家，吸纳就业人员46432人（其中脱贫人口12391人）。实施就业帮扶专项行动，按照双月实地考核机制要求，对全市各县（市、区）开展就业帮扶实地考核，全面检验各县（市、区）就业帮扶工作开展情况。

**【创业带动就业】** 2022年，邵阳市支持“双创”升级，发挥众创空间、创业孵化器、创业孵化基地等平台的作用，鼓励和支持创新创业。全年落实创业培训补贴1063.62万元，免费培训创业学员7965人。6月组织7个项目参加第五届“中国创翼”创业创新大赛湖南省选拔赛，其中“金银花高值化利用与产业化”获第五届“中国创翼”创业创新大赛湖南省选拔赛乡村振兴组二等奖，“邵阳家嫂特色劳务品牌”获劳务品牌组三等奖。9月出台邵阳市市级创业孵化基地（大学生创业园）认定奖补办法，在全市范围内每两年评估认定一次市级创业孵化基地，每年年底对市级创业孵化基地进行复核，通过培育众创空间等新型孵化模式，支持创业孵化基地发展，加快培育创业创新公共平台，发挥创业孵化基地为创业者提供场地支持、创业指导、政策服务的载体功能。全市有认定的省级创业孵化基地6家、市级创业孵化基地2家、县级创业孵化基地13家，入驻孵化基地企业411家，带动就业2110人。

【农民工服务保障】 2022年，邵阳市落实农民工动态监测预警调度机制，推广全国农民工综合信息系统应用，全市实名制采集农民工综合信息241.28万人（含邵阳市籍劳动年龄范围内农民工、超龄农民工和外来农民工），及时录入和更新全市农民工就业创业和权益保障信息，实现“底数清、动态明”。实施“湘融湘爱”农民工服务保障社会协作机制，新征集并授牌市级农民工服务保障社会协作单位5家（总计21家）。推动实施“湘融湘爱”农民工权益关爱湖南行动和市民化融合湖南行动，邀请教育、公安、总工会等政府职能部门和农民工代表参加农民工恳谈会，面对面听诉求，讲政策，释疑问，解难题。继续推进农民工市民化工作，有省级市民化融合样板建设单位6家、市级市民化融合样板建设单位8家，农民工市民化融合样板创建工作实现县市区全覆盖，在做好公共就业服务基础上，通过多部门协同配合，推进公共服务均等化向全领域普及，进城农民工就业、住房、参保、子女随读、文化生活等有了更多保障。同时，组织社会协作单位进社区、进园区，开展农民工政策法规和进城办事指南宣传、《中华人民共和国民法典》与健康知识宣讲及送岗位送技能送温暖上门等活动。

## ·职业技能培训·

【概况】 2022年，邵阳市规范民办培训机构管理。加强培训机构监管和办学质量督导评估，对不合格的民办培训机构责令限期整改，对不符合办学条件的单位依法吊销办学许可证；对申请设立变更的民办培训机构进行评估批复，承担职业技能提升培训工作任务。出台《关于加快推进培训工作的通知》《关于实施2022年邵阳市高技能人才培训基地和技能大师工作室建设项目的通知》等文件，推进职业技能培训，提升职业技能水平。开展职业技能培训和职业技能等级认定，全市完成职业技能培训人数23366人次；组织职业技能等级认定人数10219人，获得证书10219人，其中五级 6511人、四级 3562 人、三级127人、二级19人。

【“宝庆工匠”培育】 2022年，邵阳市打通高技能人才与工程技术人才职业发展通道，从全面提升政治、社会、经济待遇入手，发挥好各类技能大师工作室建设、职业技能竞赛等在高技能人才建设中的引领作用，坚持以赛促教、以赛促训，在国家、省、市技能大赛及教师职业能力竞赛中均取得优异成绩。全市在建市级高技能人才培训基地1个、技能大师工作室3个，3人被评为湖南省技术能手、12人被评为邵阳市技术能手。开展“2022年宝庆工匠年度人物”选树活动并举行颁奖典礼，王波涛等10人被授予“2022年宝庆工匠年度人物”称号，王共海等10人被授予“2022年宝庆工匠年度人物”提名奖称号。打造“宝庆工匠”名片，在全社会进一步弘扬劳模精神、劳动精神和工匠精神。

【技工院校管理】 2022年，邵阳市人社局指导技工院校申报职业能力建设项目和技能大师工作室。坚持校企合作基本办学制度，把校企合作成效作为评价技工院校办学质量的重要内容，纳入技工院校办学水平评估体系，对校企合作成效显著的院校在相关项目建设方面予以倾斜和支持。支持和引导技工院校不断优化专业结构、动态调整专业设置、增强专业特色，形成紧密对接产业链、服务链和创新链的专业体系。对公办技工院校围绕先进制造业等重点领域开设的专业，给予学校每生1000元的实训补贴。组织开展3次学生资助监督检查，全市技工院校享受免学费学生13878人，享受助学金学生7342人，享受奖学金学生24人，享受实训补贴学生2227人。加强课程建设，全面推进一体化课程教学改革，构建一体化课程体系。加强师资培养，组织推荐优秀教师参加一体化师资专项培训，优化院校结构，加强规划引导，推动形成技师学院、高级技工学校、技工学校梯次发展、有序衔接、布局合理的技工教育体系。筹建邵阳技师学院，以学校申筹技师学院为契机，优化技工教育资源配置，深化产教融合、校企合作办学成果，推动人才链、产业链、教育链实现“无缝衔接”，及时为企业解决人才培训和技能提升等方面难题。

## ·专业技术人员管理·

【人才服务】 2022年，邵阳市出台激励政策，优化人才服务。贯彻落实《宝庆人才行动计划》及其配套措施，为全市人才提供子女就学、个人就医、配偶就业、购房补贴、档案托管等方面的优质服务。邵阳经济技术开发区在《关于吸引高层次和紧缺人才创新创业的实施意见》的基础上出台新的人才支持政策，为企业及团队的入驻、人才的引进、培养提供政策保障。开展全市高层次人才分类认定工作，认定高层次人才439人，其中产业类人才

51人，经认定的高层次人才凭“宝庆人才卡”享受安家落户、子女入学、医疗优待、配偶就业、档案管理和免费进景区等方面优惠政策和“一站式”服务。贯彻落实领导联系服务专家制度，将科技创新人才纳入领导联系专家范围，市级领导和市委人才工作领导小组成员对接联系服务专家97名。

**【人才引进】** 2022年，邵阳市坚持引育并重，加大引进创新创业适用人才力度。以产业需求为导向，加强产业链和人才链的连接，结合邵阳产业发展方向，在对全市重点地区、部门、单位深入调研、摸清情况基础上，编制《邵阳市“十四五”期间人才需求信息清单》，征集64家非公经济企业1060个岗位的人才需求，抓好产学研互动，建设人才聚集平台，全力提升服务水平。全市共引进关键人才12名，关键人才引进工作在全省B类地区排名第一。

**【专家服务乡村振兴】** 2022年，邵阳市通过“揭榜挂帅”（又称科技悬赏制，一种以科研成果来兑现的科研经费投入体制，由政府组织面向全社会开放征集科技创新成果的一种非周期性科研资助安排）的方式，从省级高校和科研院所引进优秀专家。在省农业科学院对口帮扶下，年内从省农业科学院、省林业科学院和湖南开放大学等单位遴选8名专家组建年度专家服务团，专家团累计对接专业项目9个，开展专题讲座（座谈交流）25场次，现场技术指导42次，远程技术指导100次、提出合理化建议30条，指导培训基层专业技术人才108人次，惠及当地群众666人，破解技术难题11个、发放技术知识手册85本、达成中长期合作意向10个。

**【住邵专业技术人员继续教育】** 2022年，邵阳市对全市专业技术人员继续教育工作进行综合管理和统筹协调，采取线上远程教育和线下现场教育相结合的方式，打造形式多样、内容丰富、选择自由的继续教育培训体系，为广大专业技术人员更新知识结构、提高能力素质提供便捷高效的服务。在充分利用现代信息技术开展网络教育的同时，鼓励行业主管部门和用人单位结合行业特点自行开展线下继续教育培训，鼓励专业技术人员根据自身发展需要积极参加各类研修培训、学术讲座、课题研究及提升学历，相关经历视同为继续教育学习经历，切实减轻专业技术人员负担。

**【职称评审和专业技术资格考试审查】** 2022年，邵阳市科学设置评价标准，突出能力实绩导向，畅通民营企业职称申报渠道。对企业专业技术人才实行单独分组、单独评审，注重考察评议其履职能力、年限、效果、累积工作业绩。完成年度全市中小学、工程等33个系列高、中级职称的评审，其中高级职称评审通过2330人，中级职称评审通过3175人。坚持“谁审查，谁签字，谁负责”原则，确保资格审查的质量，维护专业技术资格考试的公平公正，全年共审查9622人，审查通过8683人，待审115人，审查不通过824人。

## ·事业单位人事管理·

**【概况】** 2022年，邵阳市人社局审核并发布《2022年邵阳市市直事业单位及市属国有企业人才引进公告》，引进计划数131名（事业编制计划107名、国有企业计划24名），实际引进49人。审核县市区人才引进方案15个，引进计划450人，实际引进158人。完成编制发生变化单位的岗位设置共700家（含县市区），办理市直120家事业单位岗位异动730次。完成市直220家事业单位的2021年度考核、备案，审核全市2021年度事业单位人员记功158人。举办“湖南省事业单位工作人员培训管理平台操作流程及相关政策解读”管理员线上培训会议，全市1100名事业单位培训管理平台管理员参加线上培训。完成县以下事业单位管理岗位职员等级晋升，共晋升3666人，其中五级10人、六级60人、七级209人、八级3267人、九级120人，月增资总额96.21万元，人均月增工资262.4元。审核事业单位2021年度专业技术三级岗位人员聘用资格12名；向省人社厅推荐4名二级专业技术评审对象，其中3名参加评审通过。

**【事业单位公开招聘】** 2022年，邵阳市审核发布市退役军人事务局、湘中幼儿高等师范专科学校、市疾病预防控制中心、市卫生健康委员会所属事业单位、市教育局所属事业单位公开招聘公告，公开招聘计划数508个，完成招聘278人。9月26日，发布《2022年邵阳市市进事业单位公开招聘人员公告》和党群系统拟计划招聘60名计划，于12月31日完成笔试工作。审核备案县市区公开招聘方案40个，完成招聘1932人。

## ·工资福利·

**【教师待遇保障】** 2022年，邵阳市落实市属国有企业职教幼教退休教师待遇。邵阳市人社局组织市财政局、市教育局、市国有资产管理委员会相关人员到各国有企业审阅档案，详细采集个人信息，按照事业单位工资体系重新核算其基本退休金和退休生活补贴，配合市国资委进行国有企业职教幼教退休教师待遇的重新核算。依法保障义务教育教师工资待遇，对市直中小学教师工资待遇落实情况与公务员工资水平进行比较，按照义务教育教师收入不低于公务员收入水平核算市直中小学教师绩效考核奖金增量所需资金，实现义务教育教师收入水平不低于当地公务员收入水平的目标任务。

**【公立医院薪酬制度改革】** 2022年，邵阳市根据国务院办公厅《关于印发深化医药卫生体制改革2020年下半年重点工作任务的通知》精神，按照省人社厅、省财政厅、省卫生健康委员会《关于全面推进公立医院薪酬制度改革有关工作的通知》要求，全面推进全市公立医院薪酬制度改革。完善公立医院薪酬总量核定办法，统筹考虑市直各公立医院薪酬水平、财务状况，制定下发《邵阳市公立医院薪酬制度改革实施办法》，将市中医医院、市妇幼保健院、市第二人民医院、市中西医结合医院、市脑科医院5家市直公立医院纳入改革范围，市直公立医院2022年度薪酬总量全部核定审批到位，医护人员的薪酬待遇不断提高。

**【机关事业单位工资福利业务审批】** 2022年，邵阳市人社局办理机关事业单位新进人员工资核算、工资系统录入528人次，查阅各类档案1584份。办理市直单位相互调动手续814人次。办理转正人员工资手续249人次。办理晋升职务（职称）工资2248人次，正常晋级、正常晋档12897人。办理退休人员审批手续357人次，查阅退休人员档案368份。审批机关事业单位一次性抚恤金137人。办理机关事业单位遗属困难补助159人。办理辞职、开除手续102人。

## ·人力资源开发·

**【概况】** 2022年，邵阳市执行2020年《邵阳市直行政事业单位进人的有关规定》，除转业士官、随军随调家属等政策性安置人员可以直接办理进人手续，单位系统内部“三同”（单位性质相同、人员身份相同、经费渠道相同）人员办理岗位异动手续，其他人员一律通过公开选调方式才能流动调配，全年市直事业单位公开选调工作人员37人。邵阳市人社局完成全市2021人力资源服务机构年报统计，截至2021年年底，全市经营性人力资源服务机构136家，全年营业收入突破9亿元，邵阳市人力资源服务业发展快速。选派2名专业技术人员短期援藏，反响较好。加强流动人员人事档案管理及改制企业档案托管，完善档案管理规章制度和操作流程，实现管理规范化，全市在库档案110191份，其中大中专毕业生档案6289份、改制企业档案100939份、其他档案2963份。

**【“三支一扶”】** 2022年，邵阳市继续开展“三支一扶”（大学生毕业生到农村基层从事支农、支教、支医和扶贫）工作。按照省人社厅要求，统一由省人社厅发布招募公告，统一在市内组织笔试、面试，“三支一扶”招募考试更加公平、公正、公开透明，更具有公信力，高校毕业生的参与度更高。全年招募41人，报名人数达2458名，其中邵东市招募5名、新邵县3名、隆回县9名、洞口县4名、武冈市2名、绥宁县4名、城步苗族自治县4名、新宁县3名、邵阳县2名、大祥区1名、双清区2名、北塔区2名。

**【表彰奖励】** 2022年，邵阳市规范开展全市各项评比达标表彰活动，成立市评比达标表彰工作协调小组（以下简称市协调小组），负责全市评比达标表彰工作的政策指导、统筹协调、审核推荐、监督检查等工作，在市人社局设市协调小组办公室，负责日常工作。通过网络巡查、文件查阅等方式，对市直单位、区县市表彰活动开展日常监管，叫停部分违规表彰活动。按要求完成23个国家级、省级表彰活动推荐工作，向省评比达标表彰协调小组办公室推荐先进集体52个、先进个人95人、劳动模范4人，完成“产业兴邵突出贡献奖”“高效能治理突出贡献奖”2个市级表彰项目的表彰。

**【人事考试】** 2022年，邵阳市人社局从考试业务流程、硬件设施、人员三个方面，全面分析排查隐患、漏洞和风险点，严格落实新冠疫情防控各项措施。全年组织实施公务员考试12715人、二级造价工程师考试974人次、社会工作者考试1363人次、监理工程师考试2314人次、二级建造师考试9929人次、中级注册安全工程师考试1278人次、审计专业技术资格考试164人次及“三支一扶”考试的笔试、面试，坚持邵阳“阳光招考”，维护人事考试的权威性、公平性。

## ·劳动关系·

**【概况】** 2022年，邵阳市加强工资集体协商、和谐劳动关系创建和薪酬分配。召开邵阳市构建和谐劳动关系暨集体协商工作推进会，推动企业以集体协商方式合理确定内部分配制度。下发《关于做好市属国有企业2020年度负责人薪酬审核情况和工资总额执行情况报送有关工作的通知》，规范国有企业负责人薪酬分配，加强对企业工资总额的分类管理。邵阳市人社局依法规范行政许可，对劳务派遣有关事项进行逐项审核，审批33家企业经营劳务派遣业务、9家劳务派遣单位延期许可。对2021年度全市120家劳务派遣公司进行年度核查。加强劳动合同管理，对企业签订劳动合同等用工情况进行登记备案，全市进行劳动用工备案的企业2170家、用工备案人数92421人，用工规模较大的企业劳动已用工备案全覆盖。继续开展改制企业职工办理分流安置手续、改制政策咨询、上访接待解答、遗留问题处理等工作。

## ·劳动监察·

**【概况】** 2022年，邵阳市开展工时和休息休假权益维护专项行动、清理整顿人力资源市场秩序专项行动、根治欠薪制度落实夏季行动、根治欠薪制度落实“回头看”秋季行动、“用心用情·湘薪相护”集中整治拖欠农民工工资拖欠问题专项行动等专项检查。全市立案办结25起，协调处理案件665起，核处国家平台欠薪线索2182条，为6500余名劳动者追回拖欠工资1.04亿元，没有发生因欠薪引起的群体性事件。深化法治宣传教育，在新湖南、华声在线、邵阳新闻在线等媒体发表宣传稿件7篇，组织人员在公园、广场、工地等设立宣传点，开展劳动保障法律法规宣传活动，发放宣传资料5万余份。安排专人负责举报投诉电话，保证电话24小时畅通，随时随地接听劳动者的投诉，为劳动者排忧解难。

**【诚信体系建设】** 2022年5月，邵阳市在全省率先出台《关于进一步规范拖欠农民工工资失信联合惩戒对象名单管理工作的通知》，统一全市失信联合惩戒对象名单管理工作的操作流程和法律文书，进一步健全部门间情况通报、信息共享和联合惩戒机制。对9起拒不支付劳动报酬犯罪典型案件、12起重大劳动保障违法行为和7家失信单位进行集中曝光，及时推送信用平台，实施联合惩戒。评选12家守法诚信等级A级用人单位和16名优秀劳资员，作为先进典型向全市用人单位推介，在全市形成守法诚信、合法用工的良好氛围。

**【未成年人保护】** 2022年5月，邵阳市人社局落实未成年人保护职能作用。利用日常巡查、专项检查和“送法上门”志愿服务等时机，普及《中华人民共和国未成年人保护法》《禁止使用童工规定》等相关劳动保障法律法规知识；在举报受理大厅滚动播放未成年人保护宣传标语；在交通要道户外电子屏进行为期3个月的未成年人保护和劳动保障法律法规宣传；对全市100余家企业进行普法宣传，发放劳动保障法律法规宣传资料1万余份。成立未成年人保护工作专项检查领导小组，对27家营业性娱乐场所、酒吧、互联网上网服务营业场所等重点场所进行实地检查，对290人次密切接触未成年人行业工作人员进行从业查询。

## ·劳动人事争议仲裁·

**【概况】** 2022年，邵阳市各级仲裁机构“互联网+仲裁”办案系统全部上线，全市处理劳动争议案件1486件，不予受理案件188件，立案受理案件1298件，其中裁决结案432件，调解结案801件，到期结案率达95%，调解结案率达61.7%。全年没有因为劳动争议仲裁而引发不稳定事件。

**【劳动争议调解】** 2022年，邵阳市倡导劳动争议调解结案，强调创建和谐劳动关系，引导当事人以调解形式解决纠纷。突出调解程序，确保调解工作落到实处，办案人员在当事人立案前、立案后至庭审前和庭审后多次组织调解，尽可能实现调解结案。开展劳动争议巡回庭进园区活动，在邵阳经济技术开发区设立巡回仲裁庭，以现场开庭的形式以案释法，提高企业依法用工意识，促进劳资关系和谐发展。开展“金牌调解组织”选树活动，全市7家基层调解组织通过全省金牌调解组织评选。

## ·企业养老保险·

**【概况】** 2022年，湖南省人力资源和社会保障厅下达邵阳市征缴目标任务27.81亿元，全年完成基金征缴收入31.37亿元，超额完成目标任务。全市离退休人员30.7万人，全年发放养老金87.25亿元。

贯彻落实湖南省社保费阶段性缓缴的政策文件精神，全市150家（其中市本级42家）符合养老保险缓缴条件的企业提交缓缴申请，涉及人数17875人，通过系统标识发送税务部门，共申请缓缴4—12月养老保险费5465.43万元。

完成全市30.7万名企业离退休职工待遇调整，企业职工养老金实现十八年涨，人均增资116.1元，调资后，市本级企业退休人员月基本养老金增加到2871.1元。

**【基金管理】** 2022年，邵阳市人社部门严格按照收支两条线管理基金。采取税务征收、银行个缴系统、手机App缴纳养老保险费，不接受参保单位或个人以现金和现金支票、远期票据、有价证券等形式缴费。养老金发放、个人账户支付等支出采用转账或网上银行方式，一律不支付现金。每月收入及时上解，支出按计划拨付。实行严格的收支审批制度，定期和财政、银行等核对账目，形成多方相互监督的工作机制。

**【转移工作】** 2022年，邵阳市人社局成立养老保险关系转移专项工作组，破除养老保险领域行政区域限制的制度、系统、信息、数据等障碍。放开灵活就业人员参保的户籍限制，灵活就业、个体工商户、新业态就业等人员不再受户籍限制，根据自身就业需求，可在省内自主选择任意参保地进行参保登记。确保省内转移无障碍，企业职工在省内进行养老保险关系转移时，无需职工和企业进行转移操作，由新参保地经办机构直接办理转移。实行跨省转移网上办，通过掌上“12333”平台，企业职工可以利用手机等网上平台自主申请跨省转移，无需再前往社保经办机构打印、转交参保凭证。养老保险转移工作组每天定时刷新平台、排查信息、更新数据，全年受理机关和企业转移1568人，平均办结时间缩短5天。实行制度性转移通办，对退役军人、城乡居保、机关社保、企业社保等多制度险种转移进行通办，对接部平台，一窗受理，全面跟踪，保障职工参保权益应享尽享，累计办理制度性转移150人。

**【个人账户权益记录】** 2022年，邵阳市人社部门办理个人账户一次性支付225条、多重缴费退费268条，办理在职转退休2357人、个人账户合并2760条、基本信息修改2200条，打印业务查询单2.5万余张，处理其他历史遗留复杂问题200多条，各项业务均及时办理，无积压现象。清理重复个人账户9785条，核实基本信息修改疑点数据5826条，修改其他性别错误、参加工作时间早于建账时间、身份证不规范等不合规数据500多条，保险关系接续转移3000余人。

【疑点数据和虚报冒领养老金核查】2022年，邵阳市人社部门开展防风险、堵漏洞专项行动，核查企业疑点数据9615条，核查完成率100%。先后10余次与市民政局、市司法局、市公安局等部门进行数据核对，核对数据5万余条，尽可能将死亡后继续发放养老金控制在最小比例。核查企业职工非火化死亡丧葬费95人次，实地走访调查23人次，查实确属虚报冒领人员45人，追回违规领取养老金41.56万元。依据各部门反馈数据核查企业服刑人员违规领取待遇59人次，追回121.43万元。全年发放稽核通知书200余份、社会保险待遇退还通知书300余份、各类协查函件50多份。

## ·机关养老保险·

【概况】2022年，邵阳市机关事业养老保险参保人数24.61万人，其中市本级3.3万人；离退休人数8.28万人，其中市本级1.16万人。全年发放养老待遇46.26亿元，其中市本级6.89亿元。全面清理暂收暂付款，共减少暂收款1822万元，其中原邵阳医学高等专科学校及附属医院暂存未付养老金1597万元，市政府办公室原一招待所、二招待所改制退休金差额部分195万元，登入转移收入30万元。全面推进退休人员养老保险待遇领取资格自助认证，首次采用线上自助认证方式认证市本级机关事业单位退休人员，共1.1万名退休人员完成线上认证。确保退休人员待遇，2022年机关养老保险实现“七年同步连调”，人均增资158元，调增后，市本级机关事业单位退休人员月人均基本养老金达5172.45元。全年核查机关疑点数据1145条。核查机关死亡人员死亡违规领取待遇555人次，追回40人违规领取养老金31.53万元。核查机关服刑人员101人次，追回5人违规领取养老金31.45万元。

【年金记实】2022年，邵阳市人社部门做好年金记实工作，维护职工权益。全年归集上解职业年金0.99亿元，累计归集上解资金7.95亿元。坚持每月对各县市区进行年金归集督办指导，做到当月收缴当月归集上解，职业年金征缴金额颗粒入仓。全年办理职业年金记实1391人次、记实资金2826万元，完成涉改重点单位公路系统和工商系统成建制转出的年金记实业务。记实累计16056人次，记实资金1.76亿元。

## ·城乡居民养老保险·

【概况】2022年，邵阳市城乡居民养老保险参保总人数414.88万人，享受待遇115.91万人，发放养老待遇17.65亿元，基础养老金增加15元，提高至128元，月平均养老金138.17元，全省排名第四。全市低保对象、特困人员、返贫致贫人口、重度残疾人等困难群体参加基本养老保险人数23.71万人，其中23.14万名困难群体人员参加城乡居民养老保险，参保率100%，其中领取基本养老保险待遇8万人，已享受当年政府代缴保费13.76万人，代缴保费金额1461.17万元。全面开展疑点数据核查，核查城乡居民基本养老保险疑点数据6800条，其中服刑人员疑似违规领取待遇4条、疑似重复领取养老保险待遇187条，疑似身份状态异常违规领取待遇62条、疑似生存状态异常违规领取待遇6547条。

【困难群体社保帮扶】2022年，邵阳市将代缴保费资金列入财政预算，为返贫致贫人口、低保对象、特困人员、重度残疾人员等缴费困难群体，代缴100元的城乡居民养老保险保费，将市辖区政府重度残疾人代缴标准提高到300元，减轻困难群体负担。截至年底，为13.76万名返贫致贫人口、低保对象、特困人员、重度残疾人实行财政代缴城乡居民养老保险费1461.17万元，代缴率达100%。全市困难群体参保人数23.71万人，其中领取待遇8万余人，参保率达100%。

【落实被征地农民社会保障】2022年，邵阳市区累计确认被征地农民社会保障对象85430人，发放被征地农民社会保障补贴待遇81514人，发放率95.41%，较上年增长3个百分点，累计发放补贴资金18.12亿元，资金结余8.9亿元。全年市辖大祥、双清、北塔3个区新增缴费项目37个，接收自然资源部门移送启动项目6个，收缴被征地农民社会保障费约0.71亿元，发放被征地农民社会保障补贴资金3852万元，涉及被征地农民保障对象3854人次。

## ·失业保险·

【概况】2022年，邵阳市完成失业保险基金征缴15022.8万元；参保总人数35.55万人。共为3.95万人次失业职工发放失业保险金5199.93万元，缴纳职工医疗保险费970.61万元，为0.59万人次失业职工发放失业补助金168.02万元。5月，市人社局对县市区的失业保险基金进行专项整治检查，严控基金风险。开展疑点数据追违，共核查处理新下发的1267条失业保险疑点数据，挽回失业保险基金损失2.37万元。推进失业动态监测，监测样本企业总数105家，监测范围覆盖到邵东、新邵、武冈、洞口、城步5个县市，监测企业就业人数新增6102人，减少6825人，增减相抵后较建档期42092人净减723人，降幅1.72%。

进一步推进失业保险网上申办，简化失业人员办理失业保险待遇的程序，倡导失业人员不见面申领发放待遇，实现业务一次办结制。

【援企稳岗】2022年，邵阳市从5月1日起（直至2023年4月30日），继续阶段性降低失业保险费费率（保持1%费率），年内为全市企业减轻负担约14291.8万元。同时，落实省人社厅《稳岗位提技能保就业十六条措施》，为1583家企业发放稳岗返还金4007.94万元，惠及10.56万名企业职工，为1551家企业7.21万名企业职工发放一次性留工培训补助3398.4万元，为259家企业1127名企业职工发放一次性扩岗补助159万元，为337名企业在职参保职工发放技能提升补贴42.71万元。

## ·工伤保险·

**【概况】** 2022年，邵阳市工伤保险参保人数58万人，基金征缴20201.56万元。建筑行业按项目参加工伤保险790家，参保人数10.22万人，参保率保持在90%以上。全市基金累计结余58129万元。市本级新增参保单位506家，新增参保人数5807人。全市共组织劳动能力鉴定1930人次，其中职工伤残等级鉴定1493人次、职工病退鉴定437人次。

**【参保扩面】** 2022年，邵阳市以“万名干部联万企行动”及工伤预防宣传活动为契机，开展工伤保险和失业保险政策联动宣传。开展“安全生产月”集中宣传咨询日暨工伤预防专项行动和安全生产专项整治集中攻坚战专题宣传活动，发放《工伤预防宣传手册》《失业保险政策宣传手册》等宣传资料2000余份。利用电子屏、《邵阳日报》、华声在线等宣传工伤和失业保险惠企惠民政策，提高群众参保积极性。加强对新开工工程建设项目参加工伤保险宣传和督促，同时推动基层快递公司和公务员参加工伤保险工作。

**【工伤认定和预防】** 2022年，邵阳市建立完善的工伤事故快速处理机制，对参保单位发生的工伤事故，在第一时间进行现场调查，对于事实清楚，证据确凿的工伤认定申请，在受理15日内作出决定；对重大复杂的案件和死亡案件，组成联合调查组，到事故现场对事故进行调查、核实、取证，最大限度还原事故真相。执行工伤保险重大案件集体讨论会制度，共召开重大工伤案件集体讨论会议6次，作出工伤认定决定4383件，其中认定工伤4233件（工亡和视同工亡118件）、不予认定136件（工亡和视同工亡34件）、不予受理14件。同时，积极应对行政复议和行政诉讼，全年发生工伤认定相关的行政复议案件44件次、行政诉讼139件次。制定下发《邵阳市工伤预防联席会议制度》，出台《关于邵阳市2022年度工伤预防重点领域和工伤预防项目申报相关事宜的通知》，确定工伤预防重点领域和工伤申报事宜，组织工伤预防项目遴选和评审并公布评审结果，进一步完善全市工伤预防工作机制。

**【事故调查】** 2022年，邵阳市推进“快捷调查”机制，坚持重大事故、有疑问事故及伤情可能继续恶化事故必调查的原则，对于事实清楚，证据确凿的工伤案件，参保单位把资料交齐后立即送行政审批。全年市本级受理申报工伤事故2163起，一般工伤事故调查率在85%左右，重大事故、工亡事故等工伤事故调查率达100%。

**【便民服务】** 2022年，邵阳市对领取工伤保险长期待遇人员推广待遇资格人脸识别线上认证方式。截至年底，为148名新工伤待遇人员完成初期信息采集和认证。推行“网上办”“掌上办”及紧急业务“预约办”等便民服务，共为7367名工伤职工支付工伤待遇1.94亿元，其中老工伤人员待遇350.19万元、工亡待遇支出6465.18万元。

**【基金监管】** 2022年，邵阳市执行工伤基金“专户储存、专账核算、专人管理、专款专用，封闭运行”的管理机制，加强内部监督，执行“一事双岗双审”制度和基金收支“两条线”制度，提高基金运行的透明度。通过采取系统实时监管、现场查房、抽查病历、电话回访出院病人、查阅财务账目和药品耗材出入库记录等多种方式按月开展监督检查工作，并对不规范治疗现象进行督促，按要求整改到位。全年对相关工伤保险协议机构进行监督检查30余次。

## ·社会保险基金监督·

**【概况】** 2022年，邵阳市制定《关于切实加强社会保险基金监管工作的实施意见》，从完善监督机制、加大监督力度，规范岗位管理、加强经办内控，健全监管体系、促进效能提升，强化责任落实、加强警示教育等方面健全制度、明确责任、强化考核。建立第三方审计工作机制，引入独立的第三方会计师事务所对市工伤失业保险服务中心2021年度市本级失业保险基金、工伤保险基金进行专项审计，社保基金开展审计工作并出具审计报告，根据审计报告反映的问题督促经办机构逐条整改。10月，围绕“以案促改，防控风险”主题，集中开展2022年社会保险基金风险专题警示教育月活动，增强各级社会保险工作人员法纪意识，防范社会保险基金管理风险。开展企业年金备案，查验邵阳盘盛农业有限公司递交的企业年金方案备案相关资料并予以备案通过。

**【社会保险基金管理】** 2022年，邵阳市开展社会保险基金管理提升年行动。从落实“人防”要求、加强数据共享、开展全险种核查、规范审核管理和资格认证、加强经办内控、提升技防能力、完善监督机制、加强教育警示等方面推进社会保险基金管理问题专项整治；从全险种违规参保、重复待领、死亡冒领、“假人”骗领、服刑人员违规领取养老金等疑点数据上组织筛查，健全疑点数据派发、核查、审核、反馈机制。开展社会保险基金管理专项整治巩固拓展行动。市人社局成立宣讲团，分赴各县市区开展《关于切实加强社会保险基金监管工作的实施意见》宣讲；建立人社部门社会保险基金风险防控联点包干督查机制，实行市州指导县市区、县市区指导乡镇（街道）、乡镇（街道）指导村（社区），明确各级责任领导；责任领导对所指导地区原则上每年开展两次以上（含两次）现场督查，采取“四不两直”（不发通知、不打招呼、不听汇报、不用陪同接待、直奔基层、直播现场）方式，并与调研暗访相结合，确保找准问题，督出实效。

【社保基金管理督导】 2022年12月，邵阳市委、市政府成立3个专项调研督导组，采取“四不两直”、实地走访的方式，先后对12个县（市、区）、19个乡镇（街道）、20个村（社区）的社保基金管理进行督导，重点督查属地责任落实情况和社会保险经办机构内部控制落实情况，涵盖党委政府对社保基金监管工作的领导、机构编制、部门数据共享及数据比对、纪法监督、经费保障等18项内容，进一步传导监管责任压力，查找基金风险点和薄弱环节，督促各县市区党委、政府对照省、市工作要求，明确监管责任，落实监管措施，强化监管保障，形成监管合力，加强社保基金监管。

（林佳祥）

## 民　政

【社会救助】 2022年，邵阳市以基本民生为底线，不断完善社会救助体系。全市保障城乡低保对象23.2万人，发放低保金6.66亿元，城乡低保标准分别达到600元/月、385元/月。保障城市特困供养853人、农村特困供养34935人，发放特困供养金2.17亿元，救助水平分别达到9360元/年、6006元/年。全市累计发放残疾人“两项补贴”150.1万人次，发放资金1.13亿元，救助水平75元/月。实施临时救助6.8万人次，支出6255万元。

【养老服务】 2022年，邵阳市如期完成邵东、洞口、新宁3所特困供养机构新增护理型床位300张，12个区县市1363户困难老年人居家适老化改造提前验收。北塔区养老服务工作获省政府真抓实干督查激励表彰。邵阳市成功入选全国第二批居家和社区基本养老服务提升行动项目。稳步推进养老领域突出问题、养老诈骗、自建房安全工作专项整治，养老机构发现安全隐患400多处，全部整改到位，养老领域实现安全稳定。

【社会事务管理】 2022年，邵阳市残疾人“两项补贴”提高至75元/人·月，全年补贴200.27万人次，发放资金1.5亿元。稳步推进殡葬改革，公墓、殡仪馆收费价格下调40%，清明实地祭扫人数同比下降27%，网上祭祀较往年上升46%。婚姻登记实现全省通办，办证合格率100%。全市3933名流浪乞讨人员得到及时有效救助。

【未成年人关爱保护】 2022年，邵阳市先后开展“护航邵蕾·共筑未来”未成年人关爱保护专项行动、“点亮六一·共护未来”集中宣传活动，建立“三位一体”保护责任制度，困境儿童得到有效关爱。武冈市获评全国未成年人保护示范县。向国家能源集团和芒果V基金争取资金300万元，加大对邵阳儿童的资助力度。央视“社会与法”频道连续播出以邵阳市农村留守儿童关爱服务为题材制作的《最后一公里的爱》系列宣传片，邵阳儿童关爱保护模式走向全省、全国。

【基层民主自治】 2022年，邵阳市创新推进基层民主治理，市域治理形成北塔“五治融合”、邵东“院落会议”、新宁“村治民动”、洞口“三个三”可复制、可推广的经验。开展高价彩礼、大操大办等农村移风易俗重点领域突出问题专项治理，抓实抓细村规民约、红白理事会建设，摒弃婚丧陋习，强化检查督查，倡导文明新风。市本级社区基层政权建设增加15万元／个专项资金，社区保障经费提高42.85%，达50万元／个。双清区、北塔区2个村（社区）获全国表彰，10个社区成功申报全省先进基层群众性自治组织、10名个人成功申报优秀城乡社区工作者。“大顺米兰豪苑”“东方威尼斯”2个不规范地名被有效清理整治，完成平安边界任务。

【社会组织发展】 2022年，邵阳市登记注册的社会组织2936家，161家社会组织获评估等级，19家社会组织获“全省示范社会组织”称号。292家“僵尸社会组织”有效整改271家。67家社会组织帮助销售农副产品价值3800余万元，开展特色项目121个，投入资金1420.6万元。

【慈善社工事业】 2022年，邵阳市以开源引流为措施，加快慈善社工事业发展。“慈善一日捐”活动募集慈善捐款200多万元，“生命之光”“微笑列车”“慈善进社区、进学校”“光明行动”等慈善项目

2022年4月3日，市人民政府副市长刘亚亮带队督查清明节文明祭祀工作

（金　锦　供图）

2022 年 6 月 1 日，市委书记严华带队看望市社会福利院儿童　（金 锦　供图）

活动，让337名困难群众获有效救助。全市建设乡镇（街道）社工站215个，注册志愿者数达79万人。

（金　锦）

## 退役军人事务

**【概况】** 2022年，邵阳市退役军人事务局获退役军人事务部2022年度《中国退役军人》宣传工作先进单位；被评为湖南省文明单位；军人就业创业等六个方面经验做法被退役军人事务部和湖南省退役军人事务厅推介。退役军人刘云荣被评为2022年度“湖南最美退役军人”，刘健受聘为湖南省老兵宣讲团成员，刘欣蓉的网评文章获全国一等奖。

**【创新党建引领】** 2022年，邵阳市退役军人事务局坚持把思想政治建设摆在首位，探索退役军人党员教育管理新思路。创新开展退役军人工作党支部规范化建设，印发《关于进一步加强退役军人工作党支部规范化建设的实施意见》，每月召开支部委员会即交心通气会，针对性开展思想教育；每季度组织开展党性教育、志愿服务等户外党建活动，全年组织18批次；相关经验被湖南省退役军人事务厅在全省推广。与市委组织部、市委党校联合举办2022年市团职军转干部专题研修班。开展“初心如磐、使命在肩”红色音乐党课，通过曲目导赏、互动表演、感悟分享等，让退役军人党员在活动中筑牢政治忠诚、永葆信仰初心。

**【就业创业服务】** 2022年，邵阳市针对退役军人就业压力大的实际情况，精准施策，就业创业相关经验被湖南省退役军人事务厅、退役军人事务部大范围推介。邵阳市退役军人事务局摸底掌握需求，全面调查核实，建立“一人一档”台账。编印《邵阳市退役军人就业创业政策汇编》《邵阳市退役军人就业创业政策摘引》，引导退役军人知晓、熟悉、用好政策。精准服务助力就业。组织技能培训和适应性培训2764人次；组织“百企千人万岗”等专场招聘27场，提供岗位16581个；深入辖区走访，对接126家企业，筛选出1万多个优质岗位，助力退役军人达成就业意向。帮助落实退役军人创业贷款贴息、税收优惠等政策，并强化创业指导，全市有退役军人创办、领办或参股的市场主体共18587户。

**【安置移交】** 2022年，邵阳市出台《邵阳市“十四五”退役军人服务和保障规划》，加强综合协调，9月底前完成转业军官、转业士官、2名随调家属安置任务。在全省率先开展满意度调查，落实军休干部“两项待遇”，安置工作在全省排名靠前。全面完成三年移交工作，共移交8人。

**【优待证制发】** 邵阳是兵员大市，截至2022年年底，全市建档立卡对象约19万人。邵阳市退役军人事务局发布申领公告，举办优待证首发仪式，常态开展线上线下无缝宣传，基层干部入户宣传。制定出台工作实施方案，将优待证申领纳入绩效考核。向全市各区县市党委、

2022 年邵阳市“欢迎老兵回家”暨退役军人“百企千人万岗”专场招聘会主会场
（谭希成　供图）

政府分管领导下发督办函，层层压实责任。通过业务培训会、交流讨论会和推进会查漏补缺。实行领导包片，科级干部包县，层层网格化推进，将任务分解到每日每周，市级每周评比。全年优待证申请率达96%，全省排名靠前。

【优待抚恤与帮扶解困】2022年，邵阳市及时足额发放6.8万余名优抚对象的优待抚恤补助；对百岁老兵、烈士父母逐一上门慰问；提高部分群体生活困难补助、医疗补助标准，其中市直改制企业及无工作伤残军人困难生活补贴提升至每人每月899元，将对越自卫反击战临战入伍人员生活困难补助提高至每人每月420元，将全市部分重点优抚对象的门诊医疗补助提高到每人每年600元；在武冈市进行优待证申领试点，共受理申请10.81万人，完成制卡6.49万张。发动全市各级各部门开展走访慰问退役军人17.5万人次，发放慰问金；帮扶救助困难退役军人，发放帮助救助资金。

【拥军优属】2022年，邵阳市加强驻邵部队经费及用地等相关保障；组织拥军慰问60余次，赠送慰问金600余万元；开展“情系边海防”官兵家庭专项慰问，走访180户；办理随军家属安置4人，定向公开招聘事业单位工作人员1人；解决现役军人子女就学优待问题。

【阵地与队伍建设】2022年，邵阳市退役军人事务局组织专题调研，按照示范型服务中心（站）验收标准逐项对全市服务体系建设进行检查、指导、复核、验收，全市202个乡镇（街道）全部完成示范型创建，推荐标杆型退役军人服务站13个；投入1243.9万元完成799处烈士纪念设施整修和散葬烈士墓迁葬。开展优待证申领、建档立卡、就业创业、权益维护等重点业务培训；发挥退役军人示范作用，会议组建退役军人志愿服务队605支，累计开展志愿服务2万余人次，服务对象10万余人次。

（谭希晨）

## 民族宗教事务

【概况】2022年，邵阳市强力推进全国民族团结进步示范市创建，成果丰硕。在民族宗教领域开展学习宣传贯彻党的二十大精神系列活动。市委常委会会议、市政府常务会议3次集中学习中央、省委民族工作会议精神和全国、全省宗教工作会议精神，5次专题研究民族宗教工作，市人大开展民族区域自治“一法两规定”实施情况和宗教事务“两个条例”专项执法检查，市政协开展县乡村宗教工作“三级网络”和乡村两级责任制落实情况专项调研，推动民族宗教政策法规与重大决策部署在基层落地生根。在全市开展民族政策知识测试，开展民族宗教政策法规各类培训班76期，参训8860余人次，民族宗教工作干部实现培训全覆盖。举办全市第五届少数民族传统体育运动会；组队参加全省第十届少数民族传统体育运动会第一阶段比赛，获金牌6枚、银牌5枚、铜牌6枚，列全省市州（乙组）第二名。全面开展民族宗教领域突出问题治理。

是年，市伊斯兰教中国化工作等经验做法被《中国统一战线》《中国宗教》宣传推介。城步苗族自治县成功创建为全国民族团结进步示范县，玉清宫和市伊斯兰教协会被评为“全国首届宗教界先进集体”。市道教协会会长吴理之当选为第十四届全国政协委员，市伊斯兰教协会会长张小林当选为湖南省第十四届人民代表大会代表。

【全国民族团结进步示范市创建】2022年，邵阳市瞄准“2023年挂牌全国民族团结进步示范市”目标，全面推进创建工作。成立由市委书记严华任组长的创建工作领导小组，创新建立市领导和市民委委员单位联系民族团结进步创建示范点工作制度，制定出台《邵阳市创建全国民族团结进步示范市实施方案》《铸牢中华民族共同体意识促进民族团结进步创建三年行动计划》等文件，明确创建全国民族团结进步示范市工作时间表、路线图，将测评指标细化分解为71项任务，明确27个牵头单位、54个责任单位，实行“周调度、月考评、季通报”工作机制。开展“民族团结一家亲、同心共筑中国梦”主题演讲比赛、“悠悠中华情、浓浓团结

2022年1月23日，邵阳市委民族工作会议暨创建全国民族团结进步示范市动员大会在市委礼堂召开（马艳超 供图）

2022年8月5—7日，隆回县在崇木凼村举行花瑶“讨僚皈”暨“云上花瑶·天籁神韵”非遗音乐会
（马艳超 供图）

（制度化、规范化、程序化）问题专项治理，各区县市同步跟进，全面开展摸底与整改，所查出的涉问题企业（餐饮店）全部整改到位。持续治理宗教领域乱象，开展多地联手专项打击取缔行动。省民族宗教委员会工作内刊专题推介邵阳经验。

**【宗教事务治理】** 2022年，邵阳市统筹发展和安全两件大事，守住民族宗教领域不发生区域性系统性风险的底线。武冈市、洞口县先行先试，推进宗教活动场所可视化、信息化监管。开展民族宗教领域常态化安全隐患排查，建立隐患台账，实行销号管理。全市共开展排查1100余次，排查风险隐患206处，立行整改181处。

（马艳超）

味”联谊活动等主题活动，推进民族团结进步大道、民族团结主题公园、“铸牢中华民族共同体意识”实践基地等重点工程，开通12个县市区“民族团结号”公交专线，“邵阳石榴籽”微信公众号关注量超过13万人。截至年底，全市已创立6个国家级、11个省级、152个市级民族团结进步示范单位，11个市级民族团结进步教育基地、1个城市民族工作联系点。城步苗族自治县成功创建为全国民族团结进步示范县，新宁县、洞口县成功创建为省级民族团结进步示范县。

**【推动民族地区经济发展】** 2022年，邵阳市争取国家、省各类民族发展资金5200余万元。打造“六·六山歌节”、“四·八姑娘节”、花瑶“讨僚皈”等民族文化旅游品牌。推进巩固拓展脱贫攻坚成果同乡村振兴有效衔接，争取1个国家级、8个省级乡村振兴示范点。打造“民族团结+综合治理”“民族团结+乡村振兴”等模式，形成以绥宁县东山侗族乡东山村红提产业项目、洞口县长塘乡精品研学旅游线路等为代表的民族地区“一乡一品”“一村一特色”产业发展格局。

**【全市第五届少数民族传统体育运动会】** 2022年7月6—8日，邵阳市第五届少数民族传统体育运动会在新邵县举行。该届运动会由市政府主办，市民族宗教事务局和市文化旅游广电体育局协办，新邵县人民政府承办。全市12个区县市的运动员、教练员、裁判员共500余人参加这四年一度的民族盛会，运动员有苗族、瑶族、回族、侗族、彝族、土家族等14个少数民族，设新邵县体育馆、酿溪镇三小、新邵一中3个赛区，押加、秋千、射弩、板鞋、陀螺、高脚、蹴球、毽球、民族健身操等9个大项、49个小项的比赛，400余名运动员经过3天的同台竞技，产生76枚金牌、75枚银牌、61枚铜牌，并刷新多项民运会纪录。

**【民族宗教领域风险隐患防范】** 2022年，邵阳市探索创新工作方法，全面有效整治各类突出问题。市委统战部、市民族宗教事务局、市公安局、市国安局等部门联动，在全市开展清真“三食”（清真饮食、清真副食品、清真肉食）企业（餐饮店）涉伊斯兰教“三化”

## 信　访

**【概况】** 2022年，邵阳市委、市政府将信访工作纳入全市社会治理“六项重点工作”和“三重点”范畴谋篇布局、统筹推动。市委、市政府主要领导每月定期调度，主持召开月讲评会，对信访问题突出的区县市和市直部门，责令一把手认领整改；对涉访涉稳风险突出的重点领域，明确分管市级领导牵头，成立专班推进化解；对影响全市信访工作考核的重点个案，亲自交办、督促化解。建立完善“一周一议”工作机制，市信访联席会议召集人每周组织召开碰头会商会，对重点工作、重点事项及时进行专题调度，并研判调度重点信访案件，推动问题解决。紧盯信访工作重点考核指标，实行清单管理、动态跟踪、及时调度，全面提升考核指标完成质效。

是年，邵阳市信访工作被评为全省优秀等次，新宁县获评全国信访工作示范县，新宁县、城步苗族自治县、洞口县、新邵县4个县获评全省信访工作示范县。

2022年9月15日，邵阳市治理重复信访专项工作再次信访事项专题视频调度会召开

（贺 军 供图）

**【积案化解】** 2022年，邵阳市开展“治理重复信访、化解信访积案”专项工作。市委书记严华、市长华学健带头坐班接访、主动带案下访。坚持精准精细，实行问题清单化、清单责任化、责任具体化。根据化解稳控难易程度，划分高中低三个风险区间；根据再次信访率高低情况，划分“红灯警示”“黄灯提示”“绿灯保持”三个管理等级。坚持依法依规，对信访案件的办理按照“群众有理、问题有解、工作有失”的原则分析案情、推理研判、追根溯源，按照“两个不拘泥”“四个重新”的要求调查、核实、处理，尊重历史、尊重法律、尊重事实，不让群众留遗憾，不给工作留尾巴。坚持用心用情，对信访人常年居住在外地的，包案领导及工作组远赴新疆、广东、广西、上海、湖北、江西等地上门做工作，推动一大批“钉子案”“骨头案”妥善化解。全年市级党政领导干部接访下访累计161次，推动化解信访突出问题131件次；各县市区党政领导累计接访下访2910次，协调化解信访突出问题2741件次。中央信访联席办交办的2批2050件重复信访件，审核化解2045件，审核化解率99.7%。

**【督查问效】** 2022年，邵阳市信访局打造全周期、全过程“闭环管理”模式，确保“事事有反馈、件件有回音”。对办理不规范、群众不满意的信访事项，由市信访联席办开具问题清单、提出处理意见、明确时间节点、限期办理到位；对“三跨三分离”信访事项，对属地和责任单位同等考核、双向交办。同时，从严督查督办、问责问效。市信访局会同市委政法委、市委督查室及相关市直部门组成联合督查组，先后对信访重点工作落实情况组织5轮专项督查；局班子成员按照分工，对县市区和市直单位不定期分片督查；市信访联席办先后9次对重点信访事项集中交办，并向区县市委书记、区县市信访联席会议召集人和市直单位主要负责人通报办理情况。全年市信访联席会议发出追责建议函14件，集中约谈责任单位2批10个。

**【“一站式”社会矛盾纠纷调处化解】** 2022年，邵阳市信访局结合市域社会治理现代化试点工作，推进“一站式”社会矛盾纠纷调处化解中心建设，从源头预防信访问题发生，力争在市级以下层面终结信访矛盾，扭转“倒金字塔”信访结构。建好阵地，整合综治中心、人民来访接待中心、诉讼服务中心、公共法律服务中心、行政争议调解中心等工作平台，政法、公安、检察、法院、司法、信访部门明确专人进驻、专职负责，集受理接待、协同指挥、分流转办、调处化解、跟踪督办、评估反馈于一体，打造“一站式受理、一揽子调处、全链条解决”服务模式，着力把信访问题解决在首接首办阶段，化解在基层和初始萌芽状态。同时，创新机制。市县乡三级依托“一站式”服务平台和信访联席会议机制，探索推动新时代“枫桥经验”本土化新路径、新思路、新举措，涌现出洞口县的“背包式处访”“信访积分换项目”，新宁县的“桃花模式”“崀山经验”，武冈市的“三个一线”工作法，新邵县的“公德教育”等一批可借鉴、可复制、可推广的经验做法和长效机制。

（贺 军）

## 公共资源交易

**【概况】** 2022年，邵阳市完成公共资源交易额227.57亿元，节约财政资金7.37亿元，溢价增加财政收入1.37亿元。其中，工程建设交易额127.42亿元，政府采购项目交易额38.84亿元，国土项目成交额35.44亿元，国有资产及特殊资源项目成交额25.86亿元。

是年，邵阳市公共资源交易中心成功创建省级文明单位，在招投标优化营商环境考评中获全省第三名，获评全国公共资源交易行业综合竞争力十佳机构和优化营商环境先进单位、全国公共资源交易跨区域合作联盟制度创新奖。

**【平台建设】** 2022年，邵阳市公共资源交易中心继国土、工程、产权之后，政府采购、高标准农田、采矿、采砂、特许经营等项目实现

"应进必进""应电尽电"，全面实现全流程电子化。其中政府采购项目取消投标保证金，工程建设招标文件无门槛免费下载，CA证书"一键下载"，全省通用，有效降低招投标成本，为企业减负。金融服务平台上线运行。8家银行入驻中标贷平台，授信80亿元，为中小企业融资提供便利；4家担保公司、1家银行入驻电子保函平台，可开具金融保函、担保保函和保证保险保函（保单），全省互通互认，全年开具电子保函1615笔金额3.3亿元；工程建设项目保函替代率达58%；落实"迎老乡回家乡创业发展"文件精神，减免交易服务费460万元，助力招商引资。在全国率先建立中介服务平台并上线，以"一项目一考评"形式现场见证记录评标专家、代理机构、业主、监管不良行为，并录入平台系统和全省公共资源交易诚信评价体系，处理中介机构5家，向信用邵阳推送中介机构信息44次。常态化开展不见面交易。建成不见面开标大厅，新增6个席位同时开标，保障所有项目实现不见面开标，切断投标人与其他市场主体一切非正常联系；远程异地评标常态化采取席位制，通过调度系统实现"三随机、五不知、六自动"，随时共享全省专家资源，探索利用区块链技术与河南、内蒙古和长江中下游城市群互联互通，全年完成远程异地评标109场次。

**【规范管理】** 2022年，邵阳市公共资源交易中心推进场地建设。交易场地全域360°无死角电子监控，全程录音录像、同步上云，全时段可溯可查、有迹可循，保障闭环运行；开通智慧门禁系统，数据直连省综合评标专家库，通过人脸、指纹识别，实现名单自动推送、身份自动识别、出入智能管理。现场秩序稳中向好。落实"一标一评"，全年考评现场行为1355场次，通报处理采购人15人，监管12人，有评标（审）专家21人，无专家迟到、缺席、漫天要价现象，监管、业主履职做到见证零容忍；及时提示预警违法违规行为，出具风险提示函17份，异常项目会商处置10宗，业主完全满意接受，有效防范风险；完善问题线索移送机制，向纪委、公安移送问题线索21起，协助调查项目30个，调取档案资料45宗，大数据建模分析工程建设项目648宗数据47159条，筛查出"中标王""陪标王"15家，加大对围标串标行为的打击力度；开展社会民主监督，聘请人大代表、政协委员、有关经济领域专家作为社会监督员，全程观摩10次12个重点项目。行业治理成效明显。年内省纪委、省专治办向全省移送问题线索1404起，邵阳仅占4起0.28%，全省最低；对交易中心的投诉率和举报率清零，全市招投标信访量显著下降；工程建设项目入场交易复评率从2019年的7%降至5.8%，复评变更结果6宗，仅占0.78%；政府采购复评率为零。

（刘景根）

## 住房公积金管理

**【概况】** 2022年，邵阳市有3444个单位、26.19万人缴存住房公积金，累计归集总额360.03亿元、归集余额177.51亿元，累计发放个人住房贷款269.93亿元、贷款余额148.47亿元。据测算，当年投入52.95亿元到房地产消费市场，推动房地产市场消费158.85亿元，对全市地区生产总值的贡献达135.02亿元，增加财政收入21.18亿元；当年上划廉租住房保障资金1.87亿元，累计向市县两级提供廉租住房保障资金13.57亿元。

**【归集扩面】** 2022年，邵阳市住房公积金管理中心推出阶段性政策，帮助企业和缴存职工共渡难关，受疫情影响企业可按规定申请缓缴住房公积金，到期后进行补缴。在此期间，缴存职工正常提取和申请住房公积金贷款不受缓缴影响。归集扩面逆势而上，全市归集48.11亿元，同比增长11.26%；提取31.4亿元，同比增长12%。

**【贷款投放】** 2022年，邵阳市住房公积金管理中心完善住房公积金使用政策，支持缴存职工合理住房需求，促进房地产市场平稳发展，将最高可贷额度由50万元提高到60万元，高层次人才及生育三孩家庭贷款额度提高到80万元，降低贷款首付款比例。全年全市向5553户职工家庭发放个人住房贷款21.55亿元；当年增量存贷比（个贷率）达129%，存量存贷比（个贷率）达84%，累计向10.85万户干部职工家庭发放个人住房贷款。

**【资金管理】** 2022年，邵阳市住房公积金管理中心面对疫情影响，经济不稳定、不确定因素增多形势，迎难而上，用好用足贷款、提取优惠政策，推出自主核算业务，积极与开发合作楼盘联系宣传，精准放贷。坚持强化超权限贷款事项审批、对贷款逾期及诉讼情况进行监测和跟踪、督促管理部建立电子催收台账、强化业务培训等有效方式，保持贷款逾期率持续0.023%低位运行。同时，科学统筹资金结算，合理安排沉淀资金转存期限和流转去向，截至年底，实现增值收益3.19亿元，比上年同期增长11.1%，增值收益率达1.88%。

**【服务管理】** 2022年，邵阳市住房公积金管理中心推出"减时间、减窗口、减跑动、减负担"四减措施，按照"前台综合受理，后台分类审批"工作模式，实现一窗式办结。实行差评整改、办结回访闭环管理，拓宽办事企业和群众诉求渠道。全年窗口"一件事一次办"30138件，"好差评"满意率达100%。通过清单式落实创建全国文明城市布置任务，开展包括窗口规范化服务、志愿者服务提升、网报责任提升、联点共建提升等在内的八大行动，在群众中树立良好的行业文明风尚。

（邵　雷）

## 库区移民事务

【概况】2022年，邵阳市库区移民事务中心督促隆回县、洞口县完成中州水电站移民后扶人口登记，将登记成果上报备案，将搬迁安置人口登记到户到人，直补资金发放到人；生产安置人口核定到村组，实行项目扶持，并衔接同级财政部门落实移民后期扶持政策。发展移民特色产业，通过土地流转，引进种植、养殖大户，培植优势突出、竞争力强的农业产业项目等，指导市场主体与移民群众形成利益联结机制，实现抱团发展、增收致富，全市新建或改建油茶基地10628亩、水果生产基地11842亩、楠竹5100亩、中药材基地6529亩、蔬菜基地5959亩。开展移民农村实用技术、农村致富带头人和就业技能培训，全市投入移民培训资金875.15万元，完成培训5268人（省定任务4286人），推动不同层次移民劳动力向技术型人才转变，促进移民劳务就业创收。

【犬木塘水库移民安置】犬木塘水库涉及征地拆迁总投资15亿元，生产安置人口4108人，搬迁安置移民762人，是犬木塘工程建设的重要组成部分和重难点工作。2022年，邵阳市库区移民事务中心抽调精干力量组成工作专班，负责犬木塘水库移民安置工作。截至年底，累计完成永久征地2611.14亩，临时用地4155.74亩，搬迁移民63户189人，拆除房屋10895.68平方米，完成69户303人29543.7平方米房屋二榜公示，保证了工程用地供地。同时，应省水利厅要求，完成二期围堰导（截）流移民安置自验、初验，并配合省水利厅完成终验。全年完成投资25.02亿元，超额完成年度投资任务。

【重点移民村建设】2022年，邵阳市库区移民事务中心坚持科学规划、突出重点、因村施策，实施14个重点移民村，打造2个移民美丽乡村示范村，配套支持省水利厅2个乡村振兴联点村和1个水美湘村项目建设，打造2个移民产业示范项目。其中新宁县桃花村成为邵阳市美丽乡村的“名片”和“网红村”。

【规范移民后期扶持专项资金使用】2022年，邵阳市库区移民事务中心开展移民后期扶持专项资金监督检查。配合做好省审计厅对犬木塘项目建设的延伸审计，省水利厅对洞口县、邵阳县2021年度后期扶持资金的监督检查；邀请第三方湖南天兴联合会计师事务所对犬木塘2021年度移民安置资金进行专项检查，对新邵县、邵东市、隆回县、绥宁县、城步苗族自治县、武冈市、新宁县及市辖三区2021年度水库移民后期扶持资金进行监督检查和绩效评价。开展全市惠民惠农财政补贴资金“一卡通”问题专项治理，对2021年9月后的“一卡通”发放情况进行全面核查，2022年全市通过“一卡通”发放移民直补资金8880.7万元。推进移民存量资金消化，全市移民存量资金较上年减少近2.7亿元。

（罗伦国）

邵阳市美丽乡村——新宁县桃花村　　（罗伦国 供图）

# 中国人民政治协商会议
# 邵阳市委员会

## 综　述

【概况】2022年，中国人民政治协商会议邵阳市委员会（以下简称邵阳市政协）及其常务委员会发挥专门协商机构作用，汇智聚力助推全市经济社会发展，着力建设青春政协、学习政协、创新政协、清廉政协。围绕市委、市政府统一部署安排，聚焦邵阳高质量发展，就对接东盟经贸合作、优化营商环境、保护粮食安全、生态环境保护等主题开展专题议政性常委会会议协商2次，专题协商、专家协商、对口协商、界别协商和网络议政12次，形成调研视察报告24篇，优化营商环境、对接东盟经贸合作两个课题调研报告分获全省政协一等奖、三等奖，其中“抢抓RCEP机遇，对接东盟经贸合作”调研成果获省长毛伟明批示肯定。发挥政协优势推介文旅资源，在疫情防控、抗旱救灾、文明创建、市域治理、乡村振兴、市场保供、招商引资、旅发大会等重点工作中贡献政协力量。《人民政协报》《湖南日报》《湘声报》等省级以上媒体报道邵阳市工作经验、履职活动80余次。邵阳市政协被评为全省政协宣传思想工作成绩突出单位，习近平总书记关于加强和改进人民政协工作的重要思想实践基地建设被评为全省政协优秀等次。

【专门协商机构建设】2022年，邵阳市政协贯彻落实习近平总书记关于加强和改进人民政协工作的重要思想实践基地建设，开展强化政协凝聚共识职能试点，将其融入理论学习、协商议政、视察考察、民主监督、提案办理等履职活动全过程，试点经验在全省推介。完善专题议政会议程序和形式，增设情况通报、部门回应、互动交流环节，提升协商效果，实践基地建设工作被省政协评审验收为优秀等次。推动重点提案办理纳入市政府“三重点”工作，建立副市长领办机制，首次开展政府系统重点提案社会面评价。促进政协云与履职深度融合，“云宝晒技能”活动排名全省第二。邵阳市政协获湖南政协履职创新故事大赛组织奖，北塔区政协基层协商助推社会治理案例获全省履职创新故事大赛二等奖。

【专委会和界别建设】2022年，邵阳市政协完善专委会联系党政部门工作机制、对口联系界别和委员工作制度，建立委员联系联谊联动工作机制，429名委员全部按界别对应纳入专委会进行履职联系指导，形成主席会议成员—专委会—界别、主席会议成员—常委—委员双联系格局。以界别为依托、委员为主体，以联系为纽带、联谊为辅助、联动为抓手，市政协领导为47个市级委员工作室挂牌，开展界别联谊调研视察活动51场次，全市所有委员工作室和3198名委员同步开展“9·21”委员活动日活动。

【委员服务管理】2022年，邵阳市政协举办履职能力素质提升班，培训新任委员100名，举办政协知识、专业知识等专题讲座8场。制定《政协邵阳市第十三届委员会委员履职评价激励办法》，建立委员履职个人档案和定期统计报告，将委员履职情况通报市委组织部、市委统战部和委员所在单位，完善对不履行职责委员提醒和处分办法。强化委员联络服务指导，辞免委员12名，增补委员11名。

## 重要会议

【政协全体会议】2022年12月28—30日，政协邵阳市第十三届委员会第二次会议召开。会议期间，市委书记严华在会上讲话，市委副书记、市长华学健等领导出席会议。会议听取、审议政协邵阳市第十三届委员会常务委员会工作报告、政协邵阳市第十三届委员会常务委员会关于十三届一次会议以来提案工作情况的报告，列席邵阳市第十七届人民代表大会第二次会议，听取和协商讨论政府工作报告，协商讨论发展计划、财政报告和市中级人民法院、市人民检察院工作报告。大会选举政协邵阳市第十三届委员会副主席、秘书长和常务委员，并协商有关人事事项。大会通过《政协邵阳市第十三届委员会第二次会议政治决议》《政协邵阳市第十三届委员会第二次会议关于政协邵阳市第十三届委员会常务委员会工作报告的决议》《政协邵阳市第十三届委员会第二次会议关于十三届一次会议以来提案工作情况报告的决议》。会议期间，全体委员围绕全市经济社会发展等方面的重点、热点、难点问题进行协商讨论。

【政协常委会会议】2022年，政协邵阳市第十三届委员会常务委员会召开5次常委会会议。

1月1日，政协邵阳市第十三届委员会常务委员会第一次会议召开。会议协商通过政协邵阳市第十三届委员会副秘书长建议名单，政协邵阳市第十三届委员会工作机构和各专门委员会设置方案，政协邵阳市第十三届委员会办公室和各专门委员会主任、副主任建议名单。

5月17日，政协邵阳市第十三届委员会常务委员会第二次会议召开。市政协党组书记、主席周文主持并讲话。会议协商通过政协邵阳市第十三届委员会委员辞免增补事项（草案），协商通过有关人事事项，审议通过《政协邵阳市第十三届委员会委员履职评价激励办法（试行）》。

7月19日，政协邵阳市第十三届委员会常务委员会第三次会议召开。专题协商“优化营商环境 服务企业发展”，市委副书记、市长华学健到会听取意见建议并讲话，市政协党组书记、主席周文主持。市政协副主席伍先明代表课题调研组作调研情况说明。会议通过网络媒体同步直播互动，10名委员和企业家代表通过现场和视频的方式作议政发言。市发展和改革委员会、市工业和信息化局、市行政审批服务局、市政府金融工作办公室、邵阳经济技术开发区负责人对委员和企业家的意见建议作回应。会议审议通过《政协邵阳市委员会关于“优化营商环境、服务企业发展”向中共邵阳市委、邵阳市人民政府的建议案》。

12 月 5 日，政协邵阳市第十三届委员会常务委员会第四次会议召开。专题协商“抢抓 RCEP 机遇，对接东盟经贸合作”，市政协副主席杨博理代表课题调研组作邵阳市对接东盟经贸合作情况说明，7 名委员和企业家代表通过现场和视频的方式作议政发言，市商务局、邵阳海关、邵阳经济技术开发区负责人就委员和企业家提出的意见建议作回应。会议审议通过《政协邵阳市委员会关于抢抓 RCEP 机遇，对接东盟经贸合作向中共邵阳市委邵阳市人民政府的建议案（草案）》。

12 月 21 日，政协邵阳市第十三届委员会常务委员会第五次会议召开。会议决定，市政协十三届二次会议于 12 月 28—30 日在市区举行。会议就市政协 2022 年度重点提案办理进行民主评议，听取市委办、市政府办关于市政协十三届一次会议以来提案办理情况的汇报，对七件重点提案的办理情况进行现场评议发言和民主测评。审议通过政协邵阳市第十三届委员会委员调整建议名单（草案）、政协邵阳市第十三届委员会第二次会议有关程序性事项和组织性事项，审议并原则通过政协邵阳市第十三届委员会常务委员会工作报告（草案）、政协邵阳市第十三届委员会常务委员会关于十三届一次会议以来提案工作情况的报告（草案）。

2022 年 12 月 5 日，政协邵阳市第十三届委员会常务委员会第四次会议召开

（许小松 供图）

## 建言资政

**【政治协商】** 2022年，邵阳市政协围绕“优化营商环境，服务企业发展”“抢抓RCEP机遇，对接东盟经贸合作”分别召开专题议政性常委会会议，会议审议通过《关于优化营商环境，服务企业发展向中共邵阳市委、邵阳市人民政府的建议案》《关于抢抓RCEP机遇，对接东盟经贸合作向中共邵阳市委邵阳市人民政府的建议案》。云邵阳等10余家媒体网络直播，吸引474万人次浏览关注，人民网、《湖南日报》等主流媒体进行专题报道。就“加强市场主体培育，推动中小企业高质量发展”“促进文体旅融合发展，助推建设世界知名旅游目的地”召开专题协商会，就“扩大对外交流合作，推动‘邵阳红’品牌走出去”在全省首次组织召开专家协商会，9名专家和4名“邵阳红”企业代表提出意见建议。就“生态环境与生物多样性保护”召开对口协商。组织委员开展老旧小区改造、基层宗教工作“三级网络两级责任制”界别协商。

**【民主监督】** 2022年，邵阳市政协就稳定粮食播种面积和产量开展专项民主监督，组织委员一线调研协商，全面掌握全市粮食生产、高标准农田建设、耕地保护和惠农政策落实等情况，提交监督民主报告。选派13名委员参与河湖长制专项监督，与环保志愿者一道开展“十年禁渔”实地踏察，对资江、邵水禁捕流域进行巡河护河活动，提出微建议，形成微报告。围绕数字政府建设中的数据共享、创建全国文明城市进行协商式监督。

**【参政议政】** 2022年，邵阳市政协促成首届湖南—东盟投资贸易洽谈会在邵阳举办，并牵头承办RCEP经贸合作主题论坛。参加市州政协主席为家乡美景代言活动，推介视频在网上走红。围绕民营企业产权和企业家权益保护、自建房整治、农村消防安全等进行实地调研议政，反映意见建议。委员在政协全会作大会发言和联组发言29人次，小组讨论发言242人次，在议政性常委会发言16人次，参与调研视察协商262人次，委员提交提案337件、立案307件，反映社情民意信息256条、编印专送39期，提交微建议366条、办复307条。确定重点提案7件、重要提案14件、重大民生提案5件。就提高农村教育质量、发展邵阳现代种业体系等32个提案和微建议进行协商督办。对7件重点提案进行民主评议，对5件重大民生提案开展公众测评，参与群众20.9万人次，收获点赞20.5万个。持续开展关注森林活动，线上线下推广“互联网+全民义务植树”，组织市县政协委员联合开展义务植树活动。

## 凝聚共识

【思想建设】2022年，邵阳市政协围绕百年党史、人民政协史、《习近平谈治国理政》、党的二十大精神等主题，以党组理论学习中心组为引领，推进党组会议、主席会议、常委会会议、界别会议等集体学习，组织撰写心得，开展宣传宣讲，举办读书活动，进行座谈交流，市政协领导到县市区、乡村、学校、委员工作室宣讲20场次。依托专委会成立7个委员功能型党支部，将172名党员委员纳入政协党组织教育管理，建立落实党组成员联系党员委员、党员委员联系党外委员的双联系制度和“隶属一方组织关系、参加双重组织生活”的双管理制度，指派党员委员入驻民主党派界别委员工作室。围绕“喜迎二十大、委员在行动”主题，市县政协开展唱红歌、座谈交流、政策宣讲、志愿服务等党建活动118场次。推动3所高校成立模拟政协社团，举办模拟提案大赛，培育弘扬协商文化，邵阳学院模拟政协社团成为团中央首批100个重点联系模拟政协学生社团。

【调研交流】2022年，邵阳市政协对民主党派人士提交的集体提案、大会发言、社情民意信息实行重点督办重点反映，安排大会发言19人次，采编社情民意信息32期，立案提案221件。联合民革邵阳市委举办弘扬蔡锷爱国主义精神学术研讨会，邀请省级领导、名人后裔、专家学者齐聚邵阳纪念蔡锷将军诞辰140周年。组织召开各界人士迎春茶话会，联系走访党外人士、少数民族和宗教界代表人士110人次，走访专家、邵商等各界代表人士85人次。围绕基层宗教工作三级网络两级责任制建设、全国民族团结进步示范市创建，组织开展调研视察活动，促进民族团结、宗教和顺。邀请省政协和湘西片区政协领导考察邵阳市民族地区发展，就雪峰山地区旅游深度融合进行探讨交流，赴张家界参加“湘鄂渝黔红色旅游联盟”，推动邵阳融入区域合作发展大循环。

【文史宣传】2022年，邵阳市政协依托政协云书院组建宝庆新咏委员读书群，委员们围绕毛泽东诗词、魏源思想、爱莲文化、诗词经典等进行交流互动，线上发言超3.4万条次，线下读书50余场次，以“书香政协”助推“书香邵阳”建设的读书模式在省政协发言推介。调整优化文史专家库，编辑出版《邵阳农优文化集锦》，配合编送文史资料《湘村巨变》，调研发掘乡村变化和农村文化，推介邵阳市脱贫攻坚和乡村振兴成就。组织文艺界委员创作精品参加“江山胜览”邵阳美术书法摄影非遗展。

【联系服务群众】2022年，邵阳市政协以界别为单位，委员工作室为平台，建立“政协—界别—委员—群众”的联系服务链条，采取接待走访、线上值班、公益帮扶、社区活动等形式，推动联系服务群众常态化制度化。全市建成线上线下委员工作室354个，实现所有乡镇街道全覆盖、三级委员进驻全覆盖、工作室入驻政协云全覆盖。社会福利界别、烛之光、初心等17个委员工作室被评为第二批湖南省示范性委员工作室。

（许小松）

## 2022年邵阳市政协优秀提案一览表

表9

| 序号 | 编号 | 提案标题 | 提案者 |
|---|---|---|---|
| 1 | 0001 | 关于加快邵阳建设旅游大市的建议 | 李福信 |
| 2 | 0002 | 关于加快建成“中国特种玻璃谷”的建议 | 刘正茂 |
| 3 | 0003 | 关于提高劳动者素质和就业技能的建议 | 陈海龙 |
| 4 | 0004 | 关于加快智慧城市发展，提升我市社会管理水平的建议 | 岳爱民 |
| 5 | 0005 | 关于提高我市农村教育质量的建议 | 李泽亚 |
| 6 | 0006 | 关于做大做强我市第三产业的建议 | 周后卿 |
| 7 | 0007 | 关于我市中小企业“创新平台”可持续发展的建议 | 邓宇书 |
| 8 | 0008 | 关于加快发展新建住宅小区养老服务设施建设的建议 | 刘光怀 |

**续表 9**

| 序号 | 编号 | 提案标题 | 提案者 |
| --- | --- | --- | --- |
| 9 | 0009 | 关于积极建设长征国家文化公园(邵阳段)的建议 | 市政协社法委 |
| 10 | 0010 | 关于推进移风易俗，传扬文明乡风的建议 | 民革市委 |
| 11 | 0011 | 关于高质量发展邵阳现代种业体系的建议 | 市政协<br>农业农村委 |
| 12 | 0017 | 关于加强年轻一代民营企业家思想政治引领的建议 | 陈博文 |
| 13 | 0019 | 关于大力推广普及急救等应急救援知识的建议 | 张朋飞<br>邓　蓉 |
| 14 | 0041 | 关于加强乡村农技推广人才队伍建设的建议 | 民进市委 |
| 15 | 0045 | 关于推动我市科技成果转化的建议 | 市政协<br>经科外事委 |
| 16 | 0048 | 关于推进金融服务进园区着力解决企业“融资难融资贵”的建议 | 刘佳媚 |
| 17 | 0052 | 关于完善全市120急救中心平台建设的建议 | 宁能斌 |
| 18 | 0064 | 关于推动我市中等职业教育升级专科层次办学的建议 | 市政协<br>文教卫体文史委 |
| 19 | 0097 | 关于打造魏源文化金字招牌 促进邵阳快速发展的建议 | 丰新妹 |
| 20 | 0102 | 关于推进资水通航的建议 | 九三学社市委 |
| 21 | 0126 | 关于我市循环经济产业发展的建议 | 民建市委<br>罗志文 |
| 22 | 0127 | 关于推动“双减”政策落地见效的建议 | 民盟市委 |
| 23 | 0141 | 关于管好扶贫资产助力乡村振兴的建议 | 徐怀友 |
| 24 | 0146 | 关于开发中药材粗加工设备智能化的建议 | 曾昭明 |
| 25 | 0177 | 关于进一步加强“飞线充电”整治的建议 | 龙　达 |
| 26 | 0186 | 关于激发民间资本活力 全面参与乡村振兴的建议 | 农工党市委 |
| 27 | 0187 | 关于解决农村留守儿童心理健康问题的建议 | 妇联界别 |
| 28 | 0209 | 关于以融城扩资为突破口引领城市高质量发展的建议 | 陈国雄 |
| 29 | 0242 | 关于加大农业科技工作力度 助力乡村振兴的建议 | 罗　华 |
| 30 | 0282 | 关于实施全民健身国家战略，加快我市体育事业发展的建议 | 岳创业 |

# 中共邵阳市纪律检查委员会
# 邵阳市监察委员会

## 重要会议

**【市十二届纪委二次全会】** 2022年2月11—12日，中国共产党邵阳市第十二届纪律检查委员会第二次全体会议在邵阳市区召开。出席全会的市纪委委员31人，列席388人。市委书记严华出席会议并发表讲话，市委副书记、市长华学健主持会议。市委常委，市人大、市政府、市政协领导人出席会议。全会以习近平新时代中国特色社会主义思想为指导，深入贯彻中共十九大和十九届历次全会精神，全面落实十九届中央纪委六次全会、省十二届纪委二次全会部署和市委要求，总结2021年纪检监察工作，部署2022年任务。审议通过曾市南代表市纪委常委会所作的《永葆自我革命精神，勇往直前正风反腐，谱写纪检监察工作高质量发展邵阳新篇章》工作报告。与会人员集中观看《初心迷失（三）》警示教育片。

## 监督执纪

**【政治监督】** 2022年，邵阳市开展居民自建房安全隐患排查整治专项监督，立案92人，处理处分250人。审慎开展违规举债和虚假化债专项监督，严查平台公司和开发区领域腐败问题，立案13人，经验做法获全省推介。开展粮食购销领域腐败问题专项整治，处理处分111人，移送司法机关10人，推动公安机关立案6名粮食经纪人。巩固违建别墅、农村乱占耕地建房问题等专项监督成果。推进工程领域专项整治，重点清查政府投资项目违规超概算问题。拓展“洞庭清波”专项行动，查处问题46个，处理处分147人，彻查新邵县三郎庙铅锌锑矿和鸿发采石场非法采矿、占用农地等破坏生态环境问题，问责39人。对安全生产责任事故追责问责，处理处分50人。制定优化营商环境“十条禁令”，对17个重点项目、民生事项开展挂牌监督，保障惠企利民政策落地见效。加强对“一把手”的监督，查处各级“一把手”173人，市委书记、市纪委书记分别与下级“一把手”谈话89人次、73人次，在全省率先举办“一把手”家风警示教育暨“最美清廉家庭”选树活动。开展换届选举和“两会”纪律监督，严把党风廉政意见回复关，提出暂缓或否定意见45人次。

**【惩治腐败】** 2022年，邵阳市一体推进不敢腐、不能腐、不想腐，立案2924件，处分2777人，移送检察机关82人，审查调查主要业务指标排名全省前列。其中立案处级干部66人、科级干部471人，查处康某健、张某阳、陈某坚等一批严重违纪违法典型案件，形成有力震慑。高效办结指定管辖的中国证监会投资者保护局原一级巡视员曾某虹案、中国证监会湖南监管局原二级巡视员朱某龙案和湘江新区原党工委委员李某诚案，其中曾某虹案开启全国惩治临近退休“逃逸式辞职”腐败先河，助推国家金融领域反腐深入开展，获中央纪委国家监委领导高度评价和充分认可。

**【扫黑除恶“打伞破网”】** 2022年，邵阳市常态化推进扫黑除恶“打伞破网”，彻查黑恶犯罪背后的腐败问题，打掉各种“保护伞”“关系网”，消除黑恶势力滋生蔓延土壤。坚持追逃防逃追赃一体推进，深化“一人多证”专项治理。坚持受贿行贿一起查，以涉嫌行贿犯罪移送检察机关15人。加大问题线索处置力度，推进积压线索“清仓见底”、新增线索“动态清零”。

**【日常监督】** 2022年，邵阳市运用“四种形态”批评教育帮助和处理8780人次，其中第一种形态占比67.4%，实现由“惩治极少数”向“管住大多数”拓展。督促案发单位召开警示教育会和专题民主生活会，加强个案深度剖析和类案共性分析，发出典型案件通报19期、任务提示单173份、问题清单101份、纪检监察建议书61份，拍摄《初心迷失（四）》《家风之痛》等警示教育片，组织1.1万人到市廉政警示教育中心参观学习，推动以案促改促建促治。

**【纠治“四风”】** 2022年，邵阳市建立纠治“四风”（形式主义、官僚主义、享乐主义和奢靡之风）常态化监督检查工作机制，查处违反中央八项规定精神问题637起，处理处分1171人，通报曝光典型案例39批次120起。制定贯彻落实中央八项规定及其实施细则精神和省委市委“约法三章”不力问责办法，对履行“两个责任”不力的严肃问责。处理违规饮酒、酒驾和涉毒公职人员，严查北塔区少数领导干部工作日违规饮酒问题。整治领导干部违规收送红包礼金突出问题，1.59万名干部签订承诺书，查处市人社部门迎检工作中违规提供宴请、违规赠送红包、违规公务接待等问题，防止公款请客送礼等歪风反弹回潮。探索运用“互联网+公务用餐监督子系统”和大数据比对等手段精准纠治违规公款吃喝问题。对41名受处分的市管干部进行回访谈心，让“跌倒”干部重燃干事创业激情。分类推进机关、企业、学校、医院、乡村、园区、家庭7类清廉单元建设，市第二人民医院等5家单位被确定为省级清廉单元样本培树点，对具有清廉建设负面清单情形的6个单位党委（党组）给予黄牌警示。加强新时代廉洁文化建设，建成并授牌11个市级清廉文化教育基地，“一县一品”打造县域特色廉洁文化品牌。

**【群众身边腐败和作风问题整治】** 2022年，邵阳市开展清廉乡村建设助推乡村振兴，部署防返贫监测与帮扶监督等五大专项监督行动，县市区纪委监委结合实际开展“一县一清单”“一领域一专题”治理，处理处分508人，经验做法获全省推介，乡村振兴领域专项监督工作考核结果排全省一类单位第二名。组织开展乡村振兴作风大督查，发现并督促整改问题483个。开展农村集体“三资”问题专项监督，立案133人，追回违纪违法资金2598万元。持续深入治理医保、社保、“四位”、“一卡通”、养老等领域突出问题，处理处分587人，追缴资金7386万元，高标准农田建设领域突出问题专项整治获省纪委监委主要领导批示肯定，被《湖南日报》头版头条推介。开展专项监督助推“利剑护蕾”专项行动。创新信访工作方式方法，把信访工作做到群众家门口，化解信访积案、越级信访举报200件，推动解决群众急难愁盼问题5420个，信访总量由全省第一位降至第九位，“带着板凳进村”接访工作被《中国纪检监察报》头版报道。

## 巡察工作

**【概况】** 2022年，邵阳市与时俱进深化政治巡察，出台市委巡察工作五年规划和对村（社区）党组织提级巡察专项规划，进一步优化巡察总体布局。完成对20家市直单位的常规巡察、对县市区委实施乡村振兴战略领导小组和56个重点隐患类村（社区）的提级交叉巡察，开展违规举债和虚假化债专项巡察，发现问题1995个，移交问题线索107件，对村（社区）巡察工作经验获全省推介。加强巡视巡察上下联动，推进巡察与其他监督贯通融合，配合省委巡视办做好蹲点指导等工作，对换届以来新任职县市区委巡察办主任进行集体谈话，探索派员列席县级巡察工作会议，出台巡审协作配合等15项制度机制。市纪委监委强化自身建设，执行请示报告制度，重大事项、重大案件、重要工作及时主动向省纪委监委和市委请示报告；持续开展“重程序、讲规矩、强本领”建设活动，全年线上线下培训2400余人次、以案代训378人次，1人获中央纪委国家监委嘉奖，3人获评全省纪检监察系统先进个人，18人入选全省纪检监察执纪执法人才库。

**【巡视巡察整改】** 2022年，邵阳市开展4次整改督查，推动市本级巡视反馈问题清仓见底、县市区67个巡视反馈问题新销号或取得阶段性整改成效。强化未巡先改、立行立改，推动解决问题1716个，追缴违规违纪资金1243万元，8个单位党组织主要负责人因巡察整改不力被约谈问责，巡察唤醒2亿休眠公积金的做法被中央纪委国家监委网站宣传报道。选取重点项目指挥部乱发津补贴等6类巡视巡察发现共性问题继续开展提级整改，推动整改问题4980个，建章立制87项。

**【办案实效强化】** 2022年，邵阳市对县市区纪委监委全覆盖开展监督调研，推动整改问题151个。进一步优化派驻机构设置，加大“室组”联动监督、“室组地”联合办案力度，市纪委监委派驻（派出）机构立案176件。与省烟草专卖局纪检组建立“内·地”协作配合机制，推动垂管领域监督具体化。健全涉嫌职务犯罪案件工作沟通协商机制，法法衔接更加顺畅。落实规范问题线索管理、党纪政务处分决定执行、涉案人员留置审批、涉案财物统一保管和处置等制度，确保执纪执法权有界受控。强化案件质量评查，职务犯罪“四类”案件评查名列全省前茅，报送参评案件再次获评全省“十佳精品案件”。实现办案事故事件零发生。聘请19名特约监察员强化外部监督，查处违纪违法纪检监察干部15人。

（龙玉源）

# 民主党派与工商联

## 中国国民党革命委员会邵阳市委员会

【概况】2022年，中国国民党革命委员会邵阳市委员会（以下简称民革邵阳市委）辖武冈市委会，大祥总支（辖大祥一支部、大祥二支部）、双清总支（辖双清一支部、双清二支部）、北塔总支（辖北塔支部）3个区总支，四中支部、职业技术学院支部、邵阳学院附属第一医院支部、中心医院支部、机关支部、邵阳学院支部、邵东支部7个区域或行业支部。市委会内设办公室，设组织处、参政议政处、宣传处、社会服务处、法制服务处5个兼职工作机构。截至年底，有党员535人。党员中，有市人大常委会委员2人、市政协委员20人（市政协副主席1人，常委5人），区（县、市）人大代表6人（区人大常委会副主任1人、常委1人）、区县市政协委员42人（常委9人）。

民革邵阳市委开通“邵阳民革”微信公众号。组织开展“矢志不渝跟党走、携手奋进新时代”政治交接主题教育以及“履职能力建设年”“书香民革读书月”等特色活动。组织将黄埔军校第二分校（武冈）旧址成功申报为湖南统一战线教育基地。

是年，民革邵阳市委会获评民革全国祖统工作先进集体、民革中央《团结报》宣传发行工作先进集体，全市统战调研工作先进单位、统战宣传工作先进单位、平安建设先进单位，获邵阳市统一战线举行学习贯彻“党的二十大精神”暨统战业务技能大赛一等奖。

【参政议政】2022年，民革邵阳市委提交集体提案、个人提案、议案22件。其中集体提案《关于推进移风易俗、传扬文明乡风的建议》和丰新妹个人提案《关于打造魏源文化金字招牌，促进邵阳快速发展的建议》获评市政协优秀提案。在市政协十三届二次会议的发言《把千年宝庆打造成湘中茶都》，分别获市委书记、市长批示；集体提案《关于聚焦邵阳景区特色建设，促进文旅融合品牌发展的建议》获市委书记批示。完成民革湖南省委会重点中标调研课题报告《关于提高乡镇卫生院医疗服务能力，助力乡村振兴的调研报告》、中共邵阳市委委托调研课题《采取长牙齿措施抓耕地保护和粮食安全研究》以及民革邵阳市委会立项课题《关于南山国家公园建设的调研报告》《关于我市制造业数字化转型发展的调研报告》《聚焦邵阳景区特色建设，促进文旅融合品牌发展》《“双减”背景下如何让家校教育同时落地》《关于提升农村居家养老服务质量与水平的调研》等共7个调研报告。其中《关于提高乡镇卫生院医疗服务能力，助力乡村振兴的调研报告》获民革湖南省委会2022年参政议政调研课题成果评审二等奖；《采取长牙齿措施抓耕地保护和粮食安全研究》在2022年各民主党派市委会、市工商联和无党派人士参政议政调研成果专题汇报会上进行汇报，其他调研成果全部转化为集体提案或个人提案提交。

【组织建设】2022年，民革邵阳市委加强基层组织建设，完成三区总支换届工作；开展民革党员星级工程建设，组织开展基层组织考核评比活动，并根据2021年度工作考核结果，对3个综合工作先进基层组织、7个单项工作先进基层组织及56名优秀民革党员进行表彰。加强党员实职推荐，1人任市直机关单位副处级领导职务。加强党员发展，年内发展新党员20人，全部为本科以上学历，其中硕士研究生3人，副高级职称2人，中级职称5人。

【社会服务】2022年，民革邵阳市委继续开展节庆日关爱慰问抗战老兵活动，春节、中秋节向全市健在的抗日战争老兵送达慰问金及物资价值约13万元。开展乡村振兴，为北塔区陈家桥镇李子塘村乡村振兴拨付专项经费5万元；参与民革省委会乡村振兴对口帮扶，9月27日在绥宁县开展“三湘健康行”活动。参与联系点柑子塘社区文明创建，多次组织民革党员赴社区开展政策及法律知识宣讲、义诊助学活动，拨付创文经费3万元。开展爱心送考志愿服务，组织党员为高考考生提供免费接送服务。

【弘扬蔡锷爱国主义精神学术研讨会】2022年12月18日是蔡锷将军诞辰140周年纪念日，邵阳市在省对台交流基地——蔡锷故居举行弘扬蔡锷爱国主义精神学术研讨会，进一步弘扬蔡锷爱国主义精神，助推邵阳高质量发展。会议由民革湖南省委员会、省人民政府台湾事务办公室共同指导，蔡锷长孙蔡协及后裔，海内外学者、台湾黄埔军校同学后代等50余人参加研讨活动，省政协原副主席刘晓、省委台办二级巡视员杨金定在会上做讲话，市政协主席周文致辞，市领导于金旺、龚红果、丰新妹等出席会议。会上，海内外专家学者就蔡锷将军爱国主义精神进行深入研讨交流，同时举行文物捐赠活动，蔡锷后人捐赠若干国家级珍贵文物，民革邵阳市委捐赠收藏的“松坡杯”全球诗词大赛获奖书法作品69件（套）。

（魏姬苗）

## 中国民主同盟邵阳市委员会

【概况】2022年，中国民主同盟邵阳市委会（以下简称民盟邵阳市委）辖武冈市委会、邵阳学院总支部委员会、市二中总支部委员会、湘中幼儿师范高等专科学校支部委员会、大祥总支部委员会、双清总支部委员会、北塔总支部委员会及38个支部。有盟员 886人。其中，高级职称304人，正高级教师3人；担任县处级以上领导职务6人，其中市政协副主席1人，高校副校长1人；省人大代表1人；市人大代表5

2022年8月31日，邵阳市政协副主席、民盟邵阳市委会主委孙清良出席邵阳市“烛之光”政协委员工作室邵东市站点挂牌仪式（王琴 供图）

人、常委会委员 2人，市级政协委员30人、常委会委员7 人；县级人大代表 2人，县政协委员38人、常委会委员12人。

【参政履职】2022年，民盟邵阳市委参与市委统战部开展的“四明白四清楚”大调研活动，认领并完成4个调研课题。承担中共邵阳市委委托课题“关于全省园区优惠政策的调研”，调研成果获市委书记严华肯定。承担民盟湖南省委课题“关于全面推进乡村振兴，加快农业农村现代化人才振兴实地调研的研究”并按时结题。开展推动全国文明城市创建工作提质增效调研，调研成果作为市政协十三届二次全体会议大会议政发言。社情民意信息《关于有效保障患者就近低价注射破伤风免疫球蛋白的建议》被民盟中央、省政协采用。《关于提高劳动者素质和就业技能的建议》《关于加快智慧城市发展，提升我市社会管理水平的建议》《关于提高我市农村教育质量的建议》等提案列为市政协主席会议成员领衔督办的重点提案，《关于推动“双减”政策落地见效的建议》列为各民主党派、市工商联督办的重要提案。开展委员工作室建设，建成邵阳市“烛之光”政协委员工作室武冈市、邵东市站点，武冈市站点被评为第二批湖南省示范性政协委员工作室。

【组织建设】2022年，民盟邵阳市委落实主委联系基层制度，主委孙清良走访7个基层组织，与基层组织所在单位沟通交流，为盟员和基层组织协调解决实际困难和问题。坚持“三为主”原则和“政治坚定、业绩突出、群众认同”标准开展组织发展工作，全年发展新盟员27名，其中主任医师1名、正科级干部1名。协调推荐多名盟员提拔重用，其中1人提拔担任高校副校长、2人提拔为正科级实职。重视盟员政治安排，1人被选举为省人大代表、1人当选为省政协委员。

【社会服务】2022年，民盟邵阳市委开展小学生防溺水安全教育知识讲座、《中华人民共和国民法典》《邵阳市文明行为促进条例》进社区宣讲等全国文明城市创建活动，支持北塔区陈家桥镇白泥田社区文明创建经费5万元。参加乡村振兴， 支持联点村北塔区李子塘村5万元项目建设经费。组织公益慈善活动。举行“女神驾到，一见‘青’心”“三八”国际妇女节公益活动，为大龄青年“脱单”提供平台、创造机会；选点开展美丽乡村建设，在大祥区信家村建成乡村美丽庭院示范点；组织民盟界别政协委员参加关注森林暨义务植树活动、环保净滩活动。

（王 琴）

## 中国民主建国会邵阳市委员会

【概况】2022年，中国民主建国会邵阳市委员会（以下简称民建邵阳市委）辖1个县级市委会、3个总支部委员会、30个支部委员会，有会员728人，其中男性会员530人、女性 198人，平均年龄53.5岁。会员中高级职称57人、中级职称314人；省政协常委1人、省政协委员3人（其中常委1人），市人大代表4人（其中常委2人），市政协委员24人（其中副主席1人、常委5人），县市区人大代表5人（其中常委4人），县市区政协委员52人（其中副主席2人、常委10人）；政府机关任副处以上干部23人（其中已退休7人），中共交叉党员18人，享受国务院政府特殊津贴3人、市政府特殊津贴1人。市委会委员19人。

【参政议政】2022年，民建邵阳市委主委、副主委多次参加中共邵阳市委、市政府召开的制定“十四五”规划意见征求会、座谈会、专题情况通报会等，在主体市场培育、创建全国文明城市、循环经济、外贸经济、乡村振兴等方面，提出具有前瞻性的意见和建议。民建界别各级人大代表、政协委员撰写提案和建议109篇，其中《大力打造“邵阳红”优质农产品公共品牌的建设》《关于推进我市工业园区集中供热的建议》等提案被列为重点督办提案；3名民建界别政协委员被市政协选派为民主监督员，参与行风评议、政府专项工作评议；市委会组织民建界别市政协委员对《大力打造“邵阳红”优质农产品公共品牌的建设》重点提案进行督办。市委会组织成立5个课题小组，针对市循环经济、中小企业发展、慈善组织等课题进行调研，走访广州、汨罗、耒阳等地，召开调研座谈会5次，撰写《加强市场主体培育、推动中小企业高质量发展调研报告》《多方位协同进一步深化邵阳循环经济产业链》《关于完善邵阳市社会慈善组织功能调研报告》《“聚焦‘双碳’目标”引领湖南低碳智造高质量发展》《职业教育服务乡村振兴的调研》5篇调研报告，其中《“聚焦‘双碳’目标”引领湖南低碳智造高质量发展》被民建省委会采用，转化为省委会年度调研成果。全年收集各类社情民意19篇，其中民建中央采纳1篇、民建省委采纳6篇、市政协采纳5篇。

【思想建设】2022年，民建邵阳市委持续开展学习贯彻习近平新时代中国特色社会主义思想主题教育。先后邀请市委党校教授、市委党史学习教育宣讲团成员等宣讲党史、中共十九届五中、六中全会精神和民建会史，多次组织会员赴红色教育基地开展“矢志不渝跟党走 携手奋进新时代”学习教育。围绕迎接中共二十大召开开展“以党为师，积极投入中国特色社会主义建设”“如何在践行‘两个维护’中发挥作用”“如何加强基层组织政治建设”等理论课题研究，撰写《民主党派做到“两个维护”应体现在履职实践》《做好新时代民建基层组织政治建设》等理论调研报告。以“内强素质，外树形象”为主题，宣传市委会和会员优秀事迹，其中邓朝晖、李梅、刘展伟、毛琳玲等会员优秀事迹获广泛宣传，邵阳电视台、《邵阳日报》、《邵阳晚报》跟踪采访市委会在市政协的大会发言《奋力打造大湘西承接循环产业转移新高地》。

【组织建设】2022年，民建邵阳市委在注重质量、保证数量、保持特色前提下发展新会员26名，其中非公经济人士5人，研究生学历1人、本科学历21人。把新社会阶层和公务员队伍作为培养重点，加强后备干部队伍建设，2名会员担任正科级领导，选送16名骨干会员到中央社院、民建省委、省社院、市委党校学习。支部建设取得新的进展。新成立文旅支部和湘中幼专支部，筹建大祥二支部“会员之家”，“会员之家”达7家。丰富组织生活。各基层支部围绕喜迎中共二十大、乡村振兴、创建全国文明城市等中心工作开展主题教育、党史学习教育、第二届会员书画展、考察调研等会务活动。5月市委会组织民建界别政协委员开展“宝庆新咏”读书会活动；8月以“喜迎二十大 永远跟党走”为主题举办“与党同心、墨韵宝庆”邵阳民建第二届会员书画展，展出100余幅国画、油画、水彩画、书法作品；9月组织市委会委员和骨干会员赴隆回县岩口镇朴塘完全小学开展扶贫助学活动。打造学习型机关。市委会成立专题调研组，在九县（市）三区开展“四明白四清楚”大调研活动，实行调研课题“全覆盖”，机关干部同参与、同研究、同提升。

【社会服务】2022年，民建邵阳市委支持会员企业做大做强。落实市委班子会员企业联系制度，帮助企业解决问题和困难，重点支持湖南良诚新材料科技有限公司、湖南万脉医疗科技有限公司、邵阳市东昇超硬材料有限公司、湖南航天旺材新型建材有限公司、邵阳恒远混凝土有限公司、邵阳阳光发品有限公司、分享通信集团有限公司邵阳分公司等会员企业；邀请法律专家开展2022年度民建湖南省委会法律巡讲活动，帮助解决会员企业家遇到的法律难题，100余名邵阳民建会员企业家及会员参加；引导会员参与“邵阳统一战线凝心聚力‘十四五’行动”，为邵阳经济社会发展贡献力量。助力乡村振兴。多次组织民建会员企业开展爱心助农活动，先后邀请民建会员企业家谢扬军、罗顺林到村投资李子塘村柿林花海建设，达成投资200多万元合作种植养心菜100多亩的协议；协助北塔区李子塘村销售杨梅1万公斤、黄桃4万多公斤、柰李0.5万多公斤，收入逾30万元；利用后盾单位帮扶资金12万多元建立占地20多亩的生态公园，栽种苗木花卉1000多株，推进美丽乡村建设。

（刘成生）

## 中国民主促进会邵阳市委员会

【概况】2022年，中国民主促进会邵阳市委会（以下简称民进邵阳市委）有1个县级市委会、2个总支、24个基层支部，有会员501名，其中324人具有中、高级职称，占会员总数的64.7%，有副厅级干部2人、正处级干部1人、副处级干部9人。有79人次兼任社会职务，其中省政协委员3人，市人大代表4人、政协委员21人（市政协副主席1人、市政协常委5人），区县市人大代表3人、政协委员50人。

是年，民进邵阳市委被市委统战部评为全市统战调研工作先进单位，被市政协评为反映社情民意信息工作先进单位，会员周后卿被评为反映社情民意信息工作先进个人。

【参政履职】2022年，民进邵阳市委开展“四明白四清楚”大调研活动，完成理论研究课题3个。开展2022年度参政议政调研课题调研，完成4个调研课题。其中，《关于我市农业科技人才队伍建设的调查与思考》获市委书记严华批示；8月市委副书记汤立斌就《关于我市农业科技人才队伍建设的调查与思考》专门主持召开全市农业科技人才队伍建设工作调度会，并召集各有关部门参加；《坚持就业优先政策 推动就业高质量发展》在十三届市政协二次大会上发言。全年提交集体提案5件、个人提案21件。其中，《关于坚定就业优先战略 推动就业高质量发展的建议》被评为市政协重点督办提案及2023年度网上公众测评的民生提案；《关于恢复和扩大居民消费，助力我市经济发展的建议》被评为市政协重点督办提案并获市长华学健批示。《关于快速恢复非洲猪瘟疫情后生猪生产的建议》《中小学自然科学课程缺乏实践性亟须重视》《确保我国粮食安全应综合治理 全面提升粮食生产供应体系》《中小学教材建设亟待立法》《以中国共产党为师，加强参政党自身建设》《积极优化国际语言环境 为迎接党的二十大召开营造舆论氛围》等15篇社情民意分别被全国政协、民进中央、中央统战部、湖南省委办公厅和省政协《社情民意》采用。主委刘承智就邵阳经济社会发展和学校发展等议题提交4件提案，撰写5份社情民意。其中，《建设教育强省 办人民满意的教育》被省委统战部编印；《关于更好实施“双减”政策的若干建议》被省政协《社情民意》采用编发。

**【思想建设】** 2022年，民进邵阳市委出台《民进邵阳市委会理论学习中心组学习实施办法》《2022年民进邵阳市委会理论学习中心组学习计划》，推进领导班子、领导干部及机关干部理论学习制度化、规范化。传达贯彻民进湖南省九大、中央统战工作会议精神、中共二十大精神，凝聚思想共识。开展“矢志不渝跟党走、携手奋进新时代”主题教育。以支部为单位举办“同心读书分享会”，组织会员一起读原著、学原文、悟原理，分享读书成果、交流读书经验。

**【组织建设】** 2022年，民进邵阳市委召开第八届第三次全体会议，对第八届委员会进行届中调整，增补陈文佳为第八届委员会委员、专职副主任委员，黄一萍为第八届委员会兼职副主任委员，任命陈文佳为秘书长。民进湖南省委会九届二次常委（扩大）会议、全省组织工作推进会、九届省委会内部监督委员会第一次工作会议在邵召开。年内发展优才7名，陈文佳在全省组织工作推进会上做经验发言。

**【社会服务】** 2022年，民进邵阳市委开展温暖乡村行动，为省内乡村孩子筹集资金2631.68元；开展癸卯年“春联万家·奔赴新征程”活动，组织会内优秀书法家为社区居民书福字、写春联。文化支部组织开展多场“文化助农”“文化助残”公益活动，助力农产品销售并免费为群众书写春联；大祥区支部开展“喜迎二十大，同心护未来”关爱留守儿童活动。

（肖胜男）

## 中国农工民主党邵阳市委员会

**【概况】** 截至2022年12月，中国农工民主党邵阳市委员会（以下简称农工党邵阳市委）有16个直属基层组织，其中1个基层委员会（邵阳学院基层委员会，下设5个支部，有党员116人）、2个总支委员会、13个直属支部。有农工党党员622人，其中正高职称58人、副高职称192人，医卫界高级职称党员198人。有52名党员担任各级人大代表和政协委员。其中，省人大代表1人，省政协委员1人；市人大常委会副主任1人，常委2人，市人大代表2人；市政协常委5人，市政协委员16人。

**【参政议政】** 2022年，农工党邵阳市委围绕中共邵阳市委、市政府中心工作开展调查研究，形成《关于加快市城区老旧小区改造切实改善群众生活环境的建议》等17篇调研成果。在各级人大、政协“两会”上，党员中的人大代表、政协委员提交个人提案、建议40余件。市委会提交的《关于激发民间资本活力 全面参与乡村振兴》、曾昭明提交的《关于开发中药材粗加工设备智能化的建议》被市政协评为年度优秀提案，龙达提交的《关于进一步加强“飞线充电”整治的建议》被市政协评为年度重大民生提案。全年报送社情民意信息30余条，其中陈萍撰写的《为提高药械化不良反应监测报告质量，亟须完善国家药品不良反应监测系统的建议》《关于针对现制现售食品标准制定微生物限量指标的建议》被农工党中央信息专报采用，撰写的《廉桥中药文旅小镇建设存在的问题和发展方向分析》被省委会“湖南省中药产业链发展论坛”采用。市委会被省委会评为“参政议政先进市级组织”。

**【思想政治建设】** 2022年，农工党邵阳市委开展“矢志不渝跟党走、携手奋进新时代”政治交接主题教育。各基层组织结合工作实际，开展主题教育、谈心谈话及参观红色教育基地等活动23次。市委会组织党员学习宣传贯彻中共二十大精神，撰写学习感想近120篇，择优报送省委会开辟的“学习中共二十大精神”之“谈体会”和“抒情怀”两个专栏。参加省委会举办的“‘矢志不渝跟党走、携手奋进新时代’政治交接主题教育”农工党党史知识竞赛活动，3人获一等奖，1人获二等奖，7人获三等奖，市委会获优秀组织奖。组织参政党理论研究小组，围绕农工党自身建设和参政履职面临的理论和实践问题开展研究，形成理论研究成果22篇，被省委会授予“统战理论征文优秀组织奖”。

**【组织建设】** 2022年，农工党邵阳市委新发展党员16名。主要领导参加省委举办的新任厅级干部廉政教育班学习，主委会成员参加市委统战部组织的“喜看新成就·同心赞邵阳·共谋新发展”暑期谈心活动。4名基层组织负责人到湖南大学参加全省基层组织主委培训班，7名新党员参加全省新党员培训班。向组织部门推荐1名党员担任政府组成局行政正职（正处级），1名党员担任市三级医院副职（副处级）。1名机关干部被推荐到市委组织部举办的中青年干部培训班脱产学习2个月。

**【社会服务】** 2022年，农工党邵阳市委开展多场爱心医疗服务活动及“健康与环境宣传周”活动，服务群众。发动全市党员和爱心人士参与省委会倡导的腾讯公益“99公益日”活动，捐助6000余元。市四中支部赴新宁县窑市中学开展爱心捐书活动，捐赠书籍、文具等价值5万余元。武冈市总支、北塔区支部、市中医医院支部组织开展义诊活动，服务群众3000余人，捐献医疗物资价值3万余元。市疾控中心支部、大祥区支部等开展疾病预防宣传活动，发放疾病防治宣传资料9000余份，服务群众4000余人。市委会被省委会表彰为社会服务先进市级组织。

（肖媛媛）

## 九三学社邵阳市委员会

**【概况】** 2022年，九三学社邵阳市委员会（以下简称九三学社邵阳市委）有基层委员会1个、支社22个，社员413人。社员中具有副高以上职称151人、占36.6%；副厅级干部1人、正处级干部2人，副处级干部10人；有46人兼任社会职务，其中省人大代表2人、省政协委员2人，市人大代表1人（人大常委会委员1人）、市政协委员17人（政协常委3人），县市区人大代表6人（人大常委会副主任2人，人大常委会委员4人）、县市区政协委员28人（政协副主席3人，政协常委7人）。是年，九三学社邵阳市委获九三学社中央2021—2022社会服务先进集体称号。

**【参政议政】** 2022年，九三学社邵阳市委围绕市委、市政府中心工作建言献策。申报九三学社湖南省委“四明白四清楚”调研活动课题5个，申报社省委参政议政专题调研课题8个，其中立项4个，承担市委统战部调研课题1个。主委晏丽君撰写的调研报告《关于疫情对餐饮住宿业带来的严峻挑战与保经济、稳就业的建议》被社省委采纳，并报送到社中央。在市级两会上提交集体提案4篇、个人提案8篇。集体提案《关于推进资水通航的建议》被列为市政协重要提案，副主委张朋飞提交的《关于大力推广普及急救等应急救援知识的建议》被选为市政协“2022年网上公众测评的重大民生提案”。向社省委、市政协等平台报送社情民意20余篇。其中张亚平撰写的《关于进一步完善“双减”政策的建议》被社省委采纳，作为全国政协十三届五次会议张大方主席的提案《关于进一步完善“双减”政策的提案》，《关于进一步保障现代女性权利的建议》被社中央采纳；文羽中撰写的《关于加强我国偏远地区救助体系建设的建议》被社省委作为优秀社情民意向社中央进行推荐；孙妍玲撰写的《关于多措并举保民生促就业的建议》被社省委采纳；刘纯鹰撰写的《关于不能任意冻结外贸企业账户的建议》被省内参采用。4月社市委组织举办参政议政骨干培训班，就如何高质量撰写提案、社情民意、调研报告等，对各基层组织主委、参政议政工作委员会委员、青年工作委员会委员进行培训。

**【思想建设】** 2022年，九三学社邵阳市委坚持“逢会必学”常态化学习机制，在召开主委会、市委会等会议期间首先安排学习，传达学习最新的中共中央会议精神、全国“两会”精神、《中国共产党政治协商工作条例》及习近平新时代中国特色社会主义重要思想等。主委班子带头，广大社员、机关干部积极参与，通过召开专门会议、实地教学、专题讲座、“社员之家”“政协云”App等形式深入学习。结合年度工作，组织社员系统学习中共十九届六中全会精神与学习习近平总书记系列重要讲话精神。开展“矢志不渝跟党走、携手奋进新时代”政治交接主题教育“清廉邵阳”建设主题教育学习。

**【组织建设】** 2022年，九三学社邵阳市委发展新社员6人，其中博士1人、硕士2人，平均年龄32岁。除发展有代表性的科技界中高级知识分子外，加强对高等教育界、经济界、法律界代表性人士的发展，使社员专业更趋合理。3月9日，九三学社邵阳职业技术学院支社成立。

**【社会服务】** 2022年，九三学社邵阳市委组织市中医医院支社、邵阳学院附属二医院支社在新宁县麻林瑶族乡上林村、北塔区李子塘村等开展送医下乡活动，免费送医送药，服务群众1000余人。开展科普活动，社员王杰在蔡锷乡山东村举办关于“高端优质香稻轻简化栽培技术”“高蛋白饲料玉米易种易管栽培技术”等农业专业知识技术讲座；法政支社先后到三个乡镇开展禁毒宣传和反对校园霸凌宣讲活动，主委张花担任长阳铺中学法制校长；社市委印制《低碳生活的100条建议》宣传手册1000份，助力同心美丽乡村科普宣传活动。开展助学活动，在隆回县职业中专学校举行“九三学社·和亚2班”开班仪式；争取深圳市吉尊玛慈善基金会在武冈实施“OTO助学圆梦计划”项目，筹集资金26万元，助力80名学子继续学业；开展捐赠图书活动10次、捐赠图书1000余册，价值3万余元，为90余名留守、困境儿童赠送价值2万余元的书包、文具及书籍。

（陈碧蓉）

## 邵阳市工商业联合会（总商会）

**【概况】** 2022年，邵阳市工商业联合会（总商会）（以下简称邵阳市工商联）有县级工商联组织 12 个；有会员 20825个，其中企业会员6573个、个人会员13999个、团体会员253个（其中市直属行业商会16个、市异地邵阳商会36个、县级商会201个）。邵阳市工商联有兼职副主席17名、兼职副会长18名。其中，第一产业2名，均为国家级农业产业化龙头企业负责人；第二产业16名，为市战略性新兴产业、高技术产业、先进制造业典型代表；第三产业17名，其中商贸流通等现代服务产业明显增加。副主席、副会长平均年龄49岁，50岁以下18名，45岁以下7名。博士1名，研究生9名，本科学历7名，大专学历12名。男性31名，女性4名。各区县市17名，市直属行业商会12名，市直4名，邵阳经济技术开发区2名。有常委83名，其中45周岁以下34人；执委211名，其中民营经济代表人士193名。

**【议政建言】** 2022年，邵阳市工商联以“四明白四清楚”大调研为抓手，完成专题调研和市领导交办的重大课题调研4个，协助全国工商联开展专题调研1项，调研成果得到党委、政府高度重视和积极采纳。配合省工商联开展4次民营企业季度运行状况网络调查，为党委和政府研判经济形势提供参考。3篇调研报告获省工商联优秀调研成果评选二等奖、三等奖。

**【思想建设】** 2022年，邵阳市工商联通过领导进商会、进企业开展宣讲等形式，在全市工商联系统学习宣传贯彻党的二十大精神。开展民营经济领域风险隐患大排查，市、县两级工商联及各商协会参与安全生产风险隐患排查566人次，走访民营企业425家。通过“民营企业家沙龙”“企业家座谈会”等活动开展民营经济人士理想信念教育。组织直属商会党组织负责人共30人赴新宁红军井、城步老山界开展“喜迎二十大、奋进新征程”红色主题教育。

**【组织建设】** 2022年，邵阳市工商联推进基层工商联组织建设。大祥区、北塔区、邵东市、新邵县、洞口县、武冈市、邵阳县7个县级工商联获评“全国五好工商联”，大祥区、北塔区、城步苗族自治县3个县级工商联获评“全省五好工商联”，数量位居全省市级工商联系统前列。组建管理16家直属商会党组织，管理正式党员50名、流动党员151名。结合“我心向党忠诚为国”主题教育，开展非公党建培训。5月20日，在新宁县召开直属商会党组织负责人述职评议会议。配合市“两新”工委举办党建培训班，选送党组织负责人和党员发展对象参训。9月直属商会党委进行党组织组建攻坚，所有商会党组织实现全覆盖。

**【招商引资】** 2022年，邵阳市工商联召开邵阳市全球异地邵阳商会会长视频会议暨招商引资推介会。5月牵头组织9名市代表团成员参加省工商联组织的全球湘商大会。出台《异地邵阳商会评优奖励办法》，评选出泰国湖南商会、北京邵阳企业商会、长沙邵阳商会等10家优秀异地商会，并在第六届全球邵商大会上进行表彰。牵头举办正和岛百位企业家邵阳行活动，7月17—18日，民进中央经济委员会副主任、正和岛首席经济学家王林、正和岛总裁黄丽陆带领正和岛企业家考察团一行到邵阳开展以“走进邵阳 投资未来”为主题的考察交流活动。牵头组织召开第六届全球邵商大会，组织130名邵商参会，其中异地邵商116人（会长32人、副会长及秘书长84人），本地商会会长14人。建立异地邵阳商会会员信息库，收集异地邵阳商会会员信息和异地邵阳商会会员在上市公司中邵阳籍实控人及高管信息。

**【经济服务】** 2022年6月开始，为帮助企业解决发展中的困难，邵阳市工商联牵头举办“企业家接待日活动”，由市委常委、组织部部长、统战部部长龚红果主持，市委、市政府主要领导参加，每月举办一期。接待日当天，全市联系九大产业链和重点企业的市级领导前往所联企业上门服务，企业反映的诉求由市非公经济领导小组办公室交办给市直部门或县市区政府，承办单位限制报办结情况，市非公经济领导小组办公室定期形成专报报市委、市政府主要领导审阅。年内共举办4期，收到44家企业关于土地供给、厂房租金、人才引进、融资续贷、降本增效、数字化转型等方面诉求103条，分别交办给30家职能部门及三区政府，其中已办结90条，在办理13条，企业家满意率100%。同时，配合市委统战部举办民营企业家沙龙活动4期、民营企业家座谈会2次，协助市委统战部对民营企业家提出的诉求进行梳理并形成台账，及时交办，推动企业家诉求的解决。6月23日，举办第十一届湘西南汽车文化节暨2022年邵阳市汽车消费节活动。

**【法律服务】** 2022年，邵阳市工商联先后组织到市青年企业家商会、邵阳广告行业商会、邵阳设计商会等8家商会，以及亚洲富士电梯股份有限公司、湖南君志达保温材料有限公司等23家企业进行调研，免费为企业进行法治体检，有效防范法律风险。与市司法局、市律师协会合作开展“万所联万会”行动。做好商会调解工作平台的数据库建设。建立检察机关与工商联沟通联系机制，与市人民检察院联合下发《关于建立健全邵阳市检察机关与工商联沟通联系机制的实施意见》。成立涉案企业合规第三方监督评估机制管理委员会办公室，推进涉案企业合规改革。

**【社会服务】** 2022年，邵阳市工商联牵头召开全市“万企兴万村”行动推进会，组织413家企业参与该行动，在全市649个村投入资金12.88亿元，受益群众186353人。完成全国“万企兴万村”数据库系统录入工作，深入开展重点帮扶集体经济薄弱村专项行动。全面开展项目推荐和建设工作，全市12个项目被推荐为省级重点实验项目，44个项目纳入市级项目数据库。

（马谢亲）

# 群众团体

## 邵阳市总工会

**【概况】** 邵阳市总工会辖12个区县市总工会和邵阳经济技术开发区工会，内设9个部室，下属1个公益二类单位市工人文化宫。截至2022年年末，全市有基层工会组织1.26万个，职工110.58万人，工会会员107.51万人。有全国劳模51人、省劳模428人、市劳模731人、宝庆工匠79人，有全国百家示范乡镇（街道）4个、全国模范职工之家34个、模范职工小家29个，全国职工书屋示范点29个。

3月20日，邵阳市总工会召开第十六届委员会第十次全体委员会议，总结2022年全市工会工作，部署2023年工作任务，履行有关人事事项的民主程序。

2022年，邵阳市各级工会把学习宣传贯彻党的二十大精神和习近平新时代中国特色社会主义思想作为首要政治任务，组织宣讲小分队进企业、进工地、进班组开展微宣讲12场次。开展党组理论学习中心组学习12次。开展庆祝中国共产党成立101周年系列活动。选派6批共42名工会干部参加省总工会组织的党的十九届六中全会专题培训班，市总工会班子成员深入企业、园区、车间宣讲党的二十大精神10余次。

**【劳动和技能竞赛】** 2022年3月始，邵阳市总工会聚焦全市制造业企业在职职工，选树10名“宝庆工匠年度人物”和10名“宝庆工匠年度人物”提名奖，并于6月10日召开表彰大会。推评孙燕、王志刚2人为全国五一劳动奖章，彩虹集团（邵阳）特种玻璃有限公司邵阳工厂技术质量部、湖南湘窖酒业有限公司物流部新厂成品仓库等2个班组为全国工人先锋号。联合市人力资源和社会保障局、市文化旅游广电体育局等部门开展旅游饭店职业技能竞赛。联合市人力资源和社会保障局、市烟草专卖局等部门开展烟草行业烟叶调制和烟叶评级职业竞赛。组织开展“喜迎二十大·奋进新征程”邵阳市重点建设项目劳动竞赛，并对2021年度重点建设项目劳动竞赛开展成效评价，表彰先进单位5个、先进班组9个、优秀个人11名。

**【慰问活动】** 2022年春节前后，邵阳市委书记严华、市长华学健、市委副书记汤立斌等市主要领导和市总工会领导开展劳模慰问活动，共慰问全国、省、市三级劳模742人次。严华签发《关于开展2022年进企入户为困难职工常态化送温暖活动的通知》，就送温暖活动做出系列安排部署，在工作对象、工作措施、组织保障上提出明确要求。市委常委会会议专题研究全市送温暖走访慰问活动，40名市级领导、98个市直单位联系75家企业，实现市级领导、市直单位、困难企业等“三个全覆盖”。春节和中秋“两节”期间，全市各级工会共慰问企业692家，慰问职工3.8万人，为职工提供各类服务2.25万人次。夏季高温期间，市总工会本级筹措资金25万元，由市委主要领导带队开展送清凉走访慰问，为户外建筑工人、环卫工人、快递员、网约车司机、交警等重点对象，送去人丹、藿香正气水、风油精、板蓝根、清凉油等物资；全市各级工会筹措资金274.17万元，慰问职工2.4万余人。

**【劳动模范表彰】** 2022年6月，邵阳市在市委礼堂召开“喜迎二十大、永远跟党走、建功新时代”邵阳市“2022年宝庆工匠年度人物”表彰大会，市委、市政府授予王波涛等10人“2022年宝庆工匠年度人物”称号，授予王共海等10人“2022年宝庆工匠年度人物”提名奖称号，授予邵阳宝宁建设工程有限公司等5个单位“邵阳市五一劳动奖状”，授予中铁二十五局集团第三工程有限公司邵阳市火车站客运综合交通枢纽工程配套基础设施建设项目经理部等9个单位“邵阳市工人先锋号”称号，授予米飞飞等44人“邵阳市五一劳动奖章”。

**【工会基层组织建设】** 2022年，邵阳市总工会开展市总工会机关干部赴基层蹲点工作，成立三个蹲点工作小组，由班子成员带队分赴市出租汽车行业、市货运行业、邵阳经济技术开发区指导建会入会及工会规范化建设。加强对新业态企业工会工作的调研指导，成立新就业形态行业工会联合会20家，单独建立基层工会组织143家，发展新就业形态群体工会会员26148人，其中货车司机5510人、网约车司机2671人、快递员7139人、外卖配送员2077人、其他新就业形态劳动者8751人。成立教育、卫健、建设、商贸、交通运输5个产业系统工会，配备正科级专职副主席领导职数，最大限度吸纳产业工人进入工会组织，推进基层工会组织和工会会员实名制管理。推动“县级工会加强年”活动取得实效，截至11月底，全市完成工会组织实名录入4319家，会员录入68.16万人。

**【“工会进万家”调研走访慰问活动】** 2022年，邵阳市总工会开展“工会进万家”调研走访慰问活动。常态化开展送温暖和帮扶，发放常态化送温暖资金25万元，发放新就业形态劳动者入会与服务资金105万元、专项帮扶资金97万元、入会爱心大礼包500个；开展“爱在中秋佳节 关爱户外劳动者”“庆丰收迎盛会”农民工慰问活动，慰问户外劳动者200人、农民工263人、农民工劳模48人，发放慰问金25.6万元。

**【“喜迎二十大、奋战新征程”主题系列活动】** 2022年，邵阳市总工会围绕迎接党的二十大主线，广泛开展“喜迎二十大、奋战新征程”主题系列活动，提升党建引领工会工作质量。先后组织开展“中国梦·劳动美”系列宣传教育，营造浓厚的学习宣传教育氛围；开展“玫瑰书香”全市女职工主题阅读活动，“朗读雷锋日记”“讲述抗疫故事”“朗读军嫂家书”三个活动板块共收到作品270件；开展“工人阶级宣传月”活动，在市级主流媒体刊发报道劳模工匠先进事迹20余人次，上稿120余篇；持续开展喜迎二十大“劳动创造幸福 建功新邵阳”系列微宣讲活动。

**【产业工人队伍建设改革】** 2022年，邵阳市成立推进新时代产业工人队伍建设改革协调小组及办公室并建立联席会议制度，定期针对产业工人待遇和技能素质提升、建功立业等问题进行研究。市委办公室、市政府办公室出台《邵阳市新时代产业工人队伍建设改革责任清单的通知》，明确工作任务、具体措施以及责任单位。6月14日，组织市产业工人队伍建设改革协调小组成员和联络员参加全省推进产业工人队伍建设改革电视电话会议；7月10日，召开全市产业工人队伍建设改革推进会。

**【维护职工生命健康安全】** 2022年，邵阳市总工会结合“安全生产月”开展“安康杯”竞赛活动。开展以“落实安全责任 推动安全发展”为主题的安全生产集中咨询日活动，开展“女职工维权行动月”活动，发放《中华人民共和国工会法》《女职工劳动保护特别规定》《湖南省女职工劳动保护特别规定》等资料3000余份。参与隆回县、邵东市、武冈市等多起事故调查。面向困难企业女职工、新就业形态女性劳动者、建档立卡困难女职工举办公益性“两癌”筛查活动，筛查困难女职工500名。

（唐怡桂）

## 中国共产主义青年团邵阳市委员会

**【概况】** 2022年，中国共产主义青年团邵阳市委员会（以下简称共青团邵阳市委）辖12个区县市、市教育系统团工委等团委。有团的领导机关团干部130人，基层团干部1.83万人，有团组织1.52万个。有团员22.36万人，其中学生团员6.39万人，机关企事业单位、国有企业、非公企业、新社会组织、村（社区）团员15.97万人。

建成微信公众号、抖音、B站等五大新媒体矩阵平台，全网粉丝数突破117万人，其中微信公众号全年累计阅读量超130万次，在全省共青团系统年度排名第一，在全市政务媒体中排名前三。

是年，共青团邵阳市委获全市“精神文明先进单位”称号、湖南省共青团第三届改革创新大赛优胜奖、第九届“创青春”湖南省青年创新创业大赛优秀组织奖等。

**【主题教育】** 2022年9月14—16日，共青团邵阳市委在市委党校举办邵阳共青团学习《论党的青年工作》专题读书班。开展“强国复兴有我”等主题宣讲40余场，覆盖青少年群体2万余人。开展“弘扬光荣传统，赓续红色血脉”主题演讲比赛，全市5000余名青年报名参赛。组织全市“80、90、00”宣讲团和“红领巾巡讲团”开展宣讲3064场，覆盖青少年47.2万人。创新推出视频栏目《邵YOUNG说》《青春正红——百年来邵阳优秀青年的故事》，制作主题宣传片《正青春》，全年在市级以上主流媒体上稿136篇，其中中央级8篇、省级65篇。以“传承红色基因”为主线，依托邵阳红色革命故事和非遗等优秀传统文化，打造“少先队移动课堂”22场，覆盖学生6.5万余人。开展“童心向党”“正气润童心·廉风倡文明”“党的故事我来讲”等系列主题教育实践活动470余场次，覆盖青少年群体13.6万余人。全年培育选树国家、省、市级先进个人390名、先进集体133家。

**【实践活动】** 2022年，共青团邵阳市委开展“智汇潇湘·鸿雁之约”大学生暑期社会实践活动，全市累计组织1200余名大学生参与，组织13名“双一流”大学生围绕邵阳九大新兴产业开展实地调研，构建起大学生与家乡联系的实践桥梁。开展“青春兴湘 何必远方”湖南省农村青年致富带头人协会助力乡村振兴系列（邵阳专场）活动、邵阳市第六届年货节活动，邀请10位邵阳籍青年主播围绕特色旅游推介，结合优质农产品直播带货，重点宣传推荐新宁崀山、城步南山、隆回花瑶等邵阳各大特色旅游景点，进行“爱心助农直播”销售，开展直播13场，观看人数330万人次，实现销售额800万元，搭建起青年电商人才培育和学习交流平台。

**【服务青少年】** 2022年，共青团邵阳市委组织动员1345名青少年参与全国政协模拟提案征集活动，提出模拟提案235个。争取、统筹各类资金80余万元，对400余名事实无人抚养儿童、留守儿童、困境儿童等特殊群体开展关爱活动。开展青少年禁毒、反电诈、防溺水、防性侵等法治宣传和自护教育活动4500余场，覆盖青少年群体129万余人次。举办“邵阳青年筑巢行动”“湘亲相爱在邵阳 两岸姻缘一线牵”等青年联谊活动，为60余名高素质人才婚恋交友搭建平台。

**【组织建设】** 2022年，共青团邵阳市委制定下发《邵阳市县域共青团基层组织改革工作方案》，以“四大全域改革攻坚工程”全面推进全市县域共青团改革。全年新建162家青年之家，新建社会领域团组织3822家，非公企业614家，超额完成年初目标任务。挂牌成立市政协共青团青联界别委员工作室。全市聘请校外辅导员1.4万余名，新建74家少先队校外实践教育营地（基地），累计开展集中入队仪式、离队入团仪式等仪式教育3200余场。在全省率先召开青年统战工作协调机制会议，增强全市青年统战工作合力。召开市青年工作联席会议第四次全体会议，出台《邵阳市青年发展规划（2022—2025年）》，进一步明确相关部门工作职责和内容。

**【志愿服务】** 2022年，共青团邵阳市委聚焦疫情防控，组织动员全市3.84万名团员青年到村（社区）报到参与网格化管理；组建“爱心送药”青年志愿者小分队15支，为116个村（社区）2452个家庭送去救急药物；累计拨付（捐赠）抗疫物资400余万元。选拔招募400余名志愿者，主动承担首届湖南—东盟投资贸易洽谈会、“正和岛”百名企业家邵阳行和“军工邵阳行”等重大招商引资活动志愿服务。其中，首届湖南—东盟投资贸易洽谈会暨第五届东盟·湖南（邵阳）名优产品交易会期间，通过“邵阳共青团”微信公众号发布志愿者招募令，择优选拔285名青年志愿者，分为接待服务、酒店引导服务、随车讲解服务、会务服务、展区服务、接送站服务等6个类别18个小组开展志愿服务活动，共服务嘉宾500余名，累计发送提醒短信5000余条，服务时长1.1万小时，收到嘉宾致谢短信300余条，实现志愿服务“零差错”，获社会各界和参会嘉宾一致好评。

**【希望工程捐资助学】** 2022年，邵阳市希望工程办公室发挥品牌优势，整合社会资源，开展“青春湘伴·情暖三湘”“关爱青少年身心健康‘十个一’行动”“希望工程1+1”“一元捐”“湘窖·我的大学梦”“芙蓉学子”“国酒茅台”等一系列困难学生资助活动。据统计，全年累计筹资400余万元，资助困难学生2800余人次，捐赠乒乓球桌8套、校服576套、书包270个、棉被200床等。

**【庆祝中国共产主义青年团成立100周年座谈会】** 2022年5月12日，邵阳市庆祝中国共产主义青年团成立100周年座谈会召开。市委书记严华出席并讲话。会议由市委副书记汤立斌主持，市领导于金旺、肖拥军、龚红果、蒋伟、段雪梅出席。会上，8名青年代表分别就乡村振兴、疫情防控、志愿服务、科技创新、青年创业、平安建设等方面作典型发言。

2022年12月12日下午，团市委举办“学习二十大、永远跟党走、奋进新征程”2022年邵阳市少先队辅导员风采大赛全市总决赛暨颁奖仪式（肖 品 周志杰 供图）

**【学习《论党的青年工作》专题读书班】** 2022年9月14—16日，邵阳共青团学习《论党的青年工作》专题读书班在市委党校举办。市委副书记汤立斌出席开班仪式并作开班动员讲话。团市委书记班子成员、全体干部职工和全市各县市区、部分学校和行业系统领域的96名学员参加学习。此次读书班采用“集中学习+专题辅导+分组研讨+交流学习”形式，邀请湖南省团校校长朱雄君作《与党同心 跟党奋斗 再续荣光》专题授课，市委党校常务副校长肖杰华作《理想信念是党员干部的精神家园》专题授课、副校长姚海波作《赓续红色血脉 传承红色基因》专题授课，团市委书记班子成员作专题辅导报告，全体学员围绕习近平总书记关于青年工作的重要思想进行分组研讨。

**【市政协共青团青联界别委员工作室揭牌】** 2022年9月21日，邵阳市政协共青团青联界别委员工作室揭牌仪式在市青少年活动中心举行。工作室紧扣“学习交流的园地、联系青年的纽带、青年发声的渠道、汇智聚力的平台、凝聚共识的窗口”的定位，围绕“青联大讲堂”“青联思享汇”等板块展开活动，展示共青团青联界别委员工作室的特色亮点与履职成效。活动当天，市政协共青团青联界别委员工作室联合市政协学联委委员工作室开展模拟政协学生社团“在邵大学生留邵发展意愿”调研情况座谈交流会暨“委员活动日”履职活动。市政协党组副书记、副主席段雪梅出席活动并与驻室的政协委员及邵阳学院、邵阳职业技术学院、湘中幼儿师范高等专科学校的教师及学生代表进行座谈，代表们就模拟政协学生社团“在邵大学生留邵发展意愿”调研情况作交流发言，政协委员就学生代表提出的有关人才政策、职业规划、支持大学生创新创业的政策措施等问题一一作答并提出自己的见解。

**【2022年少先队辅导员风采大赛】** 2022年，由共青团邵阳市委、市教育局、市人社局、市总工会、市妇联、市少工委联合主办的“学习二十大、永远跟党走、奋进新征程”2022年少先队辅导员风采大赛举行，旨在提高少先队辅导员政治素质和履职能力，提升基层少先队工作水平。经各区（县、市）初赛和推荐，全市12个区县市和4所市直中小学的55名少先队辅导员围绕少先队基础专业知识、主题宣讲、少先队活动案例讲解、少先队校外实践活动设计及少先队工作情景处理答辩5个项目展开比赛，最终9名选手进入决赛。12月12日举行决赛，评选出单项奖、个人全能奖、优秀组织奖、优秀指导老师奖、优胜奖等若干奖项，其中邵东市城区五小大队辅导员李婧、邵阳市明德学校中队辅导员杨雪滢分别获得小学组、初中组全能奖第一名。

（肖 品 周志杰）

## 邵阳市妇女联合会

【概况】2022年，邵阳市妇女联合会（以下简称邵阳市妇联）强化思想引领，以“巾帼心向党”主题宣传教育活动为主线，开展党的二十大精神大学习大宣讲大宣传活动，引导广大妇女深刻领会“两个确立”的决定性意义，树牢“四个意识”，坚定“四个自信”，做到“两个维护”。强化网络阵地，成功打造湖南省内第一家妇女运动史展馆，上线省内第一部关于妇女运动的《邵阳妇运百年》电子书，邵阳女性微信公众号成功创建湖南省“星级网上妇女之家”。

是年，邵阳市妇联获评湖南省家庭工作先进集体、2021年度绩效考核评估优秀单位、邵阳市文明标兵单位、邵阳市平安建设先进单位。

【妇女创新创业】2022年，邵阳市妇联推进湘女创新创业工程，举办巾帼专场招聘活动60余场次，为妇女提供就业机会1万余个，举办2期湘女@家“直播带货”培训班，指导创评全国和省级巾帼文明岗18个、巾帼建功先进集体5个、巾帼建功标兵6个。组织优秀女性参加全国农民技能大赛、省第四届巾帼创业创新大赛、省第二届育婴员和保育师职业技能大赛。推进湘妹子能量家园工程，举办全市湘妹子能量家园工作推进暨业务培训会议，在全市全面铺开试点工作，新增7个市级试点村，创建2个省级示范点，下拨专项工作经费，定期在试点村开展活动，助力乡村治理。深化乡村振兴巾帼行动，联合市农业农村局开展最美庭院评选活动，评选市级“最美庭院”60户；创评全国巾帼现代农业科技示范基地1个、省级2个，推荐40名巾帼龙头企业负责人加入省湘女@家巾帼新农人联盟；开展“出手吧姐姐 湘女带香货”消费助农妇邮系列直播活动，带动消费88万余元，邵阳黄桃和湘女新农人产品销售均位居全省第二。

【妇女儿童维权帮扶】2022年，邵阳市妇联推进新一轮妇女儿童发展规划落地落实，召开市政府妇儿工委全会，下发《邵阳市妇女儿童发展规划（2021—2025年）目标责任分解书》和统计监测指标体系，推动“两个规划”落地实施。防范化解家庭婚恋纠纷风险，联合市平安建设工作办公室开展婚恋家庭矛盾大排查大化解暨命案防范百日攻坚专项行动、婚恋家庭纠纷排查化解专项行动，排查化解婚恋家庭纠纷；组织各级妇联执委、巾帼志愿者深入企业、社区、村组探访重点儿童8117次、困难妇女3746次、重点家庭3958次，摸排婚恋家庭矛盾552起，帮扶慰问困难妇女儿童9082人。加强普法宣传教育，聘请17名法律工作者、12名心理咨询师成立示范宣讲团，深入各地开展妇女儿童合法权益保护法律法规宣讲，同步开展心理疏导公益行动，维护家庭和社会稳定；联合教育部门举办全市女童权益保护“百场宣讲”三年行动公益讲师培训，在全市各中小学校推进儿童安全保护权益课程进校园全覆盖。

【家庭教育】2022年，邵阳市妇联深化文明家庭创建，评选市级“最美文明家庭”20户、最美家长10名，4户家庭获评湖南省五好家庭、8户家庭获评湖南省最美家庭，3户家庭获评全国五好家庭、2户家庭获评全国最美家庭；联合市广播电视台开展“有声家书”征集、“手写家书”展览系列活动，征集、展览优秀书信57篇。做好家庭教育工作，推进“家庭教育580”（取谐音“家庭教育我帮你”）公益项目，开展线上家庭教育讲座100余场，暑假公益活动30场，“传承好家风、弘扬好家训”主题教育实践、“好家风好家训”科学教子故事分享会等活动150场次，受益家庭2万余户；举办“少年儿童心向党——亲子共沐书香 强国复兴有我”家庭亲子诵读大赛，推动社会主义核心价值观在家庭落地生根。推进清廉家庭建设，在全省率先开展“一把手”家风警示教育暨“最美清廉家庭”选树活动，选树“最美清廉家庭”30户，该项活动被《中国妇女报》和“学习强国”学习平台宣传推介。

【妇女儿童关爱慰问】2022年，邵阳市妇联推进湘女健康工程，牵头实施农村适龄妇女和城镇低保适龄妇女“两癌”（乳腺癌和宫颈癌）免费检查重点民生实事项目，完成免费检查98311人，争取“两癌”救助资金337万元。“湘女关爱保”健康保险630人从中受益，获理赔424.7万元。组织邵阳巾帼健儿参加湖南省首届妇女健康运动会，获健康跑总决赛项目团体第二名和第六名，拔河总决赛“最美佳人奖”，趣味运动总决赛第三名。落实市委人才兴邵战略“人才筑巢行动”，举办“缘定宝庆 为爱筑巢”青年联谊活动，帮助各类人才在邵阳结良缘、筑爱巢、扎深根，吸引更多人才来邵、留邵、兴邵。参与省妇联发起的“出手吧姐姐”公益项目，募集158万余元全部用于走访慰问困境妇女儿童；组织开展母亲节慰问活动，将省妇女儿童基金会捐赠的345箱奶粉送到基层女性手中；发放205万元农村防疫物资及慰问金，助力困难群众温暖过冬。

（孟思静）

## 邵阳市科学技术协会

【概况】2022年，邵阳市在全省率先开展“小荷”人才计划项目，获省委书记张庆伟、副省长陈飞批示表扬，并在全省作典型发言；率先建立健全市领导结对联系院士常态化工作机制，市委书记严华、市长华学健分别带头结对联系2名院士；率先实施“科技助力乡村振兴行动”，促成畜禽养殖污染控制与资源化技术国家工程实验室共建项目等7个项目，并促成中国农业银行邵阳分行为市农村专业技术协会88家会员单位提供10亿元授信支持发展。

服务院士专家，重点开展种业振兴、先进制造业、航天强国等院士专家邵阳行活动，接待服务谢道昕、毛军发等13批次70多名院士专家到邵阳调研走访；利用科普资源助推教育“双减”，出台考核细则，加强阵地及队伍建设；开展首次科学传播职称评审，高、中、初级报名和获评数量、质量均居全省第一位。

市委常委会先后4次专题研究科协工作，制定《邵阳市领导联系服务院士实施办法》，市政府常务会议审定《邵阳市全民科学素质行动规划纲要实施方案（2021—2025年）》，市财政新增市科协科技工作之家、科普大篷车等专项工作经费104万元。邵阳市科学技术协会（以下简称邵阳市科协）督促指导全市12个区市县科协全部独立建制并设立党组，202个乡镇（街道）、4所高校、11个园区均建有科协组织。实施学会服务能力提升行动，开展“两新组织党组织建设攻坚行动”，全市27个学会（协会、研究会）中，25个有党员的学会（协会、研究会）均建立党组织，1个无党员的协会派驻党建指导员，清理“僵尸学会”1个，社会组织党组织建设和党建工作覆盖率均达100%。

是年，邵阳市科协获全国科普中国信息员队伍建设优秀组织单位、全国青少年科学调查体验活动优秀组织单位、“科创筑梦1979”全国创新大赛湖南省获奖者信息采集工作优秀组织单位、湖南省第五届科学素质网络大赛市州优秀组织奖、第14届湖南省青少年机器人竞赛优秀组织奖等15项省级及以上荣誉。

**【科技创新】** 2022年，邵阳市科协开展农技推广、科技“三下乡”等主题活动。印遇龙院士领衔的“保和鸡”新品种、宝东农牧科创项目、盛世丰花科创项目等助力乡村振兴；柏连阳、孙传清等院士专家指导新邵县成立全国首个“杂交水稻全国重点实验室低镉水稻新品种试验示范基地”；与华中科技大学等联合探索构建“智慧农机”综合项目；引进中国农业大学与洞口县建立战略合作，建立潘灿平教授专家工作站；探索“科技创新推动湖南乡村产业振兴”“科技推动种业创新”等在邵阳落地。加强院士工作站（室）、专家工作站、市属学会服务站“三站”建设。邵阳市首个全国学会服务站中国遥感应用协会邵阳市学会服务站成立挂牌；邵阳先进制造技术研究院、邵阳纺织机械有限责任公司引进俄罗斯科学院院士、武汉纺织大学梅顺齐教授专家团队，建立邵阳市首个装备制造业院士工作站（室）并申报“中国科协海智计划基地”；湖南绥宁特沃斯科技有限公司引进湖南省微生物研究院副院长、教授级高级工程师郭照辉专家团队，建立省级专家工作站；中电彩虹（邵阳）特种玻璃有限公司引荐中国工程院院士、国家产业基础专家委员会副主任、中国新材料研究协会理事长干勇院士专家团队，为邵阳市新型显示材料产业提供科技咨询；邵东智能制造研究院建立海外人士服务基地（海智基地）；对接北京大学、清华大学、中南大学、深圳大学、上海交通大学深圳研究院等10多所名校名院名所，争取“双一流”高校对口支援邵阳学院、邵阳职业技术学院等。

**【科学普及】** 2022年，邵阳市科协在洞口县雪峰街道天井村组织召开“全民科学素质提升行动现场推进会”。组织开展科普进校园、新时代文明实践中心科普联合行动等，在科普中国申报成功的优质科普活动数量112项，全年开展各类科普活动450余场次，覆盖受众群体155.8万人次。截至年末，全市有科普组织118个，科普中国App信息员注册22.6万人、同比增长10.5%，“邵阳市科普教育基地”28个。邀请王赤等院士专家在中小学校开展科普讲座，宣传院士专家和“小荷”人才等先进事迹，在各大主流媒体设置专题专栏开展系列报道，点击量、传播量突破8000万次。市科技馆组织开展“科普夏令营”公益活动；新建航天科普展厅专设“邵阳籍航天院士”展区，开展首届航天科普主题演讲大赛。联合市教育局、团市委在全省率先制定《邵阳市利用科普资源助推“双减”工作实施方案》；召开利用科普资源助推“双减”工作暨青少年科技辅导员骨干培训会议。携手新东方、芒果V基金推出100万套公益科普课程包，开展青少年科技创新大赛、青少年机器人竞赛，成立市科技志愿者协会、市青少年科技辅导员协会，组织各类志愿服务60余场次，受众突破8万人次。在市科技馆定期开展“科学思维大讲堂”讲座，推进“小小科学家”培养计划，选拔500名中小学生开展创意编程与智能设计等免费培训；改扩建航空航天科普展厅；市科技馆成功争取中国科协“科普大篷车”项目，“科普进校园”系列活动走进30多所中小学校，各类科普受众近20万人次。

**【人才工作】** 2022年，邵阳市科协服务人才回归“春晖行动”，完善邵阳籍科技创新专家库、邵阳市科技创新人才库，新纳入人员24名，总数达1330名。加强与邵阳籍或与邵阳产业、企业密切相关的院士专家及科技人才的联系，探索建立实体科技工作者之家。加强人才服务“筑巢行动”，邵阳先进制造技术研究院邓宇书获“高级工程师”职称。开展首次科学传播职称评审，5人获评“高级科普师”。在全省率先开展初、中级职称评审，71人申报，51人通过评审，其中中级7人、初级44人。参与人才下乡“星火行动”。邀请农业科技专家深入田间地头开展精准培训；每季度开展“科技工作者沙龙”活动。助力人才培养“尖峰行动”。在全省市州率先开展“小荷”人才计划项目，2人获评省“小荷”人才，遴选市级15名“小荷”人才，市人才专项资金支持100万元，每人奖励5万元，并跟踪培育；培育“专精特新”“小巨人计划”企业，组织企业技术骨干参加创新能力提升暨“小巨人”培训班。实施人才评选“标杆行动”。开展“最美科技工作者”等“五美”选树表彰，以及“企业创新达人”评选表彰，1人获评“全国企业创新达人”，4人获评“湖南省企业创新达人”，20人获评“邵阳市企业创新达人”，1人获评全省十大“最美科技工作者”，50人获评市级“最美科技工作者”“最美科学传播者”等“五美”选树表彰；2人获评全省“卓越工程师”；市企业科协联合会成功申报全市科技计划重点研发项目。

（邓逸慧）

## 邵阳市归国华侨联合会

【概况】邵阳市是侨务资源大市。2022年，全市有海外侨胞13.78万人，归侨侨眷15万余人，位居全省第二位。湖南湘窖生态文化酿酒城成功创建“国家级侨胞之家”和“省级华侨文化交流基地”。

1月12日，邵阳市归国华侨联合会（以下简称邵阳市侨联）八届四次全委会暨八届四次常委会（扩大）会召开，会议增补第八届委员和常委，选举产生邵阳市侨联主席。启动卫生、教育等行业侨联及基层“侨联驿站”建设。3月，邵阳市侨联会同市委统战部、市工商联对市域外52家异地邵阳商会和市域内11家商会会员进行摸底，全面掌握了解侨资侨企情况，并同步安排区县市侨联开展侨情摸底；8月，联合湘潭大学社会学系就邵东的侨乡起源、侨胞迁徙历史、侨资侨企发展历程及跨国商贸等展开调研和发掘。

【思想建设】2022年，邵阳市侨联强化政治引领，于5月开通“邵阳侨联”微信公众号，实现实体侨联向掌上侨联转身。率先在全国创作出品属于华侨华人自己的歌曲——《侨·我这一家》，为党的二十大献礼。挖掘整合邵阳优秀文化资源，打造“宝庆文化大讲堂/大舞台”外宣平台，讲好邵阳故事，弘扬中华文化。推动湖南湘窖酒业有限公司成功创建“湖南省华侨文化交流基地”，拓展侨界群众活动交流平台。

【为侨服务】2022年，邵阳市侨联积极应对疫情影响和经济下行压力，开展为期2个月的“大走访、大调研”活动，为侨资企业、归侨侨眷解难题、办实事，协调相关部门为侨企解决营商环境、土地办证、金融扶持、减税降费、社保缓缴等发展中问题。拓展为侨服务平台载体，成立市侨商联合会，助力邵籍侨胞回归投资兴业。7月，与建设银行、律师事务所、劳务经济组织、培训机构等签署战略合作协议，创造性地搭建涵盖政务、法务、商务、事务、劳务的综合为侨服务平台，多样、顺畅、高效为侨服务。安排扶侨帮困资金16万元，救助困难归侨侨眷160余人，并有针对性地开展产业帮扶和大病救助等，通过劳务经济组织为侨界群众开展职业技能培训，指导帮助侨界群众创新创业。

【汇聚侨资侨力】2022年，邵阳市开展“邵籍侨胞回归行动”，招引侨资侨企回邵阳投资兴业，帮助做大做强做实“邵阳东盟科技产业园”“中非产业园”，8月19日投资50亿元的“邵阳东盟科技产业园”开园。邵阳经济技术开发区筹划建设“湖南省华侨同心产业园”，以形成与“中非”“东盟”产业园相辅相成的“一体两翼”侨务经济发展格局。开展“千侨帮千村”活动，推动6家企业回乡开办加工车间、发展特色种植和投资乡村建设，拍摄《邵阳侨界助力乡村振兴》专题宣传片。承办在邵阳市举行的全省侨界助力乡村振兴现场推进活动，为“邵阳红”农产品出国销售搭建平台，活动现场实现农产品销售近5000万元。招引侨界优秀人才回国从业或教学，其中省侨联特聘专家委员会专家、中国工程院院士刘少军在邵阳市的淡水鱼国家重点实验室有常驻博士8名。邵阳市侨联发动侨界人士参与乡村振兴、济困助学等活动，捐助捐赠资金2747.5万元。

（黄　金）

## 邵阳市社会科学界联合会

【概况】2022年，邵阳市社会科学界联合会（以下简称邵阳市社科联）强化理论武装。组织全市社科专家开展“喜迎二十大·奋进新征程”百场宣讲活动，完成200余场；联合市委宣传部组织召开全市社科理论界学习习近平总书记在省部级专题研讨班重要讲话精神座谈会，并推出一批理论阐释文章；组织社科理论工作者在市级以上媒体发表中共二十大理论文章和学习感言50多篇；联合市新华书店创办本土人文社科宣讲平台“邵阳社科大讲堂”，开展4场宣讲。推动社科普及，举行2022年邵阳市社科普及主题活动周暨第四届“邵阳红”文化节启动式，推进省、市、县三级社科普及基地建设。组织社科研究，确立市社会科学成果评审委员会2022年度一般科研课题立项110项，评出市第十六届社会科学优秀成果70项，初步建立市智库专家团队。加强“两新”党建，实现市级社科类社会组织党建全覆盖。

【社科普及】2022年，邵阳市社科联举行2022年邵阳市社科普及主题活动周暨第四届“邵阳红”文化节启动式，制作播放市社科联社科普及工作宣传片及优秀科普音像作品，通报表彰2021年度全市优秀社科普及作品和先进单位。为社科普及示范点绥宁县上堡古楼民宿授牌挂牌，并选送系列社科图书期刊

2022年12月15—16日，邵阳市社科联到洞口县调研现代农业产业园建设
（黄蓝青 供图）

和文艺作品；安排专家到隆回魏源医院社科专家工作站为其主办的魏源读书会作专场大型宣讲。截至年底，全市已建设市松坡图书馆等5家省级社科普及基地，评定八路军驻湘通讯处旧址等17家单位为第一批市级社科普及基地，授牌成立第一批社科专家工作站6家、第一批社科普及示范点3家，构建起“基地—工作站—示范点”三位一体，部门主导、社会参与、资源共享的科普工作新格局，推进省、市、县三级社科普及基地建设。

**【社科研究】** 2022年，邵阳市社科联鼓励专家学者围绕经济社会发展中的重大理论和现实问题开展深入研究，收到各单位和县市区组织申报的课题180余项，评审确立市社会科学成果评审委员会2022年度一般科研课题立项110项，其中资助课题16项、自筹课题94项。开展市第十六届社会科学优秀成果评审评选，评出市第十六届社会科学优秀成果学术类一等奖10项、二等奖21项、三等奖35项，应用类二等奖1项、三等奖3项。推进智库建设，开展智库课题研究，湖南民营经济发展研究等系列课题完成最终成果并结项。起草《关于深入推进邵阳新型智库建设的实施意见》并于7月6日正式行文下发，建立由55名社科专家组成的社科智库团队。先后组织30多人次对市文化旅游发展战略、乡村振兴与传统村落保护利用、祁剧艺术振兴、优秀传统文化城市建设、洞口县现代农业产业园建设、城步苗族自治县桃林村国家AAA级旅游景区建设等课题开展专题研究，为有关部门提供智库建议28条。

**【“两新”党建】** 2022年，邵阳市社科联加强全市社科队伍建设和社科类社会组织管理，印发《关于加强社科队伍建设的实施方案》，打造“铁心跟党走、铁肩担道义、铁嘴传真理、铁笔写华章”的社科队伍。开展新经济组织和新社会组织“两新”党组织组建攻坚和整建提质行动，所指导的24个社科类社会组织实现党组织全覆盖。推进“党建引领、助力千企”行动，到美丽来发制品有限公司开展“喜迎二十大·奋进新征程”宣讲活动，联合开展党建活动。

（黄蓝青）

## 邵阳市残疾人联合会

**【概况】** 2022年，邵阳市困难残疾人家庭无障碍改造、残疾儿童康复救助两项省重点民生实事项目精准实施并超额完成。其中，困难残疾人家庭无障碍改造完成1389户，任务完成率106.8%。邵阳市残疾人联合会（以下简称邵阳市残联）及邵阳县、新宁县、隆回县、城步苗族自治县、邵东市困难残疾人家庭无障碍改造工作被评为全省优秀等次。残疾儿童康复救助实际救助有相应康复需求和适应指征残疾儿童1824名，累计康复训练服务时长13995.6个月，任务完成率175%，家长满意率100%，康复有效率98%以上。邵阳市残疾人康复工作被省残联评为“优”，邵东市、新邵县、隆回县、洞口县被评为全省“A”类区县市。

**【防范困难残疾人返贫致贫预警】** 2022年，邵阳市先后印发《助力巩固拓展残疾人脱贫攻坚成果同乡村振兴有效衔接的若干措施》《全市残联系统2021年度中央巩固拓展残疾人脱贫攻坚成果同乡村振兴有效衔接考核评估反馈问题整改方案》《关于支持绥宁、城步、邵阳县和隆回县四个乡村振兴重点帮扶县残疾人事业高质量发展的意见》《邵阳市农村户籍残疾人返贫致贫风险排查工作实施方案》，召开全市巩固拓展脱贫攻坚成果同乡村振兴有效衔接问题整改推进会、业务培训会，要求各县（市、区）残联对标对表，全面深入开展问题整改和返贫致贫风险排查。全市完成196278名农村残疾人防返贫致贫风险信息录入工作，为2210名智力、精神和重度肢体残疾人提供托养服务，困难残疾人生活补贴、重度残疾人护理补贴发放标准均提高到每人每月75元。

**【残疾人就业创业】** 2022年，邵阳市投入扶持资金247.6万元，为1373

名残疾人提供实用技术培训、生产资料扶持，其中市级、县级自筹资金完成343名。实施残疾人创业扶持项目，投入扶持资金376.9万元，为390名残疾人提供创业帮扶，其中市级、县级自筹资金扶持191名。全市共有残疾人用工单位701家，其中机关事业单位461家、企业240家，安排残疾人1826人（其中重度残疾人486人），超比例安排残疾人就业单位13家，安置残疾人69人。开展残疾人就业援助月活动，组织举办残疾人现场招聘会6场，102名残疾人实现就业；走访慰问失业残疾人家庭585户，将505名失业残疾人纳入实名制年度培训计划进行就业能力提升服务；帮助180名残疾人享受专项扶持政策。举办就业宣传月活动，连续6天在《邵阳新闻》栏目中推出邵阳连泰鞋业有限公司、邵阳旺家农业发展有限公司、新邵县鸿远金属加工有限公司等吸纳残疾人用工单位典型；在《邵阳日报》和市残联微信公众号专栏刊登残疾人就业政策问答。

【残疾人精准康复服务】2022年，邵阳市实施7~17岁残疾儿童、少年康复救助市级项目257名，开展假肢适配康复项目220例，完成残疾儿童低视力康复救助200名，完成贫困白内障患者救治2100例，救治重度精神患者60名。在全省率先实行残疾儿童康复训练人脸识别考勤。市残疾人康复中心全年发放辅助器具401件，优先保障残疾儿童和乡村振兴监测户残疾人的康复辅具需求。其中，在邵阳县黄亭市镇开展助力乡村振兴无障“爱”行动，捐赠轮椅、拐杖等辅具147件，开展“关爱残障儿童，共享美好未来”辅具适配活动，救助残疾儿童61名；为邵阳县、绥宁县、北塔区、邵阳经济技术开发区14个村共105名有辅助需求困难残疾人上门服务，适配所需的辅具、轮椅等辅助器具。

【残疾人证办理】2022年，邵阳市残联办理残疾人证件17007人。先后对区县市残疾人证档案规范化管理进行调研，针对存在的评残结论转递不完善、不规范等问题，责令县级残联立行立改，查漏补缺。聚焦办证关键环节，优化办证流程，提质办证服务，新增邵东市人民医院、邵阳市中心医院东院为指定评残医院；组织全市93名指定评残医院医生参加第三届全省残疾评定医生培训班。全面推进第三代残疾人证换发，第三代残疾人证数据采集107319人，制卡成功51460人。

【文化助残】2022年，邵阳市广泛宣传“扶智增志、立德励人”文化助残理念，培育先进典型，倡导文化助残行动，将文化助残志愿服务纳入新时代文明实践工作大局。邵阳市残联组织开展走访慰问、免费听力检测、关爱残疾儿童、假肢适配、辅具适配等各类志愿服务20次。开展“幸福敲门 平安到家”走访恳谈活动。重点针对未成年残疾儿童健康成长的特定需求，打造“为梦护航”为主题的未成年残疾儿童志愿服务品牌。以全国第32次助残日活动为契机，在《邵阳城市报》以8个专版报道残疾人事业，市政府残工委公开发布《促进残疾人就业 保障残疾人权益——致全市人民的一封信》，《邵阳日报》、邵阳电视台、《邵阳城市报》等媒体对残疾人创业典型、残疾人集中就业企业等进行集中报道，展现残疾人自强不息的精神面貌。推介杨淑亭、刘红辉、罗龙桂等优秀残疾人代表，杨淑亭作为残疾人火炬手亮相北京2022年冬残奥会，洞口籍残疾人运动员张义琦出征冬残奥会获单板滑雪第四名。组队参加第十一届省残运会，获金牌35枚、银牌28枚、铜牌14枚，奖牌总数、团体总分均位列全省第六，并获道德风尚奖。

【残疾人权益保障】2022年，邵阳市残联开展“双联双百”工作，落实信访责任制，优化信访问题化解机制，全年接访残疾人76人次、集体访3起、省残联网上信访件8件。重点办理原福利市场16户残疾人商铺续费办证事宜、市辖三区火车站等重点地段残疾人车辆非法营运事项。办结人大代表、政协委员建议提案2件，办结率、回复率、满意率均100%。残疾人个人访和集体访大幅下降。加强各区县市残疾人法律救助站建设，及时有效转介涉法信访事项，建设一条服务残疾人的“绿色通道”。在全省残联维权工作会议上，邵阳市作题为《做到“三个坚持”推动维权工作高质量发展》的经验交流发言。

（肖向民）

## 邵阳市文学艺术界联合会

【概况】2022年，邵阳市共11个区县市设立文联机构，北塔区文学艺术界联合会因机构调整合并至区委宣传部。邵阳市文学艺术界联合会（以下简称邵阳市文联）下属文艺类社团25个，其中直属协会13个、挂靠社团12个。直属协会有国家级会员289人、省级会员1462人、市级会员3906人。文联行业线上线下一体推出《学习二十大·建功新时代——邵阳文艺界学习专栏》24期，组织专家和文艺小分队深入基层开展微宣讲50多次。

是年，邵阳市文联“文艺两新”先进工作经验在全国文联组联工作会议上做典型发言，并受邀在中国文联全国市县级文联负责人培训班上进行案例教学；获评2022年度湖南省文联系统先进单位。

【主题活动】2022年，邵阳市文联围绕迎接、庆祝、宣传党的二十大，举办“江山胜览”——邵阳美术书法摄影非遗晋省展，展出原作和照片312件（组），首次向省城长沙全方位展示邵阳文艺综合实力；编辑出版《时代长歌——邵阳市新时代优秀文学作品选》，举办“喜迎党的二十大胜利召开‘绘美中国·宝庆画风’油画艺术展”“立足邵阳大地·讲好邵阳故事”市美术家协会第七届主席团作品展，“翰墨奋进新征程”——二十大报告金句书法网络展。《江山就是人民——三湘劳模翰墨颂书法创作》和《听见中国》音乐创作项目入选省文艺人才扶持“三百工程”项目。同时，在主题展览中有意识地引导文艺家以统一战线、民族团结进步示范创建为题开展主题创作，组织开展邵阳市“民族团结艺家亲”主题文艺作品大赛，征集美术、书法、摄影、诗词、楹联作品800余件；针对抗击新冠疫情，推出“文艺战疫”主题创作，征集各类主题文艺作品1000余件，分批次在网络平台进行展示。

**【文艺惠民活动】** 2022年，邵阳市文联组织开展“喜庆二十大，乐享新时代”新春文艺“六区行”暨春联艺术“百千万”光大工程惠民活动，深入联点社区、乡村振兴帮扶驻点村赠送文艺大礼包2000余份，协助多个区县市和市直单位原创、印制、赠送主题春联逾10万副，获湖南省文联“百千万”光大工程典型推荐。全年组织文艺志愿者开展文艺惠民等志愿服务活动65场次，创新开展“我们的节日”系列活动6场次。全市500余名文艺工作者以文学、美术、书法、音乐、曲艺、摄影等艺术形式，创作优秀作品1000多件。

**【文艺队伍建设】** 2022年，邵阳市出台《邵阳市文艺事业扶持资金管理办法》，制定详细的评估标准和支持额度。出台《直属文艺类协会管理办法》《文艺类协会会员代表大会参考文本》《文艺活动冠名管理办法》等系列规定，确保文艺组织民主议事、依法办事，规范新文艺组织的运作，各协会完成换届。推举老后（刘启后）为全省学习典范，发布《崇德尚艺·守正创新》倡议书。3人入选湖南文艺人才“三百工程”，15人加入国家级文艺家协会。曾伟子当选湖南省书法家协会副主席，袁树雄等一批代表性文艺家进入省级协会班子，肖笑波、周伟、李春龙、李炯峰、张映龙等一批青年文艺人才成为全省文艺界领军人物。

（邵阳市文联办公室）

## 邵阳市红十字会

**【概况】** 2022年，邵阳市推进县级红十字会改革，隆回县、新邵县、洞口县、邵东市、邵阳县等县级红十字会出台改革方案；新邵县、隆回县、洞口县等县对标对表省市改革方案，机构设置为正科，编制7~10名，新邵县、隆回县、武冈市等县市设置监事会。

**【应急救援、应急救护、人道救助“三救”工作】** 2022年，邵阳市红十字会开展“博爱送万家”活动，为癌康协会癌症患者以及抗战老兵、抗美援朝志愿军遗孀、“三献”志愿者代表、留守儿童、低收入家庭等送去慰问物资及慰问金价值77.75万元，惠及2000余户家庭。强化救援队伍专业化建设，为市红十字水上救援志愿者协会购买价值11.8万余元的救援装备，组织300余名协会会员开展巡河70次、防溺水宣教37次、应急演练5次、救助溺水群众4人。健全社会救助体系，年内“小天使彩票基金”项目累计救助全市白血病患儿42名、救助基金138万元，申报获批7个博爱家园项目、财政专项经费95万元，用于收割机购买、水果种植、养殖发展、村卫生室改造等。强化应急救护培训。举办应急救护师资培训班，培训22人；开展持证救护员（含CPR+AED）培训，在学校和企业培训救护员6495名，从全省末位方阵跃居全省第一位；开展应急救护知识普及培训，完成培训33197人。

**【无偿献血、造血干细胞捐献、人体器官捐献“三献”工作】** 2022年，邵阳市红十字会为强化造血干细胞捐献者资料分库建设和入库质量把关，采集入库血样1505份，动员志愿者海旭成功捐献1例，挽救河北一名16岁白血病患者。完成器官捐献14例、遗体捐献7例。邵东市、隆回县、洞口县、武冈市、新邵县等红十字会分别完成无偿献血人次3560例、3090例、2547例、2230例、1312例，共12739人次254万余毫升。

（徐　银）

# 法 治

## 政法委与综治

【概况】2022年，邵阳市委政法委组织开展全市乡镇（街道）政法委员培训，举办各类培训班697期42832人次，送训参训750期6864人次。推进政法系统干部交流，提拔525人次，进一步使用144人次，交流562人，建立年轻干部数据库，推动市直单位年轻干警到基层挂职锻炼，优化干部结构。深化政法队伍教育整顿成果，部署开展廉洁政法建设，加强对政法机关纪律作风督查巡查，推动清廉思想、清廉制度、清廉纪律、清廉文化融入政法工作的全过程各方面。全市政法系统67个单位集体和80名个人获省级以上荣誉。

【维护社会稳定】2022年，邵阳市全面加强反恐怖工作，守住暴恐案件"零发生"底线。防范化解重大涉稳风险，开展社会稳定风险评估、风险隐患集中排查化解、"治重化积"、涉法涉诉信访积案化解"两年攻坚"等专项活动，完成党的二十大等系列重大节会安保任务。新宁县被评定为全国信访工作示范县，新邵县、新宁县、城步苗族自治县、洞口县被评定为全省信访工作示范县。

【服务经济社会发展】2022年，邵阳市政法系统贯彻新发展理念，制定实施一系列服务保障经济发展的文件和举措，着力服务"五好园区"，优化法治化营商环境。法院系统持续加强投资者权益保护，对涉企纠纷快立快审快执，共审结各类民商事案件44150件、知识产权案件766件、民间借贷和金融贷款纠纷案件10767件。检察机关依法审慎办理涉企案件，开展涉案企业合规改革试点，对企业涉经营类犯罪依法不批捕7人，不起诉25人。公安机关共立各类经济犯罪案件238起，破167起，刑拘338人，逮捕124人。国家安全机关围绕重点龙头企业开展安全防范专项工作2起。司法行政机关建立服务民营企业工作机制，提供点对点服务指导300余次。

【平安邵阳建设】2022年，邵阳市政法系统全面推进市、县、乡、村四级"一站式"社会矛盾纠纷调处化解中心建设，创新推行"背包式"人民调解工作法，及时将矛盾纠纷化解在基层、在萌芽状态。全市共调解案件2.2万件，"民转刑""刑转命"案件实现零发生。常态化推进扫黑除恶，打掉涉黑涉恶组织团伙16个，执行到位金额4.99亿元，扫黑除恶工作获中央督导组肯定。开展"利剑护蕾"、婚恋家庭纠纷排查化解、打击整治养老诈骗等专项行动，打击各类违法犯罪行为，社会治安形势明显好转。法院系统受理各类案件81962件，审结75121件。检察机关办理各类案件25475件。公安机关刑事立案18257起，破8053起，刑拘9105人，命案破案率100%；侦办涉养老诈骗案件101件，抓获犯罪嫌疑人266名；八类性侵未成年人犯罪现行案件破案率100%。市委统筹开展社会治理攻坚行动、实施重点突破。全市信访总量同比下降30.9%，重复信访件数同比下降29.1%，破获毒品案件600余起，已送起诉1200余人；破获电诈案件1500余起，百警刑拘率95.50%；交通事故发案、死亡、受伤3项指数同比分别下降12.86%、37.4%、10.49%。邵阳市平安建设工作迈入全省先进行列。

【市域社会治理现代化】2022年，邵阳市实施市域社会治理现代化试点创建，完善"党委领导、政府负责、社会协同、公众参与"的社会治理体系。"共性工作指引"63项重点任务基本达到验收标准。探索具有邵阳特色、市域特点、时代特征的社会治理新模式。开展社会治理六项重点工作攻坚行动，市级统筹、重点突破、示范带动，提升社会治理整体效能。推行"片警+辅警+治保会"基层治理模式，构建专群结合、群防群治基层治理新格局。提质升级"一村一辅警""邵阳快警"，零距离服务群众，全时空守护平安。推介洞口县以"积分换项目"为引领，开展"六零"村（社区）创建基层治理新模式，激发基层社会治理活力。推介"邵阳红"志愿服务、"幸福敲门、安全到家"、邵东城乡末端感知系统、新邵县诉源治理工作站、城步苗族自治县边界"五联"工作法、大祥区涉众型经济案件接待处置中心、双清"紫薇花开"未检品牌等经验做法，培育打造特色亮点，提升市域社会治理现代化水平。

【法治邵阳建设】2022年，邵阳市深化司法责任制综合配套改革，推进执法司法体系、制约监督体系和执法司法权运行机制改革和建设。深化繁简分流机制改革，全市法院共组建速裁团队32个，一审民商事案件平均审理时间缩短至40.36天。出台《关于加强全市检察机关法律监督工作的十条措施》，提升法律监督工作质效。推进依法治市，推进法治政府示范创建，推动落实2022年法治邵阳建设"十件实事"，解决当前重点难点、短板弱项和突出问题。全面实施"八五"普法规划，落实普法责任制，建成法治宣传教育基地260余个，大型法治公园、法治广场12个，法治长廊26个、农家书屋3600余个，实现全市法治文化阵地全覆盖。

（周超伦）

## 法治政府建设

【概况】2022年4月，邵阳市委、市人民政府作出创建全省法治政府建设示范市的决定。9月20日，召开全市创建法治政府建设示范市工作动员部署会，成立由市委书记任组长、市长任第一副组长的法治政府建设示范创建工作领导小组，组建工作专班，制定印发《邵阳市创建国家级、省级法治政府建设示范市实施方案》，将32项任务100项指标细化到部门、具体到责任领导和责任人，形成党委统一领导、党政齐抓共管、市县乡三级同建同创的工作机制，推动法治政府示范创建工作开展。

**【依法治市】** 2022年，邵阳市坚持党对全面依法治市的集中统一领导，把全面依法治市工作摆在全局性、战略性、基础性、保障性地位，推动法治邵阳建设。召开市委全面依法治市委员会会议，出台《法治邵阳建设规划（2021—2025年）》《关于开展法治宣传教育的第八个五年规划（2021—2025年）》等文件，健全法治建设制度机制。出台《2022年推进法治邵阳建设十件实事工作方案》，每件实事均由市级领导牵头，推动解决法治建设中的重点难点、短板弱项和突出问题。首次将全面依法治市纳入区县市绩效考核，加大法治考核权重。全面落实党政主要负责人履行推进法治建设第一责任人职责年终述法工作，压实第一责任人职责。开展中央、省委法治督察问题整改工作"回头看"，落实中央依法治国办督察反馈意见整改，因"领导重视、态度坚决、部署迅速、处理及时"获中央依法治国办肯定。开展道路交通安全和运输执法领域突出问题治理，增强人民群众的获得感、幸福感、安全感。

**【优化法治化营商环境】** 2022年，邵阳市持续推进"放管服"改革，市本级权责清单从2020年发布的2804项动态调整至2580项。出台《邵阳市行政许可事项清单（2022年版）》。率先实现企业歇业备案制度落地，典型经验在全省推介。深化"一件事一次办"改革，梳理落地"一件事一次办"事项380件，微信小程序注册累计149万余人，用户总数全省排名第二。发布政务服务事项及其办事指南共21万余条，网上可办率达99.99%。全市政务服务事项进驻政务服务大厅基本实现"应进必进"和"一窗"分类受理。推进"三集中三到位"改革，市场监管、税务、社保等流程实现"一窗受理，并行办理"。贯彻"法治是最好的营商环境"，健全执法、司法、法律服务衔接协同配套的综合服务保障体系，制定出台并落实优化营商环境"十条禁令"和护航"五好园区"建设八条措施，在省营商环境评价中，邵阳市由上年的第11位提升至第7位，B类地区排名第一。

**【规范性文件管理】** 2022年，邵阳市贯彻落实《湖南省规范性文件备案审查条例》，组织5次相关领域文件清理，对邵阳市与现行开放政策不符合的规范性文件进行废止和修订。全面推行行政规范性文件合法性审核和备案审查工作机制，市本级政府行政规范性文件登记并公布27件，对各区县市报备的154件规范性文件进行登记、形式审查，对各类政府合同（含文件）36件进行合法性审查。

**【行政执法】** 2022年，邵阳市依托全省"双随机、一公开"监管工作平台，动态维护检查对象名录库，入库市场主体45.1万个，入库执法人员10754名。梳理各部门抽查事项清单825项，部门联合抽查事项286项。推行柔性执法，公布行业"首违不罚""轻微不罚"清单144项。出台行政裁量基准指导意见，细化裁量标准、压缩裁量空间，有效遏制违法裁量、随意裁量和滥用裁量权现象发生。推行包容审慎监管执法方式，市场监管等执法部门出台各行业领域市场主体轻微违法免罚清单。推进行政执法三项制度落实，对12个县（市、区）政府和32个市直、部省属驻邵阳行政执法单位142本案卷进行评查，评查结果纳入年度绩效考核并进行全市通报，督促执法部门举一反三开展整改。

**【行政争议化解】** 2022年，邵阳市全面推进行政复议规范化、专业化、常态化建设，制定并落实《邵阳市行政复议工作规则》。全市受理行政复议案件457，审结369件，结案率达80.7%；直接纠错66件，直接纠错率达17.89%，有效倒逼行政机关依法行政。市政府作为被告的行政应诉案件88件，案件胜诉率96%以上。落实《湖南省行政应诉工作规定》《关于进一步推进行政机关负责人出庭应诉的工作方案》，推动行政机关负责人出庭、出声、出解。配合省政府复议部门办理邵阳市松坡公园项目征地拆迁补偿案2件。

（向慧敏）

2022年9月20日，邵阳市召开全市创建法治政府建设示范市工作动员部署视频会议 （向慧敏 供图）

## 公 安

**【概况】** 2022年，邵阳市公安局机关内部机构设置调整。在市公安局治安管理支队警卫大队基础上设立市公安局警卫支队，为市公安局正科级直属机构，核定政法专项编制8名（从治安支队划编6名、巡特警支队划编2名），核定支队长、政委各1名，副支队长1名；不再保留市公安局治安管理支队警卫大队，同时核减市公安局治安管理支队正科级领导职数2名、副科级领导职数1名。撤销市公安局刑事侦查支队打击“两抢一盗”犯罪专业队，其相关职责划入市公安局刑事侦查支队重案侦查大队，同时核减副支队长（正科级）兼打击“两抢一盗”犯罪专业队队长（高配副处）职数1名、教导员（正科级）职数1名、副大队长（副科级）职数3名；设立市公安局电信网络违法犯罪侦查支队（正科级），所需人员编制内部统筹调剂解决，人员规模不低于30人，核定支队长、政委各1名，副支队长3名。

推进队伍纪律作风建设。出台《邵阳市公安机关从严治警“十二严禁”》及其处理办法；常态化开展政治业务“双督察”，开展全市公安机关纪律作风集中教育整顿月活动；推进职务职级两个序列改革，市区公安机关916名民警晋升职级，提拔、交流科级干部 83 人；开展公安英模宣传教育，选树先进典型 10 名，记功嘉奖个人 336 人、集体 73 个，1 人获评全国特级优秀人民警察，2 人获评全国优秀人民警察，1 人获评全国公安机关爱民模范。

是年，邵阳市公安局被评为全省公安机关扫黑除恶成绩突出单位、全省打击治理电信网络诈骗犯罪工作成绩突出单位、全省公安机关侦破命案工作成绩突出单位、全省重点民生实事乡村“雪亮工程”建设成绩突出单位，全市平安建设年度考核评估优秀单位、全市绩效考核评估优秀单位。

**【打击突出违法犯罪】** 2022年，邵阳市公安机关破刑事案件8000余起，刑拘9000余人，其中命案破案率100%。部署开展“喜迎二十大 忠诚保平安”严打整治专项行动、夏季治安打击整治“百日行动”，百日行动侦破案件3700余起，破案率达73%，同比上升11.3%，刑拘2700余人，“百日行动”成绩排名全省第三，被公安部、省公安厅做典型经验推荐。常态化开展扫黑除恶，侦办涉黑犯罪团伙1个、恶势力犯罪集团15个，破获各类刑事案件100余起，刑拘180余人。开展“利剑护蕾”专项行动，八类性侵未成年人犯罪现行案件破案率100%。开展“云端”“昆仑2022”“长江禁捕 打非断链”“虎啸01”专项行动，依法打击“黄赌毒”“食药环”“盗抢骗”等多发性犯罪，侦破各类涉黄、涉赌案件1300余起，刑事拘留400余人；打击“食药”犯罪，立案60余起，起诉140余人；打击“盗抢骗”犯罪，起诉“盗抢骗”案件犯罪嫌疑人数同比上升43.7%。打击涉烟犯罪，立案30余起，起诉100余人。

**【保障社会公共安全】** 2022年，邵阳市公安机关开展公共安全风险隐患“大排查、大整治、大攻坚”专项行动，防范化解各类公共安全风险。共排查旅馆1000余家、自建房旅馆989家，停业整顿236家。推进缉枪治爆，落实危爆物品安全监管，办理涉危爆行政案件600余起，行政处罚500余人，收缴各类非法枪支300余支，销毁非法烟花爆竹31600余箱。

**【禁毒整治攻坚】** 2022年，邵阳市公安机关全面落实中央、省、市禁毒工作决策部署，破毒品刑事案件数、破部督目标案件数、缴获毒品数、移送起诉毒品犯罪嫌疑人数、查处吸毒人员数、责令强戒人数、责令社戒人数等七项指标排名全省第一。统筹开展全市大要毒品案件侦查，根据案件办理需要，整合资源，视情指定安排办理，有效解决各地警力和案源的区域矛盾。推进新一轮禁毒人民战争，实施“清源断流”战略。全市破获毒品刑事案件600余起，其中部、省级毒品目标案件17起，移送起诉毒品犯罪嫌疑人1200余人，抓获“钉子”在逃人员15名。强化驻滇、驻粤两个禁毒工作站能力建设，协同开展信息研判、行业排查、人员管理、拔钉追逃等工作。

**【打击电信网络违法犯罪】** 2022年，邵阳市公安机关破电信诈骗案件12类1500余起，破案率36.44%；刑拘4000余人，同比上升37.28%，百警刑拘率95.5%，百警起诉率50.93%，打击指标在全省均排名靠前；下发涉案“两卡”线索6000余条，同比下降18.42%，其中本地“两卡”线索2000余条，同比下降38.41%，实现年初下降30%的工作目标；劝返核减全市滞留缅北窝点人员3000余人，核减率87.95%，排名全国第五；全市滞留境外高危人员（含缅北、金三角、阿联酋、柬埔寨）劝返率81.14%。开展反电诈街面宣传320余次，张贴反诈广告标语90余万张，发放防范电信网络诈骗宣传手册110余万份，利用网站、新媒体平台及微信、微博、抖音等平台广泛推送传播反诈信息和视频。推广“国家反电诈中心”App和官方政务号二维码，全市App注册用户总数342.83万人，每百名常住人口实名安装率49.18%，全省排名第二。

**【整治交通问题顽瘴痼疾】** 2022年，邵阳市公安机关集中开展交通问题顽瘴痼疾集中整治，推行“路长制”、派出所管交通，深化“戴帽工程”，出台全市摩托车、电动自行车驾乘人员佩戴头盔“十条严管”措施，调动行政机关、事业单位、各社会团体、协会、厂矿企业、建筑工地、销售门店等全社会力量，形成“戴帽工程”社会各界齐抓共管新局面。开展“春雷行

2022年1月10日，市公安局举行庆祝中国人民警察节升警旗活动（刘海燕 供图）

动”“五大攻坚行动”“六大提升工程”“双百行动”等专项行动，对全市客运、货车、危化运输以及校车等重点车辆交通违法行为和车辆驾驶员进行重点管理。依法取缔、查封或处罚具有无证照、超范围销售低速三四轮电动车、以虚假宣传手段欺骗消费者购买等情形的销售企业（门店）。全市查处违规销售企业（门店）155家，对4家门店4名所有人以涉嫌销售假冒伪劣产品罪追究刑事责任，成为全省首例非法销售伪劣电动车入刑案。健全道路交通管理机制，进一步完善道路硬件设施，交通安全形势持续向好，交通事故发案、死亡、受伤3项指数同比分别下降12.86%、37.4%、10.49%。全市交通问题顽瘴痼疾集中整治连续3年获评全省优秀等级单位。

**【庆祝“中国人民警察节”系列活动】** 2022年1月10日，邵阳市公安局举行庆祝“中国人民警察节”升警旗活动，副市长、市公安局局长李长跃出席并讲话，市公安局全体党委成员、市公安局各警种部门主要负责人及机关民警代表等400余人参加活动。随后举行“警营开放日”活动，人大代表、政协委员、青年学生、媒体记者、学龄前儿童等社会各界代表200余人走进警营，近距离了解公安工作，领略邵警风采。同时，开展第36个“110宣传日”活动，在城南公园广场举行“人民至上110 勇毅护航新征程”主题宣传，现场民警围绕110职责、防诈防骗、扫黑除恶成果、应急反恐、签证指南、毒品预防教育、电动车遵守交规等方面内容，开展全方位、多维度的宣传服务。

**【全省打击涉烟违法犯罪工作推进会在邵阳召开】** 2022年8月16日，2022年湖南省打击涉烟违法犯罪工作推进会在邵阳市召开。省烟草专卖局党组书记、局长孔祥统主持会议，省公安厅党委委员、副厅长谭学军出席会议并讲话，省烟草专卖局党组成员、副局长徐文军作工作报告；副市长、市公安局局长李长跃致欢迎辞。与会代表观摩了全省打击涉烟违法犯罪突出成果，集中观看邵阳公安、邵阳烟草打击涉烟违法犯罪工作纪实片，听取邵阳市涉烟案件情报分析平台建设情况介绍，并就打击涉烟违法犯罪典型案例进行经验交流。邵阳市公安局、岳阳汨罗市公安局、长沙市烟草专卖局、株洲醴陵市烟草专卖局在会上作经验交流发言。

**【“喜迎二十大 忠诚保平安”事迹图文展】** 2022年8月30日，邵阳市公安局举办“喜迎二十大 忠诚保平安”全国公安系统英雄模范立功集体湖南（邵阳）代表先进事迹图文展，展出湖南受表彰的4个集体和10名个人先进事迹，展出时间2个月。副市长、市公安局局长李长跃宣布开幕，市公安局党委委员、政治部主任李胜祥主持，市局党委班子成员、局属各部门主要负责人和民警代表共300余人参加。本次活动是“喜迎二十大 忠诚保平安”系列主题活动之一，旨在激励全警深入学习贯彻全国公安系统英雄模范立功集体表彰大会精神，以先进为榜样，学习弘扬英模精神。在“5·25”全国公安系统英雄模范立功集体表彰大会上，全省公安机关受表彰集体31个、个人47名，其中邵阳的新宁县公安局禁毒大队获评“全国优秀公安基层单位”，刘健获评“全国特级优秀人民警察”，

2022年8月16日，2022年全省打击涉烟违法犯罪工作推进会在邵阳召开（刘海燕 供图）

唐邵力、唐忠2人获评“全国优秀人民警察”，于凯鹏获评“全国公安机关爱民模范”。

**【破获部督贩毒案件】** 2022年8月26日，邵阳市公安局侦办的部级“2022-54”毒品目标案件成功告破，捣毁以仇某军为首的特大贩毒团伙。2021年9月，市公安局禁毒支队发现邵东籍男子谢某成有重大贩毒嫌疑，经围绕谢某成研判分析和落地侦查，发现一个以仇某军为首的贩毒团伙。仇某军每次从缅甸的“阿伟”处购买毒品，安排容某华驾驶厢式货车将毒品密封藏在货车水箱内运回邵东，再通过颜某强、容某、肖某军分销给娄底、怀化、邵阳的下线。湖南省禁毒总队协调邵阳、娄底、怀化三市成立联合专案组开展侦查。2022年3月1日，该案被公安部批准立为“2022-54”号公安部部督毒品目标案件。8月27日，专案组侦查摸清该团伙的活动规律、交易方式以及网络架构，在云南昆明、普洱，广东深圳，湖南永州警方协助下，在邵阳市、昆明市、深圳市、怀化市、永州市五地对该案实施同步收网，抓获犯罪嫌疑人104人、吸毒人员96人，缴获毒品麻古21721.8克、冰毒3173.86克、氯胺酮0.55克、大麻0.77克，扣押涉案车辆10辆，缴获毒资1189.12万元，彻底摧毁一个从缅北组织毒品经云南入境，分销至湖南邵阳、娄底、怀化等地的贩毒网络。

（刘海燕）

## 检 察

**【概况】** 2022年，邵阳市检察机关共办理各类案件25475件，25个案件获评全国、全省检察机关优秀案件或典型案例，职务犯罪检察、侦查监督等4项工作在全省性会议上作经验交流，27个集体、42人获市级以上表彰。深化司法改革，进一步落地落细司法责任制，加强检察官队伍革命化正规化专业化职业化建设，全市呈报确认员额3名，退出员额12名。配合市人大常委会开展“检察官”履职评议，5名员额检察官接受市人大履职评议，评议结果作为检察官职级升降、选拔任用、评先评优、员额退出的重要依据，为检察官主动接受人大监督做出有益尝试。

**【刑事检察（捕诉业务）】** 2022年，邵阳市共受理审查逮捕刑事犯罪3981人，审结审查逮捕4043人（含积存），不批捕1149人。受理审查起诉刑事犯罪10882人，审结审查起诉10093人，决定不起诉3192人。监督公安机关立案（撤案）209件，监督立案后判处有期徒刑及以上刑罚87人。对侦查活动违法提出纠正1161件，当年纠正1158件。在审查逮捕和审查起诉环节中，纠正公安机关遗漏提请逮捕27人，纠正公安机关遗漏提请逮捕后判处3年以上有期徒刑68人，纠正公安机关遗漏移送审查起诉同案犯362人，纠正公安机关移送审查起诉遗漏罪行112人。对刑事审判活动违法提出纠正442件，当年纠正442件。对各类刑事案件提出抗诉24件，同期法院审结22件，对原审裁判改变12件。

持续开展“利剑护蕾”专项行动。全市检察机关起诉性侵未成年人犯罪358人，同比上升51.7%。不批捕未成年人犯罪213人，同比上升44.9%。不起诉（不含附条件不起诉）未成年人犯罪225人，同比上升800%。

全市检察部门受理一审重罪（危害国家安全、部分危害公共安全、毒品犯罪、故意杀人、抢劫致人死亡）案件948件1377人，批准逮捕535件779人，起诉403人。

全市检察机关审结逮捕毒品案件459件673人，批准逮捕毒品案件447件651人，不批准逮捕12件22人。审查起诉审结毒品案件660件957人，提起公诉646件931人。纠正漏捕4人，纠正漏捕后判决生效5人，纠正遗漏罪行19人。对毒品类案件侦查活动违法提出纠正91件，侦查机关采纳89件。对毒品类案件审判活动违法提出纠正41件，法院采纳40件。毒品类案件一审生效判决600件805人，其中判处有期徒刑以上刑罚784人。对毒品类案件提出抗诉4件，法院当年审结6件，改判1件，维持5件。

全市检察机关起诉涉黑恶案件13件73人，办理了陶某某等11人涉黑案、李某某等13人涉恶案等一批重大涉黑恶案件。追诉漏犯6人，追诉漏罪2起，发出书面纠违4起。坚持扫黑与“打伞”同步推进，受理“保护伞”案件1件1人，起诉1件1人，发现并核查“保护伞”线索8条。坚决摧毁黑恶势力经济基础、防止死灰复燃，移送法院判决追缴涉案财物4600万余元。

全市两级检察院捕诉部门受理移送审查起诉的职务犯罪案件65件75人，其中贪污贿赂犯罪案件受理53件60人、挪用公款案件2件4人、滥用职权案件3件3人、徇私舞弊案件3件3人、玩忽职守案件4件5人。

全市两级检察院提前介入40件，提前介入率61.5%，共起诉63件76人，不诉4件6人，适用认罪认罚从宽制度58件72人，适用率87.8%，其中确定刑量刑建议提出率为80%。受理案件中一次退补3件，二次退补2件，一次延长4件，二次延长0件。其中，曾某虹受贿、利用影响力受贿案，成为金融领域反腐专项行动的典型案例，肖某玉受贿案成为受贿案件中自洗钱犯罪的典型案例。

全市两级检察机关受理提请批准逮捕各类经济犯罪案件473件619人，审查起诉1254件1787人，其中批准逮捕301件386人，不批准逮捕185件249人。提起公诉731件981人，不起诉157件235人，其中起诉涉养老诈骗犯罪18人、起诉洗钱犯罪18人。提前介入经济犯罪案件32件，适用认罪认罚制度778件1029人。

**【刑事执行检察】** 2022年，邵阳市检察机关对超期羁押提出纠正意见19人，已纠正19人（含积存）。对“减、假、暂”活动检察发现不当，共提出纠正65人，已纠正（含积存）78人。对刑事执行活动违法情形书面提出纠正189件，已纠正187件（含积存）。对监外执行活动履职不当提出纠正244人，已纠正244人。对财产刑执行不当提出纠正意见128件，已纠正（含积存）128件。发现对交付执行、强制医疗和监管、解除活动的违法情形，提出书面纠正意见13件，已纠正13件。

全市刑事执行检察部门1—9月共办理减刑提请中审查案件332件，对减刑不当情形，书面提出纠正意见61人，已纠正59人，纠正率96.7%。对财产刑执行监督书面提出纠正意见44件，采纳44件，采纳率100%。全市刑事执行检察部门依法全面履行死刑执行临场监督职责；对被监管人死亡及其他重大案件进行调查处置。开展重大案件侦查终结前合法性核查案件2件3人；对强制医疗执行不当情形书面提出纠正意见2件，已纠正2件。对罪犯涉嫌重新犯罪提起公诉4件4人，绝对不起诉2件3人。清理“病犯”未收押收监1人。同时在全市执检部门部署开展各类调研10余项，撰写调研报告上报省院第五检察部和市院党组。3月，市院办理的叶某明死亡事故检察案被省检察院评为优秀案件。

**【司法工作人员相关职务犯罪】** 2022年，邵阳市检察机关立案司法工作人员相关职务犯罪5件6人，从立案罪名看，分别是徇私枉法罪2人、滥用职权罪2人、失职致使在押人员脱逃罪2人。同期侦查终结移送审查起诉8人（含积存）。直接受理的侦查案件不起诉率为0，直接受理的侦查案件有罪判决率为100%。

**【民事行政检察】** 2022年，邵阳市受理民事生效裁判监督案件135件，办结生效裁判监督案件128件。其中，提出再审检察建议30件，提请抗诉15件，不支持监督申请80件，终结审查3件。行政裁判监督案件46件，审结34件，均为不支持监督申请。

受理民事审判违法行为监督246件，同比上升78.31%；提出检察建议190件，法院采纳179件，检察建议采纳率为94.21%。行政审判违法行为监督案件68件（武冈36件、北塔32件），同比上升580%；提出检察建议73件（含积存），同比上升711.1%，法院采纳73件，采纳率100%。

全市受理民事执行活动监督436件，提出检察建议432件，法院采纳432件，检察建议采纳率100%。受理行政执行活动监督案件256件，提出检察建议246件，法院采纳246件，采纳率100%。

全市办理支持起诉案件402件，提出支持起诉398件，法院采纳352件。受理行政争议实质性化解案件34件，已实质性化解34件，行政争议实质性化解率100%。受理虚假诉讼22件，办结22件。办理行政违法行为监督检察建议108件，发出检察建议108件，采纳108件，采纳率100%。

**【公益诉讼检察】** 2022年，全市检察机关共立案795件；提出诉前检察建议559件，发布公告114件；提起诉讼49件，支持起诉2件，审结44件，均得到支持。从办理领域来看，生态环境和资源保护领域案件410件，食品药品安全领域107件，国有财产保护、国有土地使用权出让领域46件，安全生产、个人信息保护、英雄烈士保护等其他新领域案件174件。从办案效果来看，督促恢复被污染破坏的耕地、林地、湿地、园地1082亩，督促治理被污染水域面积0亩，清理和回收各类垃圾、固体废物265吨，追偿修复生态、治理环境费用252万元，增值放流投放各类鱼苗37.5万尾，督促查处食品药品经营主体100家，督促食品药品经营主体整改104家，向食品药品违法经营主体提出惩罚性赔偿16.21万元，督促保护国有财产1881.91万元，督促收回国有土地使用权出让金2141万元，督促保护英烈设施、传统村落24处，督促生产单位进行安全整改118家，向侵害个人信息违法主体索赔33.1万元。

为加大耕地、林地保护力度，全市检察机关积极与自然资源、林业主管部门沟通，推动“田长＋检察长”“林长＋检察长”机制建设。洞口检察院多次与县林长办沟通对接，积极推动、促成“林长”＋“检察长”机制建设。建立信息公开、联席会议、信息共享、线索移送等长效工作机制，建立“行政监管＋刑事惩治＋公益诉讼”森林资源保护模式，增强检察机关、公安机关、林长制办公室及相关部门单位协作，推进保护发展森林资源工作合力。

**【控告申诉检察】** 2022年，邵阳市两级检察机关受理信访案件1069件，受理不服检察机关处理决定申诉案件7件，同比下降46.2%。受理不服法院生效刑事裁判申诉案件49件，同比下降42.9%；办理国家赔偿案件5件。检察长包案办理信访案件55件，推动解决一批“老大难”问题。控告申诉检察部门组织公开听证15件，听证后当场表示息诉息访的占80%，助推从源头上减少信访案件的发生。全市检察机关办理司法救助案件109件，同比上升91.4%，实际发放救助110人，同比上升48%，累计发放救助金115.45万元。

**【案件管理】** 2022年，邵阳市两级检察机关案件管理部门受理案件9580件，对1271件案件发出口头提示或流程监控通知，接受律师网上辩护与代理预约300人次，市院接待律师236人次，对56件涉案物品进行入库和监管；发布案件程序性信息5992条、重要案件信息33条。组织人民监督员活动435次。市人民检察院案管部门下发《全市各基层检察院检察业务运行情况的通报》12期、《案件质量管理月分析报告》12期、《全市检察业务数据季度态势分析》4期、《季度案件质量问题清单》4期。强化案件流程监控，两级检察院评查常规案件、必检案件、流程监控推送案件共911件，发现疑似问题7552个，已整改7349个，未整改203个，整改率达97.3%，开展流程监控1199件，其中书面监控728件，口头监控471件。

【检务督察】2022年，邵阳市受理执法督察案件55件（含上年结转13件），其中省检察院检务督察部交办6件，市检察院案管转办 46件，第一检察部转办1件，第六检察部转办2件。已办结16件，另3件为上年已办执法督察案件重复件，24件上年教育整顿期间已对相关责任人员进行处理，12件未办结。

检务督察部组织编印《党风廉政建设规章制度汇编》，下发《岗位廉政风险防控工作规定》《2021年邵阳市检察机关违反检察职责典型案例的通报》，规范全市检察人员履职行为。推进全市检察机关"三个规定"等重大事项填报工作，填报"三个规定"等重大事项 829 件，同比增加 153.5%，其中市院 102 件、基层院 727 件。制定《邵阳市检察机关失实举报澄清工作办法(试行)》《邵阳市检察机关关于检察人员受到侵害救济保障工作规定(试行)》，保证检察人员依法履行法律监督职责。为完成届内内部审计全覆盖，年初对所巡察的 12 个基层检察院完成巡察整改督察和内控制度专项督察，9 月对照最高检党组第三巡视组反馈意见开展自查自纠，梳理和研究存在的问题和不足，抓好整改落实，市人民检察院在全省检务督察工作会议上作《认真落实巡察全覆盖 切实做好巡察"回头看"》的经验发言。

【检察技术】2022年，邵阳市受理检察技术案件203件，其中受理技术性证据专门审查201件、技术协助2件。探索民事、行政诉讼监督案件涉及的重新鉴定、补充鉴定和技术性证据专门审查领域，进一步深化公益诉讼技术支持体系建设，彰显检察技术工作职能。推进检察信息化建设，完成工作网统计系统2.0和网上信访系统2.0部署，推进检察业务应用系统2.0与网上信访信息系统2.0、统计系统2.0对接应用，推进公开听证室、远程提审、中心机房、检委会子系统等建设和应用，全市检察机关公开听证室通过省检察院测试和接入检察公开听证网。

（张京军）

## 法 院

【概况】2022年，邵阳市法院系统受理各类案件81962件，结案75121件，其中市中级人民法院（以下简称邵阳市中院）受理案件6853件，结案6459件。邵阳市中院出台《关于进一步强化便民利民惠民诉讼服务的实施意见（试行）》，发布2020—2021年行政审判白皮书，会同市人社局、市医疗保障局出台全省第一个破产企业社会保险信息查询制度，在全省优化营商环境会议上获省长毛伟明肯定。城步苗族自治县人民法院成立全省首个国家公园环境资源类案件专业合议庭，北塔区人民法院审结全市第一例环境资源类行政公益诉讼案件，邵阳市中院审结全省第一例省外环保组织提起的民事公益诉讼案件。

全市法院开展"队伍教育整顿巩固年"活动和"为民办实事示范法院"创建活动，城步苗族自治县人民法院被省高级人民法院评为"为群众办实事示范法院"创建先进单位。邵阳市中院落实请示报告制度，向市委、市委政法委报告队伍建设等重大事项 11 次，报告重大案件 19 起。全年组织各类培训 32 期 5551 人次，送训参训 22 期 146 人次，组织开展刑事技能竞赛。开展司法作风、虚假诉讼等专项整治活动，查处违纪违法干警 21 人。

是年，全市法院办案绩效整体跨入全省第一方阵，在全省法院审判绩效考评中排名第二。36 个集体、91 名干警获市级以上表彰；邵阳市中院"三个规定"填报工作经验做法被最高人民法院督察工作简报推介；1 篇论文获全省法院第二十届理论研讨会一等奖、4 篇获二等奖、4 篇获三等奖，13 场庭审获评全省法院百场优秀庭审，8 篇裁判文书获评全省法院百篇优秀裁判文书；邵阳市中院被人民法院新闻传媒总社评为"全国法院年度司法宣传和通联工作先进单位"，被省委网信办评为"网民留言办理工作成绩突出单位代表"，获评"全市平安建设工作先进单位""全市反恐怖工作先进单位""全市信访工作先进单位"。

【刑事审判】2022年，邵阳市法院系统审结刑事案件6393件，其中邵阳市中院审结1491件。打击境内外敌对势力渗透、破坏、颠覆、分裂活动，邵阳市中院依法审结王某某为境外非法提供国家秘密罪一案，判处其有期徒刑五年六个月。常态化开展扫黑除恶，一审审结涉黑恶案件13件36人、二审审结5件74人，邵阳市中院依法审结全国扫黑办督办的肖某等23人涉黑案、省扫黑办督办的高某等26人涉黑案，肖某、高某分别被判处有期徒刑25年、22年。开展"打财断血"，全市法院执行"黑财"4.99亿元。强化纪法协同，落实"一案三查"制度，推进"打伞破网"。坚持"重拳治毒"方针，一审审结毒品案件634件918人，其中判处五年有期徒刑以上刑罚147人；对贩毒数量巨大、证据确实充分但不作有罪交代的毒贩彭某辉依法判处死刑，对贩毒20多千克的李某言团伙一案判处6人死刑。铁腕"利剑护蕾"，审结性侵未成年人犯罪案件277件348人，对强奸女儿和侄女的唐某兵依法判处死刑，对用语言骚扰并猥亵学生的教师李某马判处有期徒刑10年；参与源头治理，就行业管理问题发出司法建议28份。依法严惩电诈犯罪，审结1318件1569人，挽回经济损失2570万元。开展打击整治养老诈骗专项行动，结案5件11人。惩治腐败，审结贪污贿赂、渎职案件

56件80人，其中原县处级以上干部7人。严惩各类严重暴力犯罪，审结杀人、伤害、抢劫等案件416件529人。审结危害食药安全、生产安全等案件16件38人。坚持罪刑法定、疑罪从无，依法宣告1名被告人无罪。坚持宽严相济的刑事司法政策，对初犯、偶犯、未成年犯等881名被告人适用非监禁刑，为1347名未聘请辩护人的被告人协调指定辩护律师。开展减刑、假释案件实质化审理，办结减刑、假释案件375件，对不符合假释条件的副厅级职务犯罪罪犯易某某收监执行。

【民商事审判】2022年，邵阳市法院系统审结各类民商事案件44150件，其中邵阳市中院审结3583件。研究制定《关于进一步强化便民利民惠民诉讼服务的实施意见（试行）》，为涉企诉讼开辟绿色通道。依法审结民间借贷、金融借款纠纷案件10767件。为疫情下企业纾困解难，对181个有履行能力的企业适用“活查封活扣押”措施，通过执行和解方式化解纠纷，最大限度减轻司法活动对企业经营的影响。准确适用不可抗力规则，依法妥善审理涉疫民事案件1600余件。开展破产积案清理百日攻坚行动，依法审结邵阳市啤酒厂等14件破产积案，破产积案清理率达三分之二；推动府院协调联动机制，推进湖南圣昌玻璃有限公司破产案；会同市人社局、市医保局出台全省第一个破产企业社会保险信息查询制度。保护创新驱动发展，加大证据保全和依职权调取证据力度，正确适用惩罚性赔偿制度，审结知识产权案件766件。坚持“房住不炒”定位，审结各类涉房地产纠纷案件1015件。持续开展环资审判专项行动，审结环资案件309件，市中院审结全省第一例省外环保组织提起的民事公益诉讼案件。创新生态环境保护方式，采取判令缴纳生态环境损害赔偿金、补植护绿、增殖放流等方式修复受损环境。审结50件公益诉讼案件。对犯非法捕捞水产品罪的秦某某，绥宁法院判令其义务巡河256天，代为履行恢复生态义务。审结婚姻家庭、教育医疗、机动车交通事故、民事合同等涉及群众切身利益的案件37401件。

【行政审判】2022年，邵阳市法院系统审结行政诉讼案件1397件，其中邵阳市中院审结454件。灵活运用协调手段促进行政争议实质性化解，调撤案件231件。推进行政机关负责人出庭应诉，涉及环资保护、重大公共利益等案件的行政机关负责人出庭应诉率98%。延伸审判职能，针对公共基础设施建设、环保、土地执法等重点领域发送司法建议10条。对邵阳经济技术开发区拆迁案件进行专题调研，提出针对性建议，促进经开区提升征拆领域行政执法水平。发布2020—2021年行政审判白皮书，帮助行政机关提高依法行政能力与水平。坚持“依法赔偿、合理补偿”原则，市中院审结国家赔偿案件11件，决定赔偿2件共49.8万元。

【执行工作】2022年，邵阳市法院系统执结各类案件20557件，执行到位65.23亿元。加大对涉民生、民营企业、金融机构等案件的执行力度，执结案件3374件，执行到位8.21亿元。对超范围查封、案款超期发放等问题进行集中整治，评查出瑕疵案件255件，执行规范化程度持续提升。开展农民工工资清欠专项行动，执结农民工工资案件703件，为务工人员追回拖欠工资1918万元。公布失信被执行人25792人次，限制高消费10867人次，向“信用邵阳”推送失信被执行人名单8763人次，拘留143人，9名被执行人被追究刑事责任。坚持善意文明执行理念，建立信用修复机制，4883名被执行人主动履行义务，2837名失信被执行人主动纠正失信行为，3152名被执行人被解除限制高消费。全市法院执行案件结案率、实际执行到位率均居全省法院第一位。

【司法为民】2022年，邵阳市法院系统完善诉讼服务中心功能配套，持续提升群众在线办理各项审判执行活动的体验感，增强群众对法院工作的满意度。畅通诉讼服务渠道，应用人民法院在线服务等信息化手段赋能诉讼服务，网上立案9098件、跨域立案70件，通过网络送达各类诉讼文书13.5万次，准许经济困难当事人缓交诉讼费151万元。推进“诉”“调”无缝衔接，将诉调对接中心引入诉讼服务大厅，与市卫健委、市市场监督管理局等单位建立医疗纠纷、知识产权纠纷诉调对接机制，诉前调解案件22053件，调解成功14618件，调成率达66%。建立诉源治理工作站94个，安排110人参与诉源治理，开展调解指导979次，参与当地纠纷化解907次，对成功化解的纠纷进行司法确认193次。加大诉讼案件调解力度，适用简易程序民事案件调解率49.85%。减少信访案件存量，遏制信访增量，重复信访交办件化解率达100%。对最高人民法院核准的贩毒死刑案件，印发执行死刑布告张贴到全市各社区、村组，加大宣传警示力度。选派248名干警担任法治副校长。

【司法改革】2022年，邵阳市法院系统深化以审判为中心的刑事诉讼制度改革，审结认罪认罚案件6094件，刑事一审案件平均审理期限40.66天，当庭宣判2601件，当庭宣判率57.22%。落实审级职能定位改革，邵阳市中院办理全省法院提级管辖“第一案”，对一起类型新颖、案情复杂、因借款借名炒股引发的民事纠纷，裁定提级管辖办理。推进知识产权案件管辖下沉，全市涉著作权、商标权的知识产权一审案件由邵东法院集中管辖。推动智慧法院提档升级，建成60个互联网法庭，与看守所共建10个远程视频提讯室。邵阳市中院完成庭审智能语音识别系统建设，实现庭审记录实时录入、同步显示、在线修改。完善“四类案件”监管程序，涉群体纠纷、疑难复杂等712件案件被系统自动标识、跟踪预警。完善审委会会议规则，对涉黑恶、社会关注度高等重大案件，建立人大代表、政协委员、律师和派驻纪检组长列席审委会制度，市中院共邀请20名人大代表、政协委员列席审委会。落实类案强制检索制度，定期发布类案裁判指引，杜绝“类案不同判”现象。运用数字法院系统密切监测审判流程节点，及时提醒，杜绝案件超审限。基层法院一审案件发改率1.34%，同比下降22.1%。

**【接受监督】** 2022年，邵阳市法院系统自觉践行全过程人民民主，向市人大常委会专项报告“利剑护蕾”、优化营商环境等工作，抓好决议和审议意见落实。按期办结市人大代表建议3件。向市政协通报法院重大工作，办理市政协委员提案3件。邀请辖区各级人大代表、政协委员参加法院重要会议或重大活动、列席审委会、旁听庭审、见证执行等500余人次。配合做好市人大“两官”履职评议，7名被评议法官中，6人评议结果为“满意”，1人为“基本满意”。配合市人大组织开展调解结案民间借贷案件质量评查，评查案件8965件。接受检察机关法律监督，邵阳市中院邀请检察长列席审委会4次，全市法院审结抗诉案件22件，改判、发回11件，对合法合规合理的检察建议，采纳并予以整改。接受监察机关的监督。接受各民主党派、工商联、无党派和新闻媒体等社会各界的监督。全市举办法院开放日活动28次，市中院邀请人民陪审员参与审理案件174件，深入联点社区走访群众1000余人次。

（粟　成）

2022年5月13日，邵阳市人大常委会2022年法官、检察官履职评议动员大会召开
（黄红禹　供图）

## 司法行政

**【概况】** 2022年，邵阳市司法局法律职业资格考试组织实施、普法与依法治理、新闻宣传等工作获司法部、省司法厅表彰，“背包式”人民调解工作法获国家级、省级媒体密集推介，社区矫正、法律援助、单位文明创建等工作排名全省前列，市医疗纠纷人民调解委员会获“2020—2021年度全国平安医院建设表现突出集体”称号。

**【依法治理与普法宣传】** 2022年，邵阳市实施“八五”普法规划，落实“谁执法谁普法”责任制，推进“以案释法”制度化常态化，组织开展民法典宣传月、农村法治宣传月以及反有组织犯罪法、新信访工作条例、疫情防控等法治宣传活动，发放各类宣传资料187万份，播放村村响广播13.5万分钟，推送公益普法短信425万条，编制宣传橱窗7120个。武冈市新时代文明实践中心获评湖南省十大最美普法集体。开展宪法宣传周等纪念现行宪法颁布40周年系列活动，组织参加全省纪念现行宪法颁布40周年答题，参与人数排名全省第三。15万余名国家工作人员参加学法考法，参考率、通过率均在99%以上。推进公共党建文化设施、民主法治示范村（社区）、区县市法治公园（广场)、青少年法治教育基地、“一村一法律顾问”等关键法治文化阵地建设；建成村民法治学校3636个，法治公园广场长廊等宣传阵地1405个，全国、全省民主法治示范村（社区）89个。

**【人民调解与促进法治】** 2022年，邵阳市实现人民调解委员会全覆盖，构建纵向覆盖县（市、区）、乡镇（街道）、村（社区）三级，横向覆盖各领域、各行业及社会各方面的调解组织网络。创新推行主动上门、背包服务、就地普法的“背包式”人民调解工作法，分流和分担公安、检察、法院等部门办案压力，获《人民日报》《法治日报》《湖南日报》等国家级、省级媒体推介。全年调解矛盾纠纷2.2万件，调解协议涉及金额3.16亿元，一般纠纷处理时间较上年同期缩短50%。人民监督员参与检察机关案件公开审查、公开听证89起268人次，参与案件质量评查6起17人次，参与其他相关司法办案工作26起72人次。

**【社区矫正】** 2022年，邵阳市召开市社区矫正委员会2022年第一次全体会议，审议通过《邵阳市社区矫正委员会成员单位职责》《邵阳市社区矫正委员会工作规则》《邵阳市社区矫正衔接配合工作规则》。对标司法部《社区矫正中心建设规范》，推进智慧矫正中心建设。开展社区矫正和安置帮教，依托私人企业建立县级过渡性安置基地10个，进一步拓宽安置帮教对象就业渠道。开展社区矫正和安置帮教安全隐患排查整治活动，消除风险隐

湖南日报
HUNAN RIBAO
聚人才之力 筑复兴之基
邵阳"背包调解员"解麻纱
衡阳菜，最是人间滋味长
踔厉奋发开新局
不适合，就召回

2022年8月22日，湖南日报头版头条报道邵阳"背包调解员"工作
（向慧敏 供图）

患。年内社区矫正领域未发生个人极端暴力和重大恶性案件，在册社区矫正对象和安置帮教对象安全稳定。

【公共法律服务】2022年，邵阳市全面建成市、县、乡三级公共法律服务实体平台，设立市县两级公共法律服务中心13个、乡镇公共法律服务工作站203个，为人民群众提供普惠均等、便捷高效的公共法律服务。归并"12348"热线与政务服务"12345"热线，提供咨询服务0.44万通。全年律师办案2.1万件，基层法律服务办案1万件，司法鉴定办案1.25万件，公证办案2.9万件，仲裁办案208件。继续开展"法援惠民生、助力农民工"活动，办理涉及农民工案件847件，追回欠薪1600万元。

【律师工作】2022年，邵阳市实现市县乡三级党政机关法律顾问全覆盖、"一村（社区）一法律顾问"全覆盖。建立"万所联万会""党建引领、助力千企"服务民营企业工作机制，推动全市65家律师事务所与工商联所属150余家商会、53家重点企业有机对接，为企业发展注入法治力量。护航"五好"园区建设，在邵阳经济技术开发区设立"法律服务工作站"暨"律师调解工作室"，提供点对点服务指导300余次，为企业挽回经济损失3000余万元。常态化开展扫黑除恶斗争，开展法律服务行业专项整治，为城乡群众提供优质高效便捷的法律服务。组织开展"做党和人民满意的好律师"主题活动，增强律师队伍政治自觉。

（向慧敏）

2022年5月25日，邵阳市司法局在大祥区紫霞社区开展"美好生活·民法典相伴"为主题的邵阳市第二个"民法典宣传月"活动（向慧敏 供图）

## 仲　裁

【概况】2022年，邵阳仲裁委员会受理各类民商事合同纠纷222件，受案标的额5.65亿元，仲裁收费153.84万元。其中涉及国有资产纠纷的案件52件，争议标的额最大的案件为1.49亿元，争议标的额100万元以上的15件，1000万元以上的5件。调处交通事故赔偿纠纷、医疗纠纷及其他民商事纠纷96件。无仲裁案件被人民法院不予执行。

开展"送法惠民"活动，先后在城南公园、西苑公园开展免费法律咨询和送法为民活动；每月走进一家企业，以座谈会形式为企业解法答疑、修改合同；与市宝庆公证处及部分律师事务所开展"法治宣传进社区"活动，开展送法下乡活动，免费发放法律资料，免费提供法律咨询。

【规范化建设】2022年，邵阳仲裁委员会为进一步提高仲裁案件质量，制定《邵阳仲裁委员会国有资产案件仲裁审批流程办法》，规范争议标的额100万元以上的国有资产仲裁案件，从立案到结案均由邵阳仲裁委员会副主任（政府办副秘书长）、常务副主任（政府办秘书长）、主任（常务副市长）逐级审批。制定《邵阳仲裁委员会仲裁员指定办法》，规范仲裁员的指定程序。每年年初开展首席仲裁员及仲裁员推选会议，从办案能力、法律功底、职业操守等方面推选出一批优秀仲裁员作为仲裁案件仲裁员推荐人选。秘书处成立5人仲裁员会商拟推荐小组，综合考虑仲裁员的性格特点、办案策略和技巧，以及与当事人、代理人、当事人选定的仲裁员之间的关系等情况，最终拟推荐出仲裁员及首席仲裁员，呈送仲裁委领导作为指定仲裁员的参考。

【仲裁服务】2022年，邵阳仲裁委员会秘书处推进仲裁工作融入基层社会治理，先后与大祥区道路交通事故人民调解委员会、北塔区道路交通事故人民调解委员会、市医疗纠纷人民调解委员会、市市场监督管理局合作，指派工作人员参与交通事故纠纷、医疗事故纠纷、知识产权纠纷的调处，快速有效解决双方当事人之间的矛盾，推进仲裁与行政调解有效衔接，提升群众满意度。推行金融化债措施，减轻政府化债压力。多次与农村商业银行、长沙银行召开联席会议，就金融领域的不良债权清收进行讨论，对采用仲裁方式快速、高效清收不良债权形成共识，各方按会议确定的程序进行实际性操作。年底已为长沙银行400多万元不良债权启动清收程序。制订仲裁便民措施20条，满足群众对仲裁服务的新要求。采用立案材料邮寄、质证意见书面，让人民群众少跑腿；实行视频远程开庭，因新冠疫情影响不能现场开庭的仲裁员、异地当事人，在其住所地通过视频全程参与案件的开庭审理。

（杨小雨）

# 军　事

## 邵阳军分区

**【概况】** 2022年，邵阳军分区强化政治引领，突出学习贯彻党的二十大精神，组织官兵原原本本研读报告，开展心得体会展、书画展和摄影展等多种活动，在军分区乡村振兴联点村开展主题演讲和文艺会演。深化主题教育，组织优秀文职人员和军人家属交流发言，强化典型引领，激励担当作为。组建城步“高山红哨”特色民兵分队，依托塘田战时讲学院建立邵阳市民兵教育训练（塘田）基地，开展军地大型国防教育主题活动，编排民兵宣讲文艺会演节目。

提升国防动员能力。贯彻中央军委开训动员令，组织首长机关训练，依托市县两级民兵训练基地开展集中轮训。开展首长机关和民兵分队综合演练，提高两级首长机关组织指挥能力。指导武冈市人武部推行军事职业教育向民兵拓展试点。对各县市区民兵整组开展军地联合检查考评。完成卫星残骸回收、抗洪抢险、扑灭山火和“神舟”备勤等任务。完成兵役征集任务，连续3年被省军区评为征兵工作先进单位。

夯实部队建设根基。以星级达标活动为牵引加强基层武装全面建设，全市204个基层武装部全部达“三星”级以上标准，完成达标建设任务。持续巩固“四个秩序”规范化建设成果，督导各级查隐患、堵漏洞、守规矩、树形象，确保部队安全稳定。

强化后装综合保障。开展重点行业领域整肃治理攻坚，高位推动经济责任自查自审自改，修订完善《邵阳军分区集中采购实施细则》，进一步规范采购流程，堵塞监管漏洞。贯彻上级新冠疫情防控要求，筹措防疫物资，协调医护人员上门服务，降低疫情影响。

**【民兵干部和“四会”教练员集训比武】** 2022年4月6—17日，为加强民兵干部和教练员队伍培养，邵阳军分区组织民兵干部和“四会”（会讲、会做、会教、会做思想政治工作）教练员开展集训比武活动。分分散自训和集中比武两个阶段进行，主要从工程抢修、侦察侦测、通信保障、卫生防疫勤务保障和应急专业中遴选训练课目展开角逐，评选出一批训练尖子，并纳入邵阳市民兵教练员人才库，为民兵集中轮训的有效展开、完成各项重大演训任务打下人才基础。

**【担负“神舟”集中备勤任务】** 2022年4—11月，邵阳军分区副司令员担任“神舟”备勤任务应急指挥组组长，指导邵东市、绥宁县人民武装部共组织3支民兵队伍，担负“神舟13、14、15”发射和着陆集中备勤任务，按照应急预案做好各项应急准备。

**【民兵应急营点验】** 2022年5月17日，邵阳军分区组织民兵应急营点验，宣布任职命令、明确组织活动制度、总结部署工作、开展安全形势教育，强化应急营官兵责任意识和国防观念。会议指出，组织基干民兵点验，是年度民兵组织整顿的重要内容，是落实民兵建设任务的重要举措。要增强使命担当，铸造绝对忠诚；要强化战备意识，聚焦备战打仗；要培养优良作风，展示民兵风采，当好经济社会建设的“奋斗者”、执行急难险重任务的“先锋队”、维护社会稳定的“排头兵”。

**【防汛抢险骨干集训暨联训联演】** 2022年5月22日至6月2日，结合辖区汛情实际，邵阳市政府联合邵阳军分区组织为期12天的应急分队防汛抢险集中轮训暨联训联演。集训采取理论授课、讲解示范、实装操作、综合演练的方式进行，组织8个共同科目和5个专业科目的训练和考核，并开展巡堤和封堵管涌、抢筑子堤和打捞漂浮物、无人机空投救生装备和橡皮艇救援落水群众、营救围困人员和疏散转移群众、水面巡查和冲锋舟队形演练5个科目的军地联合演练。

**【组建“高山红哨”民兵连】** 2022年，为进一步传承和弘扬“高山红哨”精神，推动新时代民兵建设高质量发展，6月15日，邵阳军分区在城步苗族自治县人民武装部靶场举行“高山红哨”民兵连授旗仪式，司令员为该连授旗。授旗仪式后，进行刺杀操、警棍盾牌术和轻武器实弹射击等军事汇报表演，全面展示“高山红哨”民兵连训练水平和精神风貌。高山红哨民兵连本着“编建为使用、平时能应急、战时能应战”的原则组建，从城步基干民兵中遴选思想政治坚定、专业素质过硬的人员，平时主要担负维护红色教育基地和景区安全、“高山红哨”精神宣讲、开展国防教育、处置突发情况等任务；战时主要担负医疗救护、抢修等支援任务。

**【设立首个市民兵教育训练基地】** 2022年9月14日，邵阳军分区联合市委宣传部，组织部分党政机关干部、预定新兵代表、民兵代表和中小学师生等280余人，在被誉为“南方抗大”的邵阳县塘田战时讲学院旧址举行“邵阳市民兵教育训练（塘田）基地”揭牌仪式，同步开展合唱塘田战时讲学院院歌、预定新兵集体入伍宣誓、签名明志、参观塘田战时讲学院旧址等系列国防教育主题实践活动。通过依托驻地红色资源设立民兵教育训练基地，为民兵教育训练提供传承红色基因、筑牢信仰高地的重要平台，进一步丰富教育内涵、拓展教育空间，让红色资源成为增强爱国情感、赓续红色血脉、培育民族精神的重要课堂。

**【森林灭火】** 2022年10月，邵阳多地突发大火，其中新邵县潭府乡火势最大、火情最急，根据地方党委、政府请求，新邵县人民武装部立即组织民兵力量参与山火扑救。投入民兵，出动扑、灭火设备532台（套），经过6天5夜连续奋战，共开辟隔离带5条25.8千米，转移群众

129人，圆满完成森林灭火任务。

【基层基础建设】2022年，邵阳军分区常态开展基层人民武装部全面建设，经过“基层自评、市县考评、省抽评”，全市建成“五星”级基层武装部建设32个、占比15.7%，“四星”级基层武装部109个、占比53.4%，“三星”级基层武装部63个、占比30.9%，实现三年规划基础建设目标。

（孙科文）

## 武警邵阳支队

【概况】2022年，中国人民武装警察部队湖南省总队邵阳支队（简称武警邵阳支队）统筹推进主题教育、基础教育和经常性思想教育，用活“宝庆卫士大讲堂”“好课推荐、精品共享”等平台载体，创新推广情景式教育模式，持续擦亮“高山红哨”名片，稳固官兵听党话、跟党走的思想根基。投入270余万元完成基层单位“书香军营”建设，投入8万元更新部队文体设施，开展“强军风采”和“一队一品”群众性文化活动，丰富官兵业余文化生活。9月23日，联合国家粮食和物资储备局湖南局375处、新邵县严塘镇镇政府及派出所围绕守卫目标突发森林火灾开展应急演练。11月8日，武警邵阳支队召开第一届军人代表大会，采取无记名投票方式，选出2名出席湖南总队第一届军人代表大会代表候选人。

是年，武警邵阳支队党委被武警湖南总队评定为“全面建设形势好”。1人被武警部队评为“先进个人”，2人在总队各类集训中获评“优秀学员”“优秀个人”，参加总队指挥员比武被评为“优胜单位”，执勤三大队洞口中队被总队表彰为“执勤先进中队”、武冈中队被总队表彰为“军事训练先进中队”。

【练兵备战】2022年，武警邵阳支队以迎接保卫党的二十大为主轴，修订完善支队维稳行动方案，组织参加“卫士——2022·使命（湖南）”演习，落实“3+1”战备值班力量体系建设，部队战备水平明显提升。推进4个单位新时代执勤安保规范化建设和“智慧磐石”工程建设，开展“学规范、查隐患、堵漏洞、保安全”执勤隐患排查整治，常态纠治执勤违纪问题，成功处置一起航拍无人机越界侵入看押目标空域事件。完成警卫勤务和联勤武装巡逻、武装押解等专项勤务220余起。推进“学大纲、研大纲、用大纲”活动，组织各类演训比武和群众性练兵活动，提升部队打赢能力。

【基层建设】2022年，武警邵阳支队科学调配基层党委（支部）班子，组织开展本级纲要培训和“三帮一带”活动，建立完善党委机关挂钩帮建机制，安排5批70余人次机关干部下基层帮理思路、破解难题。建强用好团支部和军人委员会两个群众组织，城步中队团支部被总队表彰为“红旗团支部”。办好党委承诺的《为基层办实事清单》，为困难人员申领特困补助，协调解决随军家属安置、官兵子女入托入学和校车接送问题，慰问官兵及家属，为家庭涉法官兵提供法律援助，提升官兵获得感、幸福感、归属感。

【安全稳定】2022年，武警邵阳支队建立完善常委会全面统揽、首长办公会阶段部署、安全工作领导小组督导协调机制。用好“四不两直”检查、“部门以上领导周末突击晚点名、实地查铺查哨”等，推进“聚力迎盛会、扎实保稳定”群众性建安创安、微信泄密专项整治、安全大检查、手机涉网问题清查整治等活动，持续巩固部队安全基础。

【后勤保障】2022年，武警邵阳支队动态修订后装保障战备方案，常态组织“一组五队”训练，开展“一专多能、一兵多用”岗位练兵活动，探索建立军地联保的一体化保障模式，有效提升应急保障能力。开展“后勤管理年”、“文明守纪展风采、安全行车迎盛会”军车交通安全专项整治、枪弹安全管理隐患治理等活动，组织驾驶员复训和军械器材员培训，为军车购买商业保险，完成教导队改扩建工程，持续推进装备领域“智慧磐石”工程建设，依规组织官兵伤病残医学鉴定，综合保障更加高效。

2022年9月23日，联合国家粮食和物资储备局湖南局375处、新邵县严塘镇镇政府及派出所围绕守卫目标突发森林火灾开展应急演练　　（孙煌 供图）

**【支队党委一届四次全体（扩大）会议】** 2022年1月21日，武警邵阳支队召开支队党委一届六次全体（扩大）会议，传达学习武警部队、总队党委全会精神，全面总结分析2021年度部队建设形势，研究部署2022年度工作任务，表彰先进单位和个人。党委书记贺国华作题为《强基固本提质效、担当作为抓落实，以全面过硬的优异成绩向党的二十大献礼》的工作报告，党委副书记李奇围绕党委工作报告做题为《坚定举起铸魂、坚持稳中求进，在接续奋斗中推动支队全面建设高质量发展》的讲话。

（席宇平　孙　煌）

## 人民防空

**【人防战备能力建设】** 2022年，邵阳市持续推进县级人民防空指挥中心建设，其中邵东市、新宁县、隆回县、洞口县竣工，武冈市启动复工，邵阳县、新邵县、绥宁县开工建设，城步苗族自治县进入设计阶段。建成省国防动员“三级”指挥光缆网第二路由及人防指挥专网，新建一套依托政务外网的高清视频会议系统。全市多处挂牌湖南省人防专用物资储备（邵阳）基地。组织防空警报试鸣，实现警报鸣响率、覆盖率双百动态达标。启动《人民防空方案》编制。推进国防动员体制改革，组建国防动员办公室。

**【人防宣传教育】** 2022年，邵阳市持续推进人防宣传教育“进机关、进学校、进社区、进企业、进家庭、进网络”，在大祥区中心路街道沙井头社区、学院路街道翁家社区、北塔区状元洲街道磨石社区等开展人防宣传教育活动，在大祥区一中、隆回县一中开展青少年人防应急技能培训活动。组织开展“5·12”防灾减灾应急宣传教育活动。加强人防宣教阵地建设和维护管理。

（张东吾）

# 综合监督管理

## 宏观经济管理

**【概况】** 2022年，邵阳市出台全市稳经济大盘总体方案和任务清单、项目清单及具体落实文件。出台《高质量发展综合绩效评价指标体系》等一系列政策文件，建立市级领导联系产业集群（产业链）、重点企业、重点项目工作机制。进一步完善全市服务高质量发展经济运行监测联席会议制度，坚持月分析、季研判、年总结，定期向市委、市政府、省发展和改革委员会专题报告全市经济运行情况，加强对宏观经济走势、投资、出口等方面热点难点问题的分析研究，提出可操作性对策建议，为市委、市政府科学决策提供参考。在优化营商环境、稳物价等方面形成调研报告，部分调研成果报市委、市政府领导参阅。

**【重大项目建设】** 2022年，邵阳市争取中央及省预算内资金近20亿元、地方政府专项债81.74亿元、设备购置与更新改造贷款需求15.01亿元。举行两次重大项目集中开工竣工活动，集中开工竣工5000万元以上重大项目243个，总投资878.7亿元。34个省重点项目完成投资291.2亿元，6个省“三高四新”重大产业支撑项目完成投资55.5亿元，326个市重点项目完成投资665亿元。邵阳站改扩建工程全面完成第二阶段施工；推进市中心通用机场、新宁崀山通用机场可研批复前期工作。完成罗市220千伏输变电工程送电，云水220千伏输变电工程投产；建成邵阳县—永州、邵东—双峰、邵阳县—隆回天然气管网；洞口华能江口10万千瓦风电场、武冈大甸5万千瓦集中式光伏建成并网，新邵筱溪、三合村、隆回凤形山村、洞口长滩村4个抽水蓄能项目纳入国家抽水蓄能中长期发展规划；城步苗族自治县儒林100兆瓦/200兆瓦时储能电站、湖南邵阳隆回100兆瓦/200兆瓦时新型储能电站纳入全省试点项目；新邵、邵东生活垃圾焚烧发电项目均建成投产；全市建成充电桩634个。支持文化教育卫生体育等社会事业领域基础设施项目建设，市第三人民医院、市中医医院岐黄大楼、楚怡中职学校等项目开工建设，推进邵阳工业职业技术学校、市妇幼保健院改扩建等项目。

**【产业发展】** 2022年，邵阳市老工业基地调整改造工作获国务院“真抓实干”督查激励，实现全市国务院“真抓实干”督查激励“零”的突破。邵虹基板玻璃项目通过国家窗口指导。实施产业发展“千百十”工程，培育九大产业链，全市九大重点产业集群产值占规模工业总产值的88%。推进现代服务业与先进制造业融合发展，推进省服务业“双百”工程，新增邵阳宝隆工业地产为省“双百”重点项目。邵东市星沙物流园成功申报省级示范物流园区，实现全市省级示范物流园区“零”的突破。邵阳东货场投入运营。

**【经济体制改革】** 2022年，邵阳市持续深化供给侧结构性改革，深入推进物流降本增效综合改革，建立健全促进先进制造业和现代服务业深度融合发展机制。持续深化工程建设项目招投标体制改革。深化工程项目建设审批制度改革。推进电价改革政策落地。有序开展农业水价综合改革。全面落实市场准入负面清单制度。推进要素市场化配置。加快建设高标准市场体系。开展妨碍全国统一大市场建设规定情况自查清理。

**【社会民生改善】** 2022年，邵阳市密切关注CPI指数变化，及时启动价格联动机制，全市累计向210万人次困难群体发放价格临时补贴5000万元。全面落实粮食安全党政同责，按照“先检后收、分仓储存、优粮优价、应收尽收”原则，完成省市县三级储备粮轮出、轮入任务。小江湖粮库一期工程竣工并投入使用。出台《邵阳市关于完善重要民生商品价格调控机制的实施方案》。取消工商业目录销售电价、推动工商业用户全部进入电力市场、完善峰谷分时电价等政策。巩固拓展脱贫攻坚成果同易地扶贫搬迁后续工作有效衔接，全面做好安置区安全生产、消防安全及脱贫后风险专项排查等工作。

**【固定资产投资】** 2022年，邵阳市固定资产投资同比增长8.7%，其中国有投资下降11.4%，非国有投资增长15.2%，民间投资增长9.8%。第一产业完成投资额同比下降39.6%，第二产业完成投资额增长16.6%，第三产业完成投资额增长10.1%。全市工业投资同比增长16.8%，其中工业技改投资下降5.7%。高新技术产业投资增长13.9%，其中信息传输、软件和信息技术服务业投资同比增长24.9%，科学研究和技术服务业投资同比增长2.4%，计算机、通信和其他电子设备制造业投资同比下降3%。全市基础设施投资同比增长30.7%，民生工程投资下降16.4%，生态环境投资增长12.3%，房地产开发投资增长0.8%。全年新开工5000万元及以上重大项目321个，同比增长3.5%。

**【园区经济】** 2022年，邵阳经济技术开发区获评省级“工业化和信息化融合试验区”；邵东经济开发区获全省打造内陆地区改革开放高地先进园区。全市入园企业达3980家，规模以上工业企业达1481家；规模工业增加值增长8.5%；完成技工贸总收入3923.37亿元，同比增长18.08%，新增1家1000亿元园区（邵阳经济技术开发区），新增过200亿元园区2家（新邵、武冈）；上缴税金94.71亿元，同比增长23.86%。园区质量效益进一步提升。全市园区亩均税收由上年度的9.86万元提高到16.94万元，同比增长71.75%，亩均生产总值由105.24万元提高到167.24万元，增长58.91%。园区生态进一步优化。全市园区环境污染第三方治理实现全覆盖，邵阳经济技术开发区全面完成社会事业剥离改革，获评省营商环境评价先进园区。

**【农业经济】** 2022年，邵阳市争取中央预算内投资71338万元，其中农业项目19456万元，分别为新邵县等6个县藏粮于地藏粮于技专项（高标准农田建设项目）17456万元、邵东市2022年度农村人居环境整治建设项目2000万元；林业项目18461万元，分别为湖南舜皇山国家级自然保护区基础设施建设项目1130万元、生态保护和修复专项17331万元；水利项目33421万元，分别为大圳灌区续建配套及现代化改造项目6536万元、秀水水库工程5000万元、主要支流治理17699万元、新邵县枫树坑水库除险加固工程4186万元。犬木塘水库工程下达年度中央预算内投资90000万元，其中邵阳市内投资约70000万元。重大项目犬木塘水库完成投资23亿元，高标准农田建设、湘桂岩溶地区石漠化治理、大圳灌区续建配套等一批重大农林水项目有序推进。组织市直25家责任单位对《邵阳市乡村振兴战略规划（2018—2022年）》进行全面总结评估，形成评估报告。

**【工业经济】** 2022年，邵阳市规模工业增加值增速7.0%，工业用电量44.5亿千瓦时，同比增长0.1%，工业投资增长16.8%。全市产业项目建设获省政府真抓实干激励表彰。邵虹基板玻璃通过国家两部委“窗口”指导。全市九大产业链总产值达3123.5亿元，占工业总产值的87.2%，同比增速达13.2%。发制品、小五金获批省级先进制造业集群。全市产值过亿元企业716家。全市新增规模工业企业202家、净增规模工业企业121家。培育国家级专精特新“小巨人”企业2家、省级35家。三一专用汽车有限责任公司、中电彩虹（邵阳）特种玻璃有限公司获评省级智能制造标杆车间，邵阳维克液压股份有限公司获评国家级智能制造优秀场景。

**【招投标监管】** 2022年，邵阳市对市发改委立项项目，符合必招标条件的项目一律核准为委托公开招标，对招标限额标准以下的，因不属于行政审批的范围，不作审批。强化招标代理机构监管，配合省发改委，会同市住建、交通运输、水利、农业农村等部门，完成专家征集（续聘）工作。出台《关于规范政府投资项目代建单位招标履约担保金额的通知》《关于进一步规范全市公共资源交易投诉处理工作的通知》等文件。完成城步长安营风电场二期招标项目和湘西南物流仓储基础设施项目的招标投诉处理。开展招投标领域专项整治，印发《邵阳市招标代理机构及从业人员抽查工作实施方案》，抽取77个工程建设项目全面进行检查。全面落实“一项目一考评”制度。印发《关于开展规避招标问题专项整治工作的通知》，排查2000余个项目。印发《邵阳市创建清廉工程实施方案》，45个项目业主申报创建“清廉工程”，相关各方均签订廉政责任书及廉洁守信承诺书。印发《邵阳市优化工程建设招标投标营商环境专项行动工作方案》，省优化营商环境评价招标投标指标位列全省第三。全市工程建设项目入场交易金额127.42亿元，同比增长17.27%，节约财政资金6.55亿元。

**【公共资源管理】** 2022年，邵阳市制定《关于建立邵阳市严惩公共资源交易违法违规行为部门联动机制》，出台《关于建立邵阳市属地评标专家约谈和交流工作机制的通知》。组织各行政监督部门对市各级出台的招标投标制度规则进行全面清理，共清理招标投标制度规则23件，其中废止2件、拟修订6件、保留15件。深化全流程电子化交易，建立完善工程建设、政府采购电子交易系统，实现高标准农田项目、政府采购全流程电子化交易；搭建金融服务平台，为企业提供中标贷和电子保函两种金融服务。落实“应电尽电”“应异尽异”要求，全面实行全流程电子化交易。全年工程建设项目入场交易765宗，开展全流程电子化项目721宗，电子化率94.2%，开展远程异地评标项目76宗。

**【社会事业】** 2022年，邵阳市社会领域共争取中央预算内资金23704万元，其中包括教育强国专项8420万元、社会兜底线服务专项2300万元、积极应对人口老龄化专项2984万元、优质高效医疗卫生服务体系专项10000万元。社会领域共有23个项目通过国家两部委审核，争取地方政府专项债额度19.21亿元。推动社会领域项目建设。2022年下达的中央预算内投资项目经国家重大建设项目库调度全部开工，开工率100%。推动社会领域一批重点民生项目建设，市中医医院岐黄大楼、市第三人民医院、区域医疗中心、楚怡中职学校、市高级技工学校创建技师学院一期等项目开工建设，邵阳工业职业技术学院、市妇幼保健院整体改扩建项目推进顺利。落实国家社会领域重要行动，编制《邵阳市推进儿童友好城市建设方案》，启动国家儿童友好城市创建。

**【易地扶贫搬迁后续扶持】** “十三五”时期邵阳市完成易地扶贫搬迁任务89545人，建成安置住房23698套，房屋建筑面积224万平方米，累计完成投资54亿元。其中建设集中安置区241个（500人以上安置区32个），集中安置13555户50771人，集中安置占比56.7%。2022年，全市坚持以习近平总书记关于加强易地扶贫搬迁后续扶持工作重要指示精神为指导，聚力聚焦基础和公共服务设施完善、产业就业增收、社区治理等重点方面，通过强化政策指引、开展专项督查督导、安全生产管理、问题排查和整改、业务培训和典型宣传等工作措施，推进易地扶贫搬迁后续扶持，落实落细政策、责任，巩固提升易地扶贫搬迁脱贫成果，完成迎国检、省检、市检及市发展和改革委员会对县市区易地扶贫搬迁后续扶持考核工作。

**【以工代赈】** 2022年，邵阳市争取国家、省以工代赈项目资金5293万元，主要用于完善全市农村基础设施，带动周边群众1458人参与项目建设，实现就近就业增收。同时，在农村基础设施建设领域推广以工代赈方式项目1217个，总投资3.89亿元，吸纳当地农村群众务工人数19336人。推进国家、省委、省政府、市委、市政府工作部署，在政府投资项目特别是重点工程项目中实施以工代赈促进当地群众就业增收，计划2023年在交通、水利、农业农村、城镇建设、生态环境等农村基础设施领域推广以工代赈项目128个，总投资15.8亿元，重点工程项目125个。

**【物流业管理】**2022年7月，《邵阳市对接“一带一路”行动方案（2022—2035年）》正式对外发布。9月，邵东市星沙物流园成功申报第三批省级示范物流园区，实现全市省级示范物流园区“零”的突破。市湘西南粮食仓储中心项目完成竣工验收并于7月底正式投入使用。成功争取年度省现代服务业发展专项投资项目1个（武冈市家家康畜禽屠宰冷链物流园），争取省预算内资金110万元。成功争取2022年粮食等重要农产品仓储设施专项项目1个（隆回县军粮供应站隆回县3万吨粮食储备库及应急物流设施项目），争取中央预算内资金900万元。

**【社会信用体系建设】**2022年，邵阳市公共信用信息共享交换平台归集信用数据1899万条，累计发布各类红名单6188条、黑名单22733条，并通过“信用邵阳”网站对全社会公布。市发展和改革委员会、市住房和城乡建设局、市人力资源和社会保障局、市税务局、市生态环境局出台基于信用信息的分级分类监管办法。市社会信用体系建设领导小组各成员单位对40余万个市场主体进行信用核查超过131万次，其中有效信用核查反馈92.8万次，实现守信联合激励1078次、失信联合惩戒2050次，形成全市信用联合惩戒格局。邵阳市获评全省社会信用体系建设综合考核优秀单位。

## 能源建设

**【概况】** 2022年，邵阳市发电总装机容量407.42万千瓦。有火力发电厂16座，发电装机容量146.71万千瓦。其中，煤电厂1座，发电装机容量132万千瓦；生物质发电厂10座，发电装机容量10.31万千瓦；水泥厂自备电厂5座，发电装机容量4.4万千瓦。水电装机容量88.25万千瓦，风电装机容量127.77万千瓦，光伏发电总装机容量为24.85万千瓦，储能装机容量19.85万千瓦。年总发电量112亿千瓦时，全社会用电量120亿千瓦时。

**【电网建设】** 2022年，邵阳市继续推进电网建设三年行动计划，围绕供电能力提升，完成绥宁220千伏输变电工程投产，实现220千伏变电站区、县全覆盖。投产邵东城东220千伏输变电工程，提高邵东市供电能力及新能源消纳水平。完成邵阳县五峰铺、隆回县高坪、洞口县黄桥等110千伏输变电工程投产，解决邵阳县、隆回县、洞口县局部供电能力不足及低电压问题。

**【“气化邵阳”建设】** 2022年，邵阳市完成邵阳—隆回—洞口—武冈—新宁（邵阳—隆回—洞口）、永州—邵阳、邵东—双峰三条天然气长输管线建设。与市政府和市县燃气公司衔接推动储气调峰设施建设，市、县燃气公司分别与相关企业签订用气保供协议、缓解冬季采暖保供期间全市用气紧张问题。

**【清洁能源项目建设】** 2022年，湖南省发展和改革委员会批复邵阳市风电项目建设方案二批，项目总个数28个，总装机容量160.65万千瓦。批复集中式光伏发电项目7个，总装机容量65万千瓦。省发改委能源局核准新邵、邵东、武冈、洞口4座垃圾焚烧电厂，其中新邵、邵东生活垃圾焚烧发电项目已建成投产，洞口生活垃圾焚烧发电项目点火试运行，武冈项目开展前期工作。建成充电桩634个，实现县县建有充电站。新邵筱溪、三合村、隆回凤形山村和洞口长滩村4个抽水蓄能项目纳入国家抽水蓄能中长期发展规划，开始协调生态红线等限制性因素，争取项目早日纳入省“十四五”能源发展规划。全市申报新型储能试点项目18个，城步苗族自治县儒林100兆瓦/200兆瓦时储能电站、湖南邵阳隆回100兆瓦/200兆瓦时储能电站建成投产。

## 长江经济带绿色发展

**【绿色低碳循环发展】** 2022年，邵阳市编制《邵阳市碳达峰实施方案》《邵阳市“十四五”节能综合工作方案》《能源领域碳达峰实施方案》，推进相关领域碳达峰行动计划，开展新宁县、南山国家公园、新邵经济开发区等碳达峰试点示范区建设。紧扣“五好”园区建设，把发展循环经济产业作为提升发展质效、推进绿色发展的重要抓手，以雀塘产业园区为平台，打造特色工业经济“升级版”，推动再生资源行业高质量发展，在配套设施、金融服务、优化营商环境、厂房补贴、税收优惠、招商引资方面给予支持。遏制“两高”（高耗能、高排放）项目盲目发展，推进能源、工业、交通、公共机构、建设等重点领域节能降碳，对重点用能单位和“两高”企业开展节能监察。年末万元GDP能耗下降3.7%，超额完成省定目标。推进生态文明建设，强化塑料污染治理，制定印发《邵阳市绿色生活创建行动工作方案》《邵阳市塑料污染治理部门分工方案》《邵阳市塑料污染治理2022年工作责任清单》。

**【长江经济带生态环境突出问题整改】** 2022年，邵阳市“江北污水处理厂部分设备闲置、溢流口溢流、溢流口排水浓度高”问题按期整改销号。序时推进“新邵三郎庙铅锌锑矿违规开矿和鸿发采石场越界开采生态破坏”突出问题整改，三郎庙铅锌锑矿和鸿发采石场均依法关闭并注销矿权，隐患排查工作和生态应急修复项目全部完成并开展矿区环境监测；问责39人，其中留置4人；新邵县三郎庙铅锌锑矿和鸿发采石场生态修复治理工程于9月23日进场施工。抓好10个省“举一反三”自查问题的整改销号，已完成整改9个。市2021年长江经济带生态环境警示片21个问题完成整改20个，仅双清区佘湖社区问题申请延期未完成整改。落实“洞庭清波”专项行动，开展已整改问题“回头看”，制作“回头看”专题片和2022年市长江经济带生态环境突出问题警示片。

**【资金争取和项目推进】** 2022年，邵阳市推进市医疗废物集中处置中心扩能提质项目建设。新邵、邵东生活垃圾焚烧发电项目建成投产，洞口生活垃圾焚烧发电项目点火试运行，武冈生活垃圾焚烧发电项目稳步推进。谋划沅江流域生态优先绿色发展项目，绥宁、城步、新宁、洞口、隆回5个县纳入国家协同推进沅江流域生态优先绿色发展实施区域。实施污染治理和节能降碳、长江经济带绿色发展专项，年内争取专项中央预算内资金24455万元，争取省预算内资金400万元。推进隆回魏源湖、洞口平溪江、邵阳县天子湖湿地公园生态保护与修复项目，城步儒林镇城南片区、大祥区双江口片区生态环境综合整治项目，新邵县三郎庙铅锌锑矿和鸿发采石场整改项目，邵东市两市塘生活污水处理设施建设项目等2022年中央预算内项目建设。

## 优化经济发展环境

**【概况】** 2022年，邵阳市在省营商环境评价中取得90.279分，排名全省第七，较上年前进4名，片区排名第一，武冈市获真抓实干督查激励。18项主要考核指标中有14项指标排名提升，评价等次大幅进位，优秀等次指标由上年的1项增加到6项，良好等次由8项减少为2项。获得用水用气、办理建筑许可、获得信贷、招标投标、市场监管、保护中小投资者等6项指标均位列全省前四，其中获得用水用气排名全省第一。

**【机制和制度保障】** 2022年，邵阳市建立市委书记、市长任“双组长”的优化经济发展环境领导小组，7位分管市领导负总责、15家牵头单位协调推进、41家责任单位各负其责、共同推动营商环境18项评价指标提升的“1+1+N”工作机制。市人大、市政协分别开展专题执法检查、专题协商议政。实行“一月一督战、一季一通报、半年一讲评”，助推后进追先进、先进更前进。市委、市政府出台《关于促进民营经济高质量发展的若干政策措施》《邵阳市工业企业深化“纾困增效”专项行动实施方案》《邵阳市优化营商环境促进市场主体高质量发展实施方案（2022—2025年）》《三项机制》等一系列政策措施，市纪委监委出台《邵阳市优化营商环境十条禁令》，为营商环境优化升级提供政策依据。

**【纾困解难活动】** 2022年，邵阳市坚持市领导联系重点企业机制，持续深化“企业家接待日”“民营企业家沙龙”、民营企业家座谈会和政银企对接“周一早餐会”等做法，常态化开展干部联企“送政策、解难题、优服务”行动，尤其34位市级领导每个月第一周的第一天坚持走进企业、现场办公、纾困解难。年内共为124家企业解决急难愁盼问题240件，按时办结率达100%，民营企业家满意100%；14家企业提出融资需求30.63亿元，获得银行授信23.64亿元；为18212家市场主体累计发放贷款267.42亿元。

**【优化政务环境】** 2022年，邵阳市以歇业备案“一件事一次办”为小切口的“市场主体注册、变更、注销便利化”改革“揭榜竞优”项目，作为深化“放管服”改革优化营商环境典型经验在全省推介。创新设立市优化营商环境110平台，畅通政企沟通渠道，破解企业发展存在的难点堵点痛点问题，截至年末共受理投诉举报256件，满意度达97%。创建连锁企业变更、办不成事窗口、稳经济促发展政策服务专窗等一批政务微创新品牌。市优化经济发展环境领导小组办公室联合邵阳广播电视台制作《优化营商环境永远在路上》暗访专题片，以警示促整改、以警示促落实。

## 价格管理

**【概况】** 2022年，邵阳市价格水平总体平稳，重要民生商品量足价稳。全市全年CPI同比上涨1.8%，涨幅与全省持平，比全国低0.2个百分点。市物价部门密切跟踪监测粮、油、肉、蛋、菜、果、奶等重要民生商品和防疫物品价格变化情况，坚持“日监测、日报告、周分析”制度，做好重要民生商品价格研判预警。启动社会救助和保障标准与物价上涨挂钩联动机制，全年累计向约210万人次困难群众发放价格临时补贴近5000万元，缓解物价上涨对困难群众基本生活的影响。建立健全重要民生商品价格稳定机制，出台《邵阳市关于完善重要民生商品价格调控机制的实施方案》，完善有利于价格稳定的长效机制。

**【重点领域价格改革】** 2022年，邵阳市推动国、省出台的全面放开燃煤发电电量上网电价、推动工商业用户全部进入电力市场、完善峰谷分时电价等电价改革政策落地；对物业小区、商业综合体、产业园区、写字楼等转供电环节收费进行专项监督检查。进一步理顺天然气价格管理机制。省发展和改革委员会批复邵阳市区居民气价联动上调0.182元/立方米；启动县市居民气价联动工作；联动调整县市淡季、采暖季非居民用气价格，有效缓解天然气上下游价格矛盾。有序推进农业水价综合改革。省定市改革任务面积146.45万亩，其中增量面积任务54.43万亩、存量面积任务92.02万亩，全面完成年度任务；省预算内下达市农业水价综合改革计量设施建设和维护补助资金430万元（其中邵东市50万元，隆回县、武冈市各85万元，邵阳县、洞口县、新宁县各70万元）。推进服务医疗体制改革，召开“市公立医疗机构部分医疗服务项目价格调整听证会”。

**【降费减负】** 2022年，邵阳市制定《邵阳市清理规范城镇供水供电供气行业收费促进行业高质量发展的实施方案》《关于开展水电气领域涉企违规收费自查自纠工作的实施方案》。各县市发展和改革局、相关供水供电供气企业，从全面排查水电气领域红线内外接入、建设安装、更新改造、维护维修、非电网直供电等环节涉企违规收费、不合理加价问题入手，开展涉企收费自查自纠。

**【降本清费】** 2022年，邵阳市发展和改革委员会与教育部门衔接协作，下发春季和秋季收费文件，确保教育收费工作进程。推进义务教育阶段非营利性民办学校学费寄宿费收费标准定价进程。相继完成“邵阳市生活垃圾处理收费有关情况的调研”“国有景区门票及配套服务收费情况调研”“中小学民办教育学校收费情况调研”“公共租赁房收费情况调研”。完成对市神龙殡仪服务有限公司政府指导价殡葬服务收费项目定价；起草《关于加强全市物业服务收费管理有关事项的通知（征求意见稿）》，推进市城区政府管价期物业收费标准制定。贯彻落实省发改委等7厅局制定的《涉企违规收费专项整治行动实施方案》，与相关职能部门共同出台《关于扎实推进涉企违规收费专项整治行动的通知》，在全市范围内围绕“交通物流、水电气、地方财经、金融、行业协会商会及中介机构”等五个重点领域开展涉企业违规收费整治。

（彭怀志）

## 国有资产监督管理

**【国有企业改革三年行动结束】** 2022年，邵阳市按照《邵阳市国企改革三年行动实施方案（2020—2022年）》要求，进一步理顺企业改革改制工作机制。重新调整市企业改革领导小组成员，成立资金筹措、资产处置、民生保障、信访维稳、组织协调5个重点工作专班；明确市企改办各部门职责；从邵阳市国有资产监督管理委员会（以下简称邵阳市国资委）等部门抽调12人，组织调度和督促指导具体改革工作。加强企业改制改革调度督导。列出三年行动重点任务清单，定期、不定期对企业的三年行动开展情况调研督导；及时召开企业改革工作会议督促落实，市政府主要领导主持调度会议10余次，市企改办组织协调会议21次，协调改制推进工作中的困难和问题。年内完成改制企业扫尾验收16户。截至2022年10月底，邵阳市国企改革三年行动26大项任务全部完成，达到国务院国企改革验收小组的要求，各项任务指标完成率均为100%，三年行动圆满收官。

**【第二轮改制企业扫尾】** 2012年8月，邵阳市委、市政府按照省委、省政府统一部署和要求，推进新一轮国企改革工作。第二轮企业改制共启动84户，其中国有企业74户、集体企业10户。截至2019年底完成验收17户，2020年完成21户，2021年完成8户，2022年完成16户，2023年计划验收22户企业，将已启动改制企业全部清零。第二轮改制共安置职工5.05万人，移交文书档案1066万宗，完成改水2.71万户、改电1.92万户，完成搬迁生产区内职工住户680户、租赁户467户，累计筹集到位改制资金48.88亿元。解决了在邵阳央企、省属企业历史遗留问题，按照中央、省政府要求，27户在邵阳央企、省企家属区住户“三供一业”全部分离移交，企业办社会职能全部剥离，应移交的退休人员和党员全部都按要求移交到位，完成供水分离13718户、供电分离9145户、物业分离18240户，剥离教育、医疗机构各3家，完成退休人员移交17128人（其中党员3400人）。

**【国资监管服务】** 2022年，邵阳市国资委依法依规归集、盘活、处置国有资产。市建材厂建设南路土地等资产（产权）成交价3.91亿元；市城投商住区一期4-04地块由土地中心收储，收储价4亿元；指导督促194家国有企业对闲置国有资产进行清理清查，清查闲置资产总额364.43亿元，拟处置闲置资产6.82亿元，处置资产兑现1.21亿元。完善业绩考核和薪酬管理。采取一企一考核措施，加强对企业负责人业绩动态考核，按照企业主要经济指标、重点工作、承担政治责任、社会责任等综合考核结果兑现企业负责人薪酬。完善企业财务监管。定期发布市管企业月度财务快报；规范国有资产统计，被省国资委评为“国有资产统计工作先进单位”；加强财务风险防控，突出“三重一大”制度的执行；督促企业健全内部审计监督体制机制，确保风险管控到位。加大融资化债力度。明确工作流程和资料申报等事项，简化审批程序，确保融资贷款利率原则不超过7%，全年节约融资成本1.7亿元，为市本级平台公司办理融资、发债、担保、抵押、反担保等业务下发批文或股东签章审批58个。化解矛盾纠纷。落实首访责任制，变群众上访为干部下访，改制企业职工没有出现一例“进京赴省”上访；全年接待各类信访事项740余次，协调指导改制企业接访1300余次，妥善处理邵阳神风动力公司、龙江煤矿、新东煤矿、肖家冲煤矿职工群体性上访事件。

【企业投资】2022年，邵阳市大祥坪停车场项目完成地下主体工程；第三人民医院项目完成桩基础工程、开挖承台的砌筑工程等施工，累计完成产值2200多万元。全面启动湖口井东路、邵西大道、北塔路、东城快线等道路建设，同时保质保量加速建设三里桥路、屈原路、电机路、福源路、曙光路、宝建路等路网，实现产值约800万元。7-13#地块（紫云·钓鱼台）、站前区控规1-2a#地块，北塔区控规1-12#地块等房地产开发项目完成可研用地规划许可证、初步设计、施工图设计等前期工作。做实特许经营权项目，其中，武冈机场加油站、桃花加油站和永兴加油站等特许经营权项目年营业额达2300万元，推进邵水西及云山加油站建设；智慧停车特许经营权项目初步确定建设内容；公租房25年收益特许经营权项目实现正常租金收缴；邵水干流邵阳市区段河道采砂权项目拟定初步方案；“数字邵阳”项目已实施政务信息化项目18项、经营性信息化项目6项，完成产值约4500多万元。

【服务发展】2022年，邵阳市完善现代企业制度，制定出台出资人权责清单，修订完善市城市建设投资经营集团有限公司、市产业发展集团有限公司章程，明晰党委权责和工作方式，健全市属国有企业董事会运行制度体系，邵阳市国资委监管企业落实“党委把方向、董事会定决策、经理层抓落实”治理机制。优化调整国有资本布局结构，完成市国有资产投资经营有限公司与市宝庆工业新城建设投资开发有限公司的重组整合，成立邵阳产业发展集团有限公司；牵头完成市燃气总公司重组的资产评估等前期工作。健全市场化经营机制。督促市城市建设投资经营集团有限公司、市产业发展集团有限公司等监管企业开展劳动、人事、分配制度改革，中层以上管理人员实行竞聘上岗，实施全员薪酬管理、注重绩效考核，严控集团公司人员编制，新进人员必须通过市场化招聘，不胜任工作岗位的予以辞退。推进“产业兴邵”，对接华润燃气、华为公司、中车集团、中国电力、省建工集团等央企、省企到邵阳投资洽谈。推进重点工程建设，原市国有资产投资经营有限公司投资12.69亿元建设邵阳工业职业技术学院，12月30日完成主体验收，投资3.39亿元重建市十七中，完成教学综合楼、食堂以及80%附属工程建设。

【民生实事】截至2022年年底，邵阳市国资委为群众办实事34项，解决2095户困难职工住房，维修、新建厕所4座。为乡村振兴驻点村新邵县陈家坊镇富阳村、邵阳县郦家坪镇大岩村筹措经费120万元，修建村组道路14条共3.4千米，安装路灯80盏，维修水渠2千米，恢复农田灌溉140亩，救助困难群众32人。筹措360万元，组织专门力量解决双清区内短陂桥、新东、肖家冲3家煤矿水电改造问题，改制职工用上了优质水和安全电，每年为财政节省资金400余万元，解决了十余年未解决的水电分离问题。协调市人力资源和社会保障局、市税务局及市医疗保障局，市产业发展集团有限公司为企业退养、协保、病养人员3200人续缴养老保险和医疗保险。

（范 嵘）

## 经济体制改革

【建设高标准市场体系】2022年，邵阳市出台《贯彻落实〈湖南省建设高标准市场体系实施方案〉重点任务清单》，聚焦夯实市场体系基础制度、推进要素资源高效配置、改善提升市场环境和质量、实施高水平市场开放、完善现代化市场监管机制环境和质量等五大关键领域重点难点针对性提出改革举措。完善服务和融入新发展格局政策体系，落实省《完善服务和融入新发展格局政策体系实施意见》，制定落实国、省稳住经济大盘一揽子政策措施任务清单，印发《关于贯彻落实国、省稳经济一揽子政策措施的工作方案》。出台《关于贯彻落实〈中共湖南省委湖南省人民政府关于构建更加完善的要素市场化配置体制机制的实施意见〉的责任清单》，保障市场主体平等获取生产要素，推动要素配置依据市场规则、市场价格、市场竞争实现效益最大化和效率最优化，消除各类隐性壁垒，让各类要素自主有序流动，健全要素市场运行机制。

【优化经济治理体系】2022年，邵阳市先后出台《关于促进民营经济高质量发展的若干政策措施》《关于市级领导联系重点企业工作方案》《邵阳市优化营商环境促进市场主体高质量发展实施方案（2022—2025年）》《2022年持续优化营商环境助推高质量发展实施方案》《邵阳市工业企业深化“纾困增效”专项行动实施方案》等一系列优化营商环境政策措施。对2018年以来国家、省、市制定出台的企业发展支持措施进行梳理，从税收优惠、降本增效、资金奖补、金融支持、要素保障等方面汇总152条政策措施，编制《优化营商环境涉企政策汇编》印发给企业及相关单位。加强社会信用体系建设，健全守信联合激励和失信联合惩戒机制，出台《邵阳市推广信用承诺制实施方案》。在全市范围内对妨碍全国统一大市场建设的规定和实际情况开展自查清理，落实市场准入负面清单制度，开展市场准入壁垒清理排查。

【建立更高水平开放型经济新体制】2022年，邵阳市融入西部陆海新通道，主动对接融入粤港澳大湾区、长江经济带国家区域发展战略，健全合作体制机制。对接“一带一路”行动方案（2022—2025年）经市政府常务会议和市委常委会会议审议通过，邵阳市成功纳入西部陆海新通道节点城市。

【区域协调发展体制机制】2022

年，邵阳市建立东部城镇群联席会议制度，加强东部城镇群县市互联互通，修订完成《邵阳市东部城镇群发展规划（2016—2030年）》，进一步明确东部城镇群的空间布局、产业定位，起草支持东部城镇群发展的政策措施。成立西部生态圈推进协调机构，建立联席会议、高峰论坛、督查考核等机制，促进西部生态圈高质量发展。分解细化《邵阳市“十四五”西部生态圈发展专项规划》目标任务和重点事项，制定年度建设计划，谋划重大项目245个，推动规划落实落地。抓实“五好”园区建设，全面推进园区人事、薪酬、考核评价等改革，完善园区“以亩产论英雄”评价激励机制，印发《邵阳市省级及以上产业园区闲置国有资产清查处置工作方案》。全市园区批而未供土地处置完成1744.21亩，处置完成率45.49%，达到省定任务35%以上；闲置土地处置完成1983亩，处置完成率93.16%，达到省定任务90%以上；低效利用土地处置完成2483.4亩，处置完成率48.09%，达到省定任务35%以上。

**【工程建设项目招投标体制机制改革】** 2022年，邵阳市建立健全招投标监管长效机制，印发《关于开展工程建设招标投标政策文件清理工作的通知》《关于开展规避招标问题专项整治工作的通知》《邵阳市招标代理机构及从业人员专项检查工作方案》《关于开展招标代理机构选取自查自纠工作的通知》《2022年工程建设项目评标专家履职行为专项整治工作方案》《关于建立邵阳市严惩公共资源交易违法违规行为部门联动机制的通知》《禁止评标专家参与或建立网络微信群、QQ群的通知》《建立属地评标专家约谈和交流制度》《关于进一步规范工程建设项目招标投标投诉举报处理的通知》等文件。

（彭怀志）

## 自然资源和规划

**【概况】** 2022年，邵阳市自然资源和规划系统推进“多测合一”改革，全市不动产登记系统与“多测合一”平台实现对接，年内“多测合一”平台办理测绘事项累计达1124宗。向社会公布第三次全国国土调查成果，推动“三调”成果共享运用。建成1089个铁塔视频监测点并投入使用，推进自然资源卫星应用中心建设，建成中国遥感应用协会邵阳市学会服务站，成为全国第一个在地级市授牌成立的学会服务站点，邵阳市测绘地理技术、卫星监测技术在协同防灾减灾、农业生产、政府公共决策方面发挥重要作用。开展法治政府建设示范市创建活动，组织土地管理“一法一条例一办法”理论考试、知识竞赛等系列活动。市规划建筑设计集团开展“五比五拼”百日攻坚行动，全年签订合同金额1.15亿元，完成产值近1亿元，实现利税1200多万元。

是年，邵阳市成功申报全国历史遗留废弃矿山生态修复示范工程，房地产办证历史遗留问题化解案例获自然资源部发文全国推介，城区农房一体确权登记颁证成果获评全省一等奖。市自然资源和规划局、城步苗族自治县自然资源和规划局、邵阳县自然资源和规划局、新宁县自然资源和规划局获评湖南省第三次国土调查先进集体，武冈市获评全国自然资源节约集约示范县市，洞口县自然资源管理工作获省政府真抓实干督查奖励，市自然资源事务中心建成智慧征拆系统获省地理信息产业优秀工程金奖。

**【空间要素保障】** 2022年，邵阳市谋远谋实国土空间要素。对接重大基础设施、重大民生、重大产业项目前期，在“三区三线”（即根据农业空间、生态空间、城镇空间三个区域，分别对应划定的耕地和永久基本农田保护红线、城镇开发边界、生态保护红线三条控制线）划定中统筹为4000多个项目预留发展空间。用好过渡期规划调整优化政策，优化规划布局31.5公顷，保障133个农村基础设施项目和18个乡镇产业发展项目用地空间。

**【土地要素保障】** 2022年，邵阳市实现土地要素应保尽保。实行“可报尽报、应审尽审”用地审批模式，成立要素保障服务专班，建立重点项目用地报批“绿色通道”，一对一对接服务重点项目。全年批回用地项目114宗1656.7公顷，保障犬木塘水库、新新高速、三一智能生态产业园、彩虹玻璃等一大批重点基础设施和产业建设项目用地。全市批准乡镇集体建设用地86宗65.42公顷，促进农村一、二、三产业融合发展。

**【要素供给】** 2022年，邵阳市推行“按地价匹配房价，分区位合理确定楼面地价”等一系列惠企措施，出台《邵阳市绿色建筑、装配式建筑、超低能耗建筑、城市森林花园建筑指标复核操作细则》，全市供应土地469宗393.26公顷，实现土地出让收入41.33亿元。强化在房交会、湖南—东盟投资贸易洽谈会等全市重点会展的土地招商，达成10个项目意向签约，签约金额26亿元。细化工业用地弹性供应实施细则，市本级弹性出让工业用地1101.63亩，为企业减负1.1亿元。开展“砂石保供”工作，年内省级发证采矿权成交2宗，成交价款3.7亿元，市级发证采矿权成交2宗，成交价款1.06亿元，办理6宗采矿权延续登记手续。

**【“三区三线”划定】** 2022年，邵阳市自然资源和规划局主动对接市发展和改革委员会等28个部门，对照64个省级发展专项规划，按照“先农田、再生态、后城镇”优先序，划定耕地保护红线588.76万亩、永久基本农田524.03万亩，划定生态保护红线4742.29平方公里，划定城镇开发边界451.59平方公里，其中市本级划定城镇开发边界131.71平方公里，“三区三线”划定成果9月30日通过自然资源部审核，11月15日启用。

**【规划编制】** 2022年，邵阳市推进三类规划编制。在全市开展国土空间规划六大攻坚行动，市级国土空间总体规划形成初稿，开展专家咨询，完成乡镇主体功能区定位；按照“集中人员、集中时间、集中办公”原则组建工作专班，全面启动66项国土空间专项规划编制。推进双清白马、大祥桃花、北塔雪峰、犬木塘四大片区开发规划编制，编制和修改邵阳经济技术开发区双清园区等4个片区控规，中心城区控规覆盖率达100%。完成1400个村庄规划编制任务。

**【规划管控】** 2022年，邵阳市推进城乡规划行政技术规定修订，严格规划调整程序，白马大道选线方案、六岭公园恢复性建设及周边用地棚改（三期）等23个项目控规局部调整事项，均按程序呈市规委会审议，报市政府批准。创新推进规划“一张图”平台，在全省率先建成城市年度体检成果汇交平台，率先出台“一张图”控制性详细规划成果汇交标准，率先通过该平台实现“三区三线”“一上”成果汇交。

**【“田长制”全覆盖】** 2022年，邵阳市全面推行“田长制”。由市委书记、市长任总田长，15名市委常委会会议成员及分管副市长任市级田长，全市225名县级田长、1669名乡镇田长、3986名村级田长、15676名网格田长的五级田长责任制全面建立。12个县市区均开展巡田工作，田长制全覆盖走在全省前列，获湖南省自然资源厅通报表扬。以自然资源领域和检察机关在土地执法工作开展协作配合试点为基础，启动“田长+检察长”工作实施机制。

**【落实两个“平衡”】** 2022年，邵阳市落实耕地占补平衡和耕地进出平衡。年内全市建设占用耕地总面积115.5公顷，全部落实耕地占补平衡。恢复耕地5.77万亩，超额完成省定任务。完成134个补充耕地“回头看”专项攻坚项目销号，销号率位居全省前列。解冻解扣耕地面积14052.78亩，解冻比例为90.25%，是全省两个最先全部完成一次性解冻解扣的市州之一。市本级耕地数量、水田规模、粮食产能等三项指标实现由负转正。全市耕地流入6024.14亩，净流入3410.8亩，历史性实现耕地净流入，全面完成耕地保护底线目标任务。

**【违法占用耕地整治】** 2022年，邵阳市零容忍推进农村乱占耕地建房整治整改，全面完成2020年7月3日以后新增农村乱占耕地建房存量处置工作，坑塘水面专项整治处置率99.04%，位居全省第三。部卫片下发邵阳市违法占用耕地面积110.88亩，同比减少91.29%，新增乱占耕地建房问题仅20个，农村乱占耕地建房势头得到有效遏制。邵阳县、绥宁县、北塔区、双清区、邵阳经济技术开发区实现违法占用耕地零增长。武冈市耕地保护督察执法先进典型做法获评全省耕地保护十大典型案例。

**【国土资源节约】** 2022年，邵阳市深入实施资源节约战略。坚持最严格的节约用地制度，纵深推进月清“三地两矿”（即撤批土地、闲置土地、违法用地处置问题和非法采矿问题查处、废弃矿山生态修复）机制落实，以产业园区三类低效用地清理处置为抓手，全面加强土地批后供后监管。全市存量批而未供土地处置率29.85%，市本级处置率32.29%；存量闲置土地处置率58%，市本级处置率78%。全市园区三类低效土地处置率分别为52.93%、95.88%、50.25%，处置率排名全省前三。

**【绿色矿山建设】** 2022年，邵阳市已建成绿色矿山15家，另公示2家小型矿山，等待省自然资源厅入库。持续推进砂石土矿专项整治，以砂石土矿开出一张任务清单、明确一张责任清单、列出一张落实清单“三个清单”为抓手，386个关闭退出矿山做到采矿权注销、设施拆除、生态修复“三到位”，获省自然资源厅通报表扬。截至年末，全市共有砂石土矿94个，超额完成省自然资源厅下达邵阳市采矿权控制数目标69个。基本扭转砂石土矿“小、散、乱、污、差”现象。

**【国土空间生态修复】** 2022年，邵阳市推进矿山保护生态修复，实行矿山生态保护修复年度验收、矿山地质环境保护与治理恢复分期验收、矿山地质环境保护与治理恢复关闭闭坑验收机制，确保在产矿山“边生产、边治理、边修复”。全市累计投入矿山地质环境恢复治理资金3.87亿元，恢复治理面积350.23公顷。推进历史遗留矿山修复治理，完成沅江、资江上游历史遗留废弃矿山生态修复示范工程81个图斑135公顷项目主体建设。抓突出生态环境问题整改，持续推动新邵两矿问题处置，并在全市范围内开展举一反三全面排查专项行动，得到省自然资源厅和省长江办肯定。长江经济带生态环境警示片披露的5个生态环境突出问题和“夏季攻势”历史遗留矿山生态修复整改问题全部完成销号工作。

**【“空天一体”执法】** 2022年，邵阳市初步构建“空天一体”的执法网络。应用卫片、铁塔视频、无人机、地面核查等多元技术手段，将其作为执法的眼睛，极大缩短违法行为从产生到发现的时间差，降低基层执法成本，减少违法损失和整改难度。卫片执法违法占用耕地占新增建设用地的比例下降至1.89%。期限内核实“图斑快递”任务1224宗，期限内整改到位率83.44%。

**【月清月结执法】** 2022年，邵阳市全面形成月清月结的执法机制。高位推动月清“三地两矿”机制落实，将月清“三地两矿”工作纳入市政府三重点工作，2020年、2021年部省下发1～20批次存量违法用地1032宗整改到位1016宗，整改率98.44%，2022年第21至第29批132宗违法用地全部月清月结。邵阳市月清“三地两矿”高位推动机制得到省厅通报表扬。

**【开展违法用地“三零”专项行动】** 2022年，邵阳市人民政府开展违法用地存量全清零、增量零增长、全年零发生“三零”专项行动。部、省历年例行土地督察反馈主观原因问题处置率93.33%，全省排名第四。6宗省政府专项督察反馈问题及1961宗2021年督察发现的其他违法违规问题处置率全省排名第一。新增违法用地332.37亩，同比减少74.38%，邵阳县、北塔区、双清区、邵阳经济技术开发区实现违法用地零增长。

**【化解房地产办证历史遗留问题】** 2022年是邵阳市启动房地产办证历史遗留问题集中化解专项行动推进年。全市第一期166个问题楼盘化解率100%。再次对全市历史遗留问题进行摸排，二期纳入问题楼盘51个，实现应纳尽纳，截至年底二期完成化解41个，化解率80.39%，共收缴和追缴税费5.6亿元。纵深推进新建商品房交房即交证改革，全市51个项目21449户业主实现“交房即交证”，其中市本级32个项目19444户，年初全面实现“交房即交证”常态化。完成房地一体权籍调查173万宗，登记发证110万宗。

**【优化营商环境】** 2022年，邵阳市出台建设工程规划许可证豁免清单和信用承诺实施细则，对四大类23个具体事项免于或无须办理建设工程规划许可证，对部分行政审批实行信用承诺替代。出台优化营商环境三年行动计划，组织开展“走流程、解难题、优服务”活动，邵阳市不动产登记优化营商环境“三化”实现“三省”工作做法获自然资源部不动产官方微信和《湖南日报》推荐。

**【行业安全】** 2022年，邵阳市自然资源和规划局在全系统开展“大培训、大排查、大整治、大攻坚”安全生产专项行动，组织开展打击“洗洞”盗采金矿等矿山违法违规行为专项整治行动，全系统安全生产工作稳定向好，连续4年被市委、市政府评为安全生产优秀单位。执行领导带班的双人双岗24小时值班值守制度，建成和联网运行地质灾害隐患专业监测点200个，实现“6小时预报、3小时预警、1小时叫应”。年内全市共发生各类地质灾害137起，成功避险转移 5522人，地质灾害防治实现零伤亡目标。

（刘敬焕）

## 财　政

**【概况】** 2022年，邵阳市完成一般公共预算地方收入127.97亿元，增长8%。其中，税收收入82.41亿元，增长8.47%；非税收入45.56亿元，增长7.14%，上级补助443.49亿元，一般债务（转贷）收入59.11亿元，动用预算稳定调节基金2.11亿元，调入资金67.89亿元，上年结转21.78亿元，收入合计722.35亿元。

全市一般公共预算支出 637.05 亿元，加上上解上级 16.06 亿元，一般债务还本 36.18 亿元，补充预算稳定调节基金 1.63 亿元，调出资金 0.1 亿元，结转下年 31.33 亿元，支出合计 722.35 亿元。

全市完成政府性基金预算收入 149.71 亿元，减少 16.29%。全市政府性基金预算支出 231.30 亿元，调入一般公共预算 10.67 亿元，减少 2.27%。

全市完成国有资本经营预算收入 30.95 亿元，减少 18.1%。全市国有资本经营预算支出 3.3 亿元，调入一般公共预算 29.53 亿元，减少 3.08%。

全市完成社会保险基金预算收入 159.84 亿元，增长 4.48%。全市社会保险基金预算支出 139.62 亿元，全年收支结余 20.22 亿元，累计滚存结余 164.96 亿元，增长 13.97%。

市本级完成一般公共预算地方收入 31.08 亿元，减少 4.72%。其中，税收收入 17.03 亿元，增长 0.07%；非税收入 14.05 亿元，减少 9.94%，中央补助 57.66 亿元，一般债务（转贷）收入 10.97 亿元，调入资金 45.36 亿元，下级上解收入 6.48 亿元，上年结转 0.4 亿元，收入合计 151.95 亿元。

市本级一般公共预算支出 102.57 亿元，补助下级支出 37.11 亿元，上解上级支出 3.49 亿元，一般债务还本支出 6.89 亿元，债务转贷下级支出 1.64 亿元，结转下年 0.25 亿元，支出合计 151.95 亿元。

市本级完成政府性基金预算收入 82.42 亿元，增长 0.83%。市本级政府性基金预算支出 109.76 亿元，调入一般公共预算 0 亿元，上年同期为 1 亿元。

市本级完成国有资本经营预算收入 26.82 亿元，增长 7.03%。市本级国有资本经营预算支出 0.14 亿元，调入一般公共预算 27 亿元，减少 2.31%。

市本级完成社会保险基金预算收入 93.21 亿元，增长 5.55%。市本级社会保险基金预算支出 79.45 亿元，全年收支结余 13.76 亿元，累计滚存结余 94.47 亿元，增长 17.05%。

**【聚财增收】** 2022年，邵阳市强化财税征管，财政收入量质齐升。全市地方一般公共预算收入完成127.97亿元，增长8%，排名全省第五；地方税收收入完成82.41亿元，增长8.47%，排名全省第五；非税占比35.6%，比上年同期下降0.29个百分点。实施财源建设，提升经济发展含金量。出台《提升骨干税源企业税收贡献度行动方案》《规范性房屋税费征管实施方案》《集中开展废旧物资回收加工行业综合整治工作的实施方案》等，规范重点项目税收征管，形成部门协作、上下联动、运转高效的财源建设工作格局，全市全口径税收占地区生产总值比重达6.11%。清查处置闲置国有资产资源，壮大综合财力。摸清全市资产底数，通过资源变资本、闲置变有用、权益变资金、自给变共享方式盘活单位存量、闲置低效资产，提高国有资产使用效益。全市实现资产资源处置收入132.97亿元，其中市本级94.34亿元。

**【支持经济发展】** 2022年，邵阳市助力企业纾困。搭建退税减税联席会议制度，落实留抵退税19.38亿元，办理制造业中小微企业延缓缴纳税费4.5亿元，“六税两费”退减税（费）0.43亿元；出台《邵阳市促进先进制造业平稳增长的若干财政支持政策》，全市财政安排园区发展、各类涉企专项资金17.66亿元。助力稳投资促消费。筹集基建资金，发行专项债券81.74亿元，实行“即报即审、日审日结”、合理预付建设工程款项、支持容缺办理等措施，推动一批交通、水利、教育、住房保障、应急救灾、公共卫生等重点项目建设；支持开展消费促进活动；推广政府和社会资本合作(PPP)模式，促进产业、金融、民间资本深度融合。优化营商环境。成功开具首批电子缴款书，实现非税收入收缴全流程电子化管理；落实涉企收费清单制度，财政政务服务事项实现全程网办；通过降低政府采购市场准入门槛、降低参与政府采购活动的成本、提高中小企业政府采购市场份额、加快政府采购款项支付等措施，全市政府采购中小企业金额超20亿元。

**【普惠金融】** 2022年，邵阳市财政开展普惠金融，促进实体经济发展。获批中央财政支持普惠金融发展示范区建设，推广“潇湘财银贷”“知识价值信用贷款”“政银担合作”等，创新开展外贸企业套期保值业务，降低融资担保费率，缓解企业融资难题。截至年底，全市普惠型小微企业贷款余额超395亿元、政府性融资担保业务余额32亿元；市中小担公司普惠小微企业贷款平均利率降至4.39%，综合费率降至5.19%，公司实现在保余额21亿元，在保余额、户数以及增幅均创历史新高，注册资本金放大倍数达6.16倍；湖南农担邵阳分公司累计提供农担贷款40.66亿元。

**【财政惠民】** 2022年，邵阳市财政民生支出完成493.68亿元，增长9.61%，占一般公共预算支出达77.47%。投入43亿元用于支持疫情防控。卫生健康支出77亿元，提高医疗保障水平；支持将居民基本医疗保险政府补助标准提高到每人每年610元，居民和职工医保住院报销比例分别达70%和90%以上。实施就业优先战略。筹措就业资金2.52亿元，扶持高校毕业生、农民工等重点群体就业；社会保障支出84亿元，提高企业退休人员养老金、城乡居民基础养老金、农村低保、失业金、孤儿基本生活费、“两参”人员生活补助等标准，增发城市和农村低保对象、特困人员一次性生活补贴。支持科教兴市战略。教育支出占财政支出比重超18%，财政科技投入同比增长34.4%，落实高新技术企业奖补资金，支持文物遗产保护，实施各类文化惠民工程，推进全域旅游；落实市区购房契税补贴政策，推进城镇老旧小区改造；加大行政政法经费保障力度，支持宝庆人才行动计划等、创文创民、平安邵阳建设等。改善生态环境。投入“三农”事业资金84亿元，推进乡村振兴；联合怀化市申报湘桂岩溶地区历史遗留废弃矿山生态修复示范工程项目，争取中央和省级财政支持 2.3亿元；节能环保投入10亿元，重点用于大气、水、土壤污染防治，支持河湖长制、林长制落实落地。

**【财政管理】** 2022年，邵阳市兜牢“三保”（保工资、保稳定、保增长）底线。安排“三保”支出预算350.96亿元，其中保基本民生181.3亿元、保工资150.2亿元、保运转19.46亿元；压减一般性支出和非急需、非刚性支出7.58亿元，收回结转结余资金14.8亿元，全部统筹优先安排用于“三保”等刚性支出。严控政府债务风险。截至年底，累计化解隐性债务242.4亿元，化债任务完成110.45%，其中市本级累计化解95.11亿元，任务完成109.19%。落实“六个一批”风险缓释措施，“六个一批”落地115亿元，其中市本级89亿元，确保平台公司不违约、不断链、不爆雷。遏制新增隐性债务，邵阳市“化债”工作连续4年获评全省先进。提升资金使用绩效。市直绩效目标申报实现预算单位全覆盖，重点项目绩效财政评价总额达14.81亿元。健全完善评审制度，市本级累计评审金额91.41亿元，审减金额13.27亿元，审减率14.35%。全面启动直达资金动态监控，收到中央直达资金193.31亿元，比上年增长33.19%，分配率100%，支付率98.7%。通过催收、财力消化、抵扣拨款、依法催收和严控新增借款等方式，收回暂付款2.61亿元；健全库款预测预警监控管理机制，确保各项重点支出到位。

（唐　鑫）

## 税　务

**【概况】** 2022年，国家税务总局邵阳市税务局（以下简称邵阳市税务局）落实税费支持政策，退减缓税费36.29亿元。服务经济社会发展，组建8个重点税收专项工作小组，全年税收入库395.58亿元。全市税务系统向地方党政领导报送分析报告45篇，获批示肯定26次。推进税费征管改革，创新开展“税收执法大督察”行动，推动税收执法权、行政管理权规范运行。全年应对风险任务1.43万户次，入库税款及滞纳金5.05亿元。查补税收收入2.74亿元，新划转中央级及非税项目7项。加强基层党建，省税务局第四轮巡察问题整改率达98.25%，市税务局党委巡察问题整改率达99.38%，完善各类制度25项。开展“党建基础规范提升年”行动，创新推出“党建+纳税服务”品牌，259个党支部均设立纪检委员（纪检联络员），全部获评“全省文明标兵单位”。深化作风建设，开展警示教育56次、明察暗访24次、家属助廉会议110次，发送廉政短信14万余条，制作专题纪录片《在路上》。查结“一案双查”案件49件，发出问题整改建议书32份。严格监督执纪，立案13件，处分17人。

**【组织税费收入】** 2022年，邵阳市税务局完成市人大合理调整预算目标后的收入任务，税收、社保费、非税收入分别入库139.35亿元、119.05亿元、137.18亿元,分别占比35.23%、30.09%、34.68%。全年应对风险任务1.43万户次，入库税款及滞纳金5.05亿元。稽查承接案源390件，查补税收收入2.74亿元，涉嫌骗税案源定骗率、查结率远高于全省平均水平。千户集团房地产行业风险管理走在全省前列。全市房土“两税”税源登记率、收入增长率、土地增值税清算审核率等指标排名上扬。精准开展环保税纳税人识别，建立契税、土地增值税、耕地占用税联动监管机制。平稳实施印花税法。国际税收管理创出“邵阳样板”，个人所得税、企业所得税汇缴工作走在全省系统前列。新划转2项中央级非税项目、5项省级非税项目，建立“1+2+3+N”风险防控机制，规范社保非税管理。

**【优化税收营商环境】** 2022年，邵阳市税务局创新推出“线上办理+咨询热线+联办团队”综合办税缴费服务，全面开展“千名税务干部联万企”“送政策、解难题、优服务”活动。创新开展落实“身在湖南办事不难”优化税收营商环境劳动竞赛，市级税收营商环境排名全省前六，县级税收营商环境获评优秀等次单位提升率超1倍，10个单位获评优良以上等次。市政务服务中心涉税业务实现“同城通办”。“12366”咨询热线来电量4.82万通，综合接通率高出全省平均水平1.47个百分点。“银税互动”扩围升级，帮助6047家企业获批授信贷款金额34.22亿元。建立健全“精准宣传、精准落实、精准管理、精准统计”机制，加快新的组合式税费支持政策落实进度。退减缓税费36.29亿元，其中留抵退税19.38亿元，为1558户市场主体增加“资金流”。12名县市区局长线上宣讲退税减税政策，“微税课”被“央视频”“学习强国”“学习兴税”等平台转载，点击浏览量超100万次。

（孙国俊）

## 审　计

**【概况】** 2022年，邵阳市审计机关完成审计项目332个，查出主要问题金额419.71亿元，其中违规金额6.16亿元、损失浪费金额0.19亿元、管理不规范金额413.37亿元，出具审计报告和专项审计调查报告368篇。审计移送处理事项47件，移送处理人员14人，促进整改落实有关问题资金19.05亿元，促进拨付资金到位5.05亿元，审计后挽回（避免）损失11.13亿元，核减投资额11.13亿元。审计提出建议754条，全部被采纳。提交审计信息178篇，被批示、采用109篇次。

是年，邵阳市审计局2个项目获湖南省审计机关优秀审计项目优胜奖，武冈市、绥宁县各1个审计项目被评为全省审计机关优秀审计项目一等奖，新宁县1个审计项目被评为全省审计机关优秀审计项目三等奖。

**【专项审计】** 2022年，邵阳市审计机关完成对邵阳县、绥宁县、城步苗族自治县的政策落实情况跟踪审计，发现问题49个，查出违规金额0.11亿元，管理不规范金额0.44亿元，促进整改落实有关问题资金0.1亿元。

完成对293个单位的财政类审计，查出主要问题金额337.93亿元，向市委审计委员会呈报审计专报2篇。

对市本级和12个区（县、市）政府债务管理情况开展专项审计。其中，市本级政府债券管理审计21个单位、53个项目，涉及政府债务55笔，查出问题10个；对3家市级政府平台公司违规举债和虚假化债情况开展专项审计，向纪委监委移送问题线索3条；根据省审计厅安排，联合市财政局等5家单位对市内12家公司的专项借款房地产开发项目预售资金收支情况开展审计，查出问题10个。

对9个县（市）2020—2021年乡村振兴情况开展专项审计调查，揭示违规发放多种补贴资金、部分项目进度缓慢等主要问题。

完成领导干部自然资源资产离任（任中）审计项目15个。

实施经济责任审计58个，查出主要问题金额4.04亿元。市本级移送处理事项3件，报送审计专报、审计要情3篇。

完成投资审计项目101个，查出主要问题金额24.01亿元。其中，市审计局推进投资审计转型，解散原中介机构库，由聘请中介机构参与投资审计转型为聘请专业技术人员直接审计，促进市本级减少政府投资成本8.02亿元。

**【审计查出问题整改】** 邵阳市建立审计整改多部门联动机制，每年联合人大财经委对审计查出问题整改情况开展跟踪检查，推动建立分管市领导调度审计整改工作机制。2022年，邵阳市审计局向被审计单位及分管市领导发出审计整改督办函37份，分管市领导先后召开整改专题调度会7次，推动2021年度市本级预算执行和其他财政收支审计查出的460个问题，整改或基本整改416个。促进收回财政资金15.38亿元，挽回损失8.54亿元，建立健全制度36项。

（李莉莉）

## 统　计

**【统计监督检查】** 2022年，邵阳市将统计监督纳入对市直单位和县市区绩效考核。市委、市政府先后召开5次会议，专题组织学习《监督意见》《关于加强新时代统计工作的意见》精神，研究贯彻落实措施。强化全过程数据质量控制，构建起党委政府、统计机构、纪检监察及相关责任部门权责一致、失责可查、全面覆盖的统计数据质量保障责任体系。健全统计监督协同配合机制，推动统计监督同纪律、监察、巡视巡察、审计等监督方式统筹衔接、贯通协同。畅通统计造假监督举报热线，在“12345”政府服务热线平台、市统计局内网和门户网站公布举报电话、邮箱，鼓励群众举报统计造假行为。加大执法检查，市统计局完成常规统计执法检查247家、入退库专项检查140家，对9家企业进行立案处理。

【统计现代化改革】2022年，邵阳市统计局规范地区生产总值核算，实施统一核算制度，加强对41项基础指标的分析预警，加大与市财政局、中国人民银行邵阳市中心支行、中国电信邵阳分公司、市邮政管理局等相关基础数据采集部门的沟通衔接，核算基础数据客观真实反映全市经济发展水平。对各县市区地区生产总值进行公正公开核算，实现各县（市、区）汇总数与全市数据的有效衔接。全年撰写地区生产总值相关基础指标形势分析会会议材料20余篇，为出台促进经济发展的相关措施提供参考。试点开展数字经济核心产业增加值核算，建立数字经济核算工作小组，指导、督促企业科学精准把握统计指标解释、报表要求，如实填报数据经济统计报表，审核、汇总企业填报数据，做好核算前期准备工作。规范开展民营经济和中小微企业增加值核算，形成一套相对规范的民营经济和中小微企业增加值核算流程和体系。按季度开展全市民营经济增加值、中小微企业增加值核算，适时反映民营经济和中小微企业阶段性成果。探索碳排放统计核算，面向县市区统计局及有关部门就能源核算变化的背景、内容、影响及如何积极适应核算新变化和新情况进行交流讨论，为碳排放统计核算体系实施打下理论基础。

【统计调查】2022年，邵阳市统计局组织实施国民经济核算、农业、工业、服务业、能源、建筑业等领域各项统计调查，为党委政府制定和实施政策提供依据。开展现场调查和实地调研，全面提高数据质量。围绕重点民生实事项目满意度、公众安全感、基本公共服务、平安建设等社会关注的热点开展10余项民意调查，完成有效样本6万余个。协助省统计局民调中心完成湘商回归意愿调查、科学素质调查、万名干部联万企“送政策、解难题、优服务”行动实施情况调查，帮助企业解决发展难题。对区县市第四次经济普查两员配备、第五次经济普查两员谋划进行全面摸底，拓宽畅通“两员”选聘渠道。开展入退库专项检查和一套表调查单位数据质量核查，做好部门数据处理、首要更正改错，夯实第五次经济普查基础底册清查。

【统计服务】2022年，邵阳市统计局为市委、市政府组织的全市经济运行分析会议准确提供月度数据、预测发展趋势，分析预警运行问题，提出意见建议。重点关注重要行业、重点领域、重要骨干企业，实时监测数据变化，增加多维度比对分析，提高统计运行分析的精准度，为党委政府全面把握经济运行趋势提供重要参考。全年撰写各类统计分析50余篇，各类经济、统计类简讯100余篇，被国家统计局网站和《中国信息报》采用8篇、省统计局采用31篇，各类媒体报刊采用40篇。开展重点民生实事统计监测，参与全市绩效考核、高质量发展、“三重点”任务等各项考评，全面、准确、客观、及时提供考评数据，全年为各类考评工作提供数据服务50余次、情况分析20余篇。提升统计月报卡、《领导干部统计手册》、《统计年鉴》产品质量，利用门户网站，及时发布统计数据分析解读。

【统计基础保障】2022年，邵阳市推进基层统计规范化建设。市财政配套104万元工作经费保障全市7个园区、45个乡镇（街道）全面完成规范化建设任务。邵阳市统计局开展30余次基层统计业务培训，培训500余人。督促企业全面建立统计原始记录、“一项目一档案”及统计电子台账等基础资料。每月开展各专业数据质量自查自纠，自查规模以上工业企业2188家、限额以上批零1179家，住餐企业298家、规模以上服务业企业692家、房地产开发项目334个、建筑企业309家、全市在库项目685个，不断规范企业统计行为，提升源头数据质量。在全市范围内开展一套表调查单位数据质量核查，建立真实、完整、准确的调查单位库。推进信息化系统建设进程，完成对12个区县市及邵阳经济技术开发区防火墙安装部署调试，全面完成国产化替代，完善信息化基础设施。强化湖南省统计数据质量监管平台邵阳市共享节点建设，发挥平台“四位一体”数据质量监管作用，实施智能化、协同化监管，实现对各县市区统计数据质量监测预警、数据查核、评估反馈、符合检验全覆盖。

（市统计局办公室）

## 统计调查

【概况】2022年，国家统计局邵阳调查队持续加强调查业务基层基础工作规范化、标准化建设，严把数据采集、审核、录入、汇总、发布等各个关口，狠抓基础业务数据质量，聚焦经济社会民生热点，依法独立行使统计调查、统计监督职权，用准确翔实的统计调查数据客观反映邵阳经济社会民生发展取得的成就，完成粮食产量、畜禽监测、居民收支、价格、就业、采购经理指数等常规调查，以及专项调查和统计调查分析等各项任务，完成住户大样本轮换和对地抽样调查样本轮换工作。在权威平台全文刊登信息160篇次。

是年，国家统计局邵阳调查队获评邵阳市平安建设先进单位、绩效考核优秀单位、党委信息工作先进单位、精神文明建设先进集体。在全省各市州队综合考核中排名第三，并在全省系统工作会议上作经验交流发言；在全省系统领导班子考核评定中排名第二。曾中荣获评“全国统计系统先进个人”。

**【住户调查】** 2022年，国家统计局邵阳调查队完成新一轮住户调查大样本轮换工作。建立通报机制，执行“日查、周核、月审、季比”制，综合运用平台和外部审核，每月向各区县市通报平台监测情况。邵阳全体居民人均可支配收入24677元，同比增长6.7%，增速高于全省0.3个百分点，排名全省第二、B类地区第一；城镇居民人均可支配收入35177元，同比增长5.4%，增速与全省持平，排名全省第九、B类地区第三；农村居民人均可支配收入16815元，同比增长7.1%，增速高于全省0.3个百分点，排名全省第六、B类地区第一。农村居民人均可支配收入增速高于城镇1.7个百分点，城乡居民人均可支配收入比（以农村居民收入为1）为2.09，较上年同期的2.13缩小0.04。居民人均消费支出18847元，同比增长5.3%，低于全省0.3个百分点，高于全国3.5个百分点。

**【价格调查】** 2022年，国家统计局邵阳调查队执行国家价格调查方案和价格采集方法规定，推进消费价格指数编制工作，加强与市发展和改革委员会、市商务局、市民政局等部门的联动协同，为市委、市政府推进城乡社会救助体系建设和完善重要民生商品调控机制提供监测调查服务。邵阳市居民消费价格指数（CPI）比上年上涨1.8%，涨幅与全省持平，低于全国0.2个百分点；在省内14个市州中，邵阳市CPI涨幅从低到高排第9位，处于经济运行合理区间。

**【劳动力调查】** 2022年，国家统计局邵阳调查队坚持“一月一陪访、一月一回访、一季一培训、一年一检查”为基本原则，夯实劳动力调查基层基础工作。邵阳市城镇调查失业率为5.6%，比湖南省平均水平高0.1个百分点，在B类地区排名第二。

**【农业农村调查】** 2022年，国家统计局邵阳调查队加强对粮食生产和畜牧业发展形势的调查，向党委、政府建言献策，为邵阳市坚持农业农村优先发展，巩固拓展脱贫攻坚成果，全面实施乡村振兴战略，推动传统农业大市迈向现代农业强市提供统计调查支撑。核定邵阳市粮食播种面积为748.73万亩，粮食总产量为330.97万吨，指标总量均位居全省第二位，增速分别位居全省第四位、第五位，为邵阳市获2022年度全省落实粮食安全责任制真抓实干督查表扬激励单位，保障农业农村财政转移支付提供精准数据支撑。全市生猪出栏698.87万头，年末生猪存栏463.93万头，存栏、出栏总量均排名全省第二。

**【专项调查】** 2022年，国家统计局邵阳调查队参与全国城市文明程度指数测评服务。挑选4名优秀干部参加全国文明城市实地测评和网报资料审核，学习先进地区创文工作经验；对接全国文明城市测评组，选派创文工作经验丰富的干部协助测评迎检；经常性选派参与过全国文明城市测评的干部到市创文办指导迎检和网报资料申报，开展创文工作业务培训。派员参与并完成2022年度全省营商环境调查和绩效考核服务对象评估调查。做细做精市委、市政府委托调查，先后受委托开展全市营商环境调研、市直单位群众评价和各区县市综合评价、第四季度全市文明城市测评和三区冬季爱国卫生运动50个重点点位测评。

**【统计监测服务】** 2022年，国家统计局邵阳调查队聚焦疫情防控、居民收入、乡村振兴、扩大消费、改善民生等重点领域开展调研，加强统计监测评价和分析服务。上报重要信息106篇、季度分析材料18篇，被选编入市委《要情汇报》10篇，编入市政府《邵阳政务信息》8篇，被国家统计局内网、《中国信息报》、省调查总队内网、邵阳文明网等平台全文刊登160篇次，各类调研分析材料获市领导批示11篇，同比翻一番，数量位于全省各市州前列；《显著缩小邵阳城乡居民生活水平差距途径研究》获湖南国家调查队系统招标课题“一等奖”；《邵阳日报》头版头条刊发《百姓民生福祉更殷实——邵阳国调队十年数据看民生》，党组书记、队长刘昆怀在《邵阳日报》上发表署名文章《开启依法治统新征程》。

**【住户大样本轮换】** 2022年，国家统计局邵阳调查队统筹开展疫情防控和住户调查大样本轮换基层基础工作，第一时间向市政府常务会议专题汇报样本轮换工作，争取市委、市政府在人员保障、经费保障、发文布置方面的支持，各区县市均以当地政府名义下发大样本轮换相关通知，足额落实工作经费；编印《大样本轮换制度方案汇编》《培训资料汇编》《优秀辅调员、记账户先进事迹汇编》等，市队住户调查科和各区县市统计调查机构利用下点入户，面对面与辅调员、记账户等进行交流，听取意见建议。完成全市1313个城镇普查区、13988个普查小区、13399个农村普查小区两次抽样框核实；开展3次督导，编印14期督导简报，并报送市委、市政府主要领导；严控换户率，邵阳平均有效摸底户数高于方案要求，拒访户比例、换户率均低于全省平均水平。

**【农业农村样本轮换】** 2022年，国家统计局邵阳调查队组织7个粮食大县开展样本轮换工作，并通过样本摸底数据和系统数据核对，完成样本数据修正等相关工作。组织12个区县市对猪牛羊禽所有大型养殖户和样本村中小户养殖情况进行摸底核实，并通过样本户摸底数据和系统数据核对，完成户名修正、权数录入、新户增加、空户退出等工作，将养殖户实际情况与系统信息正确对接，为客观准确反映邵阳市畜牧业养殖情况奠定基础。

（赵利亮）

## 市场监督管理

【概况】2022年，邵阳市市场监督管理局配合市委政治巡察，推进未巡先改、边巡边改、立行立改，整改问题67个。落实意识形态责任制，开展正面宣传，获评“湖南网民留言办理工作成绩突出单位”。全面学习贯彻党的二十大精神，青年理论学习经验做法入选全市优秀基层党建实践创新项目。开展基层党组织整建提质专项行动，机关一支部被命名为“市直机关示范党支部”。加强非公党建，开展“党建引领、助力千企”行动。推进清廉邵阳建设，在全市市场监管系统开展林茜黑社会团伙案件专题警示教育，开展违规收受红包礼金专项整治，对197个廉政风险点逐个落实防控措施。组织开展各项业务培训21期，培训干部2518人次。

是年，邵阳市市场监督管理局成功创建省级文明标兵单位，获评全市精神文明建设先进单位。事中事后监管获省政府真抓实干督查激励，食品安全、平安建设、扫黄打非等工作获市级以上表彰奖励8项。

【疫情防控】2022年，邵阳市市场监督管理局加强冷链食品疫情防控，投入400余万元建成冷链食品集中监管仓，在企业采样18万余份，有效切断由物及人的传播扩散途径。强化药品零售监测，上报销售“四类药品”信息256万余条。“4·19”和“10·15”疫情发生后，成立若干专班驻点监督和市场巡查，查处并曝光系列哄抬物价典型案例，确保生活物资供应充足、质量可靠、价格稳定。

【商事制度改革】2022年，邵阳市实施市场主体倍增工程。市政府印发《邵阳市优化营商环境促进市场主体高质量发展实施方案》，建立由市委书记、市长任总召集人的推进机制，将倍增工程纳入市委绩效考核体系和市政府“三重点”工作，促进市场主体稳存量、扩增量、提质量。全年净增市场主体7.1万户，其中企业3.37万户。年末实有市场主体45.59万户，其中企业10.25万户，为稳增长、保就业提供有力支撑。进一步优化企业开办流程，将开办必要环节压减为3个，材料精简到6份，时间压缩到1个工作日。推行首套印章免费刻制发放和证照、公章免费寄递服务，实现企业开办“零费用”。在全省率先实施歇业备案制度，办理企业歇业备案1135件，占全省40.59%。

【食品药品安全监管】2022年，邵阳市召开高规格的全市食品安全委员会全会，推行食品安全示范全域创建。推进“两个责任”工作机制，8172名干部与53528家主体建立包保关系，配备食安总监616人。推进“守查保”专项行动和特色食品风险排查，检查食品生产经营者60437户，处置问题3419个。完成食品抽检21257批次，查办案件879件，罚没1167.44万元。加强药品监管，对全市疾控中心和疫苗接种单位进行全覆盖监督检查。组织开展药品网络销售、中药安全、防疫用品、医疗美容等专项行动，检查药品生产经营企业和医疗机构12447家次，查办案件615件，移送涉刑案件8件，罚没924.76万元。

【特种设备治理】2022年，邵阳市市场监督管理局推进电梯质量安全提升行动和电梯检验检测试点工作，组织开展特种设备超期未检、燃气管道、气瓶、锅炉等隐患排查整治，检查单位6348家，下达监察指令书1863份，封停315台（套），立案362件，电梯定检一次性合格率、燃气压力管道定检率分别达96.3%、98.43%。

【产品质量及其他安全监管】2022年，邵阳市市场监督管理局完成产品质量抽检1604批次，重点开展烟花爆竹、燃气及燃气灶具、农资等9类产品专项整治，查办案件225件，罚没488万余元；推动合格证制度规范工作，605家企业进入数字合格证云平台。参与自建房专项整治，排查经营性自建房8.29万栋；参与交通顽瘴痼疾整治，查办案件325件，案件数居全省第一位；加强托管机构监管，参与打击养老诈骗、防范涉众型非法经营等专项行动。

【市场秩序维护】2022年，邵阳市市场监督管理局开展“铁拳”行动，查办各类案件417件，罚没560万元，公开曝光3批30件典型案例，6起案件入选国家市场监管总局、省市场监管局典型案例。组织开展“双打”、“长江禁捕”、打击传销、扫黑除恶等专项执法，查处侵权假冒案件323件、“打非断链”案件15件，捣毁传销窝点2个，移送涉黑涉恶案件2起、线索1条。开展涉企收费专项治理，发现涉嫌违规金额1163万元，查处违规单位38家。开展放心消费创建活动，推进线下无理由退货，“12315”平台受理投诉举报2.13万件，为消费者挽回损失554.59万元。完善消费纠纷多元化解机制，发挥ODR平台企业作用，企业自主处置纠纷679起。对家装建材行业乱象开展消费调查，获评全国消费者权益保护最佳“微课”，为全省唯一。

【质量强市】2022年，邵阳市市场监督管理局开展标准助企纾困、计量服务中小企业行、小微企业认证提升等行动，为200余家企业提供质量诊断提升服务。3个省级标准化试点项目通过考核评估，2起标准助企纾困案例被省市场监督管理局推介。发制品、卤制食品2个省级质检中心揭牌成立，邵阳经开区、洞口质量基础“一站式”服务试点效果明显。依托质量基础“一站式”服务平台，为企业节省费用280余万元。出台《“邵阳红”集体商标使用管理办法》，将97家企业、198个品种纳入“邵阳红”优质农产品名录，年产值达200亿元。将地理标志产品纳入“邵阳红”公用品牌建设，“城步峒茶”“崀山脐橙”“新宁脐橙”“武冈脐橙”获批国家地理标志商标，邵阳县成功申报省级地理标志保护示范区。

**【知识产权保护】** 2022年，邵阳市推进高价值专利培育、商标品牌培育等“四大工程”，实现知识产权量质齐升。全市发明专利拥有量、万人发明专利拥有量、万人高价值发明专利拥有量分别同比增长39.6%、41.9%、76.19%，三项增速均排名全省第一；全年新增注册商标7385件，总量65057件，增量和总量分别排名全省第三、第二；新增国家知识产权示范企业1家、优势企业5家。加强知识产权保护，调解知识产权纠纷379件，查办案件355件。加强银企对接协调，办理股权出质51件、专利权质押74件，新增质押融资2.77亿元。8月11日，邵阳市知识产权协会正式成立。

（刘娟娟）

## 邵阳海关

**【概况】** 2022年，邵阳海关推进知识产权海关保护，通过线上线下相结合的方式开展知识产权海关保护宣传周活动；对湖南东亿电气股份有限公司开展“一对一”帮扶，指导企业通过系统注册，提交商标权保护申请并获总署批准备案。

邵阳海关党委针对长沙海关党委第三巡察组巡察反馈的3个方面14个问题，制定巡察整改方案，明确95项整改举措，截至12月底全部整改到位。

组织参加长沙海关比武练兵，在10个条线的比武中获三等奖以上荣誉，龙庚哲等14人次获奖，吴倩等9人获“岗位能手”称号，肖洋获“党务之星”称号。参加署级课题2项、关级课题3项，撰写业务和贸易统计分析文章40篇、征文8篇，被省委、省政府及总署采用6篇，1篇获“清风国门”廉洁文化创意作品二等奖。

**【“海关重点项目和财务管理以权谋私”专项整治】** 2022年，邵阳海关推进“海关重点项目和财务管理以权谋私”专项整治，召开专项整治工作动员部署会，开展政治教育48次、纪法教育27次、警示教育19次，重点学习习近平总书记系列重要讲话精神，学习财务管理、基本建设、纪检监察等方面的规章制度41篇、驻署纪检监察组通报的典型案例21起，撰写学习体会11篇。查摆问题3个，查找廉政风险3个，形成问题及廉政风险建议清单并全部整改到位。

**【出口打火机检验监管】** 2022年，邵阳海关开展“口岸危险品综合治理”百日专项行动，建立业务日常监控项目清单，全方位查找风险隐患，全覆盖式走访辖区22家出口危险品货物及其包装生产企业，重点就出口打火机生产企业的安全隐患进行起底排查和专题调研，通过“一企一清单”的方式，推动出口打火机企业严格落实安全生产主体责任。

**【稽查及检疫】** 2022年，邵阳海关结合进出口食品领域风险分析，首次开展涉检领域专项稽查。通过典型指令对重点商品、重点产业开展研究，对辖区重点加工贸易企业开展专项稽查，运用系统细化数据分析，重点关注保税领域数据比对异常、长期未盘库、内控管理不到位等情形。协同风控、缉私等部门，实现“信息共享、指令共研、及时反馈、形成闭环”。

开展进出境动植物及产品风险监测与预警，落实进境生牛皮检验、供港澳活猪饲养场日常监管及非洲猪瘟等疫情疫病风险监控，开展外来有害生物监测、进口食品“国门守护”行动、出口食品安全抽检和风险监控。全年关区未发生进出口领域区域性系统性的重大安全事故。

**【综合治税】** 2022年，邵阳海关开展税政调研，向长沙海关提交新增牛毛（不论是否洗净、不论是否制成有或无衬垫的毛片）产品本国子目的税则调整建议，开展税源调研。通过线上宣传、重点企业“送策上门”、现场授课等形式开展税政宣传培训。配合开展“通道进市州·RCEP进园区”邵阳站宣讲推介活动。

**【通关服务及企业管理】** 2022年，邵阳海关优化通关服务，加强通关环节业务监控，整体进出口通关时间、“两步申报”、“提前申报”利用率、超期未结关报关单数量均优于长沙关区平均水平。

开展企业注销业务专题监控分析，对发现的问题进行分析总结。支持邵阳“两仓”建设，指导邵阳市海源商业经营管理有限公司完成保税仓设立申请并获得许可。加强与邵阳市商务局的对接，选定拓浦精工智能制度（邵阳）有限公司、邵阳连泰鞋业有限公司作为海关高级认证企业培育对象，主动宣传政策，开展现场指导。

**【服务外贸增长】** 2022年，邵阳海关成立工作专班，赴邵阳各县市园区、重点企业开展调研，搜集外贸发展的意见和建议，出台服务邵阳开放型经济高质量发展若干措施，多份工作专报获邵阳市主要领导肯定性批示。班子成员分头走进市委党校、政协常委会、宝庆大讲堂宣讲海关政策，为邵阳外贸发展建言献策。是年，邵阳市进出口总值254.8亿元，居全省第七位，增长6.1%，居全省第十三位。其中，出口244亿元，增长4.1%，居全省第七位；进口10.8亿元，增长82.5%，居全省第十位。

**【保障出口顺畅】** 2022年4月，邵阳海关协调对出口打火机实施跨关区检验，帮助企业挽回经济损失100余万元。10月，协调为邵阳企业异地签发原产地证，将植物检疫证书送至企业，提级防护开展外勤作业，其间累计检验出口打火机71批，开展包装使用鉴定85批、货值661.6万美元，实现打火机出口“零延时”。为企业提供业务资料线上提交、业务先办资料后补、证书扫描推送等服务，实现资料“网上走”，“足不出户”办理海关业务；根据企业信用情况和产品风险等级，设置报检、现场检验、出证全流程监管“绿色通道”，保障出口通关始终畅通。4月6日，邵阳海关对出口打火机进行现场检验监管。

**【信息和宣传】** 2022年，邵阳海关完成信息400.5分，获署内信息采用1条，被省委、省政府信息采用3篇；完成新闻舆论402分，制作微信推送24篇，其中20篇被“红色湘关”公众号采用，2篇政策解读被“12360”公众号采用，《小小打火机的黑科技》获科普讲解比赛一等奖，竹制品宣传视频被“海关影像”采用，参与采编的打火机产业宣传片在央视播放。

**【打火机出口实训基地被列为全国实训基地建设先进典型】** 2022年，邵阳海关推进出口打火机检验监管实训基地建设，按照“中部一流、全国领先”的目标落实，采取“八个一”模式，建设模拟培训区、集中授课区、观摩实验室、形象展示区，实训场地面积约618平方米，以“理论+实训”“虚拟+现实”“教育+警示”构建实训模式体系，搭建“教、学、练、战、测”一体化培训平台。6月底完成基地建设并通过验收，年底被海关总署列为全国实训基地建设先进典型。

（赵佳威）

# 农　业

# 农业农村

中国美丽休闲乡村——隆回县岩口镇向家村 （市农业农村局办公室 供图）

【概况】2022年，邵阳市实现农林牧渔业总产值（可比价）722.60亿元，同比增长3.7%。实现第一产业增加值435.21亿元，同比增长3.5%。全市农村居民可支配收入16815元，同比增长7.1%。

全市粮食总播种面积748.73万亩，比上年增加2.03万亩，增长0.27%，比全省增幅高0.12个百分点。完成粮食总产量330.97万吨，因干旱较上年减少5.03万吨，下降1.5%，比全省降幅少0.33个百分点，粮食面积和产量绝对值排名全省第二。

全年累计出栏生猪698.87万头，同比增长2.27%，期末存栏463.93万头，出栏、存栏数均排名全省第二。存栏能繁母猪43.59万头，处于绿色区间。

持续打造茶叶、油茶、油菜、水果、中药材、楠竹、草食畜牧、家禽、水产、蔬菜十大农业优势特色百亿产业，全年实现全产业链产值2176亿元，同比增长9.42%。截至年底，全市农产品加工企业7087家，其中规模以上企业421家，市级以上龙头企业350家（国家级5家、省级83家、市级262家）。休闲农业经营主体1950家，农家乐1683家，星级休闲农庄71家。全年农产品加工产值1862.8亿元，同比增长9.01%。

2022年度53.09万亩高标准农田建设任务完成投资6.07亿元，占总投资的68.8%。市本级和洞口县均获省政府真抓实干推进高标准农田建设激励表扬。全市农机总动力535万千瓦，比上年新增14万千瓦。水稻机械化栽插水平达48.12%，较上年提升5.04百分点，水稻耕种收综合机械化水平达79.45%，较上年提升1.74个百分点。

全市生活垃圾得到处理的行政村比例达100%，农村生活垃圾处理率达99.3%。新邵县、邵东市生活垃圾焚烧发电PPP项目建成投产，洞口县生活垃圾焚烧发电PPP项目点火试运行。完成34714座农村户厕改（新）建任务、116座农村公厕建设任务。邵东市获省政府真抓实干开展农村人居环境整治激励表扬。

开展农村集体产权制度改革，出台《邵阳市发展壮大农村集体经济攻坚行动实施方案（2022—2024年）》，实施农村集体经济发展“消薄攻坚”行动，全市3432个村（含涉农社区）村级集体经济平均收入从上年的7.32万元增长到13.9万元、增长90%，909个村经营性收入低于5万元的薄弱村全部消除。

【种植业】2022年，邵阳市克服历史罕见干旱对粮食生产的不利影响，成为全省唯一一个早稻面积、单产、总产都增加的市州。全市粮食总播种面积748.73万亩，同比增长0.27%。因干旱全省粮食总产下降1.83%，邵阳市完成粮食总产330.97万吨，下降1.5%，但粮食面积和产量绝对值仍排名全省第二。开展抛荒耕地治理三年行动，全面完成抛荒治理任务。国家大豆和油料产能提升工程工作简报第46期刊发《湖南邵阳“四轮驱动”构建大豆生产新格局》。蔬菜种植面积达242.45万亩，比上年增长3.3%，总产334.57万吨，比上年增长3.7%。油料收获面积179.18万亩，比上年增加6.06万亩，总产油料23.35万吨，比上年增加1.57万吨，其中实收油菜籽面积163.65万亩，比上年实收面积增加12.43万亩，产量18.09万吨，比上年增加1.63万吨。水果种植面积166.36万亩，比上年增加1.5万亩，总产125.19万吨，比上年增加2.49万吨，其中新扩柑橘0.9万亩，柑橘栽培面积116.19万亩。茶叶面积47.75万亩，比上年增加0.83万亩。干毛茶产量11929吨，比上年增加1182吨。

洞口县古楼茶场 （市农业农村局办公室 供图）

【畜牧水产业】2022年，邵阳市在生猪价格持续低迷不利条件下，坚

隆回县羊古坳超级杂交水稻试验田 （市农业农村局办公室 供图）

持稳基础产能、抓新增产能项目建设，稳疫病防控、抓能繁母猪换代升级。全市生猪规模场达1790家，其中1万头以上的有72家。根据国家统计局湖南调查总队反馈数据，全年累计出栏生猪698.87万头（排名全省第二），同比增长2.27%；期末存栏463.93万头（排名全省第二），存栏能繁母猪43.59万头，处于绿色区间。牛存栏51.42万头、出栏21.24万头，牛肉产量2.49万吨，牛奶产量3.75万吨；羊存栏61.12万只、出栏82.48万只，羊肉产量1.36万吨；家禽出笼4561.49万羽，禽蛋产量1.93万吨；全市水产养殖总面积39.6万亩，水产品总产量9.91万吨，同比增长2.48%。

**【休闲农业】** 2022年，邵阳市休闲农业经营主体接待游客1779.01万人次，同比增长8.42%，经营收入达21.5亿元，同比增长8.04%。全市有星级农庄69个，其中省星级农庄有61个（五星级26个、四星级22个、三星级13个）；国家星级农庄共8个（国五星级农庄2个，国四星级农庄5个，三星级农庄1个 ）。2022年底共有休闲农业发展集聚示范村6个，示范农庄11家、精品线路7条；中国美丽休闲乡村4个。隆回县岩口镇向家村成功入选2022年度中国美丽休闲乡村。

**【农产品质量监管】** 2022年，邵阳市加强农产品质量安全监管体系建设，建立起覆盖201个涉农乡镇3186个村的监管网络，乡村覆盖率达100%。全面实施“合格证”制度和农产品“身份证”制度，开具“食用农产品合格证”80万张以上，实施合格证制度管理的生产主体1616多家；519家企业、1086个产品入驻湖南省身份证管理平台。全市（含县、乡）抽检农产品样品230390批次，抽检合格率98.6%，全年无农产品质量安全事件发生。加强食用农产品“两品一标”建设，拥有绿色食品、有机食品、地理标志农产品312个，其中绿色食品296个、有机食品7个、地理标志农产品9个。

**【农机管理】** 2022年，邵阳市完成农机购置补贴资金8067万元，补贴各类农机具31951台（套）。全市农机总动力535万千瓦，比上年新增14万千瓦。水稻机械化栽插水平达48.12%，较上年提升5.04百分点，水稻耕种收综合机械化水平达79.45%，较上年提升1.74个百分点。现代农机合作社发展到243家（其中省级示范社32家），全程机械化综合农事服务中心发展到7家。开展变型拖拉机顽瘴痼疾专项整治，全年淘汰变型拖拉机231台，其中提前1个以上年度报废淘汰的104台，变型拖拉机报废淘汰率达83.18%。

**【农业科研与科普】** 2022年，邵阳市制定出台《邵阳市种业振兴行动实施方案》，拟组建邵阳市种业创新工程中心。5月14日，举行农业种业院士专家邵阳行考察调研座谈会，为邵阳农业种业发展建言献策。市农业科学研究院成立南瓜科研创新团队，11月29日，南瓜团队选育的398粒38.5克南瓜育种实验材料随神舟十五号飞天，开启邵阳市农业航天育种新篇章。市农业科学研究院隆回羊古坳超级杂交水稻高产攻关科研基地超级稻“甬优1538”平均亩产1138.5公斤，刷新湖南省超级稻百亩攻关示范片高产纪录。在曾桥基地入口处建设稻作示范园，9月23日，举办“庆丰收、迎盛会、民族团结向未来暨稻作示范园开园”活动。按照“人才强农”工作要求，全年开展农业培训404期，培训涉及实用技术培训、产业培训、创业创新培训等，培训人员31688人，做到全市3176个行政村全覆盖。举办高素质农民培训23期，培训1703人。

**【农业综合执法】** 2022年，邵阳市按照“内强素质、外树形象、拓宽思路、狠抓落实”的总体要求，进一步加强联动协调，理顺机制体制，按照法律法规赋予的法定职责，扎实开展农业执法工作，为全面推进乡村振兴和加快农业农村现代化提供有力的法治保障。全年出动农业执法人员22397人次，检查农资生产经营门店、农产品种植基地、专业合作社等7958家次，立案335起，涉嫌犯罪移送公安机关24起。武冈市农业农村局获评全国农业综合行政执法示范单位，武冈市农业综合行政执法大队获评全国2022年中国渔政亮剑先进集体，邵阳市农业综合行政执法支队支队长肖辉凤获评全国2022年中国渔政亮剑先进个人。

**【美丽乡村建设】** 2022年，邵阳市印发《邵阳市农村人居环境整治提升五年行动实施方案（2021—2025年）》，将农村人居环境整治纳入市绩效考核内容。截至年底，全市累计建成乡镇垃圾中转站135座，乡镇垃圾中转站转运覆盖率86%，全市生活垃圾得到处理的行政村比例达100%，农村生活垃圾处理率达99.3%。2022年省定邵阳市乡镇垃圾中转站建设任务18座，完成29座，超额完成建设任务，新邵县、邵东市生活垃圾焚烧发电项目建成投产，洞口县垃圾焚烧发电项目点火试运行。农村生活污水得到有效治理，全市建制镇污水处理设施覆盖率达100%。持续开展村庄清洁行动，清理农村生活垃圾76.7万吨、村内水塘数量1.5万余口、村内沟渠1.9万余千米、畜禽养殖粪污等农业生产废弃物12.7万余吨。全市创建省级美丽乡村示范村2个、市级美丽乡村示范村34个。截至年底全市共创建省级美丽乡村示范村77个、省级精品乡村13个、市级美丽乡村示范村224个。

（市农业农村局办公室）

## 林　业

【概况】2022年，邵阳市林业用地面积1982万亩；有林地面积1743万亩，森林覆盖率61.02%，草地面积30.01万亩，湿地保护率稳定在65.87%，活立木蓄积8403万立方米，竹林面积252.35万亩、立竹5.62亿根，双双位居全省第一位，草原综合植被盖度87.87%，林业总产值486.1亿元，森林火灾受害率控制在0.079‰，林业有害生物成灾率控制在1.307‰，主要生态指标居全省前列。全市拥有自然保护地26处、国有林场36个、全国生态文明建设示范区2个、全省林业重点县6个、全国绿化模范县5个、全国油茶重点县2个、湖南省森林城市7个。

【林长制体系建设】2022年，邵阳市委召开年度总林长会议，出台1号总林长令，各级各有关部门贯彻落实市委、市政府决策部署，深入实施林长制“3456”工程，全面夯实“五大体系”，推动全市林业高质量发展。强化领导体系，设立市委书记、市长同时担任市林长，市委常委及副市长共15名市领导担任副林长的领导体系；全面构建起“一长四员”工作体系，科学划分护林网格6067个，设立市县乡村四级林长12156名、监管员1190名、执法员970名、护林员9059名、科技员574名，实现网格管护全覆盖；规范出台“8+6”制度体系，重点推进“一网一牌一码一图一库”巡护体系建设，全面夯实“源头治理”责任；紧扣基层乡镇林长办公室和县林长办公室，确保林长制基层有机构编制、有固定人员、有办公场地、有管理制度、有运行实效，绥宁县在全省率先完成乡镇林业站的恢复和标准化建设；发挥林长制考核“指挥棒”作用，全市12个单位、10名林长以及10名护林员分别被评为全省林长制工作先进单位、优秀林长和护林员标兵，5个县市获全市林长制工作考核优秀，隆回县林长制工作经验做法在国家林草局《林长制工作简报》推介。

中国丹霞·崀山世界自然遗产地局部景观　（蔡文杰　供图）

【森林防火】2022年，面对邵阳百年一遇的大旱，市林业局出台《邵阳市野外用火管理办法》、邵阳市第1号林长令、《关于进一步加强森林防火工作的12条措施》等制度。组织各区县市开展三轮森林火灾隐患排查整治，发现和治理各类隐患2000余处。严控火源，市县两级派出373个次工作组赴一线开展督导检查，对野外火源管控不力的12个乡镇分别开具罚单、共罚款120万元。建立检查站，对进山人员进行严格管控，实行进山扫码，严禁火种进山。加强防火宣传，全市发放宣传品338.86万份，悬挂标语9246幅，发送警示短信800万条。全面提升森林防火处置能力，以基础设施和专业队伍建设为抓手，稳步推进防火隔离带、生物防火林带等基础设施建设，不断充实区县市、乡镇、村、国有林场和自然保护地扑火队伍力量。

【造林绿化】2022年，邵阳市造林绿化任务实现带位置上报、带图斑下达，精细化管理水平持续提升。全年完成营造林51.31万亩，完成草地保护修复6.22万亩，完成油茶新造4.5万亩、低产林改造11.9万亩，完成重点区域生态保护修复专项——湘桂岩溶地区石漠化综合治理项目营造林17.35万亩、种草改良4.72万亩、草原围栏3万米。推进乡村绿化美化，开展全民义务植树、“四旁”绿化、部门联村建绿和送苗下乡活动，适龄公民参加义务植树达407.9万人次，完成造林绿化、认种认养、抚育管理、互联网+义务植树折算成植树1896.2万株，适龄公民义务植树尽责率达91.67%，持续推进24个森林小镇、34个国家森林村庄建设。全面强化古树名木保护，完成全市26584株古树名木数据纠偏工作，做到“一古树一档案”，对600余株古树实施复壮救护，建成隆回崇木凼、绥宁插柳、洞口县迴龙洲、新宁杨桥4个古树公园。

【森林资源保护】2022年，邵阳市

执行限额审批制度，全市依法审核使用林地项目564宗、1.39万亩，征收植被恢复费1.04亿元，发放林木采伐证7635份、采伐蓄积41.12万立方米，较好控制了森林资源消耗，确保森林资源稳定增长。加强公益林和天然林保护，对749.66万亩公益林、338.84万亩天然商品林实施全面管护，聘请9059名护林员对1963万亩森林进行每日巡护，有效保护森林资源安全。开展“虎威行动”“清风行动”等专项行动，打击破坏林草湿资源违法行为，全市办理行政案件433宗，罚款2428.22万元。其中，“虎威行动”核查破坏森林资源问题543个，在全省各市州中率先全部整改销号；持续开展森林督查，年度核查变化图斑2086个，核实及处置率100%；“清风行动”出动执法人员4562人次，监督检查相关场所2810处，查办野生动物违法案件43宗、处理违法人员40人、罚款2.24万元；推进生物多样性调查和保护，调查鉴定发现疑似新种、新记录种4个；重建全球纬度最低自我维持的朱鹮野生种群，在新宁崀山世界自然遗产地引种驯化和放飞朱鹮12只；有效防治松材线虫病等林业有害生物，清理病死松木5.52万株，成功拔除双清区松材线虫病疫区，林业有害生物成灾率控制在国家下达的指标之内。

**【自然保护地整合优化】** 2022年，邵阳市自然保护地从56处整合优化为26处，整合优化后自然保护地面积占全市面积的10.67%，确保全市重要生态系统、自然遗迹、自然景观和生物多样性得到系统性保护，以国家公园为主体的自然保护地体系基本建成。推进自然保护地线索图斑核查整改，整改完成率100%。强化湿地保护管理，成功将巡护湿地纳入市县两级巡河范围，实现湿地保护全程监管，新宁夫夷江国家湿地自然公园通过国家验收授牌。

**【创建国家森林城市】** 邵阳市经过五年全域、全民、全程、全力创建，截至2022年年末，国家森林城市建设5大体系24项指标全部达到规定标准。洞口县、城步苗族自治县获“湖南省森林城市”授牌，全市“湖南省森林城市”总数达7个，新宁县、邵阳县推进省级森林城市创建，新邵县推进国家森林城市（县级）创建。邵阳市成为全省唯一一个所有县市同步创森的市州。2022年度完成生态廊道“增绿”2.23万亩，打造6个高标准示范基地，加速构建“百里多彩走廊”和“百里滨水走廊”。

**【生态惠民】** 2022年，邵阳市全面落实生态保护补偿政策，落实749.66万亩公益林生态效益补偿11512万元、338.84万亩天然商品林给予停伐管护补助4613.5万元，稳定增加林农收入。深化公益性岗位选聘政策，通过林长制“一长四员”机制，选聘护林员9059名（含生态护林员7125名），发放护林员补助9209万元，拓展群众增收途径。巩固退耕还林政策，发放上一轮退耕还林后续补助706.69万元、新一轮退耕还林补助445万元，巩固退耕户收入。稳定造林和森林抚育补助政策，落实中央财政造林补贴2484.3万元、中央财政森林抚育补助252万元，促进林农增收。

**【特色林业产业】** 2022年，邵阳市形成以油茶为引擎，楠竹、森林旅游与生态康养、林下经济、花卉苗木为驱动的五大特色产业集群。全面完成年度油茶“扩面提质”任务，油茶新造林4.5万亩、低产林改造11.9万亩。全市建有国家级油茶林下经济示范基地1个，省级现代林业（油茶）特色产业园省级示范园3个、油茶新品种示范基地2个、油茶良种采穗圃4个、省级定点油茶良种育苗基地7个，“邵阳茶油”获国家地理标志证明，授权“中国农产品区域公用品牌”。拥有中国驰名商标1个、湖南省著名商标5个、自主知识产权或专利竹产品数57个、推广应用竹业新技术、新成果52项。新宁铁皮石斛、邵东玉竹、新邵药用玫瑰、隆回金银花、绥宁和城步青钱柳等林下产业发展壮大。全市林下经济经营面积348.26万亩，涵盖林下种植、林下养殖、林下产品采集加工、森林景观利用四大类型，基本形成“一县一特”的发展态势。以市辖三区为中心，辐射周边的产业集群初具规模，产业规模逐年扩大，成为全省花木大市，建设全国最大的紫薇博览园，打造吉尼斯世界纪录“双龙抢宝”紫薇双龙造型园艺作品。建成国家级森林康养试点基地2处、省级森林康养基地2处。全市全年生态旅游和森林康养、休闲产业年接待旅客595.3万人次，收入78.2亿元。

（蔡文杰）

## 水 利

**【水利项目建设】** 2022年，邵阳市全面完成年度水利建设投资计划47.37亿元。水利重点项目犬木塘水库完成年度投资23亿元，开工累计完成投资49.9亿元，占项目总概算的48.72%；绥宁秀水水库年内成功争取省财政增加1亿元预算内投资，确保2023年年底建成大坝枢纽。完成邵东流光岭、武冈威溪、邵阳县张家冲、大圳东风4座中型水库除险加固蓄水验收，完成投资1.5亿元；完成2021年度82座小型病险水库除险加固，完成投资3.13亿元。2022—2023年度冬春水利建设计划投入资金36.62亿元，加快推进重大水利工程建设，夯实乡村振兴水利基础。

**【防洪抗旱】** 2022年，邵阳市完成防洪270项自查问题隐患整改销号。累计发布水旱灾害防御预警信息5万余条，调度水库洪水10次，旱涝急转截洪蓄水1.58亿立方米。汛期内安全应对14轮强降雨，有效降低旱涝灾害造成的损失。积极应对1961年以来全市最严重旱情，定期研判形势，及时调度“蓄、调、引、节、送、降”等“六水”抗旱。争取省级抗旱专项资金9900万元，实施“7531”预警预报等工作机制，累计派出5个专家组、1073个工作组下沉一线，组织抗旱劳力累计21.38万人次，动用抽水设备5.65万台次，送水5795车次258295立方米，解决饮水困难人口7.36万人；调度水库25座，调水近1.21亿立方米，引提水1895.71万立方米，保灌面积38.27万亩。市“六水”抗旱举措获省长毛伟明肯定，相关经验被省委《要情汇报》（第166期）和《省政府通报》（第56期）推介。

【供水安全】2022年，邵阳市强化农村供水工程运管维护和提质增效。投入资金3095万元实施495处农村集中供水工程维修养护，受益人口108.33万人。投入资金1.99亿元开展12个乡镇的城乡供水一体化管网延伸、老旧水厂提质改造等项目建设，进一步提高自来水普及率和农村供水保障水平。推进2022年省政府民生实事水利项目。完成城步、绥宁等5个县小水源供水恢复能力建设，保障农田灌溉，提升抗旱能力；完成大圳灌区续建配套与现代化建设2022—2025年度项目实施计划批复和招投标任务；完成2021—2022年度隆回县木瓜山灌区等6个中型灌区建设任务；完成13处中型灌区续建配套与节水改造项目实施方案或立项报告的审查、上报，设计灌溉总面积80万亩，计划投资约7.23亿元，为顺利推进2023—2025年度中型灌区建设提供有利条件。完成六都寨灌区、黄家坝灌区等6个中型灌区10万亩农业综合水价改革任务。

【整治上级交办问题】2022年，邵阳市水利局推进小水电退出清零。专班全程督导城步、新宁两县小水电限期退出工作，全面如期完成退出工作并及时销号清零。狠抓河长制问题整改。启动全市河湖“四乱”问题大排查大整治行动，推动“清四乱”常态化规范化，将重点、难点“四乱”问题纳入“洞庭清波”专项行动；开展妨碍河道行洪突出问题排查整治。水利部、省水利厅累计交办的55个问题全面完成整改销号。

【河湖长制工作】2022年，邵阳市完善以党政主要领导为主体的责任体系，压紧压实河（库）长责任。多维宣传河湖长制工作，在各级媒体发表报道523篇，开展第三十届“世界水日”、第三十五届“中国水周”主题宣传活动11场次，开展《中华人民共和国长江保护法》《资江保护条例》“进机关、进学校、进社区、进企业”等主题宣讲活动100余场次。动员社会公众参与巡、护河，鼓励社会治水，累计发现并解决问题3350余个。推进重点任务。完成960座小（二）型水库划界、244处取水监测计量设施建设、179条（段）“一乡一亮点”和13条（段）“一县一示范”美丽河湖建设、159座小型水闸划界、135座病险水库除险加固、80个“千人以上”饮用水水源地整治、53座乡镇污水处理设施建设、24条（段）河湖岸线规划编制、11个医疗机构污水处理问题整改、10座小水电退出清零、1个农药包装废弃物回收示范区建设、1个绿色种养循环农业试点项目以及健康河湖评价、市级河湖卫星遥感动态监测、邵阳港总体规划。

【安全监管】2022年，邵阳市水利局开展水利建设常态化质量检查26次。开展水行政主管部门质量监督工作履职巡查，检查6个县10个项目。分批抓实209个省市水利系统安全生产检查交办问题、17个严重影响河道行洪突出问题、10个“双随机、一公开”问题、17个迎国庆和党的二十大水利行业专项检查重点隐患问题、33个一般隐患问题等督导整改。强化水土保持和水资源管理，市水利局成功创建“全国水土保持工作先进集体”。开展“四个一”节水行动，实施节水抗旱效果良好；推进新宁县、隆回县两县县域节水型社会达标创建；坚持最严格水资源管理，建立“十四五”用水总量和强度双控指标体系，完成各区县市主要河流江河流域水量分配，开展取用水管理专项整治“回头看”和取水许可电子证照数据治理，推进非农取水户取水计量在线监测设施和中型灌区渠首计量设施建设，建立用水统计调查对象名录，摸清非农业基本单位名录取水发证。

（朱加妮）

## 南山国家公园管理

【概况】2022年1月21日，南山国家公园工作会议在长沙召开。3月，省长毛伟明、副省长王一鸥分别主持召开崀山部分区域纳入南山国家公园申报范围有关问题的专题会议，同意将崀山世界自然遗产地纳入南山国家公园申报范围。4月，副省长王一鸥带队赴国家林草局就国家公园建设等工作进行衔接，向局长关志鸥转呈省长毛伟明亲笔信件，并形成《湖南省来访备忘录》，国家林草局表示积极支持湖南推进国家公园建设。4月8日，邵阳市委书记严华在湖南南山国家公园管理局调研并座谈。4月12日，湖南南山国家公园管理局机关整体迁驻邵阳市区。5月26日，南山国家公园的范围和分区通过国家林草局组织的专家论证会。7月6日，南山国家公园智慧管理中心暨综合执法支队揭牌。7月12日，省政府向国家林草局提出正式设立南山国家公园的申请，并报送9个方面的设立要件。8月25日，南山国家公园的南山草原被列入国家第一批12处“红色草原”名单。健全综合执法机制，延期市、县行政许可等行政授权181项，9月19日南山国家公园“环境资源审判合议庭”和“合议庭办公室”授牌成立。11月8日，南山列入49个国家公园候选区之一。11月21日，中国共产党湖南南山国家公园管理局全体党员大会召开，选举产生新一届局党委委员和纪委委员。12月，省委常委、省委秘书长谢卫江担任南山国家公园省级林长。坚持南山国

2022年4月12日，湖南南山国家公园管理局机关整体迁驻邵阳市区。图为揭牌现场
（李先奇 供图）

家公园建设与乡村振兴工作协同推进，加大古田村的后盾支持力度，安排资金200万元，完成帮扶村道路硬化10.6千米、搬迁户农网改造及改厕5户等任务，建设200亩峒茶基地和180千瓦屋顶式光伏发电站。

**【优化范围调整】** 2022年3月，湖南省人民政府省长毛伟明、副省长王一鸥分别组织召开专题会议，明确将崀山世界遗产地纳入南山国家公园申报范围，将武陵—雪峰山脉的黄桑国动植物栖息地和生境、“中国丹霞”崀山世界自然遗产及其生态廊道等具有国家代表性价值的区域划入南山国家公园范围，总面积扩大到1315.4平方千米，并提炼范围优化后的南山国家公园的“中亚热带森林草地湿地复合生态系统的典型代表、中国丹霞壮年期的模式地、南方丘陵山地带生态屏障的中心区域、长征红色文化和苗族等少数民族文化的传承地”四大核心价值，达到国家公园设立标准。

**【编制设立要件】** 2022年，湖南南山国家公园管理局优化分区管控方案，科学编制科学考察报告、符合性认定报告、设立方案、矛盾处置方案等设立关键要件9个。5月26日，南山国家公园范围和分区方案通过国家林草局组织的专家评审。7月12日，省政府向国家林草局提出正式设立南山国家公园的申请。11月8日，国务院批复《国家公园空间布局方案》，将南山列入国家公园候选区名单，并根据国家公园设立最新程序及要求，由省政府向国务院提出正式设立申请，并由国务院转办至国家林草局等相关部委征求意见。协同省委编办开展南山国家公园管理机构设置实地调研论证，并提出南山国家公园管理机构设置初步方案，上报国务院。

**【处置关键矛盾冲突】** 2022年，湖南南山国家公园管理局梳理存在的矛盾冲突，提出《南山国家公园矛盾处置清单》，对南山国家公园范围内仍存在的镇村建成区、永久基本农田、集体人工商品林、小水电、矿业权等保护管理矛盾大且保护价值不高的区域，进行及时调整优化、科学合理处置，调出原试点区各类矛盾冲突面积1225公顷。同时，核心保护区8座小水电站全部退出，一般控制区48座小水电站完成整改。通过合理避让建制村镇等措施，确保新纳入区域不新增矛盾冲突。

**【生态系统整体性保护】** 2022年，湖南南山国家公园管理局组织申报并实施“南方丘陵山地带生态保护修复重大工程”项目，将公园范围内符合要求的野生动植物栖息地、退化人工林、退化草地7333.33公顷修复任务纳入工程建设项目。完成“双重规划”项目作业设计方案编制并通过专家评审，计划在南山片区实施人工种草面积12080亩、草原改良5704亩、围栏19千米，在金童山、白云湖片区实施森林质量精准提升4000亩、封山育林1119亩。

**【林业草原灾害防控】** 2022年，湖南南山国家公园管理局组建森林防火应急队伍，配备完善防灭火设备

南山国家公园体制试点区两江峡谷片区　（蔡文杰 供图）

设施，落实森林草原防灭火各项措施，各片区及新纳入保护地全年巡护5万余人次、巡护里程30万千米、发放宣传资料1.3万余份，及时发现并制止区域内野外用火等违法行为，确保大旱之年国家公园范围内零火灾事故发生。尤其是面对10月17日广西全州文桥镇森林火灾，紧急调动扑火应急队伍、护林员及干部群众1000余人、挖机34台、消防车8台、无人机编队3支、H125直升机1架及高压水泵、油锯等，支援广西文桥镇和湘桂边境修建共25.5千米防火隔离带，实现“坚决防止全州大火进入南山国家公园范围”的工作目标。争取松材线虫病智慧防控能力提升项目，在各片区及新纳入保护地开展松毛虫、竹蝗、银杏谷天牛虫害的监测防控与防治。

珍稀濒危物种——朱鹮　（2022 年摄）（李先奇 供图）

**【动植物保护】** 2022年，湖南南山国家公园管理局突出珍稀濒危物种保护。开展朱鹮野化放归，重建全球纬度最低的可自我维持的朱鹮野生种群，分二批在崀山世界自然遗产地放飞朱鹮20只；实施银杉和资源冷杉近地保护与生境修复，新建银杉回归基地2亩，原生境造林银杉100株，成活率达89%，完成人工培育的720余株资源冷杉回归种植，扩大资源冷杉野外种群数量。依法重点保护。联合地方相关职能部门开展清网清套清夹保护野生动物专项行动，出动执法车97台次，执法人员218人次，收缴猎夹345个、捕猎网40余张、清理套夹陷阱96个，并于9月举行“集中销毁野生动物猎捕工具仪式”，现场销毁捕猎夹等非法捕猎工具400多个，打击破坏生态违法行为；在金童山片区设立金紫山和双江口两个保护站，开展二宝顶禁牧行动，二宝顶核心区域牲畜全部退出。

**【自然资源资产管理】** 2022年，湖南南山国家公园管理局推进全民所有自然资源资产所有权委托代理机制试点。完成《湖南省南山国家公园全民所有自然资源资产所有权委托代理机制试点实施方案》《南山国家公园全民所有自然资源资产所有者职责的自然资源清单》并获自然资源部批复。收集完善南山国家公园范围内国土、矿产、森林、草地、湿地、水资源的调查监测数据，融合国土三调成果，形成南山国家公园自然资源“一张图”。开展自然资源统一确权登记准备，构建南山国家公园全民所有自然资源资产清查数据库。完成《南山国家公园全民所有自然资源资产所有权委托代理机制试点中期评估报告》并报送自然资源部。推进集体林地保护地役权改革，在原体制试点区先行探索实施南山国家公园集体林地保护地役权改革试点，召开保护地役权改革部署动员会暨培训会，完成2022年度改革区域地役权补偿兑付，有序推进换发证书等工作。探索生态产品价值实现机制。与中国科学院生态环境研究中心合作开展国家公园生态系统生产总值（GEP）核算，探索生态产品价值实现途径；推进碳中和国家公园建设，编制完成《创建碳中和国家公园方案》，开展林业、生态旅游碳盘查等，为国家拟拍摄的《零碳之路》纪录片提供照片、影像等素材。

**【社区协调发展】** 2022年，湖南南山国家公园管理局强化社区共建共管，以村（社区）为单位，通过现场授课等多种形式，针对社区、社会公众等开展一系列常态化森林防火、林下产业发展、就业技能培训、科普教育等公共服务活动，当地社区居民累计参与3000余人次。实施生态搬迁，投资500万元，协同城步苗族自治县人民政府完成坳岭村核心区域16户67人生态搬迁，完成南山建家坪生态搬迁点建设，实现搬迁户“搬得出、稳得住、能致富”目标。推进生态产业。新宁舜皇山片区于5月中旬举办2022年湖南生态旅游节暨舜皇山第三届野茶节，并利用舜皇山万亩野生茶叶资源，建立仿野生岩茶基地5000亩；发展林下经济，建立水果基地1000亩、药材基地1000亩、养蜂基地20个20000箱。增加生态公益岗位设置，吸纳建档立卡贫困户护林员、环卫员等公益性岗位人员1602名，年人均增收1万余元。

**【科研监测】** 2022年，湖南南山国家公园管理局完成南山草原生态系统定位观测站项目可研编制，争取中央财政资金987万元。完成绥宁黄桑片区中亚热带低海拔常绿阔叶林25公顷的森林大样地现场踏勘踩点、南山东南热性灌丛草地生态系统16公顷草原大样地建设及样品采集和10万亩中山沼泽湿地生态系统本底调查与价值评估前期调研。加强生态监测。整合南山国家公园智慧管理系统平台和自然资源统计分析平台，建设国家公园感知系统；完成智慧管理系统平台项目与省林业大数据系统数据接入；完成南山国家公园二宝顶3D实景拍摄及建模；利用“天空地”监测系统，监测预警森林火灾，实时监测林麝、小灵猫、白颈长尾雉等国家一级保护动物，黑熊、勺鸡、豹猫等国家二级保护动物。完成年度生态系统及环境质量监测评估，国家公园范围内森林、湿地、草地生态系统持续稳定，水质稳定在Ⅱ类及以上标准，空气质量排全省第一位。加强动植物监测调查。新增布设红外相机251台；崀山片区与南昌大学合作实现极小种群植物大黄花虾脊兰野外监测；黄桑片区布设80台红外相机开展珍稀动物云豹专项监测调查；东安舜皇山片区参与中南林业科技大学“外种皮用银杏栽培技术规程”项目，发表论文2篇；与广西师大生命科学院和中国科学院广西植物研究所开展资源冷杉保护和繁育科学研究项目，建立样地1个，扦插育苗1000余株；新宁舜皇山片区对界富山的长苞铁杉、银杉群落的林分结构、健康状况、天然更新、人为干扰等情况进行实地调查。

**【项目建设】** 2022年，湖南南山国家公园管理局按期完成13个试点清单项目的竣工验收，项目资金执行率达98.67%。推进6个重点项目建设，其中国家公园步道（一期）全面完工，双江口至报木坪村生态公路提质改造、草甸生态系统修复（Ⅱ期）、珍稀植物近地保育园等4个项目开工。新纳入“十四五”时期7个国家公园文化保护传承利用工程项目全部获省发改委批复并上报国家，总投资1.16亿元。完成国家重点项目储备申报，科学谋划“十四五”期间拟实施的总投资31亿元重点项目。申请全国双重项目金额4031万元，一期下达资金1771.48万元；申报2022年度、2023年度第二批中央财政项目（国家公园补助）项目7个7750万元、16个3.3亿元；完成2023年省级林业生态保护修复及发展项目申报入库，入库项目9个，总投资981万元；申报南山国家公园（候选）生物多样性保护和社区绿色发展全球环境基金第八期赠款项目。完成项目建设绩效评估。全面梳理总结2017年以来中央预算内投资支持的相关项目建设进度、工作成效、突出问题及提高项目实施质量的有关工作考虑和政策建议，编报《南山国家公园项目建设情况自评估报告》；配合省财政厅、省林业局完成2021年度林业草原生态保护恢复资金（国家公园补助支出方向）绩效评价，获89.62分，位列全国国家公园和体制试点区前茅。

**【科普宣教】** 2022年，湖南南山国家公园管理局成功获批“国家公园湖南省科普基地”，建设第一期国家公园生态步道33.34千米；推进“生态文明宣教进校园”活动，金童山片区联合所在地兰蓉中心学校成功创建国家公园生态学校并通过检查评估验收。以“走进国家公园、感受国之大者”为主题开展系列宣传，制作6分钟和12分钟两个综合宣传片在各媒体平台进行播映；在《人民日报》、凤凰网、《湖南日报》、红网等媒体发布新闻稿件150余件。在中央电视台《秘境之眼》发布毛冠鹿、豹猫等保护动物监测视频13个；与中央电视台“美丽中华行”专栏合作拍摄《大生态秘境——南山国家公园》专题纪录宣传片，通过中央广播电视总台、香港卫视等向全球152个国家和地区播放；《南山国家公园高质量建设之路》《南山：两条国家级分界线交汇区唯一的拟建国家公园》等文章被凤凰网、红网、华声在线等主流媒体转载和传播；中国科学技术出版社发行《中国国家公园：中国给世界的礼物》一书，将南山国家公园基本情况作为主要内容之一进行推介。与湖南卫视《天天向上》栏目合作，拍摄《我们的祖国是花园——出发吧！中国国家公园》节目并在湖南卫视播出；在中国地质科学院、国家地质公园网络中心等单位主办的第六届“最美地球印记”评选活动，中央广播电视总台综合频道《秘境之眼》，国家林草局等发起的《你记忆中的美丽影像》点赞活动中，均获网络投票一等奖。

（李先奇）

## 大圳灌区管理

**【概况】** 大圳灌区位于邵阳市西南部，界于资水上游支流夫夷水与赧水之间的高台地带，灌区涵盖邵阳市新宁县、武冈市、洞口县、隆回县、邵阳县5个县（市）的30个乡（镇）379个行政村，是“衡邵干旱走廊”的一部分。2022年，大圳灌区面积2680平方公里，设计灌溉面积53.56万亩，有效灌溉面积48.6万亩，是一个以灌溉为主，兼有城乡供水、蓄水、防洪、发电等综合效益的大型水利工程，是湖南省已建成的第四大灌区、邵阳市已建成规模最大的农田水利工程，总受益人口近150万人。

2022年，邵阳市大圳灌区管理局被评为国家级“节约型机关”、省级节水型灌区、“邵阳市文明单位”，获全市“学习强国”党史知识学习达人挑战赛二等奖、“学习贯彻党的二十大精神 铸牢中华民族共同体意识”主题知识竞赛三等奖、“弘扬光荣传统 赓续红色血脉”主题演讲赛市直单位优秀组织奖。在中央、省、市各级新闻媒体发表各类新闻稿件300余篇，灌区抗旱、现代化灌区建设等工作被新华社、中央电视台等中央主流媒体报道。

**【工程管护】** 2022年，邵阳市大圳灌区管理局安排工程维修养护经费300余万元，确保渠道安全运行。建

2022年8月，邵阳市大圳灌区管理局党委书记、局长黄拥军（左三）带队深入田间地头，开展“百名灌区干部到田间”抗旱专项行动 （肖燕 供图）

立健全工程日常巡查、定期检查、专项检查“三查”制度，建立实施局级领导干部月蹲点基层管理所制度，带班开展渠道巡查管护机制。面对年初冰雪灾害，全局干部职工奔赴一线抢险救灾，消除安全隐患。8月18日，副市长杨卫平召集灌区涵盖的五个县（市）及市直相关部门负责人，召开大圳灌区改革发展研讨会。同意市大圳灌区管理局直管工程日常维修养护费，并从下年起分两年由509万元增加至1182万元；同意提请市人大出台《邵阳市大圳灌区工程管护条例》。

**【供用水管理】** 2022年，大圳灌区年平均降水量1384毫米，总产水量约2.74亿立方米，出库总水量2.54亿立方米。邵阳市大圳灌区管理局出台《大圳灌区灌溉用水管理办法》。在万峰隧洞进、出口引水进入总干渠水量共0.26亿立方米，全年累计送灌溉、发电、居民生活用水水量2.8亿立方米，其中为灌区150万城乡居民送生活用水达0.27亿立方米，水利水电有限公司机端发电量6818万千瓦时。

**【防汛抗旱】** 2022年，邵阳市大圳灌区管理局面对61年罕见旱情，提前谋划蓄水。6月下旬开始，在确保防洪安全前提下，将每一场强降雨当作汛期最后一场大雨来进行水库蓄水调度。到7月1日，灌区骨干水库总蓄水量较多年同期均值多蓄1350万立方米。安排6个水管站对灌溉水利用系数进行科学测算，精确到每一丘田的需水量。7月起，安排部署6个水管站派出抗旱服务小分队，到田间地头指导抗旱。8月8日起，启动为期2个月的“百名灌区干部到田间”专项行动，帮助解决各类水源问题40多个。灌区实现大旱之年无大灾。灌区抗旱工作相继被新华社、中央电视台等各大媒体报道，特别是红旗水管站的细算水账这一举措，在全省灌区中是唯一被报道的。

**【现代化灌区建设】** 2020年8月，大圳灌区“十四五”配套设施暨现代化改造项目经专家综合评审，率先成为“十四五”时期在全国469个大型灌区中先期启动的150个项目之一。2021年底，项目正式开工建设。至2022年5月底，基本完成2021年度项目建设任务。灌区项目建设工作获得省财政厅督查组、省发改委督导组、省水利厅督查组三个督导（查）组好评。按照省水利厅的要求，邵阳市大圳灌区管理局党委采取“一次设计、一次招标、分步实施”的方案，加速实施2022—2025年度项目。2022年10月完成招标工作，12月7日停水施工，成功在预定时间内全面完成总干上段涉水工程改造，“十四五”续建配套与现代化改造攻坚战取得阶段性胜利，基本实现2022年计划投资的进度目标。年内完成投资9000万元，预期恢复灌溉面积1.5万亩，改善灌溉面积12万亩，年节水700万立方米。

（肖 燕）

# 工业和信息化

## 综 述

【概况】2022年，邵阳市规模工业增加值同比增长7%，居全省第八位。邵东市、武冈市、双清区增速居全市前列。全市工业用电量增速高于全省1.2个百分点，居全省第五位。3项高质量发展指标均提档进位。其中，新产品销售收入占比26.42%，排全省第八位，较上年度提升12.29个百分点、排名提升4位；制造业占比提升0.4个百分点，提升幅度居全省第五位。

是年，邵阳市推进产业发展“万千百”工程、邵阳经济技术开发区促进工业高质量发展获省政府真抓实干督查激励。邵阳市万名干部联万企、产业发展千百十工程、新增规模工业企业培育专项行动工作经验被省工业和信息化厅向全省推介。邵阳市工信局获评省中小企业“两上三化”工作先进单位、全省工业经济运行监测协调工作先进单位，全市精神文明建设先进集体、全市绩效考核先进单位、安全生产考核优秀单位、信访考核先进单位、全市乡村振兴先进单位、全市党委信息工作先进单位、全市政府信息工作先进单位。

【企业培育】2022年，邵阳市做强做优做大领航企业，全市产值过亿元企业716家、较上年增加64家，其中过20亿元企业15家、增加3家，培育国家级优质企业7家、省级优质企业94家。扩大规模企业群体，开展新增规模工业企业行动，新增规模工业企业202家、净增121家，分别居全省第二、第五位，邵阳经济技术开发区、邵东市、武冈市企业入规综合排名全市前三。支持企业专精特新发展，新增国家级专精特新“小巨人”企业2家，累计9家，新增省级专精特新中小企业35家，累计99家，其中邵东市、邵阳经济技术开发区、新邵县分别新增省级专精特新中小企业8家、7家、4家。

【产业链群建设】2022年，邵阳市逐步增强产业集聚效应，九大产业链总产值达3123.5亿元，占全市工业总产值的87.2%，同比增速13.2%。其中特色轻工累计完成产值1300亿元，同比增长14.6%。邵东小五金获批省级中小企业产业集群，新邵有色金属循环综合利用、邵阳县茶油入选省级中小企业产业集群培育对象。各部门协同推进产业发展“千百十”工程实施。市住房和城乡建设局培育1家营业收入过100亿元企业、4家10亿元级企业；市农业农村局培育省级以上优质企业81家，其中国家级重点农业龙头企业5家；市文化旅游广电体育局推动文化产业发展，规模以上企业数量、营业收入均居全省第一位；市商务局负责的限上批零住宿餐饮营业收入、企业数量分别排全省第五位、第二位。高效推进项目建设。建设1亿元以上工业项目100个，完成投资166.1亿元，其中10亿元项目新开工29个，新竣工30个；6个湖南省产品创新强基项目完成年度投资计划的120.4%，突破关键技术17项，获发明专利16项；邵虹基板玻璃项目累计完成投资48.41亿元，通过国家窗口指导，第一条生产线投产；湖南湘窖酒业有限公司2万吨酱酒生产线投产，实现产值36.73亿元，同比增长19.8%，实缴税金4.76亿元，同比增长25.9%。

【产业升级】2022年，邵阳市推动智能化改造。邵阳维克液压股份有限公司获评国家级智能制造优秀场景；三一专用汽车有限公司、彩虹玻璃获评省级智能制造标杆车间；弘华中药饮片、五阳塑胶制品获省级优秀智能制造解决方案奖励；4家企业纳入省级智能制造系统解决方案供应商推荐目录。推动绿色化发展。邵阳经济技术开发区等4家园区获评省级绿色园区，湖南湘窖酒业有限公司等7家企业获评省级绿色工厂，湘木豪廷新材料有限公司等6家企业的产品获评国家级绿色设计产品；新邵雀塘循环经济产业园、湖南航天旺材新型建材有限公司、邵阳鑫鹏科技有限公司的“50万吨废钢加工生产线项目”分别被评为省级工业固体废物综合利用示范基地、示范企业、示范项目。推动品牌化提升。亚洲富士电梯获评“湖南省工业质量标杆”，湖南湘窖酒业有限公司获评省消费品工业“三品”标杆企业，三一专汽、凯通电子成功申报省级制造业单项冠军产品，湖南宁庆航空航天智能装备有限公司获评省级工业设计中心。

【数字经济】2022年，邵阳市完善数字基础设施。全市有4G基站25449个、5G基站5983个（排名全省第四），光缆总长19.47万皮长千米；省级“数字新基建”标志性项目3个，排二类地区第一。推进产业数字化。邵东智能制造技术研究院入选工信部数字化转型服务平台试点示范（全省仅4家），其“小平台托起大产业”模式获省长毛伟明肯定性批示并在全省推广；6家企业全面完成网络安全分类分级管理，排二类地区第一；全市新增深度“上云”企业1299家、上平台企业398家，完成率分别居全省第三位、第五位。提升数字产业竞争力。全市规模以上电子信息制造业营业收入98.29亿元，同比增长33.7%，居全省第一位；规模以上软件和信息技术服务业营业收入1.29亿元，增速15.4%。

【联企纾困】2022年，邵阳市出台《邵阳市促进先进制造业平稳增长的若干财政支持政策》等系列扶持政策，市本级增加5000万元资金支持先进制造业发展。开展“纾困增效”、万名干部联万企百日攻坚行动，全市5341名干部调研走访企业37279家，帮助企业解决困难问题2161个，为各类市场主体退减缓税费36.29亿元。全市规模工业企业亏损面0.3%，盈利面居全省第一位。利润总额186.9亿元，同比增长41.6%，分别居全省第五位、第一位；规模以上企业亏损额降幅55.6%，排全省第三位。进一步加大企业账款清欠力度，加强举报问题线索核实和清欠进度督办，全市台账内3200万元欠款10月底全部清偿到位。

（何　琛）

## 机械工业

【概况】 截至2022年12月底，邵阳市机械工业拥有规模企业208家，实现规模工业总产值517.5亿元，同比增长7%。三一专用汽车有限责任公司产值达182.3亿元，是全市唯一一家产值100亿元以上的企业，建成全球最大的工程搅拌车生产基地，生产的燃油搅拌车市场占有率达30%，电动搅拌车市场占有率达60%，电动自卸车市场占有率达20%，三项市场占有率均居全国第一位。新增1家国家级专精特新“小巨人”企业，已有7家机械工业企业获批国家级专精特新“小巨人”企业，20家省级专精特新中小企业。邵阳市达力电源实业有限公司获省级首台（套）重大技术装备认定，湖南宁庆航空航天智能装备有限公司获评省级工业设计中心，湖南万脉医疗科技有限公司成功揭榜工信部人工智能通用设备创新任务。三一专用汽车有限责任公司、邵阳纺织机械有限责任公司列入省级两化融合管理体系贯标试点企业，三一专用汽车有限责任公司建成邵阳市第一个“灯塔工厂”并获评省级智能制造标杆车间，邵阳维克液压股份有限公司获评国家智能制造优秀场景。

【重大产业项目】 2022年，邵阳市主要有五大机械工业重大产业项目。其中，三一专用车智能制造工厂项目投资46亿元，总建筑面积约78万平方米，一期建设联合厂房、工艺连廊、调整检测精饰车间、四轮定位间、淋雨加水防水间、发运中心、交检棚、办公大楼、员工食堂、门卫及相关配套设施，二期建设研发大楼、员工食堂、宿舍楼、实验车间、客户体验中心等相关配套设施。邵阳国际数控机械智能产业园项目总投资25亿元，总建筑面积65万平方米，分两期建设，新建厂房、智能仓库。邵阳维克液压项目总投资10亿元，项目分二期建设，一期建设液压元件及其他相关生产线，二期根据市场需要再进行建设。年产600万支精密切削刀具生产线总投资6亿元，建筑面积约7.8万平方米，建设厂房及配套设施，主要生产产品有钨钢铣刀、合金铣刀、石墨铣刀、立铣刀、燕尾槽铣刀、钨钢铣等。亚太宝瑞轨道交通装备及汽车零部件制造项目总投资5亿元，建筑总面积12万平方米，主要建设办公研发大楼、质量检测中心、试制生产区、仓储物流、生活配套区等以及其他配套设施。

（刘　彪）

三一专用汽车有限责任公司生产的搅拌车　（廖建新 供图）

## 冶金·有色金属工业

【概况】2022年，邵阳市冶金、有色金属工业企业共36家，完成工业总产值99.35亿元，同比增长31.6%，完成销售收入91.98亿元。

【重点项目建设】 2022年，湖南新龙矿业有限公司科研投入1740万元，完成含砷金锑共生矿石的选矿方法、龙山矿区V21矿脉深部及外围找矿新发现、龙山矿区V5构造控矿机理研究、1#主井提升机电控改造研究与应用、630坑口110中段108～109难采矿体的间柱回收方法研究等五大重点项目。邵阳雀塘循环经济产业园投资有限公司投资中安安华（湖南）金属加工有限责任公司“年产10万吨再生铜生产线及深加工项目”，投产3万吨基础铜建设。新邵县鸿远金属加工有限公司“年产10万吨再生铝改扩建项目”投产，年生产产值10.6亿元。湖南鸿腾铝业有限公司“年产10万铝棒5万吨铝型材综合利用生产线项目”完成10万吨铝棒加工，并于7月投入生产。新邵县兴荣再生资源回收有限公司“20万吨废钢铁回收利用项目”全部建成投产。新邵辰州锑业有限责任公司替代原火法冶炼矿浆电解新工艺制备精锑项目投入研发费用1800万元，工艺进入稳定运行阶段，产品产量与指标均达到预期，全年销售产值达4.7亿元，上缴税收1000多万元。

（莫自省）

## 电子信息产业·软件和信息服务业

【概况】 2022年，邵阳市电子信息产业实现主营业务收入108.06亿

湖南邵虹特种玻璃股份有限公司基板玻璃生产线（申兴刚 供图）

元，同比增长30%以上。其中，电子信息制造业主营业务收入98.29亿元，产业实现平稳增长。

全市有电子信息制造规模企业123家，当年新增规模企业19家，实现产值109.63亿元，同比增长15.6%，其中产值过1亿元企业达38家。软件和信息服务企业19家，年营业收入3.56亿元；新经济产业园加速发展，已入园数字产业化企业12家，实现在线交易额4.5亿元。

**【重大产业项目建设】** 2022年，邵阳市5000万元以上电子产业项目竣工投产21个、在建26个，完成工业固定资产投资77.98亿元，为年度计划的136%。其中，彩虹集团（邵阳）特种玻璃公司G7.5盖板玻璃2条国际领先的特种玻璃全自动化生产线实现量产，年产盖板玻璃400万平方米，产能达5亿元。实现年产值1.62亿元，实现税收723万元。湖南邵虹特种玻璃股份有限公司“G8.5+”液晶基板玻璃规划建设8组16条生产线，总投资120亿元。项目一期已完成投资41亿元，12月19日窗口指导成功获得批复。

**【新型显示产业集群建设】** 2022年，邵阳市加快推进全国第三大特种玻璃基地建设，截至年末，已陆续引进彩虹集团（邵阳）特种玻璃公司、湖南邵虹特种玻璃股份有限公司、湖南欲勤光学科技公司、湖南群辉光电科技有限公司、湖南创亿达实业发展有限公司、伟奇光电、北创光电科技（邵阳）有限公司、湖南铭基高科电子有限公司、兴悦科技等10余家产业链企业，投资额达300余亿元，基本形成“中国（邵阳）特种玻璃谷”项目为核心，邵阳经济技术开发区电子信息产业园、邵东电子信息科技园为主阵地，邵阳县、武冈市、隆回县、绥宁县、洞口县多点分布发展的产业集群，产品覆盖盖板玻璃原片加工、光学镜头、视窗防护玻璃、触摸屏、显示屏、单双面及多层印制电路板等细分领域，下游客户包括华为、三星、OPPO、TCL等一大批知名品牌。

（谢　谷）

## 人工智能和数字产业

**【数字化园区建设】** 2022年，邵阳市有序布局数字化园区。邵阳经济技术开发区投资3000万元建设园区大数据中心和网上政务服务大厅，投资1600余万元建设大数据园区一期，园区产业优化服务、政务服务水平、园区智慧化管理水平快速提升。签约落地中联云港数据中心，项目投资5亿元，规划面积约35亩，计划建设2400个高密度机柜，打造2万平方米高标准、高可靠、高等级的绿色节能数据中心，将为邵阳提供网络、云计算和存储资源，助力提升全市数字服务水平。8月，邵阳县人民政府与湘江鲲鹏签署湘江鲲鹏生态项目合同书，湖南鲲鹏计算产业正式入邵，与邵阳县新经济产业园合作落地创新平台——湘江鲲鹏创新中心及平台公司资江鲲鹏，助力邵阳县信创工程替换，赋能邵阳及周边区域数字化转型。

**【数字化转型】** 2022年，湖南富兰地工具有限公司、湖南邵虹特种玻璃股份有限公司、三一专用汽车有限责任公司3家企业的项目入选省级“数字新基建”标志性项目100强，湖南富兰地工具有限公司入选省级工业互联网平台建设计划，全市44家企业入选省级制造业数字化转型“三化”重点项目，14家企业进入省级两化融合管理体系贯标评定。邵东智能制造技术研究院入选省级第一批制造业数字化转型服务商，9月通过省级遴选，作为湖南省药饮片加工行业中小企业数字化转型服务平台，牵头组织15家细分行业中小企业成功入选工信部中小企业数字化转型试点。

**【数字技术赋能乡村振兴】** 2022年，邵阳市大祥区获批入选首批国家数字乡村试点地区，将物联网、大数据、云计算等新一代信息技术深入应用在农业生产经营和管理中，在农村新产业、乡村治理数字化、农村信息基础建设、信息服务能力等方面取得显著成果。联合中国移动邵阳分公司对邵阳整体数字乡村建设进行整体规划，5月27日邵阳市委、市政府和中国移动通信集团湖南有限公司共同启动湖南移动数字乡村（邵阳）平台，集成推出湖南省内第一个人脸识别“5G+”防溺水平台，采取先局部试点，再全部推广模式，在全市打造2000个乡村数字化样板工程，并在邵阳县对河村、蔡山团村，双清区马杨村，武冈市青龙村打造示范性推广行政村。

（王桃容）

## 建材工业

【概况】2022年，邵阳市建材工业企业355家，完成工业总产值483.16亿元，同比增长3.2%，生产水泥800万吨，完成销售收入458.02亿元。重点项目湖南大载新材料科技有限公司年产60万吨粉磨站、90万立方米商品混凝土生产线建成投产。

【新型墙体材料改革】2022年，邵阳市继续贯彻实施《湖南省新型墙体材料推广应用条例》及《关于修改〈湖南省新型墙体材料推广应用条例〉地方性法规的决定》，墙体材料改革进入正规化、法治化轨道。截至年底，全市新型墙材企业共108家，新增认定省新型墙材企业2家，全市省新型墙材产品认定企业23家。全年节约能源约22.1万吨标煤、土地约2805亩，利用工业废渣约141.1万吨，减少二氧化硫气体排放量达2424.9吨，减少二氧化碳气体排放量达32.13万吨。湖南盛昶新型建材有限公司注入资金在原址上改建和扩建两条设计能力达40万立方米的装配式板材生产线，并正式投产使用；湖南衡科住宅工业有限公司装配式建筑板材总投资2亿元，生产能力达100万平方米，年内正式投产。为健全绿色建材市场体系、提升绿色建材产品质量、推动建材行业转型升级，市工业和信息化局推进市新型墙材装配式板材与装配式建筑的（产业链）发展，组织本区域优秀规模企业参与全国（湖南站）绿色建材下乡活动。

【散装水泥推广】2022年，邵阳市工业和信息化局、市住房和城乡建设局共同制定《邵阳市预拌砂浆管理办法》，加强预拌砂浆行业管理，确保建设工程质量。市散装水泥办公室通过媒体传播、悬挂横幅、印发宣传资料等方式，加大对国家推广散装水泥的政策法规及利国利民好处的宣传力度，提高社会各界对使用散装水泥的认识。全市全年完成散装水泥供应任务383.5万吨，推散率达65%，比上年增长1%。同时推广预拌砂浆，湖南大载新材料科技有限公司年产90万立方米商品混凝土生产线建成投产。

（莫自省）

## 轻 工 业

【概况】2022年，邵阳市轻工产业规模工业企业1001家，实现规模工业总产值1261亿元，同比增长11%；实现主营业务收入1127亿元，同比增长16%；实现税收14.9亿元，同比增长39%；实现利润68.09亿元，同比增长38%。

【特色产业集群】2022年，邵阳特色轻工产业已形成小五金、发制品、打火机、箱包、纺织服饰、鞋类、体育用品及工艺品、纸制品、竹木加工等一批在全国具有影响力的特色产业集群，规模位居全省前列。其中，湖南东亿电气股份有限公司占全球打火机市场份额的20%；五金工具占全国超30%的市场份额；湖南圣菲达服饰有限公司弹性针织运动用品占全国市场份额的10%以上；湖南亮国科技股份有限公司成为全市第一家专业隐形眼镜生产企业，占国内市场份额的30%。发制品、打火机、箱包获批国家外贸转型升级示范基地，形成醇龙箱包、阳光发品、美丽来、东亿电气等一批全国性行业品牌企业和知名产品品牌。邵阳美丽来发制品有限公司、阳光发品有限公司、湖南圣菲达服饰有限公司、湖南东亿电气股份有限公司等28家企业成长为省级专精特新“小巨人”企业

（陈旻阳）

## 纺织工业

【概况】2022年，邵阳市纺织工业规模企业92家，实现规模工业总产值95.89亿元，同比增长10%；实现主营业务收入94.04亿元，同比增长10%；实现税收1.52亿元，同比增长63%；实现利润6.13亿元，同比增长55%。

【湖南圣菲达服饰有限公司】湖南圣菲达服饰有限公司是邵阳市纺织工业重点企业，成立于2016年4月，位于邵阳经济技术开发区湘商产业园1区18栋，是一家为迪卡侬等世界知名户外运动、泳装品牌专业代加工企业。2022年，公司厂房面积18810平方米，注册资本600万元，总投资2000万元，有员工500人，拥有1条自动裁床、3条手工裁剪台，12条智能吊挂流水线、12条JIT精益小包流水线、1条培训线，月产量达60万件。

（陈旻阳）

## 食品工业

【概况】2022年，邵阳市食品产业规模工业企业191家，实现规模工业总产值369.6亿元，同比增长6.4%。实现主营业务收入313.27亿元，同比增长11%；实现税收7.27亿元，同比增长27%，实现利润18.15亿元，同比增长39%。有省级高新技术企业38家，省级专精特新“小巨人”企业14家。全市取得“绿色食品、有机食品、地理标志农产品”资质认证的“食用农产品”298个、企业285家，总产值155亿元。其中，获绿色食品证书的企业135家、产品280个，产值约36亿元；获有机食品认证的企业26家、产品42个，产值约10亿元；获批地理标志农产品9个，产值102.2亿元。

【湖南湘窖酒业有限公司】2022年，邵阳市白酒产业龙头企业湖南

湘窖酒业有限公司实现产值36.73亿元，同比增长19.8%；实现营业收入10.94亿元，同比增长28%。获评湖南省消费品“三品”标杆企业，是全省唯一一家获评白酒企业。湖南湘窖酒业有限公司2万吨酱酒扩建项目计划总投资30亿元，总建筑面积约47万平方米，分二期建设。其中，一期建筑面积约13万平方米，主要建设内容为酱酒车间、制曲车间、麻坛酒库、不锈钢酒库、成品库等生产、储运、配套服务项目，达到酱酒产能约1万吨；二期建筑面积约34万平方米，完成剩余1万吨产能生产、原料处理、储运、配套服务项目建设。

（陈旻阳）

## 生物医药产业

**【概况】** 2022年，邵阳市生物医药产业规模工业企业68家，实现规模工业总产值181.08亿元，同比增长9.8%。实现主营业务收入177亿元，同比增长12%；实现税收2.14亿元，同比增长5.1%；实现利润9.82亿元，同比增长32%。有湖南玉新药业有限公司、湖南省天香生物科技有限责任公司、湖南飞力格科技有限公司、湖南可诺耶生物科技有限公司、湖南省南国药都中药饮片有限公司、湖南科瑞生物制药股份有限公司、湖南栀葆堂中药科技有限公司、绥宁县神农金康药用植物科技有限公司等8家省级专精特新“小巨人”企业，省级高新技术企业21家。形成中药饮片加工、化学制药、生物制品、医疗器械等主要子行业，以及湖南省湘中制药有限公司、湖南玉新药业有限公司、湖南省松龄堂中药饮片有限公司、湖南省南国药都中药饮片有限公司、湖南省绿洲惠康发展有限公司等一批重点医药企业。

**【抗疫物资保障】** 2022年，邵阳市工业和信息化局指导湖南中南制药有限公司、湖南省绿洲惠康发展有限公司、邵东智康医疗器械有限公司、湖南万脉医疗科技有限公司等企业转产扩能，使湖南中南制药有限公司对乙酰氨基酚片、贝诺酯两类解热镇痛药日产能均达到50万片，邵东智康医疗器械有限公司医用外科口罩日产能100万片，湖南省绿洲惠康发展有限公司N95口罩日产能5万片，湖南万脉医疗科技有限公司医用无创呼吸机日产能160台。

（陈旻阳）

**【湖南省湘中制药有限公司】** 湘中制药有限公司是一家能生产原料药和中西药综合性现代化药品研产销一体化企业，前身为邵阳地区药材公司加工厂，始建于1969年，1996年12月破产重组成立湖南省湘中制药有限公司，2018年8月加入华润双鹤药业股份有限公司。注册资本6900万元，拥有资产6.02亿元，员工613人，占地300余亩，是湖南省高新技术企业、重点发展医药企业，邵阳市医药龙头企业、市重点财源建设单位和纳税大户。2022年完成工业总产值6.36亿元，实现营业收入5.98亿元，上缴税金10007万元。

作为国内大型抗癫痫药物生产基地，拥有7条现代化生产线，年产能固体制剂17万制剂单位，口服液1000万瓶，原料药320吨，并通过现场符合性检查，具有完善的生产质量管理体系，产品安全有效。主要产品有丙戊酸镁缓释片、丙戊酸钠片、丙戊酰胺片、丙戊酸镁片、金龙补肾合剂，其中丙戊酸镁片和丙戊酸镁缓释片被列为国家级火炬计划项目，丙戊酸镁缓释片和丙戊酰胺为公司独家产品。“湘中”商标是湖南省著名商标、中国驰名商标，曾获中国优秀专利奖、湖南省科技进步二等奖、湖南省产品质量奖等荣誉。具备较好的研发实力，在长沙成立华润双鹤中南研究院，有研发人员60余人，其中国务院政府特殊津贴专家1人。销售网络覆盖全国各省份（除西藏外），尤其在中南、华东和华北地区市场有着较强的影响力。

（封　岳）

## 无线电管理

**【概况】** 2022年，根据上级调整优化无线电管理体制工作要求，邵阳市无线电管理处并入市工业和信息化局，设立无线电管理科，市无线电监测站纳入市工信系统管理。

年内办理新设台站使用许可审查7个（未含通信企业），办理延续台站使用许可审查4个（未含通信企业）。据调查统计，全市共有设置无线电台单位25家，台站总数量26013个。

全年完成各类考试无线电安全保障任务43天次，出动无线电监测车78次，出动保障人员265人次，设备84套次。保障党的二十大召开、全国两会、首届湖南—东盟投资贸易洽谈会期间重要无线电业务用频安全。

是年，全市无线电管理机构组织参加省工业和信息化厅组织的“电波卫士杯”无线电监测技术演练竞赛、无线电系统党建知识及业务知识竞赛，获“电波卫士杯”无线电监测技术演练竞赛“单位团体三等奖”“信号分析考查三等奖”。

**【无线电监测检测】** 2022年，邵阳市固定监测站完成日常监测3282小时，移动站240小时。完成春运民航、铁路安全，打击“黑广播”“伪基站”，GPS频段专项清查，P频段气象辅助，无人机反制设备专项监测等任务，并及时上报监测分析数据。完成52台公众移动通信基站在用无线电发射设备检测，其中检测邵阳移动通信基站36个、邵阳联通基站16个，及时向省无线电管理委员会办公室上报CMA认证的检测报告52份。

**【打击“黑广播”“伪基站”】** 2022年，邵阳市无线电管理机构开展打击非法设台（黑广播、伪基站）专项行动12次，共278小时，完成打击非法设台专项月报12份。排查黑广播案件2起，暂扣黑广播发射设备2台/套，主动排查广电频段不明信号1起。

**【无线电知识宣传】** 2022年，邵阳市无线电管理机构采取多方式、多手段宣传无线电知识，协调通信企业，将无线电辐射、5G等无线电知识宣传融入世界电信日、网络安全宣传周（电信日）等专项活动。9月开展以“珍惜频谱资源，维护电波秩序”为主题的无线电管理宣传月活动，现场设置展板20块、咨询台6个，发宣传资料300余册，通信企业发送手机短信、LED广告屏等信息5万余条。

（杨焕平）

## 国网供电

**【概况】** 2022年，国网邵阳供电公司完成电网发展投资26.7亿元，持续6年居全省前列，31项主网工程投产送电，实现220千伏变电站县域全覆盖；新建改造10千伏配网线路1545千米、配变784台。110千伏黄桥变电站项目获省公司“智慧工地”称号。

邵阳地区全社会用电量120.02亿千瓦时、同比增长5.91%，较全省的平均增长率（3.76%）高2.15个百分点，增长率排名全省第四；工业用电量44.55亿千瓦时、同比增长0.12%，较全省平均增长率（–1.10%）高1.22个百分点，增长率排名全省第五。

9月24日，在隆回县七江镇举行邵阳220千伏隆回北（首望山）输变电工程开工典礼，项目建成后，可分担隆回县域40%的供电负荷。截至12月30日，邵阳电网安全运行达7000天，创造新的纪录。

**【供电服务】** 2022年，国网邵阳供电公司优化电力营商环境，对全市127家一级用户和重点用户实行精细化保电服务，确保用户安全可靠用电。持续开展“面对面·心连心”全客户大走访，高、低压客户平均接电时长同比分别降低29.26%、41.5%，“三零”“三省”服务惠及客户6.5万户，为客户节约办电成本1.11亿元。助力乡村振兴和美丽乡村建设，累计拔除废旧电杆6.2万基，实施17个捐赠项目、投入资金141万元，消费帮扶240万元，定向招录36名建档立卡脱贫家庭大学生，建设“电力爱心超市”“便民供电服务点”，城步双桥创建湖南电力乡村振兴示范点。公司获评邵阳市党委信息工作先进单位，两次被评为全市落实“三重点”工作“一类单位”。

**【抗冰、抗旱、抗疫保电】** 2022年，国网邵阳供电公司面对春节前后三轮历史罕见冰雪灾害和负荷五创新高双重压力，以及度夏长时间高温无雨的形势，出动490余支抢修队伍，完成抗冰保电、抗旱保电、抗疫保电任务。2月17日，市委、市政府向公司授予“邵阳市抗冰救灾突出贡献单位”奖牌。9月8日，国家电网公司农网抗冰改造示范区建设现场会在邵阳隆回北部山区召开，隆回成为全国首个采用“差异化抗冰设计+智能化运维模式”的抗冰改造示范县，为全省、全国农配网抗冰设计、建设和运维积累宝贵经验。完成中央领导到邵阳、首届湖南—东盟投资贸易洽谈会等53项重大保电任务。

（龙一飞）

2022年1月25日至2月4日，国网邵阳供电公司系统各单位一线员工在高寒山区抗冰保网，开展防冻融冰工作　（龙一飞　供图）

## 国家能源集团宝庆发电有限公司

**【概况】** 国家能源集团宝庆发电有限公司（以下简称“宝庆发电公司”）是中国国电集团公司在湖南投资建设的第一个大型火电电源项目，是近年邵阳投资规模最大的项目之一。设计装机为2×660兆瓦超临界燃煤发电机组。截至2022年年底，公司设置4个生产部门、6个管理部门，员工总人数241人。全年发电量47.25亿千瓦时；新能源备案容量25.7万千瓦，超年度考核目标13.7万千瓦；利用小时3574小时，居湖南区域五大三同对标排名第三名；辅助服务市场收益4752万元，同比增加3670万元；综合厂用电率5.67%，同比下降0.02个百分点。累计完成发电量508.83亿千瓦时，创造工业产值215.44亿元，累计盈利5.64亿元，纳税13.72亿元。2022年，公司在60年一遇的高温干旱环境下，月发电量创历史新高。投入36万元推进美丽乡村建设，捐赠乡村振兴帮扶资金22万元。

是年，宝庆发电公司继续获

“AAA”级信用企业称号，获“国家级高新技术企业”资质，获评“2020—2021年全国安康杯竞赛优胜单位”。员工朱江涛获“2022年湖南省国企工匠”，姜霞获湖南省“职业健康达人”，罗波获“第二十届湖南省青年岗位能手”。

【生产运行】2022年，宝庆发电公司开展机组经济运行分析，紧抓过程管控和指标管控，深挖降耗潜能，年内全厂发电厂用电率下降0.02%，供电煤耗下降0.27克/千瓦时，运行节能管理成效明显。开展机组检修，双机共完成标准检修项目2824项、非标技改项目64项，机组生产能力进一步提升。

【安全环保】2022年，宝庆发电公司坚持常态化疫情防控和安全环保生产“两手抓、两不误”，实现年内安全生产365天，连续安全生产4040天，全面完成年度安全环保责任目标，获全国“安康杯”竞赛优胜单位称号。全年两次启动突发新冠疫情应急预案，能源保供、年度检修等各项生产经营活动平稳有序，电力安全稳定供应。常态化开展“三每两入一提升”培训活动33场，完成入厂三级安全教育1467人次，安全技术交底408人次。持续安全生产标准化管理体系建设，开展安全生产专项整治重点项目实施和两个清单动态清零，实施全员安全生产责任清单化管理，全面推进隐患排查治理、安全风险预控各项工作。逐步完善职业健康管理基础工作，通过健康企业创建现场验评，成为邵阳市首家健康企业。

【综合能源服务】2022年，宝庆发电公司加快向综合能源服务供应商转型，积极探索“多联供”发展模式，火储调频、机组灵活性改造项目已完成可研编制等前期工作，“市区供热（汽）工程”“循环经济产业工业园”等项目列入邵阳市重点计划推进项目。顺应新能源发展趋势，成立专班推进新能源指标获取和开发工作。全年累计获得新能源开发权指标57.13万千瓦，其中备案容量25.7万千瓦，超额完成年度资源获取任务目标。

【科技创新】2022年，宝庆发电公司实施科技研发项目5项，科技成果应用项目2项，完成研发投入929.6万元，科技投入2735.6万元。申请发明专利3项、实用新型专利3项，并获受理通知书。“全厂5G专网建设研究与应用”作为全省发电行业首个5G2B专网项目，被湖南省工业和信息化厅纳入湖南省制造业数字化转型“三化”重点项目名单（2021年第二批）。“燃料无人智能化验系统”项目投运，率先建成区域内燃料采、制、化三位一体无人值守工作体系，进一步助推智慧电厂建设。

【项目建设】2022年4月，公司首个厂外分布式光伏项目全容量并网发电。5月，厂内分布式光伏发电项目实现全容量并网发电。8月，宝庆发电公司556.5兆瓦新能源项目投资主体获市政府办公室发文确认。10月，尿素站主体工程完工。11月，公司燃料智能化无人化验项目投运，标志公司率先在湖南区域实现燃料煤的采、制、存和化全流程智能化贯通；厂内二期光伏项目举行开工仪式，项目建设全面铺开。12月，首个集中光伏项目获备案核准，是邵阳市“十四五”期间第一个获省发改委备案（核准）的集中式光伏发电项目；液氨改尿素项目通过168小时试运行，各系统参数正常，烟气中的氮氧化物符合国家环保标准。

（李圣清）

# 开发区

## 邵阳经济技术开发区

【概况】2022年，邵阳经济技术开发区（以下简称邵阳经开区）完成技工贸总收入1010亿元，同比（下同）增长21%；规模工业总产值546亿元，增长18%；规模工业增加值112亿元，增长15%；固定资产投资161亿元，增长15%；实际利用外资436万美元，增长311%；进出口总额52亿元，增长3.5%；完成一般公共预算收入9亿元，增长15.2%；完成全口径税收34亿元，增长22%。完成各类土地清理3476亩，实际利用外资实现翻番。全年新增国家级、省级“专精特新”企业8家、新增规模工业企业37家，新引进、培育高新技术企业40家，培育科技型中小企业180家，新增各类市场主体800余家，年度专利授权量首破100件，6家企业列入省上市后备企业资源库。成功申报创建国家级科技企业孵化器。3个省级“数字新基建”标志性项目、2个数据中心项目和1个省级工业互联网平台建成投入使用，10个项目入选湖南省制造业数字化转型“三化”重点项目。

【招商引资】2022年，邵阳经开区引进项目80个、投资额168亿元，达力新能源、亚太通力、钰豪研磨等12个项目实现签约即供地、开工即配套。突出产业链招商，不断强化延链补链强链，聚焦新能源产业链，引进比沃电子、锂电池正极材料、隔膜新材料等项目，形成投资规模达100亿元的新能源材料产业链。着眼先进装备制造产业发展，引进标克激光等配套企业，产业链企业达100余家。加强与深圳工业科技园、江苏海安经开区、“正和岛”企业团、长沙军民融合研究院战略合作，对接项目20多个。引进邵阳市首个装备制造业院士工作站和中小企业核心服务机构。依托东盟产业园、中非产业园、宝隆产业园新引进入园企业23家。

【项目建设】2022年，邵阳经开区开展项目竞赛比拼、百日冲刺攻坚等系列行动，建立领导包干、专班负责、部门服务的项目推进机制，共成立7个工作专班，召开32次重点项目调度会，5次重点项目企业座谈会，协调解决问题206个，营造“大抓项目、抓大项目”氛围。全年推进省市区重点项目107个，其中4个省重点项目超额完成建设任务，9个专项债项目完成投资任务，46个项目新开工建设，39个重点项目竣工投产，4条道路实现竣工通车，维克液压、比沃电子等项目刷新邵阳项目建设的新速度，邵虹特种玻璃实现成功引板。

2022年10月13日，邵阳经开区彩虹特种玻璃二期成品库房和研发大楼项目正式封项（岳洲洋 供图）

【营商环境优化】2022年，邵阳经开区制定出台新的驻企联络服务制度，选派145名机关在编在岗干部和邵阳产发集团副部长以上干部，对园区263家“四上”企业开展常态化驻企联络服务。帮助企业申报中央、省、市各类资金，获补助2.05亿元；组织企业申报设备补贴贷款，获授信额度2.5亿元。兑现各类政策资金5亿元。精简审批优化服务，工程建设项目审批用时压缩30%，其中29个新开工项目手续办理实现“零跑腿”，节省图审费150万元。坚持线上线下招聘双向发力，开展专场招聘会14场，发布就业岗位270个、招工9308人。搭建“专精特新”中小企业金融服务中心，服务企业融资上市，为40多家企业解决融资难问题。

【要素保障】2022年，邵阳经开区报批土地517亩，为维克液压、达力新能源、母婴用品等20余个项目提供足额用地保障。获批1500亩三类工业用地。支付征拆补偿款6.2亿元。与市政府、财信金控共建“专精特新”中小企业金融服务中心，新增湖南股交所科技创新专板挂牌企业3家，6家企业进入省上市后备企业资源库。支持邵阳市元通工艺品有限公司、邵阳美丽来发制品有限公司等5家企业实现知识产权质押融资5700万元。完成邵虹特种玻璃、三一生态城等8个重点项目正式水电气保障及维克液压、比沃电子等28个重点项目施工水电气保障。完成4条路网竣工通车及4条路网路基建设，完成红旗河沿线管网铺设。

【邵阳产业发展集团有限公司成立】2022年7月6日，邵阳产业发展集团有限公司（以下简称邵阳产发集团）正式揭牌成立，标志着邵阳市国有资产投资经营有限公司和邵阳市宝庆工业新城建设投资开发有限公司顺利合并，实现优势互补、强强联手，成为当前全市产业建设

2022年8月25日，首届湖南—东盟投资贸易洽谈会、第五届东盟·湖南（邵阳）名优产品交易会、第六届全球邵商大会暨中国—东盟中小企业合作推进会邵阳经济技术开发区专场对接会现场　（岳洲洋 供图）

领域规模最大、实力最强的平台公司。为进一步畅通金融血脉，壮大经济肌体，市委、市政府在学习借鉴外地先进经验基础上，结合邵阳市实际，整合资源，聚合力量，推动市国投公司与市宝城投公司强强联合，组建邵阳产发集团，锚定“服务好邵阳经济技术开发区园区投资建设运营，归集管理市属经营性国有资产，承担国企改制扫尾筹资”的新定位、新使命，着力打造全市领军、全省领先的，集投资、建设、运营、管理、服务于一体的“园区发展综合运营商”“国企改制投资管理服务商”“重点产业发展投资商”。集团成立后，固定资产超100亿元，年纳税将超10亿元，拥有各类人才500余人，将建成为一个实力雄厚、人才集聚、管理规范、功能复合、价值多元的综合型平台公司，为邵阳经济技术开发区加快发展提供坚实的后盾保障，为全市高质量打造“五好”园区提供有力的平台支撑。

**【首届湖南—东盟投资贸易洽谈会、第五届东盟·湖南（邵阳）名优产品交易会、第六届全球邵商大会暨中国—东盟中小企业合作推进会】** 2022年8月26日，首届湖南—东盟投资贸易洽谈会、第五届东盟·湖南（邵阳）名优产品交易会、第六届全球邵商大会暨中国—东盟中小企业合作推进会邵阳经济技术开发区专场对接会召开。对接会上共签订19个投资项目，总投资额50亿元。其中，投资10亿元以上、投资5亿元以上项目各1个，项目涵盖显示功能材料加工、先进机械装备制造、智能制造、生物医药等领域。三一专用汽车有限责任公司、湖南华模智造科技有限公司、邵阳纺织机械有限公司、湖南永信工程机械有限公司、邵阳维克液压股份有限公司、邵阳智创科技发展有限公司等12家6对园区企业签订总金额为10亿元的供需合同。

**【社会事务剥离工作交接会】** 2022年11月30日，邵阳经开区社会事务剥离工作交接会举行。为建立园区精简高效的管理体制，实现减负赋能，聚焦经济建设、产业发展、招商引资、园区建设、企业服务等经济主业，推动邵阳经开区新阶段高质量发展，市委、市政府决定，邵阳经开区不再托管双清区“一镇十村”，自12月1日起，高崇山镇、昭阳片区移交双清区管理。

（岳洲洋）

## 湖南邵东经济开发区

**【概况】** 湖南邵东经济开发区前身为湖南邵东县城经济开发区，成立于1992年。1994年3月，经湖南省人民政府批准设立为省级开发区。2004年，经省编办批准为副处级具有行政管理职能的事业单位。2006年1月，经国家发改委更名为湖南邵东经济开发区。2010年，成为正处级省级开发区。G320国道、S315省道、潭邵高速公路、娄邵铁路、洛湛铁路从开发区穿境而过，区位优势明显，是全省承接沿海产业转移和新型工业化示范园区。截至2022年年末，湖南邵东经济开发区规划面积35平方千米，建成面积29平方千米，人口30万人。拥有五金、箱包、打火机等六大支柱产业和10余个大型专业市场，聚集近5万家个体工商户和4000多家民营企业。

**【经济发展和项目建设】** 2022年，湖南邵东经济开发区实现技工贸总收入1199.23亿元，同比（下同）增长16.93%；规模工业增加值217.3亿元，增长10.8%；规模工业企业主营业务收入919.55亿元，增长17.04%；上缴税金18.90亿元，增长18.01%；进出口总额120.64亿元，增长17.06%；亩均税收22.5万元/亩，增长50%；亩均生产总值246.27万元/亩，增长56.2%。全年申报入规入统入园企业110家，省审批通过95家，共有规模工业企业505家，比上年净增20家。全年项目建设完成设计46个、水电绿化及其他建设项目100余个、审批立项282个，完成项目投资超10亿元。

（全彪南　宁少俊）

## 湖南新邵经济开发区

**【概况】** 湖南新邵经济开发区（以下简称新邵经开区）创建于1992年7月，2006年经国家发改委审定备案，由湖南省人民政府批准为省级综合开发区。2022年，已形成“一区三园”的产业格局，即新邵经开区及其先进制造产业园、雀塘循环经济产业园、坪上高铁新城汽摩配产业园，空间规划面积共7.03平方千米，三园面积分别为4.36平方千米、1.84平方千米、0.83平方千米。园区重点发展机械智能制造、循环经济“一主一特”产业。

2022年，有入园企业525家，其中规模以上工业企业130家。年内策划包装产业项目20个，新签约项目26个，总投资15.9亿元，其中投资5亿元的项目1个（年产60万TEU集装箱竹木复合地板项目）。全年完成技工贸总收入232.14亿元，实现规模工业增加值42.95亿元，完成工业固定资产投资43.8亿元，上缴税金7.51亿元，亩均税收11.83万元，亩均生产总值111.71万元。

是年，湖南科瑞生物制药股份有限公司、湖南众德新材料科技有限公司、湖南潇龙机械设备制造有限公司、湖南凯通电子有限公司、湖南广信科技股份有限公司等5家企业进入湖南省上市后备企业资源库，其中科瑞生物、众德科技、凯通电子进入省科创板后备企业资源库。科瑞生物“植物源胆固醇”项目获科技部首届全国颠覆性技术创新大赛总决赛优胜奖，为湖南省唯一获奖企业。雀塘循环经济产业园通过省有色金属产业集群初赛，湖南凯通电子有限公司获省“上云上平台”标杆企业认定，湖南启恒环保科技有限公司、潇龙电子2家公司被确定为省制造业数字化转型“三化”重点项目。

**【全流程为企服务】** 2022年，新邵经开区创新园区体制机制，继续推行“部门+驻企联络员”服务模式，聚焦企业融资、招工难等痛点堵点，通过推广“一件事一次办”、政务服务中心主动靠前全程代办、驻企联络员24小时在线马上办等，为区内企业提供全流程服务。为东顺新材料科技有限公司等6家公司提供营业执照等代办服务，解决各类问题96个。组织园区12家企业参加新邵县2022年“春风行动”大型现场招聘会。指导11家企业获风险补偿贷款5500万元。制定出台《新邵县循环经济产业发展扶持资金管理办法》，进一步优化园区营商环境，促使园区企业进一步发展壮大。

**【湖南科瑞生物制药股份有限公司】** 湖南科瑞生物制药股份有限公司是一家集研发、生产、销售甾体类产品于一体的国家高新技术企业，通过ISO9001认证，建立完善的EHS体系，2015年在新三板挂牌上市。2022年，有职工200余人，年销售收入19900万元，利税9000余万元。公司致力于利用植物甾醇制备甾体结构类药物的技术研究，开发出一系列以“植物源”为特色的甾体胆固醇类、激素类和胆酸类产品。其中，植物源胆固醇为全球独家产品，出口额占中国海关同类产品出口额的100%，它颠覆了以动物内脏或羊毛脂为原料提取胆固醇的行业传统，2022年销售收入11400余万元；植物源非那雄胺及其中间体系列产品出口额占中国海关该产品出口额的80%，2022年销售收入6650余万元，产品主要出口至海外。

**【湖南众德新材料科技有限公司】** 湖南众德新材料科技有限公司是一家专注于战略性新材料领域且集研发、生产、销售于一体的科技型企业。成立于2012年5月，注册资本3138万元，建成年产量5000吨、产值达20亿元以上的电池级碳酸锂和磷酸锂生产线，以及多个战略新材料实验室。主营业务为电池制造、电子专用材料制造等。公司联合广州中科院、中南大学等院校的专家、教授组建了一支实力雄厚的研发团队，2020—2022年投入研发经费4500余万元。通过自主研发，建成全国唯一利用电磁技术生产锂电材料的生产线，其电磁技术生产工艺属全国首创，具有高效、节能、环保等特点。生产的电池级碳酸锂和磷酸锂，通过中国五矿集团下属公司长远锂科新材料有限公司的锂离子电池正极样品认证。与佛山市德方纳米科技有限公司（该公司为特斯拉、宝马等品牌汽车的锂电池供应商——宁德时代的磷酸铁锂正极原料提供商）、长远锂科新材料有限公司签订长期战略合作伙伴协议。2022年实现销售收入123558万元，净利润7622万元，入库税金3830万元。

（陈苗苗）

## 湖南隆回高新技术产业开发区

**【概况】** 湖南隆回高新技术产业开发区（以下简称隆回高新区）前身为成立于2005年8月的隆回工业集中区。2018年1月，经湖南省人民政府批准为省级高新技术产业开发区。由隆回高新区，城东南轻工智能制造园、城南大健康生物医药园和三阁司现代电子产业园“一区三园”组成。园区以轻工智能制造为主导产业，以富硒农副产品精深加工为特色产业，实现产业集中化、错位特色化。截至2022年年底，已开发建设面积3.33平方千米，纳入园区管理的企业339家，其中投产企业278家，规模工业企业190家，投资过亿元的企业48家，央企1家，上市公司所属企业15家，高新技术企业48家，中国驰名商标企业1家，院士工作站2个，园区从业人员2万多人。2022年，完成技工贸总收入265.15亿元，较上年同期（下同）增长20.01%；工业总产值254.33亿元，增长19.96 %；规模工业总产值239.76亿元，增长15.26%；规模工业增加值60.31亿元，增长15.1%，占全县规模工业增加值比重88.7%；高新技术产业总产值190.66亿元，占技工贸总收入的71.9%。完成固定资产76.2亿元，增长16.62%。完成招商项目43个，招商引资签约金额41.44亿元，增长18.46 %；新增开工企业16家，新增投产企业38家，新增规模工业14家，新申报高新技术企业11家，重新认定3家。完成财税收入7.39亿元，增长22.51%，亩均税金14.79万元。

**【要素保障】** 2022年，隆回高新区共征收土地378亩，完成房屋拆迁39座，完成坟墓迁移1450棺。土地报批已批回土地99.2亩，四个批次共223.44亩组卷进窗待审核，三个批次共269.46亩完成基础资料，待组卷。融资贷款共筹集资金6.9亿元。推进园区行政审批改革，出台《隆回县招商引资优惠政策20条》，在灵活供地、产权分割、厂房补贴、税收减免、设备和物流补贴、引进总部经济、企业挂牌上市、企业稳岗就业、人才引进等全方位制定更优惠的招商引资政策。深化放权赋能，将与园区经济发展密切相关的行政管理和审批县级权限赋予园区，出台《隆回高新技术产业开发区赋权工作实施方案》。

**【招商引资】** 2022年，隆回高新区围绕“一主一特”、盘活园区闲置厂房进行招商引资，招商项目共43个，签约金额41.44亿元，其中投资过1亿元以上的项目17个，共利用标准化厂房6.2万多平方米。20个优质项目入库。

**【项目建设】** 2022年，隆回高新区有重点项目20个，其中基础设施建设项目4个、产业项目16个，完成投资20.25亿元。其中，白里桥、环城南路年底通车；湖南省智丰塑胶制品有限公司就业帮扶车间建设项目、湖南军杰食品科技有限公司隆回县三辣系列产品深加工扩建项目建成投产，舒怀肿瘤医院建设项目完成主体工程；东莞产业园、金莞产业园的场平项目按时间节点完成任务，金莞产业园内的7个在建项目年底完成主体工程；三百科技高尔夫球产业链项目，从开工建设到投产仅用时55天，展现“隆回速度”。强化项目申报，京能新能源被评为国家级专精特新“小巨人”企业、湖南省“上云上平台”标杆企业、湖南省技术创新“破零倍增”标杆企业、湖南股交所科技创新专板挂牌企业，隆回盛世丰花生物科技有限公司、隆回鸿利药业有限公司获批省级专精特新“小巨人”企业，军杰食品院士工作站被评为湖南省模范院士专家工作站。

（邹 勇）

## 湖南洞口经济开发区

**【概况】** 湖南洞口经济开发区（以下简称洞口经开区）于1992年7月批准成立，1994年3月经省政府批准为省级开发区。2018年核准面积229.7公顷。园区规划总面积16平方千米，一、二期已开发建成面积约700公顷。基本形成机关行政区、高端居住区、商贸物流区、工业集中区四大功能区；初步形成以先进装备制造为主导，农副产品深加工为特色，电子信息、鞋帽服装、新型建材为补充的产业发展格局。截至2022年，入驻园区企业439家，其中工业企业245家、规上企业141家。区内主干道路、供水供电设施、管网系统、亮化、美化、绿化“三化”工程等基础设施日趋完善，呈现出特色化、规范化、生态化的现代工业园雏形，在规模、功能和效益方面，成为全省较具活力的省级综合开发区、洞口经济发展的增长极。是年，洞口经开区完成技工贸总收入218亿元，同比（下同）增长17.2%；工业企业营业收入176亿元，增加2.9%；高新技术产业营业收入121.3亿元，增长1.3%；规模工业增加值37.6亿元，增长2.5%；上缴税金5亿元，增长16.3%；工业税金3.8亿元，增长14.5%；工业固定资产投资总额30.4亿元，增长39.6%；进出口总额12.2亿元，增长43.5%；招商引资签约项目37个，总额18.11亿元，增长30.1%；新增企业225家。

**【重点项目建设】** 2022年，洞口经开区园区新建设产业项目13个，总投资6.4亿元，已开工建设数控机床、微电工程、新能源汽车、汽车配件、光学玻璃产业等为代表的100公顷制造业产业园。

**【征地供地】** 2022年，洞口经开区推进征地供地。全年完成征地340余亩、迁坟180座、房屋拆迁14座；年度计划报批土地554.6亩，已取得土地批文190亩，已发预征地公告但未取得批文364.2亩；供地516亩；累计可供工业用地面积总量大于500亩。

**【土地清理】** 2022年，湖南省下达洞口经开区“三类地”（批而未供、闲置、低效）整改处置任务共852.42亩，截至12月，完成整改销号645.74亩，整改完成率75.75%，远超省定目标任务，全市排名进入第一梯队。其中，“批而未供”土地处置任务396.7亩，要求年度整改处置率达35%以上，处置完成342亩，整改完成率86.2%；“闲置土地”处置任务92.14亩，要求年度整改处

2022年10月17日，洞口经开区数控产业园奠基仪式举行　（邓永康 供图）

置率达到90%以上，已全部处置完成，整改完成率100%；低效（空闲）用地处置任务363.58亩，要求年度整改处置率达到35%以上，已处置完成211.6亩，整改完成率58.2%。

**【招商引资】** 2022年，洞口经开区开展各类招商洽谈活动26次，对接洽谈项目50余个，已签约项目34个，签约总额17亿元，同比增长60%。新到位外资50万美元，实现外资“零”的突破；实际利用省外境内资金18.6亿元，同比增速37.5%；完成进出口总额2.7亿元，同比增长13.7%。

**【纾困解难】** 2022年，洞口经开区连续举办“企业家日”活动10次，累计收到企业反映问题和建议62个，解决困难和落实建议53个；“万名干部联万企”活动园区206个“四下”企业全部走访到位，69个企业共提出17个大类的问题，已帮助33个企业解决资金困难、厂房维修、扩大生产等问题。

（付昭军）

## 湖南武冈经济开发区

**【概况】** 2022年，湖南武冈经济开发区（以下简称武冈经开区）新增企业85家。年末共有企业293家，规模以上工业企业90家，其中，世界“500强”企业2家、中国“500强”企业2家；上市企业分支9家；高新技术企业24家；国家级农业龙头企业1家、省级农产品加工龙头企业12家；国家级小巨人企业2家。中国驰名商标2个。企业员工3万余人。技工贸总收入200亿元，较上年（下同）增长18%；工业企业主营业务收入145.7亿元，增长31.1%；高新技术产业主营业务收入133.68亿元，增长30.3%；规模工业增加值23.1亿元，增长18.4%；上缴税金7.74亿元，增长40.2%；工业税金6.63亿元，增长44.7%；工业固定资产投资44.1亿元，增长30.1%；新开工重大项目25个；进出口总额1.81亿元，增长42.29%；招商引资41.78亿元，增长67.12%。

**【项目建设】** 2022年，武冈经开区内武冈高科塑化生产项目、航城生产基地项目、科技环保节能装备制造项目、武冈雅绮服饰生产项目、渔具生产基地项目、友道科技生产项目、豆制品创新集聚产业园、武冈经开区道路及配套管网工程、二污处理厂周边基础设施配套建设项目、家家康畜禽屠宰冷链物流园项目、武冈铜鹅屠宰深加工冷链物流园项目共11个项目投资 11.23 亿元。其中航城、渔具、友道项目投产并按期竣工，科技环保、雅绮项目投产；高科塑化、豆制品创新集聚产业园（食品产业园）、武冈经开区道路及配套管网工程项目有序推进。武冈开发区获评邵阳市重点项目建设先进单位。

**【优化服务】** 2022年，武冈经开区出台《关于在服务民营企业工作中加强作风建设的规定》，同时对企业开办和审批实施全程“帮代办”和“母亲式”服务，推进园区赋权，武冈市发展和改革委员会、市城市管理行政执法局、市住房和城乡建设局等158项赋权业务赋权到位。实施结对帮扶机制，开展“万名干部联万企”行动。6月武冈经开区管委会对武冈市申靓建筑材料有限公司、武冈利鑫塑料制品有限公司等5家企业进行调研，并在武冈永锐电子科技有限公司召开17家园区企业和15家职能部门参加的座谈会，收集听取企业家诉求建议并及时组织落实。制定《武冈经开区助企纾困增效措施》，组织所有驻企联络员走访企业，收集解决企业困难。通过潇湘财银贷为湖南三团电器有限公司、武冈市胜浪建材有限公司等7家企业续贷3350万元；新增担保贷款3900万元；对接市教育局，为湖南航城实业有限公司、武冈市铭泰渔业有限公司等企业解决员工38名子女就学难题；为企业招工1000余人。

**【园区建设】** 2022年，武冈经开区管理委员会推进安全生产“三同时”（即安全生产设施与其他生产设施在设计、施工和验收同时进行）进园区，园区整体安全评估、安全诊断设计实现全覆盖。成立园区安全生产监督管理局，加强安全生产监管。在园区设立武冈市公安局驻经开区警务室。开展173次安全生产巡查，无重大安全隐患，无安全事故发生。聘请环保管家，加快园区企业和集中污水处理厂监控系统建设，全面提升园区管理能力。

（漆晗君）

## 新宁产业开发区

**【概况】** 新宁产业开发区始建于2004年，已规划建设永安工业园、白沙湘商产业园两个片区，2014年被湖南省政府批准为省级工业集中区，2021年更名为新宁产业开发区。到2022年年末，园区规划面积1.83平方千米，永安工业园基本建成，白沙湘商产业园初成规模，“三纵三横”路网框架基本贯通，形成以农副产品加工、电子设备制造为主导，木材加工、纺织服装、文旅制品为补充的产业发展格局。入园企业128家，其中规模企业75家，完成技工贸总收入113.63亿元，同比增长25.85%。

推进“五好”园区创建，在省2022年度产业园区综合评价得分排名中排名105名，进位29位，居全市二类园区第一位，获评2022年邵阳市先进园区。以“湘商回归和返乡创业”为载体，围绕机械电子、旅游制品“一主一特”，实行全员招商、小分队招商、委托招商、中介招商，成功引进“三类500强”项目1个，新引进5000万元以上项目4个，合同引资10亿元以上。全面完成省定土地清理任务，批而未供土地的整改任务108.13亩，完成45.82亩，处置率42.37%，低效用地任务148.05亩，完成78.3亩，处置率52.89%。

**【项目建设】** 2022年，新宁产业开发区有12个项目同时开工、同时推进。其中，污水处理厂项目主体设备完工；标准厂房建设项目已出具施工图纸；湘商产业园安置区桩基础项目场平完成90%，完成临时施工便道和标养池建设；山之良脐橙深加工项目完成三通一平，地下管网、供水、供电到位；韵舞高档音响设备及智能终端产品生产项目完成三通一平；创益鑫科技项目在原有的厂房基础上扩建、改建，完成员工宿舍地基，水电重新安装到位；湘元建材项目供地15亩，完成厂房建设。

**【优化营商环境】** 2022年，新宁县出台《新宁县招商引资优惠政策的若干规定》《新宁县崀山人才行动计划》《新宁县规范涉企检查相关规定》等系列惠企文件举措。将优化营商环境工作作为“一把手”工程，主要领导全面履行“第一责任人”职责，亲自抓带头干，推动工作全面开展，其余领导履行“一岗双责”，形成“人人都抓营商环境”的良好工作氛围。新宁产业开发区发挥部门与企业之间的桥梁纽带作用，力争部门联动、形成合力，为企业排忧解难，助推企业良性发展，全年帮助园区100多家企业、10余个项目解决施工、融资、用工、水电等问题。

**【创新驱动】** 截至2022年年末，新宁产业开发区有高新技术企业24家，其中拥有发明专利的企业20余家，全年专利申请数30余件，省级及以上研发机构2家，省级专精特新“小巨人”企业6家，市专精特新“小巨人”企业2家，园区公共服务平台达8个，生产性服务机构达14个。推进“三中心”（中小企业孵化中心、科研中心、创新创业中心）建设，围绕园区主特产业，引进和培育一批服务产业链群发展的金融、法律、技术、知识价值、品牌等服务机构，推动企业组建或联合组建重点实验室、工程技术研究中心等研发平台。

（倪新娟）

## 邵阳县高新技术产业开发区

**【概况】** 2022年，邵阳县高新技术产业开发区（以下简称邵阳县高新区）入驻企业186家，同比新增58家，增速527%。其中，规模以上工业企业74家，新增18家（园区内10家），同比增长32.14%；高新企业50家，新增3家。园区技工贸总收入完成196.04亿元，同比增长23.77%；工业企业主营业务收入完成189.58亿元，同比增长20.02%；高新技术主营业务收入完成137.31亿元，同比增长26.55%；工业固定资产投资完成41.69亿元，同比增长58.71%；固定资产投资53.12亿元；进出口总额完成25.48亿元，同比增长24.12%。园区企业实际完成缴税9096.56万元，同比增长10.12%。解决劳动力就业20899人。“五好”园区创建全市排名第七，全省综合排名103名，较上年前进6个名次，6月16日在邵阳市重点项目建设大比拼现场推进会上作经验发言。完成161家企业信息录入数字地图系统。

**【项目建设】** 2022年，邵阳县高新区坚持“一个项目、一套专班、一抓到底”，实施重点项目22个，投资12.4亿元。其中，市重点项目10个，完成投资6.4亿元，完成进度77.23%；建成投产8个，7个项目超计划完成。大容塑胶、港湘生物、义乌欧秀、南益针织、兴信塑胶、君航纸品、赐福鞋业建成投产；上亿元项目中的崀玉建材、中非经贸产业园、油茶科创谷、酷客智能均在建，总投资16.2亿元，完成年度计划投资137%。夫夷大道、紫阳大道北段等基础设施开工建设，原G207、红洲路改造挂网开标。高新区全面开展执法报备机制，除安全生产、环保检查外，其他执法部门进园区必须提前报备，经审批后方可执法，确保不干扰企业正常生产；整治项目施工环境，规定凡无关人员到工地阻工的，不得超过4个小时，一经发现立即带离现场到派出所调处，否则对阻工人员进行立案查处。对照“五好”园区创建标准，建立八部门联席会议制度，实行月调度；设立“五好”园区创建办公室，对经济评价指标、“五好”园区评价指标、土地清理、数字地图、环保和安全一票否决事项实行周调度；设立重点项目建设专班，一经发生问题矛盾实行即时调度。

**【招商引资】** 2022年，邵阳县高新区健全主要领导“亲自招商、亲自接洽、亲自协调、亲自督办”工作机制，着力构建领导带头、部门协同、全员参与的招商工作格局。年内分期分批到珠三角、长三角等地区开展招商活动25场次，举办3次集中签约仪式，园区实施新签约项目46个，总投资54.09亿元。其中，和亚运动年产500万双品牌鞋智能生产线项目、弓弩射箭体育项目、金莞数控、华祥精密、金宝数控、硬质合金、重庆鲲鹏等上亿元的新签约项目全部纳入2022年第二批重点项目并开工建设；已安装生产线于11月10日正式投产。

**【转型升级】** 2022年，邵阳县高新区推行租金全免、装修全补、项目优先、资金闭环等优惠政策，发展新经济。回购已建好的原油茶博览园5栋建筑和3栋公寓楼，引进五凌能源、中湘智建、网易文创、湘江鲲鹏、壹点科技等16家科技创新企业，吸引中南大学、深圳大学到县创办百科新材料博士创新创业基地、前沿数字油茶研究分院等研究平台。策划包装邵阳县智慧城市专项债项目，建设智慧政务、智慧城市、污染治理监管和大数据中心等公共服务平台。智慧政务（行政审批服务中心）项目已进入招投标阶段，逐步实现“园区办事不出园”。

**【环境优化】** 2022年，邵阳县高新区聚力招引湘商回归扩量提质增效，全面推行落实招商联络员、全程代办员、联企服务员“三员”服务工作机制，建立政策快兑现通道，实施小分队精准招商，定期回访企业了解生产经营状况及需求。建立信访、法律援助、矛盾快处“三室一中心”，聘请法律援助为来访群众免费提供法律咨询、解释服务。先后开展“党建引领、精准帮扶、纾困增效、助力百企”专项行动、邵阳县《稳岗位提技能保就业十六条措施》政策宣传活动，通过县级领导每人联系2家重点企业，每个县直单位联系1~2家重点企业，全县共结对联系100家重点企业。向企业发放国家扎实稳住经济33条和省、市落实国家稳住经济“1+8”系列措施等惠企助企政策“口袋书”。助力邵阳美莎发制有限公司等9家出口退税企业办理退税1101.57万元；指导企业通过智慧人社App申请稳岗补贴返还，已向53家企业发放稳岗补贴231万元；兑付崀玉建材、健生器材、油茶科创谷等企业奖补近4000万元。

2022年9月19日，天邵新经济创新产业（飞地）园签约和揭牌仪式在邵阳县新经济产业园举行。图为揭牌现场（赵小明 供图）

**【湖南电小酷科技有限公司项目开工】** 2022年2月8日，湖南电小酷科技有限公司项目开工仪式在邵阳县高新区红石生态科技园举行，项目从签约到投产仅用两个月时间。该公司是深圳酷客智能科技有限公司旗下的全资子公司，专注于智能电工、智能照明和智能安防三大智能家居领域，以智能开关、智能插座为主要产品，集研发、生产和销售于一体，开发有智能插座、智能开关、智能灯泡、智能灯带、智能安防摄像头等40余款产品。公司业务覆盖欧美、中东等31个国家和地区，年产值达2亿元。

**【邵阳县2022年第二季度重大招商引资项目集中签约】** 2022年5月9日，邵阳县举行2022年第二季度重大招商引资项目集中签约，25个产业项目签约，总投资26.31亿元。签约项目涵盖新材料、新能源、智能制造、发制品、互联网等领域，使邵阳县产业结构进一步优化、强化、数字化。其中，邵阳县高新材料产业园项目计划投资15亿元，在县高新区规划建设标准化厂房约12万平方米，拟打造成以钴酸锂项目和硬质合金循环利用项目为主导的新材料产业制造基地。

**【天心区飞地产业园落子邵阳县】** 2022年9月19日，长沙市天心经开区与邵阳县高新区签订飞地园区战略合作协议，两地共同打造的天邵新经济创新产业(飞地)园，落子邵阳县高新区新经济产业园。当天，湖南省动漫协会、湖南金贝基业集团有限公司与县高新区签订入驻飞地园区合作协议。天心区是邵阳县对口帮扶区。天邵新经济创新产业(飞地)园将利用天心经开区在大数据、文化广告、生物医药等领域的产业基础，结合邵阳县在承载空间和经营成本上的优势，将每年引入一批优质动漫文创、电商产业项目落子“飞地园区”，并促进一批优质生物医疗企业向邵阳县拓产扩能。天邵新经济创新产业(飞地)园采取总部在天心区，生产、制造基地在邵阳县的经营布局。

**【崀玉新型绿色环保生态景观建材生产基地项目落户邵阳县】** 2022年12月，崀玉新型绿色环保生态景观建材生产基地项目落户邵阳县。项目计划总投资3亿元，占地100亩，分两期建设，生产线设备分批次安装和投产，主要生产采用高科技将无机高分子材料和碳纤维等材料研制一体成型的高仿真珍贵木材、珍贵石材等系列产品。第一期厂区占地61亩，投入6条生产线，即将投产；第二期预计2023年8月投产。预计可实现生态珍木、珍石地板年产量达300万~400万平方米、栏杆产量达600千米，年产值达8亿元、预估税收4000万元。项目落户对拉长邵阳县主导产业产业链条，打造产值超百亿的新材料产业集群，推动全县经济高质量发展具有重要意义。

（罗雯艳 唐依琳）

## 湖南省大祥产业开发区

**【概况】** 湖南省大祥产业开发区前身为创立于2007年的湖南省大祥工业集中区，2012年申报省级工业集中区，2014年纳入湖南省省级产业园区名录，2022年更名为湖南省大祥产业开发区。园区主导产业为先进机械制造业、环保型建材产业，规划总用地320公顷，其中规划建设用地318.25公顷。2022年，开发区累计完成规模以上工业总产值127.02亿元，同比增长20%；实现规模工业增加值31.23亿元，同比增长5.5%；完成园区各类投资16.87亿元，同比增长7.3%；上缴地税、国税合计5.06亿元，同比增长2.95%。

**【开展园区土地利用清理专项行动】** 2022年，湖南省大祥产业开发区面积88.15公顷，涉及闲置土地1宗（邵阳市交通学校实训基地用地），面积5.2公顷、低效用地1宗（邵阳市大祥区年产 40 万立方米蒸压加气砖生产线建设项目），按照《闲置土地处置办法》规定，结合开发区实际情况，对该2个闲置低效未利用项目提出处置方案。其中，邵阳市交通学校实训基地用地由于项目申报主体为市交通运输局，建议由市政府召开会议专题研究，责成市土地储备中心收回；蒸压加气砖生产线建设项目建设单位为湖南盛昶新型建材有限公司，已整改销号。

**【横冲科技工业园污水处理站项目建设】** 2022年2月14日，湖南省大祥产业开发区横冲科技工业园区日处理300吨生产生活污水处理站动工，截至年底完成工程量的95%，其中完成围墙砌筑、粉刷、自流管网1650米、贮泥池底板钢筋制安、消毒池、出水渠、提升泵站和41个检查井等，开始联网营运。

**【招商引资】** 2022年，湖南省大祥产业开发区为园区招商引资项目完善用地手续，园区管委会先后投资300余万元完成市2020年第二十三批次（用地面积88.341亩）和第四十三批次（25.362亩）共10个项目用地审批。

（李孝民）

# 商贸流通

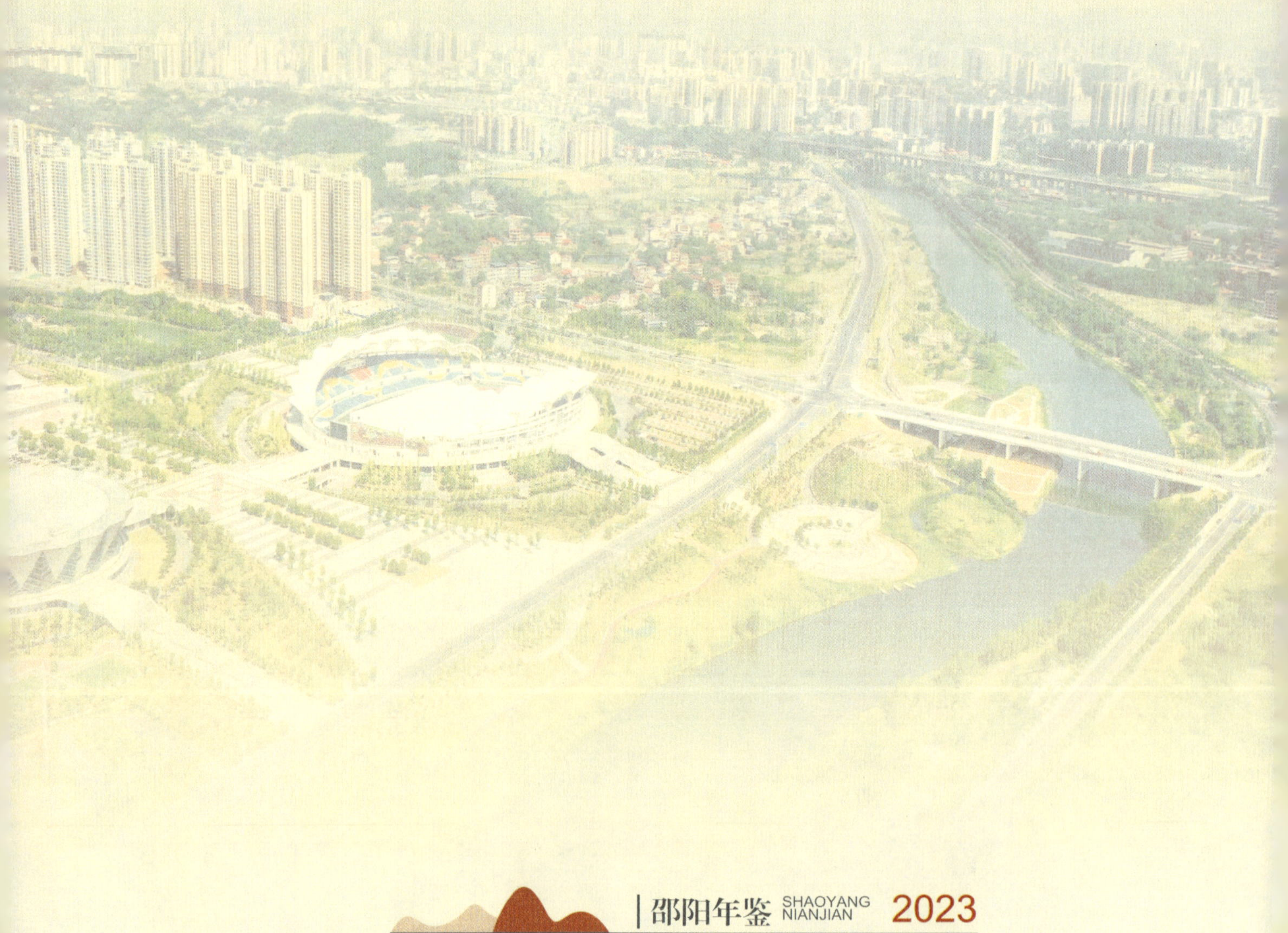

## 商　务

**【概况】** 2022年，邵阳市完成进出口总额254.7亿元，同比增长6.1%，总量位居全省第七，增速位居全省第十三。其中，出口完成243.9亿元、位居全省第七，同比增长4.1%、位居全省第十二；进口完成10.8亿元、位居全省第十，同比增长82.5%、位居全省第二。实现社会消费品零售总额1408.8亿元，同比增长1.9%，总量和增幅分别位居全省第六和第十三。实际到位内资861.8亿元，同比增长15.2%。实际使用外资3369万美元，同比增长2%，总量和增幅分别位居全省第八和第十一位。高技术产业实际使用外资额达455万美元。

全市商务和开放型经济整体运行平稳，但仍存在问题困难亟须解决：一是外贸发展后劲乏力，全市有进出口实绩的外贸企业锐减，税务风险预警依然存在，企业出口转内销或注销问题在加剧，口岸、跨境电商平台及通道建设滞后。二是外资引进和项目落地困难，引进的规模大的外资企业不多，外资企业资金到位难，受土地、厂房等要素约束一些产业项目不能落地。三是消费恢复不及预期，消费市场复苏速度放缓，实体企业零售额下降明显，限额以上企业较少，政府消费促进资金投入力度不够。

**【招商引资】** 2022年，邵阳市举办首届湖南—东盟投资贸易洽谈会暨第五届东盟·湖南（邵阳）名优产品交易会，签约项目80个，总投资543亿元，签约项目之多、涉及领域之广、项目质量之高，为历次经贸活动之最。举办省级招商引资重大项目合作、“稳经济·促增长”重大项目合作、第六届全球邵商大会、邵阳首届旅游发展大会等招商活动，组织68家企业参加湖南跨境电商交易会、“厦洽会”、“口博会”等重大经贸活动，各区县市和重点园区签约落地一批契合九大产业链发展的项目。全市共签约项目300个，金额916亿元；湘商回湘投资新注册企业69家，到位资金447亿元；外资实现3369万美元，同比增长2%；内资实现861.8亿元，同比增长15.2%；新注册“三类500强”企业10家。

**【对外贸易】** 2022年，邵阳市开展外贸企业发展突出问题攻坚行动，完善“市级领导牵头、市级部门协作”的联席会议机制。先后走访12个区县市209家外贸企业，建立白名单制度，成立发制品跨境电商联盟，召开“通道进市州、RCEP进园区”邵阳站推介会、全市“清廉企业”建设暨外贸企业高质量发展培训会，为企业送政策解难题优服务。全市进出口总额实现254.7亿元，增速从-8.7%回升至6.1%，进出口总额、出口总额均创历史新高；进出口实绩企业新增285家、位居全省第二位，总数达596家、位居全省第三位。

**【消费市场】** 2022年，邵阳市相继举办“邵阳红年年红年货节”“汽车文化节”“约惠邵阳·乐享生活购物节”“美食消费季”等大型促消费活动，发放消费券2071万元，拉动消费15亿元。推动抖音邵阳特产馆运营，农产品零售额突破43亿元。完成市城区32家农贸市场改造，成功争取县域商业体系建设等项目资金2143万元。全市社会消费品零售总额实现1408.8亿元，同比增长1.9%；新增限上商贸流通企业153家、总数达1618家，3家企业被列为省级上市后备企业；新增湖南老字号3家、总数达11家。邵阳友阿获评国家级绿色商场，武冈同保楼·同福街被列入全省改造提升试点步行街。

**【对外合作】** 2022年，邵阳市获批湖南自贸区联动发展区，绥宁县人民政府、邵东经济开发区与自贸区长沙片区雨花管委会签订战略合作协议。编制对非合作规划，获批全省中非经贸深度合作先行区，对非贸易额实现54亿元、位居全省第二位。加快建设，30家企业明确入园邵阳中非经贸产业园意向。邵阳东盟科技产业园一期建成开园，引进特色企业39家。中国—东盟中小企业合作委员会秘书处落户邵阳，完善对接东盟长效机制。全市对外直接投资额实现3970万美元，位居全省第三位；新增中方合同投资额3855万美元，位居全省第四位。

**【举办首届湖南—东盟投资贸易洽谈会暨第五届东盟·湖南（邵阳）名优产品交易会】** 2022年8月25—27日，邵阳市人民政府与湖南省商务厅共同在邵阳举办首届湖南—东盟

2022年8月25日，第六届全球邵商大会暨中国—东盟中小企业合作推进会在邵阳召开。图为“优秀异地邵阳商会”授奖现场　（申兴刚　供图）

投资贸易洽谈会暨第五届东盟·湖南（邵阳）名优产品交易会，这是邵阳历史上首次国际性盛会。商务部、省政府、省政协领导和省直有关部门负责人，东盟驻华使节，中国—东盟商务理事会人员，宝庆引才大使，各市州领导，东盟各国湖南商会代表，邵阳和异地商会代表，上市公司邵阳籍高管，重要客商代表，参展商，采购商，金融机构负责人等407人参加，名优产品交易会另邀请投资商、采购商1030人参加。大会设开幕式暨RCEP经贸合作主题论坛、第六届全球邵商大会暨中国—东盟中小企业合作推进会、第五届东盟·湖南(邵阳)名优产品交易会等主题活动，举行“1+13”项目集中签约和2个招商专题推介会。设东盟国家特色产品、湖南市州形象、品牌企业、湖南进出口商品、机械设备及农机五大展区，共 400个展位，展览面积2万平方米，参展企业600家、专业采购商1000家，参展产品1500种，涵盖先进智能制造装备、五金机电、工程机械、优质特色农产品等领域。参展企业中国际板块企业近100 家。大会集中签约项目80个，总投资额543亿元。其中，邵阳市与印尼、老挝、泰国、越南、菲律宾、缅甸、墨西哥等商会签订经贸战略合作项目，总投资175亿元；邵阳经济技术开发区与泰国湖南工业园签署合作项目，投资50亿元；12个区县市签订招商产业项目72个，总投资318亿元。签约项目之多、涉及领域之广、项目质量之高，为邵阳市历次经贸活动之最。东盟·湖南(邵阳)名优产品交易会3天时间共吸引7万多人次观展，产销总额3.76亿元，其中签订产销合同2.16亿元、现场成交额1.6亿元。

（敬娜娜）

## 粮食贸易

**【粮油市场监测和保供稳价】** 2022年，邵阳市在确定邵东军供站和湖南浩天米业为国家价格直报点，邵东市、武冈市、新宁县等县市发展和改革局和市发展和改革委员会为省价格测报点基础上，增加邵阳县、新邵县、隆回县、洞口县为稻谷价格监测点，做到产粮大县价格监测全覆盖，每周向国家粮食和物资储备局、省粮食和物资储备局上报市场价格情况和粮食行情变化情况。对全市各大超市、粮油重点加工企业和应急企业进行调研，了解市场动态，摸清粮食加工、销售、库存、价格等情况。4月和10月，粮食调控部门强化措施、加强调度，确保全市粮油供应货源充足、价格稳定、秩序良好。

**【粮油轮换和粮食收购】** 2022年，全市粮食部门强化粮食出库前质量和食品安全指标检验，做到“凡销必检”，并定期向省局汇总上报数据，稻谷统一到湖南粮食中心批发市场集中挂网竞价销售。全市粮食轮入轮出完成率100%，储备油轮出轮入完成率100%。按照“先检后收、分仓储存、优粮优价、应收尽收”原则，做好各级储备粮轮换收购和临储粮收购，同时调动多元主体入市收购，做好市场化收购，做到优质优价、应收尽收。

**【粮油产业发展】** 2022年，邵阳市积极申报省优质粮油工程项目，支持企业做大做强，助力粮油产业高质量发展。其中洞口县申报“优质粮油工程”示范县项目，湖南浩天米业有限公司申报“优质粮油工程”省级示范企业项目，邵阳县邵阳茶油产业研究发展促进中心申报产业联合体打造湖南好粮油公用品牌项目，湖南贵太太茶油科技股份有限公司申报粮食科技研发应用推进节粮减损项目，邵东湘俏米业申报省粮油千亿产业工程主食产业化项目。组织市内粮油加工龙头企业参加全国、全省粮油名优特新产品展示展销会，参加国家、省放心好粮油产品、放心粮油示范企业评选，邵阳县日恋茶油获“湖南好粮油”称号，湖南贵太太茶油科技股份有限公司获“国家放心粮油示范企业”称号。组织全市省、市龙头粮油企业参加科技活动周、“世界粮食日”等展示展销活动，强化品牌意识和市场意识，扩大邵阳粮油品牌影响。全市119家涉粮企业粮油加工产值达107亿元，同比增长2%。

**【粮食流通监管和粮食安全责任制考核】** 2022年，邵阳市加强粮食质量安全监管。粮食收购推行先检后收，分仓储存，对验收入库粮食和销售出库粮食实行粮食必检制度，对库存粮食定期进行质量监测，完成粮食检测样本1388个。开展全市政策性粮油库存检查、全市军粮供应和物资储备专项检查、全市政策性粮食销售出库专项监督检查等，发现全市政策性粮食总体上数量真实、质量良好、轮换计划执行良好、财政补贴资金及时到位，未发现重大风险隐患。深化粮食购销领域腐败问题专项整治，集中开展粮食购销领域以案促改工作。落实粮食安全党政同责，在严守耕地红线、高标准农田建设、稳定粮食生产、严格粮食收储管理和粮食流通监管、做强做优粮油产业等方面强化责任制考核，全方位保障粮食安全，邵阳市在全省落实粮食安全责任制考核中获省政府真抓实干督查激励奖。

（彭怀志）

## 贸易促进

**【概况】** 2022年，邵阳市落实《邵阳市贸促会深化改革实施方案》，邵东市成立全市第一个县级贸促会，实现邵阳贸促系统建设在区县市的重大突破；设置邵阳市会展服务中心，推进会展服务实质运作。开展国际联络交流，9月组织5家企业参加中非经贸博览会线上经贸论坛。中国国际贸易促进委员会邵阳市支会（以下简称邵阳市贸促会）

组织单位3名干部参加原产地证业务培训，开展原产地证日常服务，年内开出一般原产地证25份，金额1262万美元，主要开证国家为南亚、中东国家。牵头在邵阳县白仓镇鸟语村开展乡村振兴帮扶，安排帮扶资金6.5万元，争取上级投资70余万元建设鸟语村示范院落，推动集体种植烤烟等特色农产业，集体经济增加8万元。

**【参加湖南企业国际化经营服务】** 2022年，邵阳市贸促会组织企业参加湖南企业国际化经营服务，（EHN）平台中东线上博览会与省贸促会会务组工作人员积极对接，组织京能集团、湖南时代联合新能源有限公司、湖南省天香生物科技有限责任公司等40余家邵阳企业入驻EHN平台并线上参会，其中湖南时代联合新能源有限公司在此次线上博览会中取得采购意向单。

**【开展迪拜世博会湖南活动周活动】** 2022年，邵阳市贸促会协调对接市委宣传部、市文化旅游广电体育局、市商务局、市投资促进事务中心等相关部门，收集整理筛选邵阳宣传资料图片13张，精心制作中英双语宣传片2部、中英双语邵阳市情简介1份，报迪拜世博会湖南活动周组委会，通过影视资料在迪拜世博会湖南活动周开幕式上对邵阳进行宣传推介。

**【专题培训】** 2022年，邵阳市贸促会组织承办《RCEP框架下东盟投资机遇暨原产地证签发实务》专题培训，邀请中南大学法律专业教授及省内业务专家，分别从RCEP中东盟国家政策解读、东盟投资合作主要风险及应对、RCEP优惠原产地证办理等方面为市内60余家企业，94名企业代表进行培训，帮助市外贸企业熟悉RCEP优惠政策，抢抓《区域全面经济伙伴关系协定》生效实施的机遇，更好地开拓RCEP国际市场。

**【中国—东盟中小企业合作委员会秘书处永久落户邵阳】** 2022年，邵阳市贸促会与中国—东盟理事会签订中国—东盟中小企业合作推进会议暨中国—东盟中小企业合作委员会秘书处落户仪式合作协议及其他相关战略框架合作协议。在8月25日举行的首届湖南—东盟投资贸易洽谈会暨第五届东盟·湖南（邵阳）名优产品交易会开幕式上，中国—东盟商务理事会执行理事长许宁宁为中国—东盟中小企业合作委员会秘书处落户邵阳授牌，中国—东盟中小企业合作委员会秘书处永久落户邵阳。

（付海亮）

## 供销合作

**【概况】** 2022年，邵阳市供销合作社系统有全资、参股、开放办社企业75家。其中，市、县社全资企业27家，参股、控股企业19家，开放办社企业29家；从经营类别划分，农资经营农业社会化服务企业19家，农产品经营企业26家，日用消费品企业9家，再生资源企业7家，其他类型企业14家。

全市供销系统完成主营业务总收入84.23亿元，同比增长7.93%，利润总额2.45亿元，同比增长12.18%；实现销售总额163.51亿元，其中农产品销售额76.41亿元、农资销售额32.68亿元、再生资源销售额11.6亿元、电子商务销售额34.77亿元，经济运行良好。

邵阳市供销合作总社组成调研组，围绕县域流通、基层社综合改革现状和发展、惠农供销综合服务、电子商务、农资配送、庄稼医院、土地流转、农技指导和服务等课题，对隆回县、武冈市、新宁县、城步苗族自治县、邵阳县、新邵县、双清区等开展专项调研，《邵阳市供销合作县域流通体系服务网络建设调研报告》《邵阳市供销合作社基层社综合改革现状和发展的调研报告》在省供销合作社获奖。

**【立项增资】** 2022年，邵阳市供销合作社系统申请政府专项债资金3200万元，启动湘西南农资仓储物流基础设施重点项目建设，项目占地面积约130亩，打造大型农资物流配送、农资仓储供应和粮食安全生产中心，形成辐射湘西南地区供销产业服务基地。市长华学健多次现场调度项目进展。年内完成项目代建招标和初步设计、地质勘察的政府采购程序，开展场地平整、拆除、自来水管网改造等附属工程和项目初步设计、地勘、概算。洞口县供销社稳步推进供销产业园建设，征地30亩打造以e商城为主的“数字供销”综合服务平台。

**【民生民利】** 2022年，邵阳市供销合作总社联合市城市管理和综合执法局、市商务局、市市场监督管理局等部门，出台《邵阳市再生资源回收利用网络和生活垃圾分类收运处置网络“两网融合”实施方案》，建设县级再生资源分拣中心6个，乡镇回收总站67个，村级回收站点达1562个，推进“两网”协同发展。11月22日，市政府印发《邵阳市农村垃圾低值可回收物回收处理实施方案》，促进全市垃圾减量化、资源化、无害化处理。邵阳市供销合作总社派驻新宁县水庙新村乡村振兴点根据当地实际，制定《2022—2024年产业发展规划》，重点巩固发展脐橙产业，探索发展楠竹产业，投入15万元建成4条脐橙园道路，投入36万元硬化6条脐橙园区道路，投入5万元新建500米林道；与水庙新村家友超市达成战略合作协议，在采购农户农产品、城乡百货物资配送、购销信息推广、特殊时期保供等方面开展合作，联合新宁县供销社为村民提供农资农技、农产品等服务信息，让村民享受到服务更便捷、质量更可靠、价格更合理的家电、日常用品、农资商品。从组织、政策、资金等层面争取市委、市政府支持，推动全市农资保供稳价工作。在市县两级成立保障春耕农资供应工作专班，调度市社直属公司和各县级农资供应商做好农资保供，储备各类化肥

0.57万吨、销售4.6万吨，调运各类农资约3.2万吨，总供应量达9.78万吨，占全市总需求量的40%。与市财政局、市农业农村局联合出台《邵阳市化肥淡季储备补贴实施方案》，每年市县安排300万元财政资金用于化肥淡季补贴，保障春耕用肥供应，平抑农资物价，推动全市农资市场健康发展。

**【企业提质】** 2022年，邵阳市供销合作总社坚持开放办社、强强联合、优势互补原则，对7家直属公司实行集团化运营，进一步完善法人治理结构，开展"开方抓药"式改革创新，推动企业轻装上阵，激发企业新活力。发挥全市系统再生资源回收等网络优势，加强垃圾分类回收利用、农药废弃包装物处理、农业面源污染防治、废弃农膜回收等服务，重点做好农村垃圾低值可回收物集中回收处置工作，推进垃圾减量化、资源化、无害化利用，推动城乡生活垃圾分类体系与再生资源回收利用体系"两网"融合，打造城乡一体化"两网融合"的垃圾分类模式，助推环境治理。

**【综合改革】** 2022年，邵阳市供销合作总社坚持以"两个到户"（联结到户、服务到户）统揽全市供销合作社综合改革，在洞口、隆回、新邵3个县开展省级示范创建，其他9个区（县、市）开展市级示范创建。印发《关于全面推进"两个到户"工作的实施方案》《关于全面推进"两个到户"工作的五条措施》《全市供销系统推进"两个到户"工作提示》等文件，安排440万元县级奖补经费用于推进"两个到户"工作。副市长杨卫平多次调度供销综合改革和"两个到户"工作，批示"探索开展村级小仓储、小冷链试点服务"，并安排100万元奖补经费。印发《2022年深化供销合作社综合改革重点工作任务书》，布置供销综合改革各项工作任务。召开全市供销合作社理事会主任办公会议，研究部署"两个到户"和村级农产品小仓储、小冷链试点。印发《深入推进"两个到户"探索打造农产品小仓储、小冷链试点工作方案》，选取全市7个区县市（3个省级、4个市级"两个到户"示范创建县）10个村开展试点工作。

**【基层社建设】** 2022年，邵阳市供销合作总社做大做强县级为农服务实体，指导12个区（县、市）供销社成立惠农服务公司，建立168家乡镇惠农综合服务中心、3264个村级惠农综合服务社，形成辐射县域、带动乡村共谋发展的局面。打造"县物流集散中心、乡镇综合服务站、村级物流服务点"三级综合服务型物流体系，改造传统供销网点，形成特色电商平台。隆回县、邵阳县成功入选全国总社2022年度县域流通服务网络强县；隆回县实施"快递进村"工程，依托县供销惠农服务公司，承接辖区内寄递物流统仓共配业务，搭建"县—乡—村"寄递物流双向配送主渠道，建成县级物流配送中心2个、乡镇中转站25个、村级寄递物流综合服务站487个，配送服务覆盖15个乡镇综合超市、343个农村综合服务社，日均配送快递逾2.9万件；邵阳县建成县域配送中心1个，总面积3000平方米，配送服务覆盖11个乡镇综合超市、393个农村综合服务社，有效满足城乡居民多样化、品质化消费需求。

（谢中华）

## 烟草专卖

**【概况】** 2022年，邵阳市烟草专卖局（公司）销售卷烟22.8万箱，单箱均价3.66万元。收购烟叶14.72万担，收购均价1511元/担。税利20.87亿元，增长3.69%，扣除统筹外费用同比增长10.13%，上缴税利24.5亿元。实现商业增加值25.4亿元，增幅8.37%。

组建71支党员"636志愿服务队"，参与社区及隔离点抗疫、"我为群众办实事"实践活动。助力乡村振兴，结对帮扶13个村，安排专项资金800余万元，实施项目51个，受益2.5万余人，稳定易返贫户就业266人。投入350万元助力全国文明城市创建。在中央媒体发布邵烟故事172篇。

是年，市烟草专卖局获省级文明标兵单位、"全市精神文明建设先进集体"，邵东市局、城步苗族自治县局获评省级文明单位。

**【烟叶生产】** 2022年，邵阳市围绕"稳烟区、稳烟田、稳烟农、稳收益"，聚焦高油高香高纯目标，构建高产高效高端产业发展模式，落实农户1344户，收购烟叶14.72万担，收购均价1511元/担，烟农实现收入2.4亿元，烟农户均收入18.1万元。市政府出台《关于支持烟叶生产助力乡村产业振兴的意见》等文件，农业部门将烟叶产业纳入地方优势特色产业规划，推进烟叶种植与烟区产业规划有序对接，打造烟稻双优基地，推进11.35万亩基本烟田建设与保护。以加快建设烟稻产业综合体为主攻方向，投入建设"烟稻一体"高标准农田项目区202个，配套土地流转专项工作经费180万元，实现基本烟田保护区内长期集中流转土地面积3.98万亩。全市广泛开展"迎老乡、回故乡、建家乡"烟叶发展互动活动，落实烟农同比增加84户，"80"后烟农402户、"90"后烟农14户，80后、90后总占比31%。

**【专卖治理】** 2022年，邵阳市构建市政府主导的"1+16"立体化烟草市场综合治理机制，常务副市长主持召开专题会议，明确工作职责，下达工作清单。成立公安、烟草涉烟案件执法专班，建立警烟"网格共治"工作机制，开展"天网2022""百日整治""秋冬会战""零点设卡""护航邵蕾 共筑未来"行动，精准打击"五类人员"。全市查获各类涉烟案件1256起，查获卷烟5274.57万支，查办大要案件11起，其中四级以上网络案件6起、真烟涉刑案件5起；查获非法流通真烟4594.05万支，同比下降7%；移送公安机关刑拘88人，逮捕41人，判刑45人，刑事打击人数同比增加5.45%；查获烟叶烟丝原辅材料81.63吨，同比增加74.53%；查获省外码段卷烟297.61万支，同比增加16.72%。把电子烟监管纳入“两烟”领导小组重要工作内容，印发16项任务清单，查获2起向未成年人销售电子烟案件，破获3起百万元以上涉电子烟违法犯罪案件，刑拘12人，涉案金额3400余万元。

**【营销物流】** 2022年，邵阳市新建“湘汇636”40家、“湘村636”124家、“金昭现代”1600家，完成35条示范街（镇）打造，云POS扫码活跃度81.31%，聚合支付占比88.96%。全面开展“我与客户共成长”活动，深化零售终端体系建设，引导零售户稳步提升经营能力，新建“湘汇636”71家、“金昭现代”一般终端2952家，推广“云POS”3026户，零售客户综合毛利13.69%，排名全省第二，整条零售价格指数100.54，排名全省第一。开展“联合工房封闭式分拣作业+干线运输全程无接触式运输+县域中转站独立配送”应急模式，保障正常区域内的卷烟市场供应。利用“人脸识别+NFC刷卡（验证码）”双重身份验证技术，提高偏远山区卷烟配送服务。

**【企业管理】** 2022年，邵阳市烟草专卖局建设涉及企业管理全领域集中指挥、统一调度的31个运用场景（系统）。系统推进“大风控”管理，搭建“四维四级”风险排查体系，排查风险点400余个，建立风险识别评估、分级防控、流程管理和监督评价“四大体系”。3项QC课题分别获全省系统2021年度QC发布会一、二、三等奖，2个管理创新课题分别获第23届湖南省企业管理现代化创新成果一等奖、二等奖。建立烟叶产业大数据地图，自主开发远程实时监控、720全景影像展示、应用图层叠加等。“天添传媒”微信号、视频号推送图文136篇、视频42个，《我们这帮后生家，个个都是90后》获全省系统“献礼二十大·一起向未来”新媒体作品征集二等奖，微电影《光》获全省系统党员教育电视片二等奖、三季度烟草行业优秀网评作品三等奖。

**【全省打击涉烟违法犯罪工作推进会在邵阳召开】** 2022年8月16日，湖南省打击涉烟违法犯罪工作推进会在邵阳召开。省烟草专卖局党组书记、局长孔祥统主持会议并讲话，省公安厅党委委员、副厅长谭学军出席会议并讲话，省烟草专卖局党组成员、副局长徐文军作工作报告，副市长、市公安局局长李长跃致欢迎辞。与会代表观摩全省打击涉烟违法犯罪突出成果，集中观看邵阳公安、邵阳烟草打击涉烟违法犯罪工作纪实片，听取邵阳市涉烟案件情报分析平台建设情况介绍，并就打击涉烟违法犯罪典型案例进行经验交流；邵阳市公安局等4家单位在会上作经验交流发言。省公安厅治安总队相关领导；各市州公安局分管副局长、负责烟草业务支队的支队长和具体负责烟草业务的大队长；省烟草专卖局办公室、内管处、法规处、电子烟监督管理办公室主要负责人，专卖处全体人员；各市州烟草专卖局分管副局长、专卖稽查支队长参加会议。

**【全市烟叶产业高质量发展调度会】** 2022年12月12日，邵阳市委书记严华主持召开全市烟叶产业高质量发展调度会。听取邵阳烟草和隆回县、新宁县、邵阳县有关工作情况汇报，安排部署烟叶生产重点工作。会议要求持续巩固烟叶传统优势产业的地位，把做好烟叶工作放到全市经济社会发展全局去定位、去谋划、去推动，着力稳固烟叶基础、促进产业融合发展，实现“宝庆烟叶”质的有效提升和量的合理增长。严华强调，要聚焦稳产增产，进一步扩大种植面积；要聚焦产能升级，进一步提升生产质效；要聚焦融合发展，进一步延伸产业链条；要聚焦环境优化，进一步强化工作保障。

**【湖南烟草与邵阳市纪委监委建立“内·地”协作配合】** 2022年12月12日，邵阳市纪委监委、湖南省烟草专卖局纪检组联合召开“内·地”协作配合会商会议。邵阳市委常委、市纪委书记、监委代理主任吴旭鹏，省烟草专卖局（公司）党组成员、副总经理黄国联出席会议并讲话。会上，市纪委监委与省烟草专卖局纪检组签订《“内·地”协作配合会商纪要》，确定日常沟通、问题线索移送、案件管辖处置、业务交流协作、干部学习培训5个方面18项协作配合工作内容，建立协同高效、保障有力的“内·地”协作配合机制。市烟草专卖局（公司）党组书记、局长、经理王昆作表态发言。

（罗　柔）

## 石油经营

### ·中国石化邵阳石油分公司·

**【概况】** 2022年，中国石化销售股份有限公司湖南邵阳石油分公司（以下简称中国石化邵阳石油分公司）主动融入地方经济发展，加强企地合作，带动当地就业，增加地方税收，保安全保稳定保供应，实现全年安全环保无事故，保障邵阳地区成品油市场安全平稳供应，实现经营总量完成情况同比增长16.4%，排名全省系统第一，上缴税收2966万元。

中国石化邵阳石油分公司聚焦卡车司机、环卫工人等新就业形态劳动者群体，推进“司机之家”“爱心驿站”升级打造和规范化运营，因站制宜增设书籍阅览、代收快递等特色服务。强化专项工作监督，在各业务部门增设1名兼职监督员，明确专兼职监督员42人，形成各条线、部门和单位全覆盖的监督队伍。开展酒驾醉驾、安全环保领域形式主义官僚主义问题、零售管理和易捷服务领域突出问题、财务资产领域突出问题、直分销领域突出问题、领导干部违规收送红包礼金问题等专项整治或专项治理。

【经营】 2022年，中国石化邵阳石油分公司在油品资源保供上加强成品油资源调度，确保全年特别是春节、党的二十大召开前后、两会等重要时间节点的资源平稳有序供应。全市范围内的136座加油站率先实现国ⅥB汽油销售，较国家规定时间提前11天完成油品升级。开发“一键加油”“加油中石化”“石化油你”等无接触式加油支付方式，为客户提供安心便捷的服务。同时，开展“五月出行季，复工享油惠”营销活动、“百日攻坚”专项行动等助力地方经济拉动，公司经营总量跻身全省第二方阵，取得历史性突破，获销售企业发展进步能力第17名，实现天然气点供业务“零”的突破，实现主要指标逆势上扬、跑赢大势、好于预期。在全省24项全年考核指标中，有13项指标排名全省前三。

【管理】 2022年，中国石化邵阳石油分公司面对4月和10月在市县两级发生的疫情防控，迅速启动预案，实现防疫目标和“油品不断供、商品不涨价、服务不打烊”的承诺。开展“应急预案周周练和安全总监月月讲”安全主题活动和“联库站，保安全”专项行动，通过领导班子带队下联点县查、中层干部到联点站查、党团员到基层一线查、各支部专项研究排查、市公司每日线上抽查5个层级的检查，实现各环节安全检查全覆盖。全年组织对库站和承包商（承运商）开展HSE检查，安全记分31人次共计93分，视频监控中心开展线上督查 6290 站次，发现问题全部整改到位，库站及施工工地的“低标准、老毛病、坏习惯”明显改善。开展“加油站服务提升百日竞赛”和“经理服务日”活动，加大24小时服务呼叫牌安装、维护的督查力度，提升加油站服务水平，2名加油站站长获评销售企业“加油站服务提升百日竞赛”明星站经理。

【网建】 2022年，中国石化邵阳石油分公司加强终端网点建设。推进新改扩项目，网络发展取得重大突破。开展治破治旧、防渗改造和非油改造，完成改造项目62项。强化合资合作，分别与各县（市）地方政府洽谈合作项目，推进与市县城建投合资合作的落实落地，加快市县两级城投公司造血功能，增加地方税收。推进新能源建设，年内1个集充电桩、光伏发电于一体的综合加能站和3座充电桩加油站正式并网运行，标志着公司在新能源发展上迈出新步伐。

【改革】 2022年，中国石化邵阳石油分公司推进薪酬制度改革。对县公司班子按照“绩效+管理+约束指标”考核，实行薪酬差异系数管理；对加油站薪酬考核实行全额连量、考核到人，增加零售和非油门店月度任务完成激励薪酬和加油站管理量化薪酬，以激励薪酬和管理带动经营创效增收；在薪酬激励和关怀一线、“五小建设”上向基层一线倾斜，对获技术职称的基层一线员工给予相应薪酬奖励。将2022年定为“全面从严管理提升年”，列出12个管理内容共108项提升清单，明确考核奖罚内容和责任人。加强和规范内部退养管理，在规定时间内完成规范内部退养工作。加强合资公司管理，成立模拟公司，下发《邵阳石油分公司合资企业模拟管理公司2022年度工作要点清单》。开展法人减压工作“回头看”专项行动，结合国有产权登记清理、合资企业“两查两改两提升”专项行动等发现问题、积极整改。

【风险防控】 2022年，中国石化邵阳石油分公司开展“严肃财经纪律，依法合规经营”行动，清账率排名全省靠前。提升电子发票开票率，降低税务风险。开展历史遗留问题清理，梳理各类问题31项，明确责任部门和解决方案。开展安全环保依法合规、劳资管理依法合规两项专项行动。新盘活出租资产14项，清理报废处置资产43项。

（谢 银）

## ·中石油邵阳分公司·

【概况】 2022年，中国石油天然气股份有限公司湖南邵阳销售分公司（含湖南邵阳中油销售有限公司）（以下简称中石油邵阳分公司）在两次新冠疫情封城，地炼资源冲击，民营站点长期大幅降价的不利情况下，围绕“高质量发展”目标，开展“转观念、勇担当、强管理、创一流”主题教育，稳打稳扎，各项主营指标全面提升。全年销售成品油近14万吨；开展控费增效专项行动，实现营业收入14.07亿元，上缴税费1867万元；解决劳动就业300余人。

【经营管理】 2022年，中石油邵阳分公司发挥中国石油的资源优势和品牌优势，积极融入邵阳的经济社会发展进程，履行政治、经济和社会三大责任，为保障属地成品油供应，满足工农业生产和复工复产能源需求做出贡献。紧急增调12台运输车辆，确保油品不断档。推进“打非治违”，推动政府职能部门加大治理力度，6个县区社会加油站全覆盖安装加油机税控装置，在全省做出表率。

【安全管理】 2022年，中石油邵阳分公司补充消防器材410具、防汛物资61件、反恐物资5套，全面安装一键报警装置。落实一、二次油气回收作业操作规程，规范危害因素检测结果公示，强化安全培训和应急演练，确保员工懂得发生职业病或相关危害处置程序。

【管理改革】 2022年，中石油邵阳分公司将原有的4个片区重新整合为3个大片区，在片区上建支部，把机关部门纳入3个支部，设专职支部书记，制定支部（片区）考核兑现办法，实现快速反应，靠前指挥。3名支部书记坚持参加公司月度生产经营例会，组织支部加油站参加公司各类主题竞赛活动。围绕“人才强企年”活动，推进三项制度改革，创新“生聚理用”人力资源开发利用手段，促进人力资源向人力资本转变。鼓励优秀员工参加催化师、青马工程（青年马克思主义者培养工程）等培训，强化培训师自身建设。开展“名师带高徒”活动，建立先进带后进管理帮扶对子12对，建立储备经理人一对一培养对子6对。坚持员工线上+线下培训，开展一对一员工技能培训，加油站持证率提升至86.69%。坚持储备经理人直通车招聘，给予特别薪酬政策。坚持后备管理资格定期考核，确保晋升公开透明。严格储备培养阶段考评工作，避免带病提拔岗位人员。

（欧　婷）

## 盐业经营

**【概况】** 2022年，雪天盐业集团股份有限公司邵阳市分公司（以下简称邵阳盐业）全年调入各类盐16186吨，实现各类盐销售16282吨，其中小包盐11716吨（含松態 997生态盐166吨）、工业盐4566 吨；实现销售收入3910万元，实现利润-249.05万元。

保障各区县市小包盐的市场供应和各类工业盐的市场需求。推进邵阳市盐业分公司十井铺闲置土地开发项目，1至3栋楼房主体全部封顶，回报给企业的第3栋按合同约定进入资产挂牌交易转让环节。依法合规妥善处理新宁土地开发房产权属纠纷历史遗留问题，确保国有资产安全。

开展安全生产专项检查4次，对存在的隐患进行整治和及时处理，为县公司购置灭火器110具。为洞口、市区配送中心、新邵县经营部新购置小型厢式货车，解决配送车辆车况老化，故障频出问题。指导武冈、邵阳县、新宁、绥宁公司将经营场所的水泥地坪“白改黑”纳入属地政府老旧小区改造财政投资项目，投入改造资金约600万元并全部竣工。

**【经营改革】** 2022年，邵阳盐业持续推进三项制度改革。推进末等调整和不胜任退出机制和“三能”机制落地落实，截至12月公司员工由年初的98人整合至83人，其中职能管理岗位11人、营销序列岗位65人、支持服务序列岗位7人。全面推行向一线倾斜的薪酬分配模式，推动绩效考核与重点（专项）工作任务挂钩联动，绩效高的员工收入超机关同职级人员1倍以上。优化人员和组织架构，对分公司机关各部室的管理职能进行梳理调整，将绥宁、洞口公司进行全面整合，对3个县公司经理进行岗位调整。推进省内经营模式改革，执行集团省内经营模式改革战略，强化对网点的瘦身健体提质增效质量建设，2万余家终端网点和经销商全面清理和优化调整至12736家，签订一级经销商129家、二级经销商123家。

**【中高端盐营销】** 2022年，邵阳盐业把价值创造作为衡量各经营单位的绩效成果和一线员工经营业绩的最重要的评价标准。结合市场实际调整与经销商的利益分配关系，通过优质经销商稳定市场；推行“优质经销商+终端网点”方式服务好重点客户，抢占市场份额；加大松態997、海藻碘系列产品结构调整，细化分解全年任务目标，制订中、高档盐销售激励机制，落实责任，严格考核；强化中高端盐的日常终端陈列和组合营销，开展中高端小包盐销售竞赛、专项铺市、地推、团购和全员营销活动。全年中高端盐销售2016吨，占比12%。

**【品牌建设】** 2022年，邵阳盐业落实价格管控和营销促销方案的协调统一以及各渠道的规范价格体系。规范网点零售价格，执行上级统一的锁定开票价格，坚守三级价格体系，严禁擅自让利降价，维护市场价格的稳定。常态化开展松態997社区推广，加强品牌宣传和高端新产品的引导。积极参展首届湖南—东盟投资贸易洽谈会暨第五届东盟·湖南（邵阳）名优产品交易会，加强品牌宣传。员工的薪酬考核与高端产品深度挂钩，促进员工收入与企业效益同步提升。年末小包盐销售均价2690元/吨。

**【风险管控】** 2022年，邵阳盐业加强合规管理体系效能建设，提升工作能力。完善制度建设与财务管理、内审管控与纪检监察配合与衔接。对企业的招投标、物资采购、车辆处置、应收账款、严控“两金”增长等强化内控管理；对上年度集团审计发现的其中30个问题进行整改和落实；修订完善车辆管理、费用报销、货款管控等规章，对37台配送车按三责险150万元/辆进行投保，对驾驶员进行安全教育培训；规范缴纳在职员工社保，对334份各类合同的签订依规进行审核和规范化管理。年度存货占流动资产的比重为17.78%，应收账款占流动资产的比重为14%，应收账款金额占销售收入比为11%，逾期应收账款金额占应收账款比为33%，资产负债率11.28%。加强成本管控，全年减少各种费用23.36万元，争取政府年度稳岗补贴8.83万元。

**【企业机构改革】** 2022年12月，根据湖南省轻工盐业集团有限公司党委《关于印发〈雪天盐业集团股份有限公司省内分公司区域整合改革方案〉的通知》文件精神，按照“组织精简化、管理精细化、经营精益化”的目标，将原娄底、邵阳两家分公司的资产、营销资源、业务资源以及广西桂林的市场资源整合为雪天盐业集团股份有限公司湘中分公司（简称湘中分公司），办公总部设在邵阳。按照“管理扁平化、机构精简化、运营高效化”原则，进一步集约管理资源，原娄底、邵阳两家分公司的机关职能部门不再保留，所辖的县（市）分公司、中心、经营部进行调整整合，统一更名为雪天盐业集团股份有限公司+地名+经营部；湘中分公司设党群综合部、财务管理部、市场营销部3个职能管理部门和14个经营部。

（金凯军）

# 金 融

邵阳年鉴 SHAOYANG NIANJIAN 2023

## 综　述

【概况】2022年年末，邵阳市有银行机构32家，其中政策性银行1家、国有商业银行6家、股份制商业银行4家、城市商业银行2家、农村商业银行10家、村镇银行9家，共有银行业金融机构网点数820个；有市级保险公司29家，保险机构网点275个；驻邵证券营业部22家；融资担保公司6家，小额贷款公司6家，典当行5家。全市金融业实现增加值124.68亿元，比上年增长6.1%，金融业增加值占地区生产总值比重为4.8%，与上年持平。金融业上缴税收15.45亿元，占全市税收比重11.09%。

【银行业】2022年年末，邵阳市银行业资产总额4580.82亿元，同比增长12.09%；负债总额4458.71亿元，同比增长12.49%；不良贷款余额47.99亿元，较年初增加2.82亿元；不良贷款率1.9%，较年初下降0.07个百分点。全市金融机构本外币各项存款余额4045.61亿元，比年初增加458.81亿元、增长12.79%，其中非金融企业存款386.46 亿元、增长1.06%，住户存款3219.39 亿元、增长15.70%，广义政府存款431.75亿元、增长3.14%。年末金融机构本外币各项贷款余额2538.95亿元，比年初增加241.50亿元，增长10.51%，其中住户贷款1192.81亿元、增长7.48%，非金融企业及机关团体贷款1336.44亿元、增长12.64%。人民币消费贷款732.22亿元，增长5.51%；个人住房消费贷款500.75亿元，增长1.75%；房地产开发贷款59.34，增长4.53%；中小微企业贷款970.21亿元，增长13.32%。

【保险业】2022年末，邵阳市保险业实现保费收入98.91亿元，同比下降0.07%，其中财产保险公司保费收入29.48亿元，同比下降3.06%；人身保险公司保费收入69.44亿元，同比增长1.27%。保险公司赔付支出36.30亿元，同比增长4.58%，其中财产险公司赔付支出21.12亿元，同比下降2.0%；人身险公司赔付支出15.19亿元，同比增长15.36%。

【证券业】2022年末，邵阳市有A股上市公司1家、新三板挂牌企业3家、四板挂牌企业88家。全年直接融资总额107.36亿元，比上年增长35.27%，全市直接融资占比30.77%。年末A股上市公司总市值15.38亿元。有证券公司营业部22家，证券交易额3141.45亿元，同比减少14.12%；有期货证券营业部1家，成交金额934.65亿元，同比减少22.39%。

【地方金融机构】2022年，邵阳市新成立小额贷款公司1家（邵阳创业小额贷款有限责任公司）。全市融资担保公司共支持企业1500户，新增融资担保额31.80亿元，其中小微企业占97.96%。年末融资担保在保余额32.67亿元，融资担保在保余额放大倍数1.79，平均担保费率0.87%，代偿率2.11%。

【金融服务实体经济】2022年，邵阳市开展银企对接活动119场，走访企业4817家，签约金额85.33亿元。年末制造业贷款余额122.67亿元，比年初增加22.63亿元；制造业中长期贷款余额51.22亿元，比年初增加20.59亿元。普惠型小微企业贷款余额336.15亿元，较年初增加53.47亿元。支农、支小再贷款余额38.58亿元，年内累计发放支农、支小再贷款37.55亿元，撬动法人金融机构运用自有资金发放涉农、普惠小微贷款417.93亿元。全市涉农贷款1223.21亿元，新增额119.35亿元，占各项贷款增量的49.42%。建立政银企对接“早餐会”工作机制，举办“早餐会”3期，获银行授信23.64亿元。开展万名干部联万企“送政策、解难题、优服务”行动，落实省、市工作专班交办3批次70家企业融资需求，对接贷款10.79亿元。科技型中小企业知识价值信用贷款试点改革落地，年内发放知识价值信用贷款4.18亿元。

【防控金融风险】2022年，邵阳市推进防范和处置非法集资，“防范化解涉众型金融风险及打击金融违法行为”平安建设工作排全省第一档次。推进反洗钱“利剑”专项行动，完成对70家义务机构的反洗钱分类评级，指导移送洗钱线索并立案、侦破11起，协助破获骗取出口退税、涉毒、涉诈洗钱、涉黑案件7起，其中以洗钱罪立案2起，5起案件以洗钱罪起诉，1起案件以洗钱罪宣判。

（邓忠林）

## 银行业

### ·中国人民银行邵阳市中心支行·

【概况】截至2022年年末，邵阳市金融机构各项存款余额4045.61亿元，比年初增加458.81亿元，增长12.79 %；各项贷款余额2538.95亿元，比年初增加241.50亿元，增长10.51 %。中国人民银行邵阳市中心支行（以下简称“人行邵阳市中心支行”）发放法人金融机构再贷款再贴现余额 36.58亿元，全年累放再贷款再贴现37.55亿元。

是年，全辖获总行级荣誉6项，获人行长沙中心支行级荣誉20余项，9项工作在人行长沙中心支行专业会议上交流经验。

【金融支持稳企纾困】2022年，人行邵阳市中心支行组织多种形式的政银企对接活动，深入工业园区、行业协会开展“行长稳企纾困行”“百行访千家”走访对接活动。全年开展银企对接活动157场，走访企业8971家，签约金额85.02亿元。印发《邵阳市金融服务疫情防控和稳企纾困行动方案》，开展“稳企纾困、稳外贸攻坚、促企发展、乡村振兴、便民利民”五大行动，梳理33家受新冠疫情影响严重行业企业和437家定点保供商户推送至银行精准对接。在4月和10月，累计发放批发零售、住宿餐饮、物流运输等行业贷款10304笔、金额13.1

亿元，为各类市场主体办理延期还本付息4.76亿元。

**【金融支持乡村振兴】** 2022年，人行邵阳市中心支行在全省率先启动“乡村振兴金融行”劳动竞赛和乡村振兴金融服务站“七站合一”建设。开展建设“一库一名单”“一对一主办银行”“一村一金融村官”三项基础工程，开展“一行一品”创新行动。印制《邵阳市乡村振兴金融产品名录》，发布信贷、保险、担保产品170余个。推出“水稻制种贷”“民宿贷”“乡村振兴快贷”等创新产品101个，累放贷款46.59亿元，支持主体1.83万户。截至12月末，全市涉农贷款余额1223.21亿元，同比增长10.53%；为名单内新型农业经营主体发放贷款38.18亿元，同比增长71.53%。在武冈市、邵阳县、绥宁县、城步苗族自治县开展乡村振兴示范区创建试点，打造金融支持乡村振兴县域样板，12月末，四县市贷款余额461.03亿元，同比增长14.69%，比全市各项贷款增速高4.18个百分点。

**【金融支持重点领域】** 2022年，人行邵阳市中心支行支持科创领域发展，印发《关于在全市组织开展“宝庆人才金融荟”综合服务的通知》，完善高层次人才贷款风补、担保和贴息机制，推动开展知识产权质押融资和知识价值信用贷款业务，发放以上三类信用贷款共8亿元。支持绿色低碳产业发展，建立完善双碳金融项目库，通过碳减排支持工具、煤炭清洁高效利用专项再贷款，累计为20家企业发放碳减排支持工具贷款22.11亿元，带动减排二氧化碳当量超15.05万吨。12月末，全市绿色贷款余额187.36亿元，同比增长58.85%。支持普惠小微，开展中小微企业金融服务提升年活动，加快建立“敢贷、愿贷、能贷、会贷”长效机制。全市普惠小微贷款余额404.34亿元，同比增长15.82%，其中信用贷款余额94.03亿元，同比增长52.42%；全市新增普惠小微贷款加权平均利率5.77%，同比下降69个基点。印发《邵阳市2022年重点项目主协办银行制度》，会同市发展和改革委员会发布2022年首批重点项目190个，累计为重点项目发放贷款66.61亿元，购债23.48亿元；政策性开发性金融工具已投放3860万元。

**【房地产金融】** 2022年，人行邵阳市中心支行协助开展第十六届房交会银企签约活动，落实好房地产金融政策，对8家集中度超限法人银行机构开展调整期延长政策专题辅导。适度加大对首套、改善型和新市民的购房信贷支持，更好满足购房者合理住房需求。截至12月末，全市房地产贷款余额585.16亿元，同比增长1.23%；新发放个人住房贷款加权平均利率为4.38%，较年初下降106个基点，差别化信贷政策得到贯彻执行。

**【利率市场化管理】** 2022年，人行邵阳市中心支行加快LPR嵌入FTP机制，全市农商行覆盖面达100%，9家村镇银行全部应用LPR。12月末，全市企业贷款利率5.04%，较年初下降55个百分点。督促法人银行机构及时清理整顿不规范存款创新产品，持续做好合格审慎评估、定价行为评估，避免存款利率过度竞争。邵阳市自律基础成员数量排名全省第一。

**【金融市场管理】** 2022年，人行邵阳市中心支行按季摸底政府融资平台到期债务融资工具偿债资金安排情况，未发生资金兑付风险。加大债券发行指导力度，全市非金融企业发债66.25亿元。推进跨境人民币增量扩面，选择50家行业龙头企业作为重点辅导企业，建立“一对一”主办银行制度，量身提供“一企一策”专属金融服务。截至12月末，全市实现跨境人民币收付22.23亿元，同比增长141.04%。

**【金融稳定工作】** 2022年，人行邵阳市中心支行做实做细金融稳定工作。坚持央行评级和早期预警双轮驱动，推动法人银行整体评级稳中有升，截至年末，辖内19家法人银行机构中，5级以上机构同比增加4家、2家机构从7级黄灯区重回5级安全区、1家机构退出总行预警名单库。紧盯7级风险机构，守住高风险机构清零成果，确保武冈村行大股东股权转让顺利完成，连续四个季度央行评级稳定在7级，相关工作获市长肯定性批示。摸清政府性债务底数，年末各银行机构共对349.37亿元政府性债务实施风险缓释措施，减轻2022年到期政府性债务偿付压力96.16亿元，辖内未发生偿债违约情况。

**【洗钱风险管理】** 2022年，人行邵阳市中心支行强化洗钱风险管理打击力度。完成对60家法人和非法人金融机构的反洗钱分类评级工作，对2家银行开展反洗钱执法检查，对5家义务机构反洗钱负责人进行约见谈话，提高现场监管震慑力。加强与市公安、监察等部门协作，强化监测分析，截至12月末，共组织辖内金融机构摸排报送重点可疑交易报告46份，向公安机关移送15份，其中立案2起，协助公安破获涉毒案2起、涉诈案3起，推动以洗钱罪起诉3起，成功宣判2起。

**【外汇管理与服务】** 2022年，人行邵阳市中心支行持续优化外汇管理与服务。推动完善外贸企业融资服务机制，推动市政府印发《邵阳市“金融助力稳外贸”攻坚行动若干措施》，助力企业发行境外债券融资1.47亿欧元，督导银行发放国内外汇贷款5.6亿美元、境外贷款500万美元；推动各类便利化政策落地见效，便利化企业数量和业务规模达到历史新高度。推动贸易收支便利化，成功推荐6家企业成为贸易收支便利化试点企业，便利化业务规模业务达0.4亿美元；推动专精特新和高新技术企业境外融资，办理首笔试点业务100万美元；高效办理外债收入支付便利化，办理外债收入支付便利化业务14笔，金额1.41亿美元；培育跨境电商龙头企业，推动成立邵阳市发制品跨境电商联盟；建立汇率避险增信服务机制，联合市财政局印发《“政银担合作”合力支持企业汇率风险中性管理工作方案》，政府安排200万元专项启动资金，邵阳市成为湖南省第一个建立汇率避险增信服务机制的地级市。

**【金融法治建设和金融消费者权益保护】** 2022年，人行邵阳市中心支行参与编制全省人民银行系统执法检查和行政处罚操作手册，规范执法流程，获人行长沙中心支行肯定。规范银行业金融机构开业管理，成功办理3笔变更人民银行金融服务与管理体系信息机构业务。承办全省金融消费纠纷应急演练，为全省金融业处置群体投诉事件提供规范、严谨、具体的模板，获人行长沙中心支行肯定，有关做法被《邵阳日报》推介。及时处置金融投诉，转督导办结投诉106笔，办结率100%，回访率37.7%。开展金融消费纠纷诉前调解，通过人民法院调解平台及现场方式受理金融消费纠纷案件190笔，其中成功调解81笔，成功调解涉案金额达646.5万元。推动“一村一机构”金融教育主办制创建，成功挂牌78个“湖南省农村金融教育示范村”，建立农村金融教育基地396个，其中1家村镇银行被评为“湖南省金融教育示范基地”。

**【支付结算监管和服务】** 2022年，人行邵阳市中心支行加强电信网络诈骗和跨境赌博“资金链”治理，强化警银联防联控，开展“断卡行动”，截至年末，全市涉案银行账户省内排名第八。完成全省支付受理环境专项整治活动，对12家在邵阳展业的非银行支付机构进行重点摸排，受理商户巡检完成率达94.89%。持续推进移动支付便民工程和农村支付环境建设，云闪付App新增绑卡量数量居全省地市第二位，推进完善助农取款服务点升级改造，实现行政村“村村通”，辖内市县两级人民银行共推动建立助农取款服务点9332个。

**【金融统计与研究】** 2022年，人行邵阳市中心支行创新建立调研分析制度机制体系，牵头开展调研分析季度交流会，举办年度重点课题和专项课题竞赛活动，调研分析成果实现科室共享。紧扣经济金融热点开展调研，开展“基于演化博弈模型的金融支持制造业供应链绿色转型研究”重点课题研究，17篇调研材料被人行长沙中心支行内刊采用，其中2篇被总行内刊采用、7篇参阅件被市委市政府主要领导肯定批示。

**【经理国库履职】** 2022年，人行邵阳市中心支行开展增值税留抵退税，提升退税办理质效，全辖共办理留抵退税业务2282笔，金额18.48亿元，有关做法被上级行推介。指导银行机构创新推出“增值税留抵退税信用贷”，累计向银行推送956家留抵退税企业信息，推动1540万元“留抵贷”落地，相关工作做法获湖南经视、邵阳电视台报道。有序推进国库组织架构建设，于3月收回邵阳县支库，实现“一机多库+本地经理”的工作目标。推进国债下乡，重点服务新市民和农民等群体。全市农村地区销售国债2449.58万元，新市民销售354.88万元，国债下乡比例达15.8%。

**【征信合规管理和基础服务】** 2022年，人行邵阳市中心支行建立常态化治理“征信修复”乱象工作机制，督促28家未备案企业整改到位，征信竞赛宣传片《征信修复防诈妙招》获全省最佳人气作品奖第一名、优秀作品三等奖。多举措保障新冠疫情期间征信查询服务不中断，共为1715名个人和859户企业调整还款安排或征信记录，涉及金额21.69亿元。通过动产融资统一登记公示系统办理登记业务711笔，其中小微企业占比92%，助力中小微企业融资。强化央行内部（企业）评级应用，向隆回农商行、城步农商行共发放信贷资产质押再贷款1.6亿元，惠及20家中小微企业。提升农户信用信息采集和运用力度，建立信用档案农户数91.7万户，信用村84个，推动在建信用村635个，已建立信用档案的农户获得信贷余额450.1亿元。

**【货币金银管理】** 2022年，人行邵阳市中心支行参加全省货币金银业务知识网上竞赛，获团体二等奖1项、个人二等奖2项、个人三等奖3项、反假货币知识竞赛团体总分第一名。筑牢“公安打假、银行堵假、公众识假”防线，协助公安破获隆回“9·7”销售购买假币案，缴获假币超100万元，获公安部和省公安厅贺电表彰。严格库房管理，开展发行库问题清零专项行动，推动邵东支库实现零库存管理。科学开展调拨，强化流通监管，实行现金服务网格化管理，保障现金供应24小时不断档。全辖共完成发行基金投放129.97亿元，回笼133.81亿元，调拨159.99亿元。开展规范人民币图样使用整治专项活动，构建现金使用良好环境。

**【金融科技成果转化】** 2022年，人行邵阳市中心支行制定发布辖内首个金融团体标准《新型农业经营主体信用信息管理规范》，获湖南省金融标准创新建设先进单位称号。组织参加全省智慧金融建模竞赛获三等奖，探索在业务监管、金融服务等领域应用人工智能技术。推进数字化转型，上线桌面云和新版金信港，联合开发资产质量核查系统。推广应用“金融网点通”手机App，补充完善金融机构信息1200余条。

（罗　宏）

## ·邵阳银保监分局·

**【概况】** 2022年，中国银行保险监督管理委员会邵阳监管分局（以下简称邵阳银保监分局）支持信贷扩容增量，围绕市委、市政府稳经济和产业发展“千百十”工程重点项目，加大对重点领域金融服务。截至年末，全市银行业各项贷款余额2529.4亿元，较年初增长10.15%。加大对先进制造业、战略性新兴产业、传统产业转型升级等重点贷款投放力度，全市制造业贷款余额同比增长26.69%，高出各项贷款同比增速16.55个百分点。推动融资降本增效。按照商业可持续、“保本微利”原则合理确定贷款利率，推动实体经济融资成本稳中有降。全年普惠型小微平均利率较年初下降0.52个百分点至5.89%，通过减免费用、利息累计向市场主体让利0.96亿元。推动发展普惠金融。全市普惠型小微企业信贷计划完成率120.83%，普惠重点领域贷款占比提升至21.16%，有贷款余额户数持续增长。推进新市民金融服务。全市创业担保贷款余额12.96亿元，较年初增加0.71亿元；年内循环贷等随借随还类贷款累放289.77亿元。开展适合新市民特点的雇主责任险、实习责任险、教育机构责任险等保险服务，扩大保险保障覆盖面，累计向新市民群体提供风险保障5150.98亿元，同比增长139.69%。

**【支持稳企纾困】** 2022年，邵阳银保监分局推动各项惠企纾困政策落地见效。全市银行机构开发设计金融纾困专项服务产品85个，20家银行单列纾困专项信贷额度，累计向774家企业无还本续贷30.32亿元，延期还本付息48.24亿元。向受新冠疫情影响较严重行业新发放贷款21.56亿元，其中新增贷款中信用贷款占比29.73%。推动辖内8家债委会弱化风险2.83亿元、续贷金额6.07亿元。支持货运物流保通保畅，促进供应链稳定，向货物运输汽车提供风险保障95.89亿元，同比提高33.25%。

**【支持乡村振兴】** 2022年末，邵阳市8个脱贫摘帽的国家级贫困县（市）贷款余额1237.71亿元，同比增长14.15%，均实现脱贫地区贷款余额持续增长目标。8个脱贫摘帽的国家级贫困县（市）共有优势特色农产品保险品种17个，同比增加4个。强化对重大事故、自然灾害的保险保障，其中农险支付粮食赔款1.21亿元，有力支持农户保收。涉农贷款、农险赔付、脱贫人口小额信贷覆盖面、县域优势特色农险品种稳步增长，种粮大县水稻完全成本保险实现全覆盖。

**【法人机构风险防控】** 2022年，邵阳银保监分局对法人机构实行“清单式”管理，强化流动性风险监测防控。加大不良贷款处置力度，辖内农村中小法人银行全年不良贷款处置计划超比例完成，同比多处置2.66亿元。推动武冈发展村镇银行完成主发起行变更，年末，武冈村行实际资本充足率较年初上升7.13个百分点，实际不良率较年初下降17.76个百分点，武冈村行风险得到有效控制。

**【重点领域风险防控】** 2022年，邵阳银保监分局稳妥管控房地产风险，配合地方政府积极化解债务风险。强化案件及合规风险防控，全市银行保险机构零发案。整治“代理退保”黑产乱象，开展大数据反保险欺诈、扫黑除恶、金融放贷领域、养老诈骗等非法金融打击工作，累计向公安机关移交相关线索19条。整治中介机构“多散乱”问题，年内清退、撤销14家保险“僵尸机构”。推进英大财险平稳有序退出邵阳市场，天安财险接（托）管期结束后整体业务平稳发展。

（周琪斌）

## ·中国农业发展银行邵阳市分行·

**【概况】** 2022年，中国农业发展银行邵阳市分行（以下简称农发行邵阳市分行）主动发挥政策性金融“当先导、补短板、逆周期”职能作用，通过“融资融智+政策优惠+模式创新+绿色办贷+减费让利”等组合举措，形成全方位、多层次、宽领域的支农格局，助力邵阳经济社会发展。全年累计投放各项贷款及基金36.72亿元，其中累计投放各项贷款36.33亿元，同比多投放4.6亿元，年末贷款余额167.8亿元，较年初增加5.85亿元；年末日均存款余额26.9亿元，较年初增加1.06亿元；实现FTP利润1.36亿元，同比增加0.57亿元；现金清收不良贷款2594万元，年末不良贷款余额1.18亿元，不良率0.7%。

**【保障粮食安全】** 2022年，农发行邵阳市分行统筹做好政策性收储和市场化收购，提前足额供应粮食收储资金，全年累计投放粮油贷款8.49亿元，同比多放0.67亿元。成功投放邵阳市首笔成品粮贷款180万元，推动创设300万元规模的市级粮食信用保证基金。累计投放农地贷款11.56亿元，支持5个县高标准农田及土地综合整治项目建设。

**【服务巩固拓展脱贫攻坚与乡村振兴有效衔接】** 2022年，农发行邵阳市分行与12个区县市农业农村局、乡村振兴局签订合作框架协议。累计投放巩固帮扶及精准帮扶贷款27.91亿元，年末帮扶贷款余额达113.65亿元，占贷款总量的61.73%。推动5个县、6家企业创设规模达370万元的稳定脱贫基金，筑牢稳脱贫、防返贫屏障。

**【支持重大项目建设】** 2022年，农发行邵阳市分行聚焦兴业富民产业，投放4.4亿元贷款支持4个效益好、辐射带动强的优势产业项目，其中武冈“稻田养鱼”项目被打造成武冈产业振兴实践样板。围绕“五好园区”建设，投放贷款3.7亿元支持2个重点农业园区扩容提质。突出保护一江碧水，投放6.04亿元贷款支持3个长江大保护项目建设。做好绿色发展文章，投放绿色贷款17亿元，支持智能停车场、高铁站交通枢纽等11个绿色项目建设，年末绿色信贷余额25.74亿元，较上年净增15.25亿元。用好政策性金融工具，投放农发基础设施基金3860万元、撬动投资3.47亿元，支持武冈市乡镇全域供水一体化项目建设。

**【为企业纾困解难】** 2022年，农发行邵阳市分行与中小企业融资担保公司达成合作协议，在利率、期限、抵押担保等方面向上级争取最大优惠，放普惠小微企业贷款0.95亿元，年末小微贷款余额1.03

亿元。利用无还本续贷、再融资政策，发放3.47亿元贷款支持3家受困企业维持生产经营。全年通过利率优惠等措施减免利息883万元，全面免除各项手续费用112.7万元，惠及企业595家。

【综合经营】2022年，农发行邵阳市分行狠抓支农资金筹集。强化高层营销和考核监测通报，实现存款余额、存款日均、新营销存款客户以及存贷款规模“四个维度”的同步增长。全年营销政府性账户资金29.3亿元，同比多营销17.94亿元；营销地方债22.67亿元，超额完成省分行下达任务；营销同业结算性存款4亿元。加快不良贷款清降。按照“精准、主动、果断”的六字清收方针，一企一策制定清收处置预案和清收目标，争取政银法企四方联动，把握清收处置主动权。全年现金清收不良贷款2594万元，年末不良贷款余额1.18亿元，不良率0.7%。加大账销案存资产追索，成功收回呆账贷款311万元。加强风险防控。在全行开展集团客户风险排查、信贷风险排查等专项排查，澄清风险底数，对发现的问题进行清单式整改管理，有效防范化解潜在风险。对风险贷款企业“一企一策”制定维护方案，压缩风险企业贷款6家、金额2370万元，上调关注类企业3家、金额9250万元。

（谭　魁）

## ·中国工商银行邵阳分行·

【概况】2022年，中国工商银行邵阳分行（以下简称工行邵阳分行）统筹推进疫情防控、巡视整改和经营发展，经营效益和竞争能力双提升，KPI考核和等级行评定在全省分别排第四位和第七位。全年实现净利润4.02亿元，同比增加1.21亿元，增长42.95%；实现拨备前利润6.17亿元，同比增加0.78亿元，增幅14.5%；实现营业收入8.79亿元，同比增加0.92亿元，增长11.71%；实现中间业务收入1.18亿元，同比增加0.18亿元，增长17.65%。全部存款年末时点余额312.41亿元，净增46.19亿元，达历史最高水平。

工行邵阳分行严格执行绩效考核办法，人均绩效工资增幅24.39%，高于全省平均水平，同时基层员工工资增幅高于其他员工增幅。推进法务消保，累计处理客户意见工单4086件。组织3次反洗钱宣传活动、4次反洗钱知识培训，全辖假币浓度继续为零。

【风险控制】2022年，工行邵阳分行坚持主动防、智能控、全面管，构建和完善全面风险管理体系，未发生案件和重大风险事件。不良贷款额、不良贷款率双下降，不良贷款余额1.41亿元、下降0.06亿元，不良贷款率0.66%、下降0.12个百分点，优于全市平均水平。反洗钱监管分类评级结果为A级，内控评价等级提升至2级2档。强化风险源头管控，疫情防控、舆情管控、信访维稳、投诉治理等有力有效，全辖安全平稳经营局面持续巩固。

【信贷投放】2022年，工行邵阳分行强化服务实体经济力度，各项贷款年末时点余额212.65亿元，净增23.79亿元。尤其在12月，把握窗口期，加大信贷投放力度，全年公司贷款净增23.58亿元，市场占比领先，其中牵头为市政重大项目提供支持，获市委、市政府肯定。绿色信贷余额36.35亿元，比年初增加18.3亿元，完成年度考核任务的203.31%，总量、增量列可比同业第一位。同时普惠贷款较年初净增3.77亿元，系统内任务完成率130%，全面完成普惠金融发展示范区建设任务。

【客户发展】2022年，工行邵阳分行全量个人客户总量、增量和增幅分别列全省第四位、第二位和第三位，规模快速扩大。日均金融资产5万元以上个人客户较年初增加1.24万户，增长13.58%；私人银行客户较年初增加15户，增长18.99%，结构优化。银监普惠贷款客户数1271户，较年初净增285户，增长28.9%，超额完成任务。银监普惠涉农贷款余额6.34亿元，较年初净增1.76万元，增长率38.43%；普惠型涉农贷款户数389户，较年初净增135户，增长率53.15%。全年实现国际结算量8.85亿美元，同比增加4.39亿美元；结售汇业务量8.16亿美元；国际业务拓户152户；外汇资金中间业务收入1262万元，均超额完成工行湖南省分行下达的任务。

【渠道建设】2022年，工行邵阳分行推进“兴农通”农村普惠金融服务点建设，开展生态金融打造，开办“工行驿站+普惠金融业务”，积极为市民和企业提供社保服务和普惠金融业务。优化调整市城区网点布局，撤并工行邵阳宝西、百春园两个网点，原工行邵阳红旗路支行迁址江北，更名为工行邵阳北塔支行，北塔区网点数由1个增加到2个。完成工行邵阳江北支行、工行邵东两市塘支行的整体装修改造。

（李志成）

## ·中国农业银行邵阳分行·

【概况】2022年，中国农业银行邵阳分行（以下简称农行邵阳分行）各项存款时点、日均增量均排名邵阳市四大国有银行第一，市场份额均高于全省平均水平。其中，个人存款日均同比多增21亿元，四行增量份额39.6%；时点同比多增30亿元，四行增量份额36.74%，个人存款日均、时点的存量、增量及份额四项指标均居四行第一、全省第一。对公存款时点余额55.9亿元，较年初净增4.8亿元，同比多增15.2亿元，增长率129.74%，存量四行份额较年初提升0.2个百分点。实现营收12.59亿元，任务完成率为104.1%；实现中间业务净收入1.08亿元。不良余额、不良率分别较年初下降100万元、0.08个百分点。统筹抓好全行信用风险从预警、逾期、劣变、诉讼、核销到处置的全流程管控，获评人民银行综合评价A级、外汇管理评级A级、反洗钱分类“免评级”。

【服务实体经济】 2022年，农行邵阳分行市县两级行领导班子拜访政府主要领导及职能部门47余人次，率队走访园区主要领导126余人次，承办“邵阳市政银企早餐会”“重点融资项目签约暨金融产品推介会”，与市工商联、市科学技术协会、市公共资源交易中心、市财政局等签订战略合作协议，与22家企业与项目签订融资意向协议。成功对接园区11个，营销园区平台及规模以上企业522户，新增授信26.33亿元。提升服务实体质效，成功营销一大批园区小微客户，至12月末，普惠型小微企业投放8.16亿元。普惠金融贷款高于全行贷款增速18.2个百分点，普惠监管“两增两控”指标实现全面达标。

【助力乡村振兴】 2022年，农行邵阳分行实现县域贷款余额180亿元，净增30亿元，完成省农业银行年度计划的135%。县域贷款、乡村产业、粮食安全贷款增速均达20%以上。惠农e贷存量规模位居全省第一，增量全省排名第二。建立乡村振兴金融服务站122个，与市烟草专卖公司共建湘村636服务站69个，金融性笔数位居全省第一，交易额位居全省第二。

【创新转型】 2022年，农行邵阳分行掌银月活客户存量、增量份额均居全市国有四行第一，互联网高频场景客户增长率位居全省第二，网点点均存款、点均贷款分别较年初增加8697万元、4135万元。全行农村“三资”（农村集体资金、农村集体资产、农村集体资源）平台、高标准农田等创新项目在全省率先落地并在3个支行推广，设备更新贷款实现全省首笔投放，全省首笔平台公司自建自营医院贷款获批，创新推出粮食种业贷并落地实施。发放全省农行、全市金融机构首张优待证，个人优待证市场份额位居同业第一、系统第三。个人贵宾客户增长计划完成率排名全省第一、增长率排名全省第二。

【服务县域“三农”】 2022年，农行邵阳分行组建47个共188人包村营销团队，移动端农户信息建档较年初净增1.45万户，惠农e贷净增9.33亿元。举办“惠农大讲堂”158场。突出支持国家级杂交稻制种基地和高标准农田建设等产业等项目。至年末，乡村产业贷款增长31.95%，高于县域贷款增速11.94个百分点。全行县域存量贷存比较年初上升0.8个百分点，8个脱贫县贷款增速高于全行贷款增速6.78个百分点。

【经营转型】 2022年，农行邵阳分行智迎客月均拉新促活率排名全省第二，其中4家支行排名全省前10名。校园有效场景年净增6个；行外食堂场景存量排名全省第二，年净增14个；党费场景高频客户排名全省第二，增幅排名全省第一；薪资管家场景存量排名全省第三，增量排名全省第二，增幅排名全省第一。狠抓三方支付绑卡，做好财富管理业务，扩大新的收入来源。对低产能网点逐点提出优化方案，加大样板支行、网点打造力度。

（申　媚）

## ·中国建设银行邵阳市分行·

【概况】 2022年，中国建设银行邵阳市分行（以下简称建行邵阳市分行）辖11个部门、23个支行、38个网点，遍布全市九县（市）三区，有员工648人，平均年龄42.7岁。截至年末，全行一般性存款余额527.54亿元，四行（四大国有银行）占比35.51%，排名四行第一；新增66.6亿元，创历史新高，新增四行占比34.11%，排名四行第二，其中个人存款余额404.81亿元、新增57.51亿元，对公存款余额122.73亿元、新增9.09亿元。各项贷款余额破300亿元大关，达304.77亿元，四行占比35.80%，排名四行第一；新增23.07亿，其中对公贷款余额155.89亿元、新增14.94亿元，个人贷款余额148.88亿元、新增8.13亿元。实现中间业务净收入1.58亿元，实现账面利润8.8亿元。不良贷款余额3.31亿元，不良贷款率1.08%；逾期贷款余额4.28亿元，逾期贷款率1.4%。

年内完成武冈都梁路支行、邵东兴和路支行、新宁支行和塘渡口振羽广场支行等4个网点新装修并重新营业。协助人行邵阳市中心支行、市公安局等部门开展“断卡行动”，打击防范电信诈骗，开展存量及新开立账户排查，全年涉案账户共351户，金融机构排名从第一下降到第三。

是年，建行邵阳市分行获评“邵阳市绩效考核优胜单位”“邵阳市产业发展工作先进集体”“邵阳市移动支付便民工程建设先进单位”，宝城支行成为邵阳首家适老服务达标网点，邵水桥支行被省总工会评为“百优驿站”。

【支持重点项目和重点领域】 2022年，建行邵阳市分行走访企业1492家，收集信贷需求85亿元，重点项目、重点企业走访率达100%，成功投放三一专用汽车有限公司、湖南武冈湘水水务有限公司、邵阳科盛建材贸易有限公司、邵阳口味王科技发展有限公司等省市重点项目贷款18.85亿元。聚焦基础设施建设、先进制造业、战略性新兴产业、绿色生态产业和政府招商引资企业，加大与园区企业的沟通力度，主动服务邵阳维克液压股份有限公司、邵阳拓浦精工智能制造有限公司、湖南湘窖酒业有限公司、邵虹特种玻璃有限公司等各类园区企业200余家，针对园区企业投放贷款18.6亿元。扶持民营小微发展，全年服务普惠贷款企业4443户，普惠余额56.59亿元，新增11.19亿元，排名四行第一、地市行第三。民营企业贷款余额88.09亿元，新增15.2亿元。

【服务社会民生】 2022年，建行邵阳市分行“湘家和”贷款授信74.3

亿元，贷款余额3.22亿元，为高信誉客群解决融资难题。实现信用卡消费交易额89.55亿元，完成分期交易额15.58亿元，全面满足老百姓各类消费信贷需求。通过提高对公客户再融资效率、延长贷款期限、调整结息方式等为1713个客户纾困解难。降低社会融资成本，通过直接降低贷款利率、免收各类费用等方式，为各类企业节约成本约5000万元。减轻个人还款压力，为499笔7112万元调整宽限期，为237笔8392万元调整账单计划。

**【助力乡村振兴】** 2022年，建行邵阳市分行深化大型收缴费平台场景。搭建大型常用收缴费平台10个，其中邵阳县和绥宁县实现公立学校缴费平台的全覆盖，全年交易笔数5.68万笔，交易金额1.03亿元；为邵阳市烟草专卖局（公司）打造善付通平台，自6月底上线后交易笔数4.14万笔，金额2.31亿元。优化乡村金融生态。全年裕农通服务点4744户，交易笔数达155.1万笔，交易金额4.5亿元，其中民生类交易105.3万笔，排名系统第六；新增活客7.5万户，沉淀存款34.78亿元；涉农贷款新增8.62亿元，农户贷款新增2.82亿元，排名地市行第一。

**【助推消费升级】** 2022年，建行邵阳市分行推广“建行生活”系统，建行生活上架商户580户，累计注册用户15.90万户，日活用户3261户。独家承办“约惠邵阳 乐享生活”政府消费节活动，发放政府消费券近12万张，参与人数突破2.2万人，累计拉动消费近2亿元。

**【数字化经营】** 2022年，建行邵阳市分行落地敏捷创新项目56个、移植创新项目2个，累计报送创意298条，全面完成省行计划任务。非税收入电子缴款书项目投产上线，九县三区均完成上线验证；落地全省金融机构首笔“政银担合作模式”下远期结汇业务；成为系统内唯一成功办理大宗商品套期保值业务的二级分行。

**【重点产品与业务营销】** 2022年，建行邵阳市分行强化客户拓展。对公账户大幅增长。其中，单位人民币结算账户总量2.75万户，新增2964户，均排名四行第一、新增系统第一；公司机构有效客户9312户，较年初新增1245户，排名系统第五。财富级客户明显增长。其中，AUM 300万~600万客户613户，新增57户，排名地市行第六；AUM新增3.62亿元，排名地市行第二。“共享贷”四个撬动作用初显。集体经济组织授信覆盖率100%，授信总额71.19亿元，支用1661万元；村社分账进展突出，新邵、武冈共完成706个村的分账确认和公示流程，承接资金1.5亿元。“湘家和”带动效应明显。新增代发单位211户，新增代发人数2.85万人，均排名全省第四，新增代发金额1.93亿元；信用卡发卡3.64万张，排名全省第二。

**【风险管控】** 2022年，建行邵阳市分行强化员工行为和业务合规管理。组织开展四项合规检查，发现13个问题，全部整改；开展警示教育主题谈话，覆盖180余人；开展监管案件风险专项整治活动，涉及14个重点领域，排查业务笔数1.24万笔，排查人员3600余人次。加大问责力度，全年下发违规通报23起，问责处理50人次。提升积分管理运用，累计发生员工轻微违规行为积分779分，较上年同期增长17%，员工廉洁合规从业意识增强。

（阳小红）

## ·中国银行邵阳分行·

**【概况】** 截至2022年年末，中国银行邵阳分行有营业网点21家，员工414人。本外币各项存款余额148.67亿元，较年初新增13.99亿元，国有“四大行”市场份额占比10.02%；本外币各项贷款余额85.74亿元，较年初增加4.52亿元，国有“四大行”市场份额占比10.07%；不良贷款余额1.04亿元，不良率1.21%；实现业务净收入3.69亿元。

2022年，中国银行邵阳分行统筹抓好疫情防控和金融服务，助力实体经济发展。为疫情防控及重点企业发放贷款4000余万元，其中包括药品企业、酒店经营、农产品生产和粮食保供企业；为批发零售客户发放贷款5000余万元，解决企业的资金需求；办理结售汇业务金额超4000万美元。

开展网点服务类投诉专项治理，全年服务类投诉4笔，完成压降目标的400%，较上年同期下降70%；监管消保类投诉11笔，其中服务类投诉0笔。

开展“反电诈”专项整治活动，通过账户分级管理、开户尽职调查、存量账户回头看、制定风险控制模型等，堵截异常开户和配合公安在柜台抓获嫌疑人20起，向公安机关提交有效可疑交易线索8户。

**【授信业务】** 2022年，中国银行邵阳分行围绕邵阳市重点项目清单、邵阳地区设备更新改造项目清单、邵阳市专精特新“小巨人”企业名单、邵阳市银企合作高新技术企业名单、潇湘科创贷白名单客户，制定项目清单，逐步分步对接。截至年底，储备有效大公司贷款项目17个，金额23.28亿元。第四季度成功营销设备更新改造贷款4户、总金额2.65亿元，实现邵阳学院附属第一医院设备更新改造贷款投放1197万元；煤电保供贷款1户，金额4亿元。全年普惠贷款余额12.77亿元，较年初新增3.82亿元，任务完成率91%。其中，对公普惠贷款余额10.48亿元，较年初新增3.36亿元；对私余额2.29亿元，较年初新增4549万元；户数增长112户，总户数达662户。

抢抓房贷业务市场份额，推进消费贷款。与碧桂园、乾道地产、湾田地产、武冈康桥学苑、隆回辰北世家等重点开发商开展深化合作，实施楼盘项目驻点常态化，提升接单效率，实现个人住房贷款投放新增4亿元，余额32.72亿元。推进“随心智贷”“中银E贷”等消费金融贷款，营销批量单位超过150家，在全省排名前列；消费贷款余额2.09亿元，较年初新增1.02亿元，规模实现较快增长。

【负债业务】 2022年，中国银行邵阳分行实现存款“量价双优”。公司存款通过加大行政事业客户拓展，以授信业务带动企业存款，聚焦财政、社保、医疗卫生、公检法、住房公积金等重点行业，围绕烟草、公共资源交易中心等重点存量客户，拓展葛洲坝集团路桥工程有限公司新新高速第一标段、第二标段项目部两个账户；取得公共资源交易中心电子保函、中标贷业务资格；入围公积金中心保函业务开展资格。个人存款实现存款时点及日均余额双双突破“百亿”大关，日均、时点、网均增长额创历史新高，成为全省地市3家市场份额跑赢大市之一，增速位于四大行第一位；通过公私联动，拓展代发薪、来聚财业务，提升综合效益。开展社保卡清理和切换，完成7.2万户的社保卡清理，他行代发切换至该行1.7万户，市本级市场份额达42.5%。储蓄存款日均余额100.91亿元，较年初新增12.37亿元；代发资金量累计31.7亿元，代发单位累计311户，代发客户累计数8.83万户；来聚财交易月活商户数1166户，较年初新增1009户，交易客户月日均存款总额5847万元，较年初增长4953万元。

（刘小祯）

## ·交通银行邵阳分行·

【概况】 2022年，交通银行股份有限公司邵阳分行（以下简称交通银行邵阳分行）辖营业部、双清支行、邵东支行3个综合型网点。截至年末，各项存款44.68亿元，较年初新增7.67亿元；各项贷款60亿元；不良贷款控制在597.61万元。被交通银行总行评为“2021年度交通银行青年文明号”。

【普惠贷款】 2022年，交通银行邵阳分行主动深入园区，提供“一户一策”专项融资服务，着力拓展制造业客户、生产型企业等实体经济主体。围绕邵阳市九大新兴优势产业链集群核心客户，推进上下游链属企业客户服务落地，通过延链、补链、强链，环环相连，形成批量投放效应。发挥线上产品优势，加强“普惠e贷”“交银e关通”“烟户贷”等线上标准化产品宣传力度，让普惠金融快速、广泛、普适地送抵客户。截至年末，该行普惠贷款较上年新增1.42亿元，增长50%，两增客户数较上年新增146户，增长37%。

【绿色金融】 2022年，交通银行邵阳分行推进绿色金融提质上量。执行名单制管理营销，主动对接绿色项目信息，对于市发展和改革委员会下发的重点名单，统一安排走访名单，要求专人逐户走访对接，了解客户需求，优先给予融资支持。用好用足绿色信贷创新服务，加大与绿色、低碳、循环经济有关的企业金融服务力度，探索建立“绿色通道”，优化审批简化操作程序，为企业绿色低碳转型、可持续发展等需求提供优质“一揽子”金融服务方案，有效推进投放支持力度。明确经营单位责任，加快投放。加强绿色信贷基础管理，利用动态评估工具，在尽职调查、授信审查审批、授信发放及资金拨付、贷（投）后管理等授信管理全流程中落实环境和社会风险管理要求。

【科创金融】 2022年，交通银行邵阳分行针对科技型企业，在全省推出“交湘科e贷”，支持投放科技型企业知识价值信用贷款，该产品全程线上操作，系统自动审批，利率最低可至3.2%，着力解决科技型企业“融资难”“融资贵”问题。同时，围绕全市“专精特新”、高新技术企业名单，梳理邵阳市科技型及高新技术企业客户名单，开展逐户走访，持续扩大科技金融服务的覆盖率。将科技金融指标纳入绩效考核，增强支行科技金融业务拓展的责任与担当，分阶段开展劳动竞赛，激发业务拓展的积极性。

【风险管理】 2022年，交通银行邵阳分行规范管理，加强不良贷款催收。针对不良及逾期贷款，由条线部门牵头梳理清单，提前与客户联系，对于不良贷款的客户及时发起司法诉讼，压降不良余额。强化反电诈风险管控，开展以打击、治理、惩戒开办贩卖银行卡违法犯罪团伙为主要内容的反电诈工作。陆续对存量学子卡、6个月（含）以上未发生交易且余额1000元以下的账户、年龄为18岁以下60岁以上、“断卡行动”以来的存量账户、“断卡行动”前不经常使用的存量账户开展排查，已完成对13万户账户的排查。

（罗 晶）

## ·中国邮政储蓄银行邵阳市分行·

【概况】 截至2022年年末，中国邮政储蓄银行邵阳市分行（以下简称邮储银行邵阳市分行）实现收入6.86亿元，同比增长7.99%。各项存款余额160.16亿元，年净增10.41亿元；各项贷款余额148.28亿元，年净增13.38亿元。全市实现EVA（即经济增加值）1.32亿元，实现RAROC（即风险调整后资本收益率）23.69%，较全省各地市平均水平高7.92个百分点。中收规模和占比实现“双提升”，成本收入同比下降2.35个百分点。不良贷款率1.24%，风险抵补能力相对充足。

全面落实“金融支持乡村振兴”战略，乡村振兴各项监管指标全面完成。支持小微企业减负纾困，为小微企业办理无还本续贷、延期等业务，金额达5300万元。有效促进党建与经营融合，推进企业文化，全年慰问员工216人次，发放慰问金15.8万余元。

【经营】 2022年，邮储银行邵阳市分行个人储蓄存款余额129.77亿元，年净增11.3亿元，创近三年新高。“两小”贷款（农户小额信用贷款和农产联保贷款）创历史新高。全年线上信用户贷款结余2.26亿元，年净增2.24亿元；全市小额贷款结余38.7亿元，年净增5.43亿元，创近三年新高；小企业贷款结余12.79亿元，年净增2.39亿元，创近五年新高。公司金融取得新进展，金融供给侧结构性改革见实效，新增保交楼项目账户。消费金融突破发展瓶颈，消费贷款余额88.63亿元，年净增5.01亿元。突出“赋能业务”导向，全年实现中间业务收入6699万元，较上年同期增加1393万元，同比增长26.25%，居全市国有大行第一位。

**【管理】** 2022年，邮储银行邵阳市分行制定《逾期、不良资产流程管理实施细则》，建立不良贷款流程管理体系，不良贷款率1.24%。持续加强内控合规管理，推进反洗钱和消费者权益保护工作常态化管理，两项均被市人民银行评为A类。推进平安邮储建设，常态化开展安全生产和行风行貌专项整治活动，全面排查整治风险隐患，遏制事故发生。深化绩效核心机制建设，优化绩效分配机制，全面推行全员绩效考核。优化人力资源，推行三化塑形常态化固化管理方案、开展新进大学生“雏鹰展翅”计划等措施加强培训考核，提升全员能力。加强干部队伍建设，全面落实市管干部任期制契约化管理和建立一级支行红黄牌机制，激发领导人员的积极性和主动性。

（李俊华）

## ·中信银行邵阳分行·

**【概况】** 截至2022年12月末，中信银行股份有限公司邵阳分行（以下简称中信银行邵阳分行）有网点1个、员工32名。各项存款45.91亿元，较年初新增6.31亿元，各项贷款88.08亿元，较年初新增3.76亿元（人民银行统计口径）。是年，中信银行邵阳分行获人民银行邵阳中支金融机构年度综合评价“A”类等级，获中信银行长沙分行年度综合绩效考核“A类行”，获评中信银行长沙分行党建优秀单位、公司业务优秀行、零售业务优秀行、金融市场业务优秀行、内控合规优秀行。

**【公司业务】** 2022年，中信银行邵阳分行公司业务精准获客、多项业务实现突破成功。发行三期金额累计30亿元债务融资工具，期数及金额为当地同业之首，承接债券资金48亿元。首次协同发放1.6亿元银团贷款，实现融融协同。公积金存款突破亿元大关，开立市总工会账户，上线区国库集中支付系统。与5家总分行级战略客户成员单位建立合作关系，为2家总行级实现资产投放，成为中信银行长沙分行内首笔投放联合贷款的二级分行。

**【零售业务】** 2022年，中信银行邵阳分行营业部网点产能评级为A类，长沙分行组内排名第二，在中信银行长沙分行6家二级分行中排名第一。零售管理资产达16.88亿元，较上年年末新增2.66亿元。零售存款规模达10.32亿元，较上年年末新增3.25亿元，位居邵阳市股份制商业银行首位。

**【风险管控】** 2022年，中信银行邵阳分行持续开展合规建设，打造平安中信。推进从严治行，强化员工行为过程管理，构建员工异常行为网格化管理体系。强化授信管理，严控资产质量，加强对公授信批复落实情况、保证金来源合规性、交易背景真实性、抵押物状况、贷款资金支付的自查。推进监管数据治理，降低监管风险。重点开展反洗钱基础信息的排查和治理，提高反洗钱尽职调查的质量和时效，加强反洗钱风险评级和分类管理和高风险客户洗钱风险管理。

（刘　港）

## ·湖南银行邵阳分行·

**【概况】** 2022年11月16日，经湖南省市场监督管理局名称变更登记核准，华融湘江银行股份有限公司更名为湖南银行股份有限公司（简称“湖南银行”）。截至2022年年末，湖南银行邵阳分行各项存款日均191.46亿元，较年初增加19.93亿元，完成全年任务的117.6%；信用总量达221.88亿元，较年初增加9.82亿元，其中表内各项贷款余额167.69亿元，表内各项贷款在核销

2022年6月，湖南银行邵阳分行召开打击治理电信网络新型违法犯罪专题工作会议

（钟军　供图）

4.4亿元贷款的基础上，较年初增加4.82亿元；全口径逾期和不良贷款较年初实现双降，各项指标符合监管要求。全年缴纳各类税费8546.87万元，连续12年获“湖南省纳税信用A级纳税人”称号。支持“三高四新”、绿色经济和乡村振兴，信用总量较年初增加9.82亿元，完成消费帮扶3.56万元，核拨91万元专项费用，普惠涉农贷款完成年度目标的136.72%，减免普惠小微企业息费21.09万元。

是年，湖南银行邵阳分行获人行邵阳市中心支行年度消保评估A级、人民币流通管理工作先进单位、银保监年度消保年度评估1级，获评2022年度全市高效能治理先进集体、全市乡村振兴金融行先进单位，邵东支行获评省金融消费者权益保护标准化网点。

**【信贷投放】** 2022年，湖南银行邵阳分行购买政府债券6.92亿元，表外授信投放8.32亿元，有效支持宝庆工业新城、邵东生态产业园、昭阳投资、市燃气公司等政务类平台企业，政府融资平台授信余额106.55亿元。围绕市委、市政府确定的重点项目建设，完成市宝庆工业园、邵阳市宝庆置业投资发展有限公司、邵东市城市发展集团有限公司、邵东生态产业园等23个全市重点项目审批，金额86亿元。加大实体产业信贷支持，产业金融投放38.94亿元，余额达75.45亿元，同比增加7.17亿元，支持彩虹集团（邵阳）特种玻璃有限公司、邵阳市东昇超硬材料有限公司、湖南衡科铝材料有限公司等全市七大工业新兴优势产业链核心企业。其中，制造业贷款余额16.82亿元，中长期贷款占比39%，新增3.96亿元；小巨人企业用信覆盖率较年初增长11.11个百分点，用信余额7.61亿元，较年初增加4.33亿元；绿色信贷余额5.34亿元，较年初增加3.98亿元；国际结算业务量1.45亿元，累计贴现2.75亿元，同比增长787.1%。

**【大零售发展】** 2022年，湖南银行邵阳分行突出转型提质，推进大零售发展。加大小微企业支持力度，全年累计投放小微企业贷款741户、12.76亿元，线下小微贷款总户数、余额分别达1621户、26.9亿元，排名湖南银行系统内第一；当年新发放普惠型小微贷款利率5.38%，同比下降0.63个百分点；政府性融资担保贷款余额7.95亿元，同比增长22.88%；小微信用贷款余额1.89亿元，同比增长7.33个百分点；发放全市首笔潇湘财银贷，建立邵东玉竹、湖南宝东农牧科技股份有限公司等模式化服务方案。突出抓好两节营销，推进市区网点零售转型，开展周三老年人等活动，零售产能持续提升。零售存款较年初增加17.43亿元，达98.14亿元，完成全年时点任务的149%，市场份额较年初增加0.15个百分点。新增零售金卡客户3968户、完成全年任务的149.96%、排名A类行第二，新增代发人数18833人、完成全年任务的184.06%。

**【风险管理】** 2022年，湖南银行邵阳分行实行风险防化“一把手”工程，实现全口径逾期贷款和不良贷款余额“双降”。推动存量风险化解。每月召开信用风险防化会议进行专题督导调度，综合运用催收、诉讼、核销、转让等手段，加大存量不良处置力度；按期完成抵债资产开元商厦转让，收回现金2.7亿元；强化与法院的对接沟通，推动案件快审快结。管控新增信用风险。推行项目预审、独立贷后检查、纪委随时介入机制，制定下发授信业务“回头看”检查方案、结息日非正常新增逾期和欠息贷款等考核办法，从文化氛围、制度机制上控制新增风险；强化过程管理，提高风险识别和预警能力，严控风险隐患类贷款“冒泡”；组织开展房地产贷款等专项检查，对信用风险集中爆发的新增小微企业、民营企业授信开展贷后检查。控制其他经营风险有效。较好应对突发新冠疫情，确保业务经营运转正常；持续强化员工安防意识，吸取长沙自建房倒塌以及长沙电信大楼火灾教训；开展用电、防汛、防盗等巡察，整改安全隐患16处，通报批评2人；加强员工安全消防演练，1人获全省安保技能比武第二名；配合开展反洗钱“利剑”专项行动、打击新型电信诈骗“断卡”行动、吸毒毛发检查筛查、反电诈冬季攻势等工作，与人行邵阳中支合拍的《“征信修复”防诈妙招》视频获全省征信宣传作品竞赛第一名。

（钟　军）

## ·邵阳市农信系统·

**【概况】** 2022年，湖南省农村信用社联合社邵阳办事处（以下简称邵阳市农信系统）辖1个办事处、10家农商银行，其中市级农商银行1家、县级农商银行9家，共有营业网点361个，从业人员3600余人，是全市业务规模最大、网点覆盖最广、从业人员最多、农村金融服务最实的银行业金融机构。

助力乡村振兴，截至年末，投放已脱贫人口小额信用贷款7.8亿元，超出政府分配计划3654万元，完成年度计划的105%，承担全市金融机构投放任务的96%。

是年，邵阳市农信系统获评“邵阳市产业兴邵突出贡献奖先进集体”，获湖南省农村信用社联合社2022年“开门红”竞赛活动综合优胜奖。

**【支持地方发展】** 2022年年末，邵阳市农信系统存贷款居全市金融机构首位，排在全省农信系统第一方阵。存款余额1271亿元，市场占有率31.4%，较年初净增131亿元，总量在全省农信系统排名第三；各项贷款余额784亿元，市场占有率30.9%，较年初净增91亿元，总量在全省农信系统排名第二。累计缴纳各项税费5.91亿元，在全市所有纳税单位中排名第二，在全省农信系统仅次于长沙地区。

【惠农惠企服务】2022年，邵阳市农信系统坚守市场定位。年末普惠涉农贷款余额242亿元，较年初净增34亿元，超出各项贷款增速6.53个百分点；普惠小微企业贷款余额187亿元，新增小微企业贷款23亿元，较同期各项贷款增速高出4.11个百分点。支持企业复工达产。为171家企业发放复工达产贷款8.51亿元，为42户小微企业贷款办理延期还本5.87亿元；减费让利6205万元，较年初降低贷款平均利率77BP（BP指贷款基点，每个基点等于0.01%的利率）。

（付有为）

## 保险业

### ·综　述·

【概况】截至2022年年末，邵阳市共有保险公司29家。其中，人身险中心支公司（分公司）18家、地市级营销服务部1家，从业人员13919人，实现原保费收入69.44亿元，赔付支出15.19亿元；财产险中心支公司（分公司）10家，从业人员3947人，实现原保费收入29.8亿元，理赔支出21.42亿元。

丰富养老产品供给。普通型养老保险产品保费收入2.12亿元，同比增长4.04%。辖内4家商业养老保险试点公司探索满足新产业、新业态人员和灵活就业人员多样化需求，相继推出鑫享宝、卓越优选、福寿年年以及臻享百岁等专属养老产品，专属养老产品实现“零”的突破。新增长护险产品3个，总产品数量达18个。承办大病保险，推进城市定制型商业医疗保险。大病保险覆盖604万余名城乡居民，“湖南爱民保”为12万人提供3000余亿元健康风险保障。

深化车险综合改革。车均保费较综改前同比下降17.43%，车均保额上升88.03万元/台，全年车险保费收入15.47亿元，同比增长6.5%，“降价、增保”效果惠及更多民众。

强化农险保障作用。累计提供农业风险保障221.74亿元，同比增长24.81%，向6.63万户次农户支付赔款3.47亿元，7个产粮大县实现水稻完全成本保险全覆盖，新增特色农险产品4个，全省首单“野猪致害政府救助责任保险”在邵阳落地，生猪期货价格保险、森林防火气象预警指数保险等创新型农险产品满足农户个性化避险需求。

【助力乡村振兴】2022年，邵阳保险业选派27名骨干驻村帮扶，通过资金、物资、技术等帮扶方式助力乡村振兴，“以购代扶”帮助农户销售黄桃、葡萄等农产品近16万元，筹措乡村振兴帮扶资金近1000万元。落实“一村一机构”金融教育主办制，承担105个村的宣传责任，向乡村振兴联系点小学捐赠图书800册。推广防贫综合险、防返贫责任险、低保人群救助责任险等乡村振兴保险，提供风险保障62.21亿元。捐赠价值100余万元的水泵、电机、水管等抗旱物资，帮助农户开展抗旱自救，减少农户损失。

【服务社会治理】2022年，邵阳保险业为66.38万新市民提供保险保障服务，累计保费收入达1.19亿元。为1.03万名建筑工人、网约车承运人、货车司机、外卖骑手和快递员等提供72.67亿元的风险保障，为21家企业提供环境污染责任险风险保障0.12亿元，为17794家次企业提供安全责任风险保障410.34亿元，为企事业和学校食堂、农村集体等959个主体提供17.45亿元食品安全风险保障。

【助企纾困】2022年，邵阳市各保险机构积极为恢复经济提供风险保障。开展线上保单质押借款业务54052笔、贷款金额6.33亿元，帮助企业纾困解困。推出或赠送“虎年如意宝”“新安保”等保险产品，累计向6.96万人提供保险保障约131亿元。为企业因新冠疫情停工停产期间的财产损失及营业中断利润损失等提供275.82亿元保险保障，邵阳安责险共保体免费为参保的195个建筑项目拓展保险期限直至工程结束。

（周琪斌）

### ·中国人保财险邵阳市分公司·

【概况】中国人民财产保险股份有限公司邵阳市分公司（以下简称中国人保财险邵阳市分公司）是中国人民财产保险集团驻邵阳的一级分支机构，是全市保险业设立时间最久、机构网点最全的财险公司，为市保险行业协会会长单位。2022年，公司本部内设13个职能部门，下辖13个支公司、3个直属业务部、19家三农营销服务部、158个保险服务站、2780个保险服务点，拥有合同制员工412人。主营业务包括车险、财产险、货运险、责任险、信用险、意外险、健康险等商业保险，并根据政府委托经办政策性农业保险和社会医疗保险。全年累计实现保费收入10.17亿元，市场份额34.02%。

【社会贡献】2022年，中国人保财险邵阳市分公司累计承担风险责任近1.5万亿元，处理各类赔案10万余件，各类直接赔款7.15亿元。年缴纳各类税款6853.45万元，年均缴纳增速5%。响应市政府“稳就业”政策，吸纳城市下岗人员和农村返乡务工人员再就业组建专业营销员、协保员队伍，共有营销员747人、农村协保员1506人，年新增就业岗位100余个。

【“三农”服务】2022年，中国人保财险邵阳市分公司推动保险产品、服务和人员“三下乡”，将党和政府的强农惠农政策送到千家万户。聚焦水稻、生猪等国计民生领域，持续推进稳产保供。创新开办气象指数、价格指数、完全成本等新型特色农险，助力市优势农业产业做大做强。构建大灾联动机制，率先启用无人机、移动查勘、“耘智保”等新技术，打造形成农险

“天空地”一体化保障体系。优化特色农险供给，精准“一县一特一品牌”特色兴农富农政策及地方特色农险，保障金额达1.2亿元。年内公司农险业务为76.78万农户提供60万亿元的风险保障，累计已决赔款1.24亿元，受益农户2.57万户次。协助政府抗旱救灾，6月底以来，邵阳遭遇持续严重旱灾，为缓解政府抗旱救灾压力，市分公司向上级公司申请抗旱专项资金100万余元购买抗旱物资支援抗旱救灾。

**【健康服务】** 2022年，中国人保财险邵阳市分公司服务“健康邵阳”建设，融入社会医疗保障体系建设，进一步提高民众医疗费用报销比例。公司承办大病保险、城乡居民意外保险、县外就医等委托经办项目，覆盖9个县市，服务超过400万人，全年为超过23万人次支付医疗赔款3.8亿元，有效缓解老百姓“因病致贫，因病返贫”问题。完善民生保障体系，发展民生保障、补充医疗等民生类保险产品，在隆回、洞口、城步、绥宁、武冈开办特困护理人员保险，累计为14698个建档立卡贫困户提供风险保障1.8亿元。巩固拓展脱贫攻坚成果，主动参与政府防止返贫动态监测预警与救助，在双清、新邵、绥宁和武冈等地开展防返贫责任保险，为涉贫人口提供3.2亿元因病、因灾、因学而返贫的风险保障。维护医保基金安全，在各县市区政务中心、定点医疗机构设立“基本医疗+大病保险”合署办公窗口，参与基本医疗前端付费审核，联合医保部门开展“飞行检查”“夜巡”等打击骗保专项行动。

**【社会治理服务】** 2022年，中国人保财险邵阳市分公司发挥保险参与社会治理的独特功能，创新产品供给与推广方式，推进社会治理现代化进程，助力政府职能转型升级。健全应急救助机制，开办巨灾保险、农房保险、见义勇为救助等一系列民生类保险，建立安全生产风控体系。在教育、食品、交通、建筑等行业领域陆续承办了一大批行业安全生产统保项目，对安全生产事故进行了兜底保障。开办了住建安责险、交通安责险、农机安责险、特种设备安责险等一大批安全生产责任保险统保项目。在生产、教育、环境、公众安全、医疗保障等多个领域开展了学幼险、校园方责任险、食品安全责任险、见义勇为保险等项目，有效承接政府职能转型释放的管理职能，协助政府部门防范和化解各类社会矛盾纠纷，促进和谐城市建设。创新农民工劳动保障机制，推广农民工工资支付履约保证保险，缓解建筑施工企业资金压力，为120个工程项目提供6785.9万元工资支付担保。

**【交通安全管理服务】** 2022年，中国人保财险邵阳市分公司助力公安交管“放管服”改革在邵阳落实落地。推进车险综合改革，大幅降费让利，让消费者以更优惠的价格获得更充足的保障，全市车险客户支付保费较改革前平均降低32.5%，广大车主投保积极性更高、保障水平更充足，有利于处理道路交通安全事故。提升理赔服务时效，积极参与“两站两员”建设，在全市建设30个交通安全劝导站和17个交通管理服务站，护航道路交通安全。同时，以“交管12123”App为平台，与交警队联合办公，开展在线定责定损，实现简易交通事故的快速处理、快速赔付。

（易 瑶）

## ·中国人寿保险邵阳分公司·

**【概况】** 2022年末，中国人寿保险股份有限公司邵阳分公司（以下简称中国人寿保险邵阳分公司）辖82家机构，其中市级1家、综合性支公司9家、城区支公司1家、71个营销服务部，有从业人员6450人。中国人寿保险邵阳分公司属中国人寿系统136家“全国重点城市分公司”之一，全年实现保费收入28.4亿元，同比增长1%，以37.9%的市场份额居邵阳寿险行业第一位；为全市近500万客户提供风险保障，支付各项满期及赔付6.13亿元，同比增长3.19%；解决近7000人的就业问题，缴纳税款0.14亿元。新邵、隆回、邵东、武冈四家支公司入围中国人寿系统“全国双百强支公司”。

中国人寿保险邵阳分公司强化消费者权益保护，在《邵阳日报》开展“湘女关爱保服务民生”“爱无忧守护健康”等系列宣传活动。在人民银行反洗钱评级中，参评的6家支公司均排名行业第一。中国人寿保险邵阳分公司获2022年度反洗钱分类评级免参与资格，被市委、市政府评为“2022年度全市平安建设先进单位”。

**【业务发展】** 2022年，中国人寿保险邵阳分公司承办城乡居民大病保险和城乡居民医保经办业务基金规模达2.33亿元，承保人数超433万人，累计赔付5.1万人次，金额2.97亿余元。累计推广“湖南爱民保”惠民商业医疗补充保险在邵阳地区承保超3万人，专属商业养老保险产品“鑫享宝”通过“购买在国寿，开户在广发”的推广模式，在12个县市区成功开售，在邵市场占比72.5%。结合防疫需要，累计为全市居民赠送涵盖新型冠状病毒身故/伤残保障的保险产品4.7万份，总保额累计达71亿元。全年累计保单借款7.2万笔、借款金额8.58亿元，累计赔付4.08万件、金额4.2亿元，理赔时效2.59天，理赔获赔率99.73%。

**【服务乡村振兴】** 2022年，中国人寿保险邵阳分公司选派13位干部分别在11个乡村振兴联系点开展驻点帮扶，“以购代扶”帮助农户销售黄桃、葡萄等农产品近10万元。全年推进保险示范村建设86个，计生、妇联和老年人三大惠民工程业务规模同比分别增长71.9%、13.7%、26.9%。承担105个村的“一村一机构”金融教育宣传责任，新邵龙头冲村等4个村成为首轮挂牌的“金融教育示范村”。

（刘 军）

## ·平安人寿邵阳中心支公司·

【概况】截至2022年末，中国平安人寿保险股份有限公司邵阳中心支公司（以下简称平安人寿邵阳中心支公司）拥有邵东支公司、武冈支公司、邵阳县支公司3个支公司和新邵营销服务部、隆回营销服务部、洞口营销服务部3个营销服务部，共有寿险代理人804人、内勤员工61人。服务网络遍布全市，向客户提供全周期人身保险产品和服务。

【业务创新】2022年，平安人寿邵阳中心支公司推动“4渠道+3产品”改革战略落地，从单一个险渠道为主，走向四大多元渠道并驾齐驱模式，结合各自渠道优势和特点，四大渠道共同为客户提供优质产品和服务，为业务经营贡献价值增长。在财务新口径下，全年累计实现保费收入6.16亿元，创经营收入6.43亿元。各项赔款和给付金额9946.8万元，同比增加477.5万元。资产总额41.50亿元，同比增加3.89亿元，增长10.33%。

【合规经营】2022年，平安人寿邵阳中心支公司推进内控体系建设。组织开展法律合规文化建设活动，强化员工自律合规意识；进一步加强合规基础管理平台建设，落实合规管理与风险防控，组织开展防范非法集资宣传月、扫黑除恶、反洗钱、反保险欺诈等工作；加强内部审计、自查自纠及合规宣传教育等，积极排查各类风险，严查严处违法违规问题，对各类矛盾、纠纷等早发现、早处置。全年未发生重大风险事件、重大违规事件及重大案件，未受到监管处罚。

（唐红妹）

# 证 券 业

## ·方正证券邵阳营业部·

【概况】2022年，方正证券邵阳邵水西路营业部（以下简称方正证券邵阳营业部）辖隆回桃花路证券营业部、城步城南路证券营业部、邵阳县凤凰街证券营业部、新邵酿溪大道证券营业部、武冈武冈大道证券营业部5家营业部。拥有客户29余万，员工及经纪人130余人，拥有邵阳近50%的市场份额。年广义客户资产规模实现60.79亿元，新开标准户2万户，新增客户资产2亿元，其中新开信用账户335户；广义代买收全国份额实现值0.704‰；实现融资融券日均规模3.47亿元，金融产品考核收入为855.4万元，期货日均权益规模2125.92万元，期权张数22.01万张，投顾业务考核收入1101.3万元。

【投资教育】2022年，方正证券邵阳营业部利用省级投教基地，开展反洗钱、北交所教育、期权ETF培训、杜绝场外配资、杜绝非法集资、远离非法证券期货等投资者教育活动。8月19日，在湖南证监局指导下，联合湖南省证券业协会、方正证券投教基地，走进绥宁县寨市苗族侗族乡上堡村开展“民族一家亲，多彩投教行——走进最美少数民族村庄”，普及农村金融知识、探索“投教+乡村振兴”模式，活动覆盖100人次。全年开展投教宣传活动40场，服务公众9344人次，累计接受满意度调查1646次，满意度达98.3%。

【落实反洗钱义务】2022年，方正证券邵阳营业部调整反洗钱小组成员并重新明确岗位职责，召开4次领导小组会议。把握客户身份准入、交易风险判断、信息跟踪分析、数据上报四个环节，全面落实反洗钱工作。履行反洗钱义务，在组织机构建设、建立健全内控制度、宣传与培训等方面开展反洗钱工作。将风险防控作为反洗钱工作核心，针对客户、产品、业务及内部控制中存在的洗钱风险进行有效地识别、分析和控制，形成风险管理机制，防范洗钱风险。在日常工作及考核中落实反洗钱，强化各岗位客户适当性管理、反洗钱工作职责，每季度、每半年、每年度均开展自查自纠，审视工作质量，化解风险隐患。

（钟妮妮）

## ·财信证券邵阳营业部·

【概况】财信证券股份有限公司是湖南财信金融控股集团有限公司旗下核心企业，成立于2002年8月，系湖南省唯一的省属国有控股证券公司。截至2022年底，在全国设有7家分公司和88家营业部，总资产573亿元，净资产148亿元。财信证券股份有限公司邵阳城北路证券营业部（以下简称财信证券邵阳营业部）是财信证券股份有限公司在邵阳市的一家A类营业部，成立于1998年1月，前身为“财政信托证券营业部”。2015年营业地址搬迁至市大祥区城北路西湖桥旁彩虹大厦，营业面积1236平方米，拥有集中型客户区及10个客户室。2022年，营业部客户超9万户，客户托管资产37.56亿元，实现营业收入2934万元。

【社会服务】2022年，财信证券邵阳营业部开展慰问困难群众，看望福利院老人、儿童，社区清扫，路面除雪，烈士陵园扫墓等一系列联学联建和志愿服务活动，到湘西土家族苗族自治州凤凰县山江镇樟坡村、邵阳县合兴村开展乡村振兴帮扶活动。

（覃　祎）

2022 年 6 月，国泰君安邵阳营业部开展非法集资宣传活动

## ·湘财证券邵阳营业部·

【概况】2022年，湘财证券股份有限公司邵阳建设南路证券营业部（以下简称湘财证券邵阳营业部）开立资金账户1523个，新增理财客户199户，高净值客户4户，新增业务总权重完成率88.29%。业绩排名居公司湖南区域分支机构前列。6月公司重新改造后的天天盈产品上线，截至年底，完成新开天天盈客户数144户。

【管理】2022年，湘财证券邵阳营业部面对两次新冠疫情冲击，迅速行动、多方协调，确保两融追保、新股缴款通知等重点工作不中断。同时，通过定时线上会议对营销活动进行督导，要求员工利用电话、微信等线上方式继续开展工作，确保客户服务和营业部业务正常开展。面对证券市场低迷状态，营业部开展多形式的投资者教育活动，与目标客户精准互动，用产品和方法陪伴客户的投资周期，引导投资者理性看待市场，树立长期投资、价值投资、理性投资理念。落实合规风控及反洗钱工作，制作营业部反洗钱知识宣传墙并进行多次户外反洗钱宣传，营业部反洗钱分类评级为A类。

（曹洁茹）

## ·国泰君安邵阳营业部·

【概况】 国泰君安证券股份有限公司邵阳宝庆西路证券营业部（以下简称国泰君安邵阳营业部）是国泰君安证券股份有限公司在邵阳地区设立的唯一分支机构，归属国泰君安证券股份有限公司湖南分公司管理。经营范围包括证券经纪、证券投资咨询、融资融券、证券投资基金代销、为期货公司提供中间介绍业务、代销金融产品。2022年，国泰君安邵阳营业部租地面积340平方米，正式员工10人，其中具有投资顾问资格7人，具有基金从业资格10人，期货从业资格4人。设合规风控部、营运管理部、客户服务部、零售与财富管理部，营业部设业务办理大厅，下设客户咨询区、业务办理区、智能服务区、客户休息区。

【业务发展】2022 年，国泰君安邵阳营业部围绕“综合服务平台、领先数字科技、稳健合规文化”核心能力三支柱，健全营业部专业服务和风险防控能力，推动财富管理业务向“投顾驱动、科技赋能”模式转型。面对新冠疫情冲击，多次举办线上客户交流会，通过国泰君安君弘软件为客户提供线上服务，做到“交易服务不停摆，客户服务不停步”。线下举办818理财节等活动，引导客户根据自身风险承受能力及投资需求合理配置资产。全年实现营业收入1163.77万元，年末托管资产合计20.03亿，累计资金客户数（不含辅资金账户数）7.66万户,证券交易金额全年累计533.53亿元。

【合规经营】2022 年，国泰君安邵阳营业部主动加强合规管理，提升风险防范水平，不断完善内部风控流程，守住风险底线、培育合规文化，将风控工作常态化、制度化、日常化，安排专人定期做好合规自查，发现问题及时汇报整改。全年开展反洗钱可疑甄别25笔，开展5次反洗钱宣传、4 次反洗钱培训，开展非法集资宣传活动、反洗钱宣传月、金融知识普及月等各类专题宣传活动，通过户外社区宣传、线上宣传员工转发等方式普及证券基础知识，加强投资者教育。

（刘 响）

# 交通·邮政·通信

# 交　通

## ·综　述·

【概况】 截至2022年底，邵阳市交通运输完成投资146.59亿元，同比增长45.04%，超额完成省下达指标任务。其中高速公路完成投资115.77亿元、增长61.02%。全市公路总里程22615公里，管理养护公路21960.35公里。全市干线公路好路率达97.73%，名列全省第一位。全市有货运经营户11229家、货车17970台，客运经营户1026家、客车3294台、线路1324条，公交企业12家、公交车1662台、公交线路136条，巡游出租车经营企业25家、巡游出租车2523台，网约车平台公司7家、双证齐全的网约车1176台。全市公路货运量9345万吨、货物周转量为641911万吨公里。全年完成水运客运量10.61万人次、旅客周转量107万人公里，实现民航运输起降1255架次、旅客吞吐量5.7万人次。

是年，邵阳市五年蝉联全省民生实事农村公路建设优胜单位；市交通运输局获评全省交通运输系统先进集体、全省春运工作先进单位、全市信访工作先进单位，创作的《走出大山》微视频获“百年风华 交通风采”全国交通运输微视频大赛优秀作品优秀奖；市交通运输综合行政执法支队获评全国交通运输行业文明示范窗口，成功创建省级文明单位。

【交通行业治理】 2022年，邵阳市完成国省干线大中修190公里，干线公路优良率97.73%，农村公路优良率85.86%。推进法治政府部门建设，《邵阳市乡村公路条例（草案）》通过市人民代表大会二审。全市综合执法、高速公路路政管理协作机制运行顺畅，推广应用省综合执法信息系统，全面实施网上办案，全市交通运输综合行政执法队伍实现整体换装。实现“互联网+监管”覆盖率高于省定目标2个百分点。推进定制客运发展，县市区开展率达91.67%。深化“放管服”改革，完成道路运输“跨省通办”10391件，办结率99%、好评率92.27%，启用并办理道路运输电子证照4.3万余件、申领率63.05%。完成“12328”热线省市平台对接改造，开通“95128”电话约车热线，受理办结群众来信来访70余件、网民留言304件。规范管理网约车，网约车订单合规率较上年上升28个百分点，居全省首位。推动道路货运规上企业培育，确定5家规模较大的专用运输企业为培育对象，并支持动员10余家整合发展，新增4家规模以上企业，全市道路货运规模以上企业增长至7家。建成全市网约车巡游车监管平台，部省共建交通旅游大数据项目设计文件通过评审批复并移交“数字政府”建设。开展非法码头渡口整治，整改销号公路“四违”问题311条，巡查整治高速公路桥下空间326处，督促依法依规完成高速公路故障、事故车辆救援服务1874起。优化全市汽车排放检验与维护制度，建成汽车排放性能维护修理机构（M站）26家。配合整改长江经济带生态环境突出问题城步茅坪采石场农村公路泥泞，摸排销号船舶污染问题7个，船舶污染物转运处置率达100%。

【平安交通建设】2022年，邵阳市交通运输系统对标市社会治理六项重点工作部署，开展专项整治三年行动等五大专项行动，坚持“一月一考核、一月一排名、一月一通报、一月讲评”，发现整治隐患3381项，隐患清零和顽瘴痼疾集中整治均排名全省第一，交通运输责任事故起数、亡人数同比分别下降65.51%、63.2%。保障群众安全出行，改造危桥129座（干线公路63座、农村公路66座），实施干线公路安防工程52.22公里、灾防工程32.84公里，整治农村公路风险路段1890公里，完成“三必上”“五必上”▲等建设103处。全省首推普货车辆右侧盲区监控安装，由各级财政保障4.5吨以上普货车辆安装，完成安装13990台，基本实现全覆盖，为全省交通运输行业安全监管提供“邵阳模式”。健全路警联合、交叉异地执法，全市100家重点货物源头企业100%接入省治超联网系统，查处超限车辆16095台次，强制恢复改拼装车辆1855台次，处罚、取缔非法源头企业216家，卸载货物77562.8吨，全市超限超载率控制在1%内。加强“两客一危”运行监管，出动人员10万余人次，检查企业5110家，停产停业企业415家，注（吊）销各类证照2846本（其中吊销道路运输证2519本），注销货运企业经营许可证5家，注（吊）销从业人员资格证322本。强化应急保障，有效应对19轮强降雨等极端恶劣天气和自然灾害影响。常态化开展扫黑除恶和“打非治违”工作，摸排行业乱象线索77条。

▲“三必上”“五必上”：“三必上”指对近三年来发生过较大以上事故的农村危险路段增设警告标志、减速带、路侧护栏；“五必上”指对发生过较大以上事故的农村平交路口增设警告标志、减速带、警示桩、道路标线和信号灯。

（石文斌）

## ·公　路·

【概况】 截至2022年年末，邵阳市公路总里程22615公里，占全省总里程的9.3%，全省排名第三。其中，高速公路582公里，占全省的8.2%，全省排名第四；国道709公里，占全省的8%，全省排名第四；省道2236公里，占全省的10%，全省排名第二；农村公路及专用公路19088公里（以上占比排名情况未经省交通运输厅核定，省核定发布需2023年7月底）。

2022年，市公路建设养护中心

2022 年“湖南省十大最美农村路”——新宁县 Y026 崀山脐橙产业路

（石文斌 供图）

管理养护公路 21960.36 公里，其中国道 4 条 709.09 公里、省道 28 条 2233.96 公里、县道 297 条 3416.57 公里、乡道 4264.49 公里、村道 11304.57 公里、专用公路 31.68 公里，桥梁 3669 座 93321.83 延米，公路渡口 6 处，是全省养护里程最长的市级公路管养机构。

是年，邵阳市公路工作在全省评比中获省公路中心“红旗单位”称号，市国省道公路综合养护“双评双促”真抓实干激励综合评价获全省第二名，市重点民生实事农村公路“三路”建设获全省优胜单位。市公路建设养护中心获评国省干线公路养护先进单位，隆回县成功创建“四好农村路”全国示范县，大祥区蔡锷中心养护站获评“全国安康杯竞赛优胜班组”。北塔区公路管理局获评全国交通运输行业文明单位，大祥区公路管理局蔡锷中心养护站获评全国“安康杯”竞赛活动先进集体；武冈市成功创建“城乡客运一体化”省级示范县，新宁县 Y026 脐橙产业路成功创建全省“十大最美农村路”。

（石文斌 张亚涛）

**【高速公路建设】** 2022年，邵阳市高速公路建设创造建设新速度，完成投资115.77亿元，同比增长61.02%，白新（白仓—新宁）、永新（永州—新宁）、城龙（城步—龙胜）、新新（新化—新宁）4条高速公路全面推进建设。其中，白新高速公路线子岭隧道双向贯通，主体工程施工进入冲刺阶段，白新高速公路获评优秀省重点建设项目；永新高速土石方挖填、通涵完成100%，桥梁基础完成97%；城龙高速一个半月内完成征地拆迁，获副省长陈飞批示肯定；新新高速主线全面交地，拆迁房屋521栋。

**【干线公路建设】** 2022年，邵阳市完工新邵太芝庙至雀塘公路等7个干线公路项目81.64公里主体工程，新开工G356邵阳县罗城至黄豆园等9个干线公路项目184.07公里，对接协调国省干线预用地纳入“三区三线”，有效解决交通项目用地、生态红线等制约问题。

**【站场建设】** 2022年，邵阳市完成邵阳汽车北站和洞口汽车总站提质改造；有序推进邵阳县芙夷新园物流园建设，邵东星沙物流园成功创建第三批省级示范物流园，实现邵阳市“零”的突破；隆回综合客运枢纽、邵阳县峡山客运中心和隆回县工业园公交枢纽站完成前期准备，具备开工条件，加紧推进武冈、城步乡镇运输服务站建设。

**【“四好农村路”建设】** 2022年，邵阳市推动“四好农村路”高质量发展，一体推进“交通+旅游”“交通+产业”“交通+资源”建设，完成农村公路提质改造559.725公里（三级路93.693公里、资源旅游产业路282.512公里、便捷连通路183.52公里）、生命安全防护工程659.97公里，省定完成率分别为132.01%、129.92%，完成危桥改造63座，新增通三级公路乡镇13个。落实《邵阳市深化农村公路管理养护体制改革实施方案》，对标省定“1053”养护资金配套标准，协调对接20%的市级养护补助资金列入财政预算。结合新农村建设、美丽乡村建设等综合治理，持续提升路域环境整治实效。投入70万元，修建一条宽3.5米、长1公里的出行公路，彻底解决困扰沪昆高速邵阳东收费站出口匝道右侧群众多年来的出行难问题。

（石文斌）

**【国省干线公路养护】** 2022年，邵阳市国省干线公路经省交通厅

2022 年 8 月 17 日，白新高速蛇湾互通与二广高速第一次交通导改完成

（石文斌 供图）

湖南省最美干线公路——国道207新邵段　（2022年摄）（张亚涛 供图）

检测“优良路率”97.73%，名列全省第一，高于省定目标4.33%；路面PQI值91.7，高于省定目标2.4；PCI值94.4，高于省定目标2.5；RQI值87.8，高于省定目标2.3。国省道公路一、二类桥梁占比达88.4%，国省道公路一、二类隧道占比达100%。完成国省道公路危旧桥梁改造63座、国省道公路安全设施精细化提升工程52.22公里、国省道灾害防治工程32.84公里，完成公路观景台建设任务4个。推进日常小修和预防性养护工程，完成水泥路面局部断板修复22870平方米、断角处治6120平方米、裂缝处治36420米，完成沥青路面挖补24800平方米、面层修补45870平方米。国省干线公路实施预防性养护工程里程191公里，占总里程的14.17%，超过省定5%要求。完成大中修工程190公里，工程自检路面平整度达95%以上，工程厚度合格率达100%，工程合格率达100%，工程优良率达98%。

**【农村公路养护】** 2022年，邵阳市农村旅游路、资源路、产业路提质改造考核任务424公里，完成559.725公里，完成率132.01%。开展“群众性养护”示范创建，全市路况情况PQI中等以上比例85.86%（省定考核任务85%），优良率81.66%；绿化率达88.2%。全年养护工程计划项目274个，计划里程1791.77公里，计划总投资22183.5万元，到年底，完工里程1791.77公里，完成投资22543万元。预防性养护完成投资2514.1万元。为响应“四好农村路”建设活动提出的绿化美化要求，对绿化苗木进行补种和更新，完成17条县乡村道栽种任务，完成绿化里程92公里，完成投资232万元。全市农村公路安防计划里程508公里，完成里程659.97公里，完成率129.92%。农村公路危桥改造工程全面完成省定任务。完成社会治理农村公路风险隐患整治1890公里。

（张亚涛　李丽超）

**【客货运输】** 2022年，邵阳市有客运经营户1026家（含客运企业105家），客运车辆3294台、线路1324条；货运经营户11229家（含个体户10752家）、货运车辆17970台，其中危货企业13家、危货车辆430台。全市公交企业12家、公交车1662台（全部为新能源公交车）、公交线路136条，其中市区企业2家、线路38条、车辆803台。全市巡游出租车经营企业25家、巡游出租车2523台，其中市区企业5家、车1100台。全市网约车平台公司7家、双证齐全的网约车1176台。推进城乡客运一体化进程，武冈市投入车辆164台，开通城乡线路95条，覆盖299个建制村，成功创建“城乡客运一体化”省级示范县。全市公路货运量9344.6万吨，货物周转量641911.1万吨公里。

（石文斌）

## ·铁　路·

**【邵永高铁可研前期工作】** 邵阳市至永州市的高速铁路（简称邵永高铁）起于邵阳站，与怀邵衡交会，连接娄邵铁路（娄邵高铁），止于永州站，与衡柳铁路交会，连接广清永高铁，是国家“八纵八横”大通道之一的呼南通道中的一段，线路长约96公里，设计时速350公里，估算投资201亿元。邵阳市境内约43.26公里，截至2022年底，已完成可研报告编制、审查、鉴修等工作，以及地质灾害危险性评估、社会稳定风险评估意见等可研批复前置要件，上报中国国家铁路集团有限公司进行内部会签，预计2023年初可批复项目可研，上半年可开工建设。

**【邵阳火车站改扩建工程】** 2022年，邵阳火车站综合交通枢纽项目完成投资6.06亿元，为年度计划的150%，全面完成第二阶段施工，邵阳站怀邵衡场12、13道及7、8站台开通，娄邵场具备开通条件，侧式站房土建主体完成封顶。该规划占地面积1477亩，总投资29.97亿元，争取2023年10月1日主体竣工并投入使用。

**【铁路建设前期工作】** 2022年，邵阳市全力以赴推动呼南高铁邵阳至永州段开工建设，推进向南延伸建设永清广高铁，争取娄底至邵阳段新建高铁，打通邵阳对接粤港澳大湾区和长株潭城市群的快速通道。争取“十四五”期内启动建设兴永郴赣铁路，完成“县县通铁路”目标。主动参与西部陆海新通道建设，聚焦“重庆—怀化—北部湾出海口”主通道，争取怀桂高铁、渝湘粤高铁（邵阳北至邵阳段）早日开工建设，争取洛湛铁路电气化改造，提升邵阳市融入西部陆海新通道的铁路客货运能力。其中怀桂高铁和呼南高铁娄邵段新建高铁已委托中铁第四勘察设计院集团有限公司完成规划研究报告。

（石文斌）

## ·水　路·

【概况】 邵阳市属非水网密集地区，截至2022年，有通航河流16条，航道总里程837公里，通航总里程510公里。其中，现状七级及以上航道167公里，为资水干流110公里（规划四级）、邵水57公里（规划六级）；规划六级航道289公里，为赧水138公里、夫夷水151公里；规划七级航道平溪水42公里；区域重要航道巫水122公里；通航水库6座。全市有渡口186道，其中视频监控渡口63道；有在检船舶256艘，其中货船25艘、客船7艘、客渡船155艘、工程船9艘、旅游排筏36艘、公务船18艘、保洁船6艘，主机总功率7274千瓦，总吨位共6695吨。年内全市水路运输为农村短途水路客运和水路旅游客运，仅湖南崀山恒源国际旅游发展有限公司水溪漂流码头、何家湾漂流码头2处漂流客运码头以及邵阳县部分农村客运停靠点运营，全年完成水运客运量10.61万人次，其中邵阳县港区6.9024万人次、新宁港区3.7076万人次，客运周转量107万人公里。

【《邵阳港总体规划》实施】 2022年，邵阳市交通运输局推进《邵阳港总体规划》编制，8月底完成规划环评审查、评审稿修改完善，10月中旬通过省交通运输厅审查，11月14日通过市政府批复正式实施。总体规划港区10个，港口利用岸线122处，规划岸线长度16500米。《邵阳港总体规划》坚持生态优先，落实生态保护红线、饮用水源保护区等环境刚性要求，科学规划岸线及港区，货运岸线主动避让，客运岸线注重规划对接，协调生态环境高水平保护和经济高质量发展之间的关系，形成以宝庆港区为核心，以邵阳县港区、新邵港区为重点，以武冈港区、洞口港区、隆回港区、新宁港区、邵东港区、城步港区、绥宁港区为一般港区的布局，将邵阳港打造发展为具有装卸储存、中转换装、运输组织、临港开发、商贸物流、信息服务、客运旅游服务等功能的综合性、现代化港口。

（石文斌）

## ·民用航空·

【概况】 2022年，邵阳市规划布局9个通用机场建设。其中，邵阳市中心通用机场（新邵新田铺）、新宁崀山通用机场完成军方选址核准；城步南山通用机场编制完成场址报告和飞行服务报告，并通过民航部门审查，由省政府报中央军委待审。推进直升机起降点规划布局，审核通过283个直升机起降点，部分乡镇（街道）开始规划直升机起降点，确保实现“乡乡有直升机起降点”的目标。邵阳机场基地航校正式投入商业运营，进驻3架训练机。

【邵阳武冈机场】 邵阳武冈机场已开行“北京=郑州=邵阳”“重庆=邵阳=长沙”“海口=邵阳=西安”“上海=邵阳=昆明”等6条航线，与北京、上海、深圳、重庆、杭州、长沙、海口、昆明、兰州、西安、南宁等11个城市实现通航。全年实现民航运输起降1255架次、旅客吞吐量5.7万人次。

（石文斌）

# 邮政管理

【概况】 2022年，邵阳市邮政行业寄递业务量累计完成19231.01万件，同比增长3.12%。其中，快递业务量累计完成9757.34万件，同比增长2.56%；邮政寄递服务业务量累计完成9473.67万件，同比增长3.71%。邮政行业业务收入（不包括邮政储蓄银行直接营业收入）累计完成18.11亿元，同比增长6.97%。其中，快递业务收入累计完成6.84亿元，同比增长3.64%；邮政寄递服务业务收入1.55亿元，同比下降5.07%。

市邮政企业助力乡村振兴，开发新宁脐橙、绥宁东山红提、洞口雪峰蜜橘3个精品项目，农特产品销售额为1879.53万元，带动邮政包裹快递业务量26.85万件，带动邮政、EMS寄递农产品业务收入221.72万元，累计服务农户1万余户。

【风险防范】 2022年，邵阳市邮政管理局立案查处安全生产类案件12起。将安全生产纳入对各快递品牌企业安全等级评定和寄递企业评优考核指标，组织企业有针对性地开展应急演练。开展房屋安全隐患排查，检查企业分拨中心62家。根据省、市“2022年清风行动”要求，在全市范围内开展邮政快递业打击非法野生动植物贸易专项行动，严防相关禁寄物品流入寄递渠道。全年组织开展各类教育培训29次，培训3082人次，增强从业人员安全意识。党的二十大召开前夕，联合市公安局、市国安局检查快递企业和网点54个，现场检查发现各类安全隐患196处，其中现场整改完成53处、限期整改143处。

【行业绿色发展】 2022年，邵阳市邮政管理局多次组织邮政快递企业召开生态环保工作培训，对《邮件快件包装管理办法》《邮件快件绿色包装规范》等进行重点解读。结合双随机检查、专项检查等时机，对企业绿色环保工作开展现场检查，针对邮政快递企业未按规定向协议用户书面告知封装用品、胶带环保要求问题，立案处罚1起。推进绿色试点，落实监管职责，建设完成绿色分拨中心2个，绿色网点2个。

【邮政普遍服务和市场管理】 2022年，邵阳市邮政管理局组织362人次开展邮政普遍服务监督检查，检查邮政普遍服务营业场所150处，检查邮件处理中心、分拣室、揽投部31处，发现问题隐患15处，下发责令改正通知书15份。向市政府提交《关于压实属地责任重拳整治快递末端违规收费问题的请示》，市政府牵头督促各县市政府落实属地监管责任，建立市场监管、邮政管理、公安等部门联合协作机制，各职能管理部门积极联动、齐抓共管，在全市范围内开展快递末端违规收费专项整治行动，对乡镇快递违规收费行为进行严厉打击，发现一起查处一起，约束乡镇快递末端网点，遏制乡镇违规收费行为，铲除违规收费土壤。

**【关爱“快递小哥”】** 2022年，邵阳市邮政管理局联合市总工会开展为“快递小哥”送“福”、送春联活动，送去福字、春联400余份；国际妇女节期间，组织近200名女性快递从业人员参加“关爱女性、呵护健康”两癌筛查活动；国际儿童节期间，组织快递行业职工家庭参加六一儿童节关爱活动；向市总工会申请常态化送温暖慰问资金3万元，为“快递小哥”送上关怀和温暖；对因病、因伤造成家庭经济困难的快递企业职工进行帮扶慰问；在顺丰邵阳双清得丰市场营业点进行邵阳市工会户外劳动者服务站点建设试点；争取并组织协调省总工会到邵阳开展“夏日送清凉”活动，为“快递小哥”送上160件清凉物资；为企业工会会员购买体育器材、租赁运动场所，组织体育活动；向省总工会争取“工会进万家 新就业形态劳动者温暖行动”项目，包含价值1.5万元慰问礼包和2.4万元慰问金，惠及快递员110名。

（向海涛）

## 通　信

### ·中国电信邵阳分公司·

**【概况】** 2022年，中国电信股份有限公司邵阳分公司（以下简称中国电信邵阳分公司）完成主营收入12.78亿元，完成年度目标的98.14%，同比提升10.52%。移动用户净增14.66万户，其中5G用户净增34.33万户；宽带用户净增5.41万户，其中千兆宽带净增5.32万户；ITV用户净增3.97万户。完成产数收入1.03亿元，完成年度目标的108.86%，同比提升30.61%，在湖南公司排名第五。

是年，中国电信邵阳分公司获评省公司“供应链绩效管理先进单位”。组织参加省公司供应商上云工作劳动竞赛，莫春龙、唐自远分获上云推动专业及上云营销支撑专业二等奖。中国电信邵阳分公司办公室获评集团公司“2022年度办公室工作先进集体”。组织开展19项劳动（技能）竞赛，在湖南公司各类劳动竞赛中获团体奖6项、个人奖48人。

**【客户服务】** 2022年，中国电信邵阳分公司开展“10分满意”引领服务提升专项竞赛，全面提升渠道服务能力；围绕“客户满意，价值提升”主题，提升VVIP服务，增进客情关系；强化培训赋能，提升触点服务人员服务水平；开展“全员服务在行动”“品牌英雄”选树活动，增强全员服务意识。根据客户不满意原因、客户特征画像等进行问题分类，开展分场景综合施策，落实服务规范，执行修复动作，加强工单闭环，倒逼内部改善流程修复客户感知；按季“挂图作战”，先于“差评”之前解决客户问题，更新修复策略，提升修复率。年内共收到湖南公司线下客户感知工单22290件，其中市场线派单联电成功率64%、网运线派单修复成功率49%；客服线派单修复成功率70%。公司综合满意度行业排名第一，全年领先度1.95分，湖南公司排名第三。

**【反电信诈骗】** 2022年，中国电信邵阳分公司聚焦用户个人信息安全及客服相关保密工作领域，全面排查、追根溯源、消除隐患，有效防范用户个人信息泄露；建立体系化、专业化、常态化的反电诈工作运行机制，专班集中办公，实现快速沟通、快速应对、快速决策。通过内外高效协同，反电诈效果明显，全年为邵阳公安部门提供电信诈骗线索286条，协助各级公安侦破电信GOIP或VOIP窝点26起，现场抓获犯罪分子64人，涉案金额超1000万元。根据市联席办通报数据，年内邵阳电信涉案线索48条，同比下降44.83%，为同期通信运营商中涉案线索最少。公司反诈业绩考核湖南公司排名第二。

**【云网建设】** 2022年，中国电信邵阳分公司新增光网端口7.15万个，新增端口规模湖南公司排名第三，光网端口实占率57.7%，同比提升4.5%；新增万兆PON口10296个，万兆端口占比57.27%，同比提升14.32%；划定的三千兆小区和万人重镇全部完成端口能力升级并实现所有乡镇万兆能力保障。无线建设完成1556站套，其中5G完成1176站套、4G完成380站套，年度新建站点规模湖南公司排名第四；通过共享提升4G覆盖率25.77%，共享小区电信日均流量达84T，占比达50.9%；承建政府普遍服务项目，新建基站121个。产数建设完成9个县域DC机房建设，“一城一池”能力提供3058核VCPU、内存7439GB、分布式存储298TB、SSD闪存49.12TB、对象存储72TB，新开OTN电路69条、改造138条。

**【云网运营】** 2022年，中国电信邵阳分公司优化云网运营质量。杆线安全隐患整治完成38项，解决3780处跨路高度安全隐患、450公里老化锈蚀杆路、12处重大安全隐患及同路由结构性安全隐患；开展跨公路杆路升高专项行动，更换电杆5398根，车辆挂断ODN故障量压降80%，ODN故障次数从年初的1519次/月压降至409次/月。增强政企交付能力。标品交付效能98.5%，标品平均交付时长在48小时内；两线业务开通时长52.05小时，故障平均历时86.7分钟，十分满意度售中99.49%、售后96.75%，各项指标均达到考核要求；初步探索建立PMO运营体系，成立PMO团队，做到敏捷响应，管控市县两级的DICT项目，完成项目交付34个。

**【科技创新】** 2022年，中国电信邵阳分公司建立科技创新工作机制。成立领导小组和专业工作小组，建立科创工作室和公司党委联系服务专家工作制度，明确各三级单位科创任务目标和工作要求，实施考核与激励。中国电信邵阳分公司通过集团评审发明专利1项，小微创新成果引入4项，持证研发人员完成率181%，科创考核湖南公司排名第三；市本级张文彪劳模创新工作室5个优秀案例被集团公司采纳，4项成果分别被江苏电信、新疆电信、四川电信、山东电信引入使用；组织参加省公司2022年科技创新劳动竞赛，中国电信邵阳分公司刘阳春获先进个人二等奖、郑茗获先进个人三等奖。

（肖小芳）

## ·中国移动邵阳分公司·

**【概况】** 2022年，中国移动邵阳分公司推进“法治移动”建设，妥善处理法律诉讼纠纷。实施数智乡村振兴计划，助力农业农村现代化发展。开展电信普惠服务，新开通4G电普站点204个，建设开通700兆村村通基站414个。完成中共二十大等20余次重要活动和重大事件通信保障任务，累计投入保障人员1083人次、油机929台次。开展电信网络诈骗防范治理，保护国家数据和客户信息安全。

全年完成通信服务收入18.64亿元，同比增长4%，获全省移动经营业绩优胜奖，未发生安全生产责任事故。

**【信息基础建设】** 2022年，中国移动邵阳分公司全面推进信息基础设施建设，系统打造以5G、算力网络、能力中台等为重点的新型基础设施。截至年底，共开通4G基站9454个、5G基站3044个，实现全市县市城区5G连续覆盖和乡乡通5G。支撑数智化生产，推动生产、销售、管理等各环节的自动化、智能化改造，推进智慧工厂、远程服务、无人农场等应用场景落地，有效提高生产效率、改善生产环境，保障生产安全。丰富数智化生活，推动衣食住行等生活场景实行线上线下深度融合，更好满足人们的物质需求和精神需求。赋能智能化治理，面向数字政府、智慧城市、数字乡村、智慧社区等重点场景，提升公共服务的信息掌控能力、科学决策水平，实现更加精准、更高效能的社会治理。

（刘婧文）

## ·中国联通邵阳市分公司·

**【概况】** 2022年，中国联合网络通信有限公司邵阳市分公司（以下简称中国联通邵阳市分公司）基础业务收入6.19亿元，主营业务收入完成7.07亿元。开通数字乡村智慧驾驶舱200余个，助力乡村振兴。开展“科技助老 联通美好”智慧助老活动，提高老年人适应智能时代能力，增强老年人防诈骗意识。

**【网络建设】** 2022年，中国联通邵阳市分公司新建900M基站1208站，累计达2334站，新增5G共享基站1028个，累计达2771个。4G网络人口覆盖率提升至97.86%；5G网络人口覆盖率提升至73.39%，城区宽带覆盖率提升至91.48%，行政村宽带覆盖率提升至70.53%，城区10G PON占比达92.7%。累计升级10G PON站点140个，实现真千兆能力100%达到。骨干云池建设初见雏形，邵阳地区算力达160T FLOPS，存储总量达278.38T。

**【客户服务】** 2022年，中国联通邵阳市分公司建立以视频业务体验为主线、以“三个随时随地”为目标的服务标准，使首帧时延均值下降50.4毫秒，720P及以上视频流量占比达到66.78%。用户感知持续提升，问题解决满意度提升21.4%，有效申诉率下降52.24%。

**【网络与信息安全】** 2022年，中国联通邵阳市分公司印发《中国联通邵阳市分公司2022年度平安建设考评办法》，结合安全生产专项整治三年行动，推进冬春安全生产专项整治行动，逐项排查风险隐患。出台打击治理电信网络诈骗专项工作方案，全年通报处罚涉诈的社会渠道48家。开展网络与信息安全工作及反诈骗工作，推进弥合老年人、残障人士、农村脱贫户等群体面临的“数字鸿沟”，举行反诈宣传、手机讲堂，让更加优惠便捷的通信服务惠及更多的人。网络运行全年零事故、零考核、零通报。

（肖芳芳）

# 城乡建设

邵阳年鉴 SHAOYANG NIANJIAN 2023

## 住房和城乡建设

【概况】2022年，邵阳市启动历史文化名城、名镇、名村与街区国土空间专项规划和传统村落保护国土空间专项规划编制，完成《武冈历史文化名城保护规划（2020—2035年）》，完成首批50处历史建筑、历史文化街区挂牌及测绘建档。

市住房和城乡建设局配合完成市委巡察组对局党组和住保中心党委的巡察，办理巡察反馈立行立改问题交办件三批次9件、专项问题交办件2件、信访问题交办件24件，47个巡察反馈问题45个整改到位、2个基本整改到位，整改销号率95.7%。新冠疫情防控期间，指导建设方舱医院和隔离点，交付床位14570张，组织系统企业捐赠抗疫物资200余万元，通报表彰住建行业疫情防控助力单位协会4个、企业86个。全年筹措资金150万元，对口帮扶2个乡村振兴点。

是年，市本级和武冈市城乡环境基础设施和农村危房改造、农村住房质量安全管理工作获省政府真抓实干督查激励，保持省级文明标兵单位称号，优化营商环境、招投标监管、基层党建、人防训练、平安建设、乡村振兴等工作进入省、市先进行列，建筑施工质量安全管理工作在全省住建工作会议上作经验交流发言。

【城市更新】2022年，邵阳市推进新型城镇化建设。实施“东部城镇群”“西部生态圈”战略，初步形成以中心城区为核心、东部城镇群为骨架，县城、重点镇和特色镇合理分布、协调发展的城镇新格局。年末常住人口城镇化率达53.65%，排武陵山片区首位。强化城市基础设施建设。有序推进白马大道、北塔路、福源路、大祥路、佘湖桥北匝道、三里桥路、屈原路、电机路、马蹄塘路建设，拉通客村路、迎春路，打通断截路、畅通微循环；缓解市城区停车难问题，新增停车泊位1.68万个。推进城市更新。开工改造城镇老旧小区326个3.3万户，完工263个，完工率81%，完成投资10.5亿元，其中148个重点民生实事项目，完工147个，完工率99%，完成投资98%；实施房屋征收项目10个1497户，面积14.95万平方米，完成签约1006户10.12万平方米。化解超期安置。实施超期安置“清零行动”，完成交付2800户，其中交付安置地17宗，交付安置房项目12个，完成安置房置换437户1013套，年节约超期安置过渡费及购房款利息约9000万元。

【房地产管理】2022年，邵阳市坚持因城施策，出台促进房地产业平稳健康发展的政策措施，举办房交会，促进房地产市场平稳运行。全年完成房地产投资278.99亿元，同比增长0.8%，增速排名全省第三。实现商品房销售面积441.65万平方米，增速全省排名第七。积极稳妥推进房地产风险项目处置，恒大邵阳项目签订整体承接协议并全面恢复建设。支持40个项目争取保交楼专项借款，首批17个项目获得7.51亿元专项借款资金，可完成保交楼7932套，当前交房率33%，排名全省第二；第二批23个项目预计争取保交楼专项借款9.28亿元，完成保交楼9363套。

【保障性住房建设】2022年，邵阳市开工棚户区改造项目19个3462户，实施保障性租赁住房建设项目15个1021套，发放住房租赁补贴14942户，完成投资2亿元。减免611户小微企业和个体工商户的租金近800万元。

【物业管理】2022年，邵阳市构建党建引领协同治理机制，45个小区设立党支部或临时党支部。新增14个智慧物业小区。《邵阳市物业管理办法》纳入市人大、市政府立法计划，推进顺利，走在全省前列。归集795栋1.16万户物业专项维修资金1.11亿元，面积137万平方米。完成白蚁预防施工面积220万平方米，白蚁灭治面积18万平方米。

【村镇建设】2022年，邵阳市实施农村危房改造2005户，竣工2005户，竣工率100%。培训乡村建设工匠2787名，农村低收入群体等六类重点对象住房安全得到保障。新建2个传统村落数字博物馆。推进城乡环境基础设施建设，持续实施乡镇污水处理设施建设四年行动计划，完成乡镇污水处理厂建设项目53个，实现全市建制镇污水处理设施全覆盖，建成垃圾中转站26座。

【建筑业管理】2022年，邵阳市支持建筑企业转型发展，实现建筑业总产值726亿元，同比增长11.5%，增速排名全省第三、武陵山片区第一。新增入规入统“四上”建筑业企业50家，同比增长20%，增速排名全省第二、片区第一。邵阳路桥建设集团有限公司晋升一级特级资质，大川国际建工集团有限公司等9家企业晋升建筑工程施工总承包一级资质。新增建筑节能项目43个，面积205.8万平方米。完成装配式建筑99.8万平方米，占新建建筑面积26.5%。城镇绿色建筑占比达69.5%，中心城区实现全覆盖。14家企业16种建材产品获绿色建材认证。争创省优质工程6项、芙蓉奖3项。在湖南省行业职业技能竞赛中获住建行业（钢筋工）职业技能竞赛团体二等奖。

【工程建设项目审批及招投标监管】2022年，邵阳市工程建设项目审批管理系统新增工程建设项目立项766个、受理审批事项3264项，办理建设项目1725个，实行并联审批事项1382项。联合审图率、联合验收率100%。营商环境持续优化，优化营商环境测评排名全省第二。全面推进全流程电子化招投标，不见面开标，完成公开招标项目174项，中标总价47.8亿元，其中市本级完成公开招标64项，中标金额19.51亿元。

【建筑安全质量和文明施工管理】2022年，邵阳市排查房屋和市政工程项目2094个，排查整改安全隐患5225处。建筑工程质量安全监督规范化考核优良率达50%以上，合格率达100%，实名制覆盖率达99.51%。监管项目实现安全生产零事故、人员零死亡。加强建筑工地文明施工管理，建立健全建筑工地扬尘治理网格化、全覆盖、全天候、全过程监管体系，市城区在建房屋建筑和市政基础设施工程全部落实扬尘治理“八个百分之百”。加强消防安全管理，消防监督受监面积达520万平方米。对34家养老服务机构、4215栋高层建筑开展消防安全隐患排查整治。

【自建房安全专项整治】2022年，邵阳市召开自建房安全专题会议27次，投入工作经费5910万元，完成自建房排查175.57万栋，其中经营性自建房8.29万栋。在自建房安全专项整治“百日攻坚行动”中综合排名全省第三、安全鉴定单项排名全省第二，在自建房安全专项整治“回头看”工作中排名全省第三。

（张东吾）

## 城市管理

### ·综 述·

【概况】2022年，邵阳市城市管理和综合执法局（以下简称邵阳市城管执法局）以创建全国文明城市为抓手，全面推进城市基础设施建设、市容环境卫生管理、城管综合执法、生活垃圾分类、优化营商环境等工作。

是年，邵阳市在推进新型城镇化中实施城乡环境基础设施建设获省政府真抓实干督查激励第一名，优化营商环境获用水用气指标全省排名第一，垃圾分类工作全省排名靠前，上榜全国公共供水管网漏损治理重点城市榜。

邵阳市城管执法局数字城管现场　　（唐征平 供图）

### ·公用事业·

【城市供水】2022年，邵阳市城区供水总量7760万立方米，实施供水管网改造20千米，管网漏损率8.5%，水质综合合格率100%。市自来水公司创新推出零资料、零审批、零费用、零跑腿“四零”服务，通过“四零”服务为23家企业办理获得用水业务，最快通水时间2天，平均通水时间3天。累计工程款优惠金额达400余万元。

【供气】2022年，邵阳市燃气总公司发展居民用户21253户、非居民用户120户，新建与改造燃气管网74.3千米，输供天然气6874万立方米，销售燃气具3468台、燃气报警器2736台。优化“减成本、减材料、减环节、减时间”“四减”工作，推进信息化建设，全面实现工商用户的网上缴费和查询，加强服务工商用户的信息化水平。

【排污】2022年，邵阳市城管执法局调整完善桃花新城和湘中幼师高专两座污水处理厂的工艺，完成市区14座污水泵站设备的维修保养，完成污水管网改造38.8千米，完成改造投资1.9亿元。全市城镇污水处理总量17946万立方米，同比增长11.0%，其中市本级污水处理总量7604万立方米，同比增长13.6%。

【管网改造】2022年，邵阳市更新改造供水管网141千米、排水管网47千米，其中市本级改造污水管网8.3千米，完成大祥区南片区雨污分流及红旗渠污水处理厂调水工程和红旗河南侧污水干管工程。累计完成燃气管网改造21.2千米，完成招标准备开工的改造项目4个，完成6个改造项目的预算和财评。

### ·市容管理·

【园林绿化】2022年，邵阳市完成桃花路绿化整治。提质改造邵水西路沿河风光带绿化，建设完成一座钢结构廊架方便市民。有序推进爱莲池路街旁绿地建设工程。完成邵州西路与学院路750平方米交通岛花坛的提质改造。完成西湖南路气象局护坡行道树种植。开展爱莲池公园、湖口井公园、城南公园、双清公园、东塔公园5个公园的规划改造，同步实施局部修缮和绿化提升。

【市政管理】2022年，邵阳市改造双清区张家排路，解决大祥区桃花桥到双清区邵阳大道的瓶颈；改造大祥区桂花路，打通堵塞多年的断头路。对邵州路、邵阳大道等38条道路进行无障碍通道改造，共改造

412处；完成33条主次干道、商业大街缘石坡道建设提质改造；完成安装阻车桩6500余个，建设完成40组人行道隔离墩。确保人行道（含侧石、护栏）完好率97%，排水管渠完好率97%，井座井盖完好率98%。完成对青龙桥实施维修加固工程；改造市城区3处停车位，增加停车位45个。

【市容秩序管理】2022年，邵阳市实现重大传统节日期间“零炮声”。在春节、清明节、中元节等重大传统节日来临前开展全方位、立体式禁止燃放烟花爆竹宣传，开展禁炮集中统一行动，构建“区—办事处—社区”及各相关部门齐抓共管的责任体系，推动禁炮工作落实。推进市容秩序乱象“动态清零”。落实“门前三包”制度，打击市城区主次干道占道经营、乱吊乱挂、乱堆乱放等行为，开展校园周边食品流动摊贩提级整改百日行动，市容管理水平持续提升。推进违规户外广告招牌“动态清零”。集中开展城区违规户外广告和标语横幅大排查、大清理、大整治行动，对城区内户外广告设施进行全面排查，督促落实户外广告设施安全检测；加大非法小广告整治力度，消除乱涂、乱画、乱贴及散发小广告对市容市貌的影响。

【智慧城管】2022年，邵阳市接入市政、排水、环卫、渣土、燃气等城市管理领域智能感知终端1000余个，拓展数字渣土监管系统、环卫作业车辆管理系统、智慧排水系统等城市管理行业应用系统，推进城市管理由数字化向智慧化升级。全年数字城管平台有效采集市城区城市管理领域问题27.2万余件，通过线上平台交办到各区问题共办结27.1万余件，结案率99.67%，按期结案率96.89%。

## ·环境卫生管理·

【清扫保洁】2022年，邵阳市加大机械化清扫力度，年度机械化清扫率93.4%、冲洗率100%，各区逐步实现导航监管系统由GPS向北斗系统转换。落实重污染天气应急预案和夏季道路冲洗除尘有关规定，加大加密冲洗除尘作业频次，进行错峰冲洗。规范垃圾收运站运行管理，定时、定人、定责收集运输，确保垃圾日产日清，加强夜间垃圾收运，开展垃圾上门收运。严格城区渣土运输处置管理。完成210块公共卫生间指示牌的设置，新建固定或流动公共卫生间13座。严格落实公厕管理制度，提升保洁质量。

【生活垃圾分类】2022年，邵阳市将城市生活垃圾分类工作纳入年度绩效考核和市政府“三重点”工作内容，实行每月检查通报，推动垃圾分类工作开展。市辖三区及邵阳经开区共新建垃圾分类亭（含厢房）404个，设置集中投放点967处，投放分类桶（含旧桶贴标）2896个，升级改造生活垃圾分类亭比例达到25%以上；改造分类转运站7座，新购置分类运输车37台。居民小区可回收物暂存点实现全覆盖。北塔区整区成功创建示范片区，大祥区、双清区各新增3个街道创建示范片区，邵东市和武冈市各有1个街道开展生活垃圾分类示范创建，新邵县、邵阳县、洞口县、隆回县各有2个社区开展示范片区创建。

【垃圾处理设施建设】2022年，新邵县、邵东市垃圾焚烧发电项目正式投入运行，洞口县垃圾焚烧发电项目完工并实现点火，市餐厨废弃物资源化利用和无害化处理项目完成招商引资。大祥区、北塔区开展环保酵素处理家庭厨余垃圾试点，投放发酵桶6000余个。

【污染防治】2022年，邵阳市建成江北污水处理厂厂前调蓄池工程并投入运行，完成“2020年长江经济带生态环境警示片披露邵阳市江北污水处理厂相关问题”的整改销号。制定实施全市生活垃圾填埋场问题“一场一策”工作方案，完成问题整改省级问题5处、市级问题52处。

## ·城市综合行政执法·

【行政执法】2022年，邵阳市城管执法局全面落实法制审核制度。审核渣土办公室办理案件100件，处罚金额31万元；审核城管综合执法支队办理案件15件，处罚金额16.99万元；对市政府交办的78件城投专案进行法制审核，处罚金额1.4亿余元。开展市城区物业管理专项执法及自建房安全隐患专项排查整治，印发《邵阳市处置城市（镇）规划区居民建房违法建设指导意见》，监督指导全市自建房专项整治，推进存量违建的拆除进程。同时，加大对直属执法机构和区级城管执法部门重大执法案件的指导监督力度，正确适用法条和自由裁量权基准。推进《邵阳市户外广告设置管理办法》出台。推进执法规范建设，开展“法治讲堂”5期，赴县市区培训10次，培训1000余人。

【行政许可】2022年，邵阳市推进城管系统审批服务“三集中三到位”改革，43项依申请类和公共服务事项全部进入政务窗口，优化审批服务流程，重新编制服务指南，构建全事项、全过程、各环节相互配套协调的标准体系。市城管执法局政务窗口办理各类行政许可服务事项398件，办结率、满意率均达100%。全面落实工改相关工作。落实平台外无审批的工作要求。

（唐征平）

# 城市建设投资经营

【概况】2022年，邵阳市城市建设投资经营集团有限公司（以下简称邵阳市城建投）坚持“围绕发展抓党建，抓好党建促发展”的工作思路，结合自身改革需求和发展状态，强化党的建设，优化资本配置，推动企业结构改革、转型成长和稳定发展。同时，增强企业责任意识，实现企业防控到位、矛盾纠纷排查调处到位、安全责任落实到位等目标。

是年，邵阳市城建投被评为邵阳市平安建设先进单位、邵阳市精神文明建设先进集体。

**【工程建设】** 2022年，邵阳市城建投加强基础设施工程建设。大祥坪停车场项目完成地下主体工程，预计2023年6月建成使用，将有效缓解市中心城区“停车难”“行车难”问题；第三人民医院项目完成桩基础工程、已开挖承台的砌筑工程等施工，累计完成产值2200多万元，一期规划住院床位数500张、月子中心床位数120张，康养中心床位数400张；加大投入，全面启动湖口井东路、邵西大道、北塔路、东城快线等道路建设，加速建设三里桥路、屈原路、电机路、福源路、曙光路、宝建路等路网，打通“大动脉”，畅通“微循环”，构建内畅外联的交通网络，着力解决群众“出行难”问题。同时，全力推进抢险工程。完成邵西大道孙家院子段约125米管道清理，桃花路与新城大道交叉口污水管抢险工程完成约100米管道铺设，及时做好湖口井路和堰塞湖抢险工程，保障人民群众生命财产安全。

**【超期安置】** 2022年，邵阳市城建投按照交付一批、建设一批、置换一批“三个一批”工作总思路，重点推动已建成项目交付，狠抓在建项目工程建设和扫尾，全面推进未动工项目置换安置，有效有力化解超期安置问题。完成财桥、集仙、砂塘、资枣三期、匡家二期、高撑三期、万桥、柑子塘、张家排一期、佘湖等10宗安置地497户的分配交付，安置房完成置换签约419户1013套；资枣三区、匡家二期、高撑三期、丰江、张家排二期、金家塘、三所一中心和蔡锷故居等8个开复工安置地项目年度累计完成约4000万元，星湖花苑、福源安置小区等2个在建安置小区项目完成产值近1亿元；全面启动站前区4#、31#等安置地建设。

**【国有资产管理】** 2022年，邵阳市城建投加强特许经营资产管理。推进砂石矿产资源开发利用，竞得邵水干流邵阳市区段河道采砂权，促进公司转型升级；为建立科技化、智能化信息体系，竞得智慧停车项目特许经营权；为进一步盘活政府性资产，竞得公租房 25年收益特许经营权；推进邵水西、云山加油站建设，已运营的武冈机场加油站、桃花加油站和永兴加油站营业总额约2300万元；推进“数字邵阳”特许经营权项目，已实施的政务信息化项目有全市应急指挥五级联动视频调度系统、交通旅游大数据等18项，经营性信息化项目有智慧出行、智慧金融、市照明路灯智能节能绿色改造等6项，其中全市关键交通卡口疫情防控平台项目的投入运营，为疫情防控筑牢了安全防线，全年“数字邵阳”累计完成产值4500多万元。加强土地资产管理。以约1.4亿元竞得北塔新城二期控规01-16#地块（三人民医院用地）；依法完成金茶元新城6-02#地块、5-03#等20宗土地30.25亿元土地出让金缴纳，超额完成财政下达的10亿元土地收入任务。加强资产管理。完善并及时更新资产台账，有效预防隐匿资产和资产流失；清理归集公司现有资产，重点针对公司现有存量土地资产分批进行盘活处置，确保国有资产的保值增值；针对经营性门面、房产、场地租赁价格偏低情况，合理调整价格，回归市场价，全年资产租赁收入超过1200万元。

（王　哲）

# 生态环境

## 大气环境质量

【环境空气质量】2022年，根据《2022年湖南省环境监测方案》，邵阳市市区环境空气监测设市化工厂、市罐头厂、市第一中学、市生态环境局、市水土保持科学研究所5个监测点位，其中市水土保持科学研究所为对照点。市区与9个县市空气质量全部达到国家空气质量二级标准，其中市城区空气质量首次达到国家二级标准。全市环境空气质量综合指数（实况）3.46，较上年下降5.5个百分点。环境空气中二氧化硫年均浓度为11微克/立方米，较上年相比下降15.4个百分点；二氧化氮年均浓度为16微克/立方米，较上年相比下降20个百分点；可吸入颗粒物年均浓度为49微克/立方米，较上年相比下降9.3个百分点；一氧化碳年度日均值第95百分位浓度为1微克/立方米，较上年相比下降16.7个百分点；臭氧年度日最大8小时平均第90百分位浓度为153微克/立方米，同上年相比上升23.4个百分点；细颗粒物年均浓度为34微克/立方米，与上年相比下降10.5个百分点。空气质量优良天数为322天，优良率88.2%；轻度污染43天，占比11.8%；未出现中度及以上污染天气。

【降水环境质量】2022年，根据《2022年湖南省环境监测方案》，邵阳市城市降水设市监测站、泉塘冲和金桥村3个监测点位。全年采集降水品118个，其中酸雨样品58个，酸雨频率49.2%，酸雨量占总雨量的55.1%。邵阳市降水pH年均值为4.6，其中市监测站测点降水pH年均值为4.79，年降雨量为516.4毫米，酸雨频率为23.4%；泉塘冲测点降水pH年均值为4.55，年降雨量为363毫米，酸雨频率为44.8%；金桥村测点降水pH年均值为4.54，年降雨量为920.3毫米，酸雨频率为69.2%。

## 声环境质量

【市区区域环境噪声】2022年，邵阳市城区区域环境噪声按照800米×800米的网格尺寸布点，共设置113个监测点。城市区域环境噪声昼间平均等效声级为53.5分贝，平均等效声级超过55分贝的测点36个，占31.9%。城市区域环境噪声总体水平等级为二级，声环境质量较好。环境噪声主要来源于社会生活噪声，其次是道路交通噪声。

【城市功能区噪声】2022年，邵阳市城市功能区噪声测点按各功能区划布设10个监测点。其中，1类功能区一、二、三、四季度昼间噪声分别为48.3分贝、43.7分贝、47.2分贝、49.1分贝，夜间噪声分别为41.5分贝、39.4分贝、43.7分贝、45.3分贝；2类功能区一、二、三、四季度昼间噪声分别为54.6分贝、53.1分贝、54.2分贝、53分贝，夜间噪声分别为46.5分贝、47.5分贝、50.4分贝、44.3分贝；3类功能区一、二、三、四季度昼间噪声分别为57.7分贝、49.9分贝、52.9分贝、58.6分贝，夜间噪声分别为50.6分贝、44.5分贝、46.2分贝、49.1分贝；4类功能区一、二、三、四季度昼间噪声分别为54.9分贝、60.7分贝、57.9分贝、61.2分贝，夜间噪声分别为42.8分贝、53分贝、51.2分贝、54.5分贝。功能区达标率昼间100%，1类夜间达标率75%、2类夜间达标率95.8%，总计夜间达标率92.5%。

【城市道路交通噪声】2022年，邵阳市市区城市道路交通噪声监测总路长123.6千米，共42个有效路段，设置50个监测点，道路交通噪声昼间平均等效声级为66.1分贝，超过70分贝的3个点，占测点6%；全市平均车流量1301辆/小时，城市道路交通噪声环境质量好，强度等级为一级。

## 水环境质量

【地表水水质】2022年，根据《2022年湖南省环境监测方案》，邵阳市水环境质量监测共设52个监测断面，地表水质监测断面46个，市级饮用水水源地4个（含1个备用饮用水水源地），县级饮用水水源地12个(含1个备用饮用水水源地），38个省控断面，14个国控断面中辖区内13个、辖区外考核邵阳市1个。全市地表水总体水质为优，52个国、省考断面水质均达到或优于Ⅱ类，连续三年实现地表水Ⅱ类水质全覆盖；16个县级及以上饮用水水源地水质达标率100%；国家地表水考核断面水质综合指数2.7349，排名全省第三、全国339个地级及以上城市第二十四，较上年同期改善6.43%，改善幅度排名全省第三。

【饮用水水源地水质】2022年，根据《2022年湖南省环境监测方案》，邵阳市县级及以上饮用水水源地共16个，全部达到或优于Ⅱ类标准，水质达标率100%。邵阳市市级饮用水水源地共4个，3个市级在用饮用水水源地水质均为Ⅱ类，1个备用水源地隆回县木瓜山水库水质为Ⅱ类；县级饮用水水源地共12个，11个县级在用饮用水水源的水质类别分别为Ⅰ类1个、占比9.1%，Ⅱ类10个、占比90.9%，1个县级备用饮用水水源地水质绥宁县白岩溪为Ⅱ类。

## 污染防治

【蓝天保卫战】2022年，邵阳市制定《邵阳市市城区环境空气质量突出问题专项整治行动方案》，完成邵阳南方水泥有限公司、市云峰新能源科技有限公司2家重点排污企业超低排放改造，完成23家重点企业挥发性有机物综合治理。持续推进扬尘污染管控，落实建筑工地8个100%管控措施。制定出台《邵阳市秸秆禁烧管理办法》，压实监管责任，建立全市露天禁烧智能预警监管平台，持续遏制秸秆和垃圾焚烧的高发多发趋势。

**【碧水保卫战】** 2022年，邵阳市制定出台《邵阳市地表水国、省考断面水环境质量责任追究办法（试行）》，压实县市区主体责任和断面河长责任，完成80个千人以上农村水源地整治和7处黑臭水体整治。建成53处乡镇污水处理设施，实现全市107个建制乡镇污水处理设施全覆盖。

**【净土保卫战】** 2022年，邵阳市建成邵东市、新邵县、洞口县3处垃圾焚烧发电项目，结束全市无垃圾焚烧发电的历史。完成70个村农村环境综合整治年度任务。推进8个土壤污染风险管控与修复项目建设，完成全市25块重点行业企业用地调查的风险管控。对全市85家涉危废单位开展大排查大整治，全年办理危险废物转运280批次10853吨。

**【“夏季攻势”和“利剑”行动】** 2022年，邵阳市实行清单化管理，项目化推进。“夏季攻势”480项任务全部完成，其中省定的263项省级任务按时完成率100%。“利剑”行动排查各类生态环境风险隐患问题648个，整改率和风险管控率达100%。

## 环境监管

**【环境准入】** 2022年，邵阳市深化环境影响评价“放管服”改革，持续做好“六稳”“六保”环保审批服务，建立重大项目环评服务清单，加强重大项目建设指导服务，实现政务服务办结事项237项。强化建设项目环境准入管理，遏制高耗能、高排放“两高”项目盲目上马，完成市本级环境影响评价报告书5件、报告表4件。强化“三线一单”（生态保护红线、环境质量底线、资源利用上线和生态环境准入清单）生态环境分区管控成果运用，执行排污许可制，核发排污许可证154个。

**【“双随机、一公开”执法监管】** 2022年，邵阳市随机抽查企业1661家次，办理环境违法案件353件，罚款总额1318.85万元，行政移送21件，行政拘留25人。贯彻落实《生态环境损害赔偿管理规定》，全市启动生态损害赔偿案件118件，落实补偿金额1035万元，其中隆回铊污染、洞口锑污染分别落实到位生态损害赔偿金314.88万元、233.37万元。

**【环境信访调处】** 2022年，邵阳市按照及时办理、及时回应、有效引导的要求，加强生态环境领域信访投诉办理，解决群众关心关注的生态环境问题，群众满意度、获得感持续提升。全市受理环境信访投诉举报1197件，截至年底，所有投诉举报件全部办结，受理登记率100%、按时回复率100%、群众满意率99%，实现“三率”齐升。

## 区域环境综合治理

**【生态文明创建】** 2022年，邵阳市生态环境局指导各县市积极开展生态文明建设示范创建活动，绥宁县成功创建国家生态文明建设示范区并获2022年省政府真抓实干激励表彰奖励。新宁县申报创建国家“绿水青山就是金山银山”实践创新基地，邵东市、隆回县、新邵县申报创建省级生态文明建设示范区。

**【推进“绿盾”行动】** 2022年，邵阳市继续开展“绿盾”专项行动（指生态环境局等多部门全面强化自然保护区监管，坚决查处涉及自然保护区的违法违规问题，联合组织开展的自然保护区监督检查专项行动），确保自然保护地仅存的需整改的10个小水电站退出问题整改按期完成，市生态环境局多次督促相关县市加大整改力度，上述10个小水电站于6月全部脱网解列，拆除和生态恢复相关工作有序推进。

**【突出环境问题整改】** 2022年，邵阳市贯彻落实省、市决策部署，将突出环境问题整改和污染防治攻坚战“夏季攻势”“利剑”行动同部署、同推进、同督办、同考核，将生态环境保护工作纳入市政府“三重点”工作，实行“一月一调度，一月一考评”。截至年末，第二轮中央生态环保督察反馈涉及邵阳28个问题完成整改11个，省环保督察

2022年6月2日，2022年“6·5”环境日邵阳主场活动在城南公园启动（王典红 供图）

反馈邵阳问题59个完成整改58个，省环保督察“回头看”反馈邵阳问题39个已完成整改30个，其余按序时推进。历年来长江经济带警示片披露邵阳共5个问题完成整改销号4个，省生态环境警示片披露邵阳共6个问题均完成整改销号。

**【环境保护宣传】** 2022年，邵阳市生态环境局会同邵阳日报社、邵阳电视台、邵阳新闻网等主流媒体开展中央生态环境保护督察回头看、省环保督察、污染防治攻坚战、“绿盾”行动等多项环保宣传报道，利用省、市环保系统新媒体开展环境宣传。年内组织开展4次新闻发布会，网站主动公开政务信息1541条，官方微博、微信公众号分别发布文章1207篇、1801篇。投入资金30余万元，开展绿水青山新湖南征文比赛、基层环保铁军评选等“6·5”环境日宣传活动。环境日当天，全市设立集中宣传点位20余个，制作宣传展板180余块，悬挂标语横幅50余条，直接参与活动人数1万余人。

（王典红）

# 教育·科技

# 教　育

## ·综　述·

【概况】2022年，邵阳市有各级各类学校3047所，其中普通高校3所、成人高校1所、幼儿园1587所、小学902所、初中394所、高中79所、中等职业学校70所、特殊学校10所、专门学校1所，另有小学教学点804个，共有教职工9.6万人、在校学生134.14万人。

加强党对教育工作的领导，市委常委会、市政府常务会、市委教育工作领导小组15次研究教育工作，解决教育重点、难点问题。市、县两级均成立党委教育工作委员会。建立市领导联系学校制度。在全省率先建立市委教育工作领导小组成员单位年度述职制度。推进教育公平，新增公办义务教育学位超计划完成省定目标任务；投入资金完成38所乡镇标准化寄宿制学校建设、提质改造77所乡村小规模学校；义务教育农村脱贫家庭等五类学生无一人因贫失学辍学，学生资助实现各学段全覆盖。

【立德树人工作】2022年，邵阳市建立学校党政领导干部带头讲授思政课制度。开展中小学思政课教师“立德树人”教学基本功竞赛、“开启新征程·喜迎二十大”系列教育实践活动、“五爱”教育。开展“书香校园”“最美校园”创建，评选“书香学校”“书香教师”“书香少年”。邵东市城区四完小获2022年湖南省青少年校园足球比赛冠军，湘郡铭志学校学生获2022年省运会武术金牌，新邵一中学生获5枚赛艇金牌、1枚皮划艇金牌，湖南省啦啦操精英赛中汇江学校获第1名，李婉在第19届世界中学生夏季运动会跆拳道项目中为中国代表团摘得首金。洞口县获评湖南省首批劳动教育实验区，邵阳县河伯初级中学等12所学校被评定为湖南省首批劳动教育实验校，隆回县十里天园基地等7个劳动教育基地被评定为湖南省首批劳动教育实践基地，市一中等6所学校获评第五批湖南省中小学心理健康教育特色学校。2021年邵阳市未成年人思想道德建设在全国测评中位居全省第一、全国第六。

【“双减”工作】2022年，邵阳市持续推进教育“双减”工作。在全省首批成立校外教育培训监管机构，义务教育学科类校外培训机构数量压减率85.88%。各县市区均成立联合执法队伍，校外培训机构违规广告实现动态清零。义务教育学校学生作业负担明显减轻，大祥区新渡小学探索校内减负新举措被评为全国优秀典型案例，邵阳市“双减”工作经验被《湖南教育快讯》在全省多次推介。

【教育改革】2022年，邵阳市深化教育改革，《让每一朵芙蓉花从容盛开——“双减”背景下多元化学生评价体系的构建和探索》《乡村幼儿园园长任职条件研制及评价改革》两个案例获评湖南省深化新时代教育评价改革典型案例。推进中考制度改革，把艺术科目纳入初中学业水平考查范围，优化中考题量和时间，减轻学生学业负担。推进教育督导体制改革，推动乡镇政府履职评价，市对县级人民政府和县级党政主要领导干部履行教育职责情况评价由每五年一次改为一年一次。

【公办义务教育】2022年，邵阳市新增公办义务教育学位33480个，完成率127.14%。其中，通过与民办义务教育学校签订购买学位协议新增学位21938个，通过公办学校挖潜、新建、扩容等方式新增学位11118个，民办学校整体转公办新增学位424个。实现公办义务教育在校生占比达95.74%，所有县市区比例均达85%以上。

【安全保障】2022年，邵阳市溺水事故起数和溺亡人数较2021年同比下降94.4%和92.6%，技防经验在全省推广。开展“利剑护蕾”专项行动，聘任1707名法治副校长、3021名安全副校长，实现中小学全覆盖。

（桂荧岐）

## ·基础教育·

【学前教育】2022年，邵阳市有幼儿园1587所，其中教育部门办701所（含民转公和附设幼儿班）、其他部门办2所、民办884所（其中普惠性民办497所）。在园幼儿17.9万人（含附设幼儿班），教职工1.89万人，其中专任教师0.91万人。年内新增公办园学位6482个。学前三年毛入园率92.47%，公办园在园幼儿占比54.97%，普惠性幼儿覆盖率88.71%，较上年提升3%。培养一支职业道德素养好、管理能力高、业务素质强、适应学前教育改革与发展的园长队伍；组织各县市区幼教专干和教研员参加省第九届学前教育管理研究论坛。开展邵阳市第三届“幼儿园教育能手”竞赛活动，遴选优秀教师并推荐送省参赛，获省二等奖；参加全省幼儿园自制玩教具展评，5个作品获省二等奖、7个获省三等奖。组织遴选邵阳市幼儿园与小学科学衔接试点园（校）及专家指导团队，推进幼小衔接工作；组织1000余人参加邵阳市幼儿园班级大型主题角色游戏线上教研培训活动；开展全市幼儿园班级大型主题“角色游戏”案例征集评审活动，从各县（市、区）选拔推荐的16个案例中遴选4个送省，其中3个获评优秀案例、1个获评典型优秀案例，并在省幼儿园班级大型主题角色游戏研讨活动中展示。推进幼儿园专项督导评估，完成第一轮（2017—2022年）自评、县级督评、市级抽评和省级实地抽查，组织完成市示范性幼儿园督导评估。

【义务教育】2022年，邵阳市有小学902所，其中教育部门办885所、民办17所；在校学生54.17万人，比上年减少2.9万人，招生7.89万人，毕业10.9万人；进城务工人员随迁子女3.37万人，农村留守儿童16.07万人，进城务工人员随迁子女和农村留守儿童占小学在校生的36%；教职工2.9万人，其中专任教师2.84万人；学校占地面积1126.5万平方米，校舍建筑面积450.8万平方米。有初中学校394所，其中初级中学249所、九年一贯制学校145所；在校学生30.78万人，招生10.89万人，毕业10.67万人；进城务工人员随迁子女1.39万人，农村留守儿童9.65万人，农民工随迁子女和农村留守儿童占初中在校生的35.88%。

组织全市初中学业水平考试，设10个考区，初三104655人参考，初二95278人参考。引进55所校外培训机构，聘请校外专业人员203人参与课后服务。选取一批特色课程资源“送课到校”，规范中小学课后服务。落实中小学手机管理、睡眠管理、课外读物、作业管理、体质健康管理“五项管理”。开展毒品预防教育，大祥区第一中学、隆回县思源学校被评为省级“毒品预防教育示范学校”。举办第43届邵阳市青少年科技创新大赛、青少年科技辅导员骨干培训、青少年机器人竞赛。举办中小学心理健康教育教师专业能力竞赛，开展心理健康教育教师适岗培训；开展“邵阳市第二批中小学心理健康教育特色学校”评审，8所学校获评省级心理健康教育特色学校。编制《研学指南》，遏制收费乱象，规范研学价格，要求学校成立“研学实践工作领导小组”并按程序履行报批手续，组织评审第三批共12家中小学生研学实践创建基地（营地）。

**【高中教育】** 2022年，邵阳市有高中学校79所，其中高级中学50所、完全中学19所、十二年一贯制学校10所。在校学生16.43万人，招生5.87万人，毕业4.81万人。出台《邵阳市普通高中教育教学质量提升行动计划（2022—2025年）》，推动高中内涵发展。组织开展教学视导，对学校教学工作进行诊断、反馈和引导。组织开展普通高中新课程新教材培训。规范高中招生行为，对违规学校采取停止招生、核减次年招生计划等措施。推进高中阶段学校督导评估，制定《邵阳市高中阶段学校督导评估规划（2022—2026年）》，分批组织评估细则学习及评估监测系统操作培训，完成所有高中阶段学校的网评和第一轮普通高中实地督导。为海军、空军青少年航空实验班输送18名学生，为空军输送12名合格飞行员（其中3人为邵阳籍青航校毕业生），招飞工作受到解放军南部战区空军政治工作部表彰，获评“2022年空军青少年航空学校招生工作先进单位”。

（桂荧岐）

## ·职业教育·

**【概况】** 2022年，邵阳市有各类职业学校72所，其中高职学院2所、中职学校70所。在校学生103627人（高职院校18182人、中等职业技术学校85445人），教师职工6030人。国家教育改革发展示范学校2所、国家级重点学校6所，国家乡村振兴人才培养优质校1所，省骨干示范民办职校3所，省卓越中职学校3所，省级示范性特色专业群12个。成功创建8所“双高”“双优”校，1所高职院校、7所中职学校被评为“双高”“双优”建设单位和专业（群）建设单位，其中省楚怡高水平高职学校1所、省楚怡优质中职学校5所、省优质专业群2个。探索中高职衔接的办学形式，全市6所学校与高职学院合作，共有12个专业实行“3+2”办学模式。

**【项目建设】** 2022年，邵阳工业职业技术学院（暂定名）、邵阳通航职业技术学院获教育部批准成立，纳入湖南省“十四五”时期高等学校设置规划，其中邵阳工业职业技术学院概算总投资12.69亿元，规划总用地487.5亩，设计为可容纳8500名学生的高等职业学院，2023年9月可正式招生开学。邵阳市楚怡中职学校改扩建项目于11月底启动主体建设，按时完成省定目标。

**【教学质量】** 2022年，邵阳市职业院校学生公共基础课普测成绩合格率位居全省第三。全市职业院校学生参加职业技能竞赛获国家、省级奖104项，其中获全国一等奖2个、二等奖2个、三等奖3个，省级一等奖14个、二等奖31个、三等奖50个、优胜奖2个。隆回职业中专学校《非遗活态传承，产教深度融合——农村中职助力乡村振兴人才培养实践与创新》项目获非遗教学成果奖全国一等奖。邵阳县工业职业学校成功创建“楚怡”产教融合实训基地。全市职业教育工作经验多次在“学习强国”、学习平台、《科教兴报》、新湖南等媒体推介。

**【中职学校达标工程】** 2022年，邵阳市推进中职学校达标工程。编制《邵阳市职业教育中长期发展规划（2022—2030年）》，出台《邵阳市统筹推进中等职业学校办学条件达标工程实施方案》。不断加大中职学校办学条件投入力度，2021—2022年投入25.45亿元用于职业学校基础设施建设，实施建设项目38项，仪器设备总值投入5773.38万元，引进优秀教师568名。是年，在中职学校达标推进过程中，暂停1所中职学校的招生资格，取消4所公办中职学校的办学资格。

（桂荧岐）

**【邵阳市高级技工学校】** 2022年，邵阳市高级技工学校有教职工253人。其中，正高级职称1人，中、高级职称教师145人，研究生以上学历24人，湖南省技术能手2人，邵阳市技术能手5人，邵阳市青年岗位能手4人，邵阳市五一先锋3人。注册学生4970人。11月经省政府同意，省人力资源和社会保障厅下文批准学校筹设邵阳技师学院，筹设期3年。

学校设有机械工程、电气工程、经营3个教学管理中心，开设五大类四个专业群共15个专业，重点专业9个，着力打造数控和电气品牌专业建设。

教育教学　推进专业课程和工学结合一体化课程教学改革，探索适应能力递进观的实训体系内涵建设，采用“理实一体化”的教学模式，推进活页式教学、项目式教学和模块化教学实践。全年完成全校144个班级的线下、线上教学任务，修订2022级专业人才培养方案，调整课程教学计划，加大思政课程、工匠精神、德育和爱国主义教育权重，逐步实现教学三个中心二级管理。注重教师引进和培养相结合，搭建老带新、一对一帮扶师徒队伍，组织参加国培、省培、交流学习教师人数50余人，组织校内培训7次。推进“校企合作，工学结合”培养模式，对口高职口本科上线1人、专科上线221人，专科以上上线率达92.5%，实现本科录取“零”的突破。参加湖南省第一届职业技能竞赛获铜奖1枚；参加第三届全国技工院校教师职业能力大赛湖南选拔赛获二等奖3项、三等奖3项；参加第三届全国信息产业新技术职业技能竞赛电子商务师竞赛全国总决赛，陈柳老师获国家级三等奖；组织电算53班学生参加2022年度助理会计师资格全国统一考试，合格率57%，远超全国平均合格率（28.27%）。

招生与就业　学校共招生1927人，严格按照划定最低录取线择优录取，加大高中生招生力度；加强校企合作，开展新型学徒制培训和创业培训等多种形式，开展创业培训330人，组织2022届、2023届毕业生等级认定，认定总人数835人。拓展就业渠道，在稳固联系原有就业单位基础上开拓新企业，建立实习就业基地97家。全年安排670名学生外出企业实习，派驻专业老师驻企业跟岗实习。同时开展学生实习跟踪服务，确保2023届毕业生就业率达到100%。

改善办学条件　完成拆迁房屋设备搬迁和新搬迁设备电路安装、设备调试等，启动创建技师学院一期建设项目第一阶段工程建设；探索构建更加科学的实训体系，购置教学和实习实训设备近3000万元，加强实训室建设，增加实训工位，提高实训开课率，完善教学管理系统、广播系统、监控系统以及智慧校园等相关配套设备设施。完成学生宿舍区、教学区等设施设备和公物维修及建筑物补漏、补刷墙维修，完成科教楼宿舍改造等改造项目6项，完成水电及雪灾抢修任务6项；排查、排除各类安全隐患10处，维修重大安全隐患2处。

项目建设　争取省级高技能人才培训基础能力建设项目资金100万元、省优质专业建设项目资金40万元、市旅游服务与管理技能大师工作室建设项目资金8万元。争取创建技师学院一期建设项目地方政府专项债资金6000万元，争取中央贷资金6000万元，用于建设3个中心实习实训设备和学校信息化建设，并完成第一阶段的设备采购。申报湖南省邵阳市公共实训基地建设项目。11月成功筹设邵阳技师学院，筹设期3年。

（朱海玲）

## ·特殊教育·

**【概况】** 2022年，邵阳市有特殊学校10所，在校学生2131人，教职工327人，其中专任教师302人。学校占地面积10万平方米，校舍建筑面积3.3万平方米。全市适龄残疾儿童少年的入学率达98.26%，建档立卡的适龄残疾儿童少年全部入学，入学率100%。

**【教育保障】** 2022年，邵阳市对义务教育阶段残疾学生实行免学杂费、免教科书费、免住宿费，补助家庭经济困难寄宿生生活费的“三免一补”政策。邵阳市特殊教育学校争取所有学生享受寄宿生生活补助每生每年1250元，绥宁县、洞口县等特殊教育学校争取到所有学生按农村义务教育阶段家庭经济困难寄宿生补助生活费每生每年1000元，保证适龄残疾儿童少年不因贫辍学，减轻残疾儿童少年家庭的经济负担。新邵县、武冈市、绥宁县获中央专项资金支持，进行特殊教育专项项目建设。

**【教育发展】** 2022年，邵阳市教育局组织特殊教育教师参加全省特殊教育教师教学基本功展示和融合教育优秀教育教学案例征评活动，获教学基本功展示一等奖1名，融合教育案例获二等奖2名、三等奖2名。组织开展全市特殊教育优秀科研论文评选活动，并推荐28篇优秀论文送省参评，其中11篇获省奖。依托邵阳市特殊教育学校成立邵阳市特殊教育研究指导中心，推动全市特殊教育高质量发展。会同市卫生、民政、残联等部门，建立由教育、心理、康复、社会工作等方面专家组成的残疾人教育专家委员会，对残疾儿童进行评估认定，健全残疾儿童入学评估机制，完善教育安置办法。

（桂荧岐）

## ·成人教育·

**【概况】** 邵阳开放大学是邵阳市唯一一所公办成人高校。2022年9月29日举行揭牌仪式，由邵阳广播电视大学更名为邵阳开放大学。学校有学院路、西湖路两个校区，占地面积4.4万平方米，校舍建筑面积1.34万平方米，建有专门的教学培训楼，拥有3万多平方米的培训场地。2022年招生1031人，在籍学生7246人，其中专科5846人、本科1400人，招生专业分文、理科，本科招生专业22个、专科招生专业39个。有教职工61人，其中副高以上职称12人，中级以上职称17人。在全市建有9个县市级开放教育工作站。

2022 年 9 月 29 日，邵阳广播电视大学更名为邵阳开放大学。图为揭牌仪式现场
（卿伟嵘 供图）

建有校园监控系统、多媒体网络会议系统，实现省、市开放大学高速互联，有图书1万余册，计算机200台，网络多媒体教室4个、云教室1个，双向视频会议室1个，网络监控考场2个，教学科研仪器设备资产值约300万元。

**【教育教学】** 2022年，邵阳开放大学通过“以评促建、以评促改”，落实国家开放大学教学评估工作，提升教育教学质量。严格招生审核和管理，确保信息公开的完整、规范、及时和安全。规范教务、考务管理，连续四年被湖南开放大学评为教材征订先进单位，年初开始人脸识别考试试点，维护开放教育考试权威性和开放教育声誉。强化线上线下学习，师生踊跃参加网上直播课堂、“一网一平台”，学校教师行为总数位于全省前列。新增实践基地2个，1906篇学生毕业论文通过论文平台终审、2000篇非抽检毕业论文通过终审。组织师生参加各项教学设计比赛活动，1个思政课件获市委组织部“党课开讲啦”课件大赛二等奖，8名教师获湖南开放大学首届学生讲思政课展示活动优秀指导教师奖，1名学生获国家开放大学首届英语能力挑战赛英语专业专科组二等奖、2名教师获该项目优秀指导教师奖。强化科研工作，1个课题获得湖南省教育厅立项、2个课题结题，1篇论文获评市第十六届社会科学优秀成果二等奖、2篇论文在国家级刊物上公开发表。

**【教育培训项目拓展】** 2022年，邵阳开放大学承办市直教育系统党员培训。落实全市事业单位工作人员、专业技术人员培训，省开平台培训总人数和总金额全省排名第四，被湖南开放大学评为事业单位人员培训先进单位。推进专业技术人员继续教育培训项目。落实行政执法资格考试，召开全市行政执法考试推进会。发展继续教育和社区教育，聘任社区教育和老年教育教研室主任各1名，增加3名新进教师从事社区教育和老年教育工作。

**【系统办学模式创新】** 2022年，邵阳开放大学对合作办学的民办单位进行全面清理，取消不符合要求的教学站点，对所有县教学点重新评估，完成县市开放大学更名。召开两次县级开放教育工作业务培训会，加强办学体系间的交流合作。学校被湖南开放大学评为资源管理、系统办学先进单位。

**【协调发展】** 2022年，邵阳开放大学强化干部在线教育，学员参学率、合格率达100%。组织参加全省“学习二十大 奋进新征程”主题征文活动，获2个一等奖、1个三等奖、2个优胜奖。完善社区教育体系建设，投资近30万元新建国风和音乐教室各1间。新开发8个邵阳红色故事微党课，组织参加全市“喜迎二十大 奋进新征程”文艺作品比赛，获1个二等奖、7个优胜奖、1个优秀组织奖。开展全民终身学习活动周系列活动，线上开展全市老年摄影展活动。开展“千课进社区”活动，参与培训人数6328人。加强经费管理，实现非税收入及代管资金收入1191.56万元。

（肖泽杨）

## ·民办教育·

**【概况】** 2022年，邵阳市有民办学校995所（不含培训机构），其中初中18所、高中36所、中等职业学校40所、小学17所、幼儿园884所。民办学校在校学生230230人，其中初中32106人，高中50058人、小学26031人、中等职业技术学校41428人、学前教育80607人。民办学校教职工20149人，其中中学6861人、小学326人、幼儿园10297人、中等职业技术学校2665人。

**【党建引领助推民办教育发展】** 2022年，邵阳市持续推进党组织“两个覆盖”，确保“应建尽建”。市区民办教育行业共建立党支部24个，有中共党员98人，年内有12名预备党员转为正式党员，发展预备党员9名，邵阳湘郡铭志学校党支部被评为省级“两新”标杆党组织。全面督促落实民办学校将党建内容写入学校章程，选派党员干部到市管民办学校担任党建指导员、党务专干各35人。

**【民办义务教育学校清理整治】** 2022年，邵阳市开展民办义务教育学校专项整治行动，4所学校停止义务教育学段招生，6所基本办学条件不达标、教学质量低、存在重大安全隐患的学校停办，1所学校由县市区政府整体收购。清理规范武冈市第九中学使用公办学校名称，改名武冈市杨柳展辉中学；清理隆回县诺贝尔学校命名不符合规范，改名隆回县广源学校。进一步规范民办学校教育收费政策、中小学教材价格、教辅材料价格以及教育收费行为，配合市、县发改部门开展民办中小学校定价成本监审，完成全市民办义务教育学校定价成本监审，部分县市区已开展民办义务教育学校资金监管试行，学校资金均纳入监管账户统一监督管理。清理规范各级各类占用公有教育资源民办义务教育阶段学校12所；治理租用公立学校资源办学情况3起，公办在编教师返岗194人，民办义务教育学校占用公有资源全面清退。

**【民办教育内部治理】** 2022年，邵阳市坚持“三重一大”事项（重大事项决策、重要干部任免、重大项目投资决策、大额资金使用）集体决议制度和定期通报制度，实施“管评分离”“管奖分离”“管罚分离”约束机制，连续第三年邀请省、市专家组对年检、设置评估验收等进行评分指导。完成72所市直民办学校的年检评估，新审批民办高中2所，转型中职学校1所。全市各级各类民办教育机构全部完成分类登记。

（桂荧岐）

## ·师资建设·

**【概况】** 2022年，邵阳市加大教师引进力度，全市乡村中小学校通过公开招聘、乡村支教、招聘编外乡村教师等渠道新增乡村教师3503人，公开招聘其他教师510人。保障教师待遇，建立健全教师工资随当地公务员待遇调整联动机制，把发放义务教育教师奖励性补贴作为发放公务员奖励性补贴的前置条件，确保义务教育教师平均工资收入水平不低于本地公务员平均工资收入水平。改善师德师风，开展在职教师从事校外违规培训专项治理，中小学幼儿园、校外培训机构教职工从业查询实现全覆盖；授予毛力强等120名教师“邵阳市师德师风先进个人”、周兆辉等20名教师“邵阳市师德楷模”称号。

**【教师素质提升】** 2022年，邵阳市累计培训教师73156人，其中“国培”8830人、“省培”747人、“市培”63579人，培训内容包含名师名校长领航团队工作坊高级研修、市直学校信息技术提升工程2.0、中小学教师继续教育、中小学教师戏曲美育师资、中小学音乐教师专业技能等。全年认定市高中（中职）教师资格2029人。资江学校校长伍忠兵获省优秀教育工作者称号，邵东一中禹优香等7名老师获省优秀教师称号，双清区李芳、武冈市朱俊中等6名教师成为省级名师名校长（双名）培养对象。在2022年省级“基础教育精品课”活动中，邵阳市分别获30堂一等奖、55堂二等奖、70堂三等奖。组织17499人参加上、下半年的教师资格面试，保证程序规范，结果客观公正。组织第25届全国推广普通话宣传周活动，普通话测试6199人，在绥宁县东山侗族乡中学举办湖南省2022年“红色经典传乡土——走进绥宁”语言文字志愿者活动，致力推广普通话。

**【教师选派支援】** 2022年，邵阳市响应国家援藏援疆万名教师支教计划，选派44名骨干教师对口支援新疆鄯善县、托克逊县等地学校，高质量完成各项援疆任务，连续5年被省教育厅表彰。选拔105名城镇优秀教师赴隆回、新宁等地进行“三区”支教，招募31名优秀退休教师参加中央“银龄讲学”计划。

（桂荧岐）

## ·高等教育·

**【概况】** 2022年，邵阳市有邵阳学院、邵阳职业技术学院、湘中幼儿师范高等专科学校3所普通高校。学校在校学生53357人（其中全日制在校学生48772人），当年招生18732人、毕业15307人；专任教师2426人；学校占地面积249.75万平方米，校舍面积134.67万平方米。

**【邵阳学院】** 邵阳学院是湖南省“双一流”建设高水平应用特色学院、湘西南地区唯一一所具有研究生招生资格的本科高校。2022年末，校园占地面积163.1万平方米，校舍面积92.41万平方米，固定资产14.45亿元，教学科研仪器设备原值2.95亿元，馆藏图书330.07万册。设有22个教学学院，53个本科专业，全日制在校学生27220人。有“服务国家特殊需求人才培养项目”机械、生物与医药2个专业硕士学位类别，有省“双一流”应用特色学科 6 个；有教育部国家特色专业建设点 4 个，省级以上一流专业建设点31个，省级特色专业 8 个，省级综合改革试点专业4 个。有直属附属医院 2 所，各级科研平台30余个。有教职工4324人，其中博士533人（含在读），省级优秀教学团队9个，省级优秀研究生教学团队和导师团队10余个。聘请中国工程院院士李国杰教授为名誉校长、兼职教授，建立“资峰学者”领军人才、学科（学术）带头人、中青年拔尖人才和中青年骨干教师四个层次的人才梯队。学院围绕学习宣传贯彻党的二十大开展专题学习、宣讲561场次，参学3万人次。获省思政工作重大攻关项目等8项，官方微博点击率达1517万次，官方微信公众号WCI指数全省排名12，全省同类院校排第一，获“省高校易班共建优秀单位”。实现支部“五化”达标率、“双带头人”覆盖率、党务专项整治到位率三个100%；打造“大祥党建品牌构建可视化研究与实践”等校地协同党建共建党建品牌，艺术设计学院教工二支部获评全国党建工作样板支部，第一临床学院附属第一医院党委获评全省高校党建“标杆院系”，机械与能源工程学院教工第一党支部获评全省

2022 年 6 月 15 日，邵阳学院 2022 年大学生西部计划和暑期“三下乡”社会实践活动出征仪式举行（李佑丰 供图）

高校党建“样板支部”。1500余名抗疫志愿者驰援省内外，获省市嘉奖。文学院、护理学院关工委被授予“全省教育系统关心下一代工作先进集体”，2人被授予“全省教育系统关心下一代工作先进工作者”称号。拆除历史遗留的6栋民房，电气楼医学楼完工投入使用，拆除校区内违章建筑约1848平方米。完成13个维修项目，后勤维修15841单，学生满意率98.72%。《节水降耗、互利共赢》案例入选2021—2022年度全国公共机构能源资源节约示范案例。学校被评为湖南省第一批绿色学校创建示范单位。

教学 电子信息工程获批国家级一流专业，电气工程及其自动化专业通过工程教育专业认证。修订《2022版本科专业人才培养方案》《邵阳学院教学改革项目管理办法》。3个本科专业入选国家级、省级一流本科专业建设点。获湖南省普通高等学校教学改革研究项目32项，其中重点项目11项。获省级课程思政示范项目1项，遴选20门校级课程思政示范课程和50个课程思政教学案例。主编和参编教材23部，其中“马工程教材”使用率达90%。获省级以上教学竞赛奖11项、学科竞赛奖174项，其中国家级奖项18项。获批教育部“全国大学生实习公共服务平台”试点单位（湖南省仅3所高校）。获省普通高校创新创业教育中心3个、校企合作创新创业教育基地4个。

科研 科研立项254项，其中获国家自然科学基金项目7项、国家社科基金项目1项、国家艺术基金项目1项，教育部人文社科项目2项，省自然科学基金项目96项，立项数在全省排名第五位。获湖南省科学技术奖4项，发表学术论文1300余篇，其中SCI、EI、CPCI等收录150余篇，出版学术专著38部，获国家授权发明专利54项，实用新型专利129项。纵向科研项目立项经费980余万元，累计进校科研立项经费达3180余万元。

社会服务 开展服务邵阳经济社会发展“双百工程”，组织100名博士教授服务100家企业。“邵阳红”品牌创新团队获“省青年五四奖章集体”；豆制品产教融合经验做法被央视科教频道采访报道，充分肯定豆制品工艺和装备的共性关键技术突破。全年服务企事业单位近200家，签订横向科研项目145项，累计进校经费2200余万元。高质量专利实施许可转让10余项，签约金额达200万元；《邵阳学院学报》影响在全省同类院校中处于前列。附属第一医院完成门急诊56.07万人次（不含体检人次），业务总收入6.16亿；附属第二医院完成门急诊50.83万人次（不含体检人次），业务总收入3.21亿。

招生与就业 招生录取6810人，在湖南普通类首选科目物理类9个专业组，超出500分以上123人，最高分561分，高出省控线147分。录取硕士研究生82名。通过线上和线下落实就业创业工作“一把手”工程，走访联系用人单位100余家，提供毕业生就业岗位88351个，毕业生就业率37%，比上年高6个百分点。2人获评省级基层就业典型人物；获国家级和省级大学生创新创业训练计划项目立项106项，其中国家级26项；获“互联网+”大学生创新创业大赛省级三等奖以上奖励8项。新增15个大学生创业项目入驻大学生创业孵化基地。邵阳学院被评为“湖南省普通高等学校毕业生就业区域性行业性常设市场”。

师资队伍建设 签约引进博士53名，共有博士553名（含在读），招聘辅导员16名，硕士学位专任教师3名。90名教师通过教师资格证认定；遴选青年骨干教师培养对象推荐人选9人。“动力工程团队”获湖南省第二届“优秀研究生导师团队”称号，2人被评为“湖南省优秀研究生导师”；1人获湖南省最美思想政治课教师，1名辅导员获湖南省2021年辅导员年度人物提名奖；评选表彰2021年度“思考乐·师德师风模范”教师10名，评选表彰2022年度邵阳学院优秀教师10人、优秀教育工作者10人；选派国内外访问学者3人，29名湖南省普通高校青年骨干教师培养对象通过年度考核，推荐学校思政、物理、智能制造等学科或专业20余名教师参加湖南省高校教师研修班培训。

学科建设 推进重点学科建设，完成省级“双一流”建设成效评价，6个省级应用特色学科建设成效评价为“比较显著”，获“十四五”省级应用特色学科6个。启动“双一流”项目制建设，规划未来三年（2023—2025年）项目。获湖南省研究生科研创新项目16项，完成申硕推进方案中的各项指标。附属第一医院成功创建24个市级重点学科，成功申报5个省级省临床重点专科建设项目。

学生培养　挖掘袁国平故居等6处红色资源，演绎《蔡锷》等红色经典，打造“脚步丈量红色土地，融媒讲好红色故事”等红色课堂。获“华数杯”国际大学生数学建模竞赛一等奖、全国大学生数据分析大赛一等奖、2022年全国大中专学生“三下乡”社会实践优秀单位、全国大学生2022年暑期“返家乡”社会实践专项活动突出贡献高校等省级以上奖励248项。选派33名学生参加西部计划，被评为“全国优秀等次项目办”（湖南省仅4所高校获此荣誉）。应征入伍大学生119名，其中义务兵114名（含12名女兵）、直招士官5名，学院被评为“湖南省普通高等学校军训工作先进单位”。学生资助资金发放3349.12万元（不含助学贷款），其中财政拨款2754.86万元、学校投入444.26万元、社会捐助150万元，受益学生59080人次。

对外交流与合作　加强与“一带一路”沿线国高校的合作，开展多种形式的国际合作与交流。推进筹建老挝研究院，先后邀请老挝、泰国、俄罗斯、美国等代表团到校走访，就深化合作办学展开交流洽谈。与英国安格利亚鲁斯金大学合作举办的通信工程专业本科教育项目通过教育部评估。全年录取国际学生27人。

（李佑丰）

**【邵阳职业技术学院】** 2022年，邵阳职业技术学院学校占地面积42.89万平方米，总建筑面积20.36万平方米，设10个教学院部。在职教职工453人，在籍在校学生12249人。获湖南省楚怡“双高计划”（高水平高职学校和高水平专业群）建设单位、湖南省文明校园、湖南省节水型高校等称号，成功立项湖南省“互联网+特色轻工产业”产教融合基地、湖南省楚怡文化传承基地、湖南省人文科普基地。

思政教育　获湖南省高校思想政治工作研究项目1项、湖南省高校思想政治工作精品项目2项。完成院级课程思政示范课建设45门，课程覆盖18个专业，占全校专业的72%。青年教师阳巧梅被评为第三批全省高校教师党支部书记“双带头人标兵”，党委书记邓政获全省高校学习宣传贯彻党的二十大精神微党课竞赛三等奖。

舆论宣导　全年在省市级媒体发表宣传稿件75篇。《邵阳职院：五育并举助腾飞》《踔厉奋发向未来——邵阳职院绘就建高升本新蓝图》两篇深度报道分别在《湖南日报》、《邵阳日报》、新湖南、红网重要版面刊发。学校微信公众号刊发稿件130余篇。

招生就业　完成招生计划3850人，录取率100%，普高录取分数创历史新高。报到新生3637人，到校率94.5%。落实就业“一把手工程”，党委书记、校长带队开展访企拓岗行动，组织50家企业进行线上宣讲，推送就业岗位9867个，为403名困难学生申请就业创业补贴60.45万元，毕业生初次毕业去向落实率89.92%，高出全省平均水平1.88个百分点。

教学科研　组织学生参加全国、全省技能大赛获奖46项，比上年增长21.05%。其中国家三等奖以上3项、省级一等奖4项、省级二等奖13项、省级三等奖11项。学生在第十届湖南省大学生“挑战杯”创业计划竞赛上获金奖1项（首次突破金奖）、银奖1项、铜奖3项，专业教师参加湖南省教师教学能力比赛获奖5项，其中二等奖4项、三等奖1项，公共课教师指导学生获省级大学生数学建模竞赛二等奖1项、三等奖2项。与迅达（中国）电梯有限公司编写的校企合作开发教材公开出版；与蓝墨云平台合作建设云教材，共编写63本，比上年增长65.79%，其中已出版28本，开发活页式新型教材3部；教师发表论文101篇，出版著作4部；“动物防疫与检疫技术”成为农业农村部首批100个服务乡村振兴“名课名师”项目。立项省级以上课题（项目）15项，同比增长50%，其中3个项目获省级教学成果奖三等奖；立项建设省级、院级“楚怡”重点建设项目36个；获市社科优秀成果奖8项；获授权专利1项、软件著作权104件。

师资建设　通过公开招聘、遴选等方式引进专业教师27人，新晋级教授2人、评转副教授5人。选拔专业带头人8人，评选“十佳”教师11人。遴选出省级青年骨干教师7人，院级教学创新团队、专业教学团队各8个。有市科技特派员3人、市最美科技工作者1人。

重点项目建设　7月成功遴选为湖南省楚怡高水平高职学校建设学校，机电一体化技术专业群、动物医学专业群、计算机应用技术专业群成功立项省级高水平专业群建设项目。成功立项院级在线精品课程8门，推荐2门在线精品课程参加教育部遴选。出版云教材18部，在建云教材10部。投资350余万元采购实训设备，新建智慧教室16间，投资6000万元的综合实训楼主体工程完工。

对外交流　作为第二批“坦桑尼亚国家职业标准开发项目”立项建设单位，牵头主持开发机电一体化技术工程师8级、畜牧兽医技术员4级两项坦桑尼亚国家职业标准，经与深圳职院等国内一流职院深入交流，成功制定标准，贡献中国方案。

（蒋　隆）

**【湘中幼儿师范高等专科学校】** 2022年，湘中幼儿师范高等专科学校全日制在校生数9303人。年内计划招生2439人，实际录取2437人，录取率99.92％，实际到校2350人，到校率96.43%；2022届毕业生2747人，初次就业人数2435人，初次就业去向落实率88.64%。稳步推进职称改革，评出教授11名、副教授18名、讲师53名，认定助教12名。公开招聘、引进高层次人才12人。年末有教职员工482人，专任教师360人。其中，全国优秀教师、二级教授1人，教授23人，副高职称141人；具有博士、硕士学位教师133人；双师型教师89人；学校专业带头人15名，学科带头人12名，青年教师导师46名，青年骨干教师22名。校内专任教师具有硕士及以上学位人员比例为36.94%；具有副高级职称及以上人员比例为34.23%，具有“双师”素质教师比例为24.72%。全年培养入党积极分子402名、党员发展对象89名、吸收中共预备党员52名。

改善办学条件　田径场滑坡治理项目、爱莲湖景观工程、绿汀文化广场建设项目竣工。艺术中心剧场装修装饰集成工程（EPC）完成招标。稳步推进新教学楼、学生宿舍、附属小学、附属幼儿园、教师公寓建设。图书馆内中央空调、书里书外联合建设、文化交流中心配套设施等如期完工。进一步实施校园绿化、美化、亮化工程，推进“公园式校园”建设。

教育教学　开设学前教育、小学教育、早期教育、小学语文教育、小学数学教育、小学英语教育、美术教育、音乐教育、体育教育、体育艺术表演、戏曲表演、舞蹈表演、婴幼儿托育服务与管理、党务工作、现代教育技术、党务工作、视觉传达等17个专业。“幼儿文学”课程立项国家级精品课程；小学英语教育专业、小学教育专业被纳入国家教师资格证免试范围；小学教育和小学语文教育专业人才培养方案、小学教育和小学语文教育专业技能考核标准与题库被评为省优秀等级。组织学生参加2022年度湖南省职业院校技能竞赛，获一等奖1个、二等奖1个、三等奖2个；参加全国啦啦操锦标赛，获一等奖1个；参加“外研社词达人杯”全国大学生英语词汇能力大赛，获一等奖1个、二等奖4个、三等奖5个；参加湖南省“聚微光 战疫情 图书馆与你共行动”主题抗疫系列活动获优秀组织奖，二等奖1个、三等奖1个。

科研　立项省、市级以上项目50项。在第十六届邵阳市社会科学优秀成果评奖活动中，获一等奖1项、二等奖3项、三等奖4项；在湖南省教育科学研究工作者协会2022年优秀论文评选活动中，获一等奖1个、二等奖1个、三等奖4个；在湖南省职业教育与成人教育学会2022年优秀论文评审活动中，获一等奖2个、二等奖1个、三等奖2个。

社会服务　完善教师培训网络体系，形成“国培、省培、市培”三级培训网。组织全市中小学幼儿园教师参加“信息技术提升工程2.0培训”“幼儿园骨干教师培训”“中小学音乐教师专业技能培训”“戏曲美育师资培训”“邵阳市教师培训师团队培训”等国培、省培、县市培项目，培训教师数72589人，其中国培8830人、省培747人、县市培63012人。组织完成教师资格证面试新增考官培训397人。组织普通话测试6401人；与中南大学联合举办2022年湖南省乡村幼儿普通话骨干教师研修班，培训骨干教师100人；配合省语委举办湖南省2022年“红色经典传乡土——走进绥宁”活动。助力乡村振兴，组织消费帮扶、教育扶贫等各类志愿服务2万人次，投入驻村帮扶资金71万元。

（张昌旺）

## 科学技术

### ·综　述·

【概况】2022年，邵阳市科学技术研发经费投入总量47.9亿元，投入强度达1.95%，两项指标实现较大跃升，增速均排名全省第二。加强科技型中小企业培育，入库科技型中小企业1253家，排名全省第五，增速排名全省第三。技术合同成交额、登记项均实现数倍增长。营商环境工作得分排名全省第一位，绩效考核中“高质量发展”指标得分排名全省B类地区第一、重点任务指标（科技创新“七大计划”）得分排名全省第一。6个项目纳入省“100个”科技创新项目，考核排名全省B类地区第一。

是年，邵阳市科学技术局获湖南省第五届科学素质网络大赛优秀组织奖、湖南省科技统计工作先进单位、湖南省科学实验展演会演活动优秀组织奖，邵阳市工业企业“纾困增效”专项行动优秀服务单位、社会信用体系建设优秀单位（信用信息采集）等称号。

【科技平台建设】2022年，邵阳市新认定11家市级星创天地。4家单位成功备案为省级科普基地，9家单位进入省级科普基地备案培育名单。“智丰众创空间”备案为国家级众创空间，“新型竹木复合材料制造”成功创建省级工程技术研究中心，邵东智能制造技术研究院认定为湖南省海智工作基地。邵东市政府打造“邵东智造院”升级版，组建邵阳市数字经济研究院，为全市市场主体提供数字化转型、网络化协同、智能化升级服务。

【科技成果】2022年，湖南科瑞生物制药股份有限公司的“植物源胆固醇”项目获科技部举办的首届全国颠覆性技术创新大赛总决赛优胜奖，湖南万脉医疗科技有限公司的“高流量及空氧混合无创医用呼吸机”项目获第十一届中国创新创业大赛全国赛（生物医药）优秀奖，3家企业获湖南省创新创业大赛优秀奖。“高效G8.5+玻璃基板”等6个项目列入湖南省“100个”科技创新项目，申请专利83项，获授权40项。组织全市十大技术攻关项目。试点科研项目经费“包干制+负面清单制”改革，落实科研诚信信用制度。

**【科技创新】** 2022年，邵阳市部署实施科技体制改革三年行动计划，纵深推进16项改革任务。落实市委、市政府统筹经济社会发展决策部署，推进“科技+产业+金融”良性循环，加速金融资源与科技企业全方位对接，市科学技术局联合市财政局、市政府金融工作办等六部门出台《邵阳市推进〈湖南省科技型企业知识价值信用贷款风险补偿改革实施办法〉工作方案》，推动省市共同建立2000万元的风险补偿资金池，与中国银行邵阳分行、中国建设银行邵阳分行、中国农业银行邵阳分行、邵阳农村商业银行股份有限公司4家银行签订战略合作协议，建立轻资产债权融资模式，破解科技型企业融资难题，为科技型企业纾困解难。自6月24日启动改革至年底，共为全市156家企业发放科技型企业知识价值信用贷款4.18亿元，发放贷款总量位居全省第五。全市符合信用贷款的科技型企业达1365家，为企业提供融资渠道，解决企业融资难融资贵问题。

**【科技服务】** 2022年，邵阳市科学技术局深入园区、企业，在高新技术企业申报、入库评价、项目申报、创新平台建设、企业研发奖补等方面提供政策指导，对10家帮扶企业开展“送政策、解难题、优服务”百日攻坚专项行动。根据企业需求，举办高企认定、技术合同交易登记、知识价值信用贷款等专题培训，邀请省科学技术厅专家领导授课。组织省科学技术奖励申报，邵阳学院获技术发明奖二等奖1项、自然科学奖三等奖2项、科技进步奖三等奖1项。举办第五届邵阳市创新创业大赛活动，兑现企业参赛奖金46.4万元。服务乡村振兴，安排资金10万元。选派2022年度“三区”科技人才132人，立项科技专家服务团和科技特派员服务乡村振兴项目28个，获资金支持280万元。

**【科学技术普及】** 2022年，邵阳市启动市级科普基地建设，6个项目获年度创新型省份建设专项科普专题项目立项。先后举办2022年邵阳市科普作品比赛、2022年邵阳市讲解比赛、2022年邵阳市科学实验会演比赛，11个科普作品获省科普作品比赛立项，获省科普讲解大赛二等奖1项，5支队伍入围省科学实验展演会演比赛决赛。创新举办2022年邵阳市科学实验展演会演比赛线上直播，关注收看人数达10.4万人；举办2022年邵阳市科技活动周系列活动，开展科普类活动12次。

（唐　津）

## ·农业科学研究·

**【概况】** 2013年，经省机构编制委员会办公室批准，邵阳市撤销原市农业科学研究所、市瓜类研究所、市柑橘研究所、市蔬菜研究所，于2015年正式组建邵阳市农业科学研究院，为公益一类全额拨款农业科研事业单位。2022年，全院设16个部门，在职员工107人。获批国家现代农业科技示范展示基地、国家西甜瓜良种繁育基地、国家作物种质资源保护单位，有西甜瓜、花生、柑橘、雪峰山4个“国字号”试验站和蔬菜、旱粮、水果3个省级试验站。组织向省、市各级各部门申报项目30余项，通过并到位21项，经费561万元；向省发展和改革委员会申报“邵阳国家现代农业科技创新园区建设”政府专项债项目，总投资41420万元，已立项并完成初步设计及“一件三证”等前期审批手续办理。院科研人员撰写学术论文46篇，其中国家刊物录用8篇、省级刊物录用11篇，申请发明专利3项、实用新型专利1项。

**【科研课题及试验】** 2022年，邵阳市农业科学研究院围绕邵阳水稻、西甜瓜、柑橘、蔬菜等优势产业，依托5个国家级科研综合平台及3个省级农业产业技术体系湘中综合试验站，开展科研课题及试验111个，同比增加5个，同比增长4.7%。

瓜类所栽培西瓜种植面积2亩，52份资源材料，配置杂交组合18个，提纯资源45份；从往年配置组合中筛选出3个品质好、抗性强的小果型西瓜组合；在新宁对新育成葫芦砧木新品种“强砧1号”进行比较试验，嫁接亲和性和共生亲和性良好，抗病性强。

柑橘所在洞口基地开展柑橘砂皮病绿色防控技术示范、柑橘大实蝇防控技术示范；新宁基地柑橘溃疡病绿色防控试验及配合建立柑橘黄龙病新宁阻截带；在城步开展高山苗香梨“三减一增”栽培关键技术集成与示范，面积100亩，梨园化肥使用量减少20%以上、农药使用量减少10%以上、果实损耗减少10%以上。

粮油所在邵阳县谷洲镇古楼村、大祥区台上村开展水稻、花生、油菜（2021—2022年）新品种试验共150余亩，试验品种516个，合作选育的双晚迟熟优质稻品种野香优20参加湖南省晚稻区域试验初试；完成23个油菜新品种、41个花生新品种测试试验。

蔬菜所开展露地辣椒长季节栽培技术示范及避雨栽培模式下辣椒主要病虫害综合防控技术应用与示范任务，全年实际试种辣椒、苦瓜、丝瓜、菜心、花菜品种23个，收集辣椒地方品种3个、丝瓜地方品种5个，通过自交分离获得丝瓜材料144份，苦瓜育种筛选出测试中表现最好的新组合。

茶叶所全面实施“邵阳珍稀野生茶资源研究与利用”“湖南红茶加工关键技术研究与示范推广”科研项目，参与企业共创野生茶种苗繁育基地3个、野生茶加工示范点4个，研制野生茶最优工艺参数，联合开发系列新产品5个，筛选优质野生茶树种质资源单株3个。

旱作所完成旱粮作物救灾补损品种试验，豆玉米复合种植除草剂试验；完成湖南省春大豆1个组14个品种，生产试验1个组3个品种，夏大豆区域试验1组6个品种区域试验任务。

生态加工所承担2019—2022年度广西中烟“自制有机肥对新宁基地烟叶提质作用研究及应用”项目并完成年度任务。

生物中心建立中药材标准化示范基地1个，总面积11亩，其中玉竹6亩（含博落回套作玉竹3亩）、百合5亩（博落回套作百合2亩）；建设中药材种质资源圃1个，面积4亩。

**【科研成果】** 2022年，邵阳市农业科学研究院的崀丰脐橙留树保鲜延期采收技术成果获评审专家组肯定。鲜果采收从当年的11月下旬可延长至翌年的5月上旬，实现延期采收、错峰上市等目标，有效提高了果农种植效益。经过3年的合作研发，小果型西瓜育出新品种“宝玉一号”，邀请省内有关专家在大祥区罗市镇和平村基地进行现场评议，经田间实地考察和室内果实品质测评，该品种优质、丰产、耐贮运，将进行品种登记主植物新品种保护申报。南瓜创新团队试验地点综合基地，新品种选育为南瓜、食用瓠瓜、砧木瓠瓜等七大块，试验面积19亩，试验组合526份，种子入库1896份，经浙江省杭州市农科院石江研究员进行田间综合测评及室内考种，筛选出抗性强、丰产性能好、品质好的优良组合11个。11月29日，创新团队选育的398粒38.5克南瓜育种实验材料随神舟十五号飞天，开启邵阳农业航天育种篇章。

**【种质资源保护利用】** 2022年，邵阳市农业科学研究院继续在新邵县开展农作物种质资源收集与保护工作，下乡收集新收集优质种质资源6个，补充收集2个，在大祥区檀江乡曾桥、北塔区陈家桥、新邵严塘水稻资源圃等基地扩繁60余个，收集并报送上级种质资源60份，通过21个，完成项目任务书核定的任务。

**【科技服务】** 2022年，邵阳市农业科学研究院53名市级科技特派员和16名“三区”科技人才分别到9县3区实地进行富硒稻米、西甜瓜、柑橘、中药材、茶叶、蔬菜等农作物优质高产栽培技术指导，提高农户种植技术水平，全年累计开展现场指导450余次，面对面解决农业技术难题。在邵东、新宁、洞口、隆回、城步、新邵、邵阳县等市县建立西瓜、柑橘、蔬菜、水稻、茶叶高标准科技示范推广基地20个，示范面积2万余亩，推广面积70万亩以上，带动农户36.5万户。开展集中农民工农业技术培训，发挥能手“传、帮、带”作用，举办西甜瓜、柑橘、辣椒、蔬菜、黄精、龙芽百合等培训班69期，培训农民能手6000多人次，承担市农业农村局柑橘产业集群培训600人。在邵东市、邵阳县、隆回县、怀化市麻阳苗族自治县、永州市蓝山县、祁阳县、长沙市岳麓区等地推广新品种新技术2000余亩。

**【推广与宣传】** 2022年，邵阳市农业科学研究院通过产学研高效协同，精准挖掘农业需求，引进水稻、西甜瓜、花生、蔬菜、柑橘等品种90余个，示范推广农业新品种36个、农业新技术11项、农业新模式3种，推广面积达1000万亩，带动农业经济增产增效超2亿元。加强与中央、省、市新闻媒体联系，广泛宣传“邵阳红”公共品牌。利用“邵阳市茶业协会”、“宝庆农科”微信公众号对“邵阳红”茶品牌建设重大活动进行宣传报道。与邵阳广播电台飞扬996栏目合作，不定期开展《农业科普》节目播出，指导《邵阳农优文化》宣传邵阳农特产品，全年国家级媒体上稿3篇、省级7篇、市级40余篇。

**【水稻高产攻关“三创”最高纪录】** 2022年，邵阳市水稻高产攻关“三创”最高纪录。其中，湖南省超级杂交水稻高产攻关科研基地（隆回羊古坳）百亩片高产攻关试验品种超级稻“甬优1538”，面积108亩，经省级测产，平均亩产1138.5公斤，刷新湖南省超级稻百亩攻关示范片高产纪录；新品种“甬优7860”高产试验，面积72亩，经市县级测产，平均亩产1046.72公斤，刷新湖南省新品种大面积试种高产纪录；再生种高产示范品种“甬优4949”，面积30亩，经省级测产，头季平均亩产830.8公斤，再生季平均亩产547.87公斤，总产量平均亩产1378.67公斤，刷新湖南省再生季高产纪录、再生稻两季周年最高产纪录。

**【稻作示范园开园】** 2022年9月26日，邵阳市农业科学研究院稻作示范园举行开园揭牌仪式。稻作示范园位于邵阳市国家现代农业科技示范展示基地曾桥基地入口处，是基地的核心亮点工程，也是邵阳市国家农业科技示范园区的先锋项目、示范项目。规划总面积366.54亩，设计拥有机耕道景观农业展示带、花海步道、农耕文化博物馆及新品种展示示范区、省部级新品种试验区、概念性品种及优异种质资源展示区、市民耕作体验区、油菜花海景观区“一带、一路、一馆、五区”八大功能区。1月启动建设，投入资金500万元。该项目集乡村振兴试验示范、休闲旅游、研学教育、设施农业、智慧农业、生态农业等现代农业科技元素于一体，将成为邵阳市农耕文化历史和现代农业高科技的重要展示窗口，市民休闲体验的“后花园”和青少年科普教育的新课堂。

（张剑波）

## ·气　象·

**【气象服务保障】** 2022年，邵阳市极端天气频发，2月出现极端大暴雪，汛期出现19轮强降雨过程，7月后出现极端高温干旱，新邵、隆回等地发生严重的森林火灾。市气象局把每一次灾害性天气预报、预警信息及应对建议及时呈报市委、市政府及有关部门，并通过多种渠道向广大公众发布。全年发布预警信号522期2594县次231万余人次，其中暴雨218期348县次近60万人次，并发布重要警示信息、乡镇强降雨警报、地质灾害风险临近预警、城市内涝风险警报等预报警报信息，为市委、市政府防灾减灾决策提供科学依据，邵阳汛期连续九年实现

“不死一人，不垮一库一坝”。11月初，新邵、隆回等多地发生严重的森林火灾，市气象局迅速成立森林防灭火专班，局领导第一时间携带移动气象站和增雨火箭奔赴火场提供现场保障和灭火服务，市气象台为新邵、隆回火场制作近三小时的滚动监测实况和天气预报，为救火提供准确的气象保障服务。

**【基础业务管理】** 2022年，邵阳市气象局推行台站综合观测业务积分制管理。将业务人员履职情况与绩效挂钩，印发《邵阳市气象局“质量提升年”重点任务清单》《邵阳市气象局县级综合业务“质量提升年”补充方案（试行）》《邵阳市气象局县（市）局综合业务岗位职责积分制考核办法（试行）》，解决当前业务人员做好做坏一个样的难题，有效提高业务人员积极性。推进观测质量体系建设，组织市县两级气象部门集体召开质量分析暨气象观测质量体系整改推进会，对业务质量不达标单位进行通报并要求整改，切实提高观测质量。

**【基础业务能力建设】** 2022年，邵阳市气象局推动区域站升级改造，全市2021—2022年落实区域站升级改造经费380.93万元。邵阳交通气象站建设任务（2022—2024年）纳入市道路交通顽瘴痼疾专项整治考核方案，分三年执行，由市气象局对各县市区政府进行考评(占3分）。截至2022年年底，市本级完成4个站的建设，绥宁完成5个站的建设，邵阳县完成4个站的建设，其他县分别完成1个站的建设。

**【人工影响天气作业】** 2022年7月开始，邵阳市出现持续极端高温干旱，全市各气象局人影作业单位共开展人影作业206次、发射高炮弹950发、火箭弹611枚，飞机作业14架次。人影工作在烟叶防雹、森林防灭火、增雨抗旱、改善空气质量中发挥了重要作用，省、市多家媒体进行宣传报道，浏览量达55万次。

（王旭菲）

## ·水　文·

**【概况】** 2022年，邵阳市水文局辖19处水文站、14处水位站、92处雨量站，累计启动水文测报Ⅲ级应急响应1次、Ⅳ级应急响应4次，发布预测材料157期。承担全市22个水质站点和30个行政区界断面、重点水库的日常监测分析。对26处农饮供水工程开展监督性抽检。新建2处水位站、1个自动蒸发站、1个固定式雷达波在线测流站和64个固定墒情站。

年内新录用公务员2人，推荐评定高级职称1人、中级职称3人，发展新党员2名。实施“青年职工成长积分制”，搭建青年人才成长量化评价体系。组织职工参加线上线下业务知识培训、竞赛25次。下沉社区开展防疫志愿服务400余人次，自筹资金8万元支持社区创文明城市建设，投入专项经费近20万元助力乡村振兴。成功创建省级文明标兵单位和省级模范职工之家。

**【基础设施建设】** 2022年，邵阳市水文局新建2处水位站、1个自动蒸发站、1个固定式雷达波在线测流站和64个固定墒情站，完成5个站在线雷达波设施设备升级改造、8个站自动测报设备2G升4G改造、13个墒情站升级改造，完成市县水情业务平台和市县水资源公报编制系统平台开发建设，构建中小流域预报基础信息库，实现预警预报工作日常化。按节点实施犬木塘水库工程对邵阳水文站影响项目。抓实自动测报设备运维，主汛期水文站点设备通畅率99%以上，全年通畅率90%以上。完善基本站信息入库，补充中小河流站点实测数据。加强新仪器新设备新技术研究应用，完成相关比测报告4份，发表科研论文3篇。

**【水文测报服务】** 2022年，邵阳市水文局落实“四预”措施和“7531”防旱抗旱工作机制，累计启动水文测报Ⅲ级应急响应1次、Ⅳ级应急响应4次，推送服务短信4万余条，发布预测材料157期，所有站点水系洪水过程均提前发布预测预警预报。其中6月4日，提前8小时精准预报新宁站洪峰水位，与实际相差仅0.01米。加强信息报送，制定防汛服务、工作管理、值班管理等短信服务模式，相关信息“跑”在暴雨洪水前面，多次获市委、市政府主要领导肯定。面对7月以来旱情，早在6月下旬雨季结束之前即向防汛抗旱主管部门提出蓄水建议。旱情期间，每日报送水情摘要及旱情分析，组织开展旱情监测300余站次，参与大中型水库、灌区、涉水工程、粮食主产区、脐橙产业区等用水补水调度，实现在罕见特大旱情下主要干支流不断流、粮食作物保产、取水口安全取水等目标。

**【水资源管理服务】** 2022年，邵阳市水文局承担全市22个水质站点检测和30个行政区界断面、重点水库的日常监测分析工作，每月发布水质检测通报和《邵阳市生态流量通报》。完成26处千吨万人及以上农饮供水工程水质监督性抽查，检测水样152个，检测指标38个。完成市级和9个县（市）水资源公报编制，制定《邵阳市地下水开发利用规划》。旱情期间，主动对农村供水保障工程进行监测，快速响应，组织7个小组共16人深入一线督导全市抗旱保供，指导科学取水用水，确保水源水质安全。

**【重点工程项目建设服务】** 2022年，邵阳市水文局完成2021年度小型水库雨水情监测及大坝安全监测项目施工及设备安装。参加全市自然灾害风险普查及土壤普查。开展全市水利遗产调查，收录现存水利遗产80项，形成成果材料3项。为柘溪水库、犬木塘水库枢纽工程建设运行提供优质水文服务，在5月10日暴雨洪水期间，提前20小时精准预测预报犬木塘工程坝址河段洪峰过程，为撤离人员物资、避免险情灾情提供关键技术支撑。

（岳　榕）

# 文化·旅游·体育

## 综　述

【概况】2022年，邵阳市规模以上文化及相关产业企业达348家，营业收入303.82亿元，同比增长12.8%，占地区生产总值的7.8%。年末全市拥有艺术表演团体5个，群众艺术馆、文化馆13个，公共图书馆14个，公共文化设施总面积达718.98万平方米，文化场馆服务总人次达1122.36万人次，国家级非物质文化遗产保护目录16个，成功申报2处省级历史文化名镇、5处中国传统村落，广播综合人口覆盖率97.5%，电视综合人口覆盖率99.2%。全年实现旅游总收入340.5亿元、下降0.9%，接待旅游总人数2950.6万人次、下降0.7%；国际旅游外汇收入4.4万美元。邵阳市首届文旅商品创意设计大赛、邵阳市首届旅游发展大会新闻发布会相继开展。

是年，邵阳市文化旅游广电体育局获评全国基层广播电视统计工作考核优秀集体、全省广播电视创新创优优秀组织单位、全省广播电视公益广告大赛优秀组织机构、全市精神文明建设先进集体。隆回县获评“全国文物系统先进集体”，《村晚兴盛振乡村》《花瑶挑花：挑出瑶乡振兴花》双双入选为文化和旅游部典型案例。洞口县制定出台《洞口县非物质文化遗产杰出传承人评定奖励办法》，建成岩山、长塘等非遗展馆。绥宁县被评为全省广播电视公共服务工作先进县市区。大祥区投资238.3万元建成应急智慧广播系统并运行，北塔区选送的竹雕作品《长征万里图》获湖南省第二届文学艺术奖。

（周　洋）

2022年7月21日，邵阳市文化馆在大祥区西外街社区开展“强国复兴有我”群众文化展演活动　（朱捷飞 供图）

## 文　化

### ·公共文化·

【公共文化服务】2022年，邵阳市出台《关于推进全市公共文化服务体系高质量发展的实施意见》，全市公共文化设施总面积达718.98万平方米，文化场馆服务总人次达1122.36万人次，公共文化服务体系进入高质量发展新阶段。获评非遗村镇省级示范点1处、非遗工坊省级示范点1家。持续开展“宝庆群艺汇”“到群众最需要的地方去”等品牌文化活动和“送戏曲进万村 送书画进万家”“喜迎兔年”春节主题系列文艺惠民活动，“戏曲进乡村”惠民演出800余场，周末剧场48场，戏曲进校园100余场。市县两级文旅云数字平台完成数据对接并投入使用，建成“邵阳市云上非遗馆”。

（周　洋）

【湖南省新华书店邵阳市分公司】2022年，湖南省新华书店有限责任公司邵阳市分公司（以下简称邵阳新华书店）秉承播文启智、厚义薄利经营理念，经营项目主要涵括中外文图书、教材教辅、文化用品、电子数码、电教产品、海外产品、文化服务、教育培训及考试服务等。辖7个县2个市共9家分公司，旗下实体门店97家，卖场面积约1.8万平方米。其中，中心门店10家、特色书店5家、校园书店72家、社区书店2家、乡镇书店8家，网点遍布邵阳城乡。

服务大局　围绕迎接和学习宣传贯彻党的二十大精神，策划开展“奋进新征程，建功新时代——喜迎二十大”、党的二十大文件及学习辅导读物等主题联展活动，“足迹系列”、《习近平谈治国理政》第四卷、“二十大”文件及学习辅导读物等时政读物发行量位居全省四强，党员覆盖率位居全省前列。联合当地媒体开展大喇叭“村村响”宣讲活动，助推党的会议精神、政策方针深入基层。克服教材定版时间晚、印制周期短、发运时间紧等不利因素，完成“课前到书、人手一册”的政治任务。

服务文化　开展“文艺家沙龙”“社科大讲堂”“品读间”等线上线下文化活动200余场，参加人员5万余人次。承办邵阳市全民阅读暨“护苗·绿书签”活动启动仪式、“学习强国”学习平台知识挑战赛等活动，获省、市多家媒体报道。推动大学校园书店建设，书里书外湘中幼儿师范专科学校店开业；多家县级公司门店开始门店升级和场景重塑改造项目；提供党建服务，建成党建书屋570余家，提升网点覆盖和全民阅读服务能力。

服务社会　全年累计派出扶贫工作组、驻村干部等23人次，联系帮扶贫困户逾200户；向学校、乡村振兴点和社会捐赠建设资金、图书、书架、食品等；为84户小微企业和个体工商户减免租金；组织发动450余名志愿者参与“爱心送考”“创文执勤”等义工活动近2000人次。

（唐红艳）

**【邵阳市文化馆】** 2022年1月27日，邵阳市文化馆执行的“盛世欢歌新征程”2022邵阳市春节联欢晚会在线上播放，历时100分钟，分“春华秋实新时代”“春意盎然新气象”“春风浩荡新征程”3个篇章15个节目，多个在第七届湖南艺术节上获金奖的节目亮相晚会。举办8场“宝庆群艺汇”和“到群众最需要的地方去”市文艺轻骑兵送文化进社区活动，其中1月6日的“乡村振兴放异彩 千年宝庆邵阳红”全市广场舞展演活动在邵阳体育中心举行，73支团队参加本次展演；3月8日在隆回县向家村举办“学雷锋文旅志愿服务月”送文化进乡村活动；7月21日在大祥区西外街社区举办“强国复兴有我”群众文化展演活动。举办5场“中国梦·邻里情”文化进社区活动、4场“共品邵阳红齐创文明城”2022年邵阳市群众文化暨宝庆风物推荐进小区系列公益活动，放映公益电影96场。

继续免费开放培训，增加葫芦丝、古筝、小提琴、国画、古琴、书法、素描、摄影、声乐（舞台表演班、通俗歌曲演唱班）9个专业，全年设班级52个，接受学员1358人，接待社会团体免费开放课程59个；少儿培训共培训425人，其中春季培训195人、暑期培训80人、秋季培训150人，8月完成全市青少年中国舞考级工作。

是年，邵阳市文化馆创排的广场舞作品《文明之花满人间》入围十三届中国艺术节十九届“群星奖”，组织完成该作品的复排录制及参赛工作；创作的独唱《醉美崀山》获第七届湖南艺术节“三湘群星奖”优秀作品奖；“名师面对面”艺术大讲堂项目获第七届湖南艺术节“三湘群星奖”。参与全省“欢乐潇湘”词曲征集活动，在全市范围内收集词曲110首；副馆长罗建勇创作“邵阳市创建民族团结进步示范市”宣传歌曲《石榴花开满邵阳》；市文化馆员工陈祚霖、金雨生创作抗疫歌曲《你的眼睛》并在抖音、邵阳发布等平台推广。

（朱捷飞）

**【邵阳市博物馆】** 邵阳市博物馆是集收藏、研究、展示和教育于一体的综合性历史博物馆，位于市文化艺术中心A栋，共三层楼，总建筑面积15000平方米，其中展示区域近6000平方米、文物库房640平方米。一楼为基本陈列厅，分古代邵阳、近代邵阳、现代邵阳三个部分；二楼左侧为专题陈列厅，分资源风物、邵商风采、名人风范三个专题；另设有两个临展厅和爱莲文化廉政教育基地。2022年，该馆成功申请到中央免费开放资金170万元/年、国家馆藏文物预防性保护项目经费364万，征集各类文物192件/套，策划4个临时展览，举办宣传教育活动17次。以“挖掘价值、有效利用”文物背后故事为重点，与市城市报社联合推出《博物纵览》专栏，已刊出6期。全年接待社会各类参观团200余个，观众20.9万人次。是年，邵阳市博物馆获评湖南省“法制进文旅场所”活动先进单位、湖南省文明窗口单位。

文物征集与保护　馆藏征集各类文物192件/套，涵盖青铜器、瓷器、民俗物品等类别，其中珍贵文物35件/套为有偿捐赠、一般文物157件/套为无偿捐赠。累计文物达4653件/套，其中珍贵文物有339件/套（一级文物6件/套、二级文物41件/套、三级文物292件/套）。推进馆藏文物预防性保护项目工作，申请到国家馆藏文物预防性保护项目经费364万元，针对文物库房和展厅文物保存及展出环境质量进行监测与调控，运用多种调控手段改善文物保存微环境，实施有效的“稳定、洁净”调控，提升馆内文物长期保存设施的专业性和质量。

精品临展　举办和策划4个临时展览。其中，春节期间推出由国

2022年，市博物馆工作人员进行文物征集　（邱玉梅 供图）

家文物局指导的2022年《虎虎生威——新春生肖文物（图片）联展》；为纪念雷锋同志逝世60周年，3月雷锋月，从湖北省随州市久洲艺术博物馆引进“雷锋——时代的楷模”雷锋事迹物品专题展；策划《清风廉韵——当代邵阳籍名家廉政文化书法作品展》，5月25日至8月25日在广东省东莞市虎门林则徐纪念馆自得湖山堂画廊展出；6月24日，与市禁毒委员会联合策划大型《禁毒宣传教育专题展》，获国家禁毒局和省市领导重视，市禁毒委发文要求全市各行政事业单位、全体干部职工必须到市博物馆打卡学习。

爱国主义教育　发挥省市爱国主义教育基地作用，创新宣传方式，通过新闻媒体、微信公众号、馆内电子屏和线上线下培训等，宣传《文物保护法》、《博物馆条例》、党的二十大精神、禁毒、防电信诈骗、防疫和创文等国家相关政策，发稿34篇，参与各类培训10余次、志愿服务30余次。举办“5·18”国际博物馆日文物捐赠活动、“博物馆里过大年·忆童年”系列文化活动、“博物馆里闹元宵”主题活动、“快乐端午粽飘香”亲子活动、“浓情中秋·文明传承”主题活动、“强国复兴有我”喜迎二十大汇“剧”新时代——博物馆沉浸式剧本演出活动、践行社会主义核心价值观——邵阳历史文化知识线上问答挑战等宣教活动，市博物馆成为学生的“第二课堂”，群众的乐园，市委、市政府的文化名片。

（邱玉梅）

**【邵阳市松坡图书馆】**　邵阳市松坡图书馆位于市邵阳大道文化艺术中心，是全省14个市州里唯一没有以市命名的市级公共图书馆。总面积约1万平方米，共4层，馆内设30余个功能区域，其中有盲人读者阅读室、电子阅览室等大小阅览室10个，可同时容纳读者800~1000人。按国家公共图书馆建筑面积和阅览座席指标要求，馆内设有咖啡书吧、少儿活动室、视听室、冥想室、心理咨询室、国学讲堂等综合服务场所，可服务人口30万人次以上。馆藏纸质文献、电子文献、电子图书、电子报刊、视听资料等24万册，在2022年古籍报备中，总藏量在全省市级公共图书馆排名第一。近年来该馆加大对馆藏文献的研究、开发和利用，先后编辑出版《蔡松坡遗集》《蔡母王太夫人荣哀录》《明拓孤本〈泰山金刚经〉》等珍品古籍图书。

业务开展　为读者证办理、书刊借阅、上网服务、资源下载、参考咨询、文献传递、资料复印、读书活动、培训辅导、存包服务、停车服务、网络服务等提供免费开放服务，免费开放服务部门16个，总馆每周开放60小时，城区分馆每周开放78小时。全年购置新书5.3万册，其中纸质图书3.1万册、电子图书1.8万册。开通智能化服务，建立“移动图书馆”“智慧服务墙”“无线Wi-Fi认证系统”“活动管理平台”“读者积分管理平台”等服务平台。开展阅读推广活动，形成“文化学堂”“道德讲堂”“艺术展览”“元宵灯谜会”“世界读书日活动”等品牌服务。建成“图书馆总馆分馆”“图书馆服务点”“公共电子阅览室”“全国文化信息资源共享工程”等载体的服务网络。推广地方特色文化，建立“共和国的守护者——蔡锷将军”特色数字资源库。

阅读推广活动　以主题荐读、经典诵读和书画展等形式开展线上线下活动16次。1月16日开展文旅阅读推广活动——“美景下悦读”随手拍活动；1月25日举办“迎虎年 写春联 送祝福”活动；2月15日举办“欢乐共享跃虎年”元宵线上竞猜灯谜活动，小程序参与人数达7542人次，点击率达10万余次；4月23日与邵阳广播电视台经济广播联合举办“书香润宝庆 知行颂邵阳”全民阅读活动——短视频比赛；5月28日联合《邵阳日报》小记者协会邀请小记者们开展“扣好人生第一粒扣子”读书分享会；6月1日开展“粽香六月 欢乐共读”全民阅读活动；6月19日承办全民阅读推广活动之“科普阅途 书香少年”读书分享会；6月30日举办“喜迎二十大、永远跟党走、奋进新征程‘书香润宝庆 知行颂邵阳’”全民阅读活动暨全市短视频比赛颁奖分享会；7月16日开展喜迎二十大 奋进新征程“相伴共读”亲子阅读活动；7月20日协办以《探寻邵阳非遗文化》为主题的“喜迎二十大 奋进新征程”百名专家千场宣讲活动；8月13日与市文体创意产业协会、市书法家协会联合主办书法名家李逸峰教授“汉字之思与书法之美”公益讲座；9月10日举行“巧手迎中秋 团圆共享乐”亲子手工DIY活动，80组亲子家庭参与活动；9月21日联合市政协无党派界别组到双清区江湖小学开展“喜迎二十大，我们在行动”公益帮扶进校园活动，为学困生送去电脑、书包、书籍等学习用品以及助学金。

（袁　丰）

## ·文学艺术·

**【文艺精品创作】**　2022年，邵阳市文艺作品《回家地图》《我把世界分为村里与村外》获第二届湖南省文学艺术奖，长篇小说《阳光之下》《白驹过隙》《网弈》等获好评，雷晓宇长诗《薄雾》获2021年度青花郎·人民文学奖诗歌奖，邹宗德获楹联界理论最高奖。傅真忻美术作品被中国美术馆收藏，曾伟子、李炯峰书法入围“征程——喜迎党的二十大全国书法大展”，竹雕《长征万里图》、草书《饮中八仙歌》获第二届湖南省文学艺术奖。歌曲《太阳晒在山坡坡》获第二届湖南省文学艺术奖，花鼓戏《豆腐西施》、歌曲《听见中国》、祁剧《种子方舟》获第十五届湖南省精神文明建设“五个一工程”优秀作品奖，《花瑶瑶》获湖南省第七届艺术节金奖，广场舞

2022 年度国家艺术基金资助项目、湖南省“五个一工程”奖获奖作品——花鼓戏《豆腐西施》（2022 年摄） （周洋 供图）

《文明之花满人间》入围中国艺术节第十九届群星奖决赛，《豆腐西施》《潇湘春风暖天山》入选国家艺术基金资助项目。重点围绕党的二十大和乡村振兴等主题，创排祁剧《李蛮牛上任》，花鼓小戏、小品《旅游结婚》《家训》《妈妈的汤》《网骗风波》，花鼓戏快板《邵阳创文我来说》等。

【**文化交流**】 2022年9月10日，与省非物质文化遗产保护中心在长沙联合举办邵阳羽毛画精品专题展，展出何芃及其父亲（已故高级工艺美术师何斌阳）父女二人的作品《蝶恋花》《平沙落雁》《竹韵》《丽日争春》《鸟语花香》等50余件。9月30日，“江山胜览・邵阳美术书法摄影非遗展”在长沙湖南国画馆揭幕，展览分美术、书法、摄影、非遗4个篇章，展出作品312件（组），旨在全方位、多角度推介邵阳的历史、人文、山水、资源、物产和新时代以来的改革发展建设成果，向党的二十大献礼。11月18—20日，湖南省首届非物质文化遗产博览会在张家界市大庸古城举行，邵阳市国家级非物质文化遗产岩鹰拳、花瑶呜哇山歌受邀参加博览会开幕式演出，滩头木版年画作为“三湘非遗风 惊艳全世界”邵阳参展项目。

（周 洋）

## ・文化遗产保护・

【**文化遗产保护**】 2022年，邵阳市举办全市文物安全培训班。获批25个省级文物保护项目计划书、6个省级文物保护勘察设计方案，核准国家级、省级文物保护方案19个。争取省级文物保护专项资金到位1987万元、国家文物保护专项资金到位214万元、邵阳市博物馆中央免费开放资金每年170万元、预防性保护经费364万元。完成犬木塘水库文物调查勘探及发掘、《中国少数民族文物图谱・湖南卷》资料整理。成功申报88处省第三批革命文物名录、2处省级历史文化名镇、5处中国传统村落。完成蓝印花布印染技艺国家级代表性传承人蒋良寿的数字化记录。举办“宝庆烙画师生作品展”、2022年“文化和自然遗产日”邵阳市非遗宣传展示活动。宝庆竹刻国家级传承人张宗凡获“2022年宝庆工匠年度人物”称号。

（周 洋）

【**非物质文化遗产保护**】 2022年，邵阳市完善非物质文化遗产（以下简称“非遗”）保护名录体系，加强传承队伍建设。截至年末，全市有国家级非物质文化遗产保护项目16个、省级36个、市级105个，有国家级非物质文化遗产传承人12人、省级25人、市级156人。奉雪妹、丁志凡被评为湖南省2021年度优秀国家级传承人，国家级传承人廖怀章获“湖南省名中医”称号，国家级传承人张宗凡获“2022年宝庆工匠年度人物”称号，祁剧传承人肖笑波入选“2021年、2022年全国戏曲表演领军人才”。

【**非遗阵地建设**】 2022年，邵阳市加强非遗阵地建设，促进文旅融合发展。国家级非遗项目“花瑶挑花”的《挑出瑶乡“振兴花”》入选文化和旅游部“中国民间文化艺术之乡”建设典型案例名单。评审公布第一批市级非遗工坊16个、非遗村落10个、非遗街区5个示范点，“湖南蓝印文化发展股份有限公司非遗工坊”被认定为省级非遗工坊示范点，“隆回县虎形山瑶族乡”被认定为非遗村镇省级示范点。新邵县、隆回县、武冈市共 5个中医药康养基地，以及新邵县长寿清水景区、隆回县龙瑶幽谷景区、武冈市云山国家森林公园被认定为“2022年湖南省首批中医药康养旅游省级示范体验基地”。绥宁县寨市苗族侗族乡（苗族四月八姑娘节）、新宁县黄金瑶族乡（崀山峒歌）获评2021—2023年度“湖南民间文化艺术之乡”。

【**非遗传播推广**】 2022年，邵阳市举办“向传统致敬——邵阳市宝庆烙画师生作品展”、花瑶“讨僚皈”——“云上花瑶・天籁神韵”邵阳（隆回）非遗音乐会、2022年“文化和自然遗产日”邵阳市非遗宣传展示活动、“品鉴特色文化——正和岛百名企业家邵阳行非遗展演”、邵阳市首届旅游发展大会开幕式非遗演出等大型活动。市非遗保护传承研究所持续开展“非

2022年6月11日，“文化和自然遗产日”邵阳市非遗宣传展示活动——宝庆竹刻传承人张宗凡向市长华学健（前排中）介绍宝庆竹刻作品 （周洋 供图）

遗进校园”“非遗进社区”“非遗小小传承人”等活动10余场；做好市非遗展览馆免费开放工作；组织项目参加省首届旅游发展大会开幕式暨省首届非遗博览会、第五届湖南非遗传统工艺博览会、第三届湖南非遗购物节等全国性、区域性非遗宣传展示活动。

（谭高荣）

## ·新闻出版·

**【邵阳日报社】** 2022年，邵阳日报社承办市第十六届房地产交易展示会，1.2万余人次观展，近500万人次关注此次展会，展会期间成交商品房住宅261套，实现销售总额超过1.6亿元，银企签约43.6亿元，出让土地签约938亩。

是年，邵阳日报社与全国105家地市党报联袂推出的《百年奋斗路·百城访初心——庆祝中国共产党成立100周年“红色百城”大型全媒体报道》获第32届中国新闻奖集体二等奖，实现《邵阳日报》在全国最高水平专业奖项“零”的突破；邵阳日报新媒体中心被评为中国报业协会城市党报疫情防控和推动经济发展“双胜利”宣传工作先进集体；邵阳日报社被评为“全国报刊经营工作优秀单位”，推出的四大融媒体项目“健康邵阳”公益科普直播、邵阳市新时代文明实践暨邻居节、镇馆之宝——邵阳红色档案、邵阳市政协“助力乡村振兴、建设美丽乡村”政协委员专题视察活动融媒宣传等获评全国报刊经营融合创新案例。党组书记、社长、总编辑王乐华被评为第二届湖南“十佳”报业工作者，3名部门负责人被评为第二届湖南优秀报业工作者，1人被评为2021—2022年度城市党报百名优秀新闻工作者，1人被评为湖南省市州党报印刷分会先进个人。

党的二十大精神宣传　发挥全媒体矩阵融合传播优势，奏响宣传贯彻党的二十大的壮阔旋律。在党的二十大召开前，刊发迎接党的二十大宣传稿（图）300余篇（幅），理论专版、图片专版、特别报道专版、特刊专版20余个；会中，转载刊发党的二十大相关稿件150篇；党的二十大召开后，通过开设专题专栏、策划原创短视频等方式，刊发各地各单位学习宣传贯彻党的二十大精神的先进事迹、典型事例，其中报纸40余篇、云邵阳等新媒体平台推送近300篇。

经济社会发展宣传　创新宣传形式、突出宣传重点，围绕市委、市政府中心工作开展宣传报道。围绕产业发展、疫情防控、安全生产、市域社会治理、优化营商环境、民营经济发展等不同主题宣传，开设专题专栏，及时报道先进典型、工作经验、好的做法。其中聚焦首届湖南—东盟投资贸易洽谈会暨第五届东盟·湖南（邵阳）名优产品交易会，于8月25日推出52个版的大型特刊《共赢》，对盛会进行浓墨重彩的预热。会中和会后推出大量文字和视频报道，为盛会的圆满举办贡献媒体力量。

融媒改革　全新改版移动新闻客户端“云邵阳”，从logo设计、界面美化到文字编排、图片处理等各方面进行全面升级。“云邵阳”点击量比上年增长3倍。截至年末，新闻客户端“云邵阳”App下载量突破100万次，邵阳日报官方微信粉丝年内实现翻番，官方微博粉丝达44.5万人。同时入驻抖音、今日头条、百度百家、人民号、新华号、“学习强国”等平台，实现新旧媒体的深度融合。通过传统媒体与新媒体融合，年内推出一大批爆款新闻产品。微信方面，洞口校车司机尹乔华的感人事迹经该报首采首发后，被《人民日报》和新华社新媒体转发。“邵阳日报”官方微信获年度优秀政务新媒体账号，邵阳新闻在线获年度“#你好邵阳”抖音短视频大赛优秀组织单位，《很高兴遇见你，文明邵阳》《我的邵阳我来守护：献给热爱这座城市并为之奋斗的每一个人！》获年度优秀新媒体作品，《〈美丽中国〉邵阳版欢庆二十大美丽新邵阳》《邵阳多地迎来降雪，你的家乡下雪了吗？》分别获年度“#你好邵阳”抖音短视频大赛三等奖、优秀奖。

媒体宣传　由《邵阳日报》记者采写的多篇重头稿件在国家级刊物发表。其中，篇幅达2000字的调研文章《有人力，有算力，治理才给力》刊登在2022年《半月谈》第四期，开创《邵阳日报》在国家重要刊物发表大部头文章先河；调查式报道《用心用情用力守好人民的心——邵阳打造市域社会治理亮点品牌》刊登在《法治日报》综合版；《光明日报》整版刊发专题报道《【美丽中国万里行·湖南邵阳】看！万物和谐共生的故事在这里上演》；推介邵阳优化营商环境的大型报道《湖南邵阳市变身投资洼地》在《香港商报》整版刊发。

（马剑敏）

**【邵阳城市报社】** 《邵阳城市报》由湖南省新闻出版局主管，每周发行2期，4开8版全彩印刷。出版的报纸被国家图书馆、中国版本图书馆收藏。2022年，邵阳城市报社围绕市委、市政府中心工作开设专题专栏，组织系列专题报道，为疫情防控、迎接中共二十大、学习贯彻落实党的二十大精神营造氛围。发挥特刊专刊特色优势，先后推出60版喜迎党的二十大特刊、80版邵阳市人大政协“两会”报道、48版邵阳市首届旅游发展大会特刊等10余个特刊。《民情通道》以“反映百姓心声，传递政府回音”为宗旨，重点围绕群众普遍关心的热点、难点和疑点问题，着力提升公共服务，增进民生福祉。全年收到群众投诉、诉求130余个，报道70多次，解决问题60多件，收到群众锦旗5面。邵阳城市报社党委书记高扬、副社长林高湘、编辑贺莎娜被评为第二届“湖南省优秀报业工作者”。

*声屏报融合* 邵阳城市报社注重全媒体发展，新媒体打头阵，声屏报深度融合。通过报纸、人民号、凤凰网大风号、H5、邵阳城市报公众号、民情通道公众号等融媒体矩阵，以文字、图片、音频、视频等方式，全方位进行宣传报道，宣传影响力提升，平台影响力扩大。“人民号”影响力指数一度冲进全国前120强，媒体舆论引导力、网络传播力和社会影响力进一步增强。面对新冠疫情影响，报社创新工作方式，稳健推进报纸发行、广告经营、活动举办。全年报纸发行1.5万余份，覆盖全市所有县（市区），发行数量在全省乃至全国均居广播电视行业报前列，广告经营总收入280多万元，跻身省重点报刊出版物行列。成功承办“邵阳市第二届童心向党——做新时代法治好少年演讲比赛”。

（林高湘）

## ·广播电视·

**【主题宣传】** 2022年，邵阳广播电视台围绕迎接中共二十大，组织策划《喜迎二十大》《二十大代表风采》《我们的新时代》《奋斗者·正青春》《领航》等系列报道。围绕学习贯彻中共二十大精神和习近平总书记重要讲话精神，聚焦产业发展、乡村振兴、疫情防控、全国文明城市创建、市域社会治理现代化、党的二十大等工作，推出《在习近平新时代中国特色社会主义思想指引下·奋进新征程 建功新时代》《众志成城战疫情》《市域社会治理现代化》《保护耕地 邵阳在行动》《遇见小康》《乡村振兴进行时》《文明创建·共创共享》等30多个专栏。围绕市委、市政府中心工作和阶段性工作，每天制作2个以上优质短音视频，在抖音号、视频号、央视频等平台传播。

**【外宣上稿】** 2022年，邵阳广播电视台外宣上稿数量持续走在全省各市州前列，再次获评湖南广播电视台优秀通联集体。全年在央视发稿47条，其中央视联播4条，在湖南卫视发稿267条，在省经视、都市、公共频道发稿200余条，在新华社、“学习强国”学习平台、央视频、风芒等省级以上媒体上稿1000余条。2月27日，该台记者参与采写的《促进残疾人全面发展和共同富裕》一稿在央视新闻联播头条播出，邵阳部分播出时长超过两分钟，邵阳台署名在参与报道的7个省市台中排名第一，为央视新闻联播头条首次宣传推介邵阳经验。5月，市委书记、市长专访新闻《发挥品牌优势 描绘“锦绣潇湘”邵阳画卷》《非凡十年·奋力在新时代新征程上展现邵阳作为》《邵阳：推广“良种 良法 良田” 做优“邵阳红”公共品牌》，在湖南卫视、湖南经视大篇幅报道。

**【创优评奖】** 2022年，邵阳广播电视台在湖南新闻奖、湖南广播电视奖评选中，共有19件作品获奖，邵阳广播电视台获评湖南省2022年广播电视创新创优扶持节目优秀组织单位。在省广播电视局组织的2022年度公益广告大赛中，获作品扶持奖3个，优秀机构排名全省第二，获得扶持奖励资金11万元，为历年最多。在全省年度广播电视创新创优节目评比中，5件作品共获省广播电视局扶持奖励资金21万元，位居全省市州广播电视系统第三位。《回家》等2件作品获2022年邵阳市“五个一工程”奖。

**【媒体融合】** 2022年，邵阳广播电视台依托传统广播电视平台与新媒体平台融合发展的优势，聚力平台创新，做好融合传播。爱上邵阳客户端、邵阳传媒网参与全市各类重大主题宣传活动，开设专栏《奋进新征程 建功新时代》《非凡十年》等38个，发布图文稿件2556个，视频稿件4672个。1月，对邵阳市“两会”开幕会和闭幕会进行4场次直播，并联合各县（市、区）融媒体中心、村村响广播、全省13个市州的广电新媒体及武陵山片区11家广电新闻客户端进行大联动、大直播，直播总浏览量超600万次，获赞100多万次，吸引留言、评论1600多条。5月30日，承办邵阳市第七届道德模范暨第四届“双十最美”颁奖典礼并进行联动直播，全网浏览量超220万次，吸引评论2200多条，点赞30多万次。

**【节目栏目】** 2022年，邵阳广播电视台围绕产业发展、乡村振兴、疫情防控、全国文明城市创建、中共二十大等主题强化精品内容创作生产，开展“新春走基层”“非凡十年”全媒体新闻行动。疫情期间，推出《“大白”下的“广电蓝”》《战“疫”一线最美“娘子军”》等一大批有温度、有质量的精品力作。《宝庆空中讲堂》广播专题节目覆盖全市3636个行政村，《莎陀陀讲新闻》《民情通道》（居）等品牌栏目备受群众喜爱，《平安邵阳》推出“禁毒之声”“反诈进行时”等专栏。

**【产业发展】** 2022年，邵阳广播电视台围绕主业做产业，发挥优势强产业，多方联动谋产业，多渠道、宽领域发展广电产业，实现产业发展稳步增长。通过移动直播、联办融媒体栏目、专题片制作、媒体活动、内容代运营等方式，做优视频制作服务，以较高的质量赢得市场认可，“在邵阳”App运营团队拍摄短视频97条。强化主题活动服务，承办邵阳市第七届道德模范暨第四届“双十最美”颁奖典礼、邵阳市“2022年宝庆工匠年度人物”颁奖典礼、第十八届“爱心送考”、第四届邵阳好司机公益活动、文明健康美好生活——邵阳市全民健身短视频挑战赛、全市“中华民族一家亲，同心共筑中国梦”主题演讲比赛等20多个主题活动。紧扣市场需求，在“两老一少”产业上发力，持续办好《嘿！宝贝》栏目，开办“爱在金秋”“邵壮派”栏目。鸿臣口才开设培训班25个，学员数量360多人；开展邵阳市中小学生艺术团选拔活动，参加选手超过1000人；TV小记者项目在市区多个小学开办“校园电视台”，覆盖学生2万多名，开展户外活动16场。

**【安全管理】** 2022年，邵阳广播电视台强化队伍建设，举行干部在线、专业技术人员继续教育、青年干部理论专题直播培训、主持人线上培训、融媒体直播专项学习，加强新进人员入职培训及跟踪帮扶教育。落实节目“三审制”，经常性开展“三审制”落实情况督查，将“三审制”落实到每一段文字、每一幅图片、每一帧视频。实施节目库大排查，对节目库中的电视剧、纪录片、歌曲、广播剧等节目进行全面排查，确保导向正确，持续推进正面宣传。开展防风险、防漏洞、防攻击演练，加强安全播出保障，确保安全播出零差错、零失误、零事故。有序推进电视公共频道高清化改造和宝庆西路广电大楼配电设备、电力线路改造。

（何叶婷）

## ·文化市场综合行政执法·

**【概况】** 2022年，邵阳市文化市场综合行政执法支队出动执法人员9900余人次，检查经营场所4060余家次，处理投诉举报49起，办结案件65起。开展自建房隐患排查、安全生产大检查、安全生产月活动等安全生产专项检查及活动5次，及时发现和化解文旅市场各类安全隐患。开展“扫黑除恶”专项行动，明确重点领域常态化开展文化市场线索摸排，出动1200余人次，检查文化经营场所1140余家次，没有发现和收集到扫黑除恶工作线索。

是年，该支队1起案件被湖南省文化和旅游厅评为2021—2022年度全省文化市场综合执法重大案件，1起案件被评为湖南省文化市场综合行政执法领域指导案例；廖斌被司法部表彰为全国行政执法先进个人，李志林、高常军等4人获国家版权局查处重大侵权盗版案件有功个人三等奖表彰。

**【出版物市场监管】** 2022年，邵阳市文化市场综合行政执法支队加大对市城区57家印刷单位和41家出版发行单位的监管力度。加强对印刷企业的管理、对物流的监督和检查、对记者站的清查，打击各类非法出版物经营活动，确保市场有序稳定。在全市范围内开展出版物市场专项整治行动。加强对出版物销售门店的检查；加大对繁华街区、旅游景点、校园周边等易出现盗版、非法出版物的重点区域监管；强化印刷复制企业的监管，重点检查五项制度落实情况、有无印刷非法、有害出版物的行为，开展校园周边环境整治。全年出动检查840余人次，检查企业680余家次，收缴盗版书刊、教辅读物1万余册、非法书刊50余册、非法光盘20余盘，化浆非法散页500余公斤，查办案件8起，罚没收入3.1万余元。

**【互联网上网服务经营场所管理】** 2022年，邵阳市文化市场综合行政执法支队坚持对网吧市场开展高频率、全覆盖的巡查，突出加大放学后、节假日的巡查力度和频率，重点检查网吧接纳未成年人和中小学校周边200米范围内设立互联网上网服务营业场所等违法行为，遏止市城区网吧接纳未成年人等违法行为。全年出动检查人员4000余人次，检查网吧800余家次，查处网吧接纳未成年人进入营业场所等案件35件。

**【文化娱乐市场监管】** 2022年，邵阳市文化市场综合行政执法支队重点开展歌舞娱乐场所播放违规音乐“回头看”，对照网络音乐产品有关规定对歌舞娱乐场所曲库、演出内容进行全面排查，严禁含有禁止内容的演出。开展艺术品市场防养老诈骗摸排及剧本娱乐经营场所备案、内容监管和有关未成年人保护工作。加大对娱乐演出市场禁毒工作的宣传，呼吁民众自觉抵制毒品，要求经营业主开展行业内禁毒工作自查自纠行动。全年围绕文化娱乐市场检查和执法、禁毒、安全生产等出动执法人员2300余人次，检查经营场所560家次，查办案件18起，办结案件18件。取缔1家存在安全隐患且无证经营的舞厅，取缔32起在居民小区周边便利店违规摆放游戏机的经营行为，提前制止4场未经审批的营业性演出。与大祥区文化旅游广电体育局、大祥区消防大队、大祥区公安分局城北路派出所开展联合执法行动，取缔资江南路2家存在重大安全隐患的KTV。

**【广播电视、电影市场整治】** 2022

年，邵阳市文化市场综合行政执法支队重点围绕“护航二十大”，先后开展冬奥版权保护集中行动、院线电影版权保护工作、“安全生产月”、境外卫星电视传播秩序、调频广播秩序治理等专项整治行动10次，确保广播电视电影市场的安全稳定。同时，对电影院等人员密集场所，加大在元旦、春节、五一、国庆等重要时间节点的消防安全巡查。9月，支队联合市国安局、市市场监管局开展境外卫星电视检查行动，查处违法违规行为，规范全市卫星电视传播秩序。全年检查电影院、点播影院、酒店等市场180余家次，出动执法人员540余人次，查办并办结案件5起。

**【网络文化市场监管】** 2022年，邵阳市文化市场综合行政执法支队以“清风行动”集中整治为抓手，对辖区内有网络文化、网络出版、网络视听经营行为的网站进行全面排查整治。针对网络淫秽色情等有害信息严重影响青少年儿童身心健康的问题，对本地互联网站等开展清查，查处违法违规行为。对全市唯一一家网络视听网站进行约谈，要求互联网企业主动履行信息内容安全管理义务，稳步建立长效管理机制，推动网络企业健康有序发展。全年组织网络巡查120余次，暂停有无证经营网络出版行为的网站2家，暂停有无证经营网络视听行为的网站1家，对有无证经营网络出版、网络视听等行为的邵阳新闻、邵阳新闻在线、邵阳都市等网站进行约谈，立案查处湖南兔游网络科技有限公司未要求未成年人以真实身份信息注册并登录网络游戏一案，处罚款11万元。

**【旅游市场监管】** 2022年，邵阳市文化市场综合行政执法支队规范旅游市场经营秩序。先后开展以“不合理低价游专项整治”“非法经营旅行社业务专项整治”“全国打击整治养老诈骗专项行动”等为主题的专项执法检查行动，强化市场巡查。对旅行社安全生产进行检查。摸底旅行社经营场所自建房隐患，要求遵守安全生产各项规定，门店配备灭火器材，及时进行检查维护。全年出动执法人员1000余人次，检查旅行社及网点400余家次，处理旅游投诉3起，查办行政处罚案件1起。

**【文物与体育执法】** 2022年，邵阳市文化市场综合行政执法支队坚持每月开展对国家级重点文物保护单位宝庆古城墙、北塔的安全保卫、消防达标等工作的巡查，提醒2家单位整改安全隐患，强化责任意识。配合有关部门开展国家级文物保护单位蔡锷故居修缮项目的论证和报批工作。突出高危险性体育项目监管，规范全市游泳场馆的运行水平，成立“游泳”等高危项目领导小组，对全市9家游泳场馆进行拉网式排查。全年出动执法人员600余人次，检查经营场所450家次。查办案件1件，罚款3万元并关停涉案场馆。

**【“扫黄打非”】** 2022年，邵阳市文化市场综合行政执法支队研究制定扫黄打非“正道”“新风”和护苗、净网、秋风、清源、固边五大专项行动等一系列方案，成立“扫黄打非”专项工作领导小组。召开行业整治会议，对出版物及印刷企业经营业主进行法治宣传教育，要求业主开展自查自纠，自觉整改违法违规经营行为。在元旦、春节、清明、“五一”、端午节、冬奥会、全国“两会”、党的二十大期间，广播电视电影执法大队联合市国安局、市市场监管局开展对酒店、宾馆、有线公司、电器店的境外卫星电视检查行动，没收境外卫星接收设施51套，巡查市辖区社区、城乡接合部10多次，发放宣传资料100多份，确保广播电视安全播出。公布监督举报热线“12345”，发动社会监督，建立政府执法、媒体监督、群众参与的长效监管机制。全年出动执法人员950余人次，检查企业1093家次，收缴盗版书刊、教辅读物1万余册，非法书刊50余册、非法光盘20余盘，化浆非法散页500余公斤，查办案件12起，罚没收入18.1万余元。

（谭　锦）

## ·党史研究·

**【概况】** 2022年，邵阳市委党史研究室开展“脱贫攻坚口述史”专题资料征集工作，征集稿件163篇，上报省委党史研究院112篇。开展党史学习教育创新案例征集评选活动，收到优秀案例38篇，送省22篇，其中6篇获奖。开展省、市党委工作纪事组稿工作，编辑出版《邵阳市委工作纪事》2021年卷。

年内更新邵阳市党史陈列馆布展内容，添置一套高档音响设备和一块党员宣誓牌。申报并成功评授省级党史教育基地1个、市级党史学习教育基地8个。对邵东贺绿汀故居、新邵李芬故居、大祥区雷瑜故居、新宁和平起义旧址等红色遗址遗迹进行实地考察指导，推进红色资源保护利用。乡村振兴和文明创建工作获评全市先进。

**【党史编研】** 2022年，邵阳市委党史研究室编纂出版《中国共产党邵阳历史大事记（1919—2021年）》，对邵阳近百年来在党领导下进行革命、建设、改革、发展历史进行全景式记录和展现。编纂出版《邵阳烈士名录》，核实新增邵阳烈士500多名，进一步推进革命精神谱系研究。指导新宁开展“红六军团长征过新宁”考证研究，组织专业人员对新宁县初撰的论证文稿进行审读；指导武冈木瓜桥党史学习教育基地布陈设计，提出修改意见；指导双清区开展《红色双清》编撰；审读审核《大东路》《百年风华·邵阳红色档案记忆》等涉党史内容著作4部；参加纪念湘西剿匪胜利70周年学术研讨会，撰写学术论文《湘西剿匪治理对社会治理效能的时代意蕴探究》；参加由中国社会科学院近代史研究所、邵阳学院联合举办的“吕振羽与马克思主义史学”学术研讨会，上报论文《试论吕振羽在抗日民族统一战线的作用与贡献》。

【党史宣传】2022年，邵阳市委党史研究室委派2名业务专干参加市委党史宣讲小分队，研究室主要负责人参加市委宣讲团，分别进机关、进企业、进学校、进社区、进农村宣讲中共二十大精神。组织参加全省第二届红色故事宣讲大赛，2个作品决赛入围，其中1个获奖。进一步拓宽党史工作宣传渠道，建成“邵阳党史”微信公众号和邵阳广电5G智慧云媒体终端。市党史陈列馆全年接待市内外单位200多个，到馆参观1.5万余人次。

（陈秧林）

## ·地 方 志·

【概况】2022年，邵阳市地方志事业稳步发展，《邵阳市志（1978—2004）》通过省地方志编纂院终审，《湖南乡镇简志·邵阳市卷》通过中州古籍出版社终审，进入出版印刷阶段。市本级和12个区县市综合年鉴2022卷实现年内公开出版。推进方志资源开发利用，隆回县党史和地方志研究室编辑发行《隆回风情》，召开专题研讨会5次；邵阳县党史和地方志研究室编辑发行《夫夷史苑》2期12万字，在《人民日报》、今日头条等媒体发表《吕振羽最后一次回故乡塘田纪事》《“南方抗大”践行统一战线思想的历史启示与时代价值》等研究文章；新宁县党史和地方志研究室开展“五四运动”先驱夏明钢和南昌起义、龙州起义参与者、领导者宛旦平事迹收集整理工作。邵阳市地方志编纂室开展地方志专家库建设，与市人力资源和社会保障局联合推荐上报地方志专家库人员30余名。

【志书编修】2022年，邵阳市地方志编纂室根据《邵阳市志（1978—2004）》稿省级评审会议意见，完成编纂修改并通过省地方志编纂院审稿验收。《邵东县志（1978—2007）》通过市级评审，并送省地方志编纂院终审。《绥宁县志（1978—2005）》通过省地方志编纂院终审验收，进入出版发行阶段。《湖南乡镇简志·邵阳市卷》经聘请专人全面校对、修改完善，通过中州古籍出版社终审，进入出版印刷阶段。

【年鉴编纂】2022年，邵阳市各级地方志工作机构创新年鉴工作举措，全面完成综合年鉴2022年卷编纂出版工作任务。市地方志编纂室创新编纂方式，以创建精品年鉴为目标，进一步优化《邵阳年鉴（2022）》框架结构，强化年鉴质量，突出年度特色、地方特色，增加邵阳籍获二等功以上退役军人名录。该卷年鉴设25个类目共80万字，卷首设“新闻纪要2021”“庆祝中国共产党成立100周年”两个彩页专题共9版，正文穿插随文图片。12月20日由方志出版社出版。同时，各县市区全面提高综合年鉴质量。《城步年鉴（2022）》《大祥年鉴（2022）》增加退役军人名录，《邵阳县年鉴（2022）》《新邵年鉴（2022）》框架结构进一步优化，《洞口年鉴（2022）》全面改版，可读性明显增强。

【部门志、专业志编修】2022年，邵阳市各级地方志工作机构根据各地实际情况，推进和指导部门志、专业志编修。隆回县出版发行《金石桥镇校志》《六中校志》，编纂《隆回一中校志》《隆回县宣传志》。武冈市、邵东市、隆回县、邵阳县完成《湖南脱贫攻坚口述史》编修。邵阳县出版发行《邵阳县政协志》《邵阳县茶油志》《塘渡口镇志》。武冈市完成《武冈扶贫之路》初稿，新邵县于10月启动新邵县二中校志《红色大同》编纂。

【方志资源开发利用】2022年，邵阳市地方志系统广泛开展读志用志活动，并创造性将地情知识融入课堂、推进社区文明创建等活动之中。市地方志编纂室协助市委宣传部完成首届湖南—东盟投资贸易洽谈会的资料征集，为市畜牧水产事务中心、市水文水资源勘测中心等单位提供资料援助20余次。城步苗族自治县党史和地方志研究室编写完成《城步地名故事汇编》《城步山歌选》《城步侗话集成》，与县委宣传部、县关工委联合挖掘红色文化资源。武冈市党史和地方志研究室编写完成《武冈烈士名录》，为武冈市廉政文化墙、国防教育基地建设提供史实资料10万余字。隆回县党史和地方志研究室编纂出版《红军长征在隆回》。邵阳县党史和地方志研究室编纂出版《天子湖故事》，为《烽火塘田》电影筹拍提供历史资料，协助县纪委编纂《夫夷清风——邵阳县廉洁故事》。邵东市党史和地方志研究室主导编纂《贺绿汀生平事迹陈列馆陈列大纲》《袁国平事迹陈列大纲》。新邵县党史和地方志研究室配合县纪委开展廉政文化教育基地有关资料征集。新宁县党史和地方志研究室开展参与县重大工作、重大项目的老领导、老同志口述史征集工作，年内收集资料30余篇。同时，加强与全国各地方志系统、图书馆等地情书籍的交流交换，扩大地方志资料贮藏量。市地方志编纂室年内赠送省、市领导及有关单位《邵阳市志》15套（册），与北京等地交换志书、年鉴等书籍30余套（册）。

【脱贫地区扶贫志编纂工程启动】2022年11月，邵阳市按照中国地方志指导小组和省地方志编纂院实施扶贫志编纂工程的有关要求，全面启动扶贫志编纂工程。11月29日，邵阳市人民政府办公室以邵市政办函〔2022〕46号文印发《邵阳市脱贫地区扶贫志编纂工程实施方案》（以下简称《方案》）。《方案》

明确要求全市8个脱贫县市（新邵县、隆回县、洞口县、绥宁县、城步苗族自治县、武冈市、新宁县、邵阳县）扶贫志编纂工作在2022年年内同步全面启动，市本级成立市委常委、常务副市长任组长的市脱贫地区扶贫志编纂工程领导小组，编纂出版所需经费列入本级财政预算，第一年市本级及相关县市各安排启动资金20万元，此后根据工作进度和实际需要，逐年安排工作经费。同时，方案对编纂质量作出严格规定。8个脱贫县市按照方案，相继开展扶贫志编纂工程实施准备工作。

（李国维）

## ·档　案·

**【概况】** 2022年，邵阳市档案馆在各级各类媒体发表档案宣传文章29篇。“6·9”国际档案日期间，与市档案局、邵阳广播电视台联合制作电视宣传片《喜迎二十大·档案颂辉煌》在邵阳电视台各大平台播出。支持新宁县安山乡赤矿村乡村振兴，利用乡村振兴统筹资金26万元修建饮水工程，解决163户556人饮水难题；推动烤烟种植产业发展，全村烤烟种植面积由上年的320亩扩大到500亩，完成收烟1114.85担；挖掘培育乡村文化，组织村文化研讨会，组建以村龙灯队、军乐队、广场舞队等为骨干的文化队伍，投资10万元建立村文化广场，赤矿村获评县文明村。

是年，邵阳市档案馆获评国家“节约型机关”、2021届邵阳市文明标兵单位。

**【档案接收征集】** 2022年，邵阳市档案馆为做好档案接收工作，协助支持市委办党史档案科对市教育局、市财政局、市电力局、市消防救援支队等单位开展档案业务指导，对这些单位的档案室规范化管理提出整改意见；重点指导市文化旅游广电体育局、市税务局、市乡村振兴局等撤并改单位的档案业务；多次主动前往市工业企业改制服务办公室、市商务局等企业主管部门指导破产改制企业档案移交。全年，共接收市政府办公室、市强制隔离戒毒所、湘运公司、市染料厂等49家市直机关、企事业单位档案资料46724卷（件、册）；征集滩头木版年画珍品集、国家有关省市粮票布票、1958年双清公园照片等珍贵实物31件和珍贵图书资料45册，发放档案捐赠证书13本；梳理党史陈列馆借展的实物档案31件，以市委党史研究室和市档案馆共同名义发放“市党史展览馆展出证书”15份，进一步丰富优化馆藏结构。

**【档案保管保护】** 2022年，邵阳市档案馆完善馆藏档案数量统计和管理，完成23000余册资料的重新分类整理、电子目录录入、更换标签、制作纸质目录；完善档案出入库登记流程，对每一次的档案出入库情况进行详细记录，并做好交接双方的签字登记，做到权责分明、责任到人；完善日常档案保管保护和库房管理，做好档案“九防”工作，馆党组班子带队组织开展安全生产与消防工作督导检查，工作人员每日监测两次库房温湿度情况、每周检查一次恒湿净化一体机运行状况、每月进行一次库房区域消防设施安全检查、每季度开展一次库房清洁、不定期抽查馆藏档案保管保护情况，确保档案实体的绝对安全。

**【档案查阅利用】** 2022年，邵阳市档案馆整理和换新查阅室全部1790册档案目录，继续为查档群众提供预约查档、电话查档、延时查档等便民服务，共接待查阅档案资料900余人次、调档2700余卷、复印2600余页、取证650余份。新冠疫情期间实行查档特别措施，通过引导查档人员逐一进入查阅室、工作人员登记相关信息、引导查档人员离开档案馆，再由工作人员根据查档人员提供的信息进行档案查阅、复印资料，并电话告知查档人员前来领取，有效实现疫情防控、查档利用两不误。

**【档案编研】** 2022年，邵阳市档案馆开展红色档案编研作品《百年风华　邵阳红色档案记忆（1921—2021）》编纂。召开各县（市）区档案馆馆长参加的编研工作会议，安排部署年度编纂工作任务，集合众智众力实现全市范围内红色档案应收尽收；归集各方红色档案，完成馆内档案的清点扫描，前往武冈、洞口、邵阳县、隆回、新宁等地区和市委办、市人大、市政协、市委宣传部、市水利局、市城建档案馆、邵阳日报社等单位收集档案资料，对少数民族史料、非物质文化遗产、民俗社会史材料、民国档案、邵阳档案馆发展资料等兼采并收；克服新冠疫情干扰，6月底将该书集成稿交设计公司排版设计，10月12日召开专家评审会议，12月底送出版社审稿。同时，市档案馆庆祝建党百年献礼编研作品——《邵阳解放》通过省委党史研究院和省委宣传部审核，并报中宣部新闻出版局审核；国家级重点档案编研项目——《抗战档案汇编·邵阳县抗战损失调查档案汇编》上报省档案局复审。

（曾乐然）

# 旅　游

**【旅游资源】** 2022年，邵阳市有国家级、省级风景名胜区各4 个，有红色经典旅游线路5条，有国家AAAAA级旅游景区1家、AAAA级旅游景区6家、AAA级旅游景区35家。年内策划包装旅游招商项目44个。洞口县古楼茶旅文康融合示范项目等3个文旅新业态项目获全省旅游专项经费支持。推进雪峰山山地度假区创建省级旅游度假区，各县市区有序推进长征国家文化公园（邵阳段）建设。新邵县严塘镇花亭子村、武冈市辕门口街道办事处古山村、邵阳县塘渡口镇蔡山团村获评

2022 年 5 月 19 日，“爱我湖南 ‘湘’约邵阳”2022 湖南人游邵阳暨旅游消费季活动启动仪式　（周洋 供图）

第四批湖南省乡村旅游重点村、隆回县虎形山瑶族乡获评第二批湖南省乡村旅游重点镇（乡）。城步苗族自治县蓬瀛红色教育基地、新宁县舜帝茶庄森林康养中心、新宁县裕锋生态农庄被评为省五星级乡村旅游区（点）。武冈市云山景区和湘窖文化酿酒城景区被评为省级文明旅游示范单位。武冈同保楼·同福街获评省级旅游休闲街区，实现此类文旅品牌创建“零”的突破。新邵县长寿清水景区成功申报为湖南省中医药健康旅游精品线路节点景区，城步苗族自治县成功申报南山草原为国家第一批“红色草原”。

**【旅游业态】** 2022年，邵阳市召开文旅企业代表座谈会，制定《关于落实纾困政策支持文旅行业恢复发展的实施办法》，出台减免旅游协会年度会员会费等10条举措，退还全市16家旅行社质量保证金475万元。向金融机构推送7家旅游企业共8520万元的融资需求。成功推荐33家旅游企业进入全省首批旅游企业融资担保风险代偿补偿“白名单”。落实2021年旅游产业发展奖励资金675.672万元。开展“爱我湖南 ‘湘’约邵阳”2022湖南人游邵阳暨旅游消费季活动，推出“邵怀一家亲”两地市民互游等七大主题活动和景区门票半价、住宿餐饮5~8折优惠措施吸引客流，奇美邵阳文旅消费一卡通累计销售17842张。

**【旅游推介】** 2022年11月30日至12月1日，邵阳市举办首届邵阳旅游发展大会，签约文旅项目20个，总投资128.8亿元。出台《关于加快推进邵阳旅游产业高质量发展的实施意见》，先后举办邵阳市首届文旅商品创意设计大赛、邵阳人游崀山、2022首届湖南（邵阳）文化旅游美食消费季、花瑶“讨僚皈”暨湖南（隆回）非遗音乐会、2022武冈市首届云山·百威啤酒卤菜季、2022年中国桨板黄金联赛暨第一届天子湖桨板公开赛等系列活动，解决一批景城之间、城乡之间不均衡的突出问题，推动全市各地以旅游业带动和促进经济社会高质量发展。

**【旅游管理】** 2022年，邵阳市文化旅游广电体育局持续推进行政审批制度和“一件事一次办”改革，全面实施政务服务“三化”行动，优化文化旅游广电体育市场服务，全年办理行政许可事项9件、行政许可听证1起。加强文旅广体市场监管，开展“不合理低价游”“春雷”、上网服务场所秩序等专项整治，处理办结案件54起。召开全市文旅广体行业领域安全隐患排查治理工作会议，开展安全生产“大培训、大排查、大整治、大攻坚”等专项行动，紧盯重点关键，实现文旅广体领域行业全年安全稳定无事故。

（周　洋）

南山草原　（2022 年摄）　（李先奇 供图）

## 体　育

**【概况】** 2022年，邵阳市拥有体育场地16450个，体育馆8个，体育场1个，人均体育场地面积由2020年的

1.61平方米增至2.45平方米。开展全民健身项目36项，经常性参加体育锻炼的人数达245.4万人。邵东市代表邵阳市参赛获2022年湖南省青少年校园足球夏令营赛男子组冠军。邵阳县天子湖国家水上运动产业聚集示范区获国家发改委典型案例推介，天子湖国民休闲运动中心入围国家体育总局水上管理中心候选单位名单。双清区建成市区第一个智慧健身路径。

2022年，邵阳市组织纪念毛主席题词“发展体育运动，增强人民体质”70周年书法美术摄影展。举办2期篮球和1期围棋项目的社会体育指导员培训，培训二级社会体育指导员228人。组织参加2022年第二期全国青少年户外体育活动营地管理人员线上培训班、2022年全国各级各类体校校长培训班、2022年全国青少年体育俱乐部管理人员培训班、2022年全国体育传统特色学校体育师资线上培训等培训班课程，参加各级各类体育教师培训人员200余人。年内全市销售体育彩票5.32亿元，武冈市、邵东市、隆回县被评为2022年湖南省优秀县（市）体彩机构。

湖南省第十四届运动会U16岁组男子50米步枪三种姿势比赛金牌获得者王瑞喜（中）（摄于2022年9月11日）（周洋 供图）

**【全民健身】** 2022年，邵阳市举办市第二届全民健身联赛、第二届“健康湖南”全民运动会邵阳海选赛、湖南省宝古佬羽毛球赛、全国环金江湖自行车赛、天子湖全国黄金桨板赛、潇湘100崀山越野赛、六大名山——云山登山比赛等全民健身赛事活动，带动25万余人次参与健身锻炼。

**【竞技体育】** 2022年，邵阳市组织参加湖南省第十四届运动会。邵阳代表团获总金牌63.8枚，其中比赛总金牌41枚，超出上一届14枚，金牌数创历史纪录，金牌榜排名上升3个名次；青少年比赛金牌比上一届多出11枚，成年组金牌榜排名上升至第二名。邵阳代表团获体育道德风尚奖、代表团金牌奖、代表团总分奖、青少年总分奖、青少年赛会总分奖、成年组金牌奖、成年组总分奖7个奖项。

**【青少年体育】** 2022年，邵阳市承办2022年湖南省青少年田径锦标赛（传统组），组织参加田径、武术、羽毛球青少年锦标赛，获金牌3枚、银牌7枚、铜牌14枚。联合市教育局印发《关于开展“体教融合”特色体育项目进校园实施意见》，为特色体育项目进校园提供政策支持，国际式摔跤、羽毛球、体操、乒乓球、射击、游泳、跆拳道项目走进校园，100余所学校25万名学生参与“传统武术进校园”，50余所学校成立校园武术队，皮划艇、赛艇、跆拳道、田径、足球、篮球、排球项目落户在传统项目学校，邵东三中等一批国家级、省级传统项目学校在全市校园体育工作发挥示范引领作用。

（周　洋）

# 卫生健康与医疗

# 卫生健康

## ·医疗体制改革·

【支付方式改革】2022年，邵阳市所有二、三级医疗机构和符合条件的基层医院等136家医疗机构，开展DIP支付方式改革并全部开展实际付费。5月印发《一级及未定级基层医疗机构实施DIP付费改革的指导意见》，全市符合条件的54家一级医疗机构实行DIP付费改革。实现市级统筹区、医疗机构、病种分组、医保基金“四个全覆盖”。邵阳市独创的中医特色病种、特例单议、25个运行评价体系得到评估专家高度认可，在全国交叉评估中被评为优秀，“六大体系”典型经验被《湖南医改简报》推介。

【医药集采配套政策落地】2022年，邵阳市制定《邵阳市关于加强药品（耗材）集中采购约定管理的通知》《邵阳市药品医用耗材集采配送管理办法（试行）》，促进全市医药集采政策落地落实。先后落实26个批次，药品通用名465个，耗材31种，累计节约资金6.5亿元，落实集采批次、节约资金总额位居全省前列。加入三明采购联盟（全国）▲，第一批集采血糖试纸等8个品种低值耗材平均降幅62.92%，并于9月26日全市执行，共节约资金2500万元，受到医疗机构广泛好评。

▲三明采购联盟（全国）：指由国家医疗保障局、福建三明市医疗保障局直接指导，跨区域、非行政隶属、开放共享的药品和医用耗材（含试剂等）全国性采购联盟。

【医疗服务价格改革】2022年，邵阳市科学制定医疗服务调价方案，按照一类、二类、三类和基层四个类别收费，各类别收费级差保持10%~15%，基层卫生医疗机构不得高于三类收费的80%。调价覆盖全市266家公立医疗机构，调整1821个医疗服务项目价格，实现全市公立医疗机构医疗服务项目价格“六统一”（即统一项目编码、项目名称、项目内涵、除外内容、计价单位、价格标准和说明）。

【公立医院薪酬及人事制度改革】2022年，邵阳市出台《邵阳市公立医院薪酬制度改革实施办法》，按照“两个允许”（即“允许医疗卫生机构突破现行事业单位工资调控水平，允许医疗服务收入扣除成本并按规定提取各项基金后主要用于人员奖励”）要求，合理确定公立医院薪酬总量水平。指导公立医院优化薪酬结构，赋予自主分配权，市直公立医院人员薪酬固定部分占比达到18.81%。推进各县市区加大基层医疗卫生机构本科以上学历人才招聘力度，全年市直各医院完成招聘272人。

【公立医院高质量发展】2022年，邵阳市扩大区域医疗中心布局，加强临床专科建设和医学人才培养，发展“互联网+医疗”，多措并举提升县域医疗服务水平，完善分级诊疗体系，优化医疗资源配置。全市二级及以上综合医院胸痛中心、卒中中心、创伤中心标准化建设合格。66.67%以上的县市级综合医院达到三级医院水平，隆回、武冈、邵东三县市人民医院成功创建三级医院，洞口、新宁、邵阳县三县人民医院2022年正在申报三级医院创建，公立医院绩效考核全省排名第四。8月16日，成功举办邵阳市公立医院高质量发展资江论坛活动，对公立医院绩效考核政策进行解读和分析，探讨如何发挥国考“指挥棒”作用升级医院管理模式，强化以绩考为抓手的精细化管理理念。由邵阳市中心医院牵头，邵阳学院附属第一医院、邵阳学院附属第二医院、市中医医院、市中西医结合医院、市脑科医院联盟参加，建设远程影像中心、远程心电中心、医学检验中心、远程病理中心、远程会诊中心，加快电子病历、智慧服务、智慧管理“三位一体”智慧医院建设进程。

## ·基层医疗卫生·

【概况】2022年，邵阳市坚持以基层为重点，以增强群众获得感为落脚点，不断完善农村医疗卫生服务体系，服务可及性进一步提升，服务能力进一步增强，居民认可度逐步提高。5月启动全市2022年“优质服务基层行”活动，截至11月，共有25个乡镇卫生院（社区卫生服务中心）服务能力达到国家“推荐标准”、163个乡镇卫生院（社区卫生服务中心）达到国家基本标准。完成28个乡镇卫生院共2.8万平方米的业务用房修缮项目。持续巩固拓展健康扶贫成果同乡村振兴有效衔接，抓好大病专项救治、住院先诊疗后付费、因病返贫动态监测、基层医疗服务能力提升、基层卫生人才队伍建设、家庭医生签约服务等工作，围绕“基本医疗有保障”责任落实、政策落实、工作落实要求，强化组织领导，明确责任分工，通过走访农户、查阅资料、实地察看等方式进行实地督查，指导各县市区提升乡村振兴各项工作水平，守住防止规模性因病返贫底线，为推动乡村振兴筑牢坚实的健康基础。

【基层卫生服务体系建设】2022年6月1日，邵阳市政府第13次常务会议强调，要坚持问题导向，从基层就医环境、设备设施和人员待遇等最急需的问题入手，全力补短板、堵漏洞、强弱项，推动基层卫生健康事业高质量发展。6月27日，市政府办公室出台《贯彻落实〈湖南省人民政府办公厅关于促进基层卫生健康事业高质量发展的意见〉工作方案》，坚持以人民为中心、政府为主导的办医思路，坚持基本医疗卫生公益属性，不断提升医疗服务能力。各县（市、区）均出台文件明确乡镇卫生院为公益一类事业单位，乡镇卫生院运行机制和服务体系更加科学。

【人才能力提升培训】2022年，邵阳市卫生健康委员会下发《邵阳市2022年基层卫生人才能力提升培训项目实施方案》《2022年基层在岗卫计人员培训项目实施方案》，安排部署全市2022年基层卫生人才能力提升培训项目。全年安排经费282.9万元，培训基层医务人员515名，其中骨干人员74名、骨干全科医生17名、乡村医生424名；安排经费49万元，培训基层在岗卫技人员1084名，其中临床医生、医技人员550名，护理、院感人员534名。争取省级基层医疗卫生机构疫情防控知识与技能培训项目资金33.65万元，培训基层管理人员及卫技人员673名。

【家庭医生签约服务】2022年，邵阳市组建家庭医生服务团队2238个，常住人口签约245.04万人，签约率37.33%。全市脱贫户及重点监测对象94.02万人，应签尽签完成率100%。开展"互联网+"医疗服务，各县市区利用公卫3.0系统和医保系统进行信息比对与筛查，对疑似"两病"（高血压、糖尿病）人员进行核实，对摸排到的"两病"人员建立高血压、糖尿病信息专案管理，着力提高"两病"患者规范化管理水平，纳入健康管理的高血压、糖尿病患者在医保信息系统备案比例高于75%。各县市区均启动基本公共卫生服务项目即时性电话调查，开展在线签约、健康咨询、预约就诊、健康管理、慢病随访、报告查询等服务，居民满意度不断提高。

【重点监测对象医疗救治】2022年，邵阳市按照"定定点医院、定诊疗方案、加强质量安全管理"的原则，持续对患有33种大病的人群由定点医院实施专项救治，严防农村脱贫人口"因病返贫"。截至12月底，全市重点监测对象24845户、67023人，入户核实率100%，共核实患者26764人，患病救治率100%。

【基层医疗机构规范化建设】2022年，邵阳市237个基层医疗机构按照"应设尽设、应开尽开、保障所需"原则设置发热诊室，其中224个基层医疗机构（不含13个乡镇卫生院分院）设置氧疗区，全市183个乡镇卫生院完成高血压专病门诊及中医馆建设，实现中医药服务基层全覆盖。为各乡镇卫生院配备救护车、DR、彩超、自动生化仪、心电图、电解质分析仪等设备近70台（套），各基层医疗机构建成远程诊室172家，全年远程诊疗服务24910人次，基本实现"乡检查、县诊断、乡治疗"远程医疗服务"一张网"全覆盖。保障行政村卫生室每年6000元运行经费，4524个村卫生室共有乡村医生5743名，全面实现乡村医疗卫生机构和人员"空白点"动态清零。

【专业人才培养】2022年，邵阳市新增乡镇全科医生300名，完成《2022年市政府工作报告》重点工作任务，166个建制乡镇卫生院全部实现至少有2名注册（助理）全科医师目标。下发《关于开展乡村医生专科学历本土化培养的通知》，自2023年起至2025年连续三年，每年在岳阳职业技术学院培养100名乡村医生（全日制临床医学专业大专），所需培养资金由各县市区财政予以保障。依托市中心医院、邵阳学院附属第一医院、邵阳学院附属第二医院3家医院全科医生培训基地及其基层教学实践基地，建立基层卫生机构医防融合培训实践基地，定期组织基层医疗卫生机构人员脱产开展医防融合业务培训。

## ·疾病预防控制·

【概况】2022年，邵阳市重点传染病监测与疫情处置规范有序，手足口病、狂犬病等重大传染病疫情得到有效遏制。免疫规划工作进一步规范，精神卫生等各项疾病工作防控稳步推进。开展饮用水卫生监测工作，市县两级每季度均在政府网站对水质监测信息进行公布。脑卒中高危人群筛查项目完成6000人的筛查干预任务，儿童口腔综合干预项目完成3000颗牙齿的窝沟封闭任务。开展国家免疫规划日、疟疾日、结核病防治日、碘缺乏防治日等卫生宣传纪念日主题活动。

【急性及重点传染病防治】2022年，邵阳市累计报告法定传染病29918例，法定传染病发病率459.13/10万，较2021年上升24.79%（367.93/10万），无甲类传染病及较大级别以上突发公共卫生事件发生。未报告霍乱、人感染H7N9禽流感、登革热疫情。报告手足口病病例810例，发病率12.43/10万，较2021年同期（3773例）下降78.53%，未报告重症病例，无死亡病例。报告狂犬病病例7例（2021年同期报告19例）、流行性出血热病例20例（2021年同期报告19例）。报告流感暴发疫情3起，均得到及时有效处置。年内无新复发麻风病例。

【结核病、艾滋病等其他重大传染病防治】2022年，邵阳市接诊可疑结核病患者23633人，发现活动性结核病患者4729人，治疗成功率达94.2%。完成艾滋病抗体检测166.8万人次，累计报告艾滋病感染者和患者7401人，为5828名艾滋病患者提供免费病毒治疗，符合抗病毒治疗条件的患者治疗比例达95.63%。

【慢性病、地方病、寄生虫病防治】2022年，为有效预防慢性病发生，邵阳市疾病控制系统开展全民健康生活方式行动，创建慢病示范区，利用各种机会到学校、社区、机关等开展健康营养烟草控制、健康生活方式、慢病管理等知识讲座。开展肺癌筛查，实施癌症早诊早治，完成问卷筛查4599人，CT筛查1508人，其中疑似肺癌50例、阳性肺结节183例、半阳性肺结节236例、气道重要病变3例。

【精神卫生】2022年，邵阳市召开市级精神卫生联席会议，建立月排名通报和约谈机制，强化部门协作和信息共享，规范严重精神障碍患者管理，开展常见精神障碍防治和儿童青少年心理健康促进工作。全市严重精神障碍在册患者数35441人，患者患病率5.4‰，规范管理率93.82%，面访率93.08%，服药率94.82%，规律服药率82.85%，精神分裂症服药率95.31%，精神分裂症规律服药率83.47%，知情同意无随访患者人数降低至290人，无身份证患者比例降至0.04%，迁入待处理人数605人，失访患者288人。全市孕产妇抑郁症筛查15372人，65岁以上老人认知功能和抑郁症筛查6893人。抽取两所全日制小学、初中、高中学校和高等院校(或职业学校)，结合学生体检开展心理健康状况测评(推荐使用PHQ-9量表)，共筛查学生21321人。

## ·妇幼健康服务·

【母婴健康安全】2022年，邵阳市开展高危孕产妇和高危儿的筛查、早期管理和医院监测，及时为高危孕产妇和高危儿提供有效服务和指导，严禁高危截留。全市孕产妇系统管理率和0~6岁儿童健康管理率达93.56%和93.97%。健全完善医疗急救体系，实行分级住院分娩，严格危重孕产妇转诊流程，建立高效、有序、畅通的市县乡三级会诊、转诊、抢救长效管理机制，确保绿色通道畅通。9个县级孕产妇急救中心共接诊危急重症孕产妇465例，转诊上级医院76例；抢救成功率99.57%；2个市级急救中心抢救急危重症孕产妇617例，抢救成功率99.84%。为遏制孕产妇死亡反弹趋势，实行一例一报，一报一审，对全市所有死亡孕产妇组织专家进行现场评审，进一步提高医护人员医疗安全意识和相应技术水平。通过培训和评审，规范孕产妇保健服务流程，有效控制孕产妇死亡和新生儿死亡的发生。全市辖区活产数36467人，住院分娩率100%，全市死亡孕产妇4例，孕产妇死亡率10.97/10万，控制在省定指标内。5岁以下儿童死亡数本地户籍加外省户籍共129例，死亡率3.54‰，婴儿死亡64例，死亡率1.76‰，新生儿死亡31例，死亡率0.85‰；剖宫产率35.38%。

【新生儿疾病筛查和产前筛查】2022年，邵阳市建立和完善新生儿疾病筛查、产前筛查、地中海贫血筛查“三位一体”防控管理模式和网络信息化管理平台，实行咨询、筛查、诊断、追踪一条龙服务，提高筛查质量和筛查率。全市将产筛列入重点民生实事项目，并纳入计划生育年终考核内容，全市新生儿疾病筛查率达98.97%，新生儿听力筛查率达98.1%。孕产妇免费产前筛查完成30343人，目标人群覆盖率114.94%。新生儿先心病免费筛查完成30632人，目标人群覆盖率116.03%。市妇幼保健院获评全省出生缺陷防治工作先进单位。

【农村妇女病普查和“两癌”检查】2022年，邵阳市探索建立乡镇卫生院集中筛查，妇幼保健机构和综合医院分片包干、分类指导的工作机制。对阳性患者纳入新型农村合作医疗重大疾病救治范围及时进行治疗。全市“两癌”（宫颈癌、乳腺癌）免费检查任务数95841人，完成98311人，完成任务比例102.58%；宫颈癌前病变及癌症人数297人，其中宫颈癌前病变260人，检出率264.47/10万，宫颈癌人数37人，检出率37.64/10万，早期诊断284人，早诊率95.62%。筛查出乳腺癌前病变及乳腺癌37例，乳腺癌前病变及乳腺癌检出率37.64/10万；乳腺癌早期诊断人数29人，早诊率87.88%；随访、治疗到阳性案例37例，治疗随访率100%。同时对邵阳市域内各企事业单位30~60岁女职工，原则上每三年提供1次宫颈癌和乳腺癌筛查服务。

【预防艾滋病、梅毒、乙肝母婴传播】2022年，邵阳市推进预防艾滋病、梅毒、乙肝母婴传播工作，在所有开展助产服务的医疗保健机构提供孕妇艾梅乙免费检测服务，落实艾滋病等性传染性疾病预防措施，完善预防策略，提高孕期检测率。加强母婴阻断和阳性患者管理，督促感染孕产妇及所生婴儿及时、全程、规范用药，避免绝大多数儿童母婴传播疾病的发生。全市艾滋病、梅毒和乙肝孕产期检测率均为100%、孕早期检测率87.14%；新增HIV感染孕产妇8人，感染分娩产妇11人，分娩产妇中用药11人，抗病毒用药率100%，艾滋病感染孕产妇所生儿童抗病毒用药率100%；新增梅毒感染孕产妇93人，感染分娩产妇101人，分娩产妇中用药人数101人，治疗率100%，梅毒感染孕产妇所生活产106人，儿童预防用药105人，预防用药率99.06%；乙肝表面抗原阳性产妇总数2608人，感染孕产妇所生活产2651人，乙肝感染产妇所生儿童首剂乙肝疫苗及时接种率98.19%，免疫球蛋白注射率-及时注射率99.43%。全市无先天艾滋病确诊儿童病例，艾滋病母婴传播率为0，达到国家要求小于4%的目标。

## ·老龄健康服务·

【养老服务设施建设】2022年，邵阳市在推进养老服务工作中坚持民生导向，补齐社会养老模式中服务资源总量不足、配置不优、分布不均等短板。全市投入6057万元，新建3所特困供养机构，新增护理型床位312张，完成1363户困难老人家庭适老化改造。开展第二批居家和社区基本养老服务提升行动试点，获批国家项目试点专项经费4939万元。

【老年人医疗服务能力建设】2022年，邵阳市加强综合性医院老年医学科建设，全市共有42家二级及以上综合医院，其中31家注册登记老年医学科，占比73.81%。加快建设老年友善医疗机构，全市308家参与老年友善医疗建设的医疗机构，已完成建设263家，占比85.38%。加快医养结合和老年医学人才储备，实施老年医学人才培训项目，组织医护人员参加国家、省专业人才培训，并举办老龄健康专业知识培训和医养结合优质案例实践竞赛等活动，加强医养结合管理和服务人员队伍建设。全年培训医护人员1021人次。加大安宁疗护试点工作力度，推动邵东市、新邵县、邵阳县和邵阳市老年病医院开展安宁疗护试点，继续开展“安宁疗护标准病房”建设。

**【医养结合发展】** 2022年，邵阳市实施社区医养结合能力提升工程，鼓励基层医疗机构利用富余医疗资源开展老年康复和护理服务，先后建成康馨医养服务中心等一批社区（乡镇）医养结构服务机构，一站式解决养老、护理、就医、保健养生及康复难题，实现社区养老与基本医疗有效对接。部署开展医养结合服务质量三年提升行动，制定下发《邵阳市医养结合机构服务质量提升行动实施方案》，组织专家开展医养结合机构的医疗服务质量督导，建立台账，分类指导，督查抓好整改，全面提升医养结合机构医疗卫生服务能力和服务质量，满足老年人健康养老服务需求。开展省级医养结合示范创建，隆回县成功创建为省级医养结合示范县，邵阳市老年病医院创建为省级医养结合示范机构。

## ·爱国卫生运动·

**【爱卫月活动】** 2022年5月31日，邵阳市健康邵阳行动推进委员会、市卫生健康委员会、市爱国卫生运动委员会办公室在城区西苑公园联合主办邵阳市纪念爱国卫生运动70周年暨世界无烟日系列宣传活动启动仪式，并结合“爱国卫生月”“世界害虫日”“民法典宣传月”等主题开展宣传活动。邵阳学院、邵阳职业技术学院、湘中幼儿师范高等专科学校3所普通高等学校同时开展“世界无烟日”宣传活动。据统计，现场发放宣传资料2万余份、群众咨询3000余人次。通过宣传标语、宣传展板、宣传手册、设咨询台，以及发放倡议书等方式，宣传“文明健康、绿色环保”主题内容及健康邵阳工作和爱卫工作的成就和意义。

**【病媒生物防制】** 2022年，邵阳市根据《病媒生物预防控制管理规定》《病媒生物密度控制水平鼠类、蚊虫、蝇类、蜚蠊国家标准》等文件精神和要求，市城区公共区域病媒生物防制继续实行政府公开招标，采取市场化运作，市、区病媒生物防制工作实现无缝对接，进一步完善病媒生物防制长效管理机制，鼠虫传媒疾病得到了控制。市城区病媒生物（鼠类、蜚蠊、蚊虫、蝇类）密度控制水平均达到国家C级标准。

**【卫生创建、细胞建设、健康细胞建设】** 截至2022年年底，邵阳市共创建国家卫生县城1个，省级卫生城市（县）4个，市级卫生县城4个；省卫生乡镇5个，市级卫生乡镇10个；省级卫生村142个，市级卫生村664个；省级文明卫生单位237个，市级文明卫生单位265个；无烟党政机关998家、无烟医疗卫生机构4189家、无烟学校2319家。健康县区5个，健康促进学校413所、健康促进医院115家、健康促进单位192家、健康促进企业64家、健康促进社区59个、健康促进村283个，健康促进家庭15.39万户，健康主题公园7个、健康主题步道（一条街）10条。

**【冬季爱国卫生运动集中行动】** 2022年11月21日至12月20日，邵阳市集中开展“三清、二灭、一拆改”（即清运垃圾、清扫院落、管沟清淤，灭除四害、灭杀病毒，拆改旱厕）六大专项行动，以50个点位为重点，以点带面，全面消除生活环境问题带来的传染性病毒传播风险。采取电视媒体“一日一曝光”、纸质媒体“一周一曝光”方式，压实责任单位和责任人。深入机关单位、街道、村(社区)、学校、农贸市场、商场超市、交通场站场等重点行业、重点场所开展日常巩固卫生工作督查，清理整治小餐饮店2450家次，工作开展进度68.9%，小食品店3978家次，工作开展进度74.1%，小作坊37家次，工作开展进度90%。督导企业189家，发现问题115个（含现场整改到位问题），督促问题整改115个。通报督查情况并督促限期整改到位。

## ·卫生监督执法·

**【职业卫生监督】** 2022年，邵阳市组织全市职业卫生监督员开展职业卫生法律法规、现场执法检查、行政处罚现场取证关键点、卫生行政处罚文书书写规范、职业卫生用人单位建档及监督信息报送等方面的培训，增强职业卫生执法能力。全市监督检查职业病危害用人单位530户次，其中职业卫生技术服务机构2家，下达责令整改意见书462份，给予警告74家，罚款59家，罚款金额81万元，没收违法所得5.25万元。开展放射诊疗专项整治，检查医疗机构73户次，下达整改意见书63份，给予警告28家，处罚26家，罚款25.48万元。

**【食品安全监测】** 2022年，邵阳市加大日常食品安全抽检和专项抽检工作力度，对中小学校园食堂、医卫单位食堂、酱腌菜生产企业、大中型酒店食品等涉及民生关注度较高的行业进行专项抽检。同时规范食品安全抽检监测不合格和问题食品的核查处置工作，有效防控食品安全风险隐患，保障市民饮食安全。全年完成食品安全监督抽检监测6186批次，完成不合格（问题）食品的核查处置161件，完成率100%。开展食品安全标准跟踪评价，制定邵阳市2022年食品安全标准跟踪评价工作方案，收集食品安全标准跟踪常态评价意见18条，粮食及粮食制品专项评价意见13份。在食品安全国家标准跟踪评价平台完成食品安全标准跟踪专项评价和常态化评价。

## ·医政药政管理·

**【医疗质量安全管理】** 2022年，邵阳市强化医疗质量全过程、全要素监管，不断夯实医疗质量安全工作基础。健全三基考试考核机制，在各级各类医疗机构常态化开展三基考试考核，并将考核情况作为医疗机构评审评价、医生定期考核重要内容。全年组织开展4期三基水平测试，参考人数超过5万人次。32个市级医疗质量控制中心下沉基层，院感、合理用药、护理、急诊急救等质控网络全面延伸至基层医疗卫生机构。举办邵阳市首届“三医联动”医院高质量发展资江论坛。9月开展全市卫健系统医疗安全与行风建设工作专项行动，辖区内二级以上公立医疗机构27家、二级以上民营医疗机构54家、一级以上民营医疗机构31家、基层医疗机构（乡镇卫生院106家，社区服务中心35家）全部按要求完成医疗安全与行风管理突出问题排查，排查整改问题280个，批评教育、诫勉谈话79人次。

**【血液管理】** 2022年，邵阳市中心血站成功招募献血者43252人次，采集血液总量15.2吨，向临床供应血液产品185725单位，实现能采尽采、应供尽供，保障全市临床用血安全及时有效。

**【基本药物制度综合试点】** 2022年，邵阳市按照《关于印发〈湖南省实施国家基本药物制度综合试点工作方案〉的通知》要求，选择新邵县作为市基本药物制度综合试点地区，成立新邵县实施国家基本药物综合试点工作领导小组，出台《新邵县实施国家基本药物制度综合试点工作方案》《新邵县人民医院医共体药品目录及相关规定》《新邵县村卫生室和乡村医生管理实施细则（试行）》，加快推进“两病”门诊用药保障政策，降低慢性病用药负担，试点工作成效显著。

## ·中医药事业·

**【概况】** 2022年，邵阳市成为全省6个中医药综合改革示范区先导区之一。全市有中医医院23所，其中三级医院6所（三级甲等医院3所），为湖南省唯一同时拥有市属三甲中医医院和中西医结合医院的地市。市中医医院获批国家中医特色重点医院、省级中医区域诊疗中心、省级区域中药制剂中心，市中西医结合医院获批“湖南省中西医协同旗舰医院”，中医医疗资源和医疗服务量处于全省前列。中医药事业实现县市二甲以上公立中医医院、二级以上公立综合医院和三级妇幼保健院中医科、建制乡镇卫生院和社区卫生服务中心中医馆、基层中医药服务四个“全覆盖”。

建成健康促进医院203家。新邵县建成第五批健康县，大祥区、新宁县建成第六批健康县区，武冈市、洞口县建成第七批健康县。

**【中医药传承创新发展】** 2022年，邵阳市委、市政府坚持实施中医药强市战略。12月召开由市委、市人大、市政府、市政协主要领导出席的全市中医药大会；成立以市委书记、市长任双组长，市直19个部门单位主要负责人为成员的中医药工作领导小组；建立多部门参加的中医药联席会议机制，定期召开会议研究中医药传承创新发展工作。将中医药传承创新发展工作纳入对县市区党委、政府绩效考核。出台《邵阳市建设湖南省国家中医药综合改革示范区先导区实施方案》《关于加强医疗保障支持中医药传承创新发展若干试行措施》等系列文件。健全财政投入保障机制，在确保中医药投入逐年增加的基础上，市政府每年安排中医药产业发展专项基金2000万元、中医药传承创新专项资金500万元，推动中医药传承创新发展各项目标任务落实落地。

**【中医药服务能力建设】** 2022年，邵阳市争取资金申报国家中医药传承创新示范试点项目。年内争取到省级以上资金3009万元，重点投入中医药服务能力提升、中医药人才培养、文化科普宣传等方面。市中医医院岐黄大楼建设获批中央财政资金1亿元、市政府发行3.5亿元专项债券。市中医医院、市中西医结合医院建成治未病中心、中医综合康复中心，武冈市、城步苗族自治县中医医院建成中医特色诊疗中心，全市二级以上中医医院、综合医院、市脑科医院、市宝庆精神病医院均设置中医康复科，提供中医康复服务。在新冠疫情防治中，为226万人次免费提供中药预防汤剂，中医药救治参与率达100%。确认市级中医重点专科25个，形成一批具有区域示范带动作用的中医重点专科。全面推动全国基层中医药工作示范县创建，提升基层医疗机构服务能力。全市205家基层医疗机构中医馆安装中医馆健康信息平台，进行信息化培训。开展“名中医团队进基层”活动。全面启动“旗舰中医馆”“中医阁”建设，全市208个建制乡镇卫生院和社区服务中心建成标准中医馆，中医药服务实现人员、场地、设备、服务“四有”，能提供中医药服务医务人员的社区卫生服务站、村卫生室占同类机构的比例分别为90%、60.8%。

**【中医药人才培育】** 2022年，邵阳市推选3人参加全国中医临床优秀人才研修。招录30人参加中医类别助理全科医生培训、24人参加中医规范化培训、18人参加中医类别全科医师转岗培训、13人参加农村订单定向免费医学生培训培养、56人参加全省中医药应对重点公共卫生事件和疫病防治骨干人才培训、94人参加全科医师培训。组织22人参加“社区卫生服务中心和建制乡镇卫生院10项中医药适宜技术应用全覆盖”师资培训。

【中医学术经验传承】 2022年，邵阳市注重中医药传承发展，建成全国基层名中医传承工作室4个、市级名中医传承工作室23个。新邵县“孙氏正骨术”经五代传承，已培育流派传承人541名，并在北京、河北、广东、重庆等多地建有推广站。注重适宜技术推广，市县两级建有中医药适宜技术推广基地11个，组织开展基层中医药适宜技术培训2096人。

## ·卫生健康宣传教育·

【概况】 2022年，邵阳市卫生健康宣传工作获评《健康报》2022年全国卫生健康行业新闻宣传先进单位，获省卫生健康委员会“好新闻”组织奖。在省卫健系统网络宣传影响力排行榜中排名全省年度第三，在2022年健康中国行动知行大赛助力湖南赛区行动中排名全省第四。全市居民健康素养水平为27.91%，较上年提高4.05个百分点。

【主题宣传】 2022年，邵阳市组织开展“喜迎二十大奋进新时代”卫健事业发展成就巡礼主题宣传活动，制定并下发《关于开展“迎二十大奋进新时代”卫健事业发展成就巡礼主题宣传活动的通知》，展示卫生健康事业取得的突破性进展、标志性成果和积累的宝贵经验，推动全社会形成持续关注、支持卫健事业发展的良好氛围。《非凡十年“医”心为民守健康——十年来邵阳市卫生健康工作发展综述》被新湖南、《大众卫生报》采稿，各医疗卫生单位利用公众号、官网展现十八大以来非凡十年取得的成就。市卫健公众号开设“学习二十大 建功新时代”专栏，收集整理各类稿件20余期，卫健官网不定期更新学习贯彻宣传党的二十大精神各类信息。

【先进典型宣传】 2022年，邵阳市开展“最美医院、最美医务工作者”评选活动，评选出10个“最美医院”、10名“最美医务工作者”代表，各医疗卫生单位、卫健部门相应开展评比活动，展示新时代文明实践中涌现出的先进典型。为展现医务工作者“敬佑生命、救死扶伤、甘于奉献、大爱无疆”的崇高职业精神，市卫生健康委员会、市委宣传部联合集中对150余名一线医务人员的先进事迹进行系列报道。

2022年，邵阳市举办2022年度邵阳市直卫生健康系统七一表彰大会，对市直卫生健康系统86名优秀共产党员、38名优秀党务工作者、45个先进基层党组织进行现场表彰。加强与《邵阳日报》、邵阳发布、广播电视等市内媒体以及红网、网易、新湖南等省级媒体的合作，在党的思想理论方面报道400余篇。

## ·生育服务·

【计生协会组织建设】 2022年，邵阳市各级计划生育协会根据新形势的需要，持续推进和加强组织建设，强化基层计划生育协会阵地建设和制度建设，完善各项服务功能，筑牢覆盖城乡的网络体系，构筑纵向巩固提升、横向拓展延伸、城乡统筹兼顾、覆盖广泛有效的计划生育协会组织网络，基层计划生育协会规范化建设水平不断提升，村（社区）计划生育协会组织结构进一步优化。邵阳市召开计生协改革专题会议，市计划生育协会增加编制2名，增加工作经费20万元，并明确群团机构改革，县（市、区）计生协会机构级别不降。1月，市本级机构改革全面完成，确定为参照公务员法管理的副处级事业单位。截至年底，全市有计划生育协会组织3809个，其中市级1个、县级12个、乡镇级207个、村级3589个，会员54万余人，志愿者8万余人。

【生育关怀】 2022年，邵阳市计划生育协会开展“小善举·大爱心”募捐活动，累计募捐资金21.02万元。提升婴幼儿照护服务，截至年底，全市托育机构备案53家，拥有托位17103个，每1000名常住人口拥有托位数达2.64个。开展“优生优育进万家”活动，不定期组织孕产妇、新婚期夫妇和育儿期妇女学习培训，开展妇幼保健讲座、咨询、指导80多场次，孕妇课堂100多场次，大型亲子活动110场次，入户访视85场次，工作推动会60次。

（市卫生健康委办公室）

# 医疗保障

【概况】 2022年，邵阳市常住人口646.83万人，基本医疗保险参保664.13万人，参保率102.67%。其中，城镇职工参保人数56.46万人，职工医保基金收入24.62亿元，支出19.24亿元，当期结余5.38亿元，累计结余48.29亿元。办理生育备案5956人，报销生育津贴2639人8094万元。全市生育住院人数5595人，生育医疗费用3773万元，生育基金支出1082万元。其中，异地生育人数1897人，生育医疗费用1255万元，生育基金支出370万元。全市城乡居民医疗保险参保人数607.20万人，城乡居民医保基金收入63.94亿元，支出55.52亿元，当期结余8.42亿元，累计结余38.91亿元。

是年，邵阳市医疗保障局获全省医保系统真抓实干表彰通报。DIP支付方式改革、医保经办、基金监管、医保助力乡村振兴等8项工作跻身全国、全省先进行列；DIP改革连续两年被评为全国优秀，在全国DIP工作交流会上作经验交流，并在国家级期刊《中国卫生》、国家医疗保障局内刊《医保工作动态》上推介。“四位一体”经办创新有效解决“多头定点、多头协议、多头结算、多头监管”的经办难题，被评为全国医保经办二等奖，经验做法在全国、全省医保经办会议上交流，并在湖南省政府《要情与交流》上推介。邵阳市基金监管特色获《人民日报》、人民网、国家医保工作动态报道，国家医保局基金监管司领导批示“值得在全国推广”；医保助力乡村振兴工作经验在全省半年工作讲评会上交流，并在省政府《要情与交流》、省医保局《医保工作动态》上推介，市医疗保障局及6个县医疗保障局被评为全省医保助力乡村振兴工作先进单位，邵阳市被评为B类地市唯一A级。湖南电视台以《办好民生实事增进民生福祉》为题，报道邵阳市异地就医跨省联网结算工作。

**【三重制度综合保障】** 2022年，邵阳市出台《持续巩固拓展医疗保障脱贫攻坚成果，有效衔接乡村振兴战略实施意见》，落实基本医保、大病保险和医疗救助三重制度综合保障梯次减负功能。执行统一的基本医疗保险待遇标准，县域内政策范围内住院费用支付比例总体达到75%以上。对特困人员、低保对象、返贫致贫人口实施起付线降低50%、报销比例提高5个百分点、取消封顶线的倾斜保障政策。提高困难群众年度救助标准，将二类救助对象起付线由4000元下调到1200元，发挥医疗救助托底功能，实现市域范围内基本医保、大病保险和医疗救助“一站式”即时结算。对三重制度支付后仍有返贫致贫风险的监测对象等人员，按照再救助制度的规定，按不低于50%比例进行再救助，加大对困难群众的医疗保障力度。

**【“应保尽保”“应享尽享”】** 2022年，邵阳市落实基本医保“应保尽保”，全市基本医疗保险参保664.13万人，参保率达102.67%。38.47万名困难群众、83.48万名稳定脱贫人口全部参加基本医疗保险，参保率100%。落实参保资助“应助尽助”，困难群众参保共资助8629.18万元，其中全额资助4982.62万元，50%比例资助3646.56万元。落实医保待遇“应享尽享”，困难群众住院补偿141377人次，住院总费用120465.61万元，政策范围内费用105845.83万元，基本医疗保险报销69941.7万元，大病保险补偿7293.81万元，医疗救助19864.84万元，政策范围内报销比例达到80.6%，有效防止监测对象等困难群体因病返贫、因病致贫。

**【大病保险】** 2022年，邵阳市医疗保障局、市财政局、市卫生健康委员会、中国银行保险监督管理委员会邵阳监管分局联合下发《邵阳市城乡居民大病保险实施细则》，提高城乡居民大病保险待遇。起付线从1.2万元降低到1.1万元，封顶线从30万元提高到40万元，对特困人员、低保对象、返贫致贫人口取消大病保险封顶线，将无第三方责任的意外险纳入大病保险保障范围。加强城乡居民大病保险承办工作管理，出台《邵阳市城乡居民大病保险考核办法（试行）》，并将大病保险支付率和对困难群众的保障率分别纳入考核。年内全市大病保险报销人数5.15万人，报销支出42854.22万元，其中困难群众报销人数1.22万人，报销支出6554.1万元。

**【门诊共济】** 2022年，邵阳市贯彻落实党中央、国务院和省委、省政府关于深化医疗保障制度改革的决策部署，建立职工医保普通门诊统筹制度，统一职工医保慢特病门诊保障政策，改进个人账户计入办法，规范个人账户使用范围，拓展职工医保门诊保障范围，做好门诊费用与住院费用支付政策的衔接，完善与门诊共济保障相适应的付费机制，健全与门诊共济保障相适应的监督管理机制。8月23日，《邵阳市职工医保门诊共济保障机制实施细则》经市政府常务会议研究通过，8月29日在全市范围内对门诊共济制度进行培训。门诊共济实施细则于11月1日实施，2023年1月1日起实行个人账户改革。2022年全市共结算职工门诊就医患者8.59万人次，统筹基金支出828.73万元。

**【基金监管】** 2022年，邵阳市坚持基金监管与诚信医保建设相结合、与法治医保建设相结合、与智慧医保建设相结合，在全省率先探索以“信易健”为载体的医疗保障参保人信用管理试点，率先开展“定点医药机构规范使用医保基金遵纪守法行业自律先进典型”评选活动。建立邵阳市DIP知识库、规则库，临床诊断模块库涵盖40种疾病大类覆盖477个疾病诊断，临床路径库130个，药品模块共240个大类覆盖11815个药品，诊疗模块共314个大类覆盖16221个诊疗项目。完善《邵阳市关于加强社保基金监督管理实施细则》《邵阳市基本医疗保险基金运行风险处置机制》《邵阳市医保基金稽核十项禁令》等源头防控类、内控机制类、工作规程类、协作机制类制度24项，加强基金监管。在全省打击欺诈骗保套保挪用贪占医保基金集中整治“回头看”工作中，先后追缴医疗机构违规资金7772.5万元，自查问题967个，整改到位967个，自查退缴违规资金275.64万元，主动曝光典型案例29起，清理医保领域三角债97696.37万元，暂停医保服务协议13家，公安机构刑事拘留 6人，法院判决欺诈骗保5人。

**【医药价格和招标采购】** 2022年，邵阳市已落地国家、省级联盟和市级联盟等组织药品集采品种共465个，涵盖化学药品、中成药、生物药，超额完成集采药品品种累计达350个的年度目标任务。带量采购实现突破，在全省率先出台《关于加强药品集中采购约定采购量管理办法》《邵阳市药品医用耗材集采配送管理办法（试行）》，规范报量、配送等关键环节。先后落实26个批次，药品通用名465个，耗材31种，累计节约资金6.5亿元，落实集采批次、节约资金总额位居全省前列。学习三明医改经验主动加入三明采购联盟（全国），第一批集采血糖试纸等8个品种低值耗材平均降幅62.92%，节约资金2500万元。

【医疗服务价格改革】2022年，邵阳市医疗服务价格改革实现预期目标，调价覆盖全市266家公立医疗机构，调整1821个医疗服务项目价格，首次实现全市公立医疗机构医疗服务项目价格“六统一”，医疗机构收入结构进一步优化，调价运行总体平稳。推进DIP支付方式改革，形成国家DIP改革的邵阳样板。全市符合条件的136家医疗机构全部实现DIP实际付费，DIP基金预算占全市住院基金预算的71.67%，DIP病种覆盖率90.86%；医疗机构的住院次均费用同比下降321.58元，降幅4.21%；平均住院日同比下降1.38日，降幅15.95%；全市职工医保住院基金支出同比下降5.82%，城乡居民医保住院基金支出同比下降8.8%。

【中医药优势病种付费管理试点】2022年，邵阳市支持中医药传承创新发展，出台《关于实施面瘫病等10个中医优势病种按病种收付费管理试点工作的通知》，在原定锁骨骨折等4个中医优势病种住院按病种收付费管理基础上，开展桡骨远端骨折等6个中医优势病种住院按病种收付费管理。同时在省级试点医院基础上，增加市中医医院等9家市级试点医院，同步开展门诊及住院按病种收付费管理。中医类医院（含中西医结合）在医疗机构等级系数基础上增加0.01。DIP2.0目录库调整，探索建立中医优势病种26种，涵盖骨伤、肛肠、针刺等部分中医的相关操作，单独测算分值，解决当前国家目录库没有中医病种的问题，有效促进医保支付方式改革下中医诊疗的发展。

【信息化建设】2022年，邵阳市医疗保障系统运行平稳，全市入库参保人数约664万人，接入定点医药机构3000多家，日均业务量为2.65万笔。12个县市区及市医保中心对大厅进行信息化提质改造，安装医保自助服务一体机，全面实现信息化。深化医保公共服务“网上办”“掌上办”推广应用，医保服务更加便民。落实综合柜员制，为综合柜员窗口配备高拍仪，窗口受理业务时将纸质材料扫描成电子档传入系统，审批人员后台审批，推动医保服务从“能办”向“易办”“快办”转变，实现医保政务服务与湖南省政务服务“好差评”系统对接。同时，加强医保电子凭证宣传推广，截至12月31日，全市电子凭证激活率46.25%，市本级电子凭证激活率66.4%，全市综合结算率45.7%，在全省名列前茅。

【医保稽核管理】2022年，邵阳市定点医药机构共1910家，其中公立医院258家、民营医院190家、单体药店413家、连锁药店1049家，进行全覆盖检查1910家，实现定点医药机构稽核率100%，移送问题线索82条。规范行政检查、行政处罚，对33家医疗机构下达行政处罚决定书33份，责令改正并追回违规医保基金242.52万元，处行政罚款金额339.59万元。

【异地就医联网结算】2022年，邵阳市全面实现市内、省内、跨省3级异地联网结算。全市市内联网直接结算8.4万人次，总费用9.85亿元，基金支付4.63亿元；省内联网直接结算2.6万人次，总费用4.05亿元，基金支付2.24亿元；跨省联网结算共转出结算5.8万人次，总费用5.8亿元，基金支付2.39亿元。全市已实现跨省异地就医住院联网结算医疗机构85家，门诊跨省异地就医联网结算医疗机构85家。市本级接听电话政策咨询和异地住院申报共9283人次，为异地定居人员办理异地安置手续1319人次，审核异地就医人员申报资料符合政策967人次，不符合政策的5人次。市医保中心报账2086人次，总金额2249.4万元，基金支付1173.6万元。

【门诊服务】2022年，邵阳市医疗保障局为新特殊门诊申报人员建立个人档案1685份，收集整理特门申报资料6825人次，组织10次特门人员评审，评审7985人。医保系统审批特门15267人次，肾排检查44人次，共批准享受普通特门7985人，大额特门98人，血液透析606人，普通特门共发生62265人次，总费用2935.27万元，医保支出2469.2万元。审批“双通道”管理药品使用共1051人。

【意外伤害工作】2022年，邵阳市医疗保障局受理意外伤害案例1744件，做到每件案件有疑必查，实地和电话调查1744件，协调公安部门120多次，开具协查函180多份，调查率达100%。查出不属于医保支付范围67件，防止医保基金流失约158万元。每月与承保公司做好理赔结算，意外伤害理赔费用共1957.3万元。

【参保权益工作】2022年，邵阳市市本级参保权益单位1834家，共194942人，同比增加2.8%。其中职工在职106496人、退休88446人。全年市本级累计完成参保权益11项经办事项5.08万件，依托全国统一的医保信息平台，实现“网上办”“掌上办”，实现“基本医疗参保、信息变更”“参保人员参保信息查询”“基本医疗关系转移接续”三个事项实现跨省通办，线上受理审核职工参保信息登记变更26145件，办理线上转移接续455件，核实修改参保人员姓名、身份证信息2240人，对于死亡人员多划个人账户部分先核减再办理。共追缴退费92人，追缴金额8.97万元。助力中小微企业纾困解难，7—10月依据《湖南省医疗保障局 湖南省发展和改革委员会 湖南省财政厅 国家税务总局湖南省税务局 关于阶段性缓缴职工基本医疗保险单位缴费的通知》，对中小微企业实施阶段性缓缴政策，全市享受缓缴政策的中小微企业902家，涉及参保人员2.39万名，缓缴金额3114.52万元。

【结算工作】2022年，邵阳市医疗保障局按时完成已签协议各医院及药店结算工作。结算门诊业务14.3万人次，费用4540.49万元；住院业务19.16万人次，住院总费用211879.57

万元（均次住院费用11058.43元），住院医保应支付费用109704.07万元（均次医保应支付费用5725.68元）；购药业务97.2万人次，费用结算15543.02万元（均次费用159.91元）；特门业务16.5万人次，特门费用结算6784.13万元（均次费用411.16元）。通过智能监管审核系统对全市21家定点医院进行电子病历审核，审核违规疑点5453条，依规对其中5453条进行拒付，总金额150.9万元；组织专项工作小组对市本级21家协议定点医疗机构1月1日至12月31日的住院结算病历进行现场抽查，协议拒付违规金额13.8万元。

**【特殊人员医保服务】** 2022年，邵阳市医疗保障局受理特殊人员医保业务863笔。1~6级伤残军人中心报账129人次，支付60.23万元，其中门诊医疗费用共123人次56.36万元；异地住院6人次共3.88万元；结算市本级定点医院伤残军人住院费用109笔共30.16万元。市直离休干部门诊报账及异地住院363笔，支付医疗费用149.92万元。为新中国成立初期老干医保个人账户铺底112人，铺底资金89.6万元。为失独人员登记个人住院报账业务60人次，补助4.36万元，复核身份失独人员信息85人次。军转干部异地住院费用5人次共1.62万元。

（曾　丹）

## 医疗机构

**【邵阳市中心医院】** 2022年，受新冠疫情影响，邵阳市中心医院本部完成门急诊量92.13万人次（含体检），同比下降17.29万人次；完成出院病人数7.98万人次（含血透），同比下降1.93万人次；完成手术量5.36万台次，同比下降0.52万台次；病危病人床日数占比14.65%，同比下降3.27%；平均住院日为7.49天，同比上升0.28天；病床使用率达74.06%，同比下降11.74%；病床周转次数36.08次，同比上升7.36次。

现代化医院管理　调整完善医院25个质量管理委员会组织架构和工作职责，发挥委员会专家治院作用；实施科室综合目标、科主任护士长岗位责任目标考核评价机制，促进科室加强管理。引进博士研究生2人，自主培养博士毕业返校1人，新增考取博士3人，博士队伍（含在读）扩展至28人；临床医生硕士率达62.9%（40岁以下达85.1%）；启动医院第7轮员工内训，举办3期“邵医论坛”和管理干部培训班；启动青年基金工作项目，2名重点学科带头人被选拔为省“青年骨干人才”。开展DIP改革试点。自主开发病案首页信息化质控系统、DIP分组器，提升病案首页质量，持续开展DIP运行分析及动态监管，创建全国DIP示范医院。

学科能力建设　新增心血管内科、脊柱外科等5个省级临床重点专科，年末拥有3个省级省重点、13个市州级省重点，泌尿外科获国家临床重点专科建设项目，普外科、神经内科等19个科室获省临床重点专科建设项目。通过国家胸痛中心认证，成为国家级胸痛中心，获评“2022年优秀胸痛中心全流程管理奖”。开展湘西南地区首例肾上腺静脉采血，率先在全市开展经导管主动脉瓣置换术、射频消融+房间隔缺损封堵一站式手术、新生儿腹腔镜手术、全腔镜下侧－侧吻合食管癌根治术、联合术中B超行荧光腹腔镜下肝肿瘤切除术、多发晚期口腔癌根治术并股前外侧肌皮瓣全舌再造+腓骨肌皮瓣双侧下颌骨重建术等系列高难度新技术。实施科教研一体化工程。发表论文63篇，SCI论文15篇；筹建精准医学中心（中心实验室）并完成一阶段科研培训项目和学科导师计划前期调研；国家、省、市级科研申报103项，立项61项；完成350名实习生临床教学及实习任务；申报立项4个省级继续教育项目、16个市级继续教育项目；完成2022年国家住院医师规范培训招生人数72人、住培院级师资培训合格280人。推进满意护理服务创新。线下开设静脉治疗门诊、伤口造口门诊、淋巴水肿门诊、助产士门诊，总诊疗达4309人次；以“线上＋线下”方式开设母乳喂养门诊、管道门诊等专科门诊；建立糖尿病、肾病、静脉治疗、伤口造口等6个标准护理服务站，为患者提供同质化专科护理服务；上线“互联网＋居家护理”，开展23项居家护理操作服务；依托互联网信息技术，对腹膜透析、乳腺癌等慢病患者推行专科个案管理服务模式。

集团化办医　启动医投公司股权转让（东院兼并工作），拟定《股权转让工作方案和流程》，推进本部、东院“两院一体化”管理；探索建立“两院统筹、平急转换”机制，启动两院信息一体化建设项目。加强医联体建设。医院医联体单位增至51个，专科联盟增至28个，心胸外科等学科与联盟单位签订高质量发展战略合作协议；开展对口支医，派遣主治以上医生61人次，诊疗人次7500人，开展手术1000例，新技术、新项目45例，远程医疗80例，培训医务人员800人次。

医疗服务　打造智慧医院。通过《国家医疗健康信息互联互通标准化成熟度测评》四级甲等评审并获授牌；互联网医院上线运营，线上复诊、图文咨询、代配药等多项服务，提升群众就医便利性；完成HIS、CIS、RIS、LIS四大系统升级改造；完成灾备机房建设，保证信息数据的安全备份与传输。启动人文护理服务项目，开展护理人文设计思维培训班3次，运用卡诺模型、峰终定律、服务蓝图等质量管理模型与工具，针对首问、出入院、围手术、送检、急救、投诉接待等16项医院工作流程进行人文服务设计和优化，改善患者就医体验。改善就医服务。启动门急诊、医技楼改造项目和医技检查预约中心扩面工作项目；开通邵阳市首个门诊放化疗中心；推进日间手术服务，第一轮参与日间手术病种达18个；启动静脉用药配置中心项目，完成第二住院楼分区改造与管理一期工程；按照省市标准完成检查检验结果互认服务推进项目。

（孟天笑）

**【邵阳学院附属第一医院】** 2022年，邵阳学院附属第一医院推进学科建设，获批5个省级省临床重点专科、9个市州级省临床重点专科、26个市级重点专科建设项目。多位教师获省级课程思政教学奖项。加强科研平台和科研诚信建设，全年申报科研项目102项，立项30项；推进DIP付费改革，合理控制成本、降低高值耗材的使用率、合理收费、合理控制均次费用，保障医院DIP付费试点良性运转。加大基础设施建设，完成医疗综合楼主体工程及门诊改扩建副楼主体工程，对综合楼中央空调机房设备、医用气体、信息化工程的施工进行招标，完成基础设施建设改造，满足救治需求。加强人才队伍建设。开展“先锋工程”建设及“两优一先”表彰，评选“优秀共产党员”44名，“优秀党务工作者”6名，“先进基层党组织”4个，医院党委获评全省高校党建“标杆院系”。加大人才引进培养力度，招聘医学及管理人才93人，硕士及博士研究生13人。

（肖　情）

**【邵阳学院附属第二医院】** 2022年，邵阳学院附属第二医院肾内科通过市州级省临床重点专科建设验收，神经内科等7个专科被确认为市州级省临床重点专科建设项目。推进多学科合作，开展新技术、新项目40项，开展卒中溶栓和胸痛介入手术近200例，完成日间手术135例，并成功申报血友病国家三级治疗中心和省级老年友善医疗机构。承担临床5个本科专业共44门课程的教学任务，完成教学课时1.4万余节，获邵阳学院课程思政教学案例设计大赛一等奖1项、国家级大学生创新课题5项，创新创业大赛获省级荣誉5项，申请专利1项，省市联合基金项目实现新突破。先后上线银医自助机系统、急诊预检分诊系统、单病种质量管理等系统，建设医院信息集成平台，成立数据中心，通过国家医疗健康信息互联互通标准化成熟度四级甲等测评。开展“我为附二来打call”全员宣传活动，发表稿件140篇。举办抖音短视频创作大赛，发布健康科普视频作品62篇、科普文章70篇，科普作品参加省级竞赛中获优秀科普作品奖3个、科研立项2项。

（周光生）

**【邵阳市疾病预防控制中心】** 2022年，邵阳市疾病预防控制中心进一步完善内部质量管理体系，重点做好人员培训、能力建设、“5·12”护士节活动、“优秀医务工作者”“最美抗疫人”评选、医疗安全和医疗质量、规范职业病诊断、科研、资质认证等，质量管理体系高效运转。开展医疗和生物安全督查和实验室生物安全反恐应急演练，督促做好新冠 防控和医疗废物处置工作。首次自主组织招聘考试，是全市卫健系统第一家自主组织并首先启动2022年公开招聘的单位，共核定招聘15人。全年在省级媒体发稿39篇，市级发稿及视频76篇，中心官微700篇。

重点传染病防控　开展以霍乱、手足口病、流感、肺结核、艾滋病等为主的重点传染病监测，加强传染病网报管理，密切注视疫情动态，严守传染病暴发疫情底线。全年未发生霍乱疫情、未报告人感染 H7N9 禽流感病例、登革热病例。全面落实肺结核病、艾滋病政策。

卫生应急能力建设　通过加强监测预警、强化风险沟通、优化疫情网络巡查制度等措施，不断能力建设提高卫生应急能力，各类突发公共卫生事件均成功处置，年内组织完成应急演练 1 次，提升应急机动队的现场处置能力和部门间的团结协作能力。

公共卫生监测　实施国家食品安全战略，食品安全风险监测能力稳步提升，密切关注食品安全风险隐患和社会关心的食品安全热点问题，为食品安全监管提供技术支撑。同时，从源头到龙头全流程监测城乡饮用水，保障生活饮用水卫生安全。推进职业病防治，重点职业病监测项目扩大到职业病全病种，覆盖各县市区。

慢性病、地方病、寄生虫病防治　推动健康素养项目工作，建立和完善慢性病监测系统包括死因监测、慢性病及危险因素监测、肿瘤登记、心血管事件（冠心病、脑卒中、急性心肌梗死等）等。提高碘缺乏病实验室检测质量，各县（市、区）一次性全部通过 2022 年全国碘缺乏病实验室外部质量控制考核。

学校卫生　对市直学校、大中院校等进行督导、培训。对 9 所学校的教学和生活环境卫生、教室采光及照明开展“双随机”抽检，并就存在的问题督促整改落实。开展学校健康教育宣传，结合“5·20”中国学生营养日、“6·6”爱眼日等，普及营养健康知识和科学用眼知识；深入校园对学生近视、肥胖、脊柱弯曲等学生常见病以及肺结核、艾滋病加大防控等进行宣传培训，提高 师生公共卫生意识和自我防病能力。

（杨　义）

**【邵阳市妇幼保健院】** 2022年，邵阳市妇幼保健院占地面积12000平方米，业务建筑面积8635平方米，固定资产3611万元。编制人数 157人，编制床位110张。在职职工237人，本科学历以上157人，拥有卫生专业技术人员217人（其中高级职称24人、中级职称72人）。医院通过三级妇幼保健院省级专家组现场验收，院党总支升格为院党委并举行党委班子换届选举，总投资1.39亿元的妇幼健康服务能力提升项目获立项批复。获省卫健委“2022年度全省妇幼保健机构标准化建设工作先进单位”（全省排名第三）、“2022年度全省出生缺陷防治工作先进单位”。

妇幼保健　将产前筛查列入重点民生实事项目年终考核内容，探索建立乡镇卫生院集中筛查、妇幼保健机构和综合医院分片包干、分类指导的工作机制，将阳性患者纳入新型农村合作医疗重大疾病救治范围，新增女职工体检项目。孕产妇免费产前筛查完成30343人，目标人群覆盖率114.94%。新生儿先心病免费筛查目前完成30632人，目标人群覆盖率116.03%。为全市所有开展助产服务的医疗保健机构提供免费检测服务。举办全市预防艾滋病、梅毒等专题培训班，培训范围扩大至乡镇卫生院及社区妇幼专干。全市孕产妇艾滋病、梅毒、乙肝病毒检测率及隔断成功率均达100%。严格出生医学证明管理，全年废证率仅0.05%。截至年底，全市死亡孕产妇4例，孕产妇死亡率10.97/10万，5岁以下儿童死亡129例，死亡率3.54‰（其中婴儿死亡64例、死亡率1.76‰，新生儿死亡31例、死亡率0.85‰），剖宫产率35.38%，各项数据均达到省定指标。

临床医疗　55人被评为“优秀共产党员”“抗疫先进个人”“抗疫优秀队员”。对医院重点科室进行整体规划设置，更新医疗设备。妇科启动HPV疫苗接种，影像科新开展子宫动脉、大脑中动脉、胎盘植入评分项目，检验科孕妇外周血胎儿游离DNA检测升级版无创Plus项目正式运行，生殖中心的夫精人工授精技术通过省级专家校验；新设急诊科，拟设中医科、康复科、心理科、营养科、小儿外科、乳腺科、眼科、口腔科、体检中心、月子中心等特色科室。对口帮扶城步县妇幼保健院。开展优质护理服务，强化发热门诊、预检分诊设置，成立门诊护理服务中心，将核酸采集、发热门诊、预检分诊、儿科注射室、门诊导诊、预防接种六大功能部门整合为一体，统一输液单、口服单、注射单、雾化单、护理单模式，集中高效地为患者就医提供“一站式服务”便利。推行药品、疫苗零差率销售，药品网上采购率96%，基本药物使用占比45.5%。门诊抗菌药物使用率3%，住院抗菌药物使用率52%，均在省级指标控制范围之内。

（黎　叶）

# 应急管理

## 综　述

【概况】2022年，邵阳市应急管理局履行安全生产、防灾减灾和应急救援主责主业，提升应急管理能力，确保全市安全生产和自然灾害形势总体稳定。

是年，邵阳市获评全省安全生产和消防工作优秀档次，市应急管理局获评全省应急管理工作先进单位，市县两级在全省应急管理系统“真抓实干”工作中获奖9项，较上年大幅提升。

【基层基础建设】2022年，邵阳市应急管理局组织开展安全生产月集中咨询日、应急安全宣教走基层活动、安全生产知识宣传“五进”等活动，发动参与全国“新安法知多少”竞赛，答题总次数、总积分居全省第一位。开展示范创建，组织各县市区上报全国综合减灾示范社区3个、全省综合减灾示范社区9个，完善应急避难场所设施和标识标志14处，摸排应急避难场所39处，确保正常运转。推进执法改革，市本级举行应急管理综合执法局揭牌仪式，全市应急管理综合行政执法改革基本完成，执法队伍组建到位、人员配备到位、装备保障到位。

（黄晓辉）

## 安全生产

【概况】2022年，邵阳市召开15次市委常委会会议、8次市政府常务会议、8次市安委会全体（扩大）会议专题研究安全生产工作。市应急管理局每周综合汇总当周安全事故和安全防范工作情况，并向市委、市政府主要领导书面汇报。党政领导定期带队督查检查安全生产工作，部署推动联点工作向纵深开展。健全落实会议制度、报告制度等多项专委会工作制度；厘清综合监管和行业监管职责；明确十五条硬措施责任和任务清单，推动工作硬措施落实落地。集中整治安全发展理念树得不牢、落实责任虚空、监管执法“宽松软”、作风不严不实、专项整治特别是隐患排查治理不彻底等问题。集中开展“幸福敲门、安全到家”活动，建立重点人群安全帮扶机制，帮助排查整治群众身边隐患，截至年末，全市发生生产安全事故74起、死亡72人，其中较大生产安全事故1起、死亡3人，同比均下降32.1%。发生一次死亡3人以上的非生产经营性事故起数同比下降88.9%。

【重点安全工作】2022年，邵阳市“一季度一行动”集中开展安全生产整治行动，检查生产经营单位14万家次，排查整治安全隐患10万处，实施安全生产行政处罚8198万元，约谈警示领导干部1148人次，联合惩戒企业215家，有效消除事故隐患、管控安全风险。开展安全生产、道路交通安全和学生防溺水专项攻坚。每月对攻坚情况进行综合调度、考评考核、推动落实；督促交通、交警部门整改道路交通安全隐患1434处；部署安装学生防溺水智能预警系统建设点位1687个。落实房屋、消防、燃气等重点行业领域安全监管。印发《关于加强企事业单位既有房屋使用安全管理的紧急通知》《关于坚决禁止存在安全风险隐患的房屋用于生产经营的紧急通知》；推进高层建筑、行业标准化建设、易地扶贫安置点等18项消防安全专项整治，挂牌督办67处重大火灾隐患整改；开展燃气安全专项整治，印发燃气领域部门职责分工，督促使用燃气的生产经营单位安装燃气泄漏预警装置。推动打非治违。组织开展联合执法9640次，发现并查处安全生产非法违法行为89850起，核实、处理群众举报非法违法行为404起，兑现举报奖励21.41万元，责令企业停产整顿581起。

【安全生产巡察、督查】2022年，邵阳市安全委员会办公室联合市巡察办对事故多发、问题突出的3个县市区和2个市直部门开展安全生产“机动式”巡察。强化安全生产督查考核。部署开展安全生产大检查专项督查，每月不少于一次、每次不少于2天对各县市区开展全覆盖安全督查；组织开展安全生产和消防工作年度考核，每季度综合各负有安全生产监管执法职责的市直部门打分，对各县市区综合监管执法工作进行排名、通报。

（黄晓辉）

## 防灾减灾

【汛期风险防范】2022年，邵阳市防汛工作坚持“三个一”的最高目标、三个最高标准、三个严格要求，市、县、乡、村四级防汛责任人盯紧汛情演变趋势，做到大雨下在哪里、险情出现在哪里，干部就在哪里、抗灾工作就做到哪里。对雪峰山和白马山、龙山、南岭等4个暴雨中心区域实施“一小时一预报一调度”，组织县乡村基层干部24小时不间断开展巡堤、巡坝、巡库、巡河、巡房、巡路、巡坡、巡塘工作，盯牢全市1241座水库、696座水电站、2651处地灾隐患点，有效应对19轮较强降雨，实现“不死一人、不垮一库一坝”工作总目标。

【森林防灭火】2022年，邵阳市面对六十年一遇的旱情，全市上下压实责任、强化值班值守、加强隐患排查、加大宣传力度，全年发生森林火灾16起，其中较大森林火灾12起、一般森林火灾4起，总体上做到及时应对，有效应对。市委、市政府主要领导、分管领导专题研究、亲自调度森林防灭火工作，中共二十大召开期间，市领导坐镇市应急指挥中心全程视频调度。加强宣传力度，全市设立临时检查站1939个，出动宣传车（含摩托车）21280余台次，悬挂横幅3000余条、标语

10万余张，发放“禁火令”“防火令”“封山令”190.5万余份、宣传资料 210.4万余份，签订责任（承诺书）书166.44万份。压实责任，各县市区党委政府层层签订森林防灭火责任书，县、乡、村行政首长签订责任状，建立“五包责任制”。严管火源，各县市区均颁布禁火令和封山令，同时加强对痴、呆、傻等重点人群及留守老人的监护，发挥林长制“一长四员”巡林作用，加强火源源头管理，劝导入山禁炮34.8万余人，结合“打非治违”专项行动，收缴烟花爆竹16000余件（盘）。

【极端气候应对】2022年，邵阳市加强部署。市政府将应对极端气候工作纳入市政府“三重点”督查工作内容；市应急管理局召开专题会议，对冬季极端天气形势进行分析研判。强化保障。全市组织自然灾害和安全生产类应急演练，提升极端气候应急处突能力；各级各部门按照职责分工做好应急物资储备。突出重点。强化会商研判、及时发布预警信息；突出临崖、临水、急弯等重点部位的巡查看护，迅速排查风险隐患，迅速处置；做好偏远山区、落后地区和重点人群保暖御寒工作。

【灾害救助】2022年，邵阳市举办县市区灾害信息员培训班，邀请省应急管理厅专家现场授课。开展紧急救助，争取上级自然灾害救灾资金367万元，发放棉被1522床、棉衣885件、毛毯800床、大米1680袋、食用油1000桶，救助受灾困难群众11860人，有效保障受灾群众基本生活。9月2日启动自然灾害救助Ⅳ级响应，争取中央和省级抗旱救灾资金690万元，用于解决城乡居民用水困难问题。全年全市多次灾害造成127.93万人次受灾，紧急避险转移17214人，紧急转移安置8362人，紧急生活救助4925人，过渡期生活救助122人，因旱生活救助10.21万人。

（黄晓辉）

## 应急救援

【救援队伍建设】2022年，邵阳市出台《邵阳市应急管理工作要点》《关于落实应急管理系统真抓实干激励措施的通知》，明确市县两级综合性应急处置队伍建设、乡镇力量和社会救援力量建设的要求，推动各县市区救援队伍和基层应急能力建设。截至年末，全市建有各类应急救援队伍400余支、1.5万余人。

【应急演练和志愿救援】2022年，邵阳市组织自然灾害和安全生产类应急演练400余场次。其中，9月16日组织开展的“雪峰使命-2022”邵阳高速公路突发事件综合应急救援演练，在全省14个市州应急管理系统进行现场直播观摩。市应急管理局组织2000余人次志愿者参与全市志愿服务活动。组织开展“2·22”铲雪除冰行动；参与“10·19”永州市、“10·18”新邵县、“10·31”邵阳县、“11·12”新邵县等森林火灾现场处置。

（黄晓辉）

## 消防救援

【概况】2022年，邵阳市消防救援队伍全面推进“抓班子带队伍、抓练兵谋打赢、抓防控促平安、抓基层强基础、抓纪律正风气”五项建设，完成中共二十大安保等各项任务，实现“两个稳定”的总体目标。全年接处警6468起，出动车辆1.1万余次，出动警力7.1万余人次，营救疏散被困群众1500余人，成功处置“3·11”隆回家具厂火灾、“10·18”新邵县森林火灾等灾情。

加强后勤保障。全市队伍投入6700万元启动14个重点基础建设项目、投入3200万元启动35个装修改造项目；新投入执勤城市消防站2座，主体完工1座，完成选址、立项手续办理3座；投入4500万元新增消防执勤车辆7辆、灭火救援装备18635件/套，紧急采购森林灭火装备2226件/套。

是年，市消防救援支队获市（含）级以上团体和个人奖项27项，获评2022年度全国消防救援队伍调查研究工作先进单位、“全国应急管理新闻宣传暨学报用报先进单位”，大祥大队获评湖南省应急管理先进集体，北塔大队“一网格一消防”模式获省政府综合大督查典型经验做法通报表扬。

【执勤备战】2022年，邵阳市消防救援支队实施全员岗位练兵，建立“委员督导、机关训练、全员参训、视频督查、成绩通报、加训复考”6项制度，组织开展基础体能、专业技能、片区对抗和通信指挥比武等各类竞赛9次，106人取得总队水域救援安全技术暨舟艇驾驶员、石油化工、山岳（绳索）救援、搜救犬搜救等相关领域资质证书。推动“智慧消防”建设纳入“数字邵阳”同步开展，启动支队本级及5个试点单位指挥中心升级改造。完善东、中、西部灭火救援协作圈，搭建“15分钟灭火网”，推进“一短三快”初战机制，到场处置效率大幅提升。布点建强地震、抗洪、山岳等专业编队，优化重组“一专多精、区域协同、快速投送”的专业突击队13个、通信保障队18个。深化“桌面推演+实战演练”研训机制，研发邵阳市高层建筑消防管理微信小程序，开展典型灾害事故处置课题研讨研训8次、战例复盘20次，修订各类预案950余份，举办战训大讲堂、灭火救援专题讲座12期，开展各类型实战拉动演练12次。

【防火监督】2022年，邵阳市消防救援支队提请市委、市政府出台《邵阳市火灾事故调查处理规定》，倒逼消防安全责任落实。紧扣“防风险、保安全、迎二十大”消防安全集中攻坚行动，列出全市最不放心的区域、最薄弱的环节、最突出的问题65个，集中开展攻坚整治，共督促整改火灾隐患5215处，行政处罚23起，临时查封40个。开展自建房专项整治，复核经营性自建房82823栋，发现整改火灾风险隐患77015处，对10家存在重大火灾隐患的单位、11处经营性居民自建房集中连片地区实施挂牌督办，在全省率先出台《邵阳市经营性自建房消防安全管理办法》。推进消防安全整治三年行动，先后部署“三合一”场所、冰雪场地、餐饮用燃气场所、打通“生命通道”等20余项专项行动。巩固各级党委政府主要领导亲手抓消防安全工作，推动开展5期党政领导“话消防”，重点行业“讲消防”，全民关注“学消防”系列活动。全年未发生有影响的火灾事故，邵阳市在省政府消防工作考核中获评“优秀”等次。

（张通通）

# 区（县、市）情

# 大祥区

【概况】大祥区位于邵阳市西南部。2022年，辖2个乡1个镇11个街道，总面积214.66平方千米。年末户籍总人口32.21万人，常住人口36.3万人；人口自然增长率2.48‰。年内最高气温 38.5 ℃，最低气温 -2.1 ℃；年降水量1050.9毫米。森林覆盖率32.917%，水质综合达标率100%，空气质量优良率88.2%。主要矿产资源有矿金、铁锰、无烟煤、大理石、石灰石等。

地区生产总值完成 220.8 亿元，较上年（下同）增长 4.1%。其中，第一产业增加值完成 7.8 亿元，增长 1.2%；第二产业增加值完成 78.7 亿元，增长 1.7%；第三产业增加值完成 134.3 亿元，增长 5.7%。三次产业构比为 3.5 ∶ 35.6 ∶ 60.9，产业结构更加符合全区经济发展。

农林牧渔业总产值 17.3 亿元，增长 3.2%。其中，农业产值 6.5 亿元，增长 0.7%；林业产值 14.1 万元；畜牧业产值 3.8 亿元，增长 1.9%；渔业产值 4674.3 万元，增长 2.5%；农林牧渔服务业产值 6.3 亿元，增长 8.7%。粮食总产量 5.8 万吨。经济作物中，油料 4026 吨，增产 1503 吨；蔬菜 6.8 万吨，增产 169 吨；瓜果 4.02 万吨。年内生猪出栏 8 万头，与上年持平；猪肉产量 0.58 万吨；年末生猪存栏 6.1 万头，与上年持平。年内家禽出栏 179.7 万羽，增加 26.2 万羽，增长 17%；禽蛋产量 0.07 万吨，与上年持平。水产品产量 0.24 万吨，增加 48 吨，增长 2%。

规模以上工业企业 53 家，总产值增长 8.8%，销售产值 118.6 亿元，增加值增长 10.4%，实现利税 2229 万元。

年末具有建筑资质等级的独立核算建筑企业 74 家，全年施工面积 402.6 万平方米，房屋竣工面积 130 万平方米，商品房销售面积 70.5 万平方米；实现建筑业总产值 91.7 亿元，其中竣工产值 37.9 亿元，房屋竣工价值 11.8 亿元。

限额以上批发零售企业和住宿餐饮企业共 106 家。实现社会消费品零售总额 107.3 亿元，增长 1.9%。按消费形态分，限额以上批发零售业零售额完成 46.4 亿元，增长 11.7%；住宿餐饮业零售额完成 6.7 亿元，增长 5.4%。实际利用内资 81 亿元，增长 10.5%，实际利用外资 9.4 万美元。实现进出口 7.1 亿元，下降 46.8%。

2022 年 10 月 22 日，邵阳市大祥区资水流域二期治理工程建设现场（罗丹苓 供图）

有区属学校 43 所，其中普通中学 6 所、小学 37 所。在校学生 3.58 万人，其中普通中学 0.47 万人、小学 3.11 万人；普通中学招生 1707 人，小学招生 5333 人；普通中学毕业生 1552 人，小学毕业生 4835 人，小学升学率 100%。

有宝庆古城墙、蔡锷故里文化博览园 2 处全国重点文物保护单位，召伯窑、育婴堂、松坡图书馆、古卸甲坊 4 处省级重点文物保护单位，有蔡锷故里文化博览园 1 处国家 AAAA 级旅游景区，梅山养生太极拳、羽毛画 2 个省级非物质文化遗产保护项目。成功承办弘扬蔡锷爱国主义精神学术研讨会。

有各类医疗卫生机构 195 个，其中区人民医院 1 个、基层卫生院及社区卫生服务中心 14 个、卫生室 78 个、诊所 102 个。有执业（助理）医师 299 人。全区上报出生人口 1989 人。

全体居民人均可支配收入 35512 元，增长 9.55%。城镇居民人均可支配收入 38179 元，增长 5.2%。农村居民人均可支配收入 26956 元，增长 6.8%。实现城镇新增就业 3566 人，完成年度计划的 106%，新增农村劳动力转移就业 1275 人。城镇登记失业率控制在 1.43% 以下。实现失业人员再就业 2685 人，“4050”等困难群体再就业 885 人。

长达 10 余年未通的桂花路、大祥路、迎春路实现连通。率先成立涉众型经济案件接待处置中心，办结历年积案 16 起，为受损企业和个人挽回经济损失 3.2 亿余元，获公安部和省委政法委肯定。

是年，大祥区水利重点项目建设、数字乡村全国试点两项工作获省政府真抓实干激励奖。教育“双减”工作、居民自建房安全整治相关经验被国家、省市推介。城区空气质量历史首次达到国家二级标准。获评 2021 年全省长江禁捕退捕考核先进县市区、湖南省“美丽河湖”50

强和国库系统论文奖，“大祥红”志愿服务品牌上升为市级品牌“邵阳红”。垃圾分类工作被全省推介，城西街道成功创建垃圾分类省示范街道。“全国科普日活动暨人工智能教育启动仪式”被省科协评为全国科普日优秀活动。

**【获评湖南省真抓实干“积极推进水利项目建设成效明显的县市区”】** 2022年，大祥区内犬木塘水库工程项目累计完成投资19.02亿元，水库枢纽工程累计完成永久征地543.84亩、临时征地450.53亩，完成搬迁移民62户187人，拆迁房屋面积10396平方米。邵阳市资水重要河段大祥区二期治理工程建设争取中央专项建设资金和省发改补助资金，累计完成征地97亩、房屋拆迁32栋、防洪堤建设1198米，防洪堤主体土方填筑到位。资水三期防洪堤长2.7千米，争取债券资金和市集资金，征地109亩，拆迁房屋18栋。完成罗市镇狮子村、禾家村等部分饮水工程管网延伸与维修项目及4座水库除险加固、20座水库维修养护。大祥区获评湖南省2022年度真抓实干“积极推进水利项目建设成效明显的县市区”称号，区水利局获评2021年度湖南省“芙蓉杯”水利建设管理先进单位。

**【国家数字乡村试点工作在全国终期验收中排名全省第一】** 2022年，大祥区国家数字乡村试点工作获省政府真抓实干激励奖，在全国的终期验收中排名全省第一名、全国第59名。该区引进优必选智能机器人等产业项目，建成国家级农业科技园1个、省级农业特色产业园2个，培育林立观光农业、春满园生态农业等新型业态7个；引进生态智能采集管理系统，建设手机App管理的智慧农庄；建成信息化仓储保鲜冷链冷库30家、智能蔬菜种植大棚4400平方米；34家企业进驻省农产品“身份证”管理平台和国家农产品追溯平台，151个产品通过网络备案并赋码标识。建成数字经济产业园1个、F2B跨境电商平台1个、区级运营中心1个、益农信息社50个、电商服务站47个，电商平台营销额达28.92亿元；建成数字乡村大数据中心，整合接入平安城市、教育、电子政务等摄像头2787路，采集36万多户籍人口、13万多栋房屋等信息；安装生态保护监控摄像头38处，建成工业园区智慧环保监测系统，实现辖区内河段、森林、园区污染物排放实时监测；建成全域网格化平台，开发网格管理App，构建区、乡、村联动的数字化管理服务体系，建成网格518个；建立网格居民群617个，入群居民11万余人，实现群内诉求反馈、问题解决等一键直达；区、乡、村全覆盖建成“互联网+政务服务”平台，平台网办率达70.64%，各类数据高效集成共享。建成教育云管理平台，辖区所有学校配备直播课堂设备、智能机器人演示设备，成功创建省级现代教育技术实验区。发放电子社保卡8.98万张；依托就业服务网络平台，为群众推荐就业岗位5.15万次；自主开发家庭医生签约App，实现所有乡镇街道医疗机构全覆盖。建成集“媒体+政务+服务”于一体的融媒体平台，发布原创图文新闻稿件1760篇、短视频420余条；建成覆盖农村地区的应急智慧广播系统，定期开展宣传教育；建成国家AAAA级旅游景区蔡锷故里文化博览园智慧博物馆，接待游客300余万人次，相关工作被中央电视台、新湖南客户端报道推介。

**【教育发展】** 2022年，大祥区获评邵阳市教育“双减”工作先进单位、邵阳市高效能治理先进单位。校外培训监管经验3次在省级专题会议上进行交流、5次被教育部推介，校内减负提质等经验做法被《湖南日报》宣传报道。大祥区第一中学获评全国青少年科普创新特色学校，三八亭小学学生获2022年世界机器人大赛全国冠军和亚军。5名教师在全市思政课教学比武中获特等奖4个、一等奖1个。压减学科类校外培训机构64家，取缔隐形变异机构49家，立案查处10家、处罚11.3万元，清退违规经费64.26万元。42所义务教育阶段学校100%建立作业公示制度，36所学校常态化开展课后服务，惠及学生3.4万人，参加率达97.14%。完成3所城区小学、2所公办幼儿园新建项目和9所乡村小规模学校优化提质项目，建成标准化乡镇寄宿制学校1所。引进优质民办教育资源缓解高中教育供给压力，培文雅达高级中学、湘师邵阳中学开工建设。投入1500万元用于中小学幼儿园“安防三项设施”建设，全区教育系统连续两年保持零安全事故。清理教育遗留问题，推动雨溪、檀江恢复当地教师乡镇工作补贴。率先实施人工智能教育工程，打造人工智能实验室31个，在27所学校开设人工智能教育课程。依托20个网络名师工作室和5组城乡网络联校，组织开展青年教师踊跃“赛课”、学科带头人主动“晒课”、名校名师积极“献课”等活动。

**【自建房安全专项整治】** 2022年，大祥区开展自建房安全专项整治，自建房安全专项整治“分类实施解危措施”典型做法被全国居民自建房安全专项整治工作简报推介，“党建引领汇聚房屋安全整治强大合力”典型做法在全省居民自建房安全专项整治工作会议上获通报表扬。拆除邵阳学院后街93间门面、1200平方米滑冰场和889栋危房，完成逾期18年的31号安置地征地拆迁、清表腾地等任务，完成长达10年的邵阳学院7栋民房拆迁，拆除困扰大祥一中校园周边安全的沿街门面。

**【实施“美好社区”提质升级工程】** 2022年，大祥区在实现“美好社区”全覆盖基础上，实施“美好社区”提质升级工程，打造“完美社区”30个。成立小区党组织38个，选派252名党员干部指导小区开展工作。投入1100余万元，在居民小区、院落建成“党群服务中心”38个、“宝庆骑手之家”户外劳动者驿站17个。整合27个部门力量，建立住宅小区物业管理联席会议制度，将重大事项纳入议事决策目录，实行“一议三审三公开”（业主或物业提议，小区党组织初审，业委会和物业会审，住宅小区物业管理联席会议审定备案，决议、过程、结果公开），引导有关各方有序参与小区重大事务决策及全过程监督。以区智慧党建平台为基础，整合物业公司信息化物业管理系统，在小区建立线上线下“需求、服务、任务”三张清单，实行“业主点单、支部派单、党员（干部）接单”，实现供需零时差对接，形成“一网治理、一键办理、一门服务、一线落实、一次反馈”机制，受理业主诉求4300余件，办结3970余件，办结周期平均不超过8小时。发动4600余名在职（离退休）党员向小区党组织报到履职，开展志愿服务活动2400余场次。在27个小区建立志愿者组织，为2400余名志愿者开设“大祥先锋个人账户”，开展志愿服务活动225场次。

（王霓　罗丹苓）

2022年9月15日，双清区“紫薇花开”未成年被害人“一站式”询问救助中心面向未成年人开展宣教活动（姚蓓　供图）

## 双清区

**【概况】** 双清区位于邵阳市东南部。2022年，辖2个镇1个乡9个街道，总面积135.22平方千米。年末户籍总人口26.23万人，常住人口31.98万人，其中城镇人口28.79万人。城镇化率90.03%。人口自然增长率1.87‰。年内最高气温38.5 ℃，最低气温 -2.1 ℃；年降水量1055.8毫米。森林覆盖率21.6 %，水质综合达标率100 %，空气质量优良率88.2 %。

完成地区生产总值203.70亿元，较上年（下同）增长4.7%（按可比价计算）。其中，第一产业完成增加值5.17亿元，增长1.0%；第二产业完成增加值103.83亿元，增长6.5%；第三产业完成增加值94.70亿元，增长3.3%。三次产业结构比为2.5 ∶ 51.0 ∶ 46.5，二产业、三产业对全区经济增长贡献率分别为64.9%、34.5%，分别拉动全区地区生产总值增长3.07、1.63个百分点。

农林牧渔及服务业总产值12.67亿元，增长3.1%（按不变价计算）。其中，农业总产值4.31亿元，与上年持平；林业总产值0.008亿元，增长46.3%；牧业总产值3.48亿元，增长1.3%；渔业总产值0.3亿元，下降5.5%；服务业总产值4.58亿元，增长8.3%。全区粮食播种面积4.16千公顷，粮食总产量2.32万吨。

规模以上工业企业281家，完成规模工业总产值492.9亿元，增长17.5%。其中，汽车制造业完成总产值199.4亿元，文教、工美、体育和娱乐用品制造业完成总产值56.6亿元，皮革、毛皮、羽毛及其制品和制鞋业完成总产值43.9亿元，专用设备制造业完成总产值35.58亿元。全年规模工业企业实现主营业务收入404.89亿元，实现利润42.16亿元。

在库统计具有资质等级建筑企业40家，全区建筑业实现增加值43.01亿元，增长6.3%，占第二产业比重为41.4%。实现建筑业产值265.35亿元，增长15%。房屋建筑施工面积2094.77万平方米，增长6%，其中当年新开工面积469.58万平方米，增长182%。全年竣工面积393.96万平方米，增长26%。

批发和零售业增加值17.24亿元，增长1.9%；交通运输、仓储和邮政业增加值11.1亿元，下降5.0%；住宿和餐饮业增加值1.24亿元，增长3.4%；金融业增加值7.45亿元，增长1.8%；房地产业增加值6.32亿元，下降4.3%；信息传输、软件和信息技术服务业增加值7.52亿元，增长7.1%；租赁和商务服务业增加值3.18亿元，增长4.9%。全年规模以上服务业企业营业收入48.9亿元，增长8.1%。

社会消费品零售总额达146.73亿元，增长0.1%。其中限额以上批发零售住宿餐饮企业发展到97家，全年实现零售总额111.55亿元，增长0.2%。按销售单位所在地分，限额以上零售额中城镇实现额111.48亿元，增长0.3%。按消费形态分，餐饮收入零售额3929万元，增长13.2%；商品零售额111.15亿元，增长0.2%。

固定资产投资增长12.5%，其中国有投资增长182.7%、非国有投资下降5.6%、民间投资增长0.8%。分产业看，第二产业投资额下降2.9%，第三产业投资额增长39.7%。分投资方向看，工业投资下降2.9%，房地产业投资下降20.7%，基础设施投资增长 913.7%。

实际利用外资 20.4 万美元（不含邵阳经开区），实际到位内资 84 亿元，增长 6.7%。实现外贸进出口总额 42.36 亿元，下降 6.6%。其中进口总额 2.7 亿元，出口总额 39.66 亿元。

实现一般公共预算收入 6.23 亿元（不含邵阳经开区），下降 27.25%，其中地方一般预算收入 3.05 亿元，增长 8.58%。全年公共财政预算支出 13.51 亿元。其中，一般公共服务支出 2.46 亿元，公共安全支出 0.23 亿元，教育支出 2.25 亿元，科学技术支出 0.08 亿元，社会保障和就业支出 3.06 亿元，卫生健康支出 1.72 亿元，节能环保支出 0.15 亿元，城乡社区支出 1.07 亿元。

年末有区属学校 38 所，其中区属学校普通中学 4 所、小学 34 所。区属学校普通高中在校学生 428 人，初中在校学生 4656 人，小学在校学生 23710 人。小学适龄儿童入学率、毕业生升学率均达 100%。幼儿园在园幼儿 11077 人。全区平均受教育年限为 10.9 年。

年末拥有区级文化馆 1 个、公共图书馆 1 个、24 小时自助图书馆 2 个，藏书 66657 册。有省级非物质文化保护遗产项目 1 个，市级非物质文化遗产保护项目 5 个，八极拳（李氏八极拳）项目入选省级非物质文化遗产代表性名录。有省级重点文物保护单位 3 处（水府庙戏楼、八路军驻湘通讯处旧址、姚喆故居）。

年末有各类卫生机构 180 个。其中，公立医院和卫生院 8 个；卫生防疫防治机构 1 个；妇幼保健机构 2 个；卫生和计划生育综合监督执法局 1 个。有执业医师和执业助理医师 1703 人，注册护士 2369 人。

全体居民人均可支配收入 36959 元，增长 5.4%。其中，城镇居民人均可支配收入 39002 元，增长 5.0%；农村居民人均可支配收入 27374 元，增长 6.8%。

年末全区参加城镇职工基本养老保险人数 26158 人，同比增加 3145 人；参加城乡居民基本养老保险人数 57028 人，同比增加 5611 人；参加失业保险人数 4590 人，同比增加 561 人，全区领取失业保险金累计人数 707 人。年末参加基本医疗保险人数 16.04 万人，其中参加城镇职工基本医疗保险人数 2.33 万人，参加城乡居民基本医疗保险人数 13.71 万人。

全区投入资金 1.5 亿元，完成 17 项重点民生实事项目，其中孕产妇免费产前筛查、新生儿先天性心脏病免费筛查、康复救助残疾儿童、农村旅游路、资源路、产业路提质改造、农村公路安防设施、恢复和改善灌溉面积超额完成目标任务。

**【“双减”工作经验推介】** 自“双减”政策出台后，双清区成立以区委副书记任组长的校外培训整治专项领导小组，建立集中整治与日常检查相结合制度，实现区教育局、中心校、村社区三位一体的网格化管理。2022年，三线工作人员累计开展专项检查、常规检查、明察暗访800余次，其中检查校外培训机构500余次。暑假期间，对校外培训机构开展暑假集中整治专项行动，清退违规收费近30万元，关停无证违规办学校外培训机构20余家，拆除违规广告200多处。截至年底，全区54家义务教育类学科类校外培训机构压缩至8家；全国校外教育培训监管与服务综合平台机构资金核验通过率 100%，平台课程审核率 100%，班级审核率 100%。落实校外培训机构“准入、备案、审批、监管”四个关键环节政策要求，确保校外培训机构依法依规依程序办学。工作经验在教育部“双减”改革每日快报和省教育厅“双减”周报上推介。

**【产学研融合助企】** 2022年4月15日，双清区科技专家服务团举行产学研合作暨院企签约仪式，邵阳市达力电源实业有限公司、湖南中芯微科信息科技有限公司、湖南拓点软件科技有限公司、潇湘科技要素大市场邵阳分市场分别与邵阳学院签约，双清区政企校产学研合作迈上新台阶。制定《双清区优秀创新人才评选管理办法》《双清区关于实施高新技术企业倍增计划的激励措施》等政策。2021—2022年，全区支持企业创新发展项目和人才奖励资金600余万元，营造良好的科技创新政策环境。科技创新创业服务平台集聚各领域专家人才1185位，导入省内外高校102所、省内外科研院所137所，积蓄已转化和待转化科技成果共5490项，帮助10家企业完成技术改进升级，成功孵化一批初创企业，发挥科技创新服务平台聚才作用。

**【双清区首家小区24小时自助图书馆开馆】** 2022年 6月10日，双清区首家居民小区24小时自助图书馆——双清区图书馆双清家苑分馆正式开馆，免费向广大读者开放。该馆由区图书馆出资建设，位于市城区双清家苑小区内，占地面积47平方米，馆内藏书2600余册，涵盖社科、文学、艺术、少儿等多个类别，可满足双清家苑小区2400余户、10000余人的图书阅读需求。采取人工智能化管理模式，集自助借还、视频监控、安全门禁等于一体，实现24小时无人值守服务和全智能化远程管理，馆内空调、灯光等设施设备运行采用智能系统远程设定和调整。

**【双清区农业产业党建联盟揭牌成立】** 2022年7月4日，邵阳市双清区农业产业党建联盟揭牌成立。由区农业农村局党组牵头，联合有关职能部门、乡镇（街道）以及10余家涉农企业的党组织共同发起，汇聚有关职能部门、属地街镇、上下游企业等成员单位的政策、平台、项目和服务资源，使基层党组织由“单打独斗”走向“抱团发展”，发挥各方在党建引领、产业发展、科技创新及人才培养等方面的优势，推动构建“凝心聚力、协同一致、优势互补”的党建联建工作新体系，以适应经济发展与党的建设新形势，加快农业产业发展。

**【双清区未成年人司法社会服务中心揭牌成立】** 2022年9月15日，双清区未成年人司法社会服务中心在区检察院“紫薇花开”未成年人检察工作室揭牌成立。这是全市首家未成年人司法社会服务中心。旨在提升未成年人保护和预防青少年违法犯罪工作质量与效果，最大限度维护未成年人合法权益。中心成立后，区直部门将进一步联动配合，全面搭建未成年人司法保护统一平台，加强与社会力量合作，实现专业化办案和社会化服务有机衔接，始终坚持“教育为主、惩罚为辅”原则，细化措施，提升未成年人司法工作成效。

**【八路军驻湘通讯处旧址选评为湖南省第二批省青少年教育基地】** 2022年9月30日，邵阳市双清区八路军驻湘通讯处旧址选评为第二批湖南省青少年教育基地。该旧址于1938年11月下旬从长沙迁往邵阳，是当时全省革命斗争和抗日救亡运动中心。原系砖木结构民房，为一正一横两房，占地760平方米，由文物主楼、展览厅组成。近年，双清区投入资金1000多万元提质改造旧址，并邀请专家团队收集整理历史资料、征集文物。文物主楼以桌、椅、床等家具摆设配文字介绍为展示手段，重现当年生活、工作情景；展览厅以图片、文字、音像、文物陈列为展示手段，介绍八路军驻湘通讯处在邵阳近一年的工作情况和革命先辈的事迹，并新建中共邵阳第一个党组织专题陈列馆、抗战时期湖南省委第一次会议模拟现场和党性教育培训室。2002年被公布为省级文物保护单位，2015年被评为“湖南省爱国主义教育基地”。

**【立新社区居民委员会入选“全国先进基层群众性自治组织”名单】** 2022年11月，双清区立新社区居民委员会入选“全国先进基层群众性自治组织”名单。该社区成立于2016年，位于双清区东南角，是集商业综合区、高档商品房小区、拆迁安置房小区、城郊村于一体的综合型社区。面积约2平方千米，原住居民2657人，设20个居民小组，5个党支部，党员77人。社区划分为7个网格，设置“人民调解委员会”、红白喜事理事会、评议会、老年协会、业主委员会“五会”组织，建成“1+5+N”一门式服务窗口，打造便民服务、党建服务、文化教育、青年创业创客、项目建设服务五个“中心”，将乡村振兴工作站、电商服务站、卫生室、四点半课堂等资源整合，实现零距离服务居民，形成“五委七格五会一门式服务”的社区自治新模式。成立社区青年创业创客中心，引进铭世广告公司、宝瑞电商公司、世林绿化公司等常驻企业，孵化有园林园艺、劳务服务、酒店管理、化工等领域30余家中小微企业。倡导社区内企事业和重点项目单位参与社区治理，募捐设立社区自治基金，完善社区基础设施建设和救助孤寡老人。组建禁毒协会、关爱妇女儿童会、书画协会等10个特色社会组织，在册志愿者300余人。

（姚　蓓）

## 北塔区

**【概况】** 北塔区位于邵阳市东北部。2022年，辖陈家桥镇、状元洲街道、田江街道、新滩镇街道、茶元头街道，面积84.4平方千米，耕地面积3.53万亩。年末户籍人口10.24万人，常住人口12.34万人；年内人口出生率6.2‰，人口自然增长率1.52‰。年内最高气温37.9 ℃，最低气温-3.4℃；年降水量1178.3毫米。空气质量持续三区第一，国、省控地表水监测断面水质优良率均达100%。

地区生产总值60.77亿元，比上年增长（下同）4.6%。三次产业结构比为6.86 ∶ 34.82 ∶ 58.32。人均地区生产总值59345元，增长26.73%。一般公共预算收入4.13亿元，增长52.04 %。其中，地方一般公共预算收入1.48亿元，增长9.35%；一般公共预算支出8.74亿元，增长13.09%。城镇居民人均可支配收入34926元，增长5.1%；农村居民人均可支配收入24563元，增长6.9%。

农林牧渔业总产值7.6亿元，增长6.13%；粮食播种面积2838公顷，增长1.3%；粮食总产量1.82万吨，其他经济作物4.77万吨，禽蛋0.07万吨，水产品0.135万吨，出栏生猪5.74万头、羊0.75万只、牛0.3万头。农产品区域品牌北塔蔬鲜。农业机械化总动力10.85万千瓦，农业机械化水平63.56%。

工业增加值16.88亿元，增长6%，其中规模以上工业增加值14.59亿元，增长7.2%。湖南湘窖酒业有限公司2万吨酱酒扩建工程一期5千吨项目投产。湖南君志达保温材料有限公司、邵阳市中恺钢化玻璃有限公司获批省级专精特新“小巨人”企业，实现全区“零”的突破。工业支柱产业为制酒业、非金属矿物制品业、橡胶和塑料制品业。建筑业增加值27.61亿元，增长6.8%。

社会消费品零售总额25.92亿元，增长2.4%。实际到位外资30万美元，引进省外境内资金36亿元。进出口总额8.23亿元，增长-5.81%。

固定资产投资增长10.3%，其中高新技术产业投资增长100%，全年1亿元以上投资项目8个。签约招商引资项目15个，引进资金61.16亿元。广厦文创园成功开园，引进创颂电商、燚乐、网易邵阳等新经济企业。

年内接待国内外游客45万人次，下降0.31%；旅游收入4.85亿元，下降7.55%。酷贝拉被省文化和旅游厅公布为省级研学旅游基地，湘窖AAAA级工业旅游景区成功创建“省级文明旅游示范单位”。

新增公办义务教育学位2850个，民办义务教育在校生占比降至9.78%，新建公办幼儿园2所，增加学位720个。新增科技型中小企业23家，新增专利49件，同比增长12%，授权专利28件。投入资金5600余万元完善养老服务基础建设，建成养老服务中心（机构）38个。

是年，区"养老服务体系建设"和"固定资产投资"两项工作获2022年省政府真抓实干激励表彰。根治拖欠农民工工资工作获评省根治拖欠农民工工资工作先进集体。创新加强社会治理、确保大局安全稳定工作获省政府2022年综合大督查通报表扬。教育工作获年度县市区政府履行教育职责评价全省优秀等次。医保电子凭证激活率排名全市第一。江北污水处理厂工作获全国人大常委会副委员长王晨肯定。《湖南省邵阳市北塔区：实施基层党建示范工程 推动全面进步全面过硬》被中组部在"共产党员网"上刊载推介，"北塔侨胞之家"被确定为全国侨联"侨胞之家"典型选树单位，栖木社区被推荐为全国未成年人保护先进单位。

**【固定资产投资挖潜增效工作获省政府真抓实干激励表彰】** 2022年，北塔区以项目为支撑，以月保季、以季保年、以年考核，狠抓项目投资入库，打开思路、挖掘潜力，千方百计谋划项目，抓好项目包装。按照"项目跟着功能建、要素跟着项目走"要求，谋划入库一批牵动性大、撬动性强、综合效益好的重大项目，促进经济高质量发展。纵深推进重点项目"百日攻坚"行动，35个国家重大建设项目库项目完工34个，15个市级重点项目竣工4个，其中湖南湘窖酒业有限公司2万吨酱酒扩建工程一期5000吨项目投产，市第三人民医院、北塔冷链物流园等重大项目开工，投资率增幅位居全市第一。双清区推进固定资产投资挖潜增效工作获2022年省政府真抓实干激励表彰。

**【乡村振兴与和美乡村建设】** 2022年，北塔区巩固拓展脱贫攻坚成果同乡村振兴有效衔接，新纳入防返贫监测126户302人。升级打造振兴邵品合作社，实现30个村（涉农社区）平均收入达14.12万元。其中30万元以上的村（社区）4个，20万元以上的村（社区）10个，5万元以下薄弱村全部清零。《"一村一店"打造本土优质农产品集合超市》在新华社等主流媒体上推介。全面推进3个乡村振兴示范片区建设，108个乡村振兴项目开工率、完成率、资金拨付率均达100%，在省第三方项目资金资产核查中排名全市面上县（市区）第一。创新提出"农业产业联合体"产业发展思路，分类组建绿色蔬菜、精品水果等6大产业联合体，争取2800万元专项债券资金用于蔬菜产业发展。有效制止耕地"非农化"、防止"非粮化"，完成粮食播种面积2838公顷，实现粮食总产量1.82万吨；违法用地、违法占用耕地保持"零新增"。开展人居环境整治提升"百日行动"，安排专项经费300余万元，拆除存在安全隐患的自建房及"空心房"153栋，总面积3.59万平方米。完成4个千人以上农村集中饮用水水源地突出环境问题整治。对高马冲水库、海家塘水库除险加固，新增蓄水能力4万立方米。在田江村等8个村成功打造一批"美丽庭院"。

**【养老服务体系建设获省政府真抓实干激励表彰】** 2022年，北塔区深入推进养老服务体系建设获2022年省政府真抓实干激励表彰，成为本次评选活动中邵阳市唯一获此殊荣的县区。近年，北塔区开展居家和社区养老改革试点和改造提质工作，建成街道级居家和社区综合养老服务中心等场所，构建以"居家为基础、社区为依托、机构为支撑"的养老服务体系，探索出"居家老人协管、留守老人共管、孤寡老人集管、网络平台智管、医养老人联管"等"五管"模式。推进"医养结合"创新，为老年人提供托养照料、医疗保健、活动娱乐、精神慰藉等多样化、深层次的服务。通过基层党组织，在每年春节前对全区空巢、独居、失能、留守老人等困难群体进行走访慰问，保障困难群众温暖过冬、平安过节。2022年，组织志愿者开展配餐服务、义务理发、按摩理疗、卫生打扫、居家陪伴等养老服务活动16场次，服务群众3000多人次。

（谢国斌）

## 邵东市

**【概况】** 邵东市位于邵阳市东部。2022年，辖18个镇4个乡3个街道和1个国有林场，总面积1778平方千米。年末户籍人口131.1万人，常住人口100.21万人。年内最高气温39.2℃，最低气温-3.6℃；年降水量1001.5毫米。森林覆盖率40.2%，水质综合达标率100%，空气质量优良率96.4%。娄邵、怀邵衡高速铁路，沪昆、衡邵高速公路经过市境。

完成地区生产总值721.5亿元，比2021年（下同）增长5.1%（按可比价计算）。三次产业结构比为8.8∶38∶53.2。人均地区生产总值71694.6元，增长7.2%。一般公共预算收入32.5亿元，增长3.55%，其中地方一般公共预算收入23.4亿元，增长22.38%；一般公共预算支出79.36亿元，增长8.96%。

农林牧渔业总产值110.04亿元，增长3.9%。粮食播种面积68.893千公顷，增长0.27%；粮食总产量44.98万吨，增长-0.44%。农产品区域品牌有邵东玉竹、邵东黄花菜。农业机械化水平80.44%。

规模以上工业增加值218.06亿元，增长6.9%，其中规模工业增加值增长8.2%。省级以上工业园区1个。工业支柱产业为打火机业、小五金业、箱包皮具业、印刷包装业、中药材业。建筑业增加值55.9亿元，增长10.1%。

社会消费品零售总额315.08亿元，增长2.3%。规模以上服务业企业营业收入16.72亿元，增长16%。进出口总额148.76亿元，增长21.43%。

固定资产投资增长13.3%。其

中，高新技术产业投资增长 4.2 %；房地产开发投资下降 1.8%；制造业投资增长 18.6%。施工项目数 489 个，本年新开工项目 257 个，本年投产项目 266 个。全年 1 亿元以上投资项目 117 个。实际使用外资 2230.7 万美元，增长 503.8%；到位境内省外资金 129.3 亿元，增长 6.6%。

实现旅游收入 27.77 亿元，下降 4.28%。接待国内外游客 233.28 万人次，下降 1.37%。全市拥有国家 AAA 级旅游景区 1 家，省级风景名胜区 1 家，五星级乡村旅游区（点）1 个，省级旅游名村 1 个，全国特色景观旅游名村 1 个。

实现客运量 1946 万人次，增长 12%；旅客周转量 8.34 亿人千米，增长 8%；货运量 3375 万吨，增长 45.1%；货物周转量 22360 万吨千米，增长 45.6%。电信业务总量 1.84 亿元，移动业务总量 2.83 亿元，联通业务总量 1.09 亿元，邮政业务总量 2.26 亿元。

年末有各级各类学校 297 所，其中普通高中 5 所、完全中学 1 所、职业学校 3 所、公办义务教育阶段学校 284 所（含小学 224 所、初中 42 所、九年一贯制学校 18 所）、特殊教育学校 1 所、进修学校 1 所、十二年一贯制学校 2 所（民办）。公办幼儿园 36 所，民办普惠性幼儿园 79 所（联合办园 46 所），非普惠性幼儿园 50 所。全市在编在岗教职员工 9016 人。在校高中阶段学生 24984 人，初中阶段学生 48261 人，小学阶段学生 79411 人，在园幼儿 26895 人。

全国重点文物保护单位、省级文物保护单位分别有 1 处、11 处，省级以上非物质文化遗产保护项目 2 个，艺术表演团体 18 个，文化馆 1 个，公共图书馆 1 个，档案馆 1 个，市级非物质文化遗产保护目录 24 个，电视综合人口覆盖率为 75%，有线电视用户 1.93 万户。档案馆已开放各类档案 6.6 万卷。有医疗卫生机构 801 个。其中，医院 16 个，卫生技术人员 4984 人，其中执业医师和执业助理医师 2103 人、注册护士 2184 人；疾病预防控制中心（防疫站）1 个，卫生技术人员 79 人；卫生监督检验机构 1 个，卫生技术人员 28 人。医院、卫生院拥有床位 6264 张，其中乡镇卫生院床位数 1358 张。有体育馆 6 座，游泳池 9 个，运动场 76 个。全市经常参加体育锻炼人数 42.5 万人，开展全民健身项目 15 项次，新建农民体育健身工程的行政村 20 个。

2022 年 9 月 28 日，邵东市生活垃圾焚烧发电项目点火生产　（宁少俊 供图）

城镇居民人均可支配收入 43568 元，增长 6.2%；农村居民人均可支配收入 30132 元，增长 7.3%。城镇新增就业人员 5179 人，城镇登记失业率控制在 2.23% 以内，失业人员再就业人数 5105 人。参加城镇基本养老保险职工人数 10.9 万人；参加工伤保险职工人数 8.42 万人；参加失业保险职工人数 3.78 万人；基本医疗保险参保人数达 101.42 万人，下降 4.7%。获政府最低生活保障的城镇居民人数 3305 人，发放城镇居民最低生活保障经费 1735 万元；获政府最低生活保障的农村居民人数 2.4787 万人，发放农村居民最低生活保障经费 8796 万元。提供住宿民政机构床位数 2022 张，其中养老机构床位数 2016 张。提供住宿民政机构收养人数 1202 人，其中养老机构服务人数 1200 人。

是年，邵东市入选《赛迪投资竞争力百强县（2022）》，位列第 69 名；入选《2022 中国县域发展潜力百强县》，位列第 94 名。“湖南省可持续发展实验区”高质量发展、“五好”园区创建、科技创新、打造内陆地区改革开放高地、改善农村人居环境、返乡创业带动就业助力高质量发展 6 项工作获省政府真抓实干督查激励表彰。

**【邵东上榜全国百强县】** 2022年，邵东市继2020年、2021年后，再次上榜全国百强县，位列第94位。近年，该市抓住湘南湘西承接产业转移示范区建设机遇，推进湘商产业园建设，带动五金、印刷包装、食品、中医药、打火机等多个特色园区快速发展，推进“四基两园”建设，建成标准化厂房260万平方米，湘商产业园先后获评“全球湘商十大最具投资价值园区”“湖南省双创示范基地”。在湖南省县级层面率先组建智能制造技术研究院，建成快速加工中心、3D打印服务中心、博士后工作站等公共技术服务平台，协助160余家传统企业实现“机器换人”，产效提高30%以上。建成以国际商贸城、星沙物流园为龙头的现代商贸物流平台。截

2022 年 12 月 28 日，邵阳市首批"揭榜挂帅"科技项目新闻发布会举行
（宁少俊 供图）

至2022年末，全市拥有物流公司300余家，物流线路160余条，覆盖全国80%的县（市、区），物流业务涉及缅甸、老挝2个国际边贸区，货物日吞吐量50余万件。

**【邵东市生活垃圾焚烧发电项目运营】** 2022年11月5日，邵东市生活垃圾焚烧发电项目通过"72+24"小时满负荷试运行，正式进入运营期。该项目系将生活垃圾无害化处理、综合利用实施的重大环保项目和民生项目，为湖南省重点建设项目，由广州环投集团、光大环境集团、邵东市政府共同出资建设。项目位于邵东市火厂坪镇，总投资4.3亿元，于2021年8月30日正式开工。总占地面积78.4亩，生活垃圾处理能力1050吨/日。其中，一期项目建设规模700吨/日，配备20兆瓦凝汽式汽轮发电机组；二期项目建设规模350吨/日，配备10兆瓦凝汽式汽轮发电机组。烟气处理采用"SNCR炉内脱硝+半干式脱酸+干粉喷射+活性炭吸附+布袋除尘"工艺，各项排放指标达一流水平。

**【激励邵商返乡创业】** 2022年，邵东市发挥邵商和各类人才资源丰富的优势，出台鼓励返乡创业就业若干措施，促成人才、资金、项目回归，掀起邵商返乡创业大潮。出台"实体产业发展50条""民营经济高质量发展30条""支持乡贤建家乡政策清单45条"等政策，鼓励邵商回乡投资兴业。加大招商引资力度，由市主要领导带队，到北京、广东等地拜访乡贤，洽谈招商事宜，力促乡贤回归。搭建返乡创业就业平台，在湘商产业园建成标准化厂房310万平方米，带动建设廉桥医药工业园、仙槎桥五金工业园、黑田铺印刷工业园、周官桥打火机工业园等专业园区，园区入驻企业达298家。开辟返乡创业就业数字化信息平台，为返乡创业就业人员提供创业服务、品牌孵化、农村电商、人才培训、求职就业等平台服务；利用58同城蓝领招工平台，建设乡村振兴信息服务中心，打通创业招聘与求职就业信息渠道。截至年末，共有2.6万多人返乡创业，创办各类经营主体2.5万余家，其中投资上亿元的企业52家，带动逾10万人就业；乡贤认领项目1780个，投入乡贤资金107亿元，新增农业专业合作社151个，新建新品果蔬、中药材等基地213个。

**【科技创新赋能县域经济发展】** 2022年，邵东市出台《实施创新驱动战略加快发展实体经济的意见》《促进民营经济高质量发展实施办法》等系列政策，设立产业引导、创投等基金26亿元。以"政府引导、市场运作、企业主体"原则，政企合作的PPP模式，政府以资金占股70%，引进高校教授杨海东技术入股30%，组建邵东智能制造技术院（简称邵智院），成为全省首家县级PPP科创平台。通过邵智院组建3家省级科创研发平台、6家企业科创研究院，带动建立锐科机器人科创公共服务平台，获省级以上科创荣誉资质38项，申请发明专利等知识产权527项，助推邵东市获评全国科技进步先进县。以邵智院平台对接省会及粤港澳大湾区的产业、技术、人才等各类资源，与大学科研院所、科研机构、知名企业合作，开展企业引进与孵化、技术研发、高端人才引进与创新人才培养、高新技术企业培育、产学研合作、企业服务等，柔性引进国家级人才30名，孵化科技企业45家、创新团队50个，培育高新技术企业48家、规模企业14家，获批国家众创空间、湖南省科技企业孵化器。以邵智院为主导力量，通过"企业家+科学家""一企一博士"模式，组建高端人才团队37个，为110家企业提供技术服务，协助企业开发创新产品53项，研制出打火机、五金套件、皮具箱包等一批全自动化示范生产线。发挥邵智院创新创业活动的专业组织作用，承办中国创新创业大赛、创客中国、中国创翼邵东赛区等双创赛事，辅导69个企业人才团队参赛，获省市创新创业奖17项；举办创新创业服务活动209场次，服务企业创新创业8210家次，打造出邵东工业设计全国大赛、邵阳智能制造大讲堂、智能制造系统解决方案等科创服务品牌。邵智院与16所高校共建人才培养基地，签订人才联合培养协议，探索"3+1"本科、"2+1"硕士等高层次应用人才联合培养模式，共建智能制造产业学院1个、合作实习基地6个；与18所高校合作开展育人项目17个，培养应用研究型人才172人，获批国家协同育人平台。联合邵东职中、企业创建智能制造职业教育培训中心、职业技能培训基地，年内输送企业技能实操人才500名以上，以"人才链"

赋能“产业链”。

（金彪南　宁少俊）

## 新邵县

【概况】新邵县位于邵阳市北部。2022年，辖13个镇2个乡，土地总面积1762.34平方千米。年末户籍总人口81.17万人，年内出生人口5383人，出生率为6.62‰，自然增长率为-0.56‰。年内气温最高39.3℃、最低-3.1℃；年降水量788.5毫米。人均水资源1950立方米，森林覆盖率57.98%。空气质量优良天数达353天，国省控断面水质年均值达Ⅱ类标准。

新邵县地处湖南省第二成矿富集地带，矿藏资源极其丰富，是湖南省“有色金属之乡”，发现矿种34种，已查明资源储量矿种7种。其中，能源矿种1种，金属矿种4种，非金属矿种2种。属中亚热带大陆性季风气候，四季分明，春秋短，冬夏长。

地区生产总值186.31亿元，比上年（下同）增长4.6%。第一产业39.41亿元，增长3.3%；第二产业56.26亿元，增长5.6%；第三产业90.64亿元，增长4.8%。一、二、三产业比重为21.15 ∶ 30.20 ∶ 48.65，对地区生产总值增长的贡献率分别为16.76%、32.95%、50.29%。地方财政总收入13.21亿元，增长1.4%。一般公共预算收入8.81亿元，增长9.6%；一般预算支出51.03亿元，增长1.1%。

农林牧渔业主要产品产量：粮食31.09万吨，油料1.79万吨，水果7.6万吨，蔬菜25.43万吨，出栏肉猪、牛、羊分别为80.13万头、2.46万头、9.3万只，禽蛋0.25万吨，水产品1.12万吨。农产品加工企业520家，其中国家级及省级龙头企业7家，销售收入108.97亿元，利税1.43亿元。

工业增加值同比增长6.5%，规模以上工业增加值增长7.7%。独立核算规模以上工业企业达164家。规模以上工业营业收入252.4亿元，产品销售率98.8%。新增规模工业企业18家。高新技术企业86家，高新技术产业产值比上年增长26.2%。高质量专利申请133件，签订技术合同327项，技术合同成交金额9.47亿元。

2022年5月27日，新邵县人民政府与广东东顺木业有限公司集装箱竹木复合地板制造项目签约　（刘湘霞　供图）

社会消费品零售总额107亿元。进出口总额6.79亿元，其中出口6.61亿元。利用内资94.72亿元，增长10.3%；利用外资200万美元；工业实际利用境内省外资金76.55亿元。旅游收入26.33亿元。

固定资产投资117.86亿元，工业投资53.82亿元，基础设施投资19亿元，民生投资8.36亿元，生态投资6.94亿元，高新技术产业投资5.43亿元。

年末金融机构各项存款余额275.34亿元，较年初增加30.47亿元，增速12.44%；各项贷款余额194.17亿元，较年初增加25.67亿元，增速15.23%；存贷比为70.52%。

公路通车里程2631.1千米，货物周转量每千米30.9万吨，增长7.6%，旅客周转量每千米10.8万人，增长5.9%。邮电业务总量38966万元。固定电话用户0.74万户，年末移动电话用户45.9万户，电话普及率每百人77部，年末互联网络用户32万户。

新建酿溪镇第四完全小学、新航中学教学楼，新增城区公办学位2850个。年末就业劳动力23.97万人，新增就业人员1.26万人，其中城镇新增就业人员5896人，失业人员再就业人数3599人。

是年，新邵县知识产权、促进就业和社会保障、信访工作获省政府真抓实干督查激励表彰。新邵县获评全省耕地抛荒治理先进县，全省平安建设重点推进县，连续15年保持全省平安县称号。防范化解生态环境风险隐患“利剑”行动获评全省优秀。县信访局被评为全国信访积案化解专项工作先进集体。

【潭府乡获批国家级农业产业强镇】近年，新邵县潭府乡以猕猴桃产业为核心，全力打造集猕猴桃生产加工、研学科普、观光体验于一体的一、二、三产业融合发展的特色乡镇，出产的“金艳”“东红”猕猴桃汁鲜味美、营养丰富，已通过绿色食品认证，2021年获中国农产品百强标志性品牌称号。截至2022年，潭府乡先后建成猕猴桃、水蜜桃、黄桃、蓝莓、石榴等58个规模种养基地，拥有5家省市级农业产业化龙头企业，在推动乡村振兴战略、农村土地流转、辐射带动周围群众增收致富等方面成效显著，获批2022年国家级农业产业强镇。

**【乡村振兴全面推进】** 2022年，新邵县建成高标准农田5.47万亩，治理耕地抛荒0.2万亩，被评为全省耕地抛荒治理先进县。建立杂交水稻全国重点实验室水稻新品种试验示范基地，100亩低镉水稻新品种试种成功。巩固拓展脱贫攻坚成果，对3486户9597名监测对象实施精准帮扶。科学发展农业产业，新增中药材、茶叶、特色果蔬等产业基地3万亩，潭府乡跻身国家级农业产业强镇。推进农村人居环境整治，打造寸石镇桐木村、南岳村，雀塘镇早谷村、石庙村等“美丽屋场”示范点。开展乡村建设行动，完成农村公路提质改造58.3千米，农村危房改造302户，新改建农村户厕3000个。全面实施乡村振兴战略“七大专项行动”实绩考核排名全市A类。

**【新邵县“风光（水）储”多能互补能源基地项目签约】** 2022年5月27日，新邵县与中国能源建设集团有限公司举行新邵县“风光（水）储”多能互补能源基地项目签约仪式。项目计划总投资166亿元，为新邵县单体投资规模最大的项目，包含抽水蓄能电站项目和风电、光伏等新能源项目。其中，风电、光伏新能源项目，计划投资38亿元；抽水蓄能项目规划装机容量共160万千瓦，计划投资128亿元，拟分两期开发，一期拟开发新邵县筱溪抽水蓄能电站项目，二期拟开发新邵县三合村抽水蓄能电站项目。项目建设高峰期将带动超5000人就业，投产后预计年发电量达20亿千瓦时，年产值超18亿元，年创税收超1.5亿元。

**【全域旅游推进】** 2022年，新邵县继续推进“全域旅游”，致力于“全县是景区，村村是景点”，坚持走农旅结合、文旅结合的绿色发展之路，发展休闲观光农业，打造生态宜居美丽乡村。新邵县茶马古道—邹毕兆故里景区成功创建国家AAA级旅游景区，岳坪峰—玄本村—清水村旅游线路纳入全省首批中医药康养旅游精品线路，中共湘西南特委旧址被授予湖南省第十一批省级文物保护单位，巨口铺镇被评为第六批湖南省历史文化名镇，严塘镇花亭子村入选第四批湖南省乡村旅游重点村。

（刘湘霞）

## 隆回县

**【概况】** 隆回县位于邵阳市北部。2022年，辖18个镇5个乡（其中少数民族乡2个）2个街道，506个行政村，66个社区居委会。总面积286.77千公顷，耕地面积67.25千公顷，园地面积6.23千公顷，林地面积169.96千公顷，草地面积251.66公顷，湿地163.04公顷。年末户籍总人口128.25万人，常住人口99.23万人。人口出生率为6.71‰，死亡率为7.96‰，自然增长率为-1.25‰。城市化率44.17%。年最高气温39.3℃，年最低气温-2.5℃，年平均气温18.0℃，年降水量1005.7毫米。空气质量达标率95.9%，地表水质达标率100%。

完成地区生产总值271.85亿元，同比（下同）增长5.2%。其中，第一产业增加值57.22亿元，增长3.9%；第二产业增加值75.99亿元，增长7.2%；第三产业增加值138.64亿元，增长4.8%。一、二、三产业结构比例数由2021年的20.48 ∶ 27.13 ∶ 52.39调整为21.05 ∶ 27.95 ∶ 51。

农林牧渔及服务业总产值106.31亿元，增长4%。其中，农业总产值63.53亿元，增长3.2%；林业总产值2.88亿元，增长0.4%；牧业总产值34.13亿元，增长4.2%；渔业总产值3.08亿元，增长15.1%；服务业总产值2.5亿元，增长10.5%。农作物播种面积141.78千公顷，增长1.77%，其中粮食播种面积72.35千公顷，增长0.27%。粮食总产量52.04万吨，下降1.16%。农作物受灾面积7991.3公顷，成灾面积2802.1公顷，绝收面积1526.5公顷。年出栏50头以上的生猪养殖场1686个，出栏50头以上的肉牛养殖场83个，出栏100只以上的肉羊养殖场31个；年存栏1万羽以上的蛋鸡场8个，年存栏5万只以上的肉鸡场1个。创建现代农业特色产业园省级示范园1家、现代农业特色产业园市级示范园2家、县级现代农业产业示范园10个。培育农业新型经营主体，新认定农业产业化省级龙头企业4家，创建县级示范合作社37家，县级示范家庭农场38家。年末全县有国家级龙头企业1家、省级龙头企业15家、市级龙头企业37家。“隆回金银花”获评全省优秀“一县一特”品牌。

实现工业总产值288.23亿元，增长11.9%，规模工业增加值增长7.4%。年内新增规模以上工业企业18家，年末达230家。规模以上工业企业完成总产值247.43亿元，增长11.24%；完成销售产值242.8亿元，增长11.15%；利润总额9.88亿元，增长12.4%；利税总额14.82亿元，增长14.7%。规模工业企业产品产量中，水泥29.53万吨，下降13.6%；机制纸8.59万吨，增长18%；鞋3711.6万双，增长14.9%。

社会消费品零售总额171亿元，增长2.5%。其中，限额以上实现52.33亿元，增长8.6%；限额以下实现118.67亿元，与上年持平。全年实际到位省外境内资金73.04亿元，增长17.3%；实际利用外资168.2万美元。累计签约各类投资项目28个，签约总金额74.8亿元。进出口总额完成11.92亿元，下降13.9%，其中出口11.91亿元，下降13.8%。有进出口实绩的企业27家。

全社会固定资产投资增长12.5%。其中，第一产业投资占总投资的4%，第二产业投资占总投资45.7%，第三产业投资占总投资50.3%。完成建筑业总产值39.58亿元，增长9.7%。全县具有资质等级建筑企业21家，实现建筑业增加值

14.45亿元，增长11.8%。全县开工建设投资项目288个，其中2022年新开项目128个，完成投资220.23亿元，增长11.8%。全年开工建设5000万元以上投资项目82个，其中2022年新开工项目35个，完成投资173.50亿元，增长39.3%。全年房地产开发投资17.67亿元，增长21.3%。商品房销售面积43.05万平方米，下降41.8%。

财政总收入15.51亿元，下降4.6%，其中地方一般预算收入11.51亿元，增长10.5%，财政总收入占地区生产总值的比重为5.7%。公共财政支出69.2亿元，增长4.1%。其中，农林水事务支出10.62亿元，减少18.69%；教育支出16.9亿元，增长2.3%；医疗卫生支出10.23亿元，增长1.88%；社会保障和就业支出8.4亿元，减少8.99%。年末金融机构本外币存款余额522.06亿元，比年初增加64.62亿元，其中城乡居民储蓄存款445.81亿元，比年初增加61.9亿元。各种本外币贷款余额276.88亿元，比年初增加40.49亿元，其中中长期贷款余额181.02亿元，比年初增加22.39亿元。全年保费收入50877.9万元，各项赔款和给付支出21652.1万元。

全年邮政业务总量14428.83万元，同增长4.2%，函件3.83万件，报刊期发数476.49万份，报刊流转额1358.43万元，集邮10.94万枚。

全年接待游客402.72万人次，实现旅游收入43.26亿元。虎形山瑶族乡崇木凼村成功申报为湖南省乡村旅游重点村，虎形山瑶族乡被评为全省乡村旅游重点乡镇。着力打造雪峰山高山台地著名旅游休闲小镇。岩口镇向家村被农业农村部评为2022年中国美丽休闲乡村。

年末有各级各类学校666所，在校学生（在园幼儿）数27.37万人，其中中等职业教育在校学生1万人、普通高中在校学生8.55万人、初中及小学在校学生15.07万人、幼儿园在园幼儿2.75万人。全年完成发明专利授权28件，授权总数647件。

年末拥有文化站25个，公共图书馆1个，公共图书馆藏书14.01万册，文化馆1个，有县级广播电台1座，电视台2座，中、短波广播发射台15座，有线电视用户26.2万户，乡及乡级以上农村有线广播站25个。实施戏曲进乡村项目，组织开展民营剧团比赛27场。举办2022年“文化和自然遗产日”活动。全县体育事业经费投入260万元，拥有体育场地1529个，其中体育馆11座，运动场1389个，游泳池13个，各种训练房83个。举办县级以上运动会6次，达到国家体育锻炼标准人数40.62万人。全年获全国比赛奖牌4枚、省级比赛奖牌1枚。

全县卫生经费21.84亿元，卫生机构881个（含村卫生室），医院、卫生院床位数6655张，其中农村医院床位1440张。卫生技术人员5783人，其中医生2407人，护师（士）2885人。

全体居民人均可支配收入20585元，增长7.4%。其中，城镇居民人均可支配收入为32322元，增长5.4%；农村居民人均可支配收入15197元，增长7.8%。全县重点民生实事9项全部完成。参加基本养老保险人数93.57万人；参加城乡居民基本医疗保险参保人数99.45万人；参加失业保险人数3.19万人；参加工伤保险人数5.65万人；参加生育保险人数2.9万人。年内新增就业4763人，失业人员再就业3036人。享受救济的城乡困难户人次数达23261人次，城镇低保人数达2581人，农村低保人数达25411人，全年销售社会福利彩票2682万元。

是年，隆回县获评全国青少年普法教育先进集体、全国绿化先进集体、全国文物系统先进集体、全国社会救助工作先进单位、全国农村集体产权制度改革工作先进集体、全国科普示范县。成功创建省级森林城市、省级文明城市、湖南省医养结合示范县。确定为“四好农村路”全国示范县创建单位。财政管理改革、落实粮食安全责任制、水利项目建设获省政府真抓实干表扬激励。

**【隆回县防止返贫监测帮扶专项整改摘牌】** 2022年4月26日，隆回县因防返贫监测帮扶方面问题被中央农办、国家乡村振兴局挂牌督办。挂牌督办后，省委派出督导组多次到隆回县明察暗访，市委、市政府成立25个督查组分别到隆回县25个乡镇（街道）现场指导整改。全县聚焦挂牌督办的4个问题，制定专项整改方案，对标中央、省级考核反馈的共性问题，细化为9个方面22项整改事项。由县级领导牵头，一个问题一个专班，一个问题一个方案，整改一个销号一个。健全完善防返贫监测帮扶机制，建立“一二三四五”精准识别工作法、“三网三员三色”监测机制法和“四类”帮扶机制法，落实早发现、早干预、早帮扶要求，做到应纳尽纳、应帮尽帮。全覆盖排查农户34.8万户117万人，动态纳入监测对象866户2657人。截至12月分别标识红、黄、蓝预警户430户、2431户、9717户。对有劳动能力的3551户百分百落实产业、就业帮扶，对整户无劳力的238户落实综合保障与社会帮扶；全县监测对象享受帮扶措施由整改前的户均1.99条增加到4条，其中未消除风险监测户均数4.88条。按照“风险消除五步法”严格风险消除标准，至12月底，全县监测对象6463户17226人，其中已消除风险2674户7034人。7月26日，隆回县在国家乡村振兴局组织召开的考核评估工作会上作挂牌督办整改工作经验交流发言。9月下旬，省委农村工作领导小组办公室和省乡村振兴局组织第三方评估组、实地验收组赴隆回县实地摘牌验收。11月21日，省委农村工作领导小组下发《关于同意隆回县防止返贫监测帮扶专项整改摘牌的批复》，隆回县成功摘牌。12月10—17日，隆回县迎接国家后评估第三方评估。

**【成功创建省级文明城市】** 2022年12月30日，湖南省精神文明建设指导委员会办公室公示2022年湖南省文明城市名单，隆回县成功上榜。近年，隆回将创建省级文明城市作为第一抓手，成立由县委书记、县长任双组长，县领导领衔的9个组工作专班，出台《隆回县创建省级文明城市工作方案》《隆回县创建省级文明城市目标管理考核和奖惩办法》，将文明城市创建任务细化落实到具体的部门和单位，整合城建、交通、教育、卫生等项目，加快城市基础和配套设施建设。出台创建工作问责办法，将创文工作纳入全县社会治理“6+3+1”重点工作，建立“创文督查工作110”，对督查发现的问题清单化、整改时效化，落实“全域、全程、全员、全面”新要求，打造“三宜三融三区”现代化新隆回，提升城市承载能力和城市品位。

**【安全生产专项整治】** 2022年2月4日，隆回县城南工业园汇隆食品有限公司发生一起锅炉事故；3月12日，省道242线三阁司镇路段发生一起较大道路交通事故，造成死伤9人。事故发生后，县委、县政府积极妥善处理，建立并落实县级党政领导干部安全生产“8+8”工作制度，持续开展安全生产专项整治。所有县级领导到联点乡镇（街道）督促检查落实“八个一”措施（即组织观看一次警示片，暗访检查一个村，排查一批安全隐患，建好一个台账，召开一场会商会，整治一批问题，处理一批人和事，设立一个安全举报电话）；所有县级领导到分管或联系的行业部门开展“八个半天”工作（即组织专题学习半天，组织召开安全生产专题民主生活会半天，研究安全生产“四大”百日行动方案半天、与中层干部谈心谈话半天、到监管对象那里调研半天、带队到基层明察暗访半天、到市对口主管部门汇报半天、整理“一单四制”台账资料等工作半天）。全县设立10个安全生产专业委员会，明确专委会和成员单位职能职责；每月召开一次大会点评安全生产工作。全年召开11次县委常委会会议、12次县政府常务会议、9次县安委会会议，专题研究部署安全生产工作。启动安全生产“大培训大排查大整治大提升百日行动”。6月26—27日举办安全生产知识抢答赛活动；8月1日组织对全县所有村（社区）支部书记进行安全生产专题业务培训。全年培训企业从业人员5万人次。

**【沿江健身步道建成】** 2022年1月5日，隆回县举办沿江健身步道开通仪式暨2022年迎新年健步走活动，沿江健身步道建成开通。该步道完成投资1058.58万元，为全省首条TPV环保型橡胶健走步道，分布于县城赧水沿河两岸，起于魏源文化产业园，沿赧水北岸经九龙大桥，沿赧水南岸止于紫霞园大桥，全长11.34千米，已完工9.8千米。步道覆盖面广、通用群体大，是隆回建设的一项惠民民生工程。

**【歌曲《早安隆回》全网爆红】** 2022年12月18日，抖音上一首《早安隆回》的歌曲，配以阿根廷球星梅西手捧大力神杯庆祝夺冠的视频，通过万众瞩目的卡塔尔世界杯（第22届国际足联世界杯）的传播，迅速风靡整个网络。至12月28日，全网播放量突破100亿次。该歌曲由隆回歌手袁树雄作词作曲并演唱，发行于12月11日，收录于同名专辑《早安隆回》中。袁树雄是隆回县文化馆工作人员，有自己的独立音乐工作室，举办过多场个人音乐会。《早安隆回》的爆火出圈，让隆回在全网狠刷了一波存在感，“隆回在哪里”引起网民的极大兴趣。

（张柏雄）

## 洞口县

**【概况】** 洞口县位于邵阳市西部。2022年，辖14个镇6个乡（其中3个民族乡）3个街道，土地总面积2179.5平方千米。年末常住人口66.42万人；人口自然增长率0.14‰。年内最高气温38.1℃，最低气温-2.9℃；年降水量1248.7毫米。森林覆盖率稳定在60.37%以上，水质综合达标率100%，空气质量优良率90.41%。怀邵衡高速铁路、沪昆高速公路、洞城高速公路经过县境。有国家森林公园1个，国家级湿地公园1个，省级森林公园2个，省级风景名胜区1个。有全国重点文物保护单位4处，省级文物保护单位9处，国家级、省级非物质文化遗产保护项目分别有1个、4个。

地区生产总值214.45亿元，同比（下同）增长4.8%。三次产业结构比为31 ∶ 24.8 ∶ 44.2。地方财政收入8.37亿元，增长9.1%。一般公共预算收入10.89亿元，其中地方一般公共预算收入8.37亿元，增长9.11%。一般公共预算支出59.84亿元，增长4.81%。

农林牧渔业总产值117.71亿元，增长3.8%。全年粮食播种面积7.354万公顷，增长0.29%；粮食总产量48.89万吨，水稻产量43.33万吨，减产0.1%。农产品区域品牌雪峰蜜橘、雪峰云雾茶。成功申报省级现代农业产业园1家（茶铺现代农业产业园）、省级“早中熟柑橘产业集群”项目1个，新增省级农业产业化龙头企业2家，新增2家湖南省示范社典型。古楼乡成功创建首批省级同心美丽乡村示范片区。

规模工业总产值177.2亿元，规模以上工业增加值增长1.9%。新增规模工业企业11家，实现深度“上云”企业30家，深度“上平台”企业40家。主要工业产品产量：精制茶4307吨，水泥456.4万吨，机制纸及纸板0.81万吨，罐头1.62万吨。主导产业为农副产品加工业、电子信息制造业、建筑材料制造业、体育用品制造业。成功申报省“三化”转型重点项目4个、省级专精特新“小巨人”企业3家，市级“小巨人企业”3家，成功入选省工业和信息化厅制造强省项目。“五好园区”加快建设，先进装备制造产业园一期完工。招商引资完成签约项目41

个，总投资83.57亿元，引进“三类500强”企业2家。

社会消费品零售总额120.95亿元，增长2.7%。市场主体总量达38110户，新增企业4461户，增长438.12%。建成商贸物流中心，乡镇电商快递覆盖率达96%，行政村快递覆盖率达85%。全年电商交易额37.4亿元。发放房地产、汽车消费券500万元，拉动消费2.2亿元。

完成固定资产投资186.84亿元，增长13.2%。其中，城镇投资增长8.6%；工业投资增长29.6%；民间投资增长17.9%；高新技术产业投资增长9.8%；基础设施投资增长22.8%。

莨溪瑶族乡被评为湖南省第一批乡村旅游重点，莨溪村被评为湖南省第三批乡村旅游重点村，古楼岩井谷景区成功创建国家AAA级旅游景区。

交通运输和邮政业实现增加值5.49亿元。各种运输完成货物周转量427672万吨千米，下降7.0%；旅客周转量887180万人千米，下降3.1%；客货换算周转量472031万吨公里，下降6.7%。邮政业务总量增长0.5%，电信业务总量增长34%。

有普通高中6所，职业高中4所，初中学校52所，普通小学223所，幼儿园230所（含小学附设学前班）。小学适龄儿童入学率、小学升初中入学率均为100%。有高新技术企业73家，培育和引进高新技术企业14家，高新技术企业产值68.97亿元。

有文化馆1个，公共图书馆1个，博物馆3个。建成岩山、长塘等非遗展馆。原创舞蹈《月嫂》获第七届湖南艺术节舞蹈类最佳作品奖。参加第十四届省运会获2枚金牌、2枚银牌、4枚铜牌。

是年，洞口县获评全省安全生产和消防工作先进县、信访工作先进县、民族团结进步示范县，继续保持全省“平安县”称号。自然资源节约高效利用、林长制、食品安全、高标准农田建设、交通运输、信访等工作获省政府真抓实干督查激励。县供销社获评2022年度全省推动“两个到户”工作表现突出单位。医疗工作获评全省医疗保障脱贫攻坚成果同乡村振兴有效衔接工作先进。平溪江被评为湖南省美丽河湖。

2022年3月11日，洞口县市域社会治理现代化试点工作暨社会治理六项重点工作攻坚行动督战会议召开，102个积分换项目无访村受表彰　（邓永康　供图）

**【中国社会帮扶网数字乡村平台试点总结推广座谈会在洞口县召开】**

2022年7月29日，中国社会帮扶网数字乡村平台试点总结推广座谈会在洞口县召开。全国政协农业和农村委员会副主任、中国乡村发展志愿服务促进会会长刘永富出席并讲话。国家乡村振兴局社会帮扶司司长李富君出席，市委书记严华致辞，省乡村振兴局党组书记、局长毛朝晖主持。中国社会帮扶网董事长尚桢介绍试点工作进展情况，常德市、洞口县、城步苗族自治县等试点地区代表作交流发言。会议表彰一批优秀组织单位、明星管理员、明星村民。2022年1月，中国社会帮扶网数字乡村平台“我们村”正式上线，在邵阳市和常德市先行试点、探索经验。试点工作开展以来，邵阳市围绕助力乡村治理和优化便民服务两大工作目标，建立健全保障工作机制，创新实施“爱心超市”积分制管理，加快引领乡风文明新风尚，积极引导乡贤参与乡村振兴，着力打造数字乡村平台建设的邵阳经验，全面助力数字乡村发展和乡村振兴。

**【洞口县“六零”创建积分换项目】**

2022年，洞口县委、县政府统筹环境整治、社会治安、耕地保护工作，创新开展“六零”创建，同时在全县推行积分换项目新机制，推动各类风险防范在源头、化解在基层、消灭在萌芽状态，打造“共建、共治、共享”的社会治理新格局，全面提升新时代基层治理水平。研发“一码两平台”（一家一户基层社会治理六零创建村民积分二维码，基层社会治理村民积分考核数字化考核平台、基层社会治理六零创建积分考核平台），并将积分制管理覆盖到县、乡、村、组、户五级，通过数字赋能，统筹整合各部门项目资金5000万元，实行“积分换项目”新模式，设置“综合奖”“目标实现奖”“积分换项目奖”三项，以“工作经费+项目奖金”的形式兑现。激发群众“共建、共治、共享”热情，各乡镇、村相继创新出“三个一线法”“六好六行动”“挂图作战”“夜校读书班”“以点带面”等新模式。该经验做法在《中国乡村振兴》杂志、《湖南省委改革》专报和市社会治理六项重点工作简报上专题推介。《五级积分换项目，促进基层社会治理大变革》作为全省唯一案例，获评人民网2022乡村振兴创新案例。

（邓永康）

## 绥宁县

**【概况】** 绥宁县位于邵阳市西部边陲。2022年，辖8个镇9个乡，土地总面积2917.01平方千米。年末户籍人口37.83万人，常住人口28.59万人；人口自然增长率-1.6‰。年内最高气温39℃，最低气温-2℃；年降水量1283.8毫米。森林覆盖率80.87%，水质综合达标率100%，空气质量优良率97.3%。包茂、武靖高速公路经过县境。有国家级自然保护区1个，省级风景名胜区1个，红色旅游经典景区2个，国家AAAA级以上旅游景区1家。有全国重点文物保护单位1处，省级文物保护单位13处，国家级非物质文化遗产保护项目1个(绥宁苗族四月八姑娘节）、省级3个（苗族插绣、上堡故事、青钱柳茶）。包茂、武靖高速公路经过县境。

地区生产总值115.08亿元，比2021年（下同）增长5.1%。三次产业结构比23.7 ∶ 27.4 ∶ 48.9。人均地区生产总值40092元，增长6%。地方一般公共预算收入2.49亿元，增长19.2%。一般公共预算支出36.06亿元，增长12.47%。

农林牧渔业总产值51.4亿元，增长3.3%；粮食播种面积3.21万公顷，增长8.85%；全年粮食总产量15.33万吨，增长-2.74%。农产品区域品牌：“邵阳红”、贵太太。农业机械化水平52.79%。

工业增加值24.98亿元，增长4.5%。有省级以上工业园区1个。工业支柱产业为木材加工和木、竹、藤、棕、草制品业，农副食品加工业。建筑业增加值13.29亿元，增长13.5%。

社会消费品零售总额55.8亿元，增长2.2%。规模以上服务业企业营业收入0.66亿元，增长2.54%。进出口总额0.63亿元，增长120.69%。进出口总额1.17亿元，增长110.71%。

生态文明建设示范村——乐安铺苗族侗族乡大团村 （刘永峰 供图）

固定资产投资增长9.7%。其中，高新技术产业投资增长25.4%；工业投资增长28.43%；基础设施投资增长6.05%。

接待国内外游客183.51万人，增长1.26%；旅游收入19.8亿元，增长-7.33%。

城镇居民人均可支配收入31899元，增长6%；农村居民人均可支配收入14426元，增长7.8%。

是年，绥宁县成功创建“国家生态文明建设示范区”“国家级制种大县”。生态文明建设和防灾减灾工作获省政府“真抓实干”督查激励。成功创建省级森林城市、园林城市。安全生产和消防、粮食生产、防范化解债务风险、广播电视公共服务、耕地抛荒治理等34项工作获评省、市先进。连续6年保持“湖南省平安县”称号。

**【绥宁县成功创建国家生态文明建设示范区】** 2022年11月19日，生态环境部为第六批生态文明建设示范区进行命名表彰，绥宁县入选第六批生态文明建设示范区。绥宁县曾被联合国教科文组织誉为一块没有被污染的“神奇绿洲”。2022年，绥宁县持续推进森林资源保护和生物多样性保护，森林覆盖率达80.87%，森林覆盖率、活立木总蓄积量、活立木年生长量、单位面积蓄积量、人均蓄积量、年产材量均居湖南省第一位。有国家重点保护野生植物21种，国家重点保护野生动物37种，列入《濒危野生动物国际贸易公约》的野生动物26种。全县6136棵古树名木全部登记挂牌，购买古树名木保险，古树名木挂牌率和保护率均达100%。推进“山水园林之城、苗侗风情之都、宜居宜游之地”的美丽绥宁建设，走生态优先、绿色发展、康养强县之路，先后获“全国绿色小康县”“绿色中国生态成就奖”“省级文明市”“省级卫生县城”“省级森林城市”等称号。

**【《绥宁县脱贫攻坚口述史》出版发行】** 2022年4月，绥宁县启动《绥宁县脱贫攻坚口述史》采编工作。由县委组织部、县乡村振兴局、县驻村办对全县驻村帮扶工作队、帮扶工作队队员、建档立卡贫困户等一批脱贫攻坚中的先进典型、优秀代表进行摸底比较，集中推选出采访对象名单，经报请县委重要领导批准通过，由县党史和地方志研究室联合县融媒体中心组织专门力量负责信息采集、影（音）像录制等工作。最后由县党史和地方志研究室将采集的影（音）像资料、访问实录等核定整理，形成文字稿。通过27名代表的讲述，全方位、多角度地记录绥宁人民在打赢脱贫攻坚战这一伟大壮举中的奋斗经历，展现绥宁在这场伟大战争中的光辉历程、巨大成就和宝贵经验，为服务绥宁全县经济社会发展大局提供强有力的支撑。10月，该书由湖南地图出版社出版发行，全书文字52千字、图片140余幅。

**【农村人居环境综合整治】** 2022年，绥宁县全面推行农村生活垃圾就地分类减量和垃圾中转设施建设，逐步建立起“户分类、村收集、乡镇转运、县集中处理”的垃圾分类收集转运处理体系，全县215个行政村全部实现生活垃圾无害化处理。推进农村生活污水整治和饮用水工程建设，农村无害化卫生厕所普及率72.07%，污水治理率51%，自来水普及率达89.6%，集中式饮用水水源地水质合格率和村镇饮用水卫生合格率均为100%。打造精品示范生态乡镇、生态村，寨市苗族侗族乡、乐安铺苗族侗族乡获省级生态文明建设示范乡镇命名，关峡苗族乡、红岩镇等6个乡镇创建为市级生态文明建设示范乡镇，大团、上堡、花园阁等59个村被命名为市级生态文明建设示范村。

**【盘活旅游优势资源】** 2022年，绥宁县整合利用、盘活生态和文化旅游等优势资源，从单一的观光旅游向业态丰富的生态之旅、文化之旅转型。盘活民俗资源，打造“古色”旅游核心点。把文化元素植入景区景点、融入城市街区、嵌入美丽乡村。四月八姑娘节被列入国家级非物质文化遗产保护名录，苗族插绣、剪纸、上堡故事被列入省级非物质文化遗产。创建国家级历史文化名镇1个、国家级历史文化名村2个，上堡等13个村入选中国传统村落名录。盘活党史资源，串好“红色”旅游精品线。打造全市首个县级党史陈列馆，并将35处红色历史遗迹遗存纳入保护范围，打造黄桑（红军路）—寨市（中国工农红军第七军指挥所）—竹舟江（红军渡口）—瓦屋（贺炳炎“硬骨头”精神红色研学基地）等红色精品旅游线路，成为游客首选“红色打卡地”。盘活山水资源，扩大“绿色”旅游覆盖面。依托县城、寨市、关峡等山水资源丰富地方，优先开发一批旅游特色镇、特色村，打造省级生态文明建设示范乡镇2个、市级生态文明建设示范乡镇6个、市级生态文明建设示范村59个。以山水为基、康养为业，鼓励开发特色高品质民宿，发展民宿群4个、精品民宿10家、家庭旅馆96家、湘村客栈34家、艺术客栈23家，民宿发展经验被湖南卫视广泛推介。

**【发展楠竹产业特色集群】** 2022年，绥宁县健全楠竹产业扶持机制，出台《关于加快楠竹产业发展的意见》，实行“六个优先”（即优先列入发展目录、优先做好项目前期工作、优先审批投资项目、优先给予政府资金扶持、优先配套基础设施、优先安排土地使用指标）。成立楠竹产业发展中心，推动形成全区域总体发展布局，集中连片建成万亩示范林1个、千亩示范基地6个、五百亩示范点22个，打造百里高产示范竹带3条。全县楠竹资源达80万亩，立竹数1.8亿余株，完成FSC国际森林认证，楠竹产业年综合产值达30亿元，成功创建“中国竹子之乡”。做大产业集群，以国家木竹产业示范园为平台，建立以财政资金为引导、社会资本为主体、金融资金积极支持的多元化投入机制，支持入园企业集聚发展。打造区域性楠竹加工中心，成功引进国家、省、市级林业龙头企业16家，发展高新技术企业 5家、省级小巨人企业5家，全县楠竹加工企业达75家，形成木竹产品加工系列化、专业化、精细化格局。截至年底，竹制品涵盖竹缠绕、竹餐具、竹滑板等100多个规格产品，竹滑板全国市场占有率达40%，竹筷产量占全省总产量的30%，全县50%以上的农户从竹业发展中直接受益。做强产业动能，与国家林业和草原局竹子研究开发中心、中南大学合作，创建“湖南竹产品研发中心”，累计取得竹业专利成果40多项，创国家级名牌5个、省级名牌14个。创新推广“楠竹笋材两用林实验推广技术”“楠竹低产林改造技术推广”两项省级技术成果，年内修建竹林道近2000千米，重点林区道路密度达4千米/千亩，全县“困山竹”面积减少60%，劳动力成本平均每50公斤下降7元左右。建成投产竹缠绕管道生产线，填补生物质新型建材空白，应用于国家重大项目建设。做长产业链条，按照“自

绥宁竹制产品——滑板　（2022年摄）　（刘永峰 供图）

愿参股、分散经营、单独核算、风险自担”的原则，银山竹业等龙头公司牵头将县内14家小型竹筷生产企业整合在一起，形成拥有生产线25条、年产竹筷20万箱的绥宁县竹筷集团公司。设立专门产业基金，推动全竹产业链建设，带动竹蔸、竹梢、竹青、竹黄、竹叶、竹枝、竹废料等边角料的开发，楠竹平均综合利用率由56%提升到85%以上，单株楠竹平均产值由16元增加到40元左右。

（罗向阳　刘永峰）

## 城步苗族自治县

**【概况】** 城步苗族自治县位于邵阳市西部。2022年，辖5个乡7个镇和1个场，160个村，28个社区，土地总面积2647.07平方千米。年末户籍总人口27.58万人，常住总人口22.35万人，年内出生人口1578人，出生率5.72‰；死亡人口2140人，死亡率7.76‰；自然增长率-2.04‰。年最高气温38.5℃，最低气温-1.9℃，年平均气温17.6℃。年降水量1192.3毫米，年蒸发量 997.5毫米。年日照时数1384.1小时。全年空气质量优良以上天数352天，地表水质达标率100%。森林覆盖率80.3%。

地区生产总值65.14亿元，同比（下同）增长4.9%。其中，第一产业增加值14.26亿元，增长3.2%；第二产业增加值16.62亿元，增长5.3%；第三产业增加值34.26亿元，增长5.5%。三次产业增加值结构为21.89 ：25.52 ：52.59。

农林牧渔业总产值26.77亿元，增长3.4%。其中，农业产值11.29亿元，增长1.7%；林业产值2.03亿元，下降3.9%；牧业产值12.35亿元，增长5.7%；渔业产值1718万元，增长0.7%；农林牧渔服务业产值9331万元，增长9.4%。粮食播种面积14.95千公顷，增长0.27%；油料种植面积3.14千公顷，增长7.17%；蔬菜种植面积6.03千公顷，增长2.03%。粮食总产量8.21万吨，下降2.82%；油料产量4702吨，增长9.2%；水果产量5.28万吨，增长7.51%；蔬菜产量11.42万吨，增长2.24%；肉类总产量1.77万吨，增长0.64%；水产品产量920吨，下降9.27%。

工业增加值14.68亿元，增长5.8%，其中34家规模工业企业增加值增长7.0%。全年生产乳制品2.3万吨，罐头1.93万吨，实木地板69.36万平方米，商品混凝土13.84万立方米，中成药122.7吨，精制茶36.6吨，手提包34.2万个。

具有资质等级的建筑企业7家，完成建筑业总产值4.94亿元，按现价计算增长8.6%。完成房屋建筑施工面积26.41万平方米，增长9.4%；房屋竣工面积10.69万平方米，增长9.9%。

社会消费品零售总额40.64亿元，增长2.05%。按经营单位所在地划分，县城33.91亿元，增长2%，占消费品零售总额的83.45%；县城以下6.73亿元，增长2.3%，占消费品零售总额的16.55%。按行业分，批发和零售业37.52亿元，增长1.87%，占消费品零售总额的92.33%；住宿和餐饮业3.12亿元，增长4.19%，占消费品零售总额的7.67%。

固定资产投资增长16.9%。组织实施5000万元以上的重点投资项目20个，年内竣工重点项目10个。20个重点项目计划总投资139.14亿元，其中年内完成投资30.84亿元。全县具有资质等级的房地产开发企业8家，完成投资6.05亿元，房屋施工面积64.79万平方米。全年实际到位内资26亿元，增长12.5%；全年实现进出口总额0.44亿元，下降4.02%。实际利用外资2万美元。

接待国内外游客达263.83万人次，实现旅游综合收入27.43亿元，下降0.18%。

实现财政总收入3.9亿元，下降2.59%。其中，一般预算收入完成3.07亿元，增长10.41%，占财政总收入的78.63%；税收收入完成1.89亿元，增长12.57%，占一般公共预算收入的61.7%。全县一般公共预算支出28.63万元。其中，教育支出5.74亿元，增长1.72%；社会保障和就业支出4.21亿元，增长7.52%；医疗卫生与计划生育支出2.94亿元，下降1.65%。

年末全县金融机构存款余额108.93亿元，同比增长13.08%。其中，企事业单位存款余额8.6亿元，同比增长16.22%；城乡居民储蓄存款余额88.25亿元，同比增长15.68%；机关团体存款10.49亿元，同比下降2.42%。全县金融机构贷款余额64.07亿元，同比增长7.32%。贷款占存款的比例为58.82%。实现保险营业收入1.58亿元，下降13.76%，各类赔款与给付0.51亿元，下降18.52%。

交通运输、仓储和邮政业实现增加值1.92亿元，下降5.5%。

全县用于节能与环境保护的财政支出为1.11亿元。已建成污水处理厂6个，村内垃圾及污水处理厂27处，污水集中处理率达92%。工业废水排放达标率100%，废气处理率95%，废物（渣）处理率100%，工业固体废物综合利用率100%。

教育经费支出5.74亿元。拥有普通中学21所，在校学生14593人；中等职业学校2所，在校学生796人；普通小学136所，在校学生19298人；特教学校1所，在校学生155人；幼儿园50所，在园幼儿6435人。全县小学专任教师1026人，普通中学教师1563人，职业学校教师81人，特教教师12人。学龄儿童入学率、小学适龄儿童升学率、初中升学率、九年义务教育巩固率均达100%，高中阶段毛入学率93.8%。有高新技术企业12家。专利授权量165件，有效发明专利拥有量10项。开展各类技术培训20场次，受训人数800人次，培养科技示范户290户，其中种植150户、养殖140户。

有艺术表演团体9个，文化馆、

站14个，艺术表演场所1个，公共图书馆1个，藏书15.2万册。高标准电影院1个，电影放映队13个，放映电影4600场，观众19.76万人次，收入97.6万元。广播电视转播台1座，电视人口覆盖率100%，广播人口覆盖率96%，文化事业经费支出6295万元。

卫生事业经费开支11033万元。年末拥有各类卫生机构21个，其中医院和卫生院18个（含4家私立医院）、疾控中心1个、皮防站1个、妇育保健计划生育服务中心1个。病床位1358张。有卫生工作人员1794人，卫生技术人员1414人，执业（助理）医生516人，注册护士618人。城镇基本医疗保险参保单位443个，参保人数2.01万人，基本医疗保险基金总收入8795万元，其中进入基本医疗保险统筹收入4729万元，统筹支付2463万元；城乡居民基本医疗保险参保人数20.87万人。急性传染病发病率2.38‰，婴幼儿死亡率2.8‰，均低于5‰，卡介疫苗接种率99.31%、脊髓灰质炎疫苗接种率99.32%、百白破疫苗接种率99.42%、麻疹疫苗接种率99.25%、乙肝疫苗接种率99.36%。建立和健全重大疾病救助体系，大病互助基金收入313.63万元，大病医疗支出57.54万元。

全县体育事业经费51万元；达到国家体育锻炼标准人员19.68万人，体育场地647个，其中运动场265个，各种训练场24个，体育场馆26个；年内举办县级以上运动会6次，参加人数1.98万人次。

全体居民人均可支配收入17858元，增长7.3%。其中，城镇居民人均可支配收入30264元，增长4.8%；农民人均可支配收入12331元，增长7.9%。全体居民人均消费支出16101元，增长1.9%。

基本养老保险参保人数198813人，其中机关事业基本养老保险11881人、企业基本养老保险20456人、城乡居民基本养老保险166476人。城镇登记失业人口1898人，城镇失业率4.39%。实现新增城镇就业人员3335人，实现城镇零就业家庭就业援助率100%。年末共有133118人次享受城乡低保，发放低保金4135.5万元。其中，城镇居民低保38193人次，发放低保金1600.8万元；农村居民低保94925人次，发放低保金2534.7万元。

是年，城步苗族自治县推进自建房安全整治"百日攻坚"专项行动，所有存在结构安全隐患的经营性自建房全部完成安全鉴定并整改到位。创新"六个一"壮大村级集体经济发展，全面消除薄弱村，全县村级集体经济均超过16万元，年度考核位居全市第一名，经验做法被省市主流媒体头版头条推介。交通顽瘴痼疾整治工作获省政府表扬推介；信访工作获省政府"真抓实干"督查激励；农民工工作获评全省先进，根治欠薪工作获评全市A级；党建引领乡村治理"五大治理"新模式被中央媒体专题报道，并被省委组织部在全省推介；"一网三制"公务员平时考核经验做法被省委组织部全省推介。城步苗族自治县获评全省平安建设先进县、全省信访工作示范县，成功创建省文明城市。

**【"城步峒茶"被批准为国家地理标志证明商标】** 2022年1月28日，"城步峒茶"被批准为国家地理标志证明商标。城步峒茶历史可上溯到"三苗古国"时期，《城步乡土志》记载：城步"茶有八峒茶，略可采用"。城步苗侗先民历来有饮用油茶的习俗，城步油茶获省级非物质文化遗产传承名录，其主要原料为峒茶、元茶鲜叶。城步峒茶是湖南省四大地方优良茶树群体种之一，属南方大叶种乔木型茶树，是国内特有的珍稀茶树资源。城步境内溪河密布，植被丰富，生态环境优良，得天独厚的生长条件造就城步峒茶的优良品质。城步峒茶的茶多酚、氨基酸含量分别达38.9%、4.33%，锌、铁含量丰富，所制红茶香气浓郁持久，汤色红浓明亮，回味醇厚甘甜，可与国内外顶级红茶媲美。截至2022年末，城步峒茶生态种植面积达3万亩，为该县新兴的富民产业之一。

**【南山草原入选全国首批"红色草原"】** 2022年8月17日，国家文物局、国家林业和草原局公布全国第一批12个红色草原名单，南山草原成功入选。南山草原位于城步苗族自治县和广西龙胜各族自治县，是全国首批十家之一、湖南省唯一的国家公园体制试点区——南山国家公园的重要组成部分，草原类型以山地草甸和热性灌草丛为主，境内有红军长征所过的第一座难走的高山——老山界，因陆定一的同名散文《老山界》闻名天下。南山草原有全国重点文物保护单位湘江战役旧址、省级文物保护单位南山红军长征路遗迹、红军岩和全省党性教育基地、市级爱国主义教育基地老山界、高山红哨等红色旅游景点，其中老山界入选潇湘"红八

南山牧场　（2022年摄）　（市农业农村局 供图）

景”“湖南省建党100周年红色旅游精品线路”。

**【龚牧公司获湖南省工业旅游示范点称号】** 2022年4月11日，湖南龚牧营养品科技有限公司获评湖南省工业旅游示范点称号授牌仪式举行。该公司位于城步儒林镇，投资规模5.2亿元，占地面积123.9亩，拥有员工260人，为集奶山羊养殖、乳制品加工、乳制品销售、产业旅游为一体的羊乳全产业链大型现代化企业。公司坚持“生态牧场 + 生产基地旅游”相结合模式，致力于弘扬工业文化精神，把城步建设成为南方奶山羊基地标杆县和南方奶山羊繁殖育种中心、产业旅游打卡地。

**【城步高山红哨民兵连成立】** 2022年6月15日，城步苗族自治县举行高山红哨民兵连授旗仪式，由市军分区大校司令员诸葛军授旗，城步高山红哨民兵连正式成立。高山红哨民兵连由从城步基干民兵中遴选思想政治坚定、专业素质过硬的40名人员组成，平时主要担负高山红哨精神的宣讲，开展国防教育，处置突发情况，战时主要担负医疗救护、抢修抢建等支援战争任务。“高山红哨”建于1963年6月，是广州军区为国防而建，担任防空任务，海拔1860米，是当时中南五省所建的海拔最高的哨所。1969年10月被中央军委誉为“高山红哨”。1975年广州军区与潇湘电影制片厂联合摄制纪实片《高山红哨》在全国各地放映，之后以高山红哨为题材的话剧、歌剧在各地久演不衰，高山红哨也因此在全国家喻户晓。1978年3月，哨所因国防需要被撤销。2016年底，“高山红哨”旧址挂牌，成为武警湖南总队革命传统教育基地之一。城步成立高山红哨民兵连，旨在传承和弘扬高山红哨精神，推动新时代民兵建设高质量发展。

（刘运田）

## 武冈市

**【概况】** 武冈市位于邵阳市西南部。2022年，辖3个乡11个镇4个街道，有315个村（社区），总面积1539.37平方千米。年末户籍总人口81.26万人，常住总人口 62.6 万人；人口自然增长率–5.38 ‰；城镇化率50.88%。年内最高气温39℃，最低气温–1.5 ℃；年降水量1107.4毫米。

地区生产总值 200.38 亿元，扣除不可比因素，同比（下同）增长 5.3%，增速排邵阳市首位。其中，一、二、三产业增加值分别为 61.59 亿元、49.42 亿元、89.37 亿元，分别增长 3.7%、7.4%、5.5%。三次产业结构为 30.7 ∶ 24.7 ∶ 44.6，一产业比重下降 1.2 个百分点，二产业比重上升 0.8 个百分点，三产业比重上升 0.4 个百分点。人均地区生产总值 31885 元。

农林牧渔增加值（含农林牧渔服务业）62.33 亿元，增长 5.3%。土地整理复垦开发补充耕地 72.04 公顷，建设占用耕地 63.72 公顷。年末实有耕地面积 43.72 千公顷、水田 37.42 千公顷、旱地 10.3 千公顷。全年粮食作物播种面积 101.48 万亩，粮食总产量 45.48 万吨，下降 2.63%。其中，水稻总产量 36.87 万吨，下降 2.09%；玉米总产量 6.79 万吨，下降 5.01%；油料总产量 2.5 万吨，增长 12.71%；水果总产量 13.44 万吨，下降 2.57%。畜牧养殖业持续发展，完成产值 39.69 亿元，增长 4.2%。年内出栏肉猪 97.01 万头，猪肉类总产量 7.09 万吨，增长 2.5%。林业和渔业发展平稳，分别完成产值 18237 万元和 20767 万元，增长 5.89% 和 1.64%，水产品总产量 7238 吨，下降 1.64%。 造林绿化 2.15 万亩，林木绿化率 42.65%。建成高标准农田 4.76 万亩，年末农用机械总动力 62.51 万千瓦。农产品加工企业 600 余家，家庭农场 1429 个，农民专业合作社 718 家，合作社成员 8922 户。三品一标农产品认证 31 个。成功创建省级农业特色产业园 6 个、市级农业特色产业园 8 个、县级农业特色产业园 12 个。

工业增加值增长 8.1%。有规模工业企业 122 家，规模工业营业收入 123.52 亿元，增长 16.74%。年产值超过 5000 万元的工业企业 77 家，其中过亿元的 46 家。工业园区完成工业总产值 103.7 亿元，增长 18.59%。新招商企业 25 家，新开工企业 20 家。新建标准厂房 35 万平方米，投产 30 万平方米，签约企业 24 家。建筑业增加值 8.97 亿元，增长 10.7%，资质等级建筑业企业房屋建筑施工面积 219.67 万平方米，下降 6.23%。

社会消费品零售总额完成 107.73 亿元，增长 2.6%。落实促进房地产健康发展系列措施，“保交楼”169 套。举办“六月六尝新节”“云山 · 百威啤酒卤菜节”“稻花鱼丰收节”，打造节会消费新热点。武冈市获评湖南十大湘菜名县。全年实现外贸进出口总额 2.01 亿元，增长 4.58%，产品主要销往美国、欧盟等国。新批外商投资项目 2 个，合同使用外资 6500 万美元，实际利用外资 55.9 万美元；利用内资 63.8 亿元，增长 15.7%。新批境外投资企业 1 家，对外合同投资额 150 万美元，对外实际投资额 22 万美元。

固定资产投资增长 6.0%。75 个市本级重点项目完成投资 53.66 亿元，26 个邵阳市重点项目超额完成投资计划。资质等级房地产企业完成房地产开发投资 22.55 亿元，增长 19.7%。

新建公路 6.49 千米，农村公路安保设施建设 119.86 千米。年末公路通车里程 3415.09 千米。公路客运量 1438.28 万人、旅客周转量 199435.84 万人千米，分别增长 9.6%、8.8%；货运量 2087.72 万吨、货物周转量 98231.62 万吨千米，分别增长 10.1%、7.5%。全年机场飞机起降 1339 次，旅客吞吐量 5.96 万人次。邮电业务总量 4.84 亿元，其中邮政

1.1亿元、电信1亿元、移动2.01亿元、联通0.73亿元。年末拥有移动电话用户52.13万户，下降0.7%；固定电话用户2.68万户，下降6.3%；互联网宽带用户14.88万户，增长3.9%。

武冈市国家历史文化名城申报取得实质进展，黄埔军校第二分校（旧址）布展规划获国家文物局审批。有序推进古城保护和有机更新，改造古城老旧小区44个，整治修缮木货街、天宁街、寿佛寺巷历史文化街区沿线建筑200余处。云山景区创成省生态环境科普基地，同保楼被评为“省旅游休闲街区”，古山村列入“省级乡村旅游重点村”。

城市建成区面积25.1平方千米；人均道路面积12.56平方米；人均公园绿地面积14.58平方米，建成区绿地率36.99%，绿化覆盖率37.73%；供水能力12.6万立方米/日，自来水普及率100%；液化气储存能力120吨、天然气供应量1165万立方米，燃气普及率98%；生活垃圾无害化处理率100%；有公共交通车辆201台，出租车180台，网约车63台。

财政总收入10.66亿元，减少16.90%。其中，公共财政预算收入9.67亿元、上划中央收入1.69亿元、上划省级收入–6978万元，分别增长13.45%、–51.23%、–182.55%。公共财政预算支出57.5亿元，减少1.31%。

年末金融机构存款余额344.99亿元，同比增长14.16%，其中个人存款298.51亿元，增长15.68%。贷款余额188.55亿元，增长19.98%，其中住户贷款96.66亿元，增长9.9%。银行账面损益3.5亿元。

中等职业学校在校学生11367人；普通中学在校学生50186人；小学在校学生54442人；特殊教育学生645人，幼儿园在园幼儿18446人。全市小学、初中适龄儿童入学率均100%，小学毕业生升学率为100%。有高新技术企业37家，高新技术产品产值88.82亿元，增长22.97%。投入研究与试验发展(R&D)经费支出3.03亿元，授权专利272件。

有艺术表演团体6个，群众艺术馆、文化馆1个，公共图书馆1个。拥有国家级非物质文化遗产保护目录1个、市级12个、县级6个。广播电台1座，广播综合人口覆盖率99%，电视台1座，电视综合人口覆盖率98%，有线电视用户2.5万户。有体育场地137个，开展全民健身项目22项次，有83个行政村新建农民体育健身工程。

有各类卫生机构422个。其中，医院、卫生院24个，社区卫生服务中心（站）7个，村卫生室303个。实有床位4867张。卫生技术人员4277人。其中，执业（助理）医师1708人；在职注册护士1995人。城乡居民参保人数62.24万人，平均参合率达到95%，统筹地区政策范围内住院补偿率达66%。

全体居民人均可支配收入24693元，增长7.3%，城乡居民恩格尔系数24.95%；城镇居民人均可支配收34502元，增长6.3%，人均消费性支出19395元，增长9.5%，人均住房面积5.24平方米。农村居民人均可支配收入17556元，增长7.3%；人均消费性支出16624元，增长2.3%；人均住房面积48.94平方米。

参加基本养老保险职工人数99020人，参加医疗保险职工人数46286人，参加失业保险金职工人数27792人，参加工伤保险职工人数45682人，参加生育保险职工人数28012人。全市2781名特困人员、农村2.6万名低保户、城镇3765名低保对象应保尽保；下拨受灾救济款255.25万元保障灾民的基本生活。

是年，武冈市获评全国水稻制种大县、未成年人保护示范县（市）、自然资源节约集约示范县（市）；获评湖南省实施乡村振兴战略先进县（市）、实施乡村振兴战略示范创建先进县（市）、耕地抛荒治理先进县（市）、防范化解政府债务风险工作优秀县（市）、财政资环工作先进县（市）、第三次畜禽遗传资源普查工作突出县（市）、打击破坏林草资源“虎威行动”领先县（市）及省文明城市。医保管理服务、农村危房改造、质量工作、财政管理改革、优化营商环境、推动城乡融合发展促进共同富裕6项工作获省政府真抓实干督查激励表彰。

**【云溪路建成通车】** 2022年1月29日，武冈云溪路正式通车。云溪路是古山乡村振兴和云山国家AAAAA级旅游景区创建重要组成部分，是武冈乡村振兴发展的“动脉”，全长3016米，宽17米，于2021年8月12日开工，主要建设内容为道路、给排水、照明、绿化、综合管网等工程，总投资8000万元。

**【武冈市被认定为国家级制种大县】** 2022年4月7日，农业农村部公布国家级制种大县和区域性良种繁育基地认定结果，武冈市被认定为国家级制种大县。2020年，武冈市杂交水稻制种面积4.2万亩，制种产业总产值2.7亿元。2021年，建成核心制种基地6个、制种重点乡镇10个，标准化制种基地2.7万亩。发展制种合作组织54家、制种大户80户，吸引10895名农民参与制种。

**【威溪水库除险加固工程全面完工】** 2022年4月底，水库库容武冈市威溪水库除险加固工程项目通过完工验收和蓄水验收。威溪水库是武冈市城乡饮用水主要水源地和重点防洪中型水库，该工程于2020年3月15日开工，2022年4月15日竣工。完工后，威溪水库恢复和新增灌溉面积1.21万亩，改善灌溉面积1.56万亩，年新增发电量236万千瓦时。

**【首届云山·百威啤酒卤菜节举行】** 2022年8月20日晚，武冈市首届云山·百威啤酒卤菜节在云山国家森林公园开幕。此次活动以“Hi‘啤’一夏 畅享卤味”为主题，以啤酒节为载体，以武冈卤菜等特色风味小吃为牵引，通过“Hi‘啤’一夏‘云山百威啤酒卤菜节’主题活动”、武冈特色美食节活动、梦回都梁主题音乐节活动、云山森林艺术展公益活动、集市主题活动等五大特色活动，让传统休闲文旅活动焕发新活力，打造全新武冈夜游新生态。

（李建芳）

## 新宁县

**【概况】** 新宁县位于邵阳市西南部。2022年，辖8个镇8个乡（含2个少数民族乡），总面积2812平方千米。年末户籍人口63.62万人，常住人口50.24万人；人口自然增长率-3.7‰。年内最高气温38.7℃，最低气温-3.5℃；年降水量1079.6毫米。水质综合达标率100%，空气质量优良率97.3%。洞新高速、白新高速（在建）、永新高速（在建）、新新高速公路（在建）经过县境。活立木总蓄积量1106万立方米，比2021年（下同）增长3.6%，森林覆盖率70.04%，国家级自然保护区面积21.72千公顷。

地区生产总值133.26亿元，增长4.5%。第一产业完成增加值38.4亿元，增长3.6%；第二产业完成增加值31.91亿元，增长2.5%；第三产业完成增加值62.95亿元，增长6.1%。三次产业结构为28.8 ∶ 24 ∶ 47.2。按平均常住人口计算，人均生产总值26420元。城镇居民人均可支配收入33534元，增长5.9%；农村居民人均可支配收入14193元，增长7.2%。

农林牧渔业总产值53.63亿元，增长3.7%。粮食总产量29.59万吨，烤烟总产量2545吨，药材总产量7043吨，柑橘类水果总产量31.02万吨，生猪出栏41.6万头，肉类总产量4.01万吨。完成高标准农田建设4.7万亩，建成鲜果冷藏库141座、通风库4689座，商品包装处理车间16万平方米。全面推广“一村一站一员”再生资源回收处理模式，在全县建成200个垃圾分类亭。培育农产品加工企业635家。其中，农产品加工规模以上企业36家；新增省级龙头企业2家；省级以上龙头企业10家；市级以上龙头企业21家。培育休闲农业经营主体563家，其中省星级休闲农庄8家。绿源果业公司脐橙园新增为省级农业特色产业园。黄龙镇羊坪村（脐橙）被列入全国“一村一品”示范村名单。

实现工业增加值25.98亿元，增长2.1%。其中规模工业增加值增长2.4%。园区规模工业增加值占规模工业增加值比重为61.5%。全县规模以上工业实现主营业务收入83.06亿元，实现利润总额3.84亿元。工业品产销衔接良好，产销率达98.89%。建筑业实现增加值5.94亿元，增长4.1%，占第二产业的18.7%。14家资质以内建筑业企业签订合同金额28.67亿元，增长12.5%，完成总产值2.82亿元，增长10.7%。全年商品房施工面积94.68万平方米，增长13.7%，竣工面积17.16万平方米，下降3.5%，销售面积20.18万平方米，下降24.4%，商品房每平方米均价4746元。

社会消费品零售总额77.44亿元，增长1.6%。批发业销售总额增长7.9%，零售业销售总额增长5.3%，住宿业营业总额增长5.2%，餐饮业营业总额增长6.8%。全年实际到位内资43.4亿元，增长28.%，实际利用外资9万美元，进出口总额5.33亿元。有出口额的实体公司9家，贸易公司3家。主要以制衣、机电产品、竹木加工产品、皮具、五金等产品为主，制衣产业出口额占全县出口额的98%，已成为新宁县外贸进出口的支柱产业。

固定资产投资增长8.3%。其中，5000万元及以上固定资产投资增长0.4%；房地产投资增长4.7%；产业投资增长30.3%；工业技改投资增长29.1%；高新产业投资增长196.8%；民间投资增长28.9%；建安工程投资下降0.3%。产业投资占固定资产投资比重为62.2%，制造业投资占固定资产投资比重为24.1%，工业技改投资占产业投资比重为5.7%，高新技术产业投资占产业投资比重为8.7%。全县重点建设项目53个，其中市重点投资项目12个，新建项目22个，总概算投资308.3亿元，年度计划总投资70.87亿元。

财政总收入8.26亿元，增长2.27%，其中税收收入5.66亿元，下降3.69%，占财政总收入的68.5%。全县上划中央收入1.65亿元，上划省级收入2933万元。地方财政收入6.32亿元，增长14.67%，全县一般公共预算支出42.78亿元，增长13.62%。财政农林水事务支出10.42亿元，增长0.9%。财政科学技术支出4081万元，增长66.16%。财政教育支出7.59亿元，增长0.15%。财政节能环保支出4936万元，增长62.8%。文化体育与传媒支出8701万元，增长84.5%。卫生健康支出6.35亿元，增长9.8%，社会保障和就业财政支出6.94亿元，增长0.65%。

年末金融机构各项存款余额250.42亿元，比年初增加36.6亿元，增长17.11%；其中住户储蓄存款余额218.65亿元，比年初增加29.29亿元，增长15.47%。年末全县金融机构各项贷款余额133.96亿元，比年初增加10.55亿元，增长8.55%，金融存贷比为53.49%，比上年同期下降4.22个百分点。全县完成保费收入3.61亿元，其中寿险保费收入2.12亿元、财险保费收入1.49亿元。保险业赔付1亿元，赔付率27.8%。

年末拥有营运的民用车辆924台，其中客车304辆、货车620台。年末道路运输从业人员3018人，年内公路通车总里程3543.19千米。年内完成农村旅游路、资源路、产业路提质改造51千米。邮政业务总量9700万元，报纸发行262.26万份，杂志发行25.38万份。电信业务总量3.19亿元。互联网上网用户13.63万户，网络电视用户5.11万户，其中农村3.9万户。移动电话用户40.9万户，其中移动公司用户22.3万户、电信公司用户13.4万户、联通公司用户5.2万户。

有小学140所（其中教学点91个，特教1所），在校学生45470人，小学专任教师2755人；中学34所，在校学生38686人，中学专任教师

2355人；幼儿园92所，在园幼儿13351人，专任教师702人。有高新技术产品生产企业37家，其中省认证高新技术产品生产企业20家。实现总产值37.5亿元，增加值10.1亿元，利润总额1.69亿万元。专利授权总量1562件。

推进文旅融合，打好书院文化、楚勇文化、民族文化、农耕文化、饮食文化“五张牌”，发展乡村旅游，建成5条集产业观光、休闲度假、采摘体验、研学科普于一体的精品旅游线路，深化崀山旅游宣传营销。通过首批省级全域旅游示范区复核。全年接待游客547.96万人次，实现旅游总收入49.54亿元。成功举办“中国体育彩票”第二届健康湖南全民运动会民族团结广场舞海选赛。

有卫生机构686个，卫生技术人员3063人，床位数3432张，总资产17.05亿元，净资产8.39亿元，总诊疗人次197万人次，各类医疗卫生机构总收入8.22亿元。累计建立居民健康电子档案51.12万份，城乡居民参加医疗保险人数49.66万人，累计补偿参合居民人数7.6万人次，参合居民住院费用实际补偿率55.63%，县乡两级政策范围内住院费用补偿率73.22%。县人民医院新外科大楼建成并投入使用，改扩建回龙寺镇中心卫生院传染病楼等重点项目，乡镇、村基层卫生院数字化门诊、尘肺康复站、院楼修缮项目全部完工。县骨伤专科医院并入县中医医院。

有养老机构14个、农村幸福院50个、日间照料之家17个，村老年人活动中心249个，养老服务床位2894张。城镇3611人享受最低生活保障，月人均救助394.5元；农村10927人享受农村最低生活保障，月人均救助238元。城乡集中特困供养276人，城乡分散特困供养3100人，共发放资金3075.2万元。发放临时救助金950.44万元，孤儿基本生活费456.24万元，残疾人补贴121.2万元，高龄补贴207.37万元。

**【乡村振兴】** 2022年，新宁县扛牢压实乡村振兴主体责任，落实落细“五级书记”抓乡村振兴具体要求，推进驻村帮扶，开展“五个到户”，全县选派1.8万名党员干部联系群众13.5万户，确保“家家党员联、户户见党员”。推进“八大专项行动”，持续巩固“两不愁三保障”成果。成功列入2022年《人民日报》全国首批新媒体“乡村振兴传播计划”100县推介范围，“挂牌督战”工作经验在全市推介。强化常态化防返贫致贫监测和帮扶工作，守住不发生规模性返贫底线，超额完成脱贫户（监测户）小额信贷年度目标任务，建立就业帮扶车间120家，提供乡村公益性岗位1193个。实施巩固拓展产业扶贫成果重点项目9个，全县140个集体经济薄弱村全面完成“消薄”任务。

2022年11月30日，首届邵阳旅游发展大会开幕式在新宁举行（申兴刚 供图）

**【城乡建设】** 2022年，新宁县坚持城乡一体，统筹推进城乡建设发展。完成城镇老旧小区改造11个；新增城区停车位2031个，启动县城静态交通管理系统项目。完成村庄规划94个，正在编制村庄规划189个。改厕3760座，拆除“空心房”1190户。全面完成农村水源保障及灌溉能力提升，有效保障农村饮水安全。清江桥乡桃花村、万塘乡三江村被评为省级美丽乡村示范村，水庙镇、崀山镇崀笏村、高桥镇高桥村、金石镇新全村被评为省文明村镇，黄龙镇新田村“清廉小院”“9人评议小组”村民自治等典型经验被《人民日报》等推介。

**【首届邵阳旅游发展大会在新宁举行】** 2022年11月30日，首届邵阳旅游发展大会开幕式在新宁举行，省人大常委会副主任杨维刚出席并宣布开幕。大会为期两天，包括开幕式、文旅项目考察、旅游发展大会主题展和邵阳旅游产业发展推进会议等四大主体活动，以及邵阳市文旅产品展示周、邵阳人游崀山活动等十大配套活动。大会邀约省内外文旅行业专家和企业家代表到邵阳分享经验、投资兴业，共同推动旅游产业发展提速。新宁县以“办会兴城”推动县域整体发展，实施文旅项目43个，培育一批体验式旅游景点和沉浸式旅游业态，舜皇里文化旅游产业园、文旅演出《爱在崀山》等成为崀山旅游新亮点，产旅融合发展模式被省政府办公厅向国务院办公厅推介。

（倪新娟）

## 邵阳县

**【概况】** 邵阳县位于邵阳市西南部。2022年，辖12个镇8个乡3个农林场，土地总面积2001.01平方千米。年末户籍人口104.55万人，常住人口72.18万人；人口出生率8.13‰，人口自然增长率 -2.98‰。年内最高气温40℃，最低气温-2.6℃；年均降水量927.3毫米。已发现的矿种26种，查明有资源储量的矿种9种，森林覆盖率46.54%，水质综合达标率100%，空气质量优良率96.3%。怀邵衡高速铁路、洛湛铁路、沪昆高速公路、二广高速公路经过县境。

有天子湖国家湿地公园、河伯岭森林公园、鸡公岩国家石漠公园等3个风景名胜区，有金江湖（弄子生态旅游景区）、塘田战时讲学院旧址、济公岩、813军旅小镇等4个国家AAA级旅游景区。有全国重点文物保护单位1处、省级文物保护单位4处，国家级非物质文化遗产保护项目2个、省级2个、市级7个，省级爱国主义教育基地3个，省级干部党性教育基地1个，市级民兵教育训练基地1个。

地区生产总值205.88亿元，比2021年（下同）增长4.6%；第一、二、三产业增加值分别为49.01亿元、65.85亿元、91.02亿元，分别增长3.4%、4.9%、5.2%，三次产业结构比为23.80 ：31.99 ：44.21。人均地区生产总值28340元。一般公共预算收入6.84亿元，增长1.85%。一般公共预算支出63.5亿元，增长27.76%。

农林牧渔业总产值增长3.5%。耕地面积52.68千公顷。主要粮食农作物播种面积69.8千公顷，粮食总产量47.93万吨；水稻种植面积56.69千公顷，烟叶种植面积0.9千公顷，玉米种植面积7.45千公顷，蔬菜瓜果种植面积20.5千公顷，油料种植面积20.85千公顷。出栏生猪93.47万头，新增年出栏10000头以上的生猪规模养殖场6家，建成全国最大的黑猪养殖基地。出栏肉牛2.37万头，出栏羊6.72万只，出笼家禽497.88万羽。新造优质油茶林1.43千公顷，油茶籽产量7.44万吨。中国油茶科创谷首个油茶鲜果加工与交易物流示范基地启动建设。农产品加工企业349家，其中市级龙头企业30家，农民专业合作社1537家。培育“两品一标”农产品11个，新增省市级现代农业产业园、农业特色产业园11个，省市农林业龙头企业4家。兴建维修各类水利工程415处，水库除险加固33座。全县小（一）型水库46座，小（二）型水库188座，山塘40126口。水资源总量13.26亿立方米；年末中小型水库蓄水总量0.31亿立方米，年总用水量3.48亿立方米。农业机械总动力636.95万千瓦，大中型拖拉机773台、50593千瓦。农用收割机642台。发放农机补贴620万元。

规模以上工业增加值增长5.4%，规模以下工业增加值增长6.1%。建筑业总产值增长21.1%，增加值增长5.6%。房屋建筑施工面积增长16.2%，建筑竣工面积增长19.5%。全社会用电量99566.49万千瓦时，下降1.17%。其中，居民生活用电增长10.72%；农业用电增长18.73%；工业用电下降16.77%。投入5496.1万元，完成579个行政村电网改造。

社会消费品零售总额133.24亿元，增长1.1%。限额以上企业共122家。其中，限额以上批发零售贸易企业104家，完成零售额增长8.9%；限额以上住宿餐饮业18家，完成营业额增长0.9%。新增企业1946家，个体工商户5253户，获省真抓实干督查激励。实际利用内资73亿元，增长17.3%；实际利用外资175.4万美元，增长2148.7%；进出口总额17.65亿元，增长62.36%。国内旅游150.97万人次，国内旅游收入下降2.96%。塘田战时讲学院旧址通过国家AAAA级旅游景区景观质量评审，塘渡口镇蔡山团村入选省级乡村旅游重点村。

固定资产投资增长5.8%。全县102个重点项目完成投资56.3亿元，其中25个市重点项目投资完成率达112.5%。全面完成张家冲水库除险加固及4座35千伏变电站改造升级。大容塑胶、义乌欧秀等12个重点产业项目建成投产。引进产业项目58个，总投资139亿元。其中，1亿元以上项目6个；“三类500强”企业1个。湘商回归工作在省政府第十次全会上作经验发言。

金融保险业实现增加值增长5.7%。年末金融机构各项存款余额增长10.98%，各项贷款余额增长11.85%。全年完成保费收入5.1亿元，赔付额2.12亿元。

城市建成区面积15.2平方千米；城市公共绿地面积4.48平方千米，城市绿化覆盖率39.21%。城市道路72.22千米，道路面积106.67万平方米；城市自来水供应量1179万吨，环保工人470人，县城日平均清运垃圾量302吨。改造老旧小区21个、棚户区600户，新建公租房444套。推进第二水厂建设，新建乡镇污水处理厂4个、城区公厕3座，改造城区内涝点3个。建成全市第一个县级数字城管平台。改造农村危房101户，拆除空心房15244座，改（新）建厕所2387座。布局望江湖蓝印花布特色小镇，建成县级美丽庭院20个、乡级美丽庭院50个、村级美丽庭院420个。

推行惠企政策“免申即享”“直给直兑”，落实企业奖补资金3962.4万元，兑付优惠资金3000万元。为各类市场主体减税降费及退税缓税缓费4.09亿元，解决融资需求4.07亿元，投放金融支持小微企业贷款13.53亿元。

新增省级创新平台3家。新增入园企业58家，竣工标准化厂房28.9万平方米。推进企业上市“金芙蓉”跃升行动，成功申报省上市后备企业6家，新增湖南股交所挂牌企业3家。建成全省首个县级农业经理人培训基地和乡村工匠培训基地，培养乡村工匠300名、农业经理人35名。

年末公路线路里程4354.14千米。县城公交车辆30辆，出租的士125台。完成农村公路建设里程60.37千米。全年货物周转量下降5.66%，货运量下降11.05%，旅客周转量下降6.14%，客运量下降7.32%。邮政业务量9381万元，增长3%；通信业务总量34193.86万元，增长5.29%。乡镇邮政所25个，邮政网点28个；年末拥有固定电话用户1.58万户，移动电话57.83万户，5G用户26.22万户。

拥有学校186所。其中，普通高中7所；初级中学47所；小学132所。在校学生96596人。其中，高（职）中生18822人，初中生29108人，小学生48666人；特殊学校在校生351人。在园幼儿14901人，适龄人口入学率100%。专职教师7151人。其中，高（职）中专职教师1054人；初中专职教师2474人；小学专职教师3623人。优化提质乡村小规模学校26所。新增公办义务教育学位3642个，停办小规模学校18所、提质改造26所，启动4所乡镇标准化寄宿制学校建设。有高新技术产品生产企业76家，其中高新技术企业42家。全年引进科技创新企业16家，入库科技型中小企业86家，成功申报高新技术企业7家，建成省级创新平台3家。全县发明专利拥有量95件、实用新型专利拥有量1065件、外观设计专利拥有量1167件。签订技术合同193项，技术合同成交金额7.87亿元。

有群众艺术馆、文化馆22个，公共图书馆22个。民间艺术表演团体7个，农村电影放映队28个。有中、短波广播发射台和转播台1个，电视台1座。有县级档案馆1个，馆藏档案41.29万卷（件），年内利用档案3916人次，利用档案资料8958卷次。年内共创建省级文明单位3个、省级文明村1个；市级文明单位5个、市级文明乡镇2个、市级文明村4个。

有卫生机构39个，床位4354张，卫生技术人员3246人。6家医疗机构实现跨省直接结算，在全市率先实现DIP支付全覆盖。有运动场3个、体育馆1座、体育场2个、游泳池3个、训练房6个。开展群众体育活动21场次。参加比赛获世界冠军1个；运动会获省级以上金牌6枚、市级以上银牌58枚。承办“2022年中国桨板黄金联赛暨第一届天子湖桨板公开赛”，国家水上国民休闲运动中心落户天子湖。

全县9项18个省定重点民生实事项目全面完成目标任务，其中10个项目超额完成。重点民生实事资金投入4.51亿元。全年累计发放城市低保金1721.98万元、农村低保金8768.21万元，发放城乡特困供养金4802.43万元。利用老旧学校等闲置资产改造建成乡镇敬老院6所。新增城镇就业人员0.57万人、下岗职工再就业0.76万人。参加失业保险2.17万人、参加工伤保险4.48万人、参加城乡居民基本医疗保险人数82.04万人。救助困难退役军人1320人，康复救助残疾儿童187人，完成困难老年人居家适老化改造167户，困难残疾人家庭无障碍改造139户。建成基层公共就业服务平台420家；邀请长沙市、浏阳市知名企业到邵阳县召开小型招聘会4次，输出脱贫劳动力427人次；开发村级保洁员等乡村公益性岗位3275个。全年投入专项扶贫资金同比增长3.97%，监测户3768户、11697人，累计消除风险的监测户1683户、5547人。城镇居民人均可支配收入34053元，增长4.5%；农村居民人均可支配收入15701元，增长6.9%。

是年，邵阳县获评全省高效能治理和平安建设先进县；县公安局禁毒大队获公安部集体一等功，被授予“全省禁毒清源断流先进单位”称号。县粮食生产排名全市第一，获评全国绿色防控先进县、全省粮食生产先进县。

**【中国桨板黄金联赛暨第一届天子湖桨板公开赛在邵阳县开赛】** 2022年8月21日，2022年中国桨板黄金联赛暨第一届天子湖桨板公开赛在邵阳县天子湖国家湿地公园天子湖景区开赛，200名选手参赛。大赛由国家体育总局水上运动管理中心、湖南省体育局、邵阳市人民政府主办，邵阳市文化旅游广电体育局、邵阳县人民政府承办。比赛项目分10千米耐力赛、200米竞速赛两大类别，其中10千米耐力赛设男子公开组、女子公开组，200米竞速赛设青少年组、男子青年组、女子青年组、男子大师组、女子大师组、龙板组。郑浩、徐浩婷分别摘取男子公开组10千米耐力赛冠军、女子公开组10千米耐力赛冠军，200米

2022年8月21日，2022年中国桨板黄金联赛暨第一届天子湖桨板公开赛在邵阳县天子湖国家湿地公园天子湖景区开赛（赵小明 供图）

竞速赛青少年组、男子青年组、女子青年组、男子大师组、女子大师组、龙板组冠军分别由李遒蟾、施必江、徐浩婷、王晓和、胡先福、虎行击水队获得。

**【邵阳县中非经贸产业园建设】** 2022年5月11日，在湖南省2022年第一批省级招商引资重大项目集中签约仪式上，邵阳县中非经贸产业园项目正式签约。邵阳县中非经贸产业园被省政府列入《中国（湖南）自由贸易试验区中非经贸深度合作先行区专项规划》的“五大功能集聚区”之一的产业规划项目，是打造中非经贸合作促进创新示范园的市县重点项目。项目总投资10亿元，规划用地230亩，总建筑面积20万平方米。拟建设一座日处理量3000吨的专业污水处理站、一座30吨锅炉集中供热站、一座过酸染色房；新建13栋现代化标准厂房，一座办公楼和一座集科技研发、电商营销、展览中心、管理人员公寓楼于一体的综合楼。截至5月，已完成6栋厂房的主体施工，建筑面积约4万平方米，完成固定资产投资1.58亿元，其中第一栋已交付使用。

2022年8月1日，红色主题电影《烽火塘田》在邵阳县塘田战时讲学院旧址正式开机拍摄。图为开机仪式现场（赵小明 供图）

**【红色主题电影《烽火塘田》在邵阳县开机拍摄】** 2022年8月1日，在邵阳县塘田战时讲学院旧址，红色主题电影《烽火塘田》正式开机拍摄。该片由潇湘电影集团有限公司与中共邵阳县委、县人民政府联合摄制、出品，由著名导演、湖南潇影第二影业有限公司副董事长周琦任总导演，国内知名演员曹磊任主演，唐国强友情出演。该片讲述抗战时期中国共产党主导的知识分子群体在国统区湖南邵阳塘田创办战时讲学院的革命历史故事，塑造了以马克思主义史学家吕振羽为代表的一群报国救亡、热血激荡、教书育人、刻苦学习的抗战师生形象。

**【邵阳县养老服务监督指导中心揭牌】** 2022年2月21日，“邵阳县养老服务监督指导中心”揭牌。邵阳县养老服务监督指导中心，占地100平方米，投资150万元，是全市第一家与市局联网，集指挥中心、管理中心、监督中心、大数据中心为一体的综合性养老服务监督指导中心。通过“互联网+”服务模式，覆盖全县21个乡镇场所有养老机构、居家社区综合养老服务中心、日间照料中心以及农村互助养老服务中心的服务与监管，为全县19.8万名老人提供机构和居家养老服务。

（赵小明）

# 人物

# 人物简介

## ·全国五一劳动奖章获得者·

【孙燕】女，1969年11月出生，新邵县人，中共党员，新邵县中医医院小儿骨伤科主任、主任医师，国家级非遗“新邵孙氏正骨术”第四代主要学术传人。她一直致力于小儿骨科的研究和学科建设，带领团队坚持开展临床问题研究、学术交流与探讨，将以“新邵孙氏正骨术”为代表的手法整复小夹板外固定与微创有限手术、康复支具等现代医学相结合，对各种骨折形成系统、规范的诊疗方法，获业界和患者广泛认可。在其带领下，新邵县中医医院小儿骨伤科发展成为湖南省规模较大、技术力量雄厚的儿童肌肉骨骼系统疾病矫治中心，由她主持和参与的科研项目先后获湖南省科技奖三等奖2项，邵阳市科技进步奖一等奖1项、二等奖2项。2016年，孙燕被评选为享受国务院政府特殊津贴专家，2019年被评为全国巾帼建功标兵，2022年获全国五一劳动奖章。

【王志刚】1987年7月出生，大学文化，2009年6月参加工作，湖南锐科机器人技术有限公司机械工程师。他致力于将先进机器人技术和智能制造技术融合内陆特色县域传统产业转型升级，针对五金工具行业的智能生产线和公司团队成功研发技术，为全国五金工具行业研发出新工艺、新设备、新方法。负责研发设计的木工家具智能喷漆机和跨境物流扫码、测重、量方、拍照一体机两种设备，都有针对性地解决了所属行业的痛点，于2021年入市销售，获邵东市斯美达家具厂和深圳陆海空国际物流公司好评。2019年获湖南省五一劳动奖章称号，2022年被授予全国五一劳动奖章，曾获湖南省五一劳动奖章、邵东工业设计大赛“优秀设计师”等荣誉。

（唐怡桂）

## ·全国三八红旗手获得者·

【周志梅】女，1978年4月出生，汉族，本科学历，湘林集团有限公司副董事长兼总经理，湖南省妇联副主席（兼）、省女企业家协会会长，邵阳市女企业家协会会长。1998年，周志梅追随父亲创业的脚步，成为家族企业湘林集团的一员。她从最基层做起，勤勤恳恳，迅速成长为湘林集团有限公司副董事长、总经理。在其经营下，公司发展为拥有资产59亿元的综合型集团公司，经营范围由最初的木材经营拓展为林业、酒店、基础设施建设、物流仓储和房地产一体。带动就业1.2万人，其中已脱贫7844人。同时，作为一名成功的女企业家，她情系贫弱，乐善好施，累计捐献社会公益事业和光彩事业各种款项3000余万元。湘林集团先后被授予湖南省“林产工业龙头企业”、湖南省“农业产业化龙头企业”、湖南省“百强民营企业”等称号。2021年3月周志梅入选全国巾帼建功标兵名单，4月被中华全国总工会授予“全国五一劳动奖章”称号。2022年3月被全国妇联授予“全国三八红旗手”称号。

（刘树柏）

## ·全国优秀共青团员·

【邓嘉玮】1994年7月出生，共青团员，大学本科学历，湖南湘窖酒业有限公司工艺技术员。他扎根酿酒一线，聚焦酿酒生产、品质提升、研究调试工作，在日复一日的磨砺中，将工匠精神内化于心、外化于行。2022年9月2日，参与发明的“一种酱香型窖池窖底井和窖面的密封方法”专利在专利网公开。在参与湘产浓香型白酒品质提升、安全关键技术的研究和应用及白酒科研项目检测时，他全程跟踪“提前抽黄水，减少酒体中杂味”项目，通过一年的跟踪收集，获得完整的、成体系的数据。这一项目每年为企业增加利润1000万元，并获湖南省科技进步二等奖。2022年邓嘉玮获“全国优秀共青团员”称号。

【郭浩】1999年出生，2017年入伍，共青团员，洞口县消防救援大队战士。5年里，他将热血青春全部倾注在执勤训练、灭火救援、抗洪抢险、消防宣传等消防救援工作中。他闻警而动、奋勇争先，“刀山敢上，火海敢闯”，共参加各类灭火救援任务1200余起，抢救遇难遇险群众36人次。特别是在“10·25”沪昆高速雪峰山隧道火灾中，他连续奋战45小时，疏散被困群众60余名，营救被困战友1名，保卫了人民群众生命财产安全。同时，他积极参加邵阳共青团各类志愿活动。立个人二等功一次，被评为2021年湖南省优秀共青团员，2022年获“全国优秀共青团员”称号。

（肖 品）

## ·其他先进人物·

【全国司法行政系统先进工作者 姚农业】湖南武冈人，1968年6月出生，中共党员，2006年由部队转至地方工作。邵阳市强制隔离戒毒所出入所大队大队长、一级警长。2017年，他带病主动申请参与援疆工作，在疆期间，平均每日工作13小时，累计值夜班90余天。2019年，他再次请缨到偏远的省直属白泥湖强制隔离戒毒所，主动选择楼层最高、夏天最热、戒毒学员人数最多的大队跟班学习。承担车间习艺劳动管理工作期间，他专心研究生产线的规划、岗位分配、管理制度等。地方工作17年间，他平均每年加班50天以上，参加戒毒宣传志愿活动60余场次，经手转化劳教学员382人，转化戒毒学员138人。先后5次被评为市优秀公务员，3次立三等功，3次被评为市优秀共产党员。2022年被评为全国司法行政系统先进工作者。

**【全国老龄系统先进工作者 黎龙波】** 湖南邵阳县人，1974年9月出生，1994年12月参加工作，中共党员，大学本科，邵阳市卫生健康委员会老龄健康科科长。他经常深入基层调研，提出改进老龄工作的新途径新办法，助力全市出台老龄工作政策文件32个。协调老龄委成员单位开展惠老政策落实情况督查，配合市人大、市政协开展老年人权益保障实施情况、健康养老服务产业发展情况调研，推动老年人民生保障范围扩大、福利保障水平提升。组织修订成员单位职责和议事规则，指导县市区选强配优基层老年协会队伍。全市483个社区、3153个建制村，共成立城乡基层老年协会3373个，城乡建会覆盖率分别达96%、92%，老年人参与会率达50%。组织实施社区医养服务能力提升工程，推动基层乡镇（社区）医院建设老年人康养中心、市直医疗资源向养老机构延伸；推动175家养老机构与医疗卫生机构签约，签约率100%；推进老年医学科建设；组织开展医养结合示范创建活动并深入创建单位指导；组织开展"敬老文明号"创建、"尊老爱老助老"评选活动，15个单位获"全国敬老文明号"称号，12人获全国"敬老爱老助老模范人物"称号；每年组织举办"爱在重阳 情暖邵阳"、金秋惠老、十佳"基层老年协会、孝子、敬老文明单位"评选等活动，组织发动政府机构、企事业单位、社会组织走访慰问老年人20万余人次，慰问金及物资价值共4000万余元。2022年被评为全国老龄系统先进工作者。

**【全国特级优秀人民警察 刘健】** 湖南隆回县人，1985年5月出生，2004年12月参加工作，中共党员，大学本科，邵阳县公安局禁毒大队教导员、三级警长。从警11年，坚持在刑侦、禁毒基层一线工作。参与破获毒品刑事案件170余起，其中部督毒品目标案件12起、省督7起，在侦破部督案件过程中起到关键作用，累计抓获贩毒犯罪嫌疑人560余名，查获吸毒人员1400余人，摧毁贩毒团伙27个，斩断从外省流入的贩毒通道16个，缴获各类毒品700余公斤，缴获毒资800多万元。所在单位邵阳县公安局禁毒大队获评"全省三年禁毒大行动先进集体""全国禁毒工作先进集体"。他本人立个人一等功1次、二等功2次、三等功3次，6次获市公安局嘉奖，被评选为"全省最美基层民警"、全市青年岗位能手、"全市公安岗位办案能手"、邵阳市"优秀共产党员"、邵阳县"第三届道德模范敬业奉献模范"，2022年被评为全国特级优秀人民警察。

**【全国住房和城乡建设系统劳动模范 曾碧伍】** 女，1980年7月出生，湖南省洞口县纽恩驰（湖南）环境产业有限公司环卫工人。从事环卫工作12年，始终坚持"宁愿一人脏、换来万人洁"的高尚品质，坚守在环卫一线岗位上，埋头苦干、任劳任怨、乐于奉献，在平凡岗位上做出不平凡的成绩。年年获评县优秀环卫工作者，2016年当选为市人大代表，2018年当选为县总工会兼职主席，2020年参加市环卫技能比赛获清扫个人三等奖，2021年连任市人大代表。2022年被授予全国住房和城乡建设系统劳动模范称号。

**【全国公安机关成绩突出青年民警 段鹏】** 1987年12月出生，邵阳市公安局巡特警支队猎豹突击队副大队长。他精通格斗、狙击、徒手控制、查缉技战术、长短枪应用射击等多项实战技能，十余次代表邵阳市参加全省各项实战技能比武，先后获湖南省公安系统首届散打擂台赛85公斤以上级别亚军、全省狙击枪实战应用射击第三名、全省公安特警长短枪互换射击第四名，获"中部四省优秀射手"称号。他多次成功处置涉枪涉爆案件，参加抗洪抢险、抓捕制毒贩毒亡命之徒，他总是冲锋在前。2021年获"邵阳青年五四奖章"，2022年获"湖南省青年岗位能手""全国公安机关成绩突出青年民警"称号。

（林佳祥）

## 2022年邵阳籍获二等功以上退役军人一览表

表10

| 姓名 | 性别 | 籍贯 | 授予年份 | 荣誉称号 | 简要事迹 |
|---|---|---|---|---|---|
| 李涛 | 男 | 湖南隆回 | 2022年 | 一等功 | 在江苏服役，先后获江苏省、全国消防行业职业技能大赛消防通信员项目第一名，获得"消防金头盔"奖；获消防救援局"一等功"、江苏工匠、江苏省技术能手、江苏消防总队优秀青年、支队优秀消防员；获全国五一劳动奖章、徐州市十大杰出青年、江苏省消防救援总队"科技强消"岗位"模范共产党员"等称号 |
| 陈杰 | 男 | 湖南隆回 | 2022年 | 二等功 | 部队演习表现优秀 |
| 陈勇 | 男 | 邵阳北塔区 | 2022年 | 二等功 | 2022年11月13日，在执行油料运输保障过程中发生车辆交通事故不幸牺牲 |

# 统计资料

邵阳年鉴 SHAOYANG NIANJIAN 2023

# 统计资料

## 2020—2022年邵阳市国民经济和社会发展总量指标对比表

表11

| 指标名称 | 2022年 | 2021年 | 2020年 |
|---|---|---|---|
| 人口与就业 | | | |
| 一、户籍人口（万人） | | | |
| 年末总人口 | 812.25 | 816.89 | 822.32 |
| 男性人口 | 430.02 | 432.14 | 434.41 |
| 女性人口 | 382.23 | 384.75 | 387.91 |
| 二、就业（万人） | | | |
| 从业人员数 | | 328.2 | 319.72 |
| #职工人数 | | | 42.15 |
| 宏观经济 | | | |
| 一、国民核算（万元）（当年价格） | | | |
| 生产总值 | 25991831 | 24615348 | 22397561 |
| 第一产业 | 4352147 | 4088812 | 3976168 |
| 第二产业 | 8329085 | 7861750 | 6937583 |
| 第三产业 | 13310599 | 12664786 | 11483810 |
| 国内支出总额 | | | |
| #最终消费 | | | |
| 居民消费 | | | |
| 政府消费 | | | |
| 资本形成总额 | | | |
| 固定资本形成总额 | | | |
| 存货增加 | | | |
| 二、固定资产投资（万元） | | | |
| 全社会固定资产投资总额 | | | |
| #国有单位 | | | |

续表 11

| 指标名称 | 2022 年 | 2021 年 | 2020 年 |
|---|---|---|---|
| 集体单位 | | | |
| 个体经济 | | | |
| 三、财政（万元） | | | |
| 财政总收入 | 1801886 | 1934695 | 1693199 |
| # 地方财政收入 | 1279717 | 1184981 | 1053402 |
| 财政总支出 | 6370512 | 5827803 | 5902346 |
| 四、物价总指数（%） | | | |
| 商品零售价格总指数 | 103.1 | 101.4 | 101.2 |
| 居民消费品价格总指数 | 101.8 | 100.2 | 102.2 |
| 五、利用外资（万美元） | | | |
| 实际利用外资 | 3367.5 | 3316.9 | 39698 |
| 产　业 | | | |
| 一、农　业 | | | |
| 耕地面积（千公顷） | 397.1 | 395.12 | 448.81 |
| 乡村农林牧渔业从业人员（万人） | | | 215.42 |
| 农林牧渔业总产值（亿元） | 741.55 | 696.97 | 677.6 |
| # 农　业 | 391.71 | 358.53 | 346.35 |
| 林　业 | 24.05 | 20.92 | 20.22 |
| 牧　业 | 265.52 | 263.16 | 262.19 |
| 渔　业 | 21.29 | 19.43 | 16.53 |
| 农林牧渔服务业产值 | 38.98 | 34.93 | 32.32 |
| 主要农产品产量 | | | |
| 粮食（万吨） | 330.97 | 336 | 323.96 |
| 棉花（吨） | 16 | 0 | 1 |
| 油料（吨） | 234698 | 217868 | 211934 |
| 烤烟（吨） | 9023 | 8431 | 8909 |
| 茶叶（吨） | 6950 | 6686 | 6231 |
| 柑橘（万吨） | 84.18 | 70.09 | 67.28 |
| 肉类总产量（万吨） | | | |

续表 11

| 指标名称 | 2022 年 | 2021 年 | 2020 年 |
|---|---|---|---|
| 水产品（万吨） | 9.91 | 9.67 | 9.66 |
| 二、工 业 | | | |
| 全部工业总产值（当年价格）（万元） | | | |
| 总计中：规模工业 | | | |
| 非规模工业 | | | |
| 规模工业中：轻工业 | | | |
| 重工业 | | | |
| 主要工业产品产量 | | | |
| 原煤（万吨） | 15.12 | 12.9 | 16.7 |
| 发电量（亿千瓦小时） | 119.14 | 124.5 | 116.9 |
| 饮料酒（万吨） | 14.39 | 12.1 | 10.4 |
| 机制纸及纸板（万吨） | | 49.7 | 53.1 |
| 水泥（万吨） | 1543.18 | 1060.2 | 1043.8 |
| 独立核算工业企业财务指标 | | | |
| 固定资产原值（万元） | | | |
| 固定资产净值（万元） | | | |
| 三、建筑业（四级 及四级以上建筑业） | | | |
| 建筑企业年平均人数（人） | 152559 | 133106 | 137833 |
| 建筑业总产值（万元） | 7260255 | 6511426 | 5746962 |
| 施工房屋面积（万平方米） | 5365.71 | 5137.02 | 4568.67 |
| 竣工房屋面积（万平方米） | 1947.16 | 1724.73 | 1648.37 |
| 四、交通运输 | | | |
| 货运量（万吨） | 9731.47 | 10805.4 | |
| #铁　路 | 396.87 | 491 | 399.04 |
| 公　路 | 9334.6 | 10314.4 | |
| 水　运 | | | 121.58 |
| 客运量（万人次） | 4508.25 | 3469.5 | 3074.19 |
| #铁　路 | 986.75 | 1309.7 | 1258.26 |
| 公　路 | 3510.9 | 2122.9 | 3061.98 |

续表 11

| 指标名称 | 2022 年 | 2021 年 | 2020 年 |
|---|---|---|---|
| 水　运 | 10.6 | 6.5 | 12.21 |
| 五、邮电通信业 | | | |
| 邮电业务总量（万元） | 702992 | 664768 | 4933473 |
| 函件（万件） | 26.97 | 19.93 | 46.94 |
| 报刊期发数（万份） | 37.26 | 32.64 | 46.91 |
| 交换机容量（万门） | 788 | 664.25 | 876.25 |
| 电话机（万部） | 27.15 | 28.47 | 30.6 |
| 城　市 | 14.22 | 14.91 | 16.22 |
| 农　村 | 11.48 | 12.06 | 12.82 |
| 移动电话（万户） | 609.89 | 599.15 | 574.88 |
| 计算机互联网用户数（万户） | | | 68.89 |
| 六、国内商业 | | | |
| 社会消费品零售总额（万元） | 14088170 | 13823522 | 12088272 |
| 七、外 贸 | | | |
| 进出口总额（万美元）（海关口径） | 364859 | 358213 | 402542 |
| 进口额 | 15505 | 8946 | 7858 |
| 出口额 | 349354 | 348894 | 394684 |
| 八、金融保险 | | | |
| 金融机构存款（亿元） | 4045.61 | 3586.8 | 3298.2 |
| #储蓄存款 | 3219.39 | 2782.53 | 2484.06 |
| 金融机构贷款（亿元） | 2538.95 | 2297.45 | 1961.51 |
| 保险业务收入（万元） | 989143 | 1019398 | 894369 |
| 保险业务支出（万元） | 363021 | 339425 | 273711 |
| 教育、科技、文化 | | | |
| 一、教 育 | | | |
| 专任教师数（人） | | | |
| 普通高等学校 | 2426 | 2313 | 2237 |
| 中等专业学校（含职业中学） | 5006 | 3527 | 3444 |
| 普通中学 | 37135 | 30541 | 26406 |

续表 11

| 指标名称 | 2022 年 | 2021 年 | 2020 年 |
| --- | --- | --- | --- |
| 小　学 | 28350 | 33011 | 26956 |
| 在校学生（人） | | | |
| 普通高等学校 | 53357 | 51209 | 46081 |
| 中等专业学校（含职业中学） | 85445 | 84881 | 79231 |
| 普通中学 | 472089 | 461681 | 457664 |
| 小　学 | 541746 | 570702 | 587794 |
| 二、科 技 | | | |
| 中级技术职称以上人员（万人） | | | |
| 科学事业费支出（万元） | | 66588 | 70684 |
| 三、文 化 | | | |
| 公共图书馆藏图书册数（万册） | 303.13 | 277.84 | 277 |
| 电视人口覆盖率（%） | 99.23 | 99.22 | 99.27 |
| 广播人口覆盖率（%） | 97.47 | 97.45 | 97.36 |
| 家庭、生活、环境 | | | |
| 一、家 庭 | | | |
| 城镇居民平均每户家庭人口（人） | | 3.1 | 3.23 |
| 农村居民平均每户常住人口（人） | | 3.3 | 3.4 |
| 二、婚 姻 | | | |
| 结婚数（对） | 27632 | 31561 | 38781 |
| 离婚数（对） | 7756 | 8281 | 16898 |
| 三、居住（平方米/人） | | | |
| 城市居民人均居住面积 | 55.8 | 56.4 | 56 |
| 农村居民人均居住面积 | 70.4 | 72.9 | 73 |
| 四、生 活 | | | |
| 城市居民可支配收入（元） | 35177 | 33374 | 30845 |
| 农村居民人均纯收入（元） | 16815 | 15700 | 14119 |
| 城乡居民储蓄存款余额（亿元） | 3219.39 | 2782.53 | 2484.06 |
| 五、工资福利 | | | |
| 在岗职工平均工资（元） | 80198 | 74514 | 68987 |

续表 11

| 指标名称 | 2022 年 | 2021 年 | 2020 年 |
|---|---|---|---|
| 六、卫生 | | | |
| 医院（个） | 138 | 143 | 139 |
| 医生（人） | 17139 | 15905 | 16070 |
| 护士（人） | 19969 | 19839 | 20290 |
| 医院床位（张） | 36839 | 36563 | 33272 |
| 七、市政建设 | | | |
| 自来水供应量（万立方米） | | | |
| 下水道总长（公里） | 753 | 670 | 650 |
| 城市煤气供应量（万立方米） | 7733 | 7561.6 | 6263 |
| 石油液化气供应量（吨） | 3500 | 4100 | 4300 |
| 公共汽车总数（辆） | 757 | 757 | 560 |
| 营运线路长度（公里） | | | |
| 绿地面积（公顷） | 3244 | 3236 | 3215 |
| 八、环境、灾害 | | | |
| 治理污染资金使用额（万元） | | | |
| 环境污染事故数（次） | | | |
| 火灾发生数（次） | | 4047 | 898 |
| 火灾经济损失（万元） | | | 1009 |
| 交通事故发生数（次） | 1682 | 664 | 572 |
| 交通事故经济损失（万元） | | | |

注：2021 年火灾事故次数统计口径有变化

# 2022年邵阳市全部城镇非私营单位在岗职工平均人数一览表

表12　　单位：人

| 指标名称 | 人数 |
|---|---|
| 总计 | 330027 |
| 按国民经济行业分组 | |
| （一）农、林、牧、渔业 | 2557 |
| （二）采矿业 | 3641 |
| （三）制造业 | 38655 |
| （四）电力、热力、燃气及水生产和供应业 | 6528 |
| （五）建筑业 | 49461 |
| （六）批发和零售业 | 9467 |
| （七）交通运输、仓储和邮政业 | 8266 |
| （八）住宿和餐饮业 | 1290 |
| （九）信息传输、软件和信息技术服务业 | 3961 |
| （十）金融业 | 10116 |
| （十一）房地产业 | 3868 |
| （十二）租赁和商务服务业 | 7362 |
| （十三）科学研究和技术服务业 | 3567 |
| （十四）水利、环境和公共设施管理业 | 3404 |
| （十五）居民服务、修理和其他服务业 | 2802 |
| （十六）教育 | 73644 |
| （十七）卫生和社会工作 | 38128 |
| （十八）文化、体育和娱乐业 | 1122 |
| （十九）公共管理、社会保障和社会组织 | 62188 |

# 2022年邵阳市全部非私营单位在岗职工平均工资一览表

表13　　单位：元

| 指 标 名 称 | 工资金额 |
|---|---|
| 总 计 | 80198 |
| 按国民经济行业分组 | |
| （一）农、林、牧、渔业 | 58537 |
| （二）采矿业 | 66908 |
| （三）制造业 | 58232 |
| （四）电力、热力、燃气及水生产和供应业 | 80646 |
| （五）建筑业 | 61324 |
| （六）批发和零售业 | 58139 |
| （七）交通运输、仓储和邮政业 | 77332 |
| （八）住宿和餐饮业 | 39341 |
| （九）信息传输、软件和信息技术服务业 | 104350 |
| （十）金融业 | 138720 |
| （十一）房地产业 | 55857 |
| （十二）租赁和商务服务业 | 57139 |
| （十三）科学研究和技术服务业 | 74396 |
| （十四）水利、环境和公共设施管理业 | 72615 |
| （十五）居民服务、修理和其他服务业 | 80463 |
| （十六）教 育 | 84714 |
| （十七）卫生和社会工作 | 105271 |
| （十八）文化、体育和娱乐业 | 69020 |
| （十九）公共管理、社会保障和社会组织 | 88922 |

## 2022年邵阳市固定资产投资（不含跨区项目）增长情况表

表14

| 指标名称 | 2022年比2021年 |
|---|---|
| 投资总额（万元） | 8.7% |
| 一、按登记注册类型分 | |
| 1、国有企业 | -1.3% |
| 2、集体企业 | -13.6% |
| 3、个体经营 | 55% |
| 个体户 | 68.7% |
| 个人合伙 | -48.5% |
| 4、联营企业 | 92.8% |
| 5、有限责任公司 | 15.8% |
| 国有独资企业 | -24.1% |
| 其他有限责任公司 | 43.7% |
| 6、股份有限公司 | 27.9% |
| 7、私营企业 | 12.2% |
| 8、港澳台外商投资企业 | 104.5% |
| 9、其他企业 | -55% |
| 二、按构成分 | |
| 建筑安装工程 | 8.9% |
| 设备工器具购置 | 44% |
| 其他费用 | -19.7% |
| 三、按隶属关系分 | |
| 中央 | -15.8% |
| 地方 | 9.4% |
| 四、房屋建筑面积（万平方米） | |
| 施工面积 | -4.1% |
| 竣工面积 | -36.2% |
| # 住宅 | -27.1% |

# 2020—2022 年邵阳市地方财政收入构成对比表

表 15　　　　单位：万元

| 指 标 名 称 | 2022 年 | 2021 年 | 2020 年 |
|---|---|---|---|
| 一、地方财政收入合计 | 1279717 | 1184981 | 1053410 |
| 增值税 | 236292 | 246677 | 98535 |
| 营业税 | | | |
| 企业所得税 | 63477 | 72714 | 60127 |
| 企业所得税退税 | | | |
| 个人所得税 | 14793 | 17054 | 16545 |
| 资源税 | 4089 | 5445 | 6694 |
| 固定资产投资方向调节税 | | | |
| 城市维护建设税 | 40543 | 49321 | 39743 |
| 房产税 | 34225 | 20572 | 12873 |
| 印花税 | 16576 | 12647 | 9870 |
| 城镇土地使用税 | 15529 | 13420 | 10845 |
| 土地增值税 | 112015 | 93963 | 86689 |
| 车船使用和牌照税 | 18521 | 18188 | 18017 |
| 农业税 | | | |
| 农业特产税 | | | |
| 耕地占用税 | 66356 | 35614 | 37536 |
| 契　税 | 195123 | 169867 | 152532 |
| 烟叶税 | 4902 | 3049 | 3344 |
| 国有资产经营收益 | | | |
| 国有企业计划亏损补贴 | | | |
| 行政性收费收入 | 74559 | 66271 | 76754 |
| 罚没收入 | 149799 | 166840 | 148347 |
| 专项收入 | 63054 | 65942 | 59396 |
| 其他收入 | | 127397 | 215563 |
| 二、上划中央收入 | 498016 | 621983 | 522813 |
| 三、上划省级收入 | 24153 | 131878 | 116984 |

# 2020—2022 年邵阳市地方财政收入构成对比表

表 16　　单位：万元

| 指 标 名 称 | 2022 年 | 2021 年 | 2020 年 |
|---|---|---|---|
| 支出合计 | 6370512 | 5838712 | 5902346 |
| 一、一般公共服务 | 704996 | 633330 | 677067 |
| 二、外交 | | | 0 |
| 三、国防 | 7895 | 6788 | 10848 |
| 四、公共安全 | 239364 | 200175 | 241903 |
| 五、教育 | 1158585 | 1089737 | 1086454 |
| 六、科学技术 | 75592 | 56609 | 70684 |
| 七、文化体育与传媒 | 71506 | 69040 | 89122 |
| 八、社会保障和就业 | 840811 | 765567 | 797532 |
| 九、医疗卫生 | 768067 | 678741 | 680099 |
| 十、环境保护 | 100555 | 136089 | 107250 |
| 十一、城乡社区事务 | 801494 | 632458 | 358110 |
| 十二、农林水事务 | 841544 | 821958 | 882777 |
| 十三、交通运输 | 195013 | 182757 | 248208 |
| 十四、工业商业金融等事务 | 144606 | 195417 | 140284 |
| 十五、其他支出 | 420484 | 370046 | 512008 |

# 2022 年邵阳市金融机构信贷资金来源情况表

表 17　　单位：万元

| 指　标　名　称 | 年末余额 | 比年初增减额 |
|---|---|---|
| 资金来源总计 | 40067409 | 5292672 |
| 一、各项存款 | 40456142 | 4588116 |
| （一）境内存款 | 40444191 | 4588531 |
| 1. 住户存款 | 32193925 | 4368661 |
| （1）活期存款 | 9103639 | 734292 |
| （2）定期及其他存款 | 23090286 | 3634369 |
| 2. 非金融企业存款 | 3864630 | 40687 |
| （1）活期存款 | 2344043 | 43503 |
| （2）定期及其他存款 | 1520587 | –2817 |
| 3. 广义政府存款 | 4317504 | 131541 |
| （1）财政性存款 | 337700 | –75224 |
| （2）机关团体存款 | 3979804 | 206765 |
| 4. 非银行业金融机构存款 | 68133 | 47642 |
| （二）境外存款 | 11951 | –415 |
| 二、金融债券 | | |
| 其中：境外发行 | | |
| 三、卖出回购资产 | | |
| 四、借款及非银行业金融机构拆入 | | |
| 五、联行往来（净） | | |
| 六、应付及暂收款 | 912382 | 70618 |
| 七、各项准备 | 786333 | 104480 |
| 八、所有者权益 | 1184383 | –23904 |
| 其中：实收资本 | 487321 | 17653 |
| 九、其 他 | –3271831 | 553363 |

# 2022 年邵阳市金融机构信贷资金运用情况表

表 18 单位：万元

| 指标名称 | 年末余额 | 比年初增减额 |
|---|---|---|
| 资金运用总计 | 40067409 | 5292672 |
| 一、各项贷款 | 25389491 | 2414980 |
| （一）境内贷款 | 25387437 | 2413122 |
| 1. 住户贷款 | 11928118 | 830170 |
| （1）短期贷款 | 4299855 | 632241 |
| 消费贷款 | 1668636 | 209929 |
| 经营贷款 | 2631219 | 422311 |
| （2）中长期贷款 | 7628263 | 197929 |
| 消费贷款 | 5653559 | 172395 |
| 经营贷款 | 1974704 | 25534 |
| 2. 非金融企业及机关团体贷款 | 13364419 | 1500052 |
| （1）短期贷款 | 2604777 | 207218 |
| （2）中长期贷款 | 9379230 | 964206 |
| （3）票据融资 | 1380412 | 329294 |
| （4）融资租赁 | | |
| （5）各项垫款 | 0 | –665 |
| 3. 非银行业金融机构贷款 | 94900 | 82900 |
| （二）境外贷款 | 2054 | 1867 |
| 二、债券投资 | 3566699 | 1048622 |
| 其中：境外债券 | | |
| 三、股权及其他投资 | 74351 | 5404 |
| 四、买入返售资产 | 0 | –39150 |
| 五、存放非银行业金融机构款项 | | |
| 六、联行往来（净） | 10703377 | 1853999 |
| 其中：境内存放二级准备金 | 42360 | 0 |
| 七、金银占款 | | |
| 八、中央银行外汇占款 | | |
| 九、应收及预付款 | 138560 | –999 |
| 十、投资性房地产 | 1 | 0 |
| 十一、固定资产 | 194929 | 9807 |

# 2022年邵阳市保险业务收入与支出情况表

表19　　　　单位：万元

| 指　标　名　称 | 2022年累计 | 同比增长 |
|---|---|---|
| 人寿保险业务收入与支出 | | |
| 一、原保险保费收入 | 694391.96 | 1.3% |
| （一）按险种分 | | |
| 1. 寿　险 | 317499.88 | 13.3% |
| 2. 年金险 | 202288.96 | -11.8% |
| 3. 意外伤害险 | 8422.28 | -15.3% |
| 4. 健康险 | 166180.84 | 0.1% |
| （二）按新型产品分：寿险原保险保费 | | |
| （1）普通寿险 | 193432.08 | 40% |
| 其中：新单保费 | 73937.23 | 78.5% |
| 续期保费 | 119494.85 | 23.6% |
| （2）分红寿险 | 122718.81 | -12.8% |
| 其中：新单保费 | 64041.84 | -8.2% |
| 续期保费 | 58676.97 | -17.4% |
| （3）投资连结保险 | 1.07 | -43.3% |
| （4）万能寿险 | 1347.92 | -3.8% |
| 二、赔付支出 | | |
| 1. 赔款支出 | 49321.83 | 20% |
| （1）意外伤害险 | 2335.5 | -23.8% |
| （2）短期健康险 | 46986.33 | 23.5% |
| 2. 死伤医疗给付 | 29320.88 | 6.4% |
| （1）寿　险 | 9518.42 | 8.6% |
| （2）年金险 | 3352.29 | 10.9% |

续表 19

| 指　标　名　称 | 2022 年累计 | 同比增长 |
|---|---|---|
| （3）长期健康险 | 16450.17 | 4.2% |
| 3. 满期给付 | 50205.03 | 21.3% |
| （1）寿　险 | 47539.65 | 32.1% |
| （2）年金险 | 2555.02 | –50.8% |
| （3）长期健康险 | 110.37 | –47.7% |
| 4. 年金给付 | 23004.72 | 6.8% |
| （1）个人业务 | 22122.68 | 8% |
| （2）团体业务 | 882.04 | –16.2% |
| 三、退休金 | 85413.15 | 24.2% |
| 1. 寿　险 | 22635.79 | 12.2% |
| 2. 年金险 | 58969.13 | 29.3% |
| 3. 长期健康险 | 3808.23 | 29.2% |
| 财产保险业务收入与支出 | | |
| 一、原保险保费收入合计 | 294750.74 | –3.1% |
| 1. 企业财产保险 | 1898.61 | 13.6% |
| 2. 家庭财产保险 | 2594.25 | 153.6% |
| 其中：投资型家财险 | 3.85 | –20.9% |
| 3. 机动车辆保险 | 152122.16 | 7.5% |
| 其中：交强险 | 50147.25 | 0.2% |
| 4. 工程保险 | 665.28 | –1.8% |
| 5. 责任保险 | 13811.06 | 4.3% |
| 6. 信用保险 | 0 | –100% |
| 7. 保证保险 | 1882.4 | 1.5% |
| 8. 船舶保险 | 4.47 | -80.9% |

续表 19

| 指 标 名 称 | 2022 年累计 | 同比增长 |
| --- | --- | --- |
| 9. 货物运输保险 | 396.99 | -5.5% |
| 10. 特殊风险保险 | 57.53 | 91.7% |
| 11. 农业保险 | 50203 | 6% |
| 12. 健康险 | 58558.73 | -29.1% |
| 13. 意外伤害保险 | 12169.99 | -8.7% |
| 14、其他险 | 386.28 | 25.5% |
| 二、赔款支出合计 | 211169.01 | -2% |
| 1. 企业财产保险 | 934.17 | 24.8% |
| 2. 家庭财产保险 | 238.94 | -22.7% |
| 其中：投资型家财险 | 0.28 | -65.6% |
| 3. 机动车辆保险 | 105822.33 | -2% |
| 其中：交强险 | 47280.58 | 2.3% |
| 4. 工程保险 | 159.05 | 13.9% |
| 5. 责任保险 | 6230.4 | -17.2% |
| 6. 信用保险 | 0.57 | 4594.5% |
| 7. 保证保险 | 558.4 | 133.2% |
| 8. 船舶保险 | 0.07 | 216.8% |
| 9. 货物运输保险 | 31.78 | 145.7% |
| 10. 特殊风险保险 | 0.1 | -90.1% |
| 11. 农业保险 | 34749.03 | 7.8% |
| 12. 健康险 | 58937.15 | -5.4% |
| 13. 意外伤害保险 | 3502.07 | -13% |
| 14. 其他险 | 4.94 | -32.9% |

# 2022年邵阳市各县（市区）农林牧渔业总产值（现价）情况表

表20 单位：万元

| 县（市区）名称 | 农林牧渔业总产值 | 农业产值 | 林业产值 | 牧业产值 | 渔业产值 | 农林牧渔服务业产值 |
|---|---|---|---|---|---|---|
| 邵阳市 | 7415487 | 3917112.6 | 240495.4 | 2655186.7 | 212940.4 | 389752 |
| 大祥区 | 172956.2 | 65694.8 | 14.1 | 38711.5 | 4674.3 | 63861.7 |
| 双清区 | 126705 | 43076.6 | 83.7 | 34758.8 | 2953.7 | 45832.2 |
| 北塔区 | 75962.1 | 31007.6 | 505.6 | 21218.7 | 2632.5 | 20597.7 |
| 邵东市 | 1100406.8 | 703725.4 | 9451.2 | 292358.7 | 57773.8 | 37097.7 |
| 新邵县 | 673582.7 | 322403 | 16150.5 | 275366.9 | 13506.8 | 46155.6 |
| 隆回县 | 1063089.5 | 635332.9 | 28802.7 | 341337.2 | 32583.6 | 25033.1 |
| 洞口县 | 1177135 | 644957 | 28508.8 | 394298.6 | 38440.9 | 70929.8 |
| 绥宁县 | 514074.5 | 207400.9 | 42556 | 248668 | 4323.1 | 11126.5 |
| 城步苗族自治县 | 267746.5 | 112921.7 | 20314.4 | 123461.3 | 1718.2 | 9330.9 |
| 武冈市 | 888372.8 | 456305.8 | 18171.8 | 377555.8 | 21974.2 | 14365.2 |
| 新宁县 | 536256.4 | 299257.6 | 13798.1 | 194035.2 | 10972.5 | 18193 |
| 邵阳县 | 819199.4 | 395029.5 | 62138.7 | 313415.9 | 21386.7 | 27228.6 |

# 2022 年邵阳市规模工业增加值完成情况表

表 21 单位：个

| 指标名称 | 比上年增长 | 企业单位数 |
|---|---|---|
| 邵阳市 | 7% | 2188 |
| 总计中：国有企业 | 5.2% | 14 |
| 股份制企业 | 7.6% | 2066 |
| 外商及港、澳、台投资企业 | 11% | 20 |
| 其他经济型企业 | -8% | 88 |
| 总计中：国有控股企业 | 3.4% | 50 |
| 总计中：大中型工业企业 | 15.1% | 113 |
| 总计中：省级及以上产业园区（含集中区） | 9.7% | 1378 |
| 非公有制经济 | 7.2% | 2135 |
| 市 区 | 7.4% | 379 |
| 大祥区 | 6.2% | 63 |
| 双清区 | 8% | 281 |
| 北塔区 | 7.2% | 35 |
| 邵东市 | 8.2% | 740 |
| 新邵县 | 7.7% | 241 |
| 隆回县 | 7.4% | 222 |
| 洞口县 | 1.9% | 162 |
| 绥宁县 | 7% | 74 |
| 城步苗族自治县 | 7% | 35 |
| 武冈市 | 8.1% | 122 |
| 新宁县 | 2.7% | 98 |
| 邵阳县 | 5.4% | 115 |
| 总计中：县域工业 | 7.1% | 1809 |

注：以上数据为快报数

# 2021 年、2022 年邵阳市交通运输主要统计指标对比表

表 22

| 指标名称 | 计量单位 | 2022 年 | 2021 年 |
|---|---|---|---|
| 一、公路线路到达数 | 公里 | 22629 | 22614.89 |
| 1. 高速公路 | 公里 | 584 | 582.65 |
| 2. 一级公路 | 公里 | 99 | 94 |
| 3. 二级公路 | 公里 | 1660 | 1632 |
| 4. 三级公路 | 公里 | 811 | 584.63 |
| 5. 四级公路 | 公里 | 18176 | 18421.19 |
| 二、天然河道里程 | 公里 | | |
| 其中：通航里程 | 公里 | 837 | 837 |
| 其中：全年通航 | 公里 | 670 | 670 |
| 三、公路桥梁年末实有数 | 米 / 座 | 250825/4518 | 91766.05/3669 |
| 四、民用营业性客货车辆 | 辆 | 21407 | 23443 |
| 1. 营业性客车 | 辆 | 3449 | 3760 |
| 2. 营业性货车 | 辆 | 17958 | 19683 |
| 五、民用运输船舶数 | 艘 | 31 | 38 |
| 净载重量 | 吨位 | 3010 | 3640 |
| 载客量 | 客位 | 270 | 350 |
| 功　率 | 千瓦 | 1867.26 | 2125.92 |
| 六、全社会客货运输量 | | | |
| 货物周转量 | 万吨公里 | 641911.10 | 715789.48 |

续表 22

| 指标名称 | 计量单位 | 2021 年 | 2020 年 |
|---|---|---|---|
| 公　路 | 万吨公里 | 641911.10 | 715789.48 |
| 水　运 | 万吨公里 | 0 | 0 |
| 货运量 | 万吨 | 9334.6 | 10314.44 |
| 公　路 | 万吨 | 9334.6 | 10314.44 |
| 水　运 | 万吨 | 0 | 0 |
| 旅客周转量 | 万人公里 | 117821.3 | 155307.18 |
| 公　路 | 万人公里 | 117714.3 | 155238.22 |
| 水　运 | 万人公里 | 107 | 68.96 |
| 客运量 | 万人 | 3521.5 | 2129.48 |
| 公　路 | 万人 | 3510.9 | 2122.94 |
| 水　运 | 万人 | 10.6 | 6.54 |
| 七、港口货物吞吐量 | 万吨 | 0 | 0 |
| 其中：出口 | 万吨 | 0 | 0 |
| 八、汽车站个数 | 个 | 66 | 60 |
| 九、铁路运输 | | | |
| 旅客运输量 | 万人 | 986.75 | 1309.73 |
| 货物吞吐量 | 万吨 | 396.87 | 490.96 |

# 2021 年、2022 年邵阳市邮电业务量和邮电通信服务水平情况表

表 23

| 指标名称 | 计量单位 | 2022 年 | 2021 年 |
|---|---|---|---|
| 一、邮电业务总量 | 万元 | 702991.54 | 666278.15 |
| 邮政业务总量 | 万元 | 203752.4 | 196032.68 |
| 电信业务总量 | 万元 | 499239.14 | 470245.47 |
| 年末局用交换机总容量 | 万门 | 788 | 803.25 |
| # 年新增局用交换机总容量 | 万门 | 0 | 73 |
| 年末固定电话用户 | 万户 | 27.15 | 28.47 |
| 城市电话用户 | 万户 | 14.22 | 14.91 |
| 乡村电话用户 | 万户 | 11.48 | 12.06 |
| 公用电话部数 | 万部 | 1.45 | 1.5 |
| 本年新增固定电话用户 | 万户 | –1.32 | –2.73 |
| 年末移动电话用户 | 万户 | 609.89 | 599.1 |
| 其中：3G 用户 | 万户 | 0.1 | 1.76 |
| 4G 用户 | 万户 | 298.4 | 417.42 |
| 5G 用户 | 万户 | 311.39 | 215.73 |
| 移动电话用户净增数 | 万户 | 10.79 | 15.19 |
| 移动电话通话量 | 万分钟 | 1598478.34 | 1363046.32 |
| 函件收寄量 | 万件 | 26.97 | 19.93 |
| 报纸杂志期发份数 | 万份 | 37.26 | 36.63 |
| 邮政储蓄收储余额 | 万元 | 5506599.73 | 4844078.19 |
| 集邮业务 | 万枚 | 78.96 | 91.91 |
| 二、邮电通信服务水平 | | | |
| 设有邮政所的乡（镇） | 个 | 166 | 166 |
| 定班投递邮件的乡（镇） | 个 | 166 | 166 |
| 设有信筒、信箱 | 个 | 246 | 247 |
| 城区局内每日开箱（筒）次数 | 次 | 2 | 1.98 |
| 农村每周信件投递次数 | 次 | 3.9 | 5.15 |
| 设邮政储蓄点 | 处 | 168 | 168 |
| 年末国际互联网用户数 | 万户 | 82.41 | 77.03 |

# 2022年邵阳市分县（市区）对外经济主要指标一览表

表24

| 县（市区）名称 | 实际利用外资（万美元） | 实际利用内资（万美元） | 进出口总额（亿元） | 出口总额（亿元） |
|---|---|---|---|---|
| 邵阳市 | 3367.5 | 861.88 | 254.79 | 243.96 |
| 邵阳经济技术开发区 | 434.9 | 53.36 | 40.45 | 37.79 |
| 大祥区 | 9.38 | 81.03 | 7.09 | 7.07 |
| 双清区 | 20.4 | 84 | 1.92 | 1.87 |
| 北塔区 | 3 | 36 | 8.23 | 8.23 |
| 邵东市 | 2230.7 | 129.3 | 148.76 | 141.63 |
| 新邵县 | 199.8 | 94.72 | 6.79 | 6.61 |
| 隆回县 | 168.2 | 73.04 | 11.92 | 11.91 |
| 洞口县 | 51.2 | 74.46 | 2.9 | 2.64 |
| 绥宁县 | 7.6 | 30.02 | 1.3 | 1.3 |
| 城步苗族自治县 | 2.02 | 26.04 | 0.44 | 0.42 |
| 武冈市 | 55.9 | 63.85 | 2.01 | 2.01 |
| 新宁县 | 9 | 43.04 | 5.33 | 5.33 |
| 邵阳县 | 175.4 | 73.02 | 17.65 | 17.15 |

## 2022年邵阳市各类学校和在校学生、招生、毕业生、教职工、专任教师情况表

表 25

| 指标名称 | 计量单位 | 普通高等学校 | 中等职业技术学校 | 特殊教育 | 普通中学 | | 小学 | 幼儿园 |
|---|---|---|---|---|---|---|---|---|
| | | | | | 高中 | 初中 | | |
| 学校数 | 所 | 3 | 70 | 10 | 79 | 394 | 902 | 1587 |
| 在校学生数（在园幼儿） | 人 | 53357 | 85445 | 2132 | 164305 | 307784 | 541746 | 179007 |
| 招生数 | 人 | 18732 | 30164 | 177 | 58731 | 108880 | 78897 | 61996 |
| 毕业数 | 人 | 15307 | 25726 | 312 | 48116 | 106680 | 109035 | 87481 |
| 教职工人数 | 人 | 3033 | 5006 | — | 39663 | | 28993 | 18845 |
| 专任教师数 | 人 | 2426 | 5006 | 302 | 13252 | 23883 | 28350 | 9578 |

# 2020—2022年邵阳市初中生和小学生升学率、辍学率对比表

表26

| 指标名称 | 计量单位 | 2022年 | 2021年 | 2020年 |
|---|---|---|---|---|
| 初中毕业生 | 人 | 106680 | 109319 | 102152 |
| 高中招生 | 人 | 58731 | 56779 | 49908 |
| 升学率 | % | 55 | 52 | 49 |
| 小学毕业生 | 人 | 109035 | 102506 | 94851 |
| 初中招生 | 人 | 108880 | 102589 | 96289 |
| 升学率 | % | 100 | 100 | 100 |
| 初中生辍学人数 | 人 | 21 | 63 | 32 |
| 初中生辍学率 | % | 0.007 | 0.02 | 0.01 |
| 小学生辍学人数 | 人 | 0 | 0 | 0 |
| 小学生辍学率 | % | 0 | 0 | 0 |

## 2022年邵阳市高新全部企业和产品生产情况表

表27

| 指标名称 | 企业数（个） | 高新技术产品产值（万元） | 专利申请受理数（件） | 发明专利（件） | 有效发明专利拥有数（件） | 现价增加值（万元） |
|---|---|---|---|---|---|---|
| 高新全部企业产品汇总用总计 | 1277 | 24768048.8 | 1540 | 649 | 1148 | 6126361.4 |
| 其中：大中型工业 | 109 | 11824587.2 | 411 | 152 | 264 | 2832332.1 |
| 其中：省科技厅认定的高新企业 | 532 | 16723751.2 | 1177 | 504 | 982 | 4046207.7 |
| 按《登记注册类型（2012）》分组 | | | | | | |
| 内资企业 | 1258 | 24483921.3 | 1484 | 623 | 1124 | 6056617.5 |
| 国有企业 | 4 | 28023.8 | | | | 7302.6 |
| 有限责任公司 | 83 | 5800951.1 | 369 | 171 | 240 | 1406511.4 |
| 国有独资公司 | 10 | 2017462.5 | 52 | 9 | 16 | 575674.2 |
| 其他有限责任公司 | 73 | 3783488.6 | 317 | 181625 | 224 | 830837.2 |
| 股份有限公司 | 11 | 364423.2 | 4 | | 3 | 158947.9 |
| 私营企业 | 1153 | 18281202 | 1111 | 452 | 881 | 4480425 |
| 私营独资企业 | 16 | 220256.7 | 4 | | 1 | 50518.3 |
| 私营合伙企业 | 9 | 101337 | 5 | | 2 | 28217 |
| 私营有限责任公司 | 1102 | 16592076.4 | 1011 | 386 | 716 | 4100329.6 |
| 私营股份有限公司 | 26 | 1367531.9 | 91 | 66 | 162 | 301360.1 |
| 其他企业 | 7 | 9321.2 | | | | 3430.6 |
| 港、澳、台商投资企业 | 10 | 174537.3 | 11 | 6 | 8 | 50255.9 |
| 合资经营企业（港或澳、台资） | 4 | 59264.6 | 6 | 6 | 6 | 14274.1 |
| 港、澳、台商独资经营企业 | 5 | 84578.6 | | | | 28892.2 |
| 港、澳、台商投资股份有限公司 | 1 | 30694.1 | 5 | | 2 | 7059.6 |
| 外商投资企业 | 3 | 99772.1 | | | | 19394.5 |
| 中外合资经营企业 | 1 | 50789.2 | | | | 7110.5 |
| 外资企业 | 2 | 48982.9 | | | | 12284 |
| 按湖南高新领域总计分组 | | | | | | |
| 湖南高新领域总计 | 1277 | 24768048.8 | 1540 | 649 | 1148 | 6126361.4 |
| 一、电子信息技术 | 122 | 1344742.4 | 84 | 27 | 54 | 677904.6 |
| 二、生物与新医药技术 | 214 | 4106581.1 | 198 | 112 | 267 | 991170.9 |
| 三、航空航天技术 | 21 | 71859.3 | 40 | 19 | 16 | 16194.8 |
| 四、新材料技术 | 276 | 6490581 | 382 | 193 | 232 | 1181738.5 |
| 五、高技术服务业 | 90 | 511862.9 | 50 | 16 | 32 | 694747.9 |
| 六、新能源及节能技术 | 40 | 767513.1 | 52 | 6 | 37 | 191988.5 |

续表 27

| 指标名称 | 企业数（个） | 高新技术产品产值（万元） | 专利申请受理数（件） | 发明专利（件） | 有效发明专利拥有数（件） | 现价增加值（万元） |
|---|---|---|---|---|---|---|
| 七、资源与环境技术 | 72 | 722878.2 | 38 | 17 | 47 | 186176.9 |
| 八、先进制造与自动化 | 296 | 7094653.8 | 486 | 174 | 330 | 1472710.6 |
| 九、其他 | 142 | 3657376.5 | 208 | 85 | 133 | 713728.7 |
| 按国民经济行业分类分组 | | | | | | |
| 制造业 | 1108 | 20736892.2 | 1335 | 550 | 971 | 4789832.5 |
| 农副食品加工业 | 23 | 242120.4 | 12 | 6 | 35 | 50507.3 |
| 食品制造业 | 22 | 246391.6 | 15 | 4 | 31 | 48506.4 |
| 酒、饮料和精制茶制造业 | 21 | 665955.5 | 29 | 8 | 13 | 134441.1 |
| 纺织业 | 18 | 262048 | 10 | 2 | 1 | 68468.4 |
| 纺织服装、服饰业 | 29 | 221064.1 | 8 | 5 | 5 | 52548.9 |
| 皮革、毛皮、羽毛及其制品和制鞋业 | 153 | 1709699 | 202 | 91 | 56 | 434951.6 |
| 木材加工和木、竹、藤、棕、草制品业 | 30 | 569490.2 | 4 | 2 | 7 | 151515.4 |
| 家具制造业 | 20 | 275208.6 | 11 | 10 | 30 | 51341.2 |
| 造纸和纸制品业 | 17 | 167330.9 | 6 | 2 | 18 | 42499.3 |
| 印刷和记录媒介复制业 | 17 | 778342.4 | 33 | 6 | 13 | 194586 |
| 文教、工美、体育和娱乐用品制造业 | 53 | 1214959.8 | 72 | 43 | 45 | 290934.8 |
| 石油、煤炭及其他燃料加工业 | 2 | 13476.7 | | | | 3908.2 |
| 化学原料和化学制品制造业 | 36 | 411507.2 | 45 | 26 | 49 | 104693.1 |
| 医药制造业 | 44 | 1420063.8 | 70 | 48 | 114 | 335854.9 |
| 化学纤维制造业 | 1 | 10099.9 | 3 | 1 | | 1818 |
| 橡胶和塑料制品业 | 59 | 681013 | 64 | 21 | 6 | 163442.9 |
| 非金属矿物制品业 | 113 | 1386285.7 | 84 | 37 | 64 | 350623.8 |
| 黑色金属冶炼和压延加工业 | 3 | 32358.8 | | | | 4853.8 |
| 有色金属冶炼和压延加工业 | 5 | 148423.9 | 5 | 1 | | 33252.9 |
| 金属制品业 | 97 | 1931831.2 | 121 | 11 | 45 | 437108.7 |
| 通用设备制造业 | 41 | 541204 | 88 | 38 | 110 | 136876 |
| 专用设备制造业 | 36 | 776048.4 | 53 | 21 | 58 | 174737.9 |
| 汽车制造业 | 20 | 2098369.8 | 144 | 61 | 75 | 314773.5 |
| 铁路、船舶、航空航天和其他运输设备制造业 | 1 | 13836.4 | | | | 3874.2 |
| 电气机械和器材制造业 | 68 | 1066654.7 | 103 | 33 | 81 | 256396 |
| 计算机、通信和其他电子设备制造业 | 66 | 625966.3 | 78 | 25 | 53 | 217907.9 |
| 仪器仪表制造业 | 4 | 62651.8 | | | | 16106.4 |

**续表 27**

| 指标名称 | 企业数（个） | 高新技术产品产值（万元） | 专利申请受理数（件） | 发明专利（件） | 有效发明专利拥有数（件） | 现价增加值（万元） |
|---|---|---|---|---|---|---|
| 其他制造业 | 26 | 1648370.1 | 13 | 6 | 4 | 338290.9 |
| 废弃资源综合利用业 | 17 | 230481.5 | 6 | 6 | 10 | 34789.5 |
| 电力、热力、燃气及水生产和供应业 | 16 | 328908.6 | 11 | 3 | 11 | 99611.9 |
| 电力、热力生产和供应业 | 12 | 303101 | 7 | 3 | 7 | 88288.1 |
| 燃气生产和供应业 | 1 | 6338.1 | 4 |  | 4 | 1394.4 |
| 水的生产和供应业 | 3 | 19469.5 |  |  |  | 9929.4 |
| 建筑业 | 18 | 2840417.2 | 79 | 15 | 34 | 792237.4 |
| 房屋建筑业 | 10 | 2009183.9 | 45 | 8 | 2 | 582663.4 |
| 土木工程建筑业 | 6 | 712914.1 | 25 | 7 | 31 | 178228.7 |
| 建筑安装业 | 1 | 103606.1 | 3 |  | 1 | 25901.5 |
| 建筑装饰、装修和其他建筑业 | 1 | 14713.1 | 6 |  |  | 5443.8 |
| 批发和零售业 | 18 | 143540.9 | 5 | 2 | 23 | 114832.7 |
| 批发业 | 9 | 53260.9 | 2 | 1 | 4 | 42608.8 |
| 零售业 | 9 | 90280 | 3 | 1 | 19 | 72223.9 |
| 交通运输、仓储和邮政业 | 4 | 3543.4 |  |  | 3 | 1311 |
| 道路运输业 | 4 | 3543.4 |  |  | 3 | 1311 |
| 信息传输、软件和信息技术服务业 | 36 | 487588.8 |  |  |  | 248232.7 |
| 电信、广播电视和卫星传输服务 | 14 | 451697 |  |  |  | 234882.4 |
| 互联网和相关服务 | 10 | 22754.6 |  |  |  | 11588.8 |
| 软件和信息技术服务业 | 12 | 13137.2 |  |  |  | 5386.1 |
| 租赁和商务服务业 | 5 | 1560 | 3 |  |  | 530.4 |
| 商务服务业 | 5 | 1560 | 3 |  |  | 530.4 |
| 科学研究和技术服务业 | 38 | 64223.7 | 73 | 61 | 84 | 24588.8 |
| 研究和试验发展 | 2 | 2728.8 |  |  |  | 1037 |
| 专业技术服务业 | 31 | 52310 | 73 | 61 | 84 | 19877.9 |
| 科技推广和应用服务业 | 5 | 9184.9 |  |  |  | 3763.9 |
| 水利、环境和公共设施管理业 | 9 | 19743.5 |  |  | 7 | 6216.4 |
| 生态保护和环境治理业 | 8 | 16675.1 |  |  |  | 4835.6 |
| 公共设施管理业 | 1 | 3068.4 |  |  | 7 | 1380.8 |
| 居民服务、修理和其他服务业 | 4 | 2262.8 |  |  |  | 1034.7 |
| 机动车、电子产品和日用产品修理业 | 2 | 1381.9 |  |  |  | 594.2 |
| 其他服务业 | 2 | 880.9 |  |  |  | 440.5 |
| 卫生和社会工作 | 4 | 18674.2 | 1 | 1 | 3 | 11060.5 |

续表 27

| 指标名称 | 企业数（个） | 高新技术产品产值（万元） | 专利申请受理数（件） | 发明专利（件） | 有效发明专利拥有数（件） | 现价增加值（万元） |
|---|---|---|---|---|---|---|
| 卫 生 | 3 | 17820.1 | 1 | 1 | 3 | 10513.9 |
| 社会工作 | 1 | 854.1 | | | | 546.6 |
| 文化、体育和娱乐业 | 4 | 2438.9 | | | | 1056.7 |
| 广播、电视、电影和录音制作业 | 1 | 801.7 | | | | 256.5 |
| 文化艺术业 | 2 | 587.7 | | | | 317.4 |
| 娱乐业 | 1 | 1049.5 | | | | 482.8 |
| 游乐园 | 1 | 316.2 | | | | 145.5 |
| 按隶属关系分组 | | | | | | |
| 中 央 | 7 | 617952.6 | 47 | 19 | 40 | 170473.6 |
| 其 他 | 1241 | 21510230.9 | 1352 | 596 | 1044 | 5185187.9 |
| 按企业控股情况分组 | | | | | | |
| 国有控股 | 39 | 3302689.7 | 103 | 28 | 58 | 1043156.9 |
| 集体控股 | 4 | 13807.4 | | | 1 | 7143 |
| 私人控股 | 1204 | 21204035.5 | 1363 | 593 | 1039 | 5001025.4 |
| 港澳台商控股 | 9 | 165654.4 | 11 | 6 | 6 | 48538.1 |
| 外商控股 | 2 | 48982.9 | | | | 12284 |
| 其 他 | 5 | 8371.1 | | | | 3741.8 |
| 按县市区分组 | | | | | | |
| 邵阳市 | 1277 | 24768048.8 | 1540 | 649 | 1148 | 6126361.4 |
| 大祥区 | 39 | 1023010.1 | 13 | 5 | 9 | 288939.8 |
| 双清区 | 158 | 6460023.5 | 522 | 233 | 488 | 1571299.1 |
| 北塔区 | 14 | 771813.1 | 17 | 2 | 1 | 230971.8 |
| 邵东市 | 493 | 9310456.6 | 627 | 221 | 217 | 2179731.6 |
| 新邵县 | 88 | 1207017.3 | 53 | 36 | 110 | 317026.7 |
| 隆回县 | 147 | 1657655.2 | 67 | 39 | 47 | 435923 |
| 洞口县 | 74 | 708474 | 20 | 5 | 26 | 192432.5 |
| 绥宁县 | 33 | 816244.6 | 36 | 7 | 48 | 176670.7 |
| 城步苗族自治县 | 19 | 158066.7 | 3 | 1 | 37 | 41492.2 |
| 武冈市 | 91 | 903780.6 | 83 | 55 | 79 | 251363.3 |
| 新宁县 | 40 | 410547.4 | 40 | 40 | 47 | 101089.9 |
| 邵阳县 | 81 | 1340959.7 | 59 | 35 | 39 | 339420.8 |

# 2020—2022 年邵阳市电视、出版文化、电影事业对比表

表 28

| 指标名称 | 计量单位 | 2022 年 | 2021 年 | 2020 年 |
|---|---|---|---|---|
| 一、广播、电视系统从业人员 | 人 | 1531 | 1527 | 1527 |
| 二、广播电视总收入 | 万元 | 34854.29 | 28740.54 | 26491.49 |
| 其中：财政补助收入 | 万元 | 31141.12 | 25103.52 | 22302.5 |
| 事业收入 | 万元 | 2915.5 | 3300.74 | 3467.77 |
| 经营收入 | 万元 | 96.9 | 82.5 | 288.5 |
| 其他收入 | 万元 | 700.77 | 253.78 | 433.72 |
| 三、广播电视覆盖 | | | | |
| 广播综合覆盖人口 | 万人 | 630.45 | 639.39 | 710.94 |
| 广播综合覆盖率 | % | 97.47 | 97.45 | 97.36 |
| 电视综合覆盖人口 | 万人 | 641.84 | 651.01 | 724.89 |
| 电视综合覆盖率 | % | 99.23 | 99.22 | 99.27 |
| 四、广播电视播出 | | | | |
| 公共电视节目 | 套 | 12 | 12 | 12 |
| 公共广播节目 | 套 | 11 | 11 | 11 |
| 全年广播播出时间 | 时分 | 25153:12 | 25012:16 | 22123:27 |
| 全年电视播出时间 | 时分 | 52903:13 | 52823:32 | 48258:46 |
| 全年制作广播节目时间 | 时分 | 17085:05 | 16157:54 | 15167:20 |
| 被中央人民广播电台采用新闻类节目条数 | 条 | 20 | 17 | |
| 转播中央台节目 | 时分 | 2990:52:00 | 3144:37:00 | 3478:37:00 |
| 转播省级台节目 | 时分 | 1932:47:00 | 1993:22:00 | 1444:57:00 |
| 全年制作电视节目时间 | 时分 | 6886:36:00 | 7137:25:00 | 8765:12:00 |
| 转播中央台节目 | 时分 | 9926:10:00 | 10293:25:00 | 9182:15:00 |
| 转播省级台节目 | 时分 | 3669:42:00 | 3685:06:00 | 3458:45:00 |
| 被中央电视台采用新闻类节目条数 | 条 | 89 | 81 | |
| 五、电视发射机 | | | | |

续表 28

| 指标名称 | 计量单位 | 2022 年 | 2021 年 | 2020 年 |
|---|---|---|---|---|
| 中短波转播发射台 | 座 | 1 | 1 | 1 |
| 中短波发射机功率 | 部 / 千瓦 | 3/3.0 | 3/3.0 | 3/3.0 |
| 调频、电视转播发射台 | 座 | 11 | 11 | 11 |
| 其中：100W 以上 | 座 | 11 | 11 | 11 |
| 调频发射机 | 部 | 23 | 23 | 23 |
| 其中：100W 以上 | 部 | 23 | 23 | 23 |
| 调频发射机功率 | 千瓦 | 37.6 | 37.6 | 37.6 |
| 电视发射机 | 部 | 39 | 36 | 39 |
| 其中：100W 以上 | 部 | 37 | 34 | 37 |
| 100W 以下 | 部 | 2 | 2 | 2 |
| 在电视台总数中 | | | | |
| 有线电视台 | 座 | 10 | 10 | 10 |
| 放映农村公益电影 | 万场 | 4.1 | 5.1 | 5.3 |
| 六、电视新媒体 | | | | |
| 移动客户端 App 数量 | 个 | 2 | 2 | 2 |
| 发布信息 | 条 | 37323 | 30765 | 26842 |
| 点击量 | 万次 | 1524.2 | 1047.6 | 816.7 |
| 微信公众号 | 个 | 6 | 8 | 11 |
| 发布信息 | 万条 | 12732 | 16521 | 21054 |
| 点击量 | 万次 | 428.4 | 502.5 | 594.3 |
| 七、出版事业经费 | 万元 | | | |
| 报纸出版种数 | 种 | | | 3 |
| 图书发行数 | 万册 | | | 3425.21 |
| 图书销售总额 | 万元 | | | 25779.69 |
| 公共图书藏书册数 | 万册 | 303.13 | 277.84 | 204 |

# 2020—2022 年邵阳市体育事业对比表

表 29

| 指标名称 | 计量单位 | 2022 年 | 2021 年 | 2020 年 |
|---|---|---|---|---|
| 一、体育系统从业人员 | 人 | 341 | | |
| 二、体育场地数 | 个 | 16450 | 15508 | 15251 |
| 室外运动场地 | 个 | 15092 | 14313 | |
| 室内运动场地 | 个 | 1358 | 1195 | |
| 1. 基础大项场地 | 个 | 970 | 931 | |
| 田径场地 | 个 | 877 | 840 | |
| 游泳场地 | 个 | 93 | 91 | |
| 2. 运动场地合计 | 个 | 15189 | 14303 | |
| 其中：球类运动场 | 个 | 11718 | 11131 | |
| 足球运动场 | 个 | 181 | 164 | |
| 篮球运动场 | 个 | 5952 | 5750 | |
| 排球运动场 | 个 | 422 | 397 | |
| 乒乓球运动场 | 个 | 3986 | 3737 | |
| 羽毛球运动场 | 个 | 1021 | 945 | |
| 其他球类 | 个 | 156 | 138 | |
| 体育健身场地 | 个 | 3462 | 3164 | |
| 健身房 | 个 | 385 | 285 | |
| 全民健身路径 | 个 | 2655 | 2510 | |
| 健身步道 | 个 | 422 | 369 | |
| 大型体育场馆 | 个 | 9 | 8 | |
| 游泳馆 | 个 | 0 | 0 | |
| 体育场 | 个 | 1 | 1 | |
| 体育馆 | 个 | 8 | 7 | |
| 三、全年体育事业经费 | 万元 | 22051.88 | 26932 | 27236.76 |
| # 事业费 | 万元 | 22051.88 | 26932 | 27236.76 |
| 赞助费 | 万元 | | | |

续表 29

| 指标名称 | 计量单位 | 2022 年 | 2021 年 | 2020 年 |
|---|---|---|---|---|
| 四、当年等级运动员发展人数 | 人 | 183 | 82 | 128 |
| #田径运动员 | 人 | 47 | 19 | 37 |
| 篮球运动员 | 人 |  | 3 | 11 |
| 五、当年等级裁判员发展人数 | 人 | 115 | 202 | 104 |
| 其中：二级裁判员 | 人 | 115 | 202 | 104 |
| 六、青少年活动组织 | 个 | 0 | 0 | 0 |
| 青少年户外活动营地 | 个 | 0 | 0 | 0 |
| 体育传统项目学校 | 个 | 0 | 0 | 0 |
| 七、体育社会团体 | 个 | 150 | 158 | 172 |
| 八、举办县以上运动会次数 | 人 | 16990 | 14484 | 13206 |
| 九、达到国家体育锻炼标准人数 | 人 | 5915000 | 5850000 |  |
| 达标率 | % | 91 | 90 |  |
| 十、举办县以上运动会次数 | 次 | 89 | 57 | 40 |
| 参加县以上运动人数 | 人 | 35566 | 10667 | 8921 |
| 十一、参加重大国际比赛获奖 | 枚 | 1 |  |  |
| 在总数中：获金牌 | 枚 | 0 | 0 | 0 |
| 在总数中：获银牌 | 枚 | 1 | 0 | 0 |
| 在总数中：获铜牌 | 枚 | 0 | 0 | 0 |
| 十二、参加全国性比赛获奖 | 枚 | 19 | 7 | 14 |
| 在总数中：获金牌 | 枚 | 7 | 2 | 6 |
| 在总数中：获银牌 | 枚 | 5 | 3 | 4 |
| 在总数中：获铜牌 | 枚 | 7 | 2 | 4 |
| 十三、参加省级比赛获奖 | 枚 | 129.5 | 156 | 123 |
| 在总数中：获金牌 | 枚 | 41 | 41 | 32 |
| 在总数中：获银牌 | 枚 | 35.5 | 44 | 45 |
| 在总数中：获铜牌 | 枚 | 53 | 71 | 46 |

# 2022 年邵阳市卫生机构、床位及人员数情况表

表 30

| 指标名称 | 机构个数（个） | 实有床位数（张） | 在岗职工（人） | 卫生技术人员（人） |
|---|---|---|---|---|
| 总 计 | 5640 | 48507 | 55225 | 43656 |
| 一、医 院 | 138 | 36839 | 31997 | 26611 |
| 综合医院 | 75 | 24447 | 22284 | 18902 |
| 中医医院 | 15 | 5108 | 5608 | 4710 |
| 中西医结合医院 | 4 | 729 | 768 | 604 |
| 专科医院 | 44 | 6555 | 3337 | 2395 |
| 口腔医院 | 7 | 105 | 261 | 195 |
| 眼科医院 | 7 | 291 | 442 | 269 |
| 耳鼻喉科医院 | 1 | 43 | 29 | 25 |
| 肿瘤医院 | 1 | 100 | 82 | 46 |
| 妇产（科）医院 | 2 | 48 | 121 | 70 |
| 精神病医院 | 11 | 4689 | 1377 | 994 |
| 皮肤病医院 | 1 | 20 | 27 | 20 |
| 骨科医院 | 2 | 256 | 168 | 135 |
| 其他专科医院 | 12 | 1003 | 830 | 641 |
| 二、基层医疗卫生机构 | 5449 | 10649 | 20021 | 14599 |
| 社区卫生服务中心（站） | 59 | 1187 | 1483 | 1198 |
| 社区卫生服务中心 | 35 | 1186 | 1405 | 1129 |
| 社区卫生服务站 | 24 | 1 | 78 | 69 |
| 卫生院 | 198 | 9446 | 9645 | 8287 |
| 乡镇卫生院 | 198 | 9446 | 9645 | 8287 |
| 中心卫生院 | 56 | 4841 | 4776 | 4020 |
| 乡卫生院 | 142 | 4605 | 4869 | 4267 |
| 村卫生室 | 4408 | 0 | 5878 | 2237 |
| 门诊部 | 35 | 16 | 400 | 292 |
| 综合门诊部 | 7 | 0 | 79 | 63 |
| 中医门诊部 | 3 | 1 | 42 | 22 |
| 专科门诊部 | 24 | 15 | 272 | 200 |
| 中西医结合医院 | 1 | 0 | 7 | 7 |
| 中西医结合门诊部 | 680 | 0 | 2238 | 2212 |
| 诊 所 | 697 | | 2212 | 2184 |

续表 30

| 指标名称 | 机构个数（个） | 实有床位数（张） | 在岗职工（人） | 卫生技术人员（人） |
|---|---|---|---|---|
| 卫生所、医务室 | 69 | 0 | 377 | 373 |
| 三、专业公共卫生机构 | 48 | 690 | 3062 | 2338 |
| 疾病预防控制中心 | 13 | 0 | 899 | 626 |
| 省辖市（地区）属 | 1 | | 207 | 143 |
| 地辖市属 | 5 | 0 | 220 | 162 |
| 县　属 | 7 | 0 | 472 | 321 |
| 专科疾病防治院(所、站) | 6 | 56 | 137 | 92 |
| 专科疾病防治所(站、中心) | 6 | 56 | 141 | 92 |
| 皮肤病与性病防治所(中心) | 6 | 56 | 141 | 92 |
| 健康教育所(站、中心) | 2 | 0 | 15 | 7 |
| 妇幼保健院(所、站) | 13 | 634 | 1561 | 1315 |
| # 省辖市(地区)属 | 1 | 71 | 229 | 190 |
| 地辖市(地区)属 | 5 | 151 | 373 | 309 |
| 县　属 | 7 | 412 | 959 | 816 |
| # 妇幼保健院 | 11 | 634 | 1536 | 1293 |
| 妇幼保健所 | 1 | 0 | 14 | 12 |
| 妇幼保健站 | 1 | 0 | 11 | 10 |
| 采供血机构 | 1 | 0 | 93 | 72 |
| 卫生监督所(中心) | 13 | 0 | 357 | 226 |
| 省辖市（地区）属 | 1 | 0 | 19 | 19 |
| 地辖市（地区）属 | 5 | 0 | 113 | 73 |
| 县　属 | 7 | 0 | 225 | 134 |
| 四、其他卫生机构 | 5 | 329 | 145 | 108 |
| 疗养院 | 1 | 329 | 92 | 71 |
| 临床检验中心（所、站） | 1 | 0 | 10 | 5 |
| 其　他 | 3 | 0 | 43 | 32 |

# 2020—2022 年邵阳市人大、市政协及工、青、妇基本情况表

表 31

| 指标名称 | 计量单位 | 2022 年 | 2021 年 | 2020 年 |
|---|---|---|---|---|
| 一、人大基本情况（本级） | | | | |
| 本届人大代表 | 人 | 538 | 538 | 530 |
| #女代表 | 人 | 193 | 195 | 175 |
| #少数民族代表 | 人 | 67 | 67 | 59 |
| 二、政协基本情况（本级） | | | | |
| 1. 本届政协委员数 | 人 | 429 | 428 | 422 |
| #女代表 | 人 | 131 | 110 | 105 |
| #少数民族代表 | 人 | 48 | 46 | 40 |
| 2. 政协委员提案、立案数 | 件 | 307 | 229 | 188 |
| 3. 办复率 | % | 100 | | |
| 三、工会组织基本情况 | | | | |
| 1. 工会基层组织数 | 个 | 10371 | 11051 | 12754 |
| 2. 建立职代会个数 | 个 | 2392 | 2240 | 2566 |
| 3. 工会专职人员 | 人 | 8570 | 9201 | 9706 |
| #女 性 | 人 | 5367 | 5428 | 5668 |
| 4. 工会会员数 | 人 | 911311 | 1005655 | 1078447 |
| #女 性 | 人 | 322735 | 349192 | 369136 |
| 5. 民主选举领导单位数 | 个 | 4758 | 8950 | 9912 |
| 6. 技术革新项目数 | 项 | 887 | 862 | 856 |
| 7. 创造效益 | 万元 | 6124 | 5918 | 5892 |
| 四、共青团组织基本情况（全市） | | | | |
| 1. 基层团支部数 | 个 | 11658 | 9609 | 9383 |
| 2. 专职团干数 | 人 | 74 | 73 | 73 |
| 3. 共青团员数 | 人 | 214695 | 213592 | 209487 |
| 4. 发展新团员数 | 人 | 12895 | 16735 | 17900 |
| 五、妇代会基本情况（市本级） | | | | |
| 1. 妇代会正式代表人数 | 人 | 360 | 360 | 360 |
| 妇代会特邀代表人数 | 人 | 25 | 25 | 25 |
| 2. 妇联执委数 | 人 | 54 | 52 | 52 |
| 3. 常务委员人数 | 人 | 24 | 21 | 19 |
| 4. “三八红旗手”人数 | 人 | 0 | 46 | 0 |
| 5. 最美文明家庭 | 户 | 20 | 30 | 20 |

# 2020—2022 年邵阳市公安、检察工作情况表

表 32

| 指标名称 | 计量单位 | 2022 年 | 2021 年 | 2020 年 |
|---|---|---|---|---|
| 一、公安 | | | | |
| 公安经费实际支出 | 万元 | 28267.96 | 23803.04 | 26046.61 |
| 1. 人民警察数 | 人 | 4832 | 5007 | 4695 |
| 其中：女性 | 人 | 678 | 703 | 659 |
| 2. 治安案件查处数 | 件 | | 25445 | 26061 |
| 3. 治安案件结案数 | 件 | | 11961 | 11091 |
| 4. 治安案件结案率 | % | | 47 | 42.56 |
| 5. 刑事案件立案数 | 件 | 18137 | 18908 | 17365 |
| 6. 刑事案件侦破数 | 件 | 6976 | 7192 | 4949 |
| 7. 刑事案件破案率 | % | 38.46 | 38.04 | 28.5 |
| 8. 青少年犯罪人数占犯罪总人数的比重 | % | 21.72 | 16.89 | 15.88 |
| 其中：女性 | % | 2.02 | 1.57 | 1.12 |
| 9. 交通事故起数 | 起 | 682 | 664 | 572 |
| 10. 交通事故死亡人数 | 人 | 316 | 303 | 388 |
| 11. 交通事故受伤人数 | 人 | 352 | 278 | 399 |
| 12. 火灾事故次数 | 次 | 4470 | 4047 | 898 |
| 13. 火灾事故死亡人数 | 人 | 1 | 6 | 3 |
| 14. 火灾事故受伤人数 | 人 | 5 | 5 | 1 |
| 二、检察 | | | | |
| 1. 检察事业经费支出数 | 万元 | 3924.65 | 3700 | 4408 |
| 2. 检察工作人员数 | 人 | 954 | 901 | 683 |
| 其中：女性 | 人 | 446 | 381 | 227 |
| 3. 起诉人数 | 人 | 6901 | 7464 | 6341 |
| 4. 起诉率 | % | 68.3 | 83.15 | 77.75 |
| 5. 批捕人数 | 人 | 2894 | 5351 | 3609 |
| 6. 批捕率 | % | 71.6 | 77.43 | 81.99 |
| 7. 出庭率 | % | 100 | 100 | 100 |

注：2021 年始，火灾事故次数、治安案件结案率统计口径有变化

# 2020—2022 年邵阳市律师、公证、调解工作基本情况表

表 33

| 指标名称 | 计量单位 | 2022 年 | 2021 年 | 2020 年 |
|---|---|---|---|---|
| 一、律师工作 | | | | |
| 律师事务所 | 个 | 68 | 60 | 60 |
| 律师工作人员 | 人 | 1028 | 981 | 928 |
| 其中：律 师 | 人 | 695 | 637 | 847 |
| #专职律师 | 人 | 681 | 624 | 611 |
| 兼职律师 | 人 | 14 | 13 | 15 |
| 特邀律师 | 人 | 0 | 0 | 0 |
| 其他工作人员 | 人 | 78 | 83 | 81 |
| 聘请常年法律顾问单位 | 家 | 968 | 896 | 786 |
| 刑事案件代理及辩护 | 件 | 2341 | 2598 | 2595 |
| 民事诉讼代理 | 件 | 9705 | 10953 | 8098 |
| 经济案件诉讼代理 | 件 | 3663 | 3783 | 3810 |
| 非诉讼代理 | 件 | 689 | 850 | 569 |
| 行政诉讼代理 | 件 | 406 | 512 | 406 |
| 涉外法律事务 | 件 | 0 | 0 | 0 |
| 解答法律询问 | 人次 | 18397 | 20129 | 16790 |
| 代写法律事务文件 | 件 | 4390 | 3722 | 4457 |
| 二、公证工作 | | | | |
| 公证处 | 个 | 11 | 11 | 11 |
| 公证人员 | 人 | 35 | 29 | 32 |
| 公证文书 | 件 | 29120 | 37177 | 29982 |
| 其中：经济合同公证 | 件 | 1420 | 1435 | 9320 |
| 三、人民调解 | | | | |
| 专职司法助理员 | 人 | 88 | 92 | 1040 |
| 人民调解委员会 | 个 | 3955 | 4024 | 4173 |
| 调解人员 | 人 | 16384 | 16288 | 17397 |
| 四、调解各类民间纠纷 | | | | |
| 总 计 | 件 | 22824 | 16066 | 23259 |
| 婚姻、继承、赡抚、抚育 | 件 | 2071 | 2263 | 3306 |
| 房屋、宅基地 | 件 | 1965 | 1991 | 3298 |
| 债 务 | 件 | 502 | 469 | 696 |
| 生产经营 | 件 | 413 | 319 | 589 |
| 损害赔偿 | 件 | 2942 | 2050 | 3115 |
| 山 林 | 件 | 3663 | 1550 | 1832 |
| 坟 地 | 件 | 313 | 344 | 292 |
| 邻 里 | 件 | 8450 | 4938 | 8224 |
| 其 他 | 件 | 2505 | 2142 | 1907 |

# 附　录

# 文件选登

## 邵阳市人民政府关于印发《邵阳市优化营商环境促进市场主体高质量发展实施方案（2022—2025年）》的通知

（邵市政发〔2022〕3号）

各县、市、区人民政府，邵阳经济技术开发区管委会，市直及部、省属驻邵有关单位：

《邵阳市优化营商环境促进市场主体高质量发展实施方案（2022—2025年）》已经市委、市人民政府同意，现印发给你们，请认真遵照执行。

邵阳市人民政府

2022年2月26日

### 邵阳市优化营商环境促进市场主体高质量发展实施方案（2022—2025年）

为全面落实"三高四新"战略定位和使命任务，持续深化"放管服"改革，优化营商环境，促进市场主体高质量发展，按照《湖南省人民政府关于优化营商环境促进市场主体高质量发展的意见》（湘政发〔2022〕2号）要求，结合我市实际，制定本方案。

**一、指导思想**

以习近平新时代中国特色社会主义思想为指导，全面贯彻党的十九大和十九届历次全会精神，深入落实习近平总书记对湖南重要讲话重要指示批示精神，按照省、市第十二次党代会部署要求，大力优化营商环境，实施优质企业梯度培育行动和市场主体倍增工程，加快建设高标准市场体系，以市场主体的高质量发展助推现代化新邵阳建设。

**二、发展目标**

——市场主体总量显著增长。市场主体生命力、活跃度不断提升，总量持续增长。到2025年末，全市市场主体力争达到70万户。其中，企业19.52万户，个体工商户和农民专业合作社50.48万户。

——市场主体结构不断优化。市场主体多元发展，三次产业布局更加合理，"三个高地"支撑更加有力。到2025年末，全市规模以上农产品加工企业、规模以上建筑业企业、规模以上服务业企业、限额以上商贸流通企业、"四上"文化旅游企业分别达到500户、395户、678户、1920户、500户，规模以上工业企业、高新技术企业、外商投资企业、外贸实绩企业分别达到2500户、800户、100户、788户。

——市场主体质量稳步提升。加快"个转企、小升规、规改股、股上市"提档升级，市场主体综合实力、创新能力、经济效益不断提升，实现绿色化、高质量增长。到2025年末，引进三类500强企业69户，上市公司突破4家，新增50亿元制造业企业3户、百亿元制造业企业2户，国家级、省级"小巨人"企业分别突破20户、160户，国家级制造业单项冠军企业（产品）达到4个，评价入库科技型中小企业突破900户。

——市场主体生态持续改善。营商环境全面优化，土地、资本、数据等要素市场化配置改革不断深化，产业配套能力持续提升，经营成本有效降低，行政服务水平和市场治理效能不断提升，企业办事更加便捷，发展生态更趋良好。

**三、重点任务**

（一）实施重点企业培育行动。建立产业发展目录和投资指南，聚焦先进制造业、创新创造、外资外贸、农业农村、文化旅游等重点领域，突出培育企业主体。大力实施产业发展"千百十"工程，创建国家制造业高质量发展试验区，打造2个国家级先进制造业集群、5个省级先进制造业集群。建立"科企—高企—小巨人—

上市领军型”企业梯度培育体系，加强“大院大所大企”合作，实施产业领军企业“头雁领航”工程。加强与东盟、非洲等地的深度合作，加快建设中非产业园、东盟科技产业园，率先打造湖南自贸区联动发展区，推动形成对接非洲和东盟经贸合作长效机制。深入推进“六大强农”行动，实施“千社”工程，支持农民专业合作社参与乡村振兴项目，鼓励支持农业企业股改、上市。加强文化旅游资源保护与开发利用，推动旅游业提质升档，大力推进全域旅游、乡村旅游，着力培养文化旅游企业。（市工信局、市科技局、市商务局、市农业农村局、市乡村振兴局、市文旅广体局等按职责分工负责）

（二）实施中小企业和个体工商户培育行动。强化统筹协调机制作用，持续推动减税降费、减租降息、普惠金融等纾困惠企政策直达基层、直接惠及个体工商户和中小企业。落实个体工商户稳岗就业补贴，降低小微企业和个体工商户地租成本，引导平台企业降低不合理收费和抽成。运用普惠小微企业和个体工商户贷款支持工具，做好普惠小微企业信用贷款支持计划接续转换工作，推动个体工商户和中小企业扩面，不断提高其存活率、活跃度，稳住市场主体培育的基本盘。（市市场监管局牵头，市发改委、市财政局、市税务局、市人社局、市住建局等按职责分工负责）

（三）实施“个转企”培育行动。建立“个转企”种子培育库，加大“个转企”支持力度，符合条件的“个转企”企业，转企三年内享受小微企业税费优惠政策。推动实现“个转企”登记程序一件事一次办，保持“个转企”登记档案延续性、一致性，支持个体工商户享有的专利权、商标权、名称权等权益保护转移至“个转企”企业名下。（市市场监管局牵头，市工信局、市人社局、市自然资源和规划局、人民银行邵阳市中心支行、市税务局等按职责分工负责）

（四）实施“四上”企业培育行动。开展“新增规模以上工业企业”行动，充分挖掘规上企业新增量，支持新增规上企业稳定在库。建立存量企业退库预警机制，加强临退企业经营情况监测分析，帮助企业纾困解难，切实减少退库数量。支持资质等级建筑业企业、限额以上批零住宿餐饮企业、限额以上服务业企业规模发展。（市发改委、市工信局、市财政局、市住建局、市商务局、市国资委、市工商联等按职责分工负责）

（五）实施企业上市培育行动。贯彻落实企业上市“金芙蓉跃升”计划，扩充上市后备资源，强化后备企业培育辅导，引导企业规范治理，做好风险防范，支持企业做强做优。拓宽上市渠道，着力推动科技创新型企业科创板上市，加快推动“三创四新”企业创业板上市，稳步推进创新型中小企业北交所上市，鼓励再融资和并购重组，积极招引优质上市公司和后备企业。（市政府金融办牵头，市中级人民法院、市人民检察院、市发改委、市科技局、市工信局、市财政局、市商务局、市国资委、市市场监管局、市税务局等按职责分工负责）

**四、主要举措**

（一）加大财税支持力度。完善财政资金直达机制，强化日常监控，确保直达资金落实到位、规范使用。优化税费优惠政策适用程序，推行惠企政策“免申即享”。落实制造业增值税留抵退税、小规模纳税人减征免征等减税降费政策。加强非税收入退付管理，确保取消、停征、免征及降低征收标准的收费基金项目落实到位。支持招大引强，对世界500强、中国500强、民营500强、行业领军企业来邵新设立企业总部的，按“一事一议”方式对其在邵企业给予支持。（市财政局、市税务局牵头，市直和省属驻邵有关单位按职责分工负责）

（二）提高助企纾困实效。开展“百行进万企”融资对接活动，推广银税互动、银保合作、政银担合作等模式，用好“信易贷”“潇湘财银贷”等平台和工具，增加信用贷款、首贷投放，推广随借随还贷款。建立企业融资专家库，建设邵阳市金融综合服务平台，打破银企信息不对称困局，提升银企对接质效。充分发挥过桥资金作用，降低过桥费率，有效降低企业续贷综合融资成本。（人民银行邵阳市中心支行、市银保监分局牵头，市发改委、市工信局、市财政局、市政府金融办、市人社局、市住建局、市市场监管局、市医保局、市税务局、国网邵阳供电公司等按职责分工负责）

（三）降低企业要素成本。完善周转地、标准地、弹性地政策，引导企业集聚发展。做好保供稳价工作，加快推进重点工程建设，科学调度煤、电、油、气、运，防止要素成本高企造成市场预期减弱。加强城镇供水供电供气清理规范，帮助企业解决用工、资金、关键零部件供应等生产要素问题。（市发改委牵头，市自然资源和规划局、市工信局、市人社局、人民银行邵阳市中心支行、市供销合作总社、国网邵阳供电公司等按职责分工负责）

（四）优化行政审批服务。深入推进住所（经营场所）登记制度改革，推动“非禁即入”普遍落实。实现“证照分离”改革全覆盖，推进“照后减证”和简化审批。深化“一件事一次办”改革，提高“一网通办”效率，扩大“跨省通办”范围。推动高频电子证照标准化和跨区域互认共享。深化工程建设项目审批制度改革，进一步压减电力接入审批时间。发挥破产处置府院联动机制作用，优化简易注销制度。（市发改委、市行政审批服务局牵头，市司法局、市公安局、市中级人民法院、市人社局、市商务局、市税务局、邵阳海关、市住建局、市市场监管局、人民银行邵阳市中心支行等按职责分工负责）

（五）营造公平竞争环境。废除与企业性质、属地或规模挂钩的歧视性准入规定和补贴政策，加强民生保障、促进创新等重点领域的反垄断和反不正当竞争执法。完善涉企收费目录清单制度，加强涉企收费治理。发挥

“互联网+监管”平台作用，推进部门联合“双随机、一公开”监管常态化。推广信用承诺制、告知承诺制，健全守信联合激励和失信联合惩戒机制。完善产权保护制度，依法全面保护各类产权。实行包容审慎监管，压缩自由裁量空间，推行轻微违法“首违不罚”。严格市场监管、质量监管、安全监管、金融监管，加强违法惩戒，严守市场安全底线。加强行业自律，建立健全行业规范，推动行业诚信体系建设。（市市场监管局牵头，市中级人民法院、市人民检察院、市发改委、市公安局、市住建局、市交通运输局、市农业农村局、市文旅广体局、市卫生健康委、市政府金融办、人民银行邵阳市中心支行、市银保监分局、市税务局、市司法局等按职责分工负责）

**五、工作要求**

（一）强化组织保障。建立市场主体高质量发展市级推进工作机制（以下简称推进机制），由市委书记严华、市长华学健任总召集人，分管副市长晏丽君任副召集人，市直有关单位主要负责人为成员。推进机制办公室设市市场监管局，由市市场监管局党组书记、局长何育新任办公室主任，统筹推进市场主体倍增工作，协调解决工作中的重大问题。各县市区人民政府、邵阳经济技术开发区管委会要建立相应工作机制，加强组织领导和统筹协调。各成员单位要组建工作专班，切实做好任务落实和督促指导。

（二）强化责任落实。各县（市、区）人民政府、邵阳经济技术开发区管委会和市市场监管局、市发改委、市工信局、市商务局、市农业农村局、市住建局、市科技局、市政府金融办、市文旅广体局等指标牵头部门要根据方案分工和目标清单，结合本地本部门实际，抓紧研究制定促进市场主体高质量发展实施方案，将目标任务细化到年度、分解到地区、具体到部门，分级分类制定任务书、路线图，确保任务落实到位。其他相关责任单位要根据方案分工，制定推进市场主体倍增工程的具体政策措施。

（三）强化考核监测。将市场主体培育推进情况纳入绩效考核体系和市政府“三重点”工作，对各县市区、邵阳经济技术开发区实行月调度、季讲评、年考核。市政府督查室要将市场主体培育工作纳入重点督查范围，定期跟踪督查。推进机制办公室要牵头建立统计监测制度，建立健全统计监测指标体系，加强日常监测，强化工作调度。

（四）强化宣传引导。各部门要充分利用各类媒体，宣传市场主体在经济社会发展中的重要地位、作用和培育市场主体的重要意义，以及优化营商环境促进市场主体倍增的政策措施，做好政策措施宣传解读，扩大知晓度、支持度和参与度，及时回应社会关切，确保政策措施全面落实；要及时总结市场主体培育发展中可推广复制的典型经验，提振市场主体信心，营造良好的舆论氛围。

# 邵阳市人民政府办公室
# 关于印发《邵阳市医疗救助实施细则》的通知

（邵市政办发〔2022〕5号）

各县、市、区人民政府，邵阳经济技术开发区管委会，市直有关单位：

经市人民政府同意，现将《邵阳市医疗救助实施细则》印发给你们，请认真遵照执行。

邵阳市人民政府办公室
2022年2月25日

## 邵阳市医疗救助实施细则

### 第一章 总则

第一条 为进一步健全完善医疗救助制度，根据《国务院办公厅关于健全重特大疾病医疗保险和救助制度的意见》（国办发〔2021〕42号）和《湖南省人民政府办公厅关于印发〈湖南省医疗救助办法〉的通知》（湘政办发〔2021〕62号）要求，结合工作实际，制定本细则。

第二条 医疗救助是基本医疗三重保障的兜底保障制度，通过政府资助困难群众参加城乡居民基本医疗保险，实施住院医疗救助和门诊医疗救助，最大限度防止困难群众因病返贫、因病致贫。

第三条 医疗救助遵循下列基本原则：

（一）政府主导、部门协作；

（二）救助水平与经济社会发展水平相适应；

（三）与基本医疗保险、大病保险、补充医疗保险、商业健康保险有效衔接、形成合力；

（四）坚持公开、公平、公正、便民。

### 第二章 医疗救助对象范围

第四条 医疗救助对象分为三类：

（一）一类救助对象为特困供养人员、孤儿、事实无人抚养儿童（以下统称一类救助对象）；

（二）二类救助对象为最低生活保障对象、重度残疾人、最低生活保障边缘家庭成员和纳入监测范围的防止返贫监测对象（以下统称二类救助对象）；

（三）三类救助对象为不符合一类、二类救助对象条件，但因高额医疗费用支出导致家庭基本生活出现严重困难的因病致贫大病患者（以下统称三类救助对象）。

第五条 三类救助对象申请医疗救助，原则上应符合下列标准之一：

（一）向户籍所在地医疗保障部门提出医疗救助申请之前12个月的家庭人均可支配收入较低，其除基本住房、基本生活必需品之外的家庭财产不足以支付医疗费用自负部分的重病患者；

（二）个人年度医保政策范围内自负医疗费用达到其家庭年可支配总收入的50%以上、因病致贫的大病患者。

### 第三章 医疗救助方式和标准

第六条 医疗救助坚持尽力而为、量力而行，根据资金筹集情况、政策范围内个人自负医疗费用、患病家庭负担能力等因素合理确定标准，分类分档确定救助比例和年度救助限额，根据经济社会发展水平逐步提高标准。

第七条 医疗救助费用坚持保基本，主要覆盖救助对象在协议医药机构发生的住院费用、因慢性病需长期服药或患重特大疾病需长期门诊治疗的费用。医疗救助的支付范围包括：救助对象经基本医疗保险、大病保险、补充医疗保险等报销后，符合基本医疗保险政策支付范围的自负费用；国家规定纳入医疗保障范围的罕见病医疗费用负担（包括基本医保政策范围内维持诊疗必需的医疗费用、罕见病特殊药品费用）。下列医疗费用不纳入医疗救助范围：到非医保协议医药机构就医、购药的费用或无正当理由未经转诊程序到市域外就医的医疗费用；保健、整形美容等发生的医疗费用；交通、医疗事故等依法应由第三方承担支付责任的医疗费用；法律法规及政策规定的其他情形。

第八条 参保资助。对一类救助对象和二类救助对象中的重度残疾人参加城乡居民医保的个人缴费部分给予全额资助；对其他二类救助对象（不含重度残疾人）参加城乡居民医保的个人缴费部分按照50%比例给予资助。在城乡居民医保集中参保缴费期对医疗救助对象实行同缴同补，个人只需按规定缴纳个人应缴部分资金；在城乡居民医保集中参保缴费期结束以后新增的各类困难人员不纳入当年参保缴费的资助范围。

第九条 住院医疗救助。救助对象住院发生属于医疗救助政策支付范围内，达到救助标准以上、10万元以内的个人自负医疗费用部分，按一定比例救助。医疗救助实行分类确定起付线和年度实际救助限额。

（一）一类救助对象：不设起付线，按照90%比例给予救助。

（二）二类救助对象：起付线原则上按全市上年度居民人均可支配收入的5%确定，按照70%比例给予救助。

（三）三类救助对象：起付线原则上按全市上年度居民人均可支配收入的25%确定，按照50%比例给予救助。

（四）对符合医疗救助条件的困难退役军人，在年度救助限额内，对照同类困难人员医疗救助标准提高10%比例给予救助。

第十条 门诊医疗救助。加强门诊慢性病、特殊疾病救助保障，门诊和住院救助共用年度救助限额，统筹资金使用，着力减轻救助对象门诊慢性病、特殊疾病医疗费用负担。患慢性病需要长期服药和患重特大疾病需要长期门诊治疗的医疗救助对象，个人门诊自负医疗费用较高，达到救助标准以上部分的金额，按以下标准救助：

（一）特殊疾病门诊救助。按照特殊疾病门诊病种范围实行救助，年度救助限额不超过8000元。一类救助对象不设起付线，年度限额内个人自负医疗费用按照90%比例给予救助；二类救助对象起付线为1000元，年度限额内个人自负医疗费用按照50%比例给予救助。

（二）重特大疾病门诊医疗救助。患重特大疾病需要长期门诊治疗的，按照相应类别救助对象住院医疗救助标准执行，纳入住院医疗救助年度限额范围。

第十一条 再救助制度。对基本医疗保险、大病保险和医疗救助三重制度支付后，政策范围内个人负担医疗费用超过当地上年度居民人均可支配收入的25%，且有返贫致贫风险的人员，经规范的申请、审核程序，按照不低于50%的比例进行再救助，防止发生因病返贫致贫。再救助具体标准根据医疗救助资金和财政支撑能力合理确定，避免过度保障。

### 第四章 医疗救助的申请、确认和结算支付

第十二条 一类、二类救助对象凭本人身份证和民政、乡村振兴部门认定证明等相关资料，到户籍所在地市域内医保协议医疗机构就医时，直接享受医疗救助待遇。采取基本医疗保险、大病保险、医疗救助“一站式”结算，救助对象只需支付个人自负部分费用，应由医疗救助资金支付部分，医保协议医疗机构先行垫付，再由医疗保障部门定期结算。

第十三条 一类、二类救助对象经转诊程序到市域外医疗机构就医的，提供本年度必要的病史证明材料，到户籍所在地乡镇（街道）提出书面申请，经县级医疗保障部门审核后享受医疗救助待遇。

第十四条 第三类救助对象按照以下流程申请医疗救助：

（一）申请人持本人相关证件、本年度必要的病史证明材料、医疗费用结算单据、家庭收入和财产状况等资料，到户籍所在地乡镇（街道）提出书面申请，填写《邵阳市医疗救助申请表》（见附件1）和《医疗救助申请家庭诚信承诺及授权申明》（见附件2）。

（二）乡镇（街道）在受理医疗救助申请后，应在10个工作日内完成入户调查和基础资料初审，如遇突发性重特大疾病患者，应特事特办、及时审核。对不符合救助条件的，要书面说明理由，并通知申请人。乡镇（街道）完成入户调查和基础资料初审后，由乡镇（街道）负责医保工作的专职人员录入医疗救助申请资料及申请对象全体家庭人员及共同生活成员的基本信息、授权等资料，提交县级医疗保障部门。

（三）县级医疗保障部门对资料的完整性审核后委托县级民政部门核对机构开展家庭经济状况信息核对。县级民政部门核对机构依规按程序对委托对象进行家庭经济状况核对，原则上在9个工作日内反馈核对结果。

（四）县级医疗保障部门在接到县级民政部门核对机构反馈结果后5个工作日内完成复审，并将复审结果反馈给乡镇（街道）。乡镇（街道）要在救助对象居住地（村、社区）固定公示栏进行公示，公示期为5个工作日，接受社会监督，公示期满后将公示情况报县级医疗保障部门。

（五）县级医疗保障部门对符合医疗救助条件且公示无异议的，在10个工作日内将救助资金发放至救助对象银行账户。

第十五条 再救助按以下流程申请医疗救助：

（一）申请人持相关证件、民政、乡村振兴等部门认定证明材料或县级民政部门核对机构出具的报告、本年度必要的病史证明材料和医疗费用结算单据，填写《邵阳市医疗救助（再救助）申请审批表》（见附件3），向县级医疗保障部门提出申请。

（二）县级医疗保障部门在10个工作日内完成初审，并委托县级乡村振兴部门对申请人是否有返贫致贫风险进行评估。县级乡村振兴部门自接到委托后10个工作日内，出具相关评估报告。

（三）县级医疗保障部门收到县级乡村振兴部门评估报告后10个工作日内完成审核，并在完成审核后10

个工作日内将救助资金发放至救助对象银行账户。

第十六条 医疗救助申请时限。

（一）住院医疗救助，采取“一站式”结算的，与医疗机构结算同步进行；未采取“一站式”结算的，原则上自出院之日起6个月之内提出申请。

（二）门诊医疗救助，采取“一站式”结算的，与医疗机构结算同步进行；未采取“一站式”结算的，于次年3月31日前申请，原则上一年申请一次。

（三）再救助于次年3月31日前申请，原则上一年申请一次。

第十七条 乡镇（街道）应当在每季度末，根据县级医疗保障部门当季审批的救助对象救助实施情况，在救助对象居住地（村、社区）固定公示栏进行公示，公示期为5个工作日，接受社会监督。

第十八条 完善医疗救助信息管理系统，建立医疗救助台账，统一规范各类救助对象身份标识，将各类救助对象纳入防止返贫、致贫监测范围，重点监测经基本医疗保险、大病保险等支付后个人医疗费用负担仍然较重的低收入家庭成员和防止返贫监测对象，掌握其医疗费用支出和个人负担情况，及时更新基础数据，按规定落实医疗救助待遇。

## 第五章 资金筹集与管理

第十九条 医疗救助资金通过财政预算、福彩公益金、社会捐赠等多渠道筹集。各级医疗保障部门要根据救助对象规模、救助标准、医药费增长等因素科学测算医疗救助资金需求。各级财政部门根据资金需求以及上级财政补助资金和社会捐赠资金情况，结合本地财力，统筹安排本级财政医疗救助资金，并纳入预算管理。

第二十条 鼓励慈善组织和其他社会组织设立大病救助项目，发挥补充救助作用。建立慈善参与激励机制，落实相应税收优惠、费用减免等政策。

第二十一条 全面加强医疗救助资金使用管理，确保安全使用、管理规范。对脱贫攻坚期间农村建档立卡贫困人口医疗保障相关政策和项目的资金加强整合，全面实行基本医疗保险、大病保险和医疗救助三重保障，实现市域范围内政策、管理、服务基本统一。

第二十二条 各地要坚持“量入为出、收支平衡、结余结转”的原则，对救助对象及时实施医疗救助。资助救助对象参加城乡居民医保的补助资金，在集中参保缴费期结束后一个月内，县级医疗保障部门提出申请，经财政部门审核后由相关职能部门核拨至基本医疗保险基金账户。“一站式”结算需要的医疗救助资金，医疗保障部门提出申请，经财政部门审核后由相关职能部门或单位定期核拨至“一站式”结算资金专户，医疗保障部门按规定及时拨付至协议医疗机构资金账户。其余医疗救助资金按规定程序审核，并按规定及时汇入救助对象银行账户。

第二十三条 各级医疗保障、财政部门要按照医保转移支付绩效评价工作要求，做好医疗救助资金绩效自评工作，及时将上年度绩效自评报告分别报上级医疗保障和财政部门。绩效评价结果作为完善相关转移支付政策和以后年度预算申请、安排、分配的重要依据。

## 第六章 保障措施

第二十四条 加强组织领导，强化党委领导、政府主导、部门协同、社会参与的重特大疾病保障工作机制，将困难群众重特大疾病医疗救助托底保障政策落实作为加强和改善民生的重要指标，纳入医疗救助工作绩效评价。

第二十五条 明确各级各部门职责：

（一）县市区人民政府负责实施本地区医疗救助工作；

（二）乡镇人民政府（街道办事处）负责辖区内医疗救助申请受理、调查核实和基础资料审核等工作；

（三）医疗保障部门具体负责医疗救助工作的组织实施；

（四）民政部门负责特困供养人员、最低生活保障对象、最低生活保障边缘家庭成员、孤儿、事实无人抚养儿童、困难重度残疾人的认定，做好低收入人口的监测，会同相关部门做好因病致贫重病患者认定和相关信息共享，支持慈善救助发展，负责指导同级社会救助家庭经济状况核对机构开展核对工作；

（五）财政部门负责医疗救助资金的筹集和监督管理；

（六）乡村振兴部门负责做好防止返贫监测对象的监测和基础信息共享，负责对再救助申请人是否具有返贫致贫风险进行评估并出具报告；

（七）退役军人事务部门负责退役军人和其他优抚对象基础信息的确认；

（八）残疾人联合会负责残疾人基础信息的确认；

（九）卫生健康部门负责加强对医疗机构医疗服务行为的监督管理，规范诊疗路径，促进分级诊疗；

（十）审计部门负责对医疗救助资金管理和使用情况的审计。

第二十六条 县市区人民政府要加强医疗救助工作的管理，为医疗救助工作开展提供必要的组织条件和物资保证，按照医疗救助对象的数量、人员结构等因素健全完善医疗救助工作机制，落实工作经费，保障医疗救助工作的顺利开展。

第二十七条 加快推进一体化经办。细化完善医疗救助服务事项清单，出台医疗救助经办管理服务规程，做好救助对象信息共享互认、资助参保、待遇给付等经办服务。推动基本医疗保险和医疗救助服务融合，依托全国统一的医疗保障信息平台，依法依规加强数据归口管理。统一协议管理，强化协议医疗机构费用管控主体责任。

第二十八条 建立健全医疗救助绩效评价考核体系，

将医疗救助资金纳入医疗保障基金一体化监管范围，加强监督检查，增强约束力和工作透明度。健全责任追究机制，严肃查处挤占、挪用、虚报、冒领医疗救助资金等违规违纪违法行为。

第二十九条 医疗救助对象采取虚报、隐瞒、伪造或以其他不正当手段骗取医疗救助资金的，不予批准或停止实施救助；已经发放的，由医疗保障部门全额追缴并处理；构成犯罪的，依法追究法律责任。

**第七章 附 则**

第三十条 本细则自 2022 年 1 月 1 日起施行。以往文件规定与本细则不一致的，以本细则为准。

# 组织机构及领导名录

（2022 年）

## 中共邵阳市委

书　记：
严　华
副书记：
华学健
汤立斌
常委（书记、副书记不重列）：
周爱国
于金旺
曾市南（2022 年 7 月免）
* * *
王学武
肖拥军
吴旭鹏（2022 年 7 月任）
仇珂静（女）
龚红果
秘书长：
肖拥军
副秘书长：
唐宏华
李驰宇（2022 年 1 月免）
毛文胜
肖玉叶（2022 年 1 月任）
赵步高
汤建武
谭丁磊（2022 年 3 月任）

## 邵阳市第十七届人民代表大会常务委员会

党组书记、主任：
周迎春（女）
党组副书记、副主任：
唐　渊
副主任：
蒋志刚
刘永德
阳晓华
毛学雄
李小平
罗玉梅（女）
秘书长：
吴卫红
副秘书长：
唐启前
汪庆春（2022 年 5 月任）
委　员：
王少锋
王华南
文君琳（女）
邓大成
邓玉霞（女）
邓波涛
石　莎（女）
龙飞云（女）
刘光明
刘旭明
刘金花（女）
刘展艳（女）
李卫平（女）
李凤鸣（女）
李志文
李秀清
李顺桥
肖建楚
张小林（回族）
张尚庚
陈文佳（女）
陈英杰
陈智英（女）
范珍萍（女）
金　艳（女）

贺小玲（女）
夏宇宏
高海斌
郭炳涛
唐向阳（女）
海莎莎（女，回族）
黄士成
黄双艳（女）
黄光荣
黄红禹
黄进念（苗族）
梁　栋
曾　艺（2022 年 8 月免）
曾纪永（女）
谢　宇
蔡灿辉（2022 年 2 月免）

## 邵阳市人民政府

**市　长：**
华学健（2022 年 1 月任）
**副市长：**
* * *（常务，2022 年 1 月任）
仇珂静（女）
晏丽君（女）
蒋　伟（2022 年 1 月任）
沈志定（2022 年 1 月任）
杨卫平（2022 年 1 月任）
李长跃（2022 年 1 月任）
刘亚亮（2022 年 1 月任）
**秘书长：**
陈秋良
**副秘书长：**
肖化虎（2022 年 3 月免）
许红梅
谢洪军（2022 年 3 月任）
李荣卫（2022 年 3 月任）
李负平（2022 年 7 月免）
张　雄（2022 年 7 月免）
刘　昊
刘文兰（2022 年 9 月任）
王满元（2022 年 3 月免）
谢　旺（2022 年 7 月任）
易德钧
彭丁峰（2022 年 9 月任）
周永红（兼）

## 邵阳市政协第十三届委员会

**主席、党组书记：**
周　文
**副主席、党组副书记：**
段雪梅（女）
**副主席：**
刘承智（兼）
肖　平
伍先明
丰新妹（女）
杨博理
孙清良
蒋志南
冯东旺（2022 年 12 月任）
**秘书长：**
赵逢春（2022 年 6 月免）
王大松（2022 年 6 月任）
**副秘书长：**
刘贻银（2022 年 1 月免）
胡扬宏（2022 年 3 月任）
谢岸炀（2022 年 12 月免）
**常委（2022年12月）：**
马丽娅（女）
马健强
王朝阳
王瑞虎
王懿俊
尹　青（女）
尹子武
邓　艳（女）
邓朝晖
龙　达
龙明主
乔　梁
刘　慧（女）
刘成生
刘君谊
刘佳媚（女）
刘思伊（女）
任术君
许红梅（女）
孙　三
孙建群（女）
严卫明

李　平（女）
李仕刚
李炯峰
李艳伟
李福信
杨　霞（女）
杨喜国
肖体团
吴理之
邱小妹（女）
何扬奇
邹建山
张　茗（女）
张　程
张　鹏
张朋飞
张治求
张宗凡
张祝明
陈　勇
陈齐美
陈爱民
陈海洋（女）
陈博文
陈新高
周　彦
周志宏
周倬民
赵比特
赵忠明
赵海艳（女）
胡建国
袁卫东
夏丹波（女）
倪爱民
唐曼玲（女）
唐耀平
黄一萍（女）
黄俊玲（女）
粟长征
释志东（女）
谢岸炀
谢治辉
廖继斌
廖智勇
戴先平

# 中共邵阳市纪律检查委员会
# 邵阳市监察委员会

## 市纪律检查委员会

书　记：

曾市南（2022 年 7 月免）
吴旭鹏（2022 年 7 月任）

副书记：

刘厚见（常务）
苏远刚
龙明主

常　委：

杨桂林（2022 年 7 月免）
田　晶（女，土家族，2022 年 8 月免）
李顺桥
邓闽榕（2022 年 1 月任）
黄智勇（2022 年 8 月任）
王　霖

# 邵阳市监察委员会

监委主任：

曾市南（2022 年 8 月免）
吴旭鹏（2022 年 8 月代主任，2022 年 12 月任）

副主任：

刘厚见
苏远刚
龙明主

委　员：

杨桂林（2022 年 8 月免）
黄智勇（2022 年 11 月任）
王　霖
许海清
曾立忠

# 邵阳市中级人民法院

院　长：

曾鼎新

副院长：

吴青山（常务）
李冰寒
彭志贤（2022 年 6 月免）
周盖雄（2022 年 11 月免）

黄雁峰（2022年11月任）

**政治部主任：**

黄智勇（2022年9月免）

李杰红（女，2022年9月任）

**派驻纪检监察组组长：**

邓　忠

## 邵阳市人民检察院

**检察长：**

黄　劲

**常务副检察长：**

唐志军（常务）

**副检察长：**

黄雁峰（2022年11月免）

彭志贤（2022年6月任）

杨尊永（2022年8月任）

周盖雄（2022年11月任）

**党组成员、派驻纪检监察组组长：**

邓星洪

**党组成员、政治部主任：**

黄胜军

## 各民主党派邵阳市委会 邵阳市工商联

### 民革市委会

**主　委：**

丰新妹

**副主委：**

李志文

尹　青

朱国强

陈　勇

### 民盟市委会

**主　委：**

孙清良

**专职副主委：**

邹建山

**副主委：**

尹子武

张群慧（女，苗族）

邱小妹（女）

**秘书长：**

邹建山（兼）

### 民建市委会

**主　委：**

蒋志南

**专职副主委：**

黄双艳

**副主委：**

张宗凡

陈国雄

赵理得

**秘书长：**

刘成生

### 民进市委会

**主　委：**

刘承智

**专职副主委：**

陈文佳（女，2022年7月任）

**兼职副主委：**

杨喜国

夏丹波（女）

陈博文（2022年7月免）

黄一萍（女，2022年7月任）

### 农工党市委会

**主　委：**

毛学雄

**专职副主委：**

赵忠明

**兼职副主委：**

龙　达

李艳伟

龚　艳（女）

### 邵阳市工商业联合会

**主　席：**

陈博文

**党组书记：**

陈新高（2022年6月免）

曾秦伟（2022年6月任）

**副主席：**

覃　勋（女）

鞠科文

**党组成员：**

高　强

刘敏珊（女）

# 市委工作机构及其部门管理机构

## 市委办公室
主　任：
肖拥军
副主任：
唐宏华（常务）
毛文胜
肖玉叶（2022 年 1 月任）
赵步高
汤建武
谭丁磊
毛同生（2022 年 3 月任）
江少华
派驻纪检监察组组长：
胡少华（2022 年 4 月免）
林道君（2022 年 6 月任）

## 市档案馆
馆　长：
龙毅鹏（苗族）
副馆长：
刘巧萍（女）
徐继雄（女）

## 市委组织部
部　长：
龚红果
副部长：
陈英杰（常务，2022 年 1 月任）
陈爱民
曾志红（2022 年 5 月任）
于光庭
贺祝民（兼，2022 年 4 月免）
辜红姿（兼，女）
派驻纪检监察组组长：
唐建新（2022 年 6 月免）
王　雄（2022 年 6 月任）

## 市委宣传部
部　长：
于金旺
副部长：
黄光荣（常务）
张映梅（女，2022 年 1 月任）
谢治辉
杨文国
唐青青（女，兼）
派驻纪检监察组组长：
姚曙光（2022 年 1 月任）

## 市委统一战线工作部
部　长：
龚红果
副部长：
李恒荣（常务，2022 年 2 月免）
王文蕊（常务，苗族）
李福信
曾秦伟（2022 年 6 月任，2022 年 8 月免）
陈新高（2022 年 6 月免）
黄美南
黄俊玲（苗族，2022 年 4 月兼任）
派驻纪检监察组组长：
罗远发

## 市委政法委员会
书　记：
王学武
副书记：
夏宇宏（常务，2022 年 7 月免）
金卫国（副转任常务，2022 年 9 月）
周　彦（2022 年 2 月免）
唐贵平
呙志勇（2022 年 3 月任）
派驻纪检监察组组长：
申鹏岚（2022 年 7 月免）
肖能刚（2022 年 7 月任）
政治部主任：
于四海
委　员：
彭国志（2022 年 9 月免）

## 市委政策研究室（市委改革办）
主　任：
陈海清
副主任：
孙雨晴
文英武（2022 年 8 月免）
肖湘磊

## 市委网络安全和信息化委员会办公室
主　任：
唐青青（女）
副主任：
陈文华（女）
魏树威
周一波

### 市委机构编制委员会办公室
主　任：
杨映林（苗族，2022 年 6 月免）
田　晶（女，土家族，2022 年 9 月任）
副主任：
傅丽华（女）
李远良
张建军

### 市直属机关工作委员会
书　记：
肖拥军（兼）
副书记：
＊＊＊（常务）
周忠良
金永辉
纪工委书记：
王炉军

### 市委巡察工作领导小组办公室
主　任：
邓闽榕

### 市委老干部局
局　长：
幸红姿
副局长：
申琼豪
吴敏艳

### 市委党校（市行政学院、市社会主义学院）
校（院）长：
汤立斌（兼）
副校（院）长：
肖杰华（常务）
郑典福
姚海波
杨小丽（女）
教育长：
黄　猛

### 市委党史研究室
主　任：
吴波涛（2022 年 5 月免）
赵比特（2022 年 5 月任）
副主任：
杨丽江（2022 年 7 月免）
戴蹇吾

### 市委、市政府接待服务中心
主　任：
金学华（2022 年 5 月任）
副主任：
隆　慧（2022 年 7 月免）
马晓玲（女，2022 年 7 月任）
曾新锋（2022 年 7 月任）

### 市委保密委员会办公室（市国家保密局）
主任（局长）：
李福信（2022 年 4 月免）
周华新（2022 年 4 月任）
副主任（副局长）：
吕旭强
陈　红（女）

## 市人大各专门委员会及常委会工作机构、办事机构

### 民族华侨外事委员会
主任委员：
刘金花（女）
副主任委员：
梁　栋

### 监察和司法委员会
主任委员：
刘旭明
副主任委员：
黄士成

### 法制委员会
主任委员：
张尚庚
副主任委员：
肖建楚
姚　云（2022 年 6 月任）

### 财政经济委员会
主任委员：
王化南
副主任委员：
曾纪永（女）
谢　宇

### 教育科学文化卫生委员会
主任委员：
龙飞云（女）

副主任委员：

郭炳涛

## 环境与资源保护委员会

主任委员：

金　艳（女）

副主任委员：

黄进念

## 农业与农村委员会

主任委员：

李秀清

副主任委员：

唐向阳（女）

## 社会建设委员会

主任委员：

范珍萍（女）

副主任委员：

邓玉霞（女）

## 常委会办公室

主　任：

吴卫红（兼）

副主任：

唐启前（兼）

汪庆春（兼，2022 年 5 月任）

王少锋

## 选举任免联络工作委员会

主　任：

邓波涛

副主任：

肖雅娟（女，2022 年 5 月任）

## 研究室

主　任：

黄红禹

副主任：

周卫长

## 预算工作委员会

主　任：

王华南

副主任：

曾纪永（女）

谢　宇

## 法制工作委员会

主　任：

张尚庚

副主任：

肖建楚

姚　云（2022 年 5 月任）

# 市人民政府工作部门

## 市政府办公室

主　任：

陈秋良

副主任：

肖化虎（2022 年 3 月免）

许红梅

谢洪军（2022 年 3 月任）

李荣卫（2022 年 3 月任）

黄负平（2022 年 7 月免）

张　雄（2022 年 7 月免）

刘　昊

刘文兰（2022 年 9 月任）

王满元（2022 年 3 月免）

谢　旺（2022 年 7 月任）

易德钧

彭丁峰（2022 年 9 月任）

邓印强（2022 年 4 月任）

刘咏波（2022 年 4 月免）

派驻纪检监察组组长：

易祥忠

## 市发展和改革委员会

主　任：

张顺华（2022 年 2 月免）

党组书记：

车　茂（2022 年 2 月免）

党组书记、主任：

杨　平（2022 年 2 月任）

副主任：

何志红（女，2022 年 2 月免）

朱绍阳

戴先平（2022 年 6 月免）

陈功春

杨相峰（2022 年 3 月任）

王延良（2022 年 9 月任）

派驻纪检监察组组长：

夏龙利

总经济师：

刘百军

## 市教育局

党委书记：

邓　政（2022年2月免）

局　长：

肖玉叶（2022年1月免）

党组书记、局长：

李恒荣（2022年2月任）

副局长：

刘运礼（2022年6月免）

廖明君（2022年6月免）

胡扬宏（2022年4月免）

肖克勤

仇湘中（2022年7月任）

陈代林（2022年6月任）

蒋兴东（2022年6月任）

派驻纪检监察组组长：

肖能刚（2022年7月免）

唐江良（2022年7月任）

党组成员、总督学：

杨进琼

## 市科学技术局

党组书记：

夏　刊

局　长：

蒋志南

副局长：

林千军（2022年6月免）

游国富（2022年4月免）

谢跃斌

林峻宇（2022年6月任）

张　琼（2022年4月任）

## 市工业和信息化局

局　长：

杨　平（2022年2月免）

何志红（2022年2月任）

副局长：

李世卿

肖建华

段绍兴

方喜春（2022年1月任）

派驻纪检监察组组长：

胡　俊

总经济师：

曾高贵（2022年9月免）

杨雄良（2022年9月任）

## 市民族宗教事务局

党组书记：

马健强（2022年2月免）

局　长：

彭泽愿（2022年2月免）

党组书记、局长：

黄俊玲（2022年2月任）

副局长：

张常红

龚世喜

黄四清

## 市公安局

局　长：

李长跃

副局长：

呙志勇（2022年4月免）

肖建华（常务）

朱建龙（2022年11月免）

朱邵武

谢伟宏（2022年7月任）

派驻纪检监察组组长：

罗海君

党委委员、政治部主任：

谢伟宏（2022年7月免）

李胜祥（2022年8月任）

## 市民政局

局　长：

刘得正（2022年2月免）

党组书记、局长：

蔡灿辉（2022年2月任）

副局长：

蒋益民（2022年4月免）

唐颂武

刘灿春（2022年4月任）

派驻纪检监察组组长：

雷　勇（2022年5月免）

罗　璇（女，2022年5月任）

## 市司法局

党组书记、局长：

黄红五

**副局长：**

尹安中
曾伯华（2022 年 9 月免）
吴善成
肖　丽（2022 年 8 月任）

**政治部主任：**

李杰红（2022 年 8 月免）
谢春香（2022 年 8 月任）

## 市财政局

**局　长：**

李桂楚（2022 年 2 月免）
朱　敏（2022 年 2 月任）

**副局长：**

李政权
陈　刚（苗族）
孙　三（2022 年 4 月任）

**派驻纪检监察组组长：**

黄生安（2022 年 5 月免）
蒋日新（2022 年 7 月任）

**总会计师：**

孙　三（2022 年 4 月免）
阮宏敏（2022 年 4 月任）

## 市人力资源和社会保障局

**局　长：**

贺祝民（2022 年 2 月免）
黄兆勇（2022 年 2 月任）

**党组书记：**

黄兆勇

**副局长：**

唐小富（2022 年 9 月任）
胡育红
李　奇（2022 年 9 月任）
曾玉娥（女，2022 年 9 月免）
赵朝阳（2022 年 4 月任，2022 年 9 月免）

**派驻纪检监察组组长：**

蒋劲飞（2022 年 4 月免）
袁　渊（2022 年 5 月任）

## 市自然资源和规划局

**局　长：**

王大松（2022 年 6 月免）
杨映林（苗族，2022 年 6 月任）

**副局长：**

彭启阳（2022 年 11 月免）
唐朝晖（女）
刘宣平
蒋卓斌
李红军（2022 年 8 月免）
陈志忠（2022 年 8 月任）

**派驻纪检监察组组长：**

林　森（2022 年 5 月免）

**总工程师：**

李荣仁（苗族，2022 年 4 月免）
申朝阳（女，2022 年 7 月任）

## 市生态环境局

**局　长：**

陈名洋

**副局长：**

李寿云（2022 年 7 月免）
李忠生
金日飞
李　一（2022 年 7 月任）

**党组成员、湖南省邵阳生态环境监测中心主任：**

朱鸿毅

**党组成员、总工程师：**

李　一（2022 年 7 月免）
周志军（2022 年 7 月任）

## 市住房和城乡建设局（市人防办）

**局长、主任：**

曹红旗

**副局长：**

陈少红
唐飞云
李世太（2022 年 8 月免）
曾志旺
杨永忠（2022 年 8 月任）
李红军（2022 年 8 月任）
罗尔赫
曾德生（2022 年 8 月免）
陈志忠（2022 年 8 月免）

**副主任：**

陈　晖

**派驻纪检监察组组长：**

陈　晋

**总工程师：**

王跃辉

## 市城市管理和综合执法局

**局　长：**

朱　敏（2022 年 2 月免）

周　彦（2022 年 2 月任）

副局长：

肖志健

彭学武

谭海艮

苏　纲

温凯新

党组成员、总工程师：

刘长军

## 市交通运输局

局　长：

李叶松

副局长：

陈湘伟（2022 年 9 月免）

曾德生（2022 年 9 月任）

蒋胜利

李立新

派驻纪检监察组组长：

梁保平（哈尼族）

总工程师：

蒋和清（2022 年 7 月免）

尹旭文（2022 年 7 月任）

## 市水利局

局　长：

伍先明（2022 年 1 月免）

车　茂（2022 年 2 月任）

副局长：

陈湘伟（2022 年 9 月任）

陈道文

姜卫军（2022 年 1 月免）

蒋德茂（2022 年 3 月任）

杨永忠（2022 年 8 月免）

派驻纪检监察组组长：

蒋再菊

总工程师：

孙晓明

## 市农业农村局（市委农村工作领导小组办公室）

局长、主任：

肖高国（2022 年 2 月免）

谢小军（2022 年 2 月任）

党组书记：

李荣卫（2022 年 2 月免）

谢小军（2022 年 2 月任）

党组副书记、副局长：

肖文胜

副局长：

刘　勇

刘开兴

派驻纪检监察组组长：

李茂林（2022 年 7 月免）

董仁德（2022 年 7 月任）

专职副主任：

刘文峰

总农艺师：

左　保

## 市商务局

局　长：

曾剑萍（女）

副局长：

陈四平

吴伟民

陈录华

姚　敏（苗族）

派驻纪检监察组组长：

陶新耀

## 市文化旅游广电体育局

党组书记：

张映梅（女，2022 年 1 月免）

党组书记、局长：

李驰宇（2022 年 2 月任）

副局长：

郑小娟（女，2022 年 8 月免）

丁　武（2022 年 8 月任）

罗开明

曾克平

刘金雄（2022 年 6 月免）

段光华（2022 年 6 月免）

王　娟（女，2022 年 6 月任）

## 市卫生健康委员会

主　任：

刘晓江（2022 年 2 月免）

黄海蓉（2022 年 2 月任）

党委（组）书记：

黄海蓉（女）

副主任：

田清良

蒋小燕（兼，2022 年 4 月任）
俞　坤
焦劲松
**派驻纪检监察组组长：**
胡拥军

## 市审计局
**党组书记：**
黄振国（侗族）
**局　长：**
申建伟（2022 年 7 月免）
黄振国（侗族，2022 年 2 月任）
**副局长：**
李伯升
朱良华

**市领导干部经济责任审计工作领导小组办公室**
**专职副主任：**
刘瑞华
**总审计师：**
唐湘月

## 市退役军人事务局
**局　长：**
杨修文（2022 年 2 月免）
姜卫军（2022 年 2 月任）
**副局长：**
雷铜生（2022 年 6 月免）
赵有志（2022 年 8 月免）
曾伯华（2022 年 8 月任）
廖洪战
欧阳清明

## 市应急管理局
**党组书记：**
张戈锐
**局　长：**
朱文敖（2022 年 2 月免）
张戈锐（2022 年 2 月任）
**副局长：**
谢续才
李进发
赵　韬（2022 年 6 月免）
向国胜（2022 年 9 月免）
朱　勋（2022 年 8 月任）
**政治部主任：**
谢　妮（女）

## 市消防救援支队
**党委书记、政治委员：**
李孟军（2022 年 7 月免）
蒋思钢（2022 年 7 月任）
**党委副书记、支队长：**
黄荣浪
**副支队长：**
曹铁牛
罗　艺
吴　非
许名芳
**副政治委员：**
谭伟峰
**政治部主任：**
雷志勇（2022 年 7 月免）
胡国萍（2022 年 7 月任）

## 市政府国有资产监督管理委员会
**主　任：**
阳志奇
**副主任：**
龙景刚（2022 年 6 月免）
刘梦林（2022 年 4 月任）
隆伟峰（2022 年 6 月任）
**总经济师：**
夏建国（2022 年 6 月免）
宋洪波（2022 年 9 月任）
**派驻纪检监察组组长：**
王　雄（2022 年 6 月免）
陶鸿飞（2022 年 7 月任）

## 市林业局
**党组书记：**
刘文龙
**局　长：**
刘文龙（2022 年 11 月免）
冯东旺（2022 年 11 月任）
**副局长：**
刘湘中
向更生（2022 年 4 月任）

## 市市场监督管理局
**党组书记：**
何育新（2022 年 2 月任）
**局　长：**
何育新
**副局长：**
陈其谋

何科能
段志远
曾广晖
张备清
曹建文

**总工程师：**

汤芳萍（女）

**派驻纪检监察组组长：**

姚曙光（2022 年 1 月免）
王鑫泉（2022 年 1 月任）

## 市统计局

**党组书记：**

杨卫东

**局　长：**

汤艳丽（女，2022 年 2 月任）

**副局长：**

汤艳丽（女，2022 年 2 月免）
李　峰
舒振朝（2022 年 4 月任）
何海波

**党组成员、总统计师：**

舒振朝（2022 年 4 月免）

**市统计调查队队长：**

周志敏

## 市机关事务管理局

**局　长：**

许洪范（2022 年 2 月免）
王满元（2022 年 3 月任）

**副局长：**

雷少平
申群会

## 市金融工作办公室

**主　任：**

谢卫东

**副主任：**

伍韶山
周　碑

## 市信访局

**局　长：**

周永红

**副局长：**

刘鹏高
刘灿春（2022 年 3 月免）
曾律玮（2022 年 6 月免）
刘　琴（女）
周　旦（2022 年 3 月任）
袁万里（2022 年 7 月任）

## 市乡村振兴局

**局　长：**

阳恩平

**副局长：**

吕湘翎
谢小洋
谢东海

## 市医疗保障局

**局　长：**

唐远伟

**副局长：**

唐足平
肖宗杰
王师堂

## 市行政审批服务局

**党组书记：**

贺利平（2022 年 2 月免）

**局　长：**

欧阳向东（2022 年 2 月免）

**党组书记、局长：**

张世杰（2022 年 2 月任）

**副局长：**

罗　雄
肖　丽（女，2022 年 9 月免）
陈泽元
刘　娜（女，2022 年 9 月任）

# 市政协办公室及各专门委员会

## 机关党组

**党组书记：**

赵逢春（2022 年 6 月免）
王大松（2022 年 6 月任）

**党组成员：**

刘贻银（2022 年 1 月免）
胡扬宏（2022 年 3 月任）
谢岸炀（2022 年 12 月免）
戴宏伟
唐立新
梁志奇

## 办公室

主　任：

赵逢春（2022 年 6 月免）
王大松（2022 年 6 月任）

副主任：

陆先宏（2022 年 1 月免）
胡扬宏（2022 年 3 月任）
谢岸炀（2022 年 1 月任，2022 年 12 月免）
戴宏伟

机关党委书记：

唐立新

## 研究室

主 任：

袁卫东

副主任：

蒋　吉（2022 年 1 月免）
张德雄（2022 年 3 月任）

## 委员学习联络委员会

主　任：

唐曼玲（女）

副主任：

何颜斌

## 提案委员会

主　任：

范珍萍（女，2022 年 1 月免）
肖体团（2022 年 1 月任）

副主任：

罗文新

## 经济科技和外事委员会

主　任：

唐颂武（女，2022 年 1 月免）
唐耀平（2022 年 1 月任）

副主任：

肖体团（2022 年 1 月免）
谢荣华（2022 年 1 月任）

## 农业和农村委员会

主 任：

杨　霞（女）

副主任：

向国华

## 人口资源环境委员会

主 任：

赵海燕（女）

副主任：

李　英（女）

## 文教卫体和文史委员会

主 任：

张治求

副主任：

刘颖彬（女）

## 社会法制和民族宗教委员会

主 任：

谢洪军（2022 年 2 月免）
马健强（2022 年 2 月任）

副主任：

仇科峰

# 群众团体

## 市总工会

主　席：

刘永德

党组书记：

蔡灿辉（2022 年 2 月免）
欧阳向东（2022 年 2 月任）

副主席：

赵比特（2022 年 6 月免）
罗素云（女）
刘望德
胡怀生（兼职）

经审主任：

雷 虹（女）

党组成员：

周上智（2022 年 6 月任）

## 共青团邵阳市委员会

书　记：

曾　艺（2022 年 6 月免）
贺　雄（2022 年 7 月任）

副书记：

贺　雄（2022 年 7 月免）
刘梦融
石欧苏（2022 年 7 月任）
杨　蕾（挂职）
袁金花（兼职）
陈　恺（兼，2022 年 1 月任）

## 市妇女联合会

主　席：

周　玲（女）

副主席：
陈海洋（女）
石鲤铭（女）
吕天妮（女，兼）
谢　君（女，兼）

## 市文学艺术界联合会

主　席：
曾伟子
副主席：
申翊君
唐海龙

## 市科学技术协会

党组书记：
姚鹏飞（女）
主　席：
段雪梅（女，兼）
副主席：
刘武典
谭小武
张克军（兼）
彭引平（兼）
雷庆良（兼）
王晚秋（兼）
欧小球（挂职）

## 市归国华侨联合会

党组书记、主席：
李仕刚
副主席：
刘　军
党组成员：
陈　屹（女）

## 市社会科学界联合会

主　席：
张千山（2022年5月免）
谢岸炀（2022年11月任）
副主席：
海　卓（回族）
李　毅

## 市残疾人联合会

理事长：
刘　慧
副理事长：
刘　华
谢　涵

## 中国国际贸易促进委员会邵阳市支会

党组书记：
黄正佑
会　长：
李　平
副会长：
林峻宇（2022年6月免）
苏敬华（2022年3月免）
杨桂蓉（2022年3月任）
刘东益（2022年7月任）

# 其他正处级机构

## 市地方志编纂室

主　任：
肖治国
副主任：
曾爱武（女）
肖　潇（女）

## 市供销合作总社

理事会主任：
汪庆春（2022年3月免）
黄卫坤（2022年3月任）
监事会主任：
潘光明
理事会副主任：
李　军
孙易之（2022年6月免）
刘春联（2022年6月任）
蒋美凤（女，2022年6月免）
周志虎（2022年7月任）

## 市公共资源交易中心

主　任：
欧阳晨光
副主任：
梁东海（2022年5月免）
蒲秀连（女）
党组成员：
隆林洲

## 市政府发展研究中心

主　任：
马文高（回族，2022年7月免）
文英武（2022年8月任）
副主任：
向更生（2022年3月免）
宁海江

刘启军（2022 年 6 月任）

## 邵阳日报社

**社长、总编辑：**

王乐华

**副总编辑：**

张卫民

**副社长：**

匡光昭

**副社长、副总编辑：**

黄仁发

**副处级编委：**

朱长青（2022 年 4 月免）

## 邵阳广播电视台

**台　长：**

胡光华

**副台长：**

杨荣干
黎　瑾
曾建斌

## 市住房公积金管理中心

**党委书记：**

蒋小燕（2022 年 4 月免）
梁东海（2022 年 4 月任）

**主　任：**

王瑞虎

**副主任：**

江学军（女）
柳　明

**总会计师：**

杨雄良（2022 年 9 月免）

## 市工业企业改制服务办公室

**主　任：**

戴开盛（2022 年 5 月免）
龙景刚（2022 年 5 月任）

**副主任：**

曾展鹏
黄小斌（2022 年 1 月任）
谢志伟
龙海鹰
彭　毅（2022 年 3 月任）

## 市商业企业改制服务办公室

**主　任：**

袁驰炳

**副主任：**

宋洪波（2022 年 9 月免）
路湘玲（女，2022 年 2 月免）
钱雄亮
赵先科（2022 年 3 月任）

## 市大圳灌区管理局

**局　长：**

黄拥军

**副局长：**

范建成（2022 年 12 月免）
刘程里
蒋兴元

**纪委书记：**

李　斌

**总工程师：**

范银贵

## 市城市建设投资经营集团有限公司

**董事长：**

孙清良（2022 年 10 月免）
范　瑾（2022 年 9 月任）

**党委书记：**

丁　武（2022 年 8 月免）
范　瑾（2022 年 8 月任）

**总经理：**

范　瑾（2022 年 9 月免）
李谟旺（2022 年 9 月任）

**副总经理：**

夏小明
黄国银
罗　琦
杨　朝（2022 年 9 月任）

**纪委书记：**

吴　华

**总会计师：**

龚　艳

## 邵阳市农业科学研究院

**院　长：**

罗　华

**副院长：**

刘中阳
唐　俊
李良明

**纪委书记：**

谢长青

### 市公路建设养护中心
党组书记：
范赞科
主　任：
范赞科（2022年10月免）
孙清良（2022年10月任）
副主任：
陶永雄（苗族）
谢　恺
陶　刚（2022年3月任）

### 市库区移民事务中心
主　任：
夏存良
副主任：
黄石林
邵江华

### 邵阳经济技术开发区
党工委书记：
刘亚亮（兼，2022年1月任）
党工委副书记、主任：
吴名蒙
党工委副书记：
范志锋
党工委委员、副主任：
李茂席（常务，2022年6月免）
刘　长
雷友云（2022年7月任）
纪工委书记、监工委主任：
米　锋（2022年9月免）
党工委委员：
龙海鹰

## 医疗卫生机构

### 市疾病预防控制中心
主　任：
朱鹏程
副主任：
肖善良（2022年6月免）
粟　兴（2022年4月免）
郭林峰（2022年4月任）
李睿佼（2022年6月任）
岳　军
纪委书记：
陈立红

### 市中心医院
党委书记：
张国华
党委副书记、院长：
刘天云
党委副书记：
陈毅明
副院长：
刘小勇（2022年9月免）
黄雅莲（女，2022年6月免）
肖　谦（2022年5月免）
郑　核
唐海源（2022年6月任）
工会主席：
宁绍斌
纪委书记：
龙　腾

### 邵阳学院附属第一医院
党委书记：
廖旭才（2022年6月免）
肖乐乐（2022年6月任）
院　长：
黄端阳（2022年6月免）
张轶群（2022年6月任）
党委副书记：
李均祥（2022年6月免）
吕　冬（女，2022年6月任）
副院长：
吕　冬（女，2022年6月免）
汪顺清（2022年6月任）
张轶群（2022年6月免）
范秀珍（女）
陆曲折
赵　锐
纪检书记：
李　颖

### 邵阳学院附属第二医院
党委书记、院长：
伍石华（2022年6月代院长转院长）
党委副书记：
胡杨青（2022年6月免）
党委副书记、纪委书记：
张根萍（女，2022年6月任）
副院长：
肖乐东（2022年6月免）
张根萍（女，2022年6月免）

邓庆翠（女）
李开奇（2022 年 6 月免）
姚 罡
肖体君
颜伟健（2022 年 6 月任）
孙 权（2022 年 6 月任）
蒋爱平（2022 年 6 月任）
纪委书记：
唐益民（2022 年 6 月免）

## 大中专学校

### 邵阳学院

**党委书记：**
彭希林（2022 年 7 月免）
宁立伟（2022 年 9 月任）
**党委副书记、校长：**
葛金文（2022 年 4 月免）
张 平（2022 年 5 月任）
**党委副书记：**
陆步诗
**副校长：**
李金成
向文江
赵敏丽（女）
刘承智
蒋剑平
**纪委书记：**
李学勇
**党委委员、宣传统战部部长：**
王玉林（2022 年 7 月免）

### 湘中幼儿师范高等专科学校

**党委书记：**
谢景峰（2022 年 7 月免）
夏宇宏（2022 年 7 月任）
**党委副书记、校长：**
曹才力（2022 年 7 月免）
王玉林（2022 年 7 月任）
**党委副书记：**
李能华（2022 年 7 月免）
陈湘清（2022 年 7 月任）
**副校长：**
陈湘清（2022 年 7 月免）
吕永忠
李勤敏（2022 年 7 月免）
尹平宝（2022 年 7 月任）
许名奇（2022 年 7 月任）
**纪委书记：**
曾宪高
**党委委员、宣传统战部部长：**
杨宗斌（2022 年 7 月免）
龚跃辉（2022 年 7 月任）
**党委委员、组织人事处处长：**
肖军华

### 邵阳职业技术学院

**党委书记：**
李小平（2022 年 1 月免）
邓 政（2022 年 2 月任）
**党委副书记、院长：**
段雪梅（女，2022 年 3 月免）
许洪范（2022 年 3 月任）
**副院长：**
周 平（2022 年 11 月免）
马昌保（2022 年 8 月免）
刘一兵（2022 年 8 月免）
王 芳（女，2022 年 8 月任）
李 鑫（2022 年 8 月任）
谭德展（2022 年 8 月任）
**纪委书记：**
申金阳（2022 年 12 月免）
曾宪高（2022 年 8 月任）
**党委委员：**
刘邵忠（2022 年 7 月免）
曾 云（2022 年 7 月免）
刘正明（2022 年 11 月任）
戴开成（2022 年 7 月任）

### 邵阳开放大学

**党委书记：**
黄颂明
**校 长：**
刘先江
**副校长：**
曾世勇
王艳恒
金军华
**纪委书记：**
肖彩红

### 市高级技工学校

**党委书记：**
张远红
**校 长：**
肖 炜

副校长：

易　嵱

袁　晖

曾毅敏

纪委书记：

张超云

工会主席：

孙大明

## 部、省属派驻邵阳单位

### 国家税务总局邵阳市税务局

局　长：

林　荫

副局长：

孙荣华（2022 年 10 月免）

覃小满

赵文华

彭志扬

纪检组长：

谭海池

总会计师：

殷　鹏

总经济师：

阮向军

### 中国人民银行邵阳市中心支行

副行长：

左　嘉（女，主持工作）

胡立平

陈飞雄

纪委书记：

谢流胜

工会主任：

甘再华（2022 年 12 月免）

### 中国银保监会邵阳监管分局

局　长：

李文静

副局长：

邓向红

李中林

纪委书记：

姚元明

### 国家统计局邵阳调查队

队　长：

刘昆怀

副队长：

刘岩松

陈旭阳

纪检组长：

尹干廷

### 中华人民共和国邵阳海关

党组书记、关长：

刘晓明

副关长：

张　振

### 市烟草专卖局（公司）

局长、经理：

王　昆

副局长：

汪少波

副经理：

张光利

朱　伟

纪检监察组长：

杜树坤（土家族）

总会计师：

彭雨珍（女）

### 雪天盐业邵阳市分公司

总经理：

龚　文（2022 年 12 月免）

纪委书记、副总经理：

黄　飞

副总经理：

朱欢群（2022 年 5 月免）

### 国网邵阳供电公司

总经理、党委副书记：

王日中（土家族）

党委书记、副总经理：

欧阳宏

副总经理：

刘建华

陈超强

罗　霄（2022 年 1 月任）

纪委书记：

程德刚

总会计师：

刘招逵（2022 年 9 月免）

## 湖南省邵阳市气象局
局　长：
袁智生
副局长：
金宜喜
李福勇
纪检组长：
李建东（2022 年 1 月任）

## 中国电信邵阳分公司
总经理：
符传剑
副总经理：
欧阳利民
周　亮
黄费秋
副总经理、纪委书记：
刘效禹
总经理助理：
彭　灿

## 中国移动邵阳分公司
总经理：
周友庚（2022 年 12 月免）
肖志刚（2022 年 12 月任）
副总经理：
曾　利
何建军
朱征帆
刘松波

## 中国联通邵阳分公司
总经理：
陈　斌
副总经理：
唐　琳
罗忠礼
胡　跃
派驻纪检监察组组长：
李　琦

## 中国石化邵阳石油分公司
经　理：
蒋雄飞
党委书记：
陈文胜（2022 年 12 月免）
贺梓恒（2022 年 12 月任）
副经理：
郑伟红
刘胜强
陈　雷

## 中国石油邵阳分公司
总经理、党委副书记：
谭宇斌（2022 年 11 月免）
宋　阳（2022 年 11 月任）
党委书记、纪委书记、副总经理：
李宝卫
副总经理：
石　磊
王　科（2022 年 11 月任）

## 湖南南山国家公园管理局
局　长：
王明旭
副局长：
苏　海
黄俊玲（2022 年 3 月免）
戴求兵（2022 年 7 月任）

## 中国工商银行邵阳市分行
行　长：
周壮山
副行长：
贺松华（2022 年 10 月免）
彭　合
王　浩
纪委书记、工会主任：
曾　斌（2022 年 2 月免）
纪委书记：
谢利平（2022 年 3 月任）
行长助理：
朱新明（2022 年 4 月任）

## 中国农业银行邵阳分行
行　长：
曹　海（2022 年 1 月免）
丁　超（2022 年 1 月任）
副行长：
钱小毅（2022 年 1 月任）
谭小兵（2022 年 8 月免）
李孝古
申喜志（2022 年 8 月任）
纪委书记：
刘　宁

## 中国银行邵阳分行

行　长：

游　健

副行长：

谭清华

申　辉

朱晓报（2022 年 2 月免）

纪委书记：

甘朝晖（2022 年 6 月免）

李尤章（2022 年 9 月任）

行长助理：

张　小（2022 年 11 月任）

## 中国建设银行邵阳市分行

行　长：

刘　浪（2022 年 12 月免）

梁慧玲（女，2022 年 12 月任）

专职三级风险经理：

谢希岳

副行长：

杨滔滔

赵　颖

张绍煌

肖明铁

张居发（2022 年 4 月任）

派驻纪检监察组组长：

尹光惠

## 中国交通银行邵阳分行

行　长：

潘志超

副行长：

徐　实

行长助理：

杨　晖

## 中国农业发展银行邵阳市分行

行　长：

刘　峰

副行长：

袁树华（2022 年 4 日免）

李上军（2022 年 4 日免）

谢小波（2022 年 4 日任）

杜燕妮（女，2022 年 4 日任）

陈　斌

纪委书记：

陈　斌（2022 年 6 日免）

杜燕妮（女，2022 年 6 日任）

## 中国邮政储蓄银行邵阳市分行

行　长：

刘魏华

副行长、纪检书记：

吴明昭（2022 年 7 日免）

副行长：

黄满元

李文青（2022 年 5 日免）

尹尧军

廖文兴（2022 年 7 日任）

刘　兴（2022 年 5 日任）

## 湖南银行邵阳分行

行　长：

孙健芳

副行长：

凌小红（女）

副行长、纪委书记：

黄　容（女）

党委委员、行长助理：

何昱璋

党委委员、行长助理、风险总监：

危正南

授信审批官：

赵维俊

## 省农村信用社联合社邵阳办事处

主　任：

杨长青

副主任：

许　光（2022 年 4 月免）

姚铁兵（苗族，2022 年 10 月任）

党组成员、纪检组长：

刘健仁

# 区（县、市）

## 大祥区

区委书记：

王　俊

区委副书记：

曾峤林

陈　容（女）

区委常委（书记、副书记不重列）：

向　兵

谭飞鸿
贺光明
吴方定
易明方
刘文兰（2022 年 8 月免）
周剑锋
张立名（2022 年 9 月免）
肖小鑫（2022 年 9 月任）
伍　毅（2022 年 9 月任）

**区人大常委会党组书记、主任：**
蔡治军

**区人大常委会党组副书记：**
肖小鑫（2022 年 8 月任）

**区人大常委会副主任:**
肖小鑫（2022 年 9 月免）
欧阳恩球
张天民
傅国卿
解　美（女）

**区人民政府区长：**
曾峤林

**区人民政府副区长：**
吴方定
刘文兰（2022 年 8 月免）
伍　毅（2022 年 9 月任）
李胜祥（2022 年 8 月免）
夏向阳
刘海龙
蒋金亮
唐兴辉
夏丹波（女）

**区政协党组书记、主席：**
李江晖（女）

**区政协党组副书记、副主席：**
李月华（女）

**区政协副主席：**
胡迪芬(女,2022年1月提名,2022年5月任)
龙　达
李恒良
李　沁（兼）

**区人民法院院长：**
刘康民

**区人民检察院检察长：**
李铁英（女）

## 双清区

**区委书记：**
曾秦伟（2022 年 6 月免）
赵逢春（2022 年 6 月任）

**区委副书记：**
江　韬
向树华

**区委常委（书记、副书记不重列）：**
杨丽江（女，2022 年 7 月任）
李谟旺（2022 年 11 月免）
许新华
郭　皓
李跃丰
谢　旺（2022 年 6 月免）
杨玉华（女）
李　丁
邹　昊

**区人大常委会主任：**
刘文伟

**区人大常委会党组副书记：**
夏红波（女，2022 年 2 月任）

**区人大常委会副主任：**
夏红波（女）
车　驰
谢　攀
刘韵东
王志军

**区人民政府区长：**
江　韬

**区人民政府副区长：**
李谟旺（2022 年 12 月免）
许新华（2022 年 12 月任）
叶　萍（女，2022 年 12 月免）
岳创业
罗伟成
李　凯
汤宝莲（女）
岳建国
廖　健
龚雯洁（女，2022 年 11 月任）

**区政协主席：**
何美艳（女）

**区政协党组副书记：**
刘建云（2022 年 2 月任）

**区政协副主席：**
刘建云
赵理得（兼）
黄一萍（女）
杨桂婷（女，兼）
钟　云（女，2022 年 5 月任）

区人民法院院长：
金治伍
区人民检察院检察长：
马凌峰

## 北塔区

区委书记：
肖　平
区委副书记：
姚文娟（女）
杨起帆（2022年6月免）
杨桂林（2022年7月任）
区委常委（书记、副书记不重列）：
王兰鹏（2022年3月免）
蒋劲飞（2022年4月任）
尹锦明
朱祥国
岳小波
李小明
张怡平（2022年6月免）
赵俊杰（2022年6月任）
王永红
刘　浪（2022年6月免）
屈可馨（女，2022年7月任）
区人大常委会主任：
吴小明（侗族）
区人大常委会副主任：
刘顺英
刘小飞（女）
郑小兰（女）
刘恒忠（2022年9月免）
李泽芳（女）
区人民政府区长：
姚文娟（女）
区人民政府副区长：
王永红
屈可馨（女）
钟　彪
杨旭东
李卫兵
刘恒忠（2022年9月任）
杨香勇
刘　浪（2022年9月免）
李再新（2022年5月免）
区政协主席：
唐　凌（侗族）
区政协副主席：
叶三红（女）
杨　斌（兼）
陈国雄（兼）
林志森
文晴岚（女）
区人民法院检察长：
伍顺亮
区人民检察院院长：
刘晓红（女）

## 邵东市

市委书记：
周玉凡
市委副书记：
李国军
刘家豪
市委常委（书记、副书记不重列）
向章云
刘志伟
罗　莉
李仁明
陈业华
刘山鸣
彭丁峰（2022年8月免）
李佑军
市人大常委会主任、党组书记：
杨肇晖（2022年7月免）
黄负平（2022年7月提名任，2022年9月任）
市人大常委会党组副书记：
贺铁民
罗　飏
市人大常委会副主任：
贺铁民
申　荣
曾铁钧
罗中安
王卫平
市人民政府市长：
李国军
市人民政府副市长：
陈业华
彭丁峰（2022年8月免）
杨振明（2022年5月免）
夏立坤
唐志军
龙薇薇

刘书地
欧阳震
谢晖伟（2022 年 5 月任）
周连华（2022 年 9 月任）
**市政协主席：**
罗健康
**市政协副主席：**
谢光远
朱石乔
李和平
赵俊洋
谢艳军（2022 年 5 月任）
**市人民法院院长：**
杨红晖
**市人民检察院检察长：**
唐 杰

## 新邵县

**县委书记：**
陈历贤
**县委副书记：**
贺朝晖
张世杰（2022 年 2 月免）
王振波（2022 年 3 月任）
**县委常委（书记、副书记不重列）：**
刘长峰（2022 年 7 月免）
汤先梧（2022 年 6 月免）
仇湘中（2022 年 6 月免）
王智刚
夏业伟
李金军
曾律玮（2022 年 6 月任）
刘 丹（女）
隆 慧（2022 年 6 月任）
李繁荣
罗伟宏（2022 年 8 月任）
**县人大常委会主任：**
曾志红（2022 年 7 月免）
刘长峰（2022 年 7 月任）
**县人大常委会副主任：**
周晓明
田丰硕
周湘平
石争光
蒋文华
**县人民政府县长：**
贺朝晖
**县人民政府副县长：**
汤先梧（常务，2022 年 7 月免）
王智刚（常务，2022 年 7 月任）
李繁荣
李卫军（2022 年 7 月免）
伍 毅（2022 年 11 月免）
赵 颖（挂职，2022 年 9 月任）
彭 利
刘 焕
周开建
张明艳（女）
罗 静（2022 年 7 月任）
**县政协主席：**
邹功树
**县政协副主席：**
杨栋梁（2022 年 7 月免）
陈历林
欧阳文杰（兼）
何燕燕（兼）
刘 慎
张 茗（女，2022 年 7 月任）
**县人民法院院长：**
陈 键
**县人民检察院检察长：**
唐 贤

## 隆回县

**县委书记：**
* * *
**县委副书记：**
杨韶辉
曾艳梅
**县委常委（书记、副书记不重列）：**
邓印强（2022 年 3 月免）
王兰鹏（2022 年 3 月任）
刘梦林（2022 年 3 月免）
刘咏波（2022 年 3 月任）
陆海涛
吴正桂
陈代林（2022 年 5 月免）
雷 勇（2022 年 5 月任）
刘世明（挂职）
杨方旦
阳 敏
李翠婷
**县人大常委会主任：**
曾梅林

**县人大常委会副主任：**
刘海秋
刘汉才
彭向文
段小红
胡江南
**县人民政府县长：**
杨韶辉
**县人民政府副县长：**
邓印强（2022年6月免）
王兰鹏（2022年6月任）
刘梦林（2022年6月免）
刘咏波（2022年6月任）
刘世明（挂职）
杨喜国
张　胤
申智军
刘浩波（挂职，2022年8月免）
贺海飞
刘　琴（女）
蒋　吉（2022年1月任）
**县政协主席：**
奉锡样
**县政协副主席：**
吴厚斌
范吉权
刘祖中
刘　玉（女，兼）
刘路桥（2022年2月任）
**县人民法院院长：**
唐保良
**县人民检察院检察长：**
刘朝洪

## 洞口县

**县委书记：**
吴　韬
**县委副书记：**
贺永亮
郭向荣（女）
**县委常委（书记、副书记不重列）：**
戴求兵（2022年7月免）
罗　颢
杨云龙（瑶族，2022年4月免）
唐建新（2022年6月任）
黄伟军
曾宇亮（2022年9月任）
谭小勇
袁愈绍
刘　玮
唐　煜
**县人大常委会主任：**
欧阳佑春
**县人大常委会副主任：**
彭　凯
胡小革
戴伟建
肖谋解
张建云（党外）
**县人民政府县长：**
贺永亮
**县人民政府副县长：**
杨云龙（常务，2022年4月免）
罗　颢（常务，2022年4月提名，2022年7月任）
黄伟军
李允尧（挂职）
毛超林（女）
张纲学
伍卫彬
蒙华宁
林　飞
肖黎明（党外）
**县政协主席：**
尹小龙
**县政协党组副书记：**
郭向荣（女，兼）
**县政协副主席：**
贺昌炳
刘双全
尹琪峰（党外）
蒋建德（党外，兼）
黄　河（党外，兼）
**县人民法院院长：**
唐凌峰
**县人民检察院检察长：**
李学礼

## 绥宁县

**县委书记：**
佘芝云
**县委副书记：**
夏贤钦
唐　枝
**县委常委（书记、副书记不重列）**
刘骁璇（2022年7月免）

袁　玲
向国胜（2022 年 9 月任）
谢文远
陵建华（2022 年 6 月任）
梁恩雄
罗　杰（2022 年 9 月免）
肖　容（2022 年 8 月免）
熊　巍
周楚舜（2022 年 8 月任）
张立名（2022 年 9 月任）

**县人大常委会主任：**
石亮明

**县人大常委会副主任：**
袁子玖
罗青松
唐　艳
卿笃林
杨昌盛

**县人民政府县长：**
夏贤钦

**县人民政府副县长：**
陵建华
梁恩雄
黄先伟
周元彪
黎　军
彭遵礼
黄文勇
唐　洁（女）
严兴武（挂职，2022 年 8 月免）
周向谦（挂职）
禹春辉（挂职，2022 年 10 月任）

**县政协主席：**
梁乐高

**县政协副主席：**
雷厚前
李卫东
伍丹丹
王日忠（2022 年 6 月任）
曾红亮（2022 年 6 月任）

**县人民法院院长：**
张　乐

**县人民检察院检察长：**
杨尊永（2022 年 7 月免）
王端平（2022 年 12 月任）

## 城步苗族自治县

**县委书记：**
余勋伟

**县委副书记：**
王慧敏（女，苗族）
陈　广（2022 年 6 月免）
曾　艺（2022 年 6 月任）

**县委常委（书记、副书记不重列）：**
肖永丰
殷继东
樊江峰
李建辉
王世刚
唐承威（苗族，2022 年 11 月免）
马忠华（回族）
周楚舜（苗族，2022 年 6 月免）
敬校舜
陈　芳（女，2022 年 8 月任）

**县人大常委会主任：**
李　宪

**县人大常委会副主任：**
龙帮华（苗族）
陈立发
唐勤阳
周小毛
漆小玲（女）

**县人民政府县长：**
王慧敏（女，苗族）

**县人民政府副县长：**
殷继东
李建辉
唐承威（苗族）
肖　勇
周祖德
陈　芳（女）
银　何
杨辉刚
彭　澹

**县政协主席：**
张晓忠（2022 年 9 月免）

**县政协党组副书记：**
陈　广（2022 年 6 月免）
曾　艺（2022 年 6 月任）
杨秀英（女，苗族）

**县政协副主席：**
杨秀英（女，苗族）
刘双丰（苗族）

粟春娟（女，苗族）
唐圣成
丁文锋
**县人民法院院长：**
蒋辉民
**县人民检察院检察长：**
舒增辉

## 武冈市

**市委书记：**
唐克俭
**市委副书记：**
龚　畅
唐旭峰
**市委常委（书记、副书记不重列）：**
何再弟
赵俊杰（2022 年 6 月免）
胡志军（2022 年 9 月免）
陈学先
达继国
王　琪
李巧云（女）
杨建平
杨孟秋（2022 年 7 月任）
孔令节（2022 年 9 月任）
**市人大常委会主任：**
罗　健
**市人大常委会副主任：**
李永宏
王光宇
刘涌涛
杨孟秋（2022 年 7 月免）
刘虎云
**市人民政府市长：**
龚　畅
**市人民政府副市长：**
陈学先
王　琪
尹放平
钟　忠（挂职，2022 年 8 月免）
李迪武
肖玲玲
曾礼锋
李从晓
廖　丹
周助青（女，挂职，2022 年 9 月任）
周志强（挂职，2022 年 11 月任）
**市政协主席：**
殷绪成
**市政协副主席：**
周永红
杨明东
唐文杰
罗文志
李振东（2022 年 2 月任）
**市人民法院院长：**
蒋志强
**市人民检察院检察长：**
吴学田

## 新宁县

**县委书记：**
邓　涛
**县委副书记：**
彭洪兵
谢小军（2022 年 3 月免）
杨云龙（2022 年 4 月任）
**县委常委（书记、副书记不重列）：**
刘华中
李爱铭
王振波（2022 年 3 月免）
尹远芳
曾明辉
姚美春
陵建华（2022 年 7 月免）
罗伟宏（2022 年 8 月免）
肖　容（2022 年 8 月任）
陈　挺（2022 年 7 月任）
邓昌海（2022 年 7 月任）
**县人大常委会主任：**
刘松荣
**县人大常委会副主任：**
匡丽群
兰忠明
邓昌海（2022 年 6 月免）
达代群
刘绍良
**县人民政府县长：**
彭洪兵
**县人民政府副县长：**
刘华中
邓昌海（2022 年 7 月任）
唐　国
王振波（2022 年 3 月免）

尹　俊
陈　静
郭华满
唐基俊
邓凯丽
颜兵文（挂职，2022 年 12 月任）

**县政协主席：**
徐立华

**县政协副主席：**
王海林
邓艳林
彭红艳
陈燕群
林小石

**县监察委员会主任：**
曾明辉（兼）

**县人民法院院长：**
吴又如

**县人民检察院检察长：**
龙武陵

## 邵阳县

**县委书记：**
袁胜良

**县委副书记：**
周玉祥
曾建新

**县委常委（书记、副书记不重列）：**
文立斌（2022 年 8 月免）
许小平（2022 年 9 月免）
曾　林
彭茂华
唐玉华
贺婷婷
刘晨旭
张　哲（挂职）
周上智（2022 年 5 月免）
李卫军（2022 年 5 月任）
罗　杰（2022 年 9 月任）
向军华（2022 年 9 月任）

**县人大常委会主任：**
欧阳学

**县人大常委会党组副书记：**
张蒲生（2022 年 1 月免）

**县人大常委会副主任：**
吴金华
李红辉
刘　铭
周纪国
邓胜利

**县人民政府县长：**
周玉祥

**县人民政府副县长：**
李树战（挂职）
文立斌（2022 年 8 月免）
刘晨旭
尹向锋
何　枫
姜佳良
尹　青
黄先平（2022 年 10 月提名免）
刘真林
罗　杰（2022 年 12 月任）
张　哲（挂职）
刘汝宽（2022 年 12 月任）

**县政协主席：**
唐军良

**县政协党组副书记：**
曾建新
伍芬东（2022 年 1 月免）

**县政协副主席：**
唐志朴（兼）
朱绮华
马运华
尹业波（兼）
肖湘森（女，兼，2022 年 5 月任）

**县人民法院院长：**
肖竹梅

**县人民检察院检察长：**
夏龙欢

# 索 引

说明：

一、本索引把年检的条目（统计资料、表格、概况、综述、彩页除外）用主题分析方法，按首字汉语拼音字母顺序排列。

二、类目、分目、专稿标题用黑体字标明。

三、索引名称后的阿拉伯数字表示内容所在的页面，拉丁字母（a、b、c）表示栏别（从左至右分 1、2、3 栏）。

## A



## B



## C

## D



## E



## F

## G



## H

## J

## R



## S

# T



# W



# X

## Y

## Z